華東政法大學

建校六十周年 《法学》创刊五十六周年文丛

总主编／何勤华 杜志淳

法学的历史

第4卷

法理学·中卷

1996年-2003年

主 编／李秀清

副主编／冷霞 于明

法律出版社
LAW PRESS·CHINA

主 编 简 介

李秀清

1966年生，浙江临海人。法学博士，华东政法大学法律学院教授、博士研究生导师，《华东政法大学学报》主编。兼任全国外国法制史研究会副会长、中国比较法学研究会常务理事、上海市外国法与比较法研究会会长等职。曾在英国牛津大学、美国密歇根大学访学，2006～2007年富布莱特研究学者。

主要研究方向为法律史、比较法。出版专著、合著、译著10多部，发表论文40多篇。

副主编简介

冷　霞

1979年生，江苏宜兴人。法学博士，华东政法大学法律学院讲师、硕士研究生导师。

从事外国法律史的教学与科研工作，主要研究方向为法律史、比较法，目前研究重点为英国中世纪及近代法律史。在《比较法研究》、《华东政法大学学报》等刊物发表论文10多篇，出版专著《英国早期衡平法概论——以大法官法院为中心》。

于　明

1982年生，江西南昌人。北京大学法学博士，华东政法大学法律学院讲师，美国康奈尔大学法学院访问学者（2009～2010年）。

研究领域为法律史、比较法、法社会学。在《中外法学》、《法学家》、《法制与社会发展》、《华东政法大学学报》、《环球法律评论》、《北大法律评论》、《法律书评》等刊物发表论文、评论10多篇。

解放思想是法学进步的原动力
（代总序）

1981年11月，由华东政法大学主办的《法学》复刊了。它的复刊，源自1978年年底的那场解放思想运动。

回顾新中国60多年的历史，我们可以清楚地看到，我们国家的发展，大体可以30年为时段分为前后两个阶段。前30年，我们党在治理国家的指导思想方面，出现了"左"的倾向。从"批武训传"、批俞平伯的红楼梦研究、批胡风"反革命集团"到1957年"反右"运动扩大化、1962年提出"以阶级斗争为纲"，直至1966年爆发"文化大革命"，"左"的思想不断升级，最终导致国民经济濒于崩溃、各项建设事业停滞、学术（包括法学）陷入一片沙漠状态。

1978年年底，中国共产党召开了十一届三中全会，实行改革开放之国策，社会各界解放思想，因而改变了整个中国的面貌，也迎来了法学研究的春天，导致了《法学》的复刊。自那时以来，我们也已经走过了整整30年。在这30年中，《法学》在上级部门的领导下，通过全体办刊人的持续努力，紧贴时代发展的脉搏，跟踪社会发展的前沿，及时回应法律界所遇到的热点和难点问题，发表了一大批高水平的作品，对我国的立法、执法和司法实践形成了重要的理论支持，在学术界乃至全社会产生了巨大影响力，推动了改革开放以后中国法律和法学的进步与繁荣。

在回顾总结《法学》30年历程，探索法学理论与法律实践互动之规律时，我们感受最深的一点就是，解放思想是法学进步、繁荣的原动力，没有中国的改革开放和解放思想，就没有中国法律和法学的今天，更没有《法学》的今天。

一

关于解放思想，邓小平同志有一个定义，就是"解放思想是指在马克思主义指导下打破习惯势力和主观偏见的束缚，研究新情况，解决新问题"。[①] 这个定义，包含了三个要素：(1)马克思主义的指导，讲的是政治立场和认识论、方法

① 《邓小平文选》(第2卷)，人民出版社1994年第2版，第279页。

论;(2)打破习惯势力和主观偏见的束缚,这既包括政治体制上的,也涉及其他各个领域里的;(3)研究新情况、解决新问题,就是要跟上社会发展的步伐,与时俱进。因此,在某种意义上可以说,解放思想的精神实质就在于:一是说真话;二是实事求是;三是不唯书、不唯上;四是打破不合理的偏见和传统;五是在理念、观点和制度上创新。

30 年来,《法学》就是贯彻了这一精神,解放思想,不断进步。其中,冲破政治上习惯势力和主观偏见的束缚,提高法学研究在我国政治体制改革中的贡献度,是《法学》首先关注的重点。众所周知,法律与政治紧密相关,法学研究也与社会的政治决策息息相关。要使法学研究对同时代的乃至以后的政治决策有所贡献,必须解放思想。换言之,法学研究在推动社会政治体制改革、回应社会重大政治问题时,如能解放思想、提出有真知灼见的建言建策,就会大大彰显法学研究的贡献。1982 年春天,当我国立法机关将宪法草案提交全国人民讨论时,《法学》月刊社就召集各方面专家,就其内容进行广泛讨论,参与者有徐盼秋、潘念之、肖蔚云、高恭佑、浦增元、孔令望、陈云生、胡土贵、周天平等众多法学界知名人士。各位专家学者解放思想,破除禁忌,充分讨论,各抒己见。《法学》在第 6 期、第 7 期连续刊登了他们的建言建策,对我国宪法内容的确定产生了很大的影响。

1982 年 9 月 1 ~ 11 日,中国共产党第十二次全国代表大会召开,大会通过的新党章明确规定:“党必须在宪法和法律的范围内活动。”但是,如何理解和执行党章的这一规定,许多党员甚至党的领导干部对此还存在许多疑问。当时,许多领导都曾提出了“到底是法大,还是党委大”的疑问;也有领导认为,规定党必须在宪法和法律范围内活动,就会束缚自己的手脚,妨碍开创新局面。针对党的十二大召开后社会上和党内存在的这些想法,《法学》1982 年第 11 期刊登了楚云飞的文章《在宪法和法律范围内活动是党的一项重要原则》,系统阐述了党章这一规定的法理基础,强调我们必须解放思想,充分认识这一规定对推进我们执政党的建设和推动我国社会主义法制发展,全面开创社会主义现代化建设新局面的极其重要意义。

随着 1992 年 10 月 12 ~ 18 日党的十四大提出建设社会主义市场经济的改革目标后,我国市场经济发展迅速,宪法的许多规定就显得落后于客观形势的发展了,但是,真的要提出修宪的主张,在当时还是存在一定风险的。《法学》就在这一点上,以极大的理论勇气,于 1992 年第 12 期,以纪念宪法诞生 10 周年为契机,发表了评论员文章《修宪:市场经济发展的必然要求》。该文指出,修宪问题,无论从宪法学抑或法理学角度来看,应属技术性问题。然而,由于特定的历史条件,重提修宪问题,就不能不在某种程度上引起人们的高度警觉和重视。但是,社会主义市场经济的发展,出现了众多宪法上没有规定的事项。例如,“随着改革开放的不断发展,出现了多种经济形式并存的局面,特别是许多合营、合资、私营企业的出现,能否对这些经济形式进行保护,关系到改革开放能否向纵深发展的问题,而宪法对此并未规定”。同时,改革开放需要合法地出租、转让土地,而这一点也是宪法禁止的。因此,在适应社会主义经济发展和改革开放的历史要求下,1988 年,我们就对宪法进行了修改,允许私营经济形态的存在,以及取消了对土地出租和转让的禁令。现在,改革开放的进程和社会的发展,又一次需要我们对宪法做更大范围的、更大规模的修改,我们应当与时俱进,完成这一历史使命。在发表评论员文章的同时,这一期还刊登了孙潮、戚渊的《论确立市场经济的宪法地位》、李伟的《宪法权威论》、李步云的《不断完善中国人权的保障体系》等文章,对修宪涉及的各个领域的一些重要问题作了阐述。《法学》的这些文章,虽然发表在邓小平同志 1992 年南方讲话之后,但此时在我国,修宪问题还是一个禁区,因此,发表上述言论还是冒了一定政治风险的。

在法理学领域,关于法的定义这一核心问题,在新中国成立的前 30 年,基本上是“阶级斗争论”、“阶级意志论”一统天下。要冲破这一禁区,必须鼓足勇气,在法学理论上来一个大胆的突破。而在这方面,《法学》也走在了全国研究的前列。1986 年,《法学》在第 1 期《新年寄语慰读者》中,率先提出:“科学是没有禁区的,有禁区就不会有发展和深入。法学研究也是如此。”“近年来,我国法制建设和法学研究的现状表明,法学理论的研究正面临着改革和挑战,无论在内容和方法上都亟须有新的突破。”“我们认为,无论是基础法学还是应用法学的研究,都应该把焦点对准现实中涌现出来的或者是历史上没有解决的问题,应该重视和倡导‘问题法学’的研究。”

同期刊登的《中国法制报》政治评论部主任张宗厚的《对法的三个基本概念的质疑》一文,对现行的法的定义中三个核心命题——“法律是阶级社会特有的现象”、“统治阶级意志论”和“阶级性是法的唯一属性”进行了质疑,提出了不同观点,并予以系统阐述。同期还刊登了陈浩然的《对“质疑”的质疑》一文,与张宗厚文中的观点进行了讨论和争辩。《法学》1986 年的《新年寄语慰读者》和张宗厚、陈浩然文章的发表,在我国法学界激起了巨大的冲击波,给我们的思想以极大的震撼。因为直到 20 世纪 80 年代中期,上述从苏联引进的关于法的定义的三个核心命题,是我们熟悉并认为是天经地义的,几乎从未有人提出质疑。而张宗厚的文章则颠覆了我们的传统法学观,其震动不能说不大。而陈浩然的文章,虽然是对张宗厚观点的反质疑,阐述的力度相对小一些,但陈文给学术界带来的推进学术研究“百花齐放、百家争鸣”的贡献,则有目共睹。

在法学研究发展中,一直让我们法律人纠结的就是政治与法律的关系问题。而在阐述法律与政治之关系时,思想最为解放的文章,就是陈鹏生在《法学》1987年第1期发表的《没有法律的政治是危险的政治——法学研究的反思》一文。文中指出:“本来,政治和法律都是上层建筑的组成部分,相互作用,共同为自己的基础服务,是马克思主义的常理。但是,由于高度集权思想的影响,政治被强调到可以冲击,甚至代替一切的荒谬地步。政治与法律相互作用的关系,变成政治决定法律的关系。而按照‘左’的一套理论的逻辑推导,政治就是阶级斗争,阶级斗争就是敌我矛盾。于是服务于并决定于政治的法律,就只能是以阶级性作为自己的唯一的质的规定性,以‘阶级斗争的工具’作为自己的唯一职能了。以法作为自己研究对象的法学,当然也只能是‘阶级斗争’的[学问了]。”

作者认为,这种理论的后果,一方面,使法律失去了自己的独立性,唯政治需要决定自己的兴废存亡:政治安定时,法律成为民主的点缀;政治严峻时,一言可以废法,实际上是以“人治”代替了“法治”。另一方面,也把法律与阶级斗争捆在了一起,使法律与政治一起成为学术讨论和争鸣的禁区,“一旦涉及,就‘以言治罪’,出现‘文笔贾祸’,法学研究也就不复存在”。作者进一步指出:“我们的民主,首先是制度,然后才是干部的思想作风。否则民主就会随领导的喜怒哀乐而变样。因此,要政治民主化,就应该依靠法律制度,保障民主不会因领导人的改变而改变,也不能因领导注意力的转移而改变。我们的法学家,应该通过对法制建设深刻的历史反思,从理论上令人信服地告诉人们千万不要忘记一条历史教训:政治离不开法律,没有法律的政治,是危险的政治、灾难的政治。”因此,为了防止这一点,我们必须研究如何通过法律来保障公民权利义务一致性原则的确立和实施,以及这种意识的形成。

应该说,作者关于“没有法律的政治就是危险的政治、灾难的政治”的观点,不仅是对中国“重政治,轻法律”,崇尚“人治”,轻视“法治”之传统的深刻揭示和批判,而且也阐明了理顺法律与政治的关系,对防止历史悲剧的再次发生、建设社会主义法治的重要意义。应该说,在当时的环境下,没有思想的解放,是不可能有如此大的理论勇气提出这么尖锐和鲜明观点的。①

① 就在此文发表两年前,谢次昌在“论政治与法律的关系”一文中,还强调“政治与法律相比,政治总是处于主导地位,法律的制定和实施必须服从政治的需要”,载《法学》1985年第5期。

二

解放思想也促进了法学研究在我国经济体制改革中推动作用的发挥。1982年中期，随着我国改革开放的深入，社会主义经济体制转型，经济领域犯罪日益增多且形态各异，尤其是许多正常的经济活动和犯罪行为容易混淆，这对我国的法学理论研究和定罪量刑等都提出了严峻挑战。《法学》解放思想，敢于打破常规，使法学研究及其对司法实践的指导走在了全国的研究前沿。《法学》1982 年第 7 期刊登的一组关于“职工受外单位聘用接受高额报酬是否构成犯罪”的讨论文章，就是突出的一例。

当时，随着打击经济领域犯罪的深入展开，不少单位和群众对一些在职的或退休的职工受外单位聘请、接受高额报酬的行为，向有关机关举发。当时政法机关内部对这类行为到底是否属于犯罪产生了很大分歧。而这种分歧，在 1982 年春上海某区人民法院受理检察机关诉上海某国营工厂的技术人员王某受贿①一案中获得了集中体现。从 1980 年起，王某私下接受外单位（自己的家乡奉贤县钱桥公社橡胶塑料厂）的委托，在业余时间，利用本单位的设备，从事产品试制并获成功。由此给钱桥公社橡胶塑料厂带来了巨大利润，王某也从该厂获取报酬 3800 余元。检察机关认为王某的行为已构成受贿罪，依照《刑法》第 185 条规定，予以公诉，要求惩处。在审判机关内部，有认为该定受贿罪的，有认为该定贪污罪的，有认为该定投机倒把罪的，有认为该定破坏经济秩序罪的，也有认为不该定罪的，等等，不一而足。《法学》抓住这一典型案例，组织专家进行深入讨论，最后一致认为，王某的行为虽有瑕疵，犯有错误，但还未构成犯罪，不该定刑。特别是，在改革开放的大背景下，为加快社会主义现代化建设事业，法律必须引导广大技术人员发挥自己的专长，多为国家做出贡献。而在此过程中，他们的劳动必须得到尊重，必须获得报酬，这不仅不是犯罪，而且是法律应该鼓励的行为。《法学》所发表的专家意见受到了司法机关的重视，不仅王某最终没有被定罪，而且对以后一些在职的或退休的职工受外单位聘请、接受高额报酬行为的评价也发生了良性变化。②

---

① 根据《法学》1983 年第 3 期发表的龚介民的“重视韩琨案件中的法律与政策问题”和张传桢、铁犁的“韩琨案功与罪之争”，载郭道晖、李步云、郝铁川主编：《中国当代法学争鸣实录》，湖南人民出版社 1998 年版，第 285 页。王某的真名是韩琨，上海橡胶制品研究所助理工程师。

② 之后，《法学》还接连讨论了刘亨年、戴振祥等有罪还是无罪的案件。参见《法学》1987 年第 7 ~ 11 期、1988 年第 10 ~ 12 期。

当然,《法学》在经济领域发表学术观点,并有力地冲击了传统法律观点、推动了我国社会主义市场经济体制确立的最有影响力的文章是曹建明、钱富兴、顾长浩、李朝兴所写的《外商租用土地与经营房产业的理论与实践》。① 该文指出:"土地是一种重要资源,也是利用外资、引进技术、进行生产和经营活动的基本条件。""因此,发挥土地经济杠杆在对外开放中的积极作用,实行出租土地给外商从事综合性经济活动,并允许外商在我国购买和经营房产的政策,将涉及我国对外开放中土地和房产两个方面的法律问题,而其中地产业的问题又是最为关键的。""外商租用土地和经营房产业,可在相当的程度上解决开放城市建设资金不足、外汇不平衡的困难。"

文章接着阐述:实行出租土地给外商以及允许外商在我国购买和经营房产的政策,在目前还是一个非常复杂和严重的问题,比如,允许外商租用开放城市的土地,"是否会重演帝国主义在半殖民地旧中国建立租界的悲剧"? 作者认为,不会。因为"在对外开放中出租土地给外国投资者,与帝国主义在旧中国的租界是有本质区别的":不仅性质不同,前者是经济活动范围的概念,后者是政治主权的概念,而且产生的原因和条件也不同。作者接着进一步就外商租用我国土地问题的理论依据和法律依据进行分析。比如,出租土地的法律行为并不违背马克思主义的基本理论,也不违反我国的宪法和法律;各国关于外国人租用本国土地的法律制度及其在我国的实践;外商租用土地、经营房产与开放城市经济发展战略的协调;外商租用土地和经营房产业的法规及其协调;等等。

文章刊登后,在全国引起了很大反响。虽然也有一些不同的观点,认为文章提出的主张违反了我国1982年《宪法》第10条关于"任何组织或者个人不得侵占、买卖、出租或者以其他形式非法转让土地"的规定(因为此时宪法尚未修改),因而是违宪的。② 但大多数学者对文章的观点表示理解、支持和赞赏,认为文章回应了我国改革开放带来的引进外资、迅速发展我国市场经济的实践所提出的实际法律问题,具有重大理论指导意义。1988年宪法修改,吸收了文章提出的观点,取消了出租和转让土地的禁止条款。文章发表以来,我国经济发展的实践证明了该文的正确以及它的强大生命力,也证明了《法学》思想的解放以及非常的理论勇气和远见卓识。

---

① 参见《法学》1986年第7期。

② 实际上,文章本身已经回答了出租土地给外商是否违宪的问题,文章认为,《宪法》第10条并没有禁止"国家"出租土地的行为,只禁止了组织和个人;当时已颁布实施的《中外合资经营企业法》中已经规定了允许出租土地给外商。

三

解放思想也促进了法学学术的进步与繁荣。学术的进步与繁荣，最为重要的就是营造一个有利于学术讨论与学术争鸣的环境和氛围。而这种环境和氛围的形成，必须是在解放思想的前提下，能够说真话，实事求是，不唯书、不唯上，打破不合理的偏见和传统，在理念、观点和制度上创新。在这方面，复刊后的《法学》做得非常好。

比如，在1981年的复刊号上，就发表了华东政法学院院长徐盼秋的《关于社会主义法律与客观规律》一文。在文中，作者解放思想、实事求是，一层一层地分析批判了以往片面夸大意志的作用，要人治，不要法治，权大于法，以言代法等不顾社会发展客观规律的错误观点，明确指出，"利用客观规律来造福于国家和人民是社会主义法律的光荣任务"，但我们"要利用客观规律，必须首先掌握客观规律"。作者认为："社会主义法律必须反映客观规律，但是它并不等于客观规律。""客观世界是不可穷尽的，人们对于客观世界的认识也永远没有完结。所以，人们只能随着对客观规律认识的发展来不断完善社会主义法制。"作者最后指出，社会主义法律，作为社会主义社会上层建筑的一部分，它对客观规律的反映，与上层建筑的其他部分相比，具有自己的突出特点：社会主义法律对客观规律的反映不是以原理、定律等科学理论的形式，而是以法律条文的形式使其规范化；被社会主义法律所反映的客观规律，有国家强制力的保障，这使它本来就具有的客观必然性更加强化，能够加速这种客观必然性的实现；法律对客观规律的反映具有稳定性和严肃性，如果能够坚持以法治国，国家就会以更加符合客观规律的方式获得迅速发展。

与徐盼秋的文章相呼应，《法学》1982年第5期发表了余先予的《论法律自身发展的客观规律》一文，该文将社会主义法律与客观规律的学术探讨进一步引向深入。余文指出："法律自身发展规律的问题，与法律表现客观规律的问题，是两个不同范畴的问题。前者是指法律这种客观的社会现象的自身发展受哪些客观规律的支配；后者是指法律这种客观事物与其他客观事物之间的关系。为了更好地完善我们的社会主义法制，我们不仅要研究法律与其表现的客观规律之间的关系，而且也要研究法律自身发展的客观规律，使我们的法律既符合客观形势所提出的要求，紧密地为解决党和国家所面临的各项任务服务，又符合法律自身发展的要求，建立完备的社会主义法律体系，真正担当起社会主义时代的历史所赋予法律的任务。"

那么，纵观数千年法律发展的历史，它有哪些规律呢？余先予教授认为，法律自身发展的规律，主要有五个方面：第一，法律制度本身是一种社会的客观存在，它源于物质生活关系，受社会经济条件制约，不是什么人想要就要、想不要就可以不要的东西，也不是可以随心所欲地“创造”的东西。第二，法律都具有鲜明的阶级性，它是取得胜利、掌握政权的阶级意志的体现，是建立和维护有利于统治阶级的社会制度和社会秩序强而有力的杠杆。第三，法律由国家机关制定或认可，以国家强制力为后盾，对全社会具有普遍约束力。第四，法律以肯定的明确的行为规范的形式，给予法律关系的当事人以权利和义务，规定他们可以做什么，不可以做什么。第五，法律制定出来就必须执行，在现实生活中兑现，务求做到有法必依，执法必严，违法必究。

又如，比较法研究，包括法系理论，在新中国成立的前30年，是一个遭受批判的领域，也几乎是一个被人们所遗忘的领域。直至改革开放之后的20世纪80年代初，比较法研究和法系理论依旧被认为是资产阶级的学术观点，是西方资本主义的研究领域。在此时，《法学》解放思想，冲破上述认识的樊笼，在全国率先提出比较法和法系的问题，在王召棠、陈鹏生的《社会主义中国法系初探》①和王召棠、张传桢、陈鹏生的《对中国式社会主义法律体系的探讨》②等文章中，作者旗帜鲜明地提出：“法系不应是资产阶级法学的专用语，而应是整个法学领域中应该着重研究的一个课题。”建立中国社会主义法系，必须肃清重刑轻民的历史影响，必须正确地处理好政治与法律的关系，肃清以政治代替法律、冲击法律的思想影响。应该说，这些观点不仅在当时，即使在目前，也是一种解放思想的观点。

再如，虽然我国于1982年12月通过了新中国的第四部宪法，但宪法理论的研究并没有很好地展开，这当中，除了人们还没有从1966～1976年10年“文化大革命”的噩梦中清醒过来，我国在言论自由方面还没有确立很明确的法治原则（对此，骆伟雄的《言论自由的若干法律问题》一文③有很好的分析）之外，宪法学研究者不能解放思想、缺乏理论勇气也是一个重要原因。对此，我国著名的比较宪法学家龚祥瑞的《中国需要什么样的宪法理论》④一文，勇开先河。龚文认为，宪法意识是从“权力必须受到限制”这个思想出发的。各国宪法规定的限制权力的表现形式可能有所不同，但立宪政府的一个共同信念，就是政府权力不

① 载《法学》1982年第2期。

② 载《法学》1983年第5期。

③ 载《法学》1989年第2期。

④ 载《法学》1989年第4期。

能无限。而宪法就是授予和限制权力的根本法,它规定了立法、行政和司法机关的职责以及彼此的监督和制约,规定了对公民权利的保障,这就是现代宪法的由来。因此,"宪法是治国之法,治官之法,是从崇尚个性解放,保护私有财产,保护人身、言论出版等自由,遏制暴政、苛政,保障公民利益出发的"。"针对权力的先定性和腐化性、侵略性,人们就要用宪法与行政法来约束它、管制它,使之分别由不同主体行使,并置于人民监督之下,这才是我们重新开始要做的。"作者最后指出:"宪法是保护人民利益的根本大法。我们要研究人性中残酷的一面、人间的疾苦的一面,忠诚地以人类追求正义的精神而不懈地积累、更新如何预防权力被人类弱点所滥用的根源、技术和方法,重新开始宪法理论问题的研究。"

重读20多年前文章中这些即使在现在看来思想也是非常解放的观点,我们不得不佩服作者的理论勇气,也不得不佩服《法学》思想的解放。我们认为,龚文的上述观点,对新中国宪法学的研究一定具有长时间的理论指导力和学术影响力。

又如,就我国改革开放之后几次大的法学学术理论探讨,关于开展法学基本理论研究、关于开展社会主义法律体系的讨论、关于社会主义法的本质、法哲学的内涵和价值、①法的阶级性与社会性、宪法司法化、复员军人进法院、"坦白从宽,抗拒从严"的质疑、"婚内强奸"的讨论、法制建设协调发展、②罪刑法定与罪刑相适应的原则、③关于"廉政建设的法律思考"、法学的现状与发展、著名学者论依法治国、"克隆人"与法律、社会主义法的精神、④创新和繁荣法学理论笔谈、⑤《物权法》草案是否"违宪"、检察监督权之探讨、"双规"的合宪性等,《法学》的研讨也都是走在全国前列的。如关于中国社会主义法的体系的讨论,曾

---

① 如傅季重:"法律哲学研究的对象及其任务",载《法学》1982 年第 3 期;公丕祥:"也谈重视法哲学的研究",载《法学》1983 年第 4 期。

② 详细参见《法学》1984 年第 5 ~ 10 期、第 12 期所发文章。

③ 罗平:"同名数罪,毋须并罚",载《法学》1982 年第 10 期;邹涛:"关于同种数罪及并罚问题",载《法学》1983 年第 4 期;魏皓奔:"也谈'罪刑适应'",载《法学》1983 年第 7 期。

④ 郭道晖在《法学》1994 年第 10 期发表了"社会主义自由——当代社会主义法的精神",从孟德斯鸠的著作《论法的精神》一书中的思想,谈了"法的精神"的科学含义以及社会主义法的精神的问题。张光博在《法学》1995 年第 5 期上发表了"法的精神与法律精神论略——与郭道晖同志商榷"。郭道晖在《法学》1995 年第 6 期上再发"再论社会主义法的时代精神——答张光博教授"一文,展开了激烈的思想交锋,引起了法学界的关注。

⑤ 参见《法学》1987 年第 1 期至 1988 年第 8 期。其中,有些文章探讨的问题在当时都是非常前沿和大胆的,如夏之的"对'马克思主义法学'提法的商榷",魏皓奔的"社会主义社会同样产生犯罪"(当时许多人都认为只有资本主义才是产生犯罪的"温床"),崔敏的"客观性也是法的本质属性",周叶中的"宪法实施:宪法学研究的一个重要课题",舒国滢的"对法概念之争的思考",吴家如的"法学研究应从适应型向创造型转变",杨海坤的"对建立我国行政诉讼制度的思考",等等。

经是改革开放初期我国法学界热议的课题,《法学》于1983年4月21～29日联合中国社科院法学所,在上海率先举办了关于法律体系和法学体系的专题研讨会。当时的一些法理学大家,如吴大英、沈宗灵、刘瀚、齐乃宽、王传生、陈汉章、余先予积极参加,撰文发言,有力地推动了中国社会主义法律体系和法学体系的形成。

尤其是从1997年起,《法学》在当时的主编郝铁川教授的主持下,连续刊登了一组"建国以来法学界重大事件研究"的文章,其中有《对新中国摧毁旧法制的历史反思》、《"刀把子"风波记》、《无罪推定在新中国的命运》、《1957年错批杨兆龙的"法律继承论"纪实》、《关于80年代"法的社会性和阶级性问题"大论战》、《关于前苏联法对中国法制建设的影响》、《人权禁区是怎样突破的》、《人权研究中的一场风波》、《一场有缺陷的司法改革》、[①]《"再为司法独立鼓与呼"一文的风波》、《"法权"还是"权利"之争》、《从"法制"到"法治"二十年改一字》、《新中国第一次法理讨论会的回忆与思考》、《五十年代〈法学〉是为何被迫停刊的》、《1996年"晓南"风波纪实》、《1957年的王造时》、《关于更改反革命罪名的风波》、《死刑的限制与扩张之争》、《正当防卫立法的进展与缺憾》、《我们是怎样逐步实现"罪刑法定"的》等。这些文章,后来结集为《当代中国法学争鸣实录》一书,[②]在湖南人民出版社出版,在法学界引起了很大的反响。

最后,《法学》还非常重视对实务法律问题以及重大疑难案件展开学术研讨,直面社会现实对法学研究提出的要求,并给予法律实践以指导。这方面的例子非常多,如1997年对"碧纯"水侵权案件的研讨,1999年对"枫叶"诉"鳄鱼"不正当竞争案件的研讨,2000年对全国首例老虎袭人致死案件的研讨,对2001年綦江彩虹桥垮塌案件的讨论,2001年深圳中级法院审理之中国首例贞操损害赔偿案件的研讨,对2002年"陆来富案件"的研讨,2003年对"孙志刚案件"的研讨,对2005年"圆明园环评事件"的研讨,2008年年初关于"许霆案"、"孕妇死亡案"、"彭宇案"的讨论,2009年对"杨佳袭警案"、"齐玉苓案"的热议,等等。与此同时,《法学》也积极参与我国的立法活动,组织专家学者就各项法律草案进行学术研讨,对立法活动建言建策。其中最主要的有《立法法》、《行政处罚法》、

① 主要指1952年的司法改革运动。这场运动的结果:一是将6000多名旧法人员从我们的审判队伍中全部剔除了出去;二是将"法律面前人人平等"、"司法独立"、"法不溯及既往"、"尊重诉讼程序"等观点全部认定为"旧法观点"而予以彻底批判;三是用马克思主义和毛泽东思想的国家观和法学观武装我们的司法干部。详细参见何勤华:"论新中国法和法学的起步——以'废除国民党六法全书'与'司法改革运动'为线索",载《中国法学》2009年第4期。

② 郭道晖、李步云、郝铁川主编:《当代中国法学争鸣实录》,湖南人民出版社1998年版。

《行政复议法》、《行政许可法》、《公务员法》、《公司法》、《物权法》、《劳动合同法》、《刑法(修正案)》、《刑事诉讼法》、《国家反腐败法》、《能源法》、《水污染防治法》、《反垄断法》、《政府采购法》、《监督法》、《罢工法》等。从而为我国新时期的立法、加快形成社会主义法律体系做出了贡献。

四

《法学》复刊30年的历史证明,一本杂志的进步需要解放思想,一门学术的进步也需要思想解放。这一点不仅仅是《法学》复刊30年的经验和教训,也是它之前的历史透视出来的经验和教训。

《法学》创刊于1956年6月15日。当时,正是中华人民共和国第一部宪法1954年宪法颁布实施、全国法制建设形势一片大好之时,《法学》(1956年创刊号及后面两期刊名为《华东政法学报》)应运而生。从其诞生的第一天开始,它就宣称要解放思想,鼓励学术创新,展开“百家争鸣”。其发刊词称:“‘百家争鸣’是推进学术思想的重要精神。不奖励自由思想,不展开自由讨论,没有批评和自我批评,学术上就不会有进步,不会有新生力量。《华东政法学报》将充分体现‘百家争鸣’的精神,重视有独立劳动和首创精神的作品,重视‘问难析疑、求同存异’的学术争论。”①

正是在上述解放思想的指导方针下,《法学》在其创刊至1958年9月16日被迫停刊,这不到3年的时间内,发表了一批解放思想、极富学术创造力的好文章,如梅泽濬的《哲学上的因果关系及其在刑法中的运用》、②李良的《“百家争鸣”和法律科学》、③刘焕文的《在“百家争鸣”中谈旧法思想》、④杨兆龙的《法律的阶级性和继承性》、⑤孙晓楼的《关于中国法学遗产问题的看法》、⑥黄道的《略论刑事诉讼中的无罪推定原则》、⑦张光博的《关于“公民在法律上一律平等”的

① 载《华东政法学报》1956年第1期。
② 同上。
③ 载《华东政法学报》1956年第2期。
④ 同上。
⑤ 载《华东政法学报》1956年第3期。
⑥ 同上。
⑦ 载《法学》1957年第2期。

意义》、[①]李光灿的《论共犯》、[②]丘日庆的《现阶段国际法的体系》、[③]刘家骥的《谈谈双重国籍问题》、[④]叔思的《对建立我国刑法分则体系的一些意见》、[⑤]董敬之等的《谈重婚与通奸》[⑥]等。但到1957年夏天"反右"运动开始、法学界的思想受到禁锢以后,《法学》上也就再没有刊登什么好文章了,甚至登出了黄道被迫写的批判自己无罪推定观点的检讨文章,而中国此时的法制建设和法学研究也基本上处于停顿状态。

法学的历史是这样,其他学科的历史也一样,甚至世界上所有国家的情况都一样。在古代罗马,随着公元426年《学说引证法》(Lex Citationum)的出台,盖尤斯(Gaius,约130~180年)、乌尔比安(D. Ulpianus,约170~228年)、帕比尼安(A. Papinianus,约140~212年)等五大法学家被授予法律解答权(jus responddendi),他们五人的学说观点被认可具有法律效力,而其他法学家则不具有这种权力。百家争鸣的学术环境不再存在时,罗马法学也就失去了学术创造力,日益走向衰弱。中世纪意大利的注释法学派、法国的人文主义法学派、近代欧洲的私法注释学派、第二次世界大战之前的日本民主主义宪法学说等,其走向衰落的重要原因之一,也都是促成这些学派和学说兴盛的解放思想运动日渐衰微。

因此,解放思想是法学进步的原动力:解放思想营造了法学研究领域讲事实、摆道理、说真话这么一种"百花齐放"、"百家争鸣"的环境和氛围,激发了法学研究创造力的勃发,带动了法学方法论的创新,也改变了法学研究的整个面貌。更进一步说,解放思想是法学进步和繁荣的灵魂。应该认识到,在现代社会,包括法学研究在内的科学研究,与现代化生产劳动有着巨大的差异。

一方面,现代化生产劳动(不管是工业生产还是农业劳动)具有重复性,尤其是商业化生产、流水线作业,重复(复制)是其基本特征;而科学研究就不同,它不具有上述特性,它需要每一个项目、每一个专题、每一个观点的创新。如果科学研究不能摆脱重复性,那就是复制,就是模仿,甚至是抄袭,这样的科学研究就没有了原创价值。

---

① 载《法学》1957年第2期。

② 载《法学》1957年第2~3期。

③ 载《法学》1957年第3期。

④ 同上。

⑤ 同上。

⑥ 载《法学》1957年第4期。

另一方面，现代化生产劳动，一般具有集团性、流水作业的性质，这样，才能节约成本，最大限度地利用有限的资源，才具有商业竞争力；而科学研究（尤其是文科研究）不具有这一属性，每一个人大脑里的构思、想法，其他人是无法精确揣摩，也是无法取代的，它完全是个人思考的产物，具有个性化（包括由此带来的多元化）的特征。有没有个性化，是检验学术和科技有没有生命力的首要指标。

因此，科学研究需要解放思想（这么说，并不是否定生产劳动也需要解放思想，而是强调科学研究对解放思想更加具有依赖性，美国苹果公司创始人乔布斯是一个最好的例子），解放思想是科学研究的灵魂，科学研究与解放思想之间的紧密关联，是科学研究发展的规律之一。作为科学研究之重要组成部分的法学研究，当然也无法摆脱，而只能遵循这一规律，《法学》创刊55年、复刊30年的历程已清楚地表明了这一规律。其结论很清楚：遵守这一规律，法学就进步，就繁荣；违背这一规律，法学就退步，就衰微。

《法学》复刊的历史还证明，一个国家、一个民族的进步，也需要解放思想。改革开放30多年我国社会主义各项建设事业的艰难而辉煌的历程表明，什么时候我们的思想解放了，实事求是了，注重理念、观点和制度上的创新了，敢于打破不合理的偏见和传统了，我们的事业就进步；反之，我们的事业就受挫。《法学》复刊30年的历史，只是我们国家改革开放30多年历史发展的一个缩影而已。

本文刊登于2011年第11期《法学》，当时是为纪念《法学》复刊30周年而撰写。此次作为“法学的历史”丛书的代总序，除个别字词之外，没有做大的修改补充。编辑本丛书，基本目的在于纪念华东政法大学成立60周年，以及《法学》创刊56周年，希望通过本丛书，将《法学》（1956年出版的3期称《华东政法学报》）刊登的有影响的文章保存下来，以真实地记录《法学》，更广范围地说也包括了中国法学所走过的曲折道路，了解新中国50多年法学发展的真实面貌，以为中国法学今天的发展繁荣提供历史借鉴。正是基于这一目的，我们在编辑时，对1981年复刊以来的各期，主要是选出比较重要的文章，而对1956～1958年所出的18期（1956年《华东政法学报》共3期，1957年《法学》全年共6期，1958年《法学》1～9月共9期）文章，全文收入，未作删节和修改，以尊重历史真实。

本丛书的出版，得到了法律出版社社长黄闽、财税出版分社社长沈小英以及各位责任编辑的全力支持和帮助。在此，谨表示我们诚挚的谢意。本丛书规模宏大，参与编辑勘校人员众多，错误和疏漏在所难免，对此我们将承担全部责任，也希望广大读者能予以谅解。

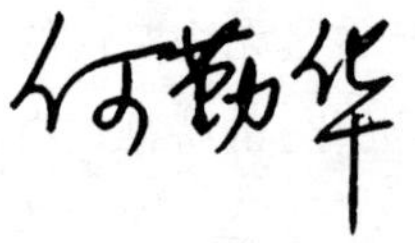 *

于华东政法大学

2012 年 8 月 1 日

* 华东政法大学校长，教授、博士生导师，法学博士。

目 录

1996 年

1997 年

1998年

1999 年

2000 年

2001年

2002年

2003年

1996 年

法是“理”与“力”的结合

孙国华[*]　黄金华[**]

在法学发展史上，只有马克思主义法学才真正解决了“法是什么”的问题，实现了法的内容与形式的有机统一，对这个原理的坚持和发展，是树立科学的马克思主义法学观的要求，是繁荣我国法学研究的要求。

一、研究法的内容与形式之理论和方法论前提

科学地认识法的内容与形式，诠释“法是什么”的问题，需要有正确的理论指导和科学的分析方法。以马克思主义哲学及其法学原理为理论基础，笔者认为，关于法的一般理论认识有如下方面。①

第一，法是主体与客体的对立统一。法是文明社会的产物，其产生和发展体现了人类社会文明演进与发展的一个侧面；也体现了社会主体与客体之间的互动统一关系，体现了主观世界与客观世界的互动统一关系。作为把主体与客体联系起来的“法”，一方面体现着社会主体实践性活动的目的性，②并渗透到社会客体中去；另一方面体现着社会客体的规律性，并反映到社会主体中来，形成和制约主体的目的及目的性活动。故而，法体现了主客体的统一，体现了主观世界与客观世界的统一，体现了合目的性与合规律性的统一。

第二，法是一种特殊的社会意识。从一般哲学原理角度看，法属于社会意识的范畴，它是社会存在的反映，并受制于社会存在。但是，法是社会意识系统的一个子系统，又有别于社会系统中的其他子系统，是一种特殊的社会意识。其特殊性表现在：(1)法是一个历史的范畴。法是人类社会发展到一定阶段的产物，归根结底是由经济的力量引起的。(2)法是特殊社会主体的社会意识。法产生以后，成为上层建筑的组成部分，与国家一起同时成为经济上占统治地位的阶级维护其利益

---

* 作者单位：中国人民大学法学院。
** 作者单位：中国人民大学法学院。

① 主要指与笔者讨论的内容与形式有关的理论和方法。

② 这种“目的性”也是受外部世界的影响而形成的，不是主观自生的，关于这方面的论述，请参见《马克思恩格斯选集》（第4卷），第228页。

的手段。(3)法是借助于国家意志,以法律的形式表现出来的特殊社会意识。

第三,法有其特殊的内容与形式。马克思主义认为,任何事物都有特定的规定性,都是内容与形式的统一,内容是形式的内容,形式是内容的形式。法也不例外,法有得以成立和存在的内容与形式,是内容与形式的有机统一。

二、法是"理"与"力"的结合,"理"是基本的,"力"是必要的

法体现着社会主体与社会客体的统一,体现着主客体之间一种互动关系、价值关系。法作为联系社会主体与社会客体关系的"中介",有其特定的内容与形式,有其存在的理由和根据。笔者认为,概括地说,法是"理"与"力"的结合,"理"是基本的,"力"是必要的,两者体现着法的内容与形式的辩证关系。

从社会主体的视角看,社会主体的实践活动是一种自觉的、有目的的、能动的活动。社会主体通过实践活动作用于社会客体的过程,同时也是一种改造客观世界、实现自己利益的过程。因此,社会主体实践活动中(认识与改造客观世界的过程)所结成的各种社会关系,实际上是一种社会利益关系。社会利益关系中存在的利益可按主体不同划分为:个人利益、集体利益和社会利益。在存在阶级的社会,这些利益关系就表现为阶级利益关系;这些阶级利益关系又表现为带有主观价值判断色彩的利益关系。法是调整社会主体行为的,进言之,是调整社会主体指向特定利益的行为。因此,法必然体现社会主体的行为特征:主观性、目的性和能动性。

从社会客体的角度看,社会客体是进入社会主体对象性实践活动领域的存在物,它有自身的存在和运动规律,有客观性、历史性和对象性的特征。社会客体是社会主体行为的对象,是满足社会主体利益需要的基地。故而,作为调整主体行为的法,就必然要遵循客体的客观规律性和历史性。

从社会主体与社会客体之间的关系上看,它们是实现了本质上的统一的"社会"。我们可以说,社会关系是一种体现着社会主客体相互作用规律的关系,社会关系内容(概括地说)是客观利益(相对于主体来看),是受制于社会关系客观规律的利益。这种利益可有不同的表现形式,①它存在于社会关系之中,法正是"社会共同的,由一定物质生产方式所产生的利益和需要的表现"。②

---

① 孙国华:"论法与利益的关系",载《中国法学》1994年第4期。

② 《马克思恩格斯全集》(第6卷),第292页。

法以及法运动的动力，从一定程度上看无非是社会主体有目的地“为利益而奋斗”的活动而已。因此，法得以确立的实质内容，就是一个包括一系列体现利益因素的系统，我们称为“理”，这是法的最基本的方面。

法的内容——“理”是一个包括多种因素、内涵丰富的系统，其中，最基本的因素可作以下理解：

首先，从法的客观性方面看，法是受制于社会物质生产方式和社会关系中的客观利益格局的，它对社会利益关系进行调整时，必须遵循社会关系的客观规律。这种客观规律又是通过人的认识而反映出来的，法所反映的客观规律，实际上是人关于客观规律一定程度上的真理性认识，从这个层次讲，法体现着真理，使其具有科学性，在科学上有“理”。

其次，从法的主观性方面看，法体现着社会主体的意志，因此，它对社会客观利益关系的调整是有目的、有选择的。[①] 这里的目的性与选择性体现着在社会中占主导地位的价值观念、道德观念和正义观，法必然在体现生产关系的客观规律的同时，还体现社会关系中的价值内容和道德内容；在我国广大人民掌握政权和共同利益一致的情况下，法还体现着人民的崇高正义观、体现社会主义的“善”德、体现广大人民心目中的“道理”。

再次，法对社会利益关系的调整要维护稳定、发展的局势，促进生产力的发展，使居民安居乐业，就必须体现一定的民主、自由、正义，实行法治原则。法中的利益选择，表现为权利义务的配置，法对权利和义务的规定必须体现出一定的民主、自由、正义和法治的要求。法总是体现了一定的民主、自由、正义和法治之“理”。

最后，法是对社会关系客观状况的反映，但这种反映不是机械的，而且是体现着社会主体的能动性认识。法的内容不仅仅是对社会事实的简单复印，而且是体现着主体的创造性反映。因而，法的内容还包含着主体调整社会关系的创见和智慧（自己的或借鉴历史的、他人的经验），法中凝结了人们反作用于社会关系的经验和技术手段，这又使法具有了预设性、可操作性、明确、肯定、有保障等一系列特征。

法的内容——“理”是一个内涵丰富的系统，它体现着掌握国家权力的阶级对客观规律的认识和利用；体现着在社会上占统治地位的正义观，体现着一定历史阶段社会生产的共同需要；体现着人们调整社会关系中积累的有价值的经验和智慧；等等。而在这些因素中起决定性作用的是被一定的社会物质生活条件

① 孙国华、黄金华：“论法律上的利益选择”，载《法律科学》1995 年第 4 期。

所决定的掌握国家政权的阶级的意志，即统治阶级的意志。因此，说法的本质归根结底是被一定物质生活条件决定的统治阶级的意志，同说法的内容是体现一定客观要求、客观规律、一定生产方式的共同要求的“理”是不矛盾的。我国社会主义法的本质，是工人阶级为领导的广大人民的共同意志，我国社会主义法的内容，既体现我国人民对客观规律（包括经济规律）的认识和利用，也体现了广大人民的正义观、价值观；体现着我国人民对“真”、“善”、“美”的追求；体现着社会主义民主、自由和科学的精神；体现着人类法律文化一切合理的成分。总之，法的内容——“理”，是“法”得以成为法的基本方面。

“理”是法的内容，这个内容必须有其得以存在和表现的形式。法的形式也是由一系列因素构成的系统，我们称为“力”，这是法律以成法的必要方面。

法所仰赖和得以表现的“力”，是以国家权力为核心的一系列因素。“理”也可理解为是法的内在之“力”，仅有这种内在之“力”，法还不能成其为法，必须被“奉为法律”，成为国家的法律，有了国家强制力的保证，法方可成其为法。法的形式方面——“奉为法律”，有国家强制力的保证，蕴涵着一系列因素，其主要方面有：

首先，法是统治阶级的意志通过国家意志形式——法律表现出来的行为规范，这不仅体现了法的国家意志性、规范性，而且表明了这种意志和规范的特殊性——与国家权力有不可分的联系，是由国家制定或认可的，是国家确认之“理”。

其次，法之所以成为法，不仅在于有一定的“理”，也不仅在于这已是国家认同之“理”，而且在于这种“理”有国家强制力保障其实施，亦即在于有一种与这种“理”相适应的“力”。法不同于其他社会规范，就在于有这种“力”的保证，没有国家强制力保障其实现的规范不能称为“法”。法的形式方面，反映了法与国家权力内在的不可分割的联系。

当然，法的形式是法的内容的形式，法的内容——“理”，法的形式——“力”，都受制于一定社会的客观状况，尤其是受物质生产方式所制约。否则，法的形式——“力”的方面也会成为无源之水。

综上所述，法是内容和形式之有机统一，体现了“理”与“力”的有机结合，“理”是基本的，“力”是必要的，二者缺一不可。从另一视角看，“理”与“力”两方面的结合正好反映了法对人的行为产生影响的“自律性”与“他律性”特征。

法的实现是靠人的自觉遵守与国家强制相结合完成的。正因为以“理”作为其内容和根据，才使法能够获得社会成员的自觉遵守，从而产生社会成员依法“自律”的良性效果；为法的实施提供了最佳方式：正因为有“力”作为其形式根据，因而，当法未能依主体的“自律”去实现时，“他律”的方式就会起作用，这种体现国家权力特征的“他律”方式是保证法之实现的必要力量。制定良好的法——实现了“理”与“力”良性结合的法，“自律”的实现方式是经常性的、一般的；“他律”的实现方式则是预备性的、特殊的。

三、法是“理”与“力”的结合之理论意义

法是“理”与“力”的结合之命题，是在马克思主义法律思想指导下，对“法是什么”的一个科学总结，是对法的内容与形式的有机统一之概括揭示，其意义在于：

第一，可以在法学研究中，坚持从内容与形式的有机统一，来观察法与法律，保持法学理论对马克思主义法律思想的坚持和发展，增强法理学对法律实践的指导作用。

法是“理”与“力”的结合，是内容与形式的统一，忽略任何一方面都会在理论和实践中出现错误和违背马克思主义法学原理。如果只强调法的内容——“理”，而忽视法的形式——“力”，就有可能出现对国家制定或认可的法律的怀疑和轻视，导致“泛法主义”和“法律虚无主义”的错误倾向，这是不利于我国新时期法制建设的，甚至会导致“有法不依”而又“无法司法”的怪现象，这实际上会导致破坏法治和出现无政府主义，使国家权力虚置。

如果只强调法的形式——“力”，而忽视法的内容——“理”，就可能导致法律与法的背离，出现“恶法亦法”的结果，从而走向“国家主义”和“法律形式主义”的错误；助长国家权力的滥用和膨胀，甚至导致披着法律外衣的“专制主义”，这同样是对法治的破坏。

因此，坚持法是“理”与“力”的结合，坚持法的内容与形式的有机统一认识，有利于理论法学的科学发展，有利于明确法律实践的正确方向，有利于发展民主，重视生活的需要，讲究科学，同时也是对马克思主义法学基本原理的坚持和发展。

第二，明确法是“理”与“力”的结合，坚持法的内容与形式统一的认识，有利于辨明各种法学观点，辨识各种非马克思主义的法概念，避免陷入片面性，以保持马克思主义法理学的健康发展。

在我国法学研究中出现的一些观点，如果仅从法的形式或仅从法的内容角度来看，似乎是正确的；但从法的内容与形式的统一来观察则是错误的。撇开法的内容，单纯把法看做国家制定和认可的“规范总和”，把法简单地归结为法律

的观点，就犯了只看到法的形式，而忽视法的内容的错误；而看到了法与法律的区别，要强调法的内容，但又把“客观规律”、“生产关系”、“社会关系”、“社会事实”等还没有被奉为法律的东西认为是法，就又犯了只看到法的内容，而忽视法的形式的错误；而把法看做“社会存在”的观点，同样是没能弄清法的内容与形式的关系，从而混淆了法的根本属性。只有坚持法是内容——“理”，与形式——“力”的结合，才能正确辨识以上种种错误观点。在法学研究中只有始终保持清醒的理论头脑，才能坚持马克思主义法学的正确指导。

（1996年第1期）

论立法中人民共同意志的集中

郭道晖*

社会主义国家已基本消灭了阶级的对立,人民的共同意志在立法中起着决定性的作用。任何与人民"公意"和公共利益相背离的个人意志或部门意志,应当受到排斥和否定。这是社会主义立法的本质所要求的。

这个问题,从理论上说是比较简单明了的,但在立法实践中却是十分复杂的。例如,立法中如何形成及如何集中人民的共同意志;立法中不同主体的意志(如领导者、决策者的个人意志,社会不同利益群体或不同部门、不同地区的意志)在立法中的作用与协调;立法中如何既对多数人意志的倾斜,又对少数人意志的兼顾;工人阶级或执政党的意志对人民群众的意志的指导作用及其统一等,都是立法中经常遇到的,而且是十分重要的问题。下面试分述之。

一、立法中如何形成与集中人民的共同意志

中国是一个人口众多的国家。虽然全国人民的利益在根本上是一致的,但人民群众因其阶级、阶层、民族、地区、群体以及在经济关系和其他社会关系中所处的地位与境遇不同,而有各自不同的利益,产生不同的"众意"(亦即不同利益主体的意志)。立法要从这无数"众意"中找出"公意"(共同意志),并不是一目了然、一蹴而就的。共同意志本身也有一个产生、形成与集中过程。这个过程大致可分为以下几个步骤与方式。

一是了解"众意",特别是不同的意见。人民是分为不同阶级、阶层、群体的,城乡之间,工农之间,农民之间,干部、知识分子、专家之间意见与看法都各有不同。法律既要反映人民的共同利益、共同意志,也要兼顾人民群众中的不同利益与不同意志,才能合乎实际,才能行得通。因此,在制定法律时必须把各方面的矛盾、问题、意见摆出来,加以研究。这要求立法者必须深入实际,作广泛的调查研究:要召开各种立法座谈会、讨论会、听取意见;要通过媒体的广泛宣传将法律草案分送各地方人大常委会、各政府部门、各人民团体、有关专家学者和利益

* 作者单位:《中国法学》杂志社。

相关人，征询意见。重要的法律草案还要在报纸上公布，征求人民群众意见，乃至组织全民讨论（如宪法修改草案的全民讨论）。最后是提交立法机关审议，继续听取立法者的“众意”。

二是集中正确意见。“众意”中有相同的和不相同的、正确和不正确的或片面的。在集中（收集）了“众意”之后，立法者必须进一步加以筛选，吸收正确的意见，剔除错误的意见，舍弃同整体利益相冲突的局部的、暂时的利益，兼顾某些同全局利益不相悖、可并存兼顾的意见与利益。这里所谓“正确”意见，是指符合人民的共同利益与意志或不与之冲突的意见。强调以“共同利益与意志”为基准，不必是相同的利益与意志，也可以兼顾虽不尽相同而不相冲突的利益与意志。“求同”不必是意志的完全同一，只要意志与利益所指的方向相同即可。兼顾这样的不同利益与意志，也是有利于团结全体人民，从而也是符合全民的共同利益与意志的。

三是集中多数人的意见。多数人的意见往往是正确的意见，这一则是由于集思广益，多数人的智慧胜过少数人，多数人同意的，往往是比较合乎实际的，再则法律是要靠人去执行，要求全体人民都遵守的，如果遭到多数人反对的法律，势必难以执行和遵守。因此尊重多数人的意见，是使立法符合实际和行得通的一个必要条件。诚然，立法是一种科学活动，要符合客观规律；而有时真理却掌握在少数人手里，多数人受某种主客观因素的影响，可能作出错误的决定。但立法是行使人民主权，必须遵循民主原则，而民主的基本准则是少数服从多数。立法者虽被要求是一个“自然科学家”，是客观社会关系与规律的表达者；但立法者更是人民意志的代表与表达者，所以必须遵循多数人的意志。因此，立法中集中人民的共同意志，最终要以多数人意志为依归。这体现在法律议案的表决，要以多数通过。这是以多数人意志来代表整体的共同意志。这种集中，是民主的集中，不是像第一、二步那样主要是集中正确意见，而是集中多数人的意见，作出决定。

所以立法中集中共同意志，有两种意义与方式上的集中：一是集中正确的共同意见，这是立法中的群众路线的集中；二是集中多数人的意志，这是民主的集中。两者在立法中都有重要作用，不可偏废（行政机关由于实行首长负责制，从立法理论上说，由首长个人审批即可。但按中国的立法程序，也仍须经过国务院或政府部门的常务会议的民主讨论后，由首长集中正确的或多数人的意见作出决定）。

这里还须指明，“多数”必须实际上是真正的多数，而不能只是表面的虚假多数。专制的统治者有时也讲尊重多数，但那已是被他扫除了反对派之后由他所御用的多数。这个决策机关中的“多数”所代表的只是统治阶级或人民中少数拥护其统治(或至少不反对其统治)的人,他们并不能体现真正多数人的意志。①

二、立法中对多数人意志的倾斜与对少数人意志的兼顾

立法,特别是法律草案的通过,为什么应是以多数人的意志为依归?为什么要以多数人的意志而不是全体一致的意志代表共同意志?

以多数人意志代表全体人的共同意志,不仅有其法理上的理由,而且也是立法在事实上必须采取的原则,因为任何立法,要求在每一具体条文、细节上都全体一致同意,事实上不可能。何况某一行为之所以要设立为法律规范,就是因为考虑到必然有人会不赞成、不愿接受这种规范的约束。如果是全体公民都一致同意并遵循的事,就没有必要用法律的形式来加以规范和约束,如没有必要定一条法律“人人必须呼吸空气”。立法总是要尽可能同多数人的意志和谐一致,而尽可能同少数的人的意志相违背,否则就有碍执行。

不过,多数原则作为民主原则并不是简单否定少数,而是同时要求尊重和保护少数。在立法过程中,少数人的意见与意志,也在考虑之列。表现在立法起草与审议过程中,少数人的正确意见(真理有时掌握在少数人手里)和少数人的利益,也要吸收和兼顾。少数人的意志有时还能影响乃至左右多数人的意志,特别是在部门或集团之间存在权益之争的时候,往往为求得顺利通过法案和将来得以顺利执行(以免持不同意见的少数人的坚决抵制)②,而在立法过程中照顾乃至迁就少数人的意志;因而立法往往是利益各方和各意志主体之间妥协的产物,为求同(“共同意志”)而存异。

---

① 中国“文化大革命”中,由林彪、“四人帮”所操纵的中共八届十二中全会,原有的中央委员和候补中央委员中71%的人已被他们“打倒”(其中97个中央委员中有47人被打倒,另10人在此之前去世,只剩下40人。为了达“半数以上”的合法开会人数,由林彪、“四人帮”指定7人增补为中央委员)。这次会议以“压倒多数”票(只一人弃权)通过了“永远开除刘少奇出党”的决议。显然,这个“多数”只代表党内外极少数人的意志。第四届全国人大代表的绝大多数也是由他们指定的,虽则也以“多数”通过了1975年宪法,显然也只代表少数人的意志。

② 1982年全国人大常委会在审议《民事诉讼法(试行)》时,对检察部门是否应参与民事诉讼并进行监督,有较大争论。当时多数委员赞成要参与,而最高人民检察院考虑到主客观条件,认为不宜在立法中予以理性规定,并致函全国人大常委会,说明他们的意见。当时为尊重主管机关的意志,以免执行中产生滞碍,该法只原则规定人民检察院“有权”对人民法院的民事审判活动实行法律监督。到1991年通过《民事诉讼法》时,才在审判监督程序中增加了4项检察院的具体监督(抗诉)程序。

所以，立法并不完全是以多数人的绝对意志为转移，其实也渗进了少数人的意志。所通过的决定或法律，实是二者的“合意”。从力学原理看，也可以说是二者的“合力”。

恩格斯曾经指出，人类创造历史的过程与最终结果，或某一历史事变的产生，是从无数单个的意志的互相交错和相互冲突中，形成“无数个力的平行四边形”，最后“融合为一个总的平均数，一个总的合力。……每个意志都对合力有所贡献，因而是包括在这个合力里面的。”①恩格斯在这里是指整个人类社会历史和历史事变的发展过程与结果而言，对于一个立法的最后形成，也是可以作如是观的。

还须指出，民主机制中，包括立法的民主化过程中，“多数”通常也应是“变动的多数”，即在对某一项法律或法律条文上其意志处于多数地位的人中，有些人在另一项法律或法律条文上，其意志可能是属于少数派地位。这样，多数中也包括了他项立法中的少数，即多数是变动的，与少数是互相渗透或转化的。否则，如果不是“变动的多数”，就可能形成多数永远统治少数的“多数专制”。当然这里多数少数之分，只是就同一统治阶级或人民内部而言。在人民统治的社会主义国家，敌对阶级或敌对分子永远是少数，立法从总体上说，永远是体现占人口绝大多数的人民的意志与利益。对少数敌对分子而言，这个人民的“稳定的多数”是，也应该是实行“多数专制”②（即“专政”）的。当然，即使这种“多数的专制”，在立法中也并不意味着否定少数的权利，包括敌对分子的某些基本人权。

三、个人意志在立法中的作用

立法是统治阶级或人民的共同意志的体现，而不能由个人意志恣意决定。即使是君主，也要受客观经济条件和政治文化等其他因素所制约，但这只是从总体上说的。就个别立法而言，不但少数人，而且个人的意志，有时也起着重要的乃至决定的作用。在政府机关，由于实行的是首长负责制，其制定行政法规与规章，理论上是行政首长有决定权，体现了个人意志在行政立法中的决定性作用。在实行合议制（或委员制）的全国人大和省级与较大的市的人大及其常委会，则是按民主的多数原则通过决定和法律、法规的；但在立法的规划、草拟、提案和审

① 《马克思恩格斯选集》（第4卷），第478～979页。

② ［美］乔·萨托利著：《民主新论》，冯克利等译，东方出版社1993年版，第134页。

议过程，个人、特别是有较高的身份、地位、声望、资历的领导人、决策人或在某方面的权威人士，其意见“含金量”大，有时足以影响乃至左右立法过程。这或者基于“权力即真理”的优势，或者确实有时真理是掌握在少数明哲的个人手里，其意见有较大的说服力，或者因为有时个人利用了程序中的某些弱点，进行操纵。像美国议员为阻挠某一不利于他所代表的利益集团的法案的通过，利用发言和修正案不受限制的漏洞，采取提出几百个修正案或进行马拉松式的辩论发言，加以拖延和对抗。中国立法机关没有、也不会出现这类情况。但因立法程序不完善，也有人大代表或委员，在大会临近要进行法案表决之前，突然在大会上就草案中某一条文提出不同意见，由于立法程序上并无提出与表决修正案的程序，以致因他一人的不同意见，使整个法律草案推迟通过；或者与会的其他代表或委员对这一突如其来的分歧意见来不及仔细思考推敲，而受其影响，以致当场付表决时未获通过，①这样，一个人的意志就影响或操纵了其他多数人的意志。

四、不同主体的意志在立法中的作用与协调

这里的“主体”包括国家机关、社会团体与公民个人（社会主体）。国家机关中又有不同的立法主体（即有权制定法律或法规、规章的机构），它们都直接或间接地表达其立法意志，参与立法过程。在社会主义中国，它们在根本利益上虽然是一致的，但在具体利益上则是多元的，因而对立法，表现出的意志是多样的、有差别的。有的部门或地方还会囿于自己的权益，而同国家、社会、集体、公民个人的权益发生矛盾。随着社会主义市场经济的建立和发展，除原有的工会、妇联、共青团等人民团体外，社会上也会形成各种不同利益群体，行业协会（如律师、会计师协会），乃至利益集团，他们也通过各种渠道对立法施加影响。这些部门、团体、集团，是民主政治进程中包括民主立法过程中的必要的和重要的组成部分。通过它们，可以反映政府各部门和社会各界的意志与利益，有利于立法者加以权衡抉择。对于互相矛盾或冲突的利益与分歧意见，加以协调兼顾，对于有违或有损于国家、社会整体利益的意见与要求，加以限制或摒除。

---

① 1989年10月31日，七届全国人大常委会第10次会议在闭幕会上表决居民委员会组织法时，有的委员临时提出对个别条款有意见，结果在对整个草案付表决时，因不足多数票而未获通过，成为中国立法史上第一个在表决时被否决的法律案；但随即又由主席以临时动议形式提出此法律草案再提交下次常委会审议，经表决获通过。这又开创了一个已被否决的法案，再被提交审议的先例。这种情况的发生，在于中国没有单就某一条文的修正案付表决的程序，以致使整个法律草案未得通过。

五、执政党的意志与人民意志的关系

中国法学界和法学教科书通常都把社会主义法律定义为:“工人阶级领导下的人民共同意志的体现。”其中工人阶级是通过共产党来实现其领导作用的,所以又可以说是“共产党领导下的人民共同意志的体现”。此外,还有一种提法是:“共产党的主张同人民意志的统一。”这是因为,“我们的法律……既代表了全国人民的利益和意志,也集中地反映了党的政策和主张。”①

上述两种提法,前者体现了我国立法工作是在党的领导下进行的,党的意志(主要表现为政策)对人民(应为人民群众)的意志起指导作用,这是由我国是以工人阶级为领导的社会主义国家的性质决定的。后者表明,我国立法中,从总体上说,党的主张(或意志)同人民的意志是统一的、一致的,这是由中国共产党的根本性质决定的;它除了人民的利益外,不应该有自身的特殊利益。所以,这两种提法,原则上都是对的,其精神也是应当强调的。

不过,在理论上和具体实践中,前两种提法还不能说是十分确切和绝对的。党必须领导立法工作,这是必须坚持、不容置疑的。但社会主义法律的本质是否可以用“工人阶级(或共产党)领导下的人民共同意志的体现”来概括呢?似乎尚有推敲的余地。

我们说“法律是统治阶级意志的体现”,这个命题适用于阶级对立社会的任何国家的法律。而任何国家的统治阶级也都有代表它们的共同利益与意志的政治集团或政党(执政党)。他们的立法也是在这个政治集团、政党领导操纵下进行的。那么我们为什么不说资产阶级的法律是“资产阶级的执政党或政治集团领导下的资产阶级共同意志的体现”呢?这是因为,资产阶级的共同意志已是由资产阶级的执政党所代表和集中了,从总体上说,二者是“二合一”的,把“政党领导下”列出来是同义反复,或概念重合。同样,“人民”一词,是一个抽象的集合名词,是一个整体。工人阶级及其先锋队共产党,也是人民的一部分(最先进的部分),党的意志也是人民意志的一部分(有根本指导作用的部分)。而且,党除了人民的利益之外,不能有自己的特殊利益,党也必须以人民的意志为依归,不能违反人民意志而自行其是。当然,党的意志(党的主张、党的意识形态)同人民群众或民众的意志是有区别的,党以其马克思主义的科学世界观、方法论

① 彭真:“关于七个法律草案的说明”,载《中华人民共和国法律汇编(1979~1981)》,人民出版社1985年版,第650页。

和大公无私的思想，联系群众的作风而体现，一般应能够最好地、最正确地集中人民群众的"众意"中的多数人的、正确的意见，形成人民的共同意志（请注意，这里"人民"与"民众"、"人民群众"是两个既同一又有区分的概念）。这也恰巧表明，党的意志，必须是体现人民的共同意志。因此，称"党领导下的人民的共同意志"，无异于说"体现人民共同意志下的人民共同意志的体现"，是同义反复。而且，党同人民不是两个对应实体（后者的概念包容前者），否则就会把党置于人民之外或人民之上；党作为领导者，其对应概念是"人民群众"或"民众"（领导与群众是相对应的）。至于作为整体的"人民"是至上的，人民主权是至上的，人民权力是至上的，人民的意志也是至上的，不能有高于人民权力和人民意志之上的权力和意志，任何政党也不能违背人民的意志。

把法律的本质归结为"工人阶级领导下的人民共同意志的体现"，可能是为了突出法的阶级性，强调社会主义法律是工人阶级的意识形态，而人民则是包括各阶级，人民意志应受工人阶级（通过共产党）的领导，亦即受工人阶级的阶级意志所指引。这在社会主义中国，是有其意识形态的重要意义的。这里，工人阶级作为领导阶级，其意志当然在立法中属于主导地位，如果是违反工人阶级意志的立法，这种立法就失去了社会主义性质。但"工人阶级的意志"也不能作狭隘的理解。首先，它主要是指工人阶级先锋队共产党的意识形态，即科学社会主义思想理论的指导，而不只是工人群众自发的阶级意识。"文革"中所搞的"工人阶级登上上层建筑的历史舞台"、"工人阶级领导一切"，实质上是把工人群众的自发性奉为神圣，其后果已为历史实践证明是行不通的。其次，工人阶级是人民的一部分，在中国，也还是占少数（农民是绝大多数），其意志也不能完全取代人民的意志。而且当着他们的意志（包括其先锋队的意志与主张）同大多数人民群众的意志与主张不一致，而又暂时不能说服群众、取得一致时，政治上就有必要，而且在立法程序上必须服从绝大多数人民的意志。列宁在颁布土地法令时关于党的主张同人民的意志不一致时，要服从绝大多数农民的意志的教导，就是很典型的立法例子。

总之，社会主义法是"工人阶级领导下的人民的意志的体现"的提法有其政治价值，但用来表明社会主义法的本质，还不能说是很贴切的，语言、概念逻辑上也有瑕疵，也不适宜于体现立法平等的原则。特别是在具体立法工作上不能作绝对化的狭隘的理解。正如我国政权的实质是无产阶级专政，但却强调称它为"人民民主专政"，突出了"人民"，表明我们社会主义中国是人民当家作主，更切合我国社会主义初级阶段政权的本质与实际。把我国社会主义法律定义为"人民共同意志的体现"，也更能突出体现法的人民性本质，免除绝对化的毛病。如果想要突出工人阶级意识形态的指导作用，此语也应改为："以工人阶级意志为主导的人民共同意志的体现"，才比较合乎概念逻辑。

至于在立法工作上，我们强调共产党的领导，指出我国社会主义法律是"党的主张与人民意志的统一"，这比较确切。然而"统一"，并非完全排除可能产生的任何"矛盾"，而且，党的主张或党的领导，也是指党中央的政策，指党委的集体领导，而不是党内某个个人的意志，或第一把手说了算。完整地理解执政党的意志与人民意志的关系，有利于使我国立法既力求符合党的政策主张，又力求符合人民的意志与利益。

（1996 年第 2 期）

法律经济决定论评析

周永坤*

绝对化了的经济决定论是现行法理学理论体系的基本理论支点之一，它已广泛地渗透到各部门法学特别是立法学研究中，对各部门法学及立法实践造成了严重的误导。它不但是实现法理学的自我超越——从计划经济时代的法理学向市场经济时代的法理学转换的主要观念障碍，而且对整个中国法学现代化和建立市场经济法律体系的宏伟业绩极其有害。因此，全面评析法律经济决定论的成因及其利弊得失，走出认识误区就成了法理学研究的当务之急。

一、马恩晚年对经济决定论的纠偏

众所周知，马克思晚年花了极大的精力去研究东方社会。1861 年 2 月，沙皇亚历山大二世正式签署改革法令和关于废除农奴制的特别文告，俄国的资本主义经济迅速发展起来，农村公社的生存出现了危机。农村公社的前途如何？人们对此产生了深刻的分歧。尼·加·车尔尼雪夫斯基提出了这样一个问题：是摧毁农村公社过渡到资本主义呢，还是与此相反，走一条不受资本主义制度的苦难而可取得全部成果的路？1877 年 11 月，马克思针对有些人对他的误解，给《祖国纪事》杂志社编辑部写信，间接地赞成后一种道路，否认《资本论》中关于西欧资本主义起源理论的普遍意义。4 年过后的 1881 年 2 月，马克思收到了维·伊·查苏利奇以俄国社会主义者名义写来的信，信中要求马克思对这一问题发表看法，特别希望马克思用其历史哲学证明世界各个民族都要经过资本主义阶段。马克思中断了“紧急工作”，开展了深入研究，四易其稿，于 3 月 18 日作答。在马克思关于农村公社的研究中，我们可以看到许多对经济决定论的纠偏，提出了许多新的观念，要者如下：

第一，历史哲学是超历史的。当有人把马克思的西欧资本主义起源理论视为历史哲学理论，并以此说明一切民族都必然走资本主义道路以过渡到共产主义时，马克思说：“但是我要请他原谅。他这样做，会给我过多的荣誉，同时也会

---

* 作者单位：苏州大学法学院。

给我过多的侮辱。"[①]马克思以罗马平民被剥夺但没有走上资本主义的历史事实为例告诫人们:"如果把这些历史发展过程中的每一个都分别加以研究,然后再把它们加以比较,我们就会很容易地找到理解这种现象的钥匙,但是,使用一般历史哲学理论这一把万能钥匙,那是永远达不到这种目的的,这种历史哲学理论的最大长处就在于它是超历史的。"[②]4 年以后,当查苏利奇要求马克思就同一问题表态支持农村公社必然走资本主义道路时,马克思断然拒绝,他说人们关于农村公社前途的不同观点"都和我对资本主义制度起源的分析毫无关系"[③],在《资本论》中所作的分析,"既不包括赞成俄国农村公社有生命力的论据,也不包括反对农村公社有生命力的论据"[④]。由此可知,马克思严格区分历史总体发展与具体历史事件、具体社会的发展轨迹两类问题。历史决定论只适用于前者。对于后者,只能分别加以研究,它超出了历史决定论的值阈。

第二,世界历史条件下的环境决定和跨越卡夫丁峡谷思想。1877 年,马克思说:"极为相似的事情,但在不同的历史环境中出现就引起了完全不同的结果。"[⑤]4 年以后,马克思进一步得出在世界历史条件下外部环境有时可能成为历史发展的决定力量。他说,"俄国不是脱离现代世界孤立存在的"[⑥],俄国"恰好又生存在现代的历史环境中,处在文化较高的时代,和资本主义生产所统治的世界市场联系在一起",[⑦]所以农村公社的发展道路"一切取决于它所处的历史环境"。[⑧] 正是以环境决定论立论,马克思明确指出:"可以不通过资本主义时期的卡夫丁峡谷,而把资本主义制度的一切肯定的成就用到公社中来。"[⑨]这就是著名的跨越卡夫丁峡谷的理论。针对人们的质疑,马克思反问道:"俄国为了采用机器、轮船、铁路等,难道一定要像西方那样,先经过一段很长的机器生产发展的孕育期吗?"[⑩]马克思还用在西方经过几个世纪的发展才建立起来的银行、信用公司在俄国却一下子就建立起来的事实加强自己的论点。

第三,主体选择的决定作用。在论述了跨越卡夫丁峡谷的可能性以后,对于

① 《马克思恩格斯全集》(第 19 卷),第 130 页。
② 同上,第 131 页。
③ 同上,第 447 页。
④ 同上,第 269 页。
⑤ 同上,第 131 页。
⑥ 同上,第 431 页
⑦ 同上,第 444 页。
⑧ 同上,第 451 页。
⑨ 同上,第 436 页。
⑩ 同上,第 431 页。

俄国最终的道路，马克思并没落入历史预成论，而是留给人的选择去决定。他特别强调国家权力的影响："只要没有被强大的反作用击破，就必然会导致农村公社的灭亡。"①在给查苏利奇复信的第二稿中，马克思也没有从经济上寻找日耳曼公社灭亡的原因，而是说："它是死于暴力之下的。"②把这一切联系起来看，马克思早已看到在一定条件下上层建筑的"决定作用"。请注意马克思将俄国农村公社对上层建筑的作用称为"反作用"。这有助于破除将"决定作用"与"反作用"神圣化、绝对化的经济决定论。③

马克思未能完成人类学研究的事业而在贫病中去世，这留下了永恒的历史遗憾。马克思逝世以后，年轻的、浅薄的"马克思主义者"出于对马克思的尊敬，他们没有注意马克思晚年对历史哲学的纠偏，反而将经济决定论进一步教条化。对教条化纠偏的历史重任责无旁贷地落在了恩格斯肩上。

1890年，恩格斯以哲人的胸怀明确告诉人们："青年们有时过分看重经济方面，这有一部分是马克思和我应当负责的。"他指出失误的原因在于论战的环境使他们在反驳论敌时"常常不得不强调被他们否认的主要原则"，没有时间、地点、机会来给"其他参与交互作用的因素以应有的重视"。恩格斯同时批评那些将经济决定论推向极端的最新的"马克思主义者"们，说他们"的确引起过惊人的混乱"。④

恩格斯晚年的纠偏集中在以下几方面：

第一，扩大经济概念的外延。逝世的前一年，恩格斯写信给符·博尔吉乌斯，对经济概念的外延作了界定，其宽泛程度前所未见。他说："我们视为社会历史的决定性基础的经济关系，是指一定社会的人们用以生产生活资料和彼此交换产品（在有分工的条件下）的方式说的。因此，这里面也包括生产和运输的全部技术装备。这种技术装备，照我们的观点看来，同时决定产品的交换方式，以及分配方式，从而在氏族社会解体后决定着阶级的划分，决定着统治和从属关系，决定着国家、政治、法律，等等。此外，包括在经济关系中的还有这些关系赖以发展的和事实上由过去沿袭下来的先前各经济发展阶段的残余（这些残余往往只是由于传统或惰性才继续保存下来），当然还有围绕这一社会形式的外部

---

① 《马克思恩格斯全集》（第19卷），第440页。

② 同上，第448页。

③ "作用"、"反作用"、"影响"这些词具有明显的力学概念色彩，这是古典力学在社会科学中的扩散。这些概念在马恩那里并不具有我们理解的绝对的含义。

④ 《马克思恩格斯选集》（第4卷），第479页。

环境。”在同一封信中，恩格斯提出了科学与技术相互依赖的观念。[①] 这样，恩格斯就在“经济关系”这个作为他们历史哲学的基本范畴的外延里增加或强调了被人们忽略了的三大要素：科学技术、地理基础、外部环境。[②] 在1890年的一封信中恩格斯甚至说：“暴力（即国家权力）也是一种经济力量！”[③]

第二，引入相对性观念，辩证理解经济决定论。这里的“相对”、“辩证”不是指经济决定上层建筑、上层建筑反作用于经济这种相对与辩证，而是指“决定”、“反作用”的划分是相对的。在1890年的一封信中，恩格斯强调立法的作用。对于那些只会在这里看到原因、那里看到结果的浅薄的经济决定论者，恩格斯指出经济决定论只是“空洞的抽象，这种形而上学的两极对立在现实世界中只是在危机时期才有……这里没有任何绝对的东西，一切都是相对的”。“这些先生们所缺少的东西就是辩证法。”[④]

第三，指出经济不是唯一的决定因素，强调各种因素间的相互作用。1890年，恩格斯致信约·布洛赫，批驳了对唯物史观的歪曲：“根据唯物史观，历史过程中的决定性因素归根结底是现实生活的生产和再生产。无论马克思或我都从来没有肯定过比这更多的东西。如果有人在这里加以歪曲，说经济因素是唯一决定性的因素，那么他就把这个命题变成毫无内容的、抽象的、荒诞无稽的空话。”在恩格斯看来，上层建筑的许多方面（他特别提到宪法）对历史进程产生决定作用。从1890年直到逝世，恩格斯反复强调“相互作用”的观念。他说：“这里表现出一切因素间的交互作用”，在同一封信的结尾他又一次提到“交互作用”。[⑤] 一个月后，他在另一封信中又一次提到“相互作用”，[⑥]1894年又在一封信中提到“互相作用”，告诫“要始终注意到总的联系”。

第四，强调事物按其本性和自身逻辑的运动。在谈到产品贸易的时候，恩格斯说：“一旦离开生产本身而独立起来，它就会循着本身的运动方向运行……它毕竟还是循着这个新因素的本性的固有的规律运行的。”[⑦]关于法律，恩格斯也强调法律的内在逻辑联系，他说，很难证明“在英国立遗嘱的绝对自由，在法国对这种自由的严格限制，在一切细节上只是出于经济原因”。法律“在某种限度

---

① 《马克思恩格斯选集》（第4卷），第505页。

② 这个“外部环境”正是前文马克思所讲的外部环境，是从世界历史的角度来看的，不是指社会的自然环境。

③ 《马克思恩格斯选集》（第4卷），第486页。

④ 同上，第486～479页。

⑤ 同上，第481页。

⑥ 同上，第506、508页。

⑦ 同上，第481页。

内”可以改变经济。①

二、法律经济决定论与马恩晚年思想的差异

将马恩晚年的论述与时下流行的法律经济决定论作一比较，我们便可看到两者存在根本性的差异，导致这些差异的原因，有些是拘泥于马恩早已反思过的或被他人误解的结论，并将它推向极端；有的则属超出了真理的值阈，更多的则是出于我们的“附加”。

第一，经济概念外延的差异。法学界对经济的常识性理解最终归结为生产关系的总和，这就将马恩晚年反复强调的经济的物质形态、地理环境、外部环境忽略了。核心概念的差异必至“失之毫厘，差之千里”。这正是几十年“不断变革生产关系”，不顾当代世界各国“技术装备”接近的事实而片面强调法律性质对立的根本原因。

第二，“决定”的含义不同。在马恩那里，经济决定只是比喻用语，经济是上层的“最终”承载体，而经济决定论中，“决定”具备了产生、规定的含义，被“决定”意味着法律的性质、发展对经济的从属。这表明我们正好走了一条与马恩晚年背道而驰的道路：一个是将“决定”弱化、相对化，一个是将它强化、绝对化。

第三，适用的范围不同。在马恩那里，经济决定论是历史哲学问题，不能说明经济与某一社会现象的关系，更不能说明某一历史阶段、某一国家的经济与法律的关系问题。作为历史哲学，它只对长期、大规模社会预测有效，正像马克思对俄国农村公社所讲的那样。而我们的经济决定论却将它扩展到经济与法律这一具体现象的关系，更用于评价我国某一阶段甚至某一立法的合理性。

第四，决定力量一元与多元的差异。马恩晚年阐述的社会发展的决定力量是多元的。一切随历史机遇不同而不同，有时上层建筑（国家暴力）也会成为决定力量，而经济决定论则特别强调经济是唯一的决定力量，其他因素充其量只是“反作用”、“影响”。

第五，是否承认环境决定作用。马克思多次提到世界历史环境决定了俄国农村公社的命运。这里，农村公社的命运不是自身经济合乎逻辑的发展，而是环境中断了其发展进程，把它推上了全新的运行轨道。这是马克思晚年对早年思

① 《马克思恩格斯选集》（第4卷），第483～484页。

想的重要补充。马克思早年创立经济决定论时，不得不将外部环境抽象掉，将社会看做一个封闭的自我发展的系统，只有这样才能建立分析模型，这正是19世纪分析方法在经济学和历史科学中的成功运用。但是，这同时也决定了经济决定论的真理值阈：在一个封闭的社会中，一旦人类历史进入"世界历史"阶段，一个处于世界中的社会，其发展就不能完全用经济决定论来说明了。在19世纪40年代，马克思创立经济决定论时"世界历史"现象并不明显，30年以后，随着"世界历史"现象的突起，马克思率先注意到了这一点，提出了著名的"跨越卡夫丁峡谷"理论，明确提出环境在一定条件下的决定作用。马克思的英明论断不久便为俄国公社的历史证实。20世纪，现代化运动在亚洲和非洲展开，马克思的环境决定论一再显示其魅力。这些后起现代化国家的法律进化并没有也不是在经济推动下展开的，它是外部环境压力的产物，是传统社会经济崩溃或行将崩溃的产物。而我们，则将早已处在"世界历史"中的中国看成孤立的中国，一再以中国自身的经济特色立论，拒绝外来法律文化。

第六，是否承认主体选择在一定条件下对法律的决定作用。如前所述，马克思将俄国公社的前途交由俄国人去选择，指出日耳曼公社灭亡于暴力。这里不存在经济必然性。法律经济决定论却断然拒绝主体选择的决定作用，看不到在一定条件下经济决定链条的断裂，意志成了决定力量：当人民用立法改造、创建经济关系时就是如此，当外力将异己的法律强加于自己时更是如此。人们可能会说，异己的法律也是经济决定的，这不错，但是不能说明经济决定法律。因为这里讨论的是本土的经济与外来法律的关系，对于这个经济，法律是主动的力量，经济是被改造的力量，处于被动地位。

第七，是否承认法律自身发展的逻辑。在马恩那里，法律产生于经济之上过后，就形成了自身的发展逻辑。在法律经济决定论中，经济决定了法律的一切，法律对经济发展亦步亦趋，机械地将法律划分为五个阶段，各阶段法律的性质又与其经济基础同质，否定不同经济发展阶段存在相同的法律的可能性，甚至否认法律发展的连续性——反对法的继承性，等等。

这7大差异中后果最严重的要数经济概念的差异。"经济决定法律"这个判断的核心概念是"经济"，赋予经济不同的界定就完全改变了这个判断本身。将马恩作为社会历史基础的极广义的经济收敛为"经济基础"——生产关系的总和，就把具有相对合理性的经济决定论蜕变为极端荒谬的理论，变成了阶级斗争为纲理论的分理论。只要看一下现实就可知晓它与阶级斗争为纲理论同样是站不住脚的：我国的计划经济立法与计划经济哪个在先？今天，我们难道要等到市场经济建设成以后再来建设社会主义市场法律体系？问题就出在这个狭义的经济概念:为阶级斗争服务的经济概念、抽去物质形态只剩经济关系的经济概念、将经济关系的阶级性绝对化的概念。

三、法律经济决定论的负效应

第一,对立法的负面影响。首先,它使人们在立法上失去“自我认识”能力,有碍法律的完善与进化。经济决定论以经济关系为标准,将法律分为绝对恶和绝对善两部分,自身的立法具有绝对善的性质,经济决定论将自身的法视为对经济关系的客观必然的描述,具有科学性,这就从根本上否认了对它们进行认识的必要,甚至是完善的必要。① 众所周知,人们创造的东西都只具有限的合理性,法律也是这样。在经济决定论那里,法律的发展却是“到我为止,以我为最”,无疑是非常幼稚的。长期以来它实际上成了人们在法律上“认识自己”的障碍。其次,排斥先进的法文化,使立法走了不少弯路。对法律作绝对善恶两分法的结果是把自身置于法文化沙漠之上,不能吸收成功的立法经验。新中国成立后的前30年法律的继承性被否认姑且不论,即使在改革开放以后,人们仍过分拘泥于法律的姓“资”姓“社”,对学习、移植先进法文化心有余悸、羞羞答答。更有甚者以经济决定论为依据反对“超前立法”。如果冷静地分析一下我们的立法,其中许多不过是向被否定的历史的回归,它使我们丧失了几十年的时间。再次,取消了一般道德原则对立法的限制。经济决定论法律为阶级斗争或为经济建设服务的法律工具主义,形成了立法中的非道德主义倾向,其基本特色是否认法律与一般道德:仁爱、诚信、公正等的联系,极端工具化。将宪法看做治国的章程而不是对治国者的拘束、人权的保障,行政法中的行政秩序第一观念、民法中的合同为计划服务的思想、刑法中的重刑主义倾向等,都与经济决定论存在亲缘关系。最后,也许是最重要的,从总体上迟缓了立法的步伐。由于经济决定论只承认法对经济反作用,否认法对经济的决定功能,影响了人们积极自觉地运用法律去创设经济关系,积极变革经济关系。这种认识妨碍了我国走上“变法”以改革的正常发展道路。人们无法接受这样的观念:法律具有超越任何特定社会、经济结构的能力,社会变革的“法律化”正是社会结构、人类成熟的标志。在今天,我国面临市场经济建设的历史任务,经济决定论已经并且将继续迟缓建设社会主义市场法律体系的步伐。

---

① 经济决定论者虽然也讲完善立法,但只是抽象的承认,且这与上述基本假设不一致。

第二,降低了法律实施的质量。经济决定论派生的法观念从三方面影响法律转化为现实。首先,法律的实际社会地位和在人们心目中的地位低下。经济决定论理论体系中的法律只是统治者维护经济利益的工具,是实现政策的工具,因而法律不仅在当政者的眼里是可用可不用的工具,在一般民众心目中,法律也只是对自身不利的禁令和义务。其次,割断法律与正义的联系、理想的联系,无法激发民众对法律的忠诚感。经济决定论中包含了明显的道德相对主义,理想的社会没有法律,法律只在阶级压迫的社会中方有存在价值,这样,法律便与人们的社会理想脱节甚至对立,其极端者甚至把法律作为一种"恶"。这不仅阻碍了法律理想的确立,而且无法使民众确立对法律的忠诚感。最后,对法律与社会的关系的误解,产生对法律的偏见。在经济决定论模式中,法律对经济只具有工具性价值,而且随经济的变动而变动,法律不具有主动变革社会的能力,这里隐含着一个判断:法律的发展永远滞后于社会的发展,法律是社会发展的阻力。正是基于这种认识,"规避法律"、"突破规定",甚至"突破法律"就与改革同名,极大地破坏了民众的守法习性。这已使我们付出了沉重的代价。

第三,对法学、尤其是法理学的发展极为不利。首先,科学理性的法学存在的认识前提之一是承认存在超越任何社会结构与经济结构的法律一般原则,承认任何实在法只具有相对合理性。只有这样,人们才能确立应然法观念引导实在法;只有这样,人们才能把实在法纳入理性批判的视野,对它作实证分析从而超越它,这就是法学的任务,这就是法学的存在价值。经济决定论正是在这两方面抽去了法学生存的根基。既然法律只是对特定经济结构的确认与保护,经济又具有必然性,那么,法学的作用至多在于解释实在法;既然法律是在领导人的领导下对社会规律的正确认识,那么法学家对于法律的进化便毋庸置疑,解释实在法的最终权力也在立法者而不在法学家;由于不存在评价法律的价值标准,评价法律成了论证法律的合规律性、必然性——法学最终成为负面意义上的意识形态的一部分,法学失去了独立的、科学的品格。在这里,经济决定论与我国古代"天命论"的逻辑结构和社会效果是同一的。其次,使科学理性的法理学体系难以构建。法理学作为独立的学科必须有自身的概念体系和逻辑结构。经济决定论指导下的法理学一切围绕经济转,从法的产生到消亡,法理学成为以经济决定论为红线的封闭体系,法理学失去了个性,成为历史哲学的翻版。再次,阻碍了对法与经济关系的实证研究。经典作家一再强调历史哲学的方法论意义,它不能代替具体的研究,但是经济决定论这个历史哲学命题在我国成了法学命题,妨碍了人们对法与经济关系进行实证研究。最后,妨碍法学对西方法文化的吸收,有碍中西法学交流。经济决定论营造了这样的氛围:各自的法学都是对各自法律的认同，归根结底是为不同的经济基础辩护，所以社会主义法学与资本主义法学便势同水火，只有自己把握了真理之门，而西方法学是资本主义的，因而是唯心主义的，对于他们，只有批判与斗争。

经济决定论①是人类认识社会的一次巨大飞跃，它的真理性在于证明历史是有规律可循的。但是它毕竟具有一切历史决定论的共同弱点：以抽掉必要的认识为前提。一个社会法律制度的合理基础和这个法律本身的合理性不是一回事，现代社会法律的合法强制力的来源不能用权力的"合规律性"来论证，而要靠权力本身来自人民的同意及权力的行使本身符合超越特殊社会、经济结构的一般价值——自由、平等、权利来证明。这就要求用理性的态度不断反省自身的法律，而不是用单线性的经济决定论来证明它的绝对性。

（1996年第2期）

① 请注意这里的经济概念是广义的。

当前我国法理学研究中的几个问题

孙国华*

近年来,我国法理学研究取得了令人注目的巨大成就,这些成就的取得与邓小平同志建设有中国特色社会主义理论和十一届三中全会以来党的一系列方针、政策的正确指导分不开,也与我国法理学界广大同人的勤奋努力分不开。回顾过去,成绩是基本的,是我国法理学研究的主流,应当充分肯定,但对发展中、前进中出现的问题,也应有足够的重视,以便及时改正,保证和实现进一步的健康发展。

一

当前,作为改革中、前进中出现的问题,一方面是思想解放还不够,还跟不上形势的发展,对新情况、新问题的研究不够及时和深入,往往还不能摆脱旧的、已不适合现实需要甚至本来就是不正确的认识和做法;另一方面是思想解放"有余"、实事求是不足,重视研究新情况、新问题,但缺乏辩证的分析,以致出现另一种片面性,产生一些不利于改革开放进一步发展的观点和做法。这两方面的问题都应引起重视。因为它关系到如何正确把握、认识当前我国法理学研究中的几个重要问题。

(一)关于法的本质

法就其本质来看是被奉为法律的统治阶级的意志,其内容是由该阶级赖以生存的物质生活条件所决定的。这是马克思主义关于法的本质的基本原理。然而,在改革开放观念更新的过程中,有些学者却对此提出质疑。有人还提出反证,力图否定这个原理。这主要表现在以下几种观点:

第一,用法是市民社会的要求的观点来反对法是统治阶级意志的体现。持这种观点的学者认为:法是市民社会要求的反映,而市民社会的要求代表了社会的共同利益、共同意志,因而法并不反映某一特定阶级的意志。这种观点实际上是把统治阶级的意志与市民社会的要求绝然对立起来了,事实上市民社会的要

* 作者单位:中国人民大学。

求总是要通过在该社会占统治地位的阶级的意志表现出来。说市民社会的要求代表社会的共同利益、共同意志,但不要忘记这个“社会”总是一定阶级在其中占统治地位的社会。因此从根本上看,统治阶级的意志恰恰是市民社会要求的体现。

第二,用法是理性的体现的观点来反对法是统治阶级意志的体现。有的学者认为:马恩“指出资产阶级法是资产阶级意志的体现,是批判资产阶级法的不合理性,合理的、优良的法律不应当是一个阶级意志的体现……法律只反映统治阶级意志过分强调对立……最多适用于专制社会”。这种观点把理性与意志截然分割开、对立起来是错误的。其实理性中有意志,意志中也有理性,二者的根本性质和内容,都取决于一定的物质生活条件。马恩说资产阶级法是资产阶级意志的体现,恰恰讲的是资产阶级法的合理性、合规律性。在资本主义社会,越是合理的法越能反映资产阶级的意志。专制社会的法是统治阶级意志的体现,民主社会的法,就其本质来看,也只能是反映该社会物质生活条件要求的统治阶级意志的体现。

第三,用把法与法律截然割裂开的办法来反对法是统治阶级意志的体现。有人认为法不同于法律,法是社会客观规律的表现,属于社会存在,反映社会的共同需要,不以人们的意志为转移;而法律则是统治阶级利用国家权力推行自己特殊意志的表现。其实,承认法律是统治阶级意志的表现,就得承认法也是统治阶级意志的体现,因为,法律是法的表现形式。马恩反对把法简单归结为法律,但他们同时认为被奉为法律的统治阶级意志才是法。所以绝不能把法和法律截然割裂开来。法是社会生活的主观方面,属于社会的意识形态领域。法可以反映客观规律,但不等于客观规律。把法视为客观规律、社会存在,势必否定法的阶级性及其上层建筑的属性。

第四,有的学者并不一般地反对法是被奉为法律的统治阶级的意志,认为这个公式只适用于阶级对抗的社会。他们认为对于社会主义法来说“不仅不应当再沿用统治阶级意志体现来表述其本质,而且也不应当再用阶级统治工具这个原理来说明它的根本任务”。认为社会主义社会已不存在被统治阶级,也就不存在统治阶级了。这种看法也是不对的。在我们的社会主义社会,剥削阶级作为阶级已被消灭,但其残余仍然存在,国际间的阶级斗争也必然会反映到国内来,因此,工人阶级领导的广大人民作为统治阶级,必须继续统治下去,坚持人民民主专政。上述错误观点的要害就是不知不觉地否定了我国法是实现人民民主专政的武器这个实质。

马克思主义认为法是统治阶级意志的体现,这讲的是法的本质。当然,法确实不仅仅是统治阶级的意志,法的内容与形式由多种因素构成。但只有被该社会物质生活条件(也就是统治阶级的物质生活条件)所决定的统治阶级的意志,才是决定所有这些因素的决定性因素,所以也只有这个决定性的因素才说明法的阶级本质。马克思主义的这一原理,深刻地揭示了法的内在规律,是历史唯物主义的重要组成部分,能否坚持这一原理、能否正确认识法的本质,直接决定着法学研究和法制建设的根本方向,对这样的问题,切不可掉以轻心。

(二)关于现代法的精神

为了实现我国法制的现代化,法理学界提出研究现代法的精神,很有必要。但有些学者在进行这种研究时,往往避而不谈社会主义法与资本主义法的本质区别,而是笼统地讲现代法的精神,给人一种印象,似乎实现了这些所谓“现代法的精神”,就会实现我国法制的现代化。这就有使我国法制现代化脱离社会主义方向,脱离我国国情,而出现西化的危险。

实现我国社会主义法制的现代化,确实有必要也有可能借鉴和移植历史上或其他国家法律文化中某些合理、科学的因素和规定,包括无论是资本主义法还是社会主义法都应遵循的反映现代生活的那些合理的、科学的、共同的专门法律原则。但这种借鉴和移植必须从不同的国情出发,必须考虑到社会制度的不同。在我国,首先要以承认社会主义法与资本主义法的本质区别为前提。也就是说在本质和方向上,要有姓“资”姓“社”的区别,然后在实现目的的手段和措施上,才能不问姓“资”姓“社”,作出为我所用的正确抉择。小平同志关于计划和市场没有姓“资”姓“社”之分的指示,就是从计划和市场都是手段的意义上讲的。可见在借鉴和移植历史上或其他民族的法律时,关于姓“资”姓“社”的问题,正确的态度应是:首先要分,其次不分。重视对法律文化发展中的那些科学、合理地反映现代化市场经济、现代社会生活的共同因素的研究是必要的、有益的。但笼统地讲,“进行法律移植”“必须突破姓‘资’姓‘社’政治意识形态的束缚”,虽然是在法也反映客观规律的意义上讲的,但不提另一面,根本性质不同的一面,恐怕也有片面性。这是否是一种非政治化、非意识形态化的倾向呢?这种倾向,虽然是在改革中、在克服我们过去的不足的过程中,不自觉地出现的,也应引起我们自己的重视,注意克服。这种倾向,在对待西方法学某些理论范畴的态度上,也有所表现,如有的学者非历史地、过分地推崇契约自由、社会契约理论等。

(三)关于“私法优先”

有的学者主张,社会主义法也要有公法和私法的划分,建立社会主义市场经济法律体系,也应以公、私法的划分为基本框架,有的学者还提出要贯彻“私法优先”原则。这是个值得认真思考、严肃对待的问题。

马克思曾指出:私法是伴随着私有制的产生和发展而产生和发展的。社会主义法确实也大体有调整平权关系和调整隶属关系两个部门群,但这是否要概括为公、私法的划分呢?列宁在实行新经济政策时,曾明确指出:“制定新的民法,确定对私人契约的新的态度……在我们看来,经济领域中的一切都属于公法范围……我们所允许的资本主义只是国家资本主义;而国家,如上所述,就是我们。”“就是我们有觉悟的工人。就是我们共产党员。”①对列宁的这段话,应结合实际深入研究,不应简单抛弃,更不应简单否定。

至于“私法优先”,对资本主义法来说可能是这样,因为在那里,生产资料私有制占主导地位。在我国,现阶段虽然允许多种经济成分存在,但毕竟是公有制经济要占主导地位。我国是工人阶级领导的人民民主专政的社会主义国家,个人利益和国家利益、社会利益之间,没有不可调和的矛盾,没必要采用公、私法两分的模式,更不应搞什么“私法优先”。这并不影响我们以三个有利于为标准,根据不同的调整对象,采取恰当的调整方法,正确处理国家、集体和个人之间的关系,保护各种主体(包括私有主体)的正当权益。在社会主义市场经济条件下,调整经济关系的经济法、民商法,确实占有重要地位,这类规范,包括宪法中有关经济制度的规定,或者也可以说是我国社会主义法律体系的核心或基础,但这不是什么“私法优先”。

(四)关于“权利本位”

法律问题是主体的权利和义务问题,这是常识。曾有一段时间,人们重视国家权力,这并不错。但夸大政治权力的作用,忽视经济规律,对社会成员的权利和自由的确认和保障也有所忽视,却是不应该的。在发展社会主义市场经济、建设社会主义民主政治、社会主义精神文明的过程中,重视对社会成员权利的确认和保护,是必要的。但重视权利问题,是否要用“权利本位”的提法来表述,值得商榷。

“权利本位”是资产阶级法学家在自由资本主义时期,与“个人本位”同时提出的主张。当资本主义发展到垄断阶段,已不再提“个人本位”,而主张“社会本位”,也很少有人再提“权利本位”的口号。甚至还有人根本否定权利的存在,主张只有义务没有权利。“二战”后,虽然有人提出要认真看待权利,但也未用“权利本位”的口号。马克思主义认为:没有无义务的权利,也没有无权利的义务。权利和义务是一个问题的两个方面。一个行为,从允许做、能做的角度看,是权利,从要求做、应做的角度看,就是义务。权利、义务是辩证统一的。有些行为,

---

① 《列宁全集》(第42卷),第427、425页。

确实很难说是权利还是义务(如我国公民的劳动、受教育等行为)。重视权利问题的研究是对的,深入研究权利、义务的社会经济根源和法律中介机制也是必要的。但简单地搬来“权利本位”的口号,恐怕有失偏颇,似不利于人们树立正确的权利义务观念、提高公民意识。

二

通过对以上问题的分析,给我们一些什么启示呢?笔者认为,主要有以下几方面:

首先,我国的法理学研究必须坚持走马克思主义与中国实际相结合的道路,以马克思主义为指导,切实研究新情况、新问题,坚持解放思想、实事求是的理论原则。我们过去曾犯过这样那样的错误,这些错误都同我们经验不足,对马克思主义原理的理解不够全面准确有关。而马克思主义的基本原理特别是马克思主义的世界观、方法论没有错。在反思过去,纠正我们曾犯过的错误时,一定要采取全面的、历史的、有分析的态度,防止犯“倒洗澡水连小孩子一起泼掉”的错误。对马克思主义的原理,包括马克思主义关于法的基本理论,要认真学习、深入研究、全面准确地理解,不应停留在表面,遇到问题还没有理解就产生动摇、质疑,甚至简单否定。这种学习研究必须联系实际,联系改革开放的实际,全面理解、正确贯彻。要把学习马克思主义法律观与学习邓小平同志关于有中国特色的社会主义理论和关于民主、法制建设的思想有机地结合起来,坚持理论联系实际的原则,不断提高我们理论研究的水平。

其次,要防止从一个片面到另一个片面,如过去我们重视对法的本质和内容方面的研究,对法律本身还有相对独立性的一面有所忽视,对法律文化发展中一些普遍性、共同性的问题重视不够。现在重视后一方面的研究是对的,但若忽视前一方面的研究,也会犯迷失方向的错误,走更大的弯路。研究法律问题,不研究法律本身、不研究各种法律思想或绕过法律本身,绕过法律思想的发展,不行。但脱离社会物质生活条件,脱离不同社会生活的需要,就法律本身、法律思想本身来研究法律、法律思想,也不可能真正理解法、理解法的精神。研究法不联系决定它的本质的社会物质生活条件,不讲法的阶级性,不行;只讲法的阶级性,否认不同类型法与法之间还有联系,还有可相互借鉴或移植的共同因素,也不行。

最后,法是复杂的社会现象,它有多方面的内容和因素,因此,在理论研究中发生片面性、表面性、主观性的毛病,是很难避免的,特别在社会急剧发展、思想解放、观念更新的过程中,出现一定的失误是不可避免的,造成失误的原因也是多方面的，不能单纯归结为阶级立场问题。对这种失误或者偏差不重视、不克服不对，重视就简单作政治结论、上纲上线也不对，那样势必会影响学术上的大胆探索，正确的态度应是切实贯彻"双百"方针，不作简单的结论，在坚持四项基本原则的前提下，通过学术讨论的途径，不断校正研究的正确方向。此外，要树立和培养马克思主义的学风，提倡实事求是，坚持真理、修正错误，为人民的利益坚持正确、改正错误的精神，坚决摒弃那种听风声、看行情的庸俗作风。不同观点之间应提倡互相尊重、与人为善的态度，在马克思主义和建设有中国特色社会主义理论的指导下，加强团结，共同为进一步繁荣我国法理学研究而奋斗。

（1996年第4期）

世纪之交的中国法学应当重视法学学问题的研究

——兼论法学学科的功能

刘作翔*

一、从法学学科功能谈起

在一次较高层次的法学学术研讨会上,一位从事法理学研究的学者提出一个关于"法律移植"问题的报告,内容涉及"法律移植的科学内涵","法律移植的必然性和必要性","法律移植的基本模式和内容"以及"法律移植必须注意的问题",等等;接着一位从事比较法研究的学者也谈了他对当今中国法律移植问题的研究体会,认为应将重点放在对一些具体的法律制度问题的比较、分析以及法律移植的具体操作层面上,而不宜过多地去考究法律移植的内涵、必然性、必要性等抽象问题。然而那位法理学者在讨论中则坚持:关于法律移植的观念层面的问题并没有完全解决,中国现实中对法律移植的看法不尽一致,阻力并未完全排除(如法律移植中姓"资"姓"社"的争论等),而且这种来自观念层面的阻力阻碍着法律移植的实际操作和运行,等等。

这是一种现象。这一现象在一些法学研讨会上,法学争鸣文章中普遍存在,尤其是在涉及一些带有跨学科性质的研究中更是如此。以上两位学者的发言都有各自的道理,并且也都有能够立足的来自理论的以及实践层面的支持论据。那么,问题的症结在哪里?这就是笔者近来一直在思考的一个问题,即法学学科的功能问题。而这一问题是我们多年所忽视的一个问题。

不论是自然科学学科还是人文社会科学学科都有其各自的功能,法学学科也不例外。诚然,从宏观上讲,科学是对自然世界和人类世界不断的认知过程和总结过程。科学的任务在于准确和正确地揭示及解释世界的客观发展规律。但科学伴随着人类认知能力的发展又经历了一个从混沌到明晰、从综合到分化、从一元到多元等的发展历程,这是近代科学的一大历史功绩。即使像有些学者所

* 作者单位:西北政法学院(现西北政法大学)。

预测的那样，科学将来还要走向综合，但那时的综合也是建立在分化基础上的综合，而不会恢复到那种原始状态的混沌一体。科学的分化带来了学科的分化，学科的分化便产生了功能的分化，即各个不同的学科承载着不同的学科功能。例如，哲学承载着确立人们的世界观、思维模式、方法论等的功能；文学承载着塑造人们的健康心灵、情操，善良人性等功能；经济学承载着探求人类经济发展规律的功能，等等。

法学作为人文社会科学的一个重要分支，其研究对象是法律世界以及与法律世界相关的其他领域的世界。但自近代发展至现代的法学学科的多元存在使法学的功能产生了分化，各个法学学科承载着或主要承载着不同的功能。例如，法理学承载着解决人们法观念层面的功能；法史学承载着探求总结人类法律历史（制度的和思想的）发展轨迹、规律的功能；法社会学承载着法的社会实证的功能；比较法学承载各种不同法律制度、思想间相互比较、分析的功能；各部门法学则承载着各种具体法律制度的分析功能，等等。以上所说的各个法学学科的功能是就其主要功能而言的，并不排除上述功能的相互交叉。

由于各个法学学科功能的不同，便带来了各学科看问题角度的不同。对于同一法律问题，便会有不同的认识角度和认识结论。因为在事实上和实践中，学科的不同和功能的不同并不影响不同学科对同一法律问题的观察、分析、思考和研究。于是，在观察、思考和研究同一法律问题时，歧见便会产生。原因有诸多方面，如研究者双方对概念理解的差异，研究对象参照物的不同，研究者自身的知识结构以及长期形成的职业性的（也即学科性的）思维方式等，但忽视不同学科具有不同的功能不能不是一个重要原因（当然，同一学科内也存在许多歧见，这是由歧见产生的多因性所决定的）。

法学学科的多元存在是法学发生分化的一种客观存在，这种分化是法学分工的一种表现，但这仅是表象，更为深层的原因则是现代法律的“飞速”发展，而现代法律的“飞速”发展则导源于现代社会的飞速发展。高度发达的现代社会，使得社会分工越来越细，越来越趋于专门化和专业化。此外，新的社会问题不断产生，新的社会关系不断出现，而法律要适应这种不断变化的社会，就需要增加新的调整领域，于是，法律领域中的专门化、专业化趋势也就更加明显。然而，在科学不发达的古代社会和中世纪社会，就不可能出现诸如现代社会的太空法问题、计算机法律问题以及试管婴儿法律问题等。新的法律领域的出现和分工的细密化、专业化，更强化了法律以及法学领域的专门化趋势；当代著名的比较法学家勒内·达维德对法学家的专业化现象则揭示道：“现代法的复杂性已迫使法学家更加专业化：面对诸如著作权法与破产法，刑法或亲属法或税收法这样头绪纷繁的内容，要同一位法学家给委托人出主意，必要时主持一场官司，法学家会感到无能为力。涉及不同专家的法的每一个部门有一套只有专家们能够很好掌握的文献，其他法学家对这些部门只有一般的知识，并经常因思潮与法的发展而多少有些过时。"①"法学家们一向专攻国家法律的某一部分，因此传统上曾经区分为公法学家和私法学家，区分民法学家、商法学家与刑法学家。"②这种由于分工和知识的"爆炸"带来的法学家的"专家化"③现象是现代法学的一种客观现实，也是现代法学家们难以逾越的一个客观现实。由此我们还联想到另一个问题，即法学界以及广言之的思想界、文化界所呼吁的和期盼的"大师级"的法学家、"百科全书式"的"思想巨人"、"文化巨匠"等已不可能出现。时代的多元化、社会的多元化以及社会分工所导致的"专家化"趋向使"大师级"的、"百科全书式"的"思想巨人"产生的条件已不复存在。古希腊之所以出现通晓哲学、伦理学、政治学、法学、经济学等西方社会科学鼻祖式的思想巨人——亚里士多德，恰是那个时代科学高度综合的产物和表现。现代社会的多元分工则打破了这一"神话"。④ 认识到这一点可能是痛苦的，但它却是求实的。它可以使我们的头脑变得更清醒一些，更现实一些。"思想巨人"的时代，不一定是一个好的时代；"思想巨人"的出现，也不一定是一个好的现象。因为在某种意义上，它是一个时代和社会"思想一元化"的象征和标志，它极易导致思想和文化的大一统，进而可能导致思想和文化的专制。而现代社会思想和文化的多元发展，既是社会民主和自由的产物，反过来又会促进社会的更加民主化和自由平等人权的实现。分工是社会进步的标志，也是人类不断走向文明的一种结果，并且，分工以及导致的功能分化几乎遍及于自然界和人类社会以及人自身的各个领域。否认这种分工及其功能分化，则可能否认人类的进步以及对事物属性的认识和把握。

法学学科的分工本身预示着法学学科各自功能的分化，这种功能分化自觉或不自觉地影响着、制约着人们对法律问题的不同看法和认识，由此每一种看法和认识都有其存在的理由。需要说明的是，这里所说的"有其存在的理由"，是指由于学科的功能不同而产生的歧见，并不是指在同一功能层面上对某一法律

---

① ［法］勒内·达维德著：《当代主要法律体系》，漆竹生译，上海译文出版社 1984 年版，第 316 ~ 317 页。

② 同上，第 319 页。

③ 时下，"专家"一词有些滥用，就其本意而言，"专家"是指那些对某一专门知识有较深造诣的人。

④ 由于这一问题关涉重大，需要进行专门的论证。这里，笔者只是提出自己对这一问题的观点。

问题进行价值的判断和对某一法律认识的评判，如果那样，我们将陷入“功能理由论”的怪圈，真理和谬误的界限将不复存在，那是有违科学追求和真理追求的初衷的。如果在这一问题上能够形成共识，笔者认为法学中的有些争议、歧见会消失。[①] 例如，法理学主要从观念层面去解决问题，发挥其功能；比较法学从制度比较中去寻求有效的制度设计，发挥其功能优势等，这样，可能会产生一种功能互补的效应，而这一效应无论对于法律的发展以及法学的发展，都是有极大好处的。

二、中国法学的发展应当重视法学学问题的研究

本文第一部分中，由对一种法学现象的观察谈到了对法学学科功能问题的一些思考。而法学学科功能问题在传统法学学科中如何归属？我们发觉很难找到它的合适位置。它既不属于法理学，也不属于比较法学、法史学或其他部门法学。实际上，它属于一种古老而对我们又陌生的法学学科，即法学学。进而我们可以发现，法学学科功能问题仅是法学学问题之一，法学界近年来所关注的一些问题都属于法学学应研究的问题，如中国法学的未来走向问题，21 世纪中国法学的发展问题，中国法学流派问题，中国法学的指导思想问题，法学发展的内外部环境问题，法学的现代化、国际化问题，法学的多元化问题，法学的学科体系及理论体系问题等，以上诸问题在任何一个传统法学学科中都无法归属，因为它属于法学学研究的问题（或研究对象）。

在研究一个新学科时，传统的做法是要做两件工作：第一，要给该学科下一个定义；第二，要设计出一套该学科的研究对象或学科体系。笔者认为，这两种工作在目前都是无法很好完成的。当然，撰写本文并不寓意于此，而是倍感中国法学的进一步发展应该重视对有关法学学“问题”的研究。首先，就法学学自身含义来讲，它是研究有关法学产生和发展规律的一门学科，因而，凡是有关这一领域的问题，都应该成为它的研究对象。其次，就法学学的学科性质来讲，它是高于其他一切法学学科之上的一门学科，是以研究有关法学发展规律问题为其中心任务的，这其中涉及大量的法学发展问题。最后，就目前来讲，我们应予重视的是对有关法学学问题的研究，重在“问题”二字，而不是急于去构建一个“法学学”的学科体系。因为学科体系的构建需要一个长期的理论准备和实践发展

---

① 这里强调“有些争议歧见会消失”，是因为歧见产生于多种原因，“功能”只是原因之一，尽管它是重要原因，但不是全部。

过程,而对有关法学学问题的研究则迫在眉睫,它直接或间接地影响着中国法学的发展进程。

笔者之所以认为中国法学欲进一步发展,应重视对法学学问题的研究,是基于以下一些理由:

第一,世纪之交的中国法律发展,客观要求重视对法学学问题的研究。中国现代法律在经历了近一个世纪的产生、演变、发展历程之后,现在面临着跨入新的世纪——21 世纪的历史阶段。世纪之交的中国社会,正发生着巨大的变化,经济改革步步深入,市场经济运行机制处于不断发展之中,与此相适应的市场经济法律体系正在逐步形成。按照国家的法制发展战略,这一新型法律体系将在本世纪末初步建成。这一切都将对与法律发展密切相关的法学发展产生重大影响和推动。法学发展问题已经成为法学的一个重要问题,它引起了法学界人士的广泛关注。

第二,世纪之交的中国法学发展,也要求重视对法学学问题的研究。法学学问题的提出,同法学的发展历史和发展程度密切相关。法学学问题是在法学发展到一定阶段、一定程度之后必然会出现的问题。中国的现代法学历史起始于 21 世纪初,在近一个世纪的发展过程中,伴随着中国现代法律的发展历程,经历了学习和借鉴西方法学,创立和构建本国法学的曲折历程,尤其是在 20 世纪 70 年代末 80 年代初中国实行改革开放以来,中国法学更是经历了一个飞跃性的发展进程。法学学科体系已初步形成,法学学科门类业已齐备,法学研究广度和深度也不断拓展,这一切,都为法学学问题的研究提供了条件,奠定了基础。法学作为一个大的人文社科学科门类,同其他任何门类学科一样,当它发展到一定程度时,有关学科本身发展的问题便自然而然地被提了出来。实际上,自 20 世纪 80 年代以来,法学学的有关问题不间断地被讨论,只是我们还没有自觉地认识到,它们是法学学问题,如 20 世纪 80 年代初法学界关于法学学科体系的讨论,20 世纪 80 年代末法学界关于“中国法学 40 年”的研究总结,20 世纪 90 年代上半叶至中叶法学界关于中国法学的现代化、国际化、多元化、本土化等的讨论,以及目前正在萌动的关于中国法学流派问题的讨论和有些学者正在研究的法学史问题等,还有《法学研究》、《法学家》等杂志近年来连续刊发的每年度各学科研究回顾、总结、展望等,上述这些实际上都是法学学的问题。这说明,法学学问题一直是法学界所关心的问题。进入 20 世纪 90 年代中叶以后,面临新世纪的即将到来,“跨入 21 世纪”成为法学界的热点话题,这绝不是偶然的现象,它反映了法学家们对法学发展问题的关注和重视。这一切表明,有关法学学问题应成为法学界的自觉课题提到研究日程上。

第三，从性质上看，法学学是高于其他一切法学学科之上的学科，是因为它是以各法学学科作为研究基础（或研究对象），来研究整个法学乃至各法学学科的发展问题。它不像各法学学科那样，是研究具体的法学原理、法律理论、法律制度、法律历史等，而是研究作为学科存在的法学本身的发展及其规律等。因此，从属性上、功能上、作用上，传统法学学科承担不了这一任务，也解决不了这些问题。只有明确地提出并重视法学学问题，有关对它的研究才能全面地、系统地分开。

第四，重视法学学问题的研究，可以使中国的法学少走弯路，减少成本，健康发展。例如，如果我们对法学学科功能问题能够取得一些共识，那可以避免和减少一些因“功能原因”而产生的学术分歧和争论，并在“功能互补”的作用下使问题讨论更加深入；如果我们对法学学科体系、理论体系能进行专题性和系统性研究并取得一些科学合理的研究成果，那对于国家设立学科规划布局以及大学法学院课程设置以及法律学生提高学习效果将会有很大帮助，并使法学教育更加趋于科学性、合理性、周密性、有效性，也会推动法学研究不断深入；如果我们对法学的研究方法问题进行一些有组织的系统性的研究，那将对法学研究及教学工作者开拓视野、确立科学的方法论会大有裨益，并进而提高研究成果的水平；如果我们对中国的法学流派问题进行一些理论的和实证的分析，那无疑对于促使中国法学流派的萌生、成长大有功益，而流派的形成既是繁荣法学、发展法学的前提条件之一，也是它的标志之一。

第五，法学学问题的研究不只具有发展法学、繁荣法学，推动中国法学尽快走向世界的学术文化意义和价值，从最终的意义上讲，法学学问题的研究还将会对中国的法制建设起到推动作用。法学学问题的广泛研究会推动对法学问题的深入研究，而法学问题的深入研究又会推动对具体法律问题的研究，最终会推动整个法制建设沿着一条更加理性化、科学化、现实化的道路发展，以促使中国法治社会的早日实现。这既是我们的理想，也是我们的目标。

（1996年第4期）

依法治国的十大建议

郝铁川[*]

关于依法治国的基本理论,学术界的论著已很多。现在的主要任务应是积极寻找依法治国的方略(或曰操作手段),为此,笔者不揣浅陋,提出如下10点建议,旨在抛砖引玉,推进法治。

一、党的政策应与人大商量,党向人大推荐的领导干部名单应在人大讨论前的6个月或数个月交给人大,并向社会公布

中国共产党的领导地位是中国人民选择的结果,表现之一就是我国的宪法确认了中国共产党的执政党地位。执政党的干部编制,属于国家编制,执政党的活动经费,包含在国家财政预算之内,执政党的领导权,主要表现为对国家大政方针的决策建议权和对国家领导干部的任免建议权。因此,执政党在中国客观上是一种特殊的国家机关,坚持、完善党的领导权是依法治国的关键。

第一,关于党的国家大政决策建议权。中国共产党作为执政党,面对千变万化、错综复杂的社会形势,提出适时的政策,以抓住机遇、深化改革、促进发展、保持稳定,弥补法律之不足,这是合乎人民根本利益的。但党应该及时把自己提出政策的理由、内容向人民代表大会及其常委会报告,取得人大的理解和支持。这样做也是邓小平同志历来所倡导的,1989年春夏之交的政治风波平息之后,小平同志重申:"关于工作方法,我提一点:属于政策、方针的重大问题,国务院也好,全国人大也好,其他方面也好,都要由党员负责干部提到党中央常委会讨论,讨论决定之后再去多方商量,贯彻执行。"①在这"多方商量"中,与人大的商量无疑是最重要的,因为它是把党的意志转变为国家意志、党的决策上升为国家法律的必由之路。

第二,关于党的国家领导干部任免建议权。毛泽东同志说过,政治路线确定之后,干部就是决定的因素。国家各级领导干部的任免,主要是由各级党组织向

---

* 作者单位:华东政法学院(现华东政法大学)。

① 《邓小平文选》(第3卷),第319页。

人大提议的。笔者建议，党组织应在人大讨论、投票以前提前6个月或数个月将推荐的领导干部名单交给人大，并通过新闻媒体向整个社会公布，有意见者可向人大常委会反映，人大常委会进行一些必要的调查落实。在倾听社会各界的反映后，人大再进行讨论表决。这样做的目的是避免不了解候选人情况的代表或委员却要对候选人进行选择，而社会上了解候选人情况的人却不一定有机会发表意见。

总之，完善党的领导的关键，是进一步加强党的意志和人民意志之间的沟通。目前，个别地方已出现党组织推荐的候选人到了人大却未获得通过的情况。因此如何使党和人大在具体问题上取得协调一致，是法治建设面临的一个新课题。彭真同志曾论及此事，他说：在战争时期，虽然党在根据地建立了政权，可是没有全国性的政权。因此，那时应该、也只能是党说了算。在整个革命队伍里，主要讲党的政策，党的政策也就是“法”。新中国成立以后情况不同了。我们不仅有党，还有国家。党和国家要做的事，讲内容，当然是一个东西，总起来说即坚持四项基本原则，实现社会主义现代化，发展社会主义民主，健全社会主义法制，建设高度文明、高度民主的社会主义国家。讲形式，那就不仅有党，还有国家的形式。因此党和国家的各项工作都要从过去主要依靠政策办事，逐步过渡到不仅依靠政策，还要健全法制、依法办事。有些同志对经过国家的形式不习惯、嫌麻烦，民主就不能怕麻烦。一言堂不行，几个人说了算不行。凡是关系国家和人民的大事，光是党内作出决定也不行，还要同人民商量，要通过国家的形式。①

二、适当扩大按职业（阶层）选举人大代表的范围

利益主体多元化和资源配置的市场化，既是现代市场经济产生的前提，也是现代法治存在的前提。因为人类法制发展史早已表明，在只有一个利益主体（或皇帝，或国家）和资源配置非市场化（或宗法伦理化，或行政指令化）的自然经济和计划经济年代，是不曾也无法创造出现代法治社会的。因此，在共产主义的全民所有制、按需分配等实现以前，在相当长的一段时间内，我们必须坚持利益主体多元化和资源配置市场化的原则，因为不同利益主体之间的斗争与合作，构成了现代法治的基础。必须指出，中国的利益主体多元化不同于资本主义社会，后者以私有制为基础、阶级剥削压迫为内容、以两极分化为结局，而前者则是

① 全国人大常委会办公厅研究室编著：《人民代表大会制度建设四十年》，中国民主法制出版社1991年版，第164～165页。

以公有制为主体、以“三个有利于”为内容、以共同富裕为宗旨。

与现行宪法关于实行以公有制经济为主体,其他多种经济成分长期共同发展的所有制结构规定相适应,笔者建议适当扩大按职业(阶层)选举人大代表的范围。目前我国的人大代表选举制度,基本上是地域选举方式,按职业(团体、阶层)选举代表的只有人民解放军一家。但既然是利益主体多元化,就应当适当扩大按职业(团体、阶层)选举人大代表的范围,使不同利益主体都有自己的代表参与国家管理,互相监督,共求发展。当然,按职业(团体、阶层)选举代表在总体上只能作为按地域选举代表的补充形式。必须保证公有制主体的代表占多数。

三、制定《监督法》,同时人大常委会向下级设立派出机构,加强人民对国家的监督作用

中国共产党主要行使决策建议权和干部任免建议权,国务院行使行政权,法院行使审判权,检察院行使检察权,军委行使武装力量领导权,他们都是法律监督的客体,而人民代表大会及其常委会才是法律监督的主体。现代法治的首要含义是对国家权力的约束,人民把监督国家权力的任务委托给了人大代表,所以人民代表大会及其常委会必须切实履行自己的监督职责。为此,笔者建议:第一,尽快制定《监督法》,把人大及其常委会对“一府两院”、各政党和武装力量的监督纳入法制化、程序化轨道。监督对象提交的工作报告要在人大审议前的两个月或更长一段时间交给人大,让人大有一定的时间就报告内容进行调查核实,否则审议被监督对象的工作报告容易流于形式,走过场。因为审议的前提是知情,不知情,何以审议?第二,全国人大在省、直辖市、自治区设立派出机构;省、直辖市、自治区人大在市、县设立派出机构,市、县人大在乡、镇设立派出机构,行使监督职责,防止地方保护主义作梗。对违法的领导干部通过法定程序予以批评、弹劾或罢免;对违法的行政规章、命令通过法定程序予以撤销。

四、法律专门人才在领导干部队伍中要占较大的比例

据统计,从华盛顿到里根,美国总统当过律师或读过法律专业的有 25 人,约占总统人数的 2/3,其余 1/3 没有法律专业文凭的总统中,有不少被公认为法律专家,如主持制定美国宪法的华盛顿。卡特政府的 13 名内阁成员中,8 名是律

师。这些都使美国的资产阶级法治具有坚实的人才基础。

而在我国,由于历史原因,法律专门人才在领导干部中的比例还比较低。依法治国首先要有组织上的保证,因此必须使法律专门人才在领导干部队伍中占较大的比例。

五、法律必须单独列为国家公务员资格考试的必考科目

国家公务员在工作中直接与人民接触,其法律素质对于依法治国非常重要。近年来,不少地方都举行了公务员资格考试,但法律在试题内容中所占的比例极小。笔者建议,应把法律单独列为国家公务员资格考试的科目,内容限于宪法、民法、刑法、诉讼法等基本法律。

六、各级政府要聘请法律顾问或设置法律顾问室

行政权是国家权力中最为活跃的部分,依法行政是依法治国的重要内容。因此,建议各级政府、中央各部、委、局设立法律顾问室或聘请法律顾问。其职责主要是提供法律咨询,审查文件的合法性,参加政府经济项目的谈判、签约活动,参与行政诉讼活动,等等。

七、国有资产管理机构应直接隶属于全国人大或地方人大

政、企分开是我国政治、经济体制改革的重要目标。可是,目前我国的国有资产管理机构隶属于国务院,地方上的国有资产管理机构隶属于地方政府,国有资产管理机构对国有独资公司和国有控股公司拥有任命董事长的权力,因此,政、企并未分开。所以笔者建议国有资产管理机构应隶属于全国人大或地方人大。唯有如此,才真正实现了政、企分开。

八、割断司法机关对地方的依赖关系,保障司法机关依法独立行使其职权

司法机关是法律得以实施的最后保障。但目前司法机关在人、财、物方面过

于依赖地方，因而造成执法领域中地方保护主义严重。为此，笔者提出如下三个方案以解决这个问题：第一个方案是：地方上的法院、检察院直接隶属于最高人民法院和最高人民检察院，如同海事法院、军事法院等专门法院那样，完全脱离与地方的联系，整个司法组织自成一系，向全国人大负责；第二个方案是：最高人民法院、最高人民检察院在华东、华北、中南、西南、东北等大区设立分院，审理跨省、直辖市、自治区之间的案件；第三个方案是：地方法院、检察院的负责人不由同级人民代表大会而由上一级人民代表大会任免。不管实行上述哪一种方案，司法机关的建设经费、办案经费，均应按国际上通行的惯例，由国家财政单独编列预算，由政府负责司法行政工作的部门具体运用和分配。如中央财政不够部分，可由地方财政上交中央财政，不管实行哪一种方案，都要实行法官、检察官高薪制、终身制、专职制和退休制。不管实行上述哪一种方案，都与党对司法的领导不矛盾，因为我们的法律是党领导人民制定的，是党的意志的法律化，保障司法机关依法审判，就是坚持了党的领导。

九、法律的起草应委托法学家和司法机关的法律专家联合进行，改变目前委托有关行政部门起草相关法律的做法

目前一些行政部门借起草法律法规而谋取小团体私利的现象比较严重，如不杜绝这种立法谋私现象，依法治国就无从谈起。因此建议人大今后委托法学家和司法机关的专家起草法律法规，因为法学家无直接利害关系，立法技术水平亦较高，司法机关的专家可以使法律条文更具可操作性。世界上一些著名法典的起草都是由法学家和法律专家联手进行的。

十、送法下乡，为乡村贫困农民提供无偿或低报酬的法律援助

中国有8亿农民，近年来农村宗族观念盛行，法律意识淡薄。因此提高农民的法律文化素质是依法治国的重要内容。笔者建议，通过国家拨款、社会赞助、律师奉献等措施，送法下乡，为农民提供无偿或低报酬的法律服务，培养农民有了纠纷不找族长找律师的法律意识。

（1996年第5期）

转型期的中国社会需要确立新的价值坐标

戴志祥*

当代中国正处于一个伟大的历史变革时期。转型期中国社会的一个重要特征是利益的分化,以此为背景,社会上出现了拜金主义、享乐主义、极端个人主义等现象,贪污腐化等现象为人们深恶痛绝。许多人对这种"道德滑坡"现象发出了慨叹。然而,精神文明重在建设,转型期中国社会的精神文明建设首先要求确立新的价值坐标。这一价值坐标应当是一种新的伦理精神,从理论上讲,只有在一种新的伦理精神的观照下,我们于传统伦理才有一个取舍的标准,向西方伦理的"拿来"也才有一个准绳。这种新的伦理精神又是现代法律精神和道德价值观念的有机结合,它既超越了传统,又超越了西方,体现了"古为今用、洋为中用"的开放胸怀。

一、经济社会的协调发展需要新的伦理精神

随着社会分工的发达和竞争机制的引入,一方面,人们的社会交往越来越多,也越来越密切,一个巨大的社会公共生活领域正在形成,它远远超出了自然经济条件下个人的狭小天地;另一方面,人们的利益开始出现分化,一个利益分化的社会正展现在人们面前。

就前者而言,传统的道德伦理对于它是缺乏足够的调整能力的。这一公共生活领域需要一种"公共的义"来加以规范,在现代社会这一职能主要是由法律来承担的。当然,在这其中也存在一种道德法制化的趋势,如诚实信用原先是道德的要求,在现代法制中它已经成为民事法律的一项重要原则,为了强化社会规范,这样做是完全必要的。另一方面,在这种法制化的过程中道德的价值支持对"公共的义"的形成是必不可少的。正是在这一过程中人们才越来越感到了某些传统道德的价值所在,北京大学学生兴起的"修身热潮"、上海市第二中学开展的"孝心活动"都表明了这一点。

就后者而言,法律通过授权性规范赋予人们广泛的权利,允许他们在社会经

* 作者单位:复旦大学哲学系。

济生活中享有广泛的自由，保护他们的合法权益，这样就大大调动了人们的积极性，有利于经济效益的提高和生产力的发展；在这过程中出现利益分化是正常的，问题在于，如何在保护合法利益的同时又能协调好各种利益关系，防止两极分化，促进共同富裕。法律规定了个人必须尽的义务，道德强调了个人的社会责任感和爱心，国家也正在努力协调人们的利益关系，这些都是为保障社会公共生活领域的健康发展所必需的。根本上说，它通过“公共的义”来确认和保护“合法的利”，体现的是有效率的公平和有竞争的平等，强调的是权利义务的双向关系，它要求人们在增强自主性的同时通过强化责任感和义务意识，努力向自律性转化，成为社会公共生活领域的真正主体。

现代经济社会的发展改变了旧的社会结构，产生了新的利益关系，同时也改变了传统的义利关系，赋予“义”和“利”以新的时代内容。“公共的义”不仅包括传统的一些道德内容，而且包含了大量的法律规范；同时它还产生了自由、平等、竞争、效率、公平等新的观念；“合法的利”首先是对重义轻利传统的否定，它不仅包括了一般的利益，而且包含了个人的权利和自由。这种新型的义利关系是新的伦理精神的核心内容，它以有竞争的平等和有效率的公平为基础，体现的是社会主义市场经济条件下社会正义的价值理念。社会主义制度的优越性不仅在于它能够带来生产力的解放和发展，进而满足人们日益增长的物质文化生活需要，而且在于它能够带来社会正义和社会平等，进而消除两极分化，促进社会的共同富裕，因此实现社会正义正是提高效率和发展生产力的价值目标之所在。转型期中国经济社会的协调发展正需要这种体现了社会正义的伦理精神。

显然，这种新的伦理精神既有别于现代西方的法治精神，也有别于中国传统的礼治精神。粗略地讲，现代西方的法治精神强调通过对权利义务关系的规定来确认和保护个人的私权，强调在法律面前人人平等，它要求树立起法律的权威，把社会的一切运作都纳入法律的框架之中，一如在道德上要求树立起上帝的权威一样；而中国传统的礼治精神则以“合乎天理、顺应人情”为根本，强调道德上的忠孝和律令中的诛心原则，以此来维护一种宗法等级制的社会秩序。从其社会后果来看，以个体私权为本位的法治精神常常忽视利益关系的协调，容易扩大利益分化，从而导致两极分化，困扰世界多年的拉美债务危机和墨西哥金融危机就是这样的例子；以家族为本位的礼治精神容易导致对个人权利、利益和自由的压制，不利于人的发展和社会的进步。因此，简单地认同于其中任何一种伦理精神都不利于转型期中国社会的协调发展，这正是我们要求重建一种新的伦理精神，从而确立一个新的价值坐标的内在理据。转型期的中国社会需要现代化与传统的融合,需要体现了社会正义的新的伦理精神,有了它作为新的价值坐标,我们才不致在传统礼治精神面前流连忘返,在西方法治精神面前迷失自我。

二、道德人格与法律人格——新伦理精神的基础

新的伦理精神在做人方面的要求,就是要去培养一种新的伦理人格,这也是培育这种新精神的关键。有了这种新的伦理精神,我们就可以建立起转型期中国社会的价值坐标,这样我们的伦理研究才会有个基础。然而,重要的是,我们要在这种新伦理精神的关照下首先要做好立人的工作,培养出一种新型的伦理人格来。这种新伦理人格的培养包含相互依赖的两个方面,即对道德人格的培养和对法律人格的培养。

一个有道德修养的人既能自尊又能尊重他人,在"知"上一心向善,在"行"上积极为善。这种有德行的人还能发挥道德的感召力量,团结一批人在他的周围,彼此相互信任、相互尊重,相处和谐,其乐融融。这种有道德自觉的人能明辨是非、分清善恶,严守人的尊严,在社会上是一个正直的人,社会风气也会为之清新许多。在德行和尊严的基础上道德人格就可以建立起来了。道德人格的培养,首先要教育人自尊、自爱,要扩充"人皆有之"的恻隐之心、羞恶之心、恭敬之心和是非之心,加强自身的修养;其次要在社会公德方面培养爱国家、爱集体、爱家乡的观念;再次要在家庭伦理方面培养对父母的孝敬、对孩子的慈爱、对兄弟姐妹的谦让和对配偶的关爱,营建一种上下和睦、爱意融融的家庭氛围;最后要在职业道德方面培养敬业精神和社会责任感,要发扬社会主义的人道主义精神。总之,要通过对道德人格的培养,加强个人在各方面的道德修养,培养起社会责任心和历史使命感,造就一个人人自尊自爱而又相互尊重的社会环境。

法律人格,是指可以成为享有权利和承担义务的"人"所必须具备的资格(包括"法人"),它的基础是独立的利益和独立的意思。法律人格在有法治传统的现代西方国家中一般被认为是天赋的。可是,在中国社会人的权利义务意识的形成是很晚的,并且直到现在这种法律意识在一般民众的观念中还是很淡薄的。这部分是由于中国社会礼治传统影响的缘故,例如,它提倡的以和为贵的息讼原则就大大淡化了人们的法律意识;更重要的是,在中国传统社会里自由、平等的精神和权利意识是很难形成的。正是基于这一特殊的情况,我们宁可采用法理学上的构成说来提出法律人格的培养问题。

现代社会的法律人格是以独立和平等为基本特征的,它追求的是一种社会

正义的理念，目的在于确认和保护个人的自由、权利和合法的利益。因此，法律人格的培养，首先要培养一种社会正义的理念，包括共同富裕的价值目标；其次要培养在法律面前人人平等的意识，树立起法律的权威；再次要培养人的权利义务意识，在行使自己合法权利的同时又能尽到对他人的义务；最后要培养对他人自由权利的尊重和对他人合法利益的承认。通过对法律人格的培养，我们就可以营造一个人人相互承认各自的合法权益、尊重他人自由和恪尽自己义务的法律环境。法律在这个环境里就可以有效的运作，如果缺乏民众法律文化心理的支持与认同，无论怎样去完善法律体系也只会是收效甚微的。考虑到传统礼治精神的影响，大力培养人的法律人格，努力实现传统法律文化的创造性转换，实在是势在必行的。

伦理人格的培养包含了上述这两个方面，它的本身也是相互依赖、互为前提的。道德人格的培养在于促成人与人之间的相互尊重，法律人格的培养则在于促成人与人之间的相互承认。没有人与人之间的相互尊重，要形成对他人自由的尊重和对他人合法权益的承认将是不可能的。尽管后者可能会通过一些强制手段而得到暂时的维持，但要使社会真正法制化，没有这种道德的支持是很难实现的，同样，没有权利义务意识，个人的合法权益得不到保护，人与人之间相互承认的关系建立不起来，要维护人的尊严和产生人与人之间的相互尊重，也是不可能的。转型期的中国社会，既要建立起在人人相互尊重基础上的道德人格，也要建立起在人人相互承认基础上的法律人格，因此伦理人格在这两方面的培养都是必须的。在转型期，我们要特别强调，通过强化个人道德上的自尊和尊重他人来促进法律人格上相互承认的形成，这样才有利于加快法律基础上的社会主义市场经济体制的建立。

三、在伦理人格的培养中要注意防止的几种倾向

伦理人格的培养是建立新的伦理、精神的基石，因而也是确立新的价值坐标的关键，它对于转型期中国社会的协调发展有着特别重要的意义。然而，当前社会上有几种倾向是不利于这种培养的，它常常使得我们的价值坐标变得模糊起来，不是削弱了培养的效果，就是使得这种培养无法进行，甚至会使之变质。这里，我们要特别注意防止以下几种倾向。

一是宿命论的倾向。近年来，在一些地方，特别是偏远落后的农村，封建迷信活动又沉渣泛起，并呈蔓延之势。这股封建迷信潮不仅殃及民众，而且严重毒害了青少年，某地中国福利会少年宫对 18 万中小学生进行的一次抽样调查表

明,有45.5%的学生相信“人的一生是由命运决定的”。这种宿命论思想直接构成了对伦理人格的否定,在这方面,笔者认为,一定要捍卫科学的尊严,弘扬科学精神,普及科学技术知识;提高全民族的科学文化素质,破除封建迷信。当然,科学有破除迷信之功,却不能完全解决人生信仰问题,这就要求我们在弘扬科学精神的同时,还要加强人生观和价值观的教育,强化伦理人格的培养。

二是“权力意志”的扩张倾向。这首先表现在官本位上,无视人民的利益,以权谋私,以权压人;其次表现在父母对孩子的溺爱上,正是这种溺爱造就了许多孩子的“小皇帝”性格,他们不仅对父母缺乏孝敬之心,而且对小伙伴也无同情心和爱心,以强欺弱,以大欺小;最后它还表现在大众传媒的一些内容中,如广告中经常出现的“超霸”、“凉霸”、“王中王”、“小霸王”、“王朝”、“皇家”等字样,它的背后隐藏是一种“征服”的欲望和对等级优势的崇拜心理。所有这些都严重破坏了平等的精神,在对他人人格不尊重的基础上是无法培养起人的伦理人格的。

三是泛道德主义的倾向。它以道德为评判个人言行的唯一尺度,竭力主张“重义轻利”,不仅个人的自由和权利是谈不上的,而且个人合法的利益也常常被当做“私利”而受到排斥。这样既不利于个人的自由发展,也不利于社会的进步。笔者认为,“重义轻利”应该让位于“天下人同遂其生”,道德的评判必须受到法律评判的制约。这就要求,在利益问题上,应当主要由法律来确认和保护个体的合法权益,在社会公正和利益关系的协调上,应当使道德成为法律的一项重要原则从而防止两极分化,促进共同富裕。我们要以新的伦理去遏制这种传统的泛道德主义倾向。

四是极端个人主义倾向。极端个人主义者只要权利,不要义务,只讲“人人为我”,不讲“我为人人”,“己所不欲”,强施于人,一切以自我的利益为中心,反映出自私自利的本性,这样就把个人的自由变成了没有法度的任意作为。这种倾向特别表现在对集体和国家的社会责任感和义务意识的缺乏上,甚至只要人格,不要国格。可是,人总是社会中的人,脱离了社会的人的伦理人格是无从建立起来的,集体和国家是个人伦理人格培养不可缺少的前提。所以,我们在讲人格的同时,一定要讲国格,要培养爱国主义和集体主义精神,培养起社会责任感和历史使命感。当然,转型期中国社会的道德水准是分层的,每个人因对社会奉献的程度不同而有不同的道德境界,在这方面不可人为地拔高,更切忌“一刀切”,我们要遵守道德发展的规律。但是,无论如何,极端个人主义的倾向,只要人格,不要国格的做法,是必须加以反对的。伦理人格的培养必须既讲人格,又讲国格。只有这样,伦理人格的培养才不致偏离方向而变质。

注意防止这些倾向也是伦理人格培养的一个重要方面，在伦理人格培养的基础上我们就可以重建新的伦理精神，确立新的价值坐标。在实施科技兴国战略的同时，加强伦理立人的教育，对于社会主义精神文明的建设和转型期中国社会的协调发展无疑会具有重要意义。

（1996年第9期）

我国法制现代化特色的理论探析

王　申*

从世界法制的进程来看，有过两类法制现代化：一类是早期西方资本主义法制现代化。其特点是政府奉行自由放任的经济政策，法制建设着重于私有财产的神圣不可侵犯性，为资本自由竞争创造条件，让有产者有充分机会去发财致富，政府不干预经济。所以，那时西方各国的法制原则，基本上无多大差别。另一类是“二战”后兴起的第三世界国家，随着民族主义的崛起，迫切希望自己国家能尽快兴盛起来，但由于各国历史和现实条件的差别，法制建设的道路、目标都有很多不同。例如，印尼“苏哈托体制”实行政治集权化、经济自由化政策；新加坡“李光耀体制”实行对内严刑峻法、对外自由开放政策，以及其他亚非一些国家、地区根据自己条件而采取的一些政策特点。其中有的是成功的，有的是失败的，但都说明了一个基本特点，即“二战”后的时代条件与早期西方国家现代化的条件不同，法制建设必须从本国条件出发，从实践中总结出自己的特色，开拓现代化建设的道路。10多年来，我们的经济现代化和其他各方面都取得了举世瞩目的成就，其中也包括着法制建设的成就和经验，从理论上探索和表述这些经验的特色，将是一项很有意义的工作。为此，本文仅就我国法制建设中的一些理论特色作些探析。

一、关于依法治国的法治模式

“法治”是个多义词，我国春秋战国时就已有使用。管仲说：“有生法，有守法，有法以法。夫生法者君也，守法者臣也，法于法者民也。君臣上下贵贱皆从法，此之谓大治。”①这里虽然也说是法治，但造法者是君主，造法的目的是使民服从法律管束，也就是说，君主是凌驾于法之上的，法只是君主专制统治的工具。可见，这仍是人治的一种统治形式。这种法治模式，当然不能为现代法制所效法。西方早期的法制理论，同君主专制相对立，提出了民主法律化的法治模式。

* 作者单位：华东政法学院（现华东政法大学）。

① 《管子·任法》。

这种模式的特点是以一系列的民主原则为基础，如法律面前人人平等、私有财产神圣不可侵犯，以及政治体制上的多元政治等原则。实践证明，资本主义法制中的这些原则在促进和保障经济现代化中是符合发展规律的，起过重要作用。因为，商品经济特别是它的发达形式市场经济，就其内在属性来说，就是要求有一种特殊的法律关系将其参与者之间的关系固定下来，如商品要能流通，就要求主体之间必须是一种平等的关系，主体必须是能够以自己意志支配商品的权利人，必须是相互承认的私有者，由此产生了“私有财产神圣不可侵犯”的法制原则。商品经济受价值规律的作用，通过市场进行调节和流通，刺激生产者改进生产技术，提高劳动生产率，这就必须把人本身从封建的、宗法的、行会的以及血缘的束缚中解放出来，承认人是生而平等的、具有不可剥夺的自然权利，用法律确认和保障他们的自由、财产和安全的权利，反对国家对经济生活的干预主义政策，因而形成了“法律面前人人平等”的原则。政治是经济的集中表现。代表私有制经济利益的资产阶级政党，他们从自己特有的利益出发，组成不同名义的政党，在政治关系中把维护自己利益发展的多元利益结构，视为政治体制的基础，即资产阶级民主制，包括议会制、多党制、权力制衡形式的三权分立制。根据这些原则在各派政治力量之间构筑起既互相斗争又相互制约的资产阶级法治模式。西方经验证明，市场经济在现代经济中具有高效、协调的种种优点，在法制方面也有可供借鉴的方面。但是，各国现代化的进程表明，当代法制现代化不可能重复西方所追求过的价值目标和法律秩序，有许多例子说明这是一条走不通的道路。“二战”后，一些新兴的民族主义国家，开始就曾仿效过西方的议会民主制度，然而，由于这些国家内部现代化因素贫乏，新建的议会民主政体无法控制国家政局，经济发展迟缓，教育水平低下，社会动乱频繁，刚建立的民主政体就陷入了持续危机之中。徒具形式的民主政体往往使软弱的年轻政府更软弱，甚至不如专制时期那种主仆关系更能防止软弱和贪污腐化现象。这是一个深刻的教训。

与西方早期发展经济的需要不同，中国现代化建设要求在较快、较短的时期内提高生产力，发展经济，摆脱落后，使国家力量增强起来。首先必须要有一个稳定的法律秩序，在一个有高效、稳定的政治前提下有计划、有步骤地进行。中国现代化是在人民物质生活总体上还处于较低水平的基础上开始的；在国际竞争环境中又面临着一个受少数强国控制的相对不利的条件，使今天在与国际接轨过程中常常会冲击着国内法律秩序的安定。这样，实现经济现代化、国防现代化、提高人民生活水平的任务既是国家头等大事，同时又极大地制约着法制发展的目标。我们的法制要从整体上促进人民生活水平的提高，增强综合国力，保障人民民主权利，要不断体现出社会主义制度的优越性，因此，根据宪法，法制建设的道路和目标必须是在坚持共产党的领导、坚持社会主义方向的前提下进行。这就从基本制度上反映了我们需要的法治模式，不同于西方多党制、议会制和三权分立为其体制的法治模式。我们的制度是人民代表大会制，是共产党领导下的人民民主专政制度。这个制度作为一种民主制度，它肯定了人民有决定国家制度和管理国家的平等权利，肯定公民在法律面前人人平等的民主权利，任何组织或个人都没有超越宪法和法律的特权。在这些方面是与西方民主的某些方面相同的，因此，西方法治的一些特点在我国法制建设中也必然要有所反映，有所吸收。我国实行的人民代表大会制度是中国共产党领导下的多党合作制和政治协商会议制，按照民主集中制原则活动；中国共产党在政治体制中处于领导地位，但其领导权的行使必须限制在法律范围之内；在法律面前人人平等的原则下，中国共产党与其他政党都是平等关系，遵守法律，履行义务；中国共产党在政治体制中的这种地位是中国历史发展所决定的，并且早已证明了我们所要建立的法治模式不是要强调“法律超政治的统治”，不是“法律至上”，而是有法可依、依法办事的法治模式。

有法可依，就是立法机关要“按社会主义市场经济的要求，抓紧建立健全有关的法律、法规和规章，逐步形成一套适合我国国情的市场管理法律体系和执法监督体系，促进市场经济运行的规范化和法制化”，做到有法可依是法制建设的首要工作，但这只能说是依法治国的一个前提，关键是还要依法办事，这是法制建设的核心，即有法必依、执法必严、违法必究。我国宪法和法律的许多规定，主要是由行政机关来贯彻执行的，政府部门的一项基本职能就是执法。因此，在我们的法治体系里，政府在法制现代化建设中起着突出的能动的主导作用，法制现代化首先是由政府提出的，又是通过政府的力量来组织实施的，政府扮演着领导者的角色。

二、关于社会主义法律体系的建设

建立一个统一、高效而又协调的法律体系是依法治国的法治需要。宪法是现代法制建设的产物，处于国家根本大法的地位。但在西方一些国家中因实行严格的公、私法分立制度，又把宪法和民商法分别作为法律体系中公法体系和私法体系的两个重心。公法，指一系列调整国家组织及其活动的法律部门组成的体系；私法，相对于公法体系而言，指主体为平等的私人或以私人身份出现的公共机关，双方之间存在的私权利关系而建立的体系。公法和私法分立的体制，可以使公民的民事合法行为从公法权力中独立出来，能获得更多的自主、自由的活动，为解放社会生产力创造了法律条件。但随着市场经济的发展，实践证明这种公、私法的严格分立已逐渐失去其意义，因为市场经济的经济自由从来也不可能是绝对的自由，经济活动总是与国家、社会、人与人的关系相关的，人类需要获得的秩序、安全，总是要求控制社会，因此，人们称市场经济为“法制经济”，就是表示依法实行对市场经济实行控制的制度。它与计划经济、行政经济的不同之处，只是其活动是与民主政治、主体独立自由、权利义务平等密切相连的。

中国的现代化建设目标是社会主义现代化。邓小平同志明确指出：“社会主义的本质是解放生产力，发展生产力，消灭剥削，消除两极分化，最终达到共同富裕。”①这就告诉我们，我们的法制经济不仅要求大力促进和保障生产力的迅速发展，同时又要求促进和保障人民共同富裕，防止两极分化，消灭剥削。由此，决定了我国所建立的法律体系与西方不同而具有适合中国国情的特色：

（一）私法的地位和作用

私法是为提供市场经济运行机制的一种法律制度，它的主要任务都是围绕产权制度、主体制度和交易规则开展的。因此，私法与市场机制具有同一性，是市场机制的制度形式，要建立市场经济体制就要建立和健全私法机制。

但是，在产权制度方面或交易、契约制度方面，由于我们的市场经济是在坚持以公有制为主的前提下进行的，不可能出现以彻底的私有化为目的的财产法、契约法等部门法，而由于公有制主要是通过国家所有制形式表现出来，所以产权关系的一方是强大的行政权力，其法律调控的要求和方式就不能等同于私有制经济。我们的社会主义经济不是盲目地、自发地听任商品经济的发展，而是要求在遵守客观规律的基础上发挥国家的能动作用，所以党的十四大指出：“我们要建立的社会主义市场经济，就是要使市场在社会主义宏观控制下对资源配置起基础作用，使经济活动遵循价值规律的要求。”这就决定了我们的私法不能是现代法律体系的核心，不能成为万法之基。根据我国《民法通则》第2条的规定：“中华人民共和国民法调整平等主体的公民之间、法人之间、公民和法人之间的财产关系和人身关系。”在我们的立法制度中，许多经济关系并不属于上述《民法通则》调整的范围，如政府对经济的管理、国家和企业之间以及企业内部等纵向经济关系和行政关系，都不是平等主体之间的关系，因而是由有关经济法和行政法来调整的；对社会主义社会的政治关系、组织关系更不能被商品关系的私法法则所侵蚀。这些都表明，我们的法律体系中没有“民法中心论”的表现。

① 《邓小平文选》（第3卷），第373页。

（二）社会经济法的重要地位和作用

社会经济法是社会法和经济法的简称。经济法强调国家对市场的干预和宏观调控，以维护社会整体利益。其主要内容包括创造竞争环境、维护市场秩序、管理监督市场规则法和宏观调控规则法两部分。前者如《反不正当竞争法》、《反垄断法》，等等；后者包括《计划法》、《借贷法》，等等。

社会法是维护劳动者权利、救助待业者而产生的各种社会关系的法律。它介于公法和私法之间，如规范劳动者的法律有《劳动法》、《工资法》，等等；规范社会保障的法有《社会保险法》、《社会救济法》，等等。

社会法和经济法在西方法制建设史上都是资本主义后期才出现的。市场经济虽然在培育经济发展中有很大作用，但它并不是万能的，在某些领域不能发挥作用的地方，必须要由政府进行宏观管理和行政指导，这就是经济法之所以兴起和作用的原因。尤其是社会法，这是西方在社会现代化工业中出现大量社会问题和矛盾后被迫重视制定的，人民群众为此付出了沉重的代价。

在我国的改革开放中，一开始就把法制重点放在保证社会安定、提高生活水平和公民基本权利的保障方面。在经济和分配方面，首先是要求解决吃饭和温饱问题，摆脱贫穷奔小康，一开始就明确法制建设要防止两极分化，促进共同富裕的目标，提出法制要考虑到“效率优先、兼顾公平”的价值目标。要尽可能地保证社会分配合理，健全福利保障制度，把分配差别控制在必要的限度内。在西方经过几十年甚至上百年的群众斗争过程才被政府接受的社会法规，在我国1979年以来就陆续颁布施行了。

（三）公法的地位和作用

公法是规范国家职能及其实现过程的法律部类，主要包括宪法、行政法、诉讼法，等等。一个国家要建立和维护什么样的社会经济和政治秩序，都是通过国家的立法、行政、司法等的公法活动来实现的。市场经济没有安定的秩序就很难顺利发展，市场经济要能发挥出强劲的竞争力，就要求有一个高效而廉政的政府。但市场经济不能自发地培育出廉洁的政府，相反，由于经济人追求个人最大的利益欲望而时刻会发生腐蚀政府的倾向，因此公法制度的建立和完善对市场经济的成长有着关键性的作用。

由于我国的经济现代化是在与西方早期的现代化完全不同的时代条件下进行的，又是在传统的自然经济和计划经济基础上开始的，商品经济基础薄弱，而传统封建意识却有其深厚基础，种种客观因素都要求有一个强有力的政府起组织、指导作用。因此与西方早期国家的消极无为的“小政府”角色不同，而是要求有高效率的、能够依法对社会进行全面有效管理的“大政府”角色。这样对政府的要求更高,加强政府的廉政,完善监督和制约机制也就更加迫切,任务更重。

改革开放10多年来,我们的法制建设随着经济的发展也在不断完善,在实践中积累了不少新经验。如何加强依法治国,建立社会主义法律体系,这是两个根本性、基础性的问题,现在也已有了基本框架,毫无疑问,这些成就都带有中国自己的特色,但亟待我们从理论上进行阐发、深入探讨。

(1996年第11期)

论社会主义精神文明与法制建设

曹建明[*]　李　然[**]

与过去相比,党的十四届六中全会通过的《关于加强社会主义精神文明建设若干重要问题的决议》(以下简称《决议》)有一鲜明特色,即高度重视法制建设在社会主义精神文明建设中的作用。主要表现为:它既把法制观念确立为公民素质的主要内容,又把法制规定为培育社会主义道德风尚的重要手段。这样,法制在社会主义精神文明建设中就具有既是目的又是手段的双重作用。因此,深入研究精神文明建设和法制建设的关系,是一项十分重要和迫切的时代性课题。

一、社会主义精神文明建设与法制建设相结合的必要性

关于社会主义精神文明建设为什么必须与法制建设相结合,有些同志至今仍有异议。因此,有必要对两者结合的重要性加以探讨。

第一,从一些社会主义国家精神文明建设的历史教训来看,民主法制观念在相当长的时间内一直是精神文明建设中的薄弱环节,这个问题不解决,直接影响到社会主义国家的形象和社会主义制度优越性的发挥。

社会主义精神文明是社会主义社会的重要特征,因此,社会主义国家历来都非常重视这项工作。苏联及东欧社会主义国家的精神文明建设主要是从两个方面展开的:一是共产主义教育,包括思想政治教育(马列主义基础理论教育、无神论教育)、道德教育、劳动教育、经济教育、爱国主义教育、美学教育等;二是提高国民教育,发展科学和文化事业,包括发展教育、科学、文化事业,重视文学艺术的教育作用。① 但他们都没有把民主法制观念的教育摆到议事日程上,因此,整个社会的法律素质不能说很高,以致出现了不少违背社会主义法制的事情。中国在粉碎“四人帮”以前,对民主法制的教育也不够重视,所以,邓小平在总结

---

* 作者单位:华东政法学院(现华东政法大学)。

** 作者单位:华东政法学院(现华东政法大学)。

① 江流主编:《中国社会主义精神文明研究》,中共中央党校出版社 1987 年版,第 452 ~ 467 页。

社会主义国家民主法制的经验教训时说:“我们过去发生的各种错误,固然与某些领导人的思想、作风有关,但是组织制度、工作制度方面的问题更重要。这些方面的制度好可以使坏人无法任意横行,制度不好可以使好人无法充分做好事,甚至会走向反面。即使像毛泽东同志这样伟大的人物,也受到一些不好的制度的严重影响,以致对党对国家对他个人都造成了很大的不幸。我们今天再不健全社会主义制度,人们就会说,为什么资本主义制度所能解决的一些问题,社会主义制度反而不能解决呢?这种比较方法虽然不全面,但是我们不能因此而不加以重视。斯大林严重破坏社会主义法制,毛泽东同志说过,这样的事件在英、法、美这样的西方国家不可能发生。他虽然认识到这一点,但是由于没有在实际上解决领导制度问题以及其他一些原因,仍然导致了‘文化大革命’的十年浩劫。这个教训是极其深刻的。”①

第二,从中国改革开放以来的精神文明建设的经验教训来看,只有建立常抓不懈的精神文明建设法律机制,才能有效防止精神文明建设中“人治”现象的产生。《决议》指出:“改革开放一开始,以邓小平同志为核心的党中央就强调两个文明一起抓的战略方针。……但是,对两个文明一起抓的方针,在执行过程中出现过不一贯的情况。八十年代末邓小平同志指出,十年最大的失误是教育,主要是思想政治教育削弱了,一手比较硬、一手比较软。十三届四中全会后,以江泽民同志为核心的党中央坚持两手抓、两手都要硬的方针,从多方面加强精神文明建设,作了积极有效的努力。”从《决议》概括的这段历史可以看出,我国的精神文明建设一度出现“人存政举、人亡政息”的现象。如果领导人重视了,精神文明建设就有人抓;反之,就会被冷落。这种“不一贯的情况”,从一定意义上来说就是“人治”。

“人治”是我国政治生活中长期存在的一个弊端。所以,邓小平同志指出:“要通过改革,处理好法治和人治的关系。”②古今中外的治国经验告诉我们,避免“人治”的有效办法,就是实行“法治”,而法治的主要含义就是有人立法、有人执法、有人监督,就是要建立一套法律制度,使这种制度和法律不因领导人的改变而改变,不因领导人的看法和注意力的改变而改变。③ 在精神文明建设方面,我们要善于把党关于精神文明建设方面的决议经过法定程序上升为法律,由政府实施,并主要由人大来监督,再加上必要的舆论监督,只有这样才能防范“人

---

① 《邓小平文选》(第2卷),第293页。

② 《邓小平文选》(第3卷),第177页。

③ 《邓小平文选》(第2卷),第136页。

治”现象的发生。

第三,在社会主义市场经济条件下,精神文明建设必须和法制建设相结合。

其一,社会主义市场经济就是法治经济,这决定了必须把法治观念作为公民的道德素质的重要内容来培养。

计划经济的特征,一是利益主体的一元化,或者说社会利益的分化程度很低;二是利益分配的行政指令化,或者说人们的利益基本上都是由国家统包统配的。因此,在这样的条件下,社会对法律的需求量是很少的,法律只在维持社会治安秩序方面发挥作用。所以,在计划经济年代,我们没有建立应该建立的法律体系。与之相应的是,计划经济年代的思想道德建设内容还把民主法制观念拒之门外。

与计划经济截然不同的是,市场经济的特征,一是利益主体多元化,二是利益分配的市场化。由于这些特征,就需要设立法定权利和义务,界定不同利益主体的利益区域,确立不同利益主体的市场交易规则。权利、义务的本质正如邓小平同志所说的那样:“民主和集中的关系,权利和义务的关系,归根结底,就是……各种利益的相互关系在政治上和法律上的表现。”①权利和义务是法的核心,也是市场经济的基本规则。因此,市场经济就是法治经济。

既然市场经济就是法治经济,而道德又是由社会经济条件决定,并为经济建设服务的,那么培育全社会的法律意识理应成为今日道德建设的重要内容。

其二,市场经济具有两重性,它一方面激发了人的创造性,另一方面又容易诱发人的贪欲性。在狭隘的个人利益和小团体利益的驱使下,一些人财迷心窍,以个人良心和社会舆论作为保障手段的道德规范已对他们失去约束力,在这样的情况下,如果不用法律规范来约束,将无法遏制各种违法乱纪和刑事犯罪活动蔓延的趋势。

其三,市场经济条件下出现的利益分配市场化的新情况,决定了我们在坚持思想政治教育的同时,还必须利用法治调控人的行为,以达到提高人们思想道德素质水平的目的。

思想政治教育是我们党长期以来形成的政治优势,我们今天绝不能放弃,相反还要在与时代发展要求相结合的前提下继续坚持并发扬光大。但同时,我们也应该看到,在革命战争年代和计划经济年代形成的思想政治教育是有其存在的前提条件的,这个前提条件是:当时的革命组织基本上掌管着一个人的衣、食、住、行等物质生活条件。革命战争年代,我们实行的是供给制;计划经济年代,我

① 《邓小平文选》(第2卷),第161~162页。

们实行的是“官农”、“官商”、“官工”、“官学”等国家统包统配的经济体制。实践表明,掌握一个人的物质生活条件,就容易掌握一个人的思想,这也是符合历史唯物论“社会存在决定社会意识”基本原理的。因此,在革命战争年代和计划经济年代,我们进行思想政治教育除了具有共同的革命理想前提条件之外,还具有一定的物质前提条件。

但在市场经济年代,由于利益主体多元化和利益分配的市场化,我们的各级组织和政府不再像过去那样全面掌管个人的物质生活条件,因而,进行思想政治教育虽然必须坚持不懈,但其作用则显然没有过去那样有效,“教育不是万能的”这一公理在市场经济年代表现得十分突出。

其四,由于10年“文革”的影响和市场经济条件下利益分配市场化的作用,当代青年道德认识和行为背离的现象较为严重。出现了高认识、低行为和高期望、低参与等言行不一的情况,这表明了单靠思想教育来提高思想认识的老办法已不足以遏制不道德行为的蔓延。如果不充分发挥法律的威慑、强制作用,社会秩序将难以得到保障。

第四,把精神文明建设与法制建设相结合,是贯彻“精神文明重在建设”原则的必然要求。

精神文明重在建设,切忌搞形式主义,切忌流于标语口号和一时的“运动”。因此,我们就必须把精神文明建设的目标与法制建设相结合,利用法律的稳定性、权威性、普遍性、强制性来保证精神文明建设目标的实现。《决议》规定了精神文明建设的根本目标、15年目标和今后5年的目标,仔细探究一下,这些目标的实现都需要法制来落实。

15年的目标包括:(1)“两个牢固树立”(牢固树立建设有中国特色社会主义的共同理想、牢固树立坚持党的基本路线不动摇的坚定信念)。(2)“三个显著提高”(公民素质的显著提高、文化生活质量的显著提高、城乡文明程度的显著提高)。(3)“一个良好局面”(物质文明建设和精神文明建设协调发展的良好局面)。笔者认为,为了实现“两个牢固树立”,就必须把它写进宪法,在“四项基本原则”之一的马克思列宁主义、毛泽东思想后面再续上“邓小平有中国特色的社会主义理论”。为了实现“三个显著提高”,就必须加大法制宣传、立法、执法的力度,以提高公民的素质,就必须依法保障文化建设的正常发展和清除一些文化垃圾,以提高文化生活质量;就必须切实搞好以人民调解和“严打”为主要内容的社会治安综合治理,以提高城乡文明程度。为了实现“一个良好局面”,就必须通过各级人大对财政预决算的审议,依法保障各级政府对精神文明建设的投入,以形成物质文明和精神文明协调发展的良好局面。

5年的目标包括:(1)党政机关和干部队伍的廉政、勤政建设。(2)纠正行业不正之风。(3)扫除黄、赌、毒和封建迷信。(4)打击制造和传播文化垃圾的违法行为。(5)治理一些地方社会治安不好和环境脏、乱、差的状况。为了实现第1项,就必须按照小平同志说的那样去做:"廉政建设要作为大事来抓。还是要靠法制,搞法制靠得住些。"①为了实现第2项,就必须建立、完善各个行业职业道德方面的立法,如《法官法》、《检察官法》、《律师法》、《教师法》等。为了实现第3项和第5项,就必须严格实施《治安管理处罚条例》、《刑法》等。而上述第4项本身就属于法制建设的内容。

精神文明建设的根本目标包括:(1)培育"四有"(有理想、有道德、有文化、有纪律)公民。理想是精神支柱,道德是行为规则,文化是重要条件,纪律是必要保证。四者互相补充,缺一不可。这里所言的"纪律",具有广、狭二义。从广义上说,包括法律法规和一个单位、组织内部的规章制度;从狭义上说,专指内部规章制度。(2)把我国建设成为富强、民主、文明的社会主义现代化国家。民主离不开法制,正如小平同志所说的那样:"我们的民主制度还有不完善的地方,要制定一系列的法律、法令和条例,使民主制度化、法律化。社会主义民主和社会主义法制是不可分的。不要社会主义法制的民主,不要党的领导的民主,不要纪律和秩序的民主,绝不是社会主义民主。"②由此可见,整个精神文明建设的根本目标的实现,都是和法制密切相连的。

第五,增强公民的法定权利与义务观念,既可以弥补传统文化中权利意识不发达的缺陷,又可以使我们避免西方极端个人主义的侵袭。

《决议》两次提到增强公民的法定权利与义务观念(第7条、第13条)。法律与其他科学的区别之处,就在于它是一个由国家权力机关制定或认可的法定权利、义务体系。权利与义务观念在今日精神文明建设中具有重要现实意义。

其一,法定权利和义务的平等性观念有利于消除传统义务本位与官本位观念。

在中国封建社会,义务本位和官本位是贯穿地主阶级的意识形态("三纲五常")和法律制度的两根主线。所谓义务本位,就是指人民只有义务,却没有或很少有权利;所谓官本位,就是说皇帝和达官贵人享有众多特权,却不履行或履行很少的义务。而我国现行法律对公民权利义务的规定有一大特点,即平等性。所有公民不分民族、性别、出身、职业、宗教、信仰、教育程度、财产状况和职位高

---

① 《邓小平文选》(第3卷),第379页。
② 《邓小平文选》(第2卷),第318页。

低，都一律平等地享有法定权利和履行法定义务，不允许任何人享有特权。显而易见，法定权利和义务的平等性观念，有助于消除传统的义务本位和官本位观念。

其二，法定权利和义务的统一性观念，有利于抵御西方极端个人主义观念的侵袭。如果说中国过去形成的义务本位和官本位的观念，导致了人们权利意识的匮乏，那么西方近代以来却与之相反，即由起初的个人主义发展到今天的极端个人主义。其要害是只追求自己的权利而拒绝履行自己的义务，只向社会索取而不向社会奉献。而我国现行法律强调权利和义务的统一性。《宪法》第51条规定："中华人民共和国公民在行使自由和权利的时候，不得损害国家的、社会的、集体的利益和其他公民的合法的自由和权利。"在我国，任何公民享有权利就必须履行相应的义务，只有履行相应的义务才能享有权利，绝不允许把权利与义务相割裂。毫无疑问，权利与义务统一性的观念对于抵御西方极端个人主义是具有重要意义的。

第六，中外精神文明建设的经验告诉我们，厉行法治是精神文明建设的必由之路。"欧洲花园"之国瑞士、"亚洲花园"之国新加坡和中国张家港精神文明建设的经验告诉我们，要想让精神文明建设深入、持久、有效地进行下去，就必须与厉行法治相结合。精神文明和精神文明建设是两个概念。前者是指精神财富本身，后者是指创造和发展精神文明所采取的措施；前者是由包括知识分子在内的劳动者直接创造的，后者则主要是政府的一种行为。按照依法治国的要求，政府的一切工作都必须"有法可依，有法必依"。所以，精神文明建设必须与法制相结合。

第七，道德和法律相辅相成，缺一不可。在阶级社会，统治阶级的道德和法律在本质上是一致的。从根源与目的方面来说，两者都是由同一经济基础决定的，都是调整社会关系的手段；从内容上来说，法律以道德为基础，法律规范大都来源于道德规范；从作用上来说，两者相互促进。道德对法律的促进作用有二：一是道德确立的基本价值为立法指明了方向；二是道德为执法、守法奠定了社会心理基础。法律对道德的促进作用也有二：一是通过立法可以选择进而推动一定道德的普及；二是严格执法可以弘扬一定的道德精神。

此外，道德的长处还恰巧表现为法律的短处，而法律的长处又是道德的短处，两者可以取长补短，相得益彰。其一，道德具有自发性，法律具有人为性。前者的长处是直接源自人的内心、习惯，易为人们接受、遵行，短处是因其自发性而具有多元性；后者的长处是经过严格选择，使得法律规范源于道德规范但又高于道德规范，更能适合统治者的需要，并由于其国家意志性而具有一元性，但短处是不像道德规范那样深入人心。其二,道德的强制手段是柔性的,而法律则是刚性的。前者是通过社会舆论的褒贬以及个人内心信念的自我约束而得到遵守与发扬的,后者则是通过国家强制力保证实现的。因此,前者的长处是覆盖面广,而且不需要国家大量投资,但短处是强制力有限;后者的长处是强制力较大,但短处是覆盖面不如前者广。所以,在阶级社会,道德和法律唇齿相依,是治理国家的两把利剑。

二、改革开放以来,围绕着社会主义精神文明建设,国家制定了不少法律法规,具备了使精神文明建设与法制建设相结合的切实可行性

第一,我国现行宪法系统规定了社会主义精神文明建设的内容,成为我国各项立法活动中必须遵循的原则。

现行《宪法》第19条到第22条规定了精神文明建设所包含的第一个层面,即教育科学文化建设;第24条规定了精神文明建设所包含的第二个层面,即思想道德建设。

我国宪法关于精神文明建设的规定,在世界宪法史上独具特色。早期的西方宪法着重规定政治制度,很少涉及文化教育。后来在1918年苏俄宪法的影响下,西方一些国家的宪法才逐渐规定有关文化教育方面的内容,但对思想道德领域仍未或很少涉及。

第二,我国在教育、科学、方化等方面的立法已初具规模。

改革开放以来,我国先后颁布了《学位条例》、《义务教育法》、《教师法》等法律,以及《教学成果奖励条例》、《残疾人教育条例》等16个教育行政法规,国家教育行政部门单独或与其他部委联合发布了数百个有关教育的规章。尤其是1995年3月通过的《教育法》作为教育的根本大法,为我国全面依法治教提供了基本的依据,初步结束了我国教育工作无法可依的局面。

在科技领域,目前我国科技方面的立法已达数百件。1993年7月通过的《科学技术进步法》作为科技领域的根本大法,为我国全面依法保障科学技术健康发展提供了基本的依据。

在文化领域,中央有关部门已委托中国社科院法学研究所的专家抓紧起草有关文化领域的根本大法《文化法》,涉及新闻、出版的法律也在抓紧起草之中,而文化领域的一些单行法律(如《文物保护法》)、法规、规章已灿然可观。

上述教育、科学、文化领域的法律、法规,虽然还存在名称较为混乱、内容多

有出入、政策与法规缺乏明确划分、标语口号与法律条文不分等立法技术缺陷，但毕竟结束了过去无法可依的局面。

第三，在思想道德建设方面，我国从实际情况出发，把道德领域一些最基本、最重要的规范上升为法律，依法普及、弘扬社会主义道德精神，保障社会主义的基本道德秩序。

其一，在社会公德方面，当今保障我国社会公德基本秩序的法律主要有 4 部：《宪法》、《治安管理处罚条例》、《刑法》和《民法通则》。《宪法》规定了我国公民的基本义务，它是社会和国家对公民最重要、最基本的要求，也是最重要、最基本的具有法律形式的社会公德规范。

对于每个公民来说，《治安管理处罚条例》可以使人们明确认识到，在日常生活中，什么事可以做，什么事不可以做；什么行为是法律保护的，什么行为是法律禁止的或应受处罚的，从而促使广大公民树立起自觉维护社会秩序、遵守社会公德的观念。同时，该《条例》也是公民维护公共利益和自身合法权益的有力武器。宪法和法律规定了公民享有广泛的权利，但这些权利大都体现在日常生活中，公民掌握了该《条例》，即可据此同形形色色的违法、侵权行为作斗争。

《刑法》与《治安管理处罚条例》既有联系又有区别。联系在于它们都是惩治实施危害社会基本公德，基本秩序行为的人；区别在于它们惩治的违法行为的社会危害程度轻重不同，这便导致了它们的惩治手段不同、性质不同。

民法调整的是社会平等主体之间财产关系和人身关系。社会公德是民法的重要渊源之一。我国《民法通则》第 7 条明确规定："民事活动应当尊重社会公德，不得损害社会公共利益"，"诚实信用"既是道德规范，同时又是民法的基本原则，被视为民法的"帝王条款"，其精神贯穿于整个民法体系中。

其二，在职业道德方面，近年来我国先后制定了《法官法》、《检察官法》、《人民警察法》、《教师法》、《律师法》等，把一些职业道德中最重要、最基本的内容变成了法律。

其三，在婚姻家庭道德方面，我国先后制定了《婚姻法》、《继承法》、《民法通则》、《老年人权益保障条例》等，把中国相传几千年的优秀家庭道德规范中的重要内容变成了法律，把依法治国与依法治家密切结合了起来。

上述法律与社会道德基本上是互为重叠的，它们既是道德规范，又是法律规范，仅仅是调整手段不同。

总之，改革开放以来，我国充分利用社会主义制度所特有的道德与法律高度一致的优越性，把社会主义道德规范中最重要、最基本的内容上升为法律，兼用教育和法律两种手段建设社会主义精神文明，使中国"德主刑辅"、"明刑弼教"

的治国传统得到了创造性的转化。

三、关于利用法治推进精神文明建设的几点思考与建议

第一,进一步提高思想道德建设与法制建设相结合的重要性的认识。

现在,有不少同志认为,道德与法律属于不同的范畴,把两者相结合是混淆了两者的界限。其实,这是一种片面看法。

关于法律与道德的关系,自古及今都有争论,主要有 3 种看法:(1)法律与道德不分,道德法律化,法律道德化。这是古代社会(奴隶制社会和封建制社会)占主导地位的看法。(2)法律与道德截然不同,各有其调整对象与方法,不可混同。这是西方 18、19 世纪历史法学派和实证法学派的看法。(3)法律与道德互有差异又紧密结合,二者相互渗透,又各有分工。这是 20 世纪以来西方法学中占主导地位的看法。

法律不能规范人的道德观念,但可以规范人的道德行为。当今世界,在西方是道德越来越民法化,在东方是道德或民法化,或刑法化(如新加坡),所以,美国法学家博登海默说,今天法律与道德的界限越来越模糊了。

还有些同志说,道德靠教育,法律靠强制,两者不能混同。这种看法原则上是不错的,但也有片面性。因为法律除了强制功能外,还具有指引、评价、预测、教育等功能。只看到法的强制功能,是一种泛刑主义的落后意识。

第二,建立精神文明建设的法律机制。

精神文明建设能否做到常抓不懈,关键在于我们党能否建立一套工作机制。笔者认为,这套工作机制应该是这样的:精神文明建设的战略决策由党来决定。党决定之后,人大则把党的意志通过法定程序变为法律,并交由政府来实施。实施中,人大应予以严格监督。这套机制可概括为:党领导、人大主导、政府倡导和群众参与。有人设计,有人立法,有人执法,有人监督,这是法治的基本要求。

第三,加大立法力度,把重要、基本的道德规范上升为法律。

在维护社会公德方面,笔者建议制定如下法律法规:一是不断完善公民基本行为规范(如"七不")的立法;二是奖励公民见义勇为的社会保障条例;三是惩治某种场合下见危不救行为的条例;四是维护诸如广场、地铁等公共场所良好秩序的条例;五是公益劳动条例,即对于那些违背社会公德的人给予一定的劳役处罚。

在维护职业道德方面,笔者建议制定《医护人员法》、《公务员法》、《演员法》等为社会关注的职业道德方面的法律。

第四，发挥各行业协会的作用，经过民主程序制定同行公约（行规）；经过民主程序，制定社区公约、乡规民约。

我们不能用计划经济的思维方式来搞今天的精神文明建设，受财力、物力和人力限制，政府不可能把精神文明建设中的每一件事都包揽起来。因此，要贯彻精神文明建设中的群众路线，让群众通过制定行规、公约，自我管理，自我发展。

第五，建立一支综合执法队伍，加大执法力度。

首先，在大、中、小学学生中，组织一支执法宣传队伍，利用双休日上街宣传法律法规和公民行为守则，对违规、违法者虽无处罚权，但可以当面批评教育。其次，在下岗人员中，组织一支执法协助队伍，巡逻于大街小巷，他们虽无处罚权，但对违法、违规者，可以将其带到拥有处罚权的执法人员或执法机构那里予以处罚。这是公民正当的履行守法义务的行为。守法既包括自己遵守法律，也包括同别人的违法行为作斗争。最后，扩大执法主体队伍，在编制、经费等方面给予必要的保证。

第六，在调查、研究公民法律知识薄弱环节和公民所关注的法律焦点问题的基础上，有针对性地开展法制宣传教育。

无数事实表明，如果没有法律的褒善抑恶机制，是难以形成扬善惩恶、扶正祛邪的良好社会风气的。法治是国家和社会长治久安的重要保障，是伸张社会正义的最有力的手段。切实做到有法可依、有法必依、违法必究、执法必严，是社会主义精神文明建设的必由之路。

（1996年第12期）

1997 年

论法律功能与依法治国

——法治秩序中的法律功能状况及其实现障碍

赵震江[*] 付子堂[**]

由第八届全国人民代表大会第四次会议正式批准的《国民经济和社会发展“九五”计划和2010年远景目标纲要》,第一次以国家意志的形式,将“依法治国,建设社会主义法制国家”作为战略目标加以规定。这意味着我国治国方略的根本转变,它是中国社会主义法制建设新的里程碑,具有划时代的意义。依法治国,厉行法治,这是中国现代化的必由之路。然而,法治并不仅仅是一个美丽的口号,法律秩序不一定是法治秩序,法治秩序是法律秩序发展到的最高境界。我们在研究中国法治之路这一跨世纪的命题时,必须关注中国未来法治秩序中的法律功能定位,尤其是市场经济体制确立过程中的法律功能扩张问题。只有认清法律在法治秩序中的功能定位,才能具体设计和部署目前及今后在走向法治之路过程中的措施和步骤,并消除中国法治之路上的诸多障碍。

一

法治秩序是中国法制建设所努力的目标。正像经济发展有其指数,如人均国民生产总值等,法治秩序也有若干指数,通过这些指数,我们便足以衡量目标是否达到及达到何等程度。在诸种指数中,法律功能状况便是极为重要的一项。美国学者罗尔斯说:“在其他条件相同的情况下,如果一种法律秩序较完善地实行着法治的准则,那么,这个法律秩序就比其他法律秩序更为正义。”①法治秩序之区别于一般的法制秩序,主要在于它不仅仅允许法律的存在,而且赋予其重要的地位,使法律的固有功能得以充分发挥。在法治秩序中,法律渗透于社会生活的各个角落。20世纪70年代末80年代初,在关于人治与法治问题的大讨论中,有的学者不赞成把法律提到至高地位,不同意提“以法治国”口号。其理由是:

---

* 作者单位:北京大学。

** 作者单位:北京大学。

① [美]约翰·罗尔斯著:《正义论》,何怀宏等译,中国社会科学出版社1988年版,第226页。

如果这样,那么我们说治国必须发展科学,就可以叫做“以科学治国”;治国必须加强共产主义教育,就是“以道德治国”,这样显然不妥当。认为,实际上“以法治国”的提法同中国近代的“教育救国”论、“科学救国”论、“医学救国”论、“工业救国”论一样,都是把某个东西当做治国或救国的最高手段。从法在治国中所处的实际地位来看,它并不是处于最高的、决定的地位。因此还是不要提“以法治国”的口号为好。[①] 笔者认为,上述观点是不正确的。第一,提出如上观点的学者混淆了法在治国中所处的“实际地位”与“应有地位”的界限。现存的并不一定就是先进的、合理的,法治理论的使命是指出并纠正现实问题,而非迁就落后的实际。第二,所谓“法治国”即国家的教育、科学、工业、医务、体育等事业统统都要依法而治,在法律的轨道上得到发展,从而使综合国力得以提高。例如,长期以来,社会生活中存在各种各样的行规,其中有些实际上已形成各种“格式合同”。但按照消费者权益保护法的规定,这些行规就有清理之必要。又如,进入20世纪90年代,国际体育界与法律界的法律冲突频频发生。比利时足球运动员博斯曼因转会受阻而求助欧洲法庭,结果,一纸判决埋葬了已运行半个多世纪的欧洲转会制。[②] 中国体育法的制定,已使体育事业纳入了法治轨道。法律关系是对社会关系的法律化,法治秩序意味着法律将控制社会生活的各个主要领域。

笔者不认为只有在市场经济条件下才有法治,但是市场经济体制为法治秩序的构建提供了更为充分的理由,它同时也为法治提出了更新的标准要求。法律在市场经济条件下有必要完成自身的功能扩张。

首先,法律的经济功能愈益丰富。

市场经济与法律有固有的关联,对法治有规律性的内在要求,因此,从一定意义上讲市场经济就是法治经济。在市场经济中,法律行为不再基本上是政治行为,而具有经济性。政治问题可能是法律问题,但法律问题却不一定是政治问题。这一特征正好符合法治秩序的要求。法律社会学家诺内特和塞尔兹尼克说:“法治模型的一个基本特征以及机构自治的一种保障,就是政治意志与法律裁判的分离。”[③]因此,法律在保持具有一定的政治功能的情况下,经济功能将得以扩张。一方面,法律不仅仅是一种促进经济发展的工具,发挥着工具功能,而且还有规划功能。市场经济的建立过程离不开法律的介入。规划功能不同于规

---

① 《法治与人治问题讨论集》,群众出版社1981年版,第305页。

② 许基仁:“法律高于体育”,载《南方周末》1996年10月25日。

③ [美]诺内特、塞尔兹尼克编:《转变中的法律与社会》,张志铭译,中国政法大学出版社1994年版,第63页。

范功能,法律是市场经济体制的最佳制度载体,规划着市场经济的宏观与微观蓝图。另一方面,由于经济与法相互渗透,经济学家将越来越注重对经济现象进行法律思考,法学家将更加强调对法律现象的经济分析。在市场经济条件下,法律虽不是一种市场上的经济活动,但从制度经济学的角度进行观察,法律在市场经济中具有减少交易成本和社会成本的功能,从而促使社会财富的最大化和最优配置。

其次,法律既要充当公平之神,又要保证社会效率的提高。

市场经济要求公平与效率的统一。市场经济条件下,尽管无私奉献的共产主义道德仍旧值得提倡与发扬,但法律不会要求人人都做出“毫不利己、专门利人”的无私奉献。当然,对于主动做出无私奉献的先进人物应给予公平、合理的补偿,如建立对见义勇为者的社会保险和国家奖励制度;因见义勇为而蒙受损失的人在法律上有权要求国家给予补偿与奖励,相应地,国家也有义务进行补偿与奖励,不然就既与法律的公平精神相悖,也不利于长期的社会效率的提高。这样,法律对人的行为要求似乎降低了,但对社会整体素质的改善却极为有利,这是由于法律的社会公平效率的显性功能恰恰伴随培养社会成员自我牺牲精神的隐性功能。“法律规定应让步于道德规范?或相反,道德规范应让步于法律规定?”对社会学者来说,回答是明确的:“法律规定必须执行,因为只要它还在生效,它就代表着整个社会群体的意志,而道德只不过反映了某一个人的观点,或至多只是反映了社会某一小部分人的观点,因此,它必须服从于法律规定,直到它得到了群体全体成员的接受为止。诚然,批评法律,与之斗争,为取缔它而做出努力,也是允许的。然而,在法律没有被取缔之前,就必须服从它。”①这种现象也可视做法律对道德的功能替代。同时,法律在解决社会问题,处理纠纷时,又往往会伴随着昂贵的成本。诉讼总是要付出代价的,如果诉讼的成本高于收益,从经济分析的角度来看则是无效的。这时,为了不致使社会资源过多地被无谓地浪费掉,便应及时地寻求其他解决纠纷的渠道。法治秩序意味着法律在多种解决纠纷的手段中具有最高的权威,而不必然指“凡事必讼”。道德、风俗等对于法律也有功能替代之必要。这也恰是在加强法制建设的同时,大力倡导精神文明的意义之所在。

二

无疑,中国构建法治秩序绝非朝夕之功,中国的法治之路存在种种的障碍亟

① [法]布律尔著:《法律社会学》,许钧译,上海人民出版社1987年版,第35页。

须加以克服。然而,究竟哪些才是真正的障碍?对此必须有一个清醒的认识。

经济落后问题不能作为构建法治秩序的主要或基本障碍。

法学界有种影响较广的观点认为,贫穷和愚昧是实现民主和法治的障碍,因为民主和法治是人类文明的产物和标志。笔者赞成由此见解出发得出的法治进程不可能一蹴而就的结论,却不主张因此就必须等经济发达了再构建法治秩序。依法治国乃是一个动态的概念,表征一种过程。法治秩序形成于中国法制现代化的过程之中。“事实上,现代性孕育着稳定,而现代化过程却滋生着动乱。贫困与落后,动乱与暴力,这两者之间的表面关系乃是一种假象。产生政治秩序混乱的原因,不在于缺乏现代性,而在于为实现现代性所进行的努力。”①经济的现代化进程应与法制现代化进程,即与法治秩序的构建过程同步。必须看到法治相关经济并非绝对的因果关系,而是一种结构上的功能互动关系。法治为经济的发展创造一种理想的秩序及制度环境,经济为法治提供某种基础。况且,经济上的贫穷与富裕是相对而言的,并没有一个发达的绝对标准。因此绝不能借口贫穷而延缓法治的进程。现在,我国市场经济正迫切需要一种法治基础,计划经济向市场经济的转轨必然相伴着由法制秩序向法治秩序的过渡。体制转轨与秩序过渡将成败相依。

中国传统法律文化不完全是构建现代法治秩序的障碍。

长期以来,总有许多人对中国传统法律文化嗤之以鼻,似乎中国过去的一切都是前进中的包袱,好像西方的今日景象就是中国明天的道路。美国法学家昂格尔就如是说:“对古代中国来说,区分命令和法律、行政与司法基础的机会也就错过了,而这恰恰是欧洲法律理论的奠基石,并导致了法治和‘法治国’观念。”②难道中国传统法律文化真的同法治之路格格不入吗?其实并非如此。历史是割不断的,中国的未来走向必须而且也完全能够从中国的过去寻找到生长点。中文“法”字中所形意的“公平”、“正义”预示中国传统法律文化中蕴涵着同法治暗合的成分。我们不应该愚蠢地放弃从中国“本土资源”包括优秀的固有法律文化中吸取法治思想的营养。中国圣贤先哲们早就产生的“令顺民心”、“民贵君轻”、“法不阿贵”、“刑无等级”等思想观念已沉淀于中华民族的法律心理之中。黄宗羲“有治法而后有治人”的民主主义法律思想更是我国古代法律思想之精华。这些观念的继续提倡肯定有助于中国特色法治之路的进行。诚如

---

① [美]亨廷顿著:《变化中的政治秩序》,王冠华等译,三联书店1989年版,第38页。

② [美]昂格尔著:《现代社会中的法律》,吴玉章等译,中国政法大学出版社1994年版,第94页。

黑格尔所言："历史对于一个民族永远是非常重要的，因为他们靠了历史，才能够意识到他们自己的法律、礼节、风格、和事功上的发展行程。法律所表现的风俗和设备，在本质上是民族生存的永久的东西。"①中国构建法治秩序的障碍主要并不在于历史而在于现实。

那么，究竟哪些才是真正的主要障碍？笔者认为主要有以下 3 方面：

障碍之一，"良法"标准模糊不清。亚里士多德曾把"良法"作为法治的一个要件，这一思想极为后人推崇。但在法治秩序中究竟如何衡量法律的好坏？首先，现代法治是以民主之法治理国家。民主是法治的灵魂。中国古代"以法治国"、"以法为本"的根本缺陷就在于，那时的法是君主专制制度下产生的。梁启超把儒家政治思想名之曰"人治主义"，把法家政治思想名之曰"法治主义"。②其实，说到底，法家所维护的仍然是君主专制制度，而专制制度下的法律不可能是现代意义上的"良法"。当然，我们亦不能一概而论民主基础上所产生的法就一定是良法，特别是在现代科技社会，法治还须有自己的科学基础。所谓科学基础是指法律应合乎规律，由之取得合理性。罗尔斯说："法治所要求和禁止的行为应该是人们合理地被期望去做或不做的行为。……它不能提出一种不可能做到的义务。""应当意味着能够。"③"人治"过多地寄希望于道德超人及智慧超人。对统治者要求过高，对其他人要求过低，这本身就背离人性的发展规律。其实，"哲人"或"善人"都没有义务为社会付出太多。如果法律违反自然规律或行为规律，也就丧失了自身的合理性。服从法律应意味着服从理性，而民主有时却不一定符合规律，不一定服从理性。如果对计划生育国策在某些地区进行全民公决，则极有可能会是反对票多于赞成票。民主也是有限度的。还有"良法"应当是具有深厚道德基础的法。法律不能毁坏民族的传统美德，而要有利于现代新道德的树立。如果某项法律制度的运行导致社会基本道德的颓废、沦丧，很难说它是一种良法。总之，在现代社会里，"良法"应同时建立在民主性、科学性和道德性的三重基础之上，社会主义法律应当能够做到民主性、科学性和道德性的高度统一，应当是一种"良法"。

障碍之二，缺乏对于法律的信仰。伯尔曼说："法律必须被信仰，否则它将形同虚设。"④中国的封建法律文化视法为刑，给人以可怕的联想，导致对法律的普遍回避心理，严重丧失了公众对法律的信任。这是中国封建法律文化中的糟

---

① ［德］黑格尔著：《历史哲学》，王造时译，商务印书馆 1963 年版，第 206 页。

② 梁启超著：《先秦政治思想史》，东方出版社 1996 年版。

③ ［美］约翰·罗尔斯著：《正义论》，何怀宏等译，中国社会科学出版社 1988 年版，第 227 页。

④ ［美］伯尔曼著：《法律与宗教》，梁治平译，三联书店 1991 年版，第 28 页。

粕。信仰以信任为基础。司法腐败现象的危害,莫过于粉碎了人们对法律的信任感,使人们丧失使用法律的兴趣。法律功能的发挥与其说是人们遵守法律的结果,不如说是人们使用法律的结果。而不信任法律自然便谈不上使用法律。西方社会学中冲突功能论的代表人物考舍认为,当人们对现有的制度怀疑与缺乏信心,不再接受现有的制度为合理合法时,便形成一种"社会合法性的撤销"(the withdrawal of legitimacy),这是社会冲突的主要起因。科学的昌明使许多人的宗教信仰渐趋破灭,法律应当逐渐担当起世人膜拜对象的角色。在法治秩序中,法律不仅意味着正义、公平,而且代表一种希望。法律要成为人们的信仰结构的组成部分,被人们接受为他们生活现实的一个组成部分。它将值得人们去信赖、去依靠、去为之牺牲。人们常常慨叹世风日下是由于信仰危机,的确,"文革"之后对个人崇拜的突然觉醒粉碎了许多人对精神追求的念头,随之,普遍产生了对于物质享受的追求和对金钱的崇拜。似乎金钱可以决定一切,但同时又不得不承认金钱并非万能。我们必须正视这一正在发生的现实。法律可以被赋予信仰功能,填补这个信仰空区。当然,我们也不必矫枉过正地认为法律万能。信仰法律并不是迷信法律,创制法律最终是为了人类自身的幸福。在这个意义上,我们不必赞美那种机械地墨守法律条文的做法。法律如同上帝,世间本来没有,为了人间秩序才为人所创造;法律不是枷锁,否则便不配为人所信仰。

障碍之三,法律尚未取得至上地位。笔者主张,只有法律至上,才有法治秩序。无论个人如何道德高尚或聪明睿智,都难以匹敌理性客观的法律。法治的一个主要标志就是不能容忍有任何个人或组织凌驾于法律之上。从一定意义上讲,法制与法治的一个重大区别就在于,法律是管老百姓的还是也管政府官吏的,即"治民"也"治吏",既"治民"更"治吏"。法律至上,立法者、执法者也要依法行为。"历史证明治理国家不坚持法律至上,就必然是这样那样的君主至上或领袖至上。国家的命运,事业的兴衰必然以当权者个人的品德、才能和经验为转移。这是极其危险的。"①就我国目前而言,需要特别强调作为执政党的共产党的守法模范效应。执政党在国家生活、社会生活中有举足轻重的地位,社会公众如何看待法律的权威直接取决于执政党及其成员对待法律的态度。法治的实质是人民之治,非政党之治。执政党不仅要重视法律,而且要善于运用法律。1994 年年末到 1996 年年初,中共中央核心领导层屡屡举办法律知识讲座,对推进全民法律普及活动,增强全民法律意识有积极作用。然而,关键是还必须从体制上解决问题,从制度上加以保障。此外,法律至上的一个标志是法律面前人人

---

① 王家福、刘海年、李步云:"论法制改革",载《法学研究》1989 年第 2 期。

平等。在社会主义初级阶段,尽管社会主义制度的确立和剥削阶级与剥削制度的消灭,从一定程度上消除了人们不平等的经济、政治根源,为法律面前人人平等提供了政治保障、提供了切实的可能性,但现实社会生活中仍然存在某些事实上不平等的现象,封建观念、特权思想还是贯彻适用平等原则的阻力。反对特权不仅仅是反对“官当”、“官倒”,对于犯了罪或有违法行为的“能人”、“名人”的处理在法律上也绝对不应一味从轻。近年来,屡屡出现“名人”案件,舆论力量对此类案件施加影响。有些的确起到了很大的监督作用,但也存在舆论“宽容”的误导,不正确地干预了司法活动。个别领导人员对“能人”案件的指示、批示也存在有违法意、不甚妥当之处。法律面前人人平等原则发生动摇,法律的至上性就很难得到保证。总之,法律固然是国家意志的体现,社会主义法律代表着人民的利益,法律功能的实现既要依靠国家力量,又要依靠社会力量,但政党、社团、舆论等都只应在法律的范围内保持自身社会力量的本色,作为社会力量发挥功能,而不能直接以国家力量的面目干预政治事务和法律事务,更不能超越法律之上自赋其权,损害人民利益和国家利益。否则,就无法避免如有的学者所说的那种“人治底下的法制”①,即高喊实行法制却实际是变相人治的现象,最终使法律功能无以发挥,导致法治秩序的落空。

当今社会,谋求上下一心,臻于长治久安,求得经济发展,必须依法治国,实行法治。在中国的法治之路上,至今障碍重重。笔者认为,就法治的社会环境而言,当务之急最需要注意的乃是上述三项。尽管清除这些障碍并非轻而易举,即使廓清之后法治秩序亦并非立刻就能实现;然而,任凭它们存在,则肯定难以厉行法治。

（1997年第2期）

① 郭道晖:“法治新论——兼评‘人治底下的法制’”,载《学习》1993年第8期。

法律运行中的不确定性与“错案追究制”的误区

王晨光*

一、“错案追究制”的由来

“错案追究制”是我国正在进行的审判方式改革中自发出现的一项旨在加强对法官的监督、确保办案质量的措施。这一措施并非最初提出的审判改革规划中的内容。在总结各地法院试点经验的基础上，最高人民法院提出的审判改革的内容为：坚持公开审判；强化庭审功能；强化当事人举证责任；强化合议庭和独任审判员的职责。① 其中最后一项强化合议庭和独任审判员的职责要求审判员具有较高的素质，加强和扩大合议庭和独任审判员的直接裁判权，改变以往审和判脱节的现象。合议庭与独任审判员权力的扩大有利于排除对审判活动的各种干预，有利于保证审判的公正。但是这措施也同样带来一些不利的因素，如一些审判人员在具有更大的权力的同时徇私枉法、以权谋私等问题。特别是在我国正处于向市场经济转轨的过程，相当一部分法官的素质不适应新的庭审方式需要的条件下，②某种行之有效的监督制约机制则成为必要。在这一背景下，吉林省的各市中级人民法院率先试行“错案追究制”，随后浙江、福建、上海、山西等众多法院都相继建立了这一制度。③ 这一制度对保障诉讼当事人的合法权益，提高审判人员的素质和确保案件得到公正的审理无疑具有积极意义。

二、“错案”的界定

什么是“错案”？这一问题如不明确会使审判人员心存疑虑、畏缩不前，挫

---

* 作者单位：香港城市大学法律系。

① 最高人民法院《关于民事、经济、行政审判方式改革的若干意见》（讨论稿），第17次全国法院工作会议讨论文件之二，1995年。

② 山西省高级人民法院：“坚持错案追究制度保障审判方式改革的健康发展”，载最高人民法院经济审判庭：《经济审判资料选读》（第2辑），人民法院出版社1996年版。

③ 陈有西：“中国法院改革大写意”，载《民主与法制》1995年第1期。

伤审判人员的积极性,从而导致与建立这一制度的初衷相违背的负面效应。扩大审判人员直接审判的权力和防止审判人员滥用职权这一对矛盾成为设计必要的监督机制必须考虑的问题。

为了明确"错案"的界限,各地法院自行制定了一些规定。山西省高级人民法院把它界定为:"审判人员在审理案件过程中,违反实体法或程序法,致使案件出现明显错误或造成不良影响,应由审判人员承担责任的案件。"①该院把"错案"和"错误案件"加以严格区别。错误案件是指审判中有一般性错误的案件。错误案件当然也要处理。如何处理,该院并未做进一步说明。但两者的性质和惩处显然有很大不同。内蒙古自治区高级人民法院在其制定的经济庭审判方式改革实施意见中采用列举法,将认定的基本事实错误,是非责任颠倒,造成裁判严重不公,适用法律明显错误,导致错误裁判,严重违反诉讼程序,影响案件实体审理公正裁判七种情况列为"错案"。② 该院也力图区分"错案"和"有错误的案件"。该意见规定:对裁判虽有错误,但显著轻微的情况不适用错案追究制度。其他一些法院的界定也大同小异,故不赘述。

尽管有上述界定和规定,可以肯定地说,在实践中如何判断某一具体判决是否是错案,仍然是一个难解之题。因此,各地法院均将判定是否错案的权力赋予审判委员会,从程序上严格错案的确定。

笔者并不同意"错案"这一模糊的提法,③但在找不到更合适的提法的情况下,姑且用之。"错案"概念的重心在于判决的明显错误。④ 因此"错案"的命题隐含着一个被大众自觉或不自觉地接受的理论,即一个案件只能有一个唯一正确的判决,否则就是错误的判决。但是什么是唯一正确的判决呢? 这又是一个模糊不清的相对概念。不同的法官和律师对同一个案件的正确判决显然不会完全一致。这是任何一个有法律实践经验的人都十分清楚的道理。如果审理案件如同做算术题那样只能得出一个唯一的答案,法院的工作也就会大大简化了。

---

① 山西省高级人民法院:"坚持错案追究制度保障审判方式改革的健康发展",载最高人民法院经济审判庭:《经济审判资料选读》(第2辑),人民法院出版社1996年版。

② 内蒙古自治区高级人民法院:"经济庭审判方式改革实施意见",载最高人民法院经济审判庭:《经济审判资料选读》(第2辑),人民法院出版社1996年版。

③ 因为"错案"不是一个严格的法律词汇,它多少与"文革"中的"冤假错案"的政治术语相似。从词义上讲,"错案"和"有错误的案件"几乎是无法区分的,除非把两个词人为地赋予不同的含义。

④ 上述法院对"错案"的界定都归结到判决的错误或不公正。最高人民法院院长任建新在1995年《第八届全国人民代表大会第三次会议关于最高人民法院工作报告》中则没有使用"错案"的概念,而着重谈到加强审判监督,对不公正的裁判和执法中的错误行为坚决依法纠正。这里提到判决和行为两个方面。

"错案"和"唯一正确的判决"互为反义词。两者又都具有模糊性,因而不可能用其中的一个来论证另一个的确定性。当然,这种模糊性在不同的案件中表现的程度也不一样。在简单案件中,这种模糊性相对弱些;在疑难案件中则相对强些。就"错案"而言,除少数徇私枉法、有意违反法律的情况外,大多数疑难案件,其在法律的适用和事实的认定上都存在相当大的模糊性,即法学界长期争论不休的法律上的不确定性。既然如此,"错案"和"唯一正确的判决"的判断就只能依赖其他标准。一般而言,公认的标准有两个:一个是法律标准,另一个是事实标准。此外,越来越多的人还认识到政策或公共利益以及其他非法律因素也是一种不容忽视的判决标准。① 本文拟就法律、事实和政策这三个标准来分析法律上的不确定性,并由此来说明认定"错案"的困难。

三、判断"错案"的法律标准

判断"错案"的法律标准可以有以下几种情况:适用的法律条文不当;对适用的条文解释不当;在没有具体法律条文可以适用的情况下,类推不当或适用法律原则不当,等等。如果适用法律条文不当,判决结果当然也就成为"错案"。但是,进一步分析上述情况,所谓的"当"与"不当"仍然是一个模糊的不确定概念。

我们不妨看一看实际案例。消费者刘某在长沙购得三洋采访机几十台,他以所标原产地(日本)与实际原产地(不明)不符为由,根据消费者权益保护法,从经营商处获得巨额赔偿。当刘某到株洲依法炮制,再次买假索赔时,经营商拒绝赔偿。刘某起诉到株洲市某人民法院后,该院认为"日本产"包括利用日本技术生产的产品和在日本生产的产品,且该产品的外包装条形码标明该产品为日本产品无疑,故驳回原告的诉讼请求。② 而在另一起案件中,消费者周某在新乡市购买了一部标明为日本产地的照相机,而该照相机的实际产地是我国台湾地区。当地法院认为原产地为现在产地的意思,把产地为我国台湾地区的产品标

① 哈特认为在处理疑难案件时,如果没有可适用的法律条文,法官可以根据"(法律的)目的、社会政策和(发展)的目标"行使自由裁量权。见 Hart, Positivism and The Separation of Law and Morals, *Harvard Law Review*, Vol. 71, 1958, p. 612;霍姆斯大法官和庞德主张社会效果是制定判决时应当考虑的正当理由。见 Ruggero Aldisert, *Logic For Lawyers: A Guide to Clear Legal Thinking*, 1989, p. 15; WallaceLoh 在其著作 *Social Research in the Judicial Process*(1984)中也认为"政策判断是判决过程中的第三个步骤"。

② "新一轮打假风云突起",载《南方周末》1996年12月16日。

为产地是日本,构成了欺诈行为,故销售人负赔偿责任。[①]

在上述两个相似的案件中,不同的经营者和不同的法院对原产地作出了不同的解释,从而得出了完全不同的判决。这里涉及的法律适用问题包括什么是最适当的法律和如何解释同一个法律规定的问题。甚至就原产地问题适用哪些法律的问题,法律界的权威人士也是见仁见智,各持己见。[②] 很显然,每个人都会对上述案件的法律问题做出自己的判断和选择。既然如此,哪一个为"错案"呢?既然这两个极为相似的案件竟然得出两种截然相反的判决,岂不是肯定有一个是错的吗?之所以出现这样的情况,一个主要的原因就是上面所提到的法律的不确定性。

四、法律的不确定性

大多数人认为,法律是明确的、自成一体的独立体系。只要有确定的事实,就一定能确定应适用的法律,就一定能得出一个正确的判决。这种观点被称为"法律形式主义"或"规则主义"。[③] 它坚持法律的确定性和结果的唯一性。连接这两者之间的纽带则是形式逻辑推理。整个法律运作就如同一台加工机床,只要提供一定的材料,就一定会产生确定的产品。这种法律观曾在现代法制形成过程中占据过主流地位。[④] 但从20世纪初以来,随着社会科学的迅速发展和社会的变化,这种封闭型的形式主义法律观受到猛烈的冲击和诘难。美国大法官霍姆斯以实用主义为理论指导,提出"法律不是逻辑,而是经验",对法律条文的确定性最先发难。这一见解后来在庞德的社会法学和现实主义法学中得到充分的阐述。现实主义法学的代表人物之一卢埃林认为,法律是不断变化的规则;它不仅包括"书面规则"(paperrules),而且应包括"现实规则"(real rules);后者是更重要部分。书面规则仅仅告诉人们应当如何去行为,但人们实际上如何行

① "新一轮打假风云突起",载《南方周末》1996年12月16日。

② "原产地标记打假索赔三人说",载《南方周末》1996年12月16日。

③ WallaceLoh, *Social Research in the Judicial Process*(1984), pp. 655－658. WallaceLoh引用其他学者的论述,把法律形式主义界定为:认为正义只能通过把固定的规定(大前提)按照形式逻辑的推理方式适用于特定的事实(小前提)从而得出判决(结论)的程式实现,是一种"机械的法理学"(庞德语)。

④ 例如,韦伯认为只有"形式主义的法律"才适合资本主义的发展。参见《文明的历史脚步——韦伯文集》,上海三联书店1996年版,第190页。Freeman说:与19世纪和20世纪初的自由放任主义的经济政策相适应,法律形式主义在美国法学界占据主导地位,参见M. Freeman, *Lloyd's introduction to Jurisprudence*, 1994, p. 655。

为并不完全符合书面规则。只有对人们的行为特别是法官的行为进行实际研究分析,人们才能发现现实规则是什么。书面规则的作用只有在研究了现实规则后才能够发挥。① 因此,书面规则是不确定的。卢埃林的观点又被称为"规则怀疑论"。在实践中,他力主采用社会学中的行为科学方法对人们特别是法官的行为进行研究,以期更准确地解释法律实际运作。

在现实主义法学的推动下,法律的不确定性被推向极端。"二战"以后,鉴于德国法西斯对法制的破坏,一方面法学领地中主张法律与道德不可分割的新自然法学重振辉煌;另一方面对现实主义法学所推崇的法律的不确定性的讨伐也一度声势浩大。现实主义法学就此一蹶不振。尽管如此,它倡导的法律不确定性依然吸引着众多的法学家的关注。有学者宣称:"或许现实主义法学的终结的主要原因恰恰在于它的胜利。"②

随后,哈特依据传统的英国语义分析理论,力图在形式主义法学和现实主义法学这两个极端之间保持平衡。他对法律内在的不确定性提出了独特的解释。他认为:任何词汇都有一个主要的、稳定的核心含义,同时又有其相对模糊的边缘含义。例如,"车"的中心含义是自行推动的、能够载人并在路上开动的交通工具。但是,玩具车、自行车甚至用来做广告道具的汽车是否属于车的概念则不是很清楚。法律条文是用词语构成的,因而法律条文也随之具有不确定性。如果一项法律规定"禁止车辆进入公园",那么是否要禁止玩具车、自行车等入内的棘手问题就会接踵而来。所谓疑难案件就是因为这种法律条文的不确定性引起的。由于存在这种不确定性,法官就拥有自由裁量权。而这种自由裁量权应受到政策和社会目标的制约。哈特认为法律的不确定性仅仅存在于涉及词语边缘语义的疑难案件,因而疑难案件就数量而言所占比例并不大。③

德沃金又对哈特所承认的有限的法律不确定性提出反驳,他认为,哈特仅仅把法律归结于法律条文是一个错误。除了法律条文外,法律体系作为一个"整体"还包括法律原则。当法官在处理具体案件过程中找不到可适用的条文时,法律原则就会作为审理案件的指针。法律体系的发展如同数个作家合写一部连锁性小说一样。作家们在不同时间先后执笔时,一定要考虑"适当"和"调整"两个原则,以便使小说的人物、情节和事态发展保持一致,使写作的笔法和文风也

---

① Karl Llewellyn, A Realistic Jurisprudence—The Next Step, 1930, 30 *Columbia Law Review* 431 (1930).

② John Monahan and Laurens Walker, *Social Science in Law: Cases and Materials*, 1985, p. 27.

③ Hart, *The Concept of Law*, Oxford University Press, 1961, pp. 121 – 150.

相互匹配。[①] 法律制度的这种连续性、一致性和调整性构成了法律的“整体性”或“整合性”(Integrity)。正是在法律整体性的框架下,法律原则起着补充法律条文的不足、调和法律条文之间的冲突和推动法律条文发展变化的作用。即便在法律条文模糊或冲突甚至法律条文空缺的情况下,法律原则都能确保任何一个案件都导致出一个“唯一正面的答案”。尽管德沃金极力否认法律的不确定性,他也不能不看到由于法官的个人素质、背景、知识等状况的不同,肉眼凡胎的法官未必都能找到这一“正确答案”。因此他号召法官应努力成为古希腊神话中无所不能的赫克利斯式的英明法官。在这种整体性的框架内,遵循法律原则的指引,法官可以拥有有限的自由裁量权。异军突起显赫一时的批判法学派的思想家针对这种否定或缩小法律不确定性的思潮,继承现实主义法学的传统,力图从阶级、政治、社会机构、性别、种族等角度论证法律的不确定性的存在和永恒性。例如,凯尔瑞斯在分析几件20世纪五六十年代发生的涉及言论自由案件的判决时说:先例原则在具体案件中既没有导向也没有要求任何特定的结果或观念;司法判决最终仍然是基于法官的价值取向而作出的判断,而这种判断因法官不同而不同;法律不过是另一种形式的政治。[②] 正是由于判决的最终根据不是先例或法律条文,而是法律以外的其他社会因素,因而法律的确定性不过是一种神话。

看到这里,读者会问,难道法律永远是不确定的吗?其实,法律的确定性和不确定性是相互对立、同时并存的法律的特性。任何法律都旨在设定某种行为规范,因此必然具有确定性;但同时,任何法律条文又在不同程度上具有其不确定性。这种不确定性源于:(1)语言的不确定性,立法者在制定法律条文时不可避免的认识上的局限性,以及条文制定者有意识地适用模糊含混的语言。[③] (2)社会生活的变化使法律条文的实体内容过时。[④] (3)法官等适用法律的人员基于其不同的知识水平和个人因素而对法律产生不同的理解。(4)其他诸如

---

① Dworkin, *The Law' s Empire*, Fontana Press, 1986, pp. 225 – 275.

② Dnvid Kulrys, The Politics of Law, 1982, pp. 15 – 17;中译文本参见《中外法学》1990年第2期。

③ 有意使用模糊语言的例子不胜枚举。经常被人们举的典型例证是美国联邦最高法院在1955年就布朗诉教育委员会案作出的第二次判决。该判决规定在学校中废除种族隔离应当采取“全面审慎的速度”(all deliberatespeed)。“审慎”和“速度”分别是什么意思呢?该判决的支持者和反对者纷纷作出有利于己方的解释。而法院之所以采取这两个词,无非是由于布朗案的第一次判决的执行遇到了南方种族主义者的抵抗,为了缓和矛盾而采取的一种手法。参见 WallaceLoh, p. 668; Kermit Hall, William Wiecek, Paul Finkehnan, *American Legal History*, pp. 510 – 516。

④ 我国目前正处于空前的变革过程中,刚刚制定的法律跟不上新的改革措施甚至被其突破的现象并非罕见。在这种空前变化的境况中,法律的不确定性更显突出也就不足为奇了。

政策、意识形态、社会地位、权力结构和利益冲突等社会因素对法律解释的影响。当然,如前所述,法律的不确定性并非在任何法律条文中都等量齐观,而是具有不同的程度。

由于法律在不同程度上存在不确定性,对具体案件的判决很难达到德沃金所说的那种"唯一正确的答案"。如果一项判决总是或多或少地与"唯一正确的答案"相差一定的距离,岂不是几乎所有的判决都有所失误吗?况且所谓的"唯一正确的答案"也不过是一个不确定的概念。根据这一不确定性的概念确定的"错案"的概念也就必然是不确定的。即便我们承认有某种不太确定的正确答案存在,在大多数案件中,与这种"正确答案"的距离达到什么程度才算是错案呢?在前述案件中,哪一个判决更接近"原产地"的真正含义呢?可见即使有了一个正确的答案,这种与"正确答案"的距离仍然是一个不确定的参数。

由于上述原因,在许多复杂的案件中,根据法律规定来衡量一项判决是否正确确实很难做到。判断"错案"的事实标准既然法律条文具有不确定性,事实标准是否是确定的呢?恐怕简单的肯定性答复也并非无可置疑。事实是指真实情况。但是,在司法活动中,要查证的事实都是过去发生的情况,无论是法官还是律师都没有亲身经历过,因此需要通过一系列的取证、质证和认证的活动来确定它。也就是说,作为客观存在的事实不能自行说话(自证),而一定要通过当事人或其他人的陈述被人们了解。审判案件在很大程度上就是让与事件无关的人(法官)通过对实物的观察和人们的叙述查证案件真实情况的过程。证人证言是法律确定的证据种类中最主要和最常见的证据种类。在司法实践中,证人证言是否可靠的问题是一个长期争论不休的难题。国外一些法学院曾进行过证人证言可靠性的试验,即在教师授课过程中,一个事先安排好的人突然闯进教室并袭击教师或学生,然后逃离教室。在众多的试验中,学生事后对事件的描述与实际情况总有相当大的出入。①

为什么会有这种令人吃惊的出入呢?现实主义法学的一位干将,主张"事实怀疑论"的弗兰克认为:(1)事实需要通过证人来确认。(2)证人的记忆力则是有限的。(3)法官对证人证言的认识在很大程度上受证人和法官的个人因素的影响,因此法律上认定的事实与实际中的事实总有一定的距离。既然法官认定的事实不可能在审理前确定,因此事实也具有不确定性。(4)如果事实都不

---

① Fredcric Woocher, Did your Eyes Deceive You, *Stanford Law Review* 39, 1977, 摘自 Wallace - Loh, p. 569。

可能被忠实地再现,在具体案件中适用法律也就是不确定的。[①] 如果说卢埃林仅仅是对法律条文的确定性表示怀疑(规则怀疑论),弗兰克则是对法律条文和事实的不确定性表示双重的怀疑。卢埃林意在通过揭示"书面规则"的不确定性从而发现在现实中存在的"现实规则",运用这种"现实规则"以及对人们的行为等其他社会因素的研究,为法律提供新的确定性;而弗兰克则意在全面否认确定性的存在。他认为不管正式的法律规则多么明确,由于事实的可塑性和多样性,试图在开庭前预测案件将得到什么样判决的努力在大多数情况下都是不可能的。[②]

根据不少国外学者的试验和分析,证人对事实的了解一般经过三个阶段:认知事实;通过记忆保存事实信息;检索并复述事实信息。[③] 在每一个步骤中,都不可避免地存在大量导致证人证言偏离事实的因素和可能。"首先,认知事实的过程不是一个简单的被动记录事实的过程,而是一种建设性的过程。在这一过程中,人们自觉或不自觉地运用某种决策方式有选择地从外界获取一定的具有刺激性的现象。其次,在头脑中储存的有关事实的信息在不断地被改变,自觉或不自觉地使原有印象和信息适应新出现的与该事实有关的信息;同时另外一些情节则被忘记。最后,从记忆中检索信息的方式几乎总是歪曲记忆中已有的印象和信息。十分常见的情况是,有强大诱导力然而又被令人无法察觉的精巧设计包装起来的提问决定着最终的检索结果。"[④]由此可见,那种把证人证言比做录音机的理论基本上是站不住脚的。这里,我们还没有包括证人出于各种原因有意掩盖真相的情况。

五、事实与证据的区别

由于事实是实际发生的情况,而证据则是经法院按一定程序认可的,以法律规定的形式出现的,能够证明事实真相的材料。[⑤] 事实与证据的区别显而易见。

---

① J. Frank, Law and The Modern Mind,摘自 *Lloyd' s Introduction to Jurisprudence*, pp. 680 - 682。

② J. Frank, Law and The Modern Mind,摘自 *Lloyd' s Introduction to Jurisprudence*, pp. 680 - 682。

③ 这是 Bartlett 对认知、记忆和检索(perception, memory and recall)的著名分析,摘自前引 WallaceLoh 的著作 *Social Research in the Judicial Process*(1984), p. 568。

④ 参见 WallaceLoh, *Social Research in the Judicial Process*(1984), p. 568。

⑤ 我国法学界对于证据的界定往往承袭民事诉讼法和刑事诉讼法有关证据的条文,强调证据的真实性和相关性,而对证据的法律性没有给予足够的重视。

这种区别包括:(1)证据具有法律意义(经法律程序收集,符合法定形式,被司法或执法机构认可,是判决或有关决定的根据),而事实则不具有这一特性;(2)尽管证据与事实在一般情况下有较大的重叠,但两者在实体范围上的差别则是不可否认的。一些事实可能因不符合法定形式和程序而不被采纳和认定。因而一些当事人可能因为提不出证据或充分的证据而败诉。这种败诉并非由于客观事实的不存在,而是由于证据事实的缺乏或不存在而产生。通俗而言,在一定情况下,秋菊执意要讨的"说法"(理或正义)未必能够得到法律的认可和支持。

当前法院审判方式改革的内容之一就是要强化举证责任制度和证据的作用。因此事实与证据的区别将会越来越多地显露出来。用法官自己的话来说,随着审判方式改革出台的抗辩制就是"审证据",而不是"审事实"。① 这种状况的出现无疑会冲击现行的"以事实为根据,以法律为准绳"的原则。苏力先生指出:"无论我们的法律原则的表述或法律教科书对这一原则的表述或阐释是否改变,只要采用抗辩制,那么我们的这一司法原则就实际上将会发生或正在发生重大变更。"②这种变更对于加快我国法治的正规化或形式化的进程无疑具有极大的推动作用。其意义不仅在于强化证据制度和引进抗辩制,而且在于从过分强调实体正义过渡到对实体正义和程序正义的并重,从而带动我国法律精神的变革,推动我国法制制度化建设的进程。

六、政策或其他标准的不确定性

从上述分析可见,法律条文的解释和事实的认定存在大量的不确定性。但这些并未概括全部的不确定性。法律运行中的不确定性还源于各种社会因素的不确定性。法律不仅是抽象枯燥的条文,它同时还反映并受制于社会的风俗习惯、伦理观念、时代精神、意识形态、政策原则以及各种社会环境因素。因此法律的适用不可能像拿着电影票到电影院找座位那般简单。法律的适用一定要把抽象的条文放到错综复杂的社会中,考虑种种非法律的因素,从而作出最适当的决定。在这一意义上,法院处理案件和适用法律的过程并非简单的"执法",而是一种复杂的,以法律为框架和主线、综合考虑政策、经济、文化、心理、社会发展等

---

① 苏力:"关于抗辩制的改革",载《法治及本土资源》,中国政法大学出版社 1996 年版,第 163 页。该文详细分析了客观事实和法律事实的区别。

② 同上。

多种因素的高度技术性的创造性活动。[①] 用法言法语分析和综合各种法律的和非法律的因素，在“作为整体的法律”（law as integrity）（德沃金语）的框架内得出最适当的决定，无疑是一项高度技术性、专业性和“创造性”[②]的工作。仅仅片面地强调机械性地执法，只会冲淡或抹杀法院审判活动的特性。

上述诸种非法律因素一般都不可能用精确的定性和定量表述加以完全的确定。我国当前正在经历着史无前例的社会大变革，这诸种因素的不确定性和变动性则更为显著。因此，法律的不确定性也就更为突出。由于篇幅所限，本文不可能论及所有上述因素，故仅就政策和法官判决中的非法律因素作简单论述。

政策在我国法律的制定和执行中的重要作用无须过多论述。但是在社会巨变情况下政策的变动性带来的法律的不确定性尚未受到足够的重视。纵观我国改革的进程，在 1992 年邓小平南巡讲话之前，我国改革的目标模式一直处于不断变动的过程中。目标模式的变化给不同时期的立法和执法带来了相当大的不确定性。除了宪法修改的例子外，合同法、土地法等民商法规范的变化也颇为典型。而大量的法律法规尚未来得及修改。当我们适用这些尚未修改的法律法规时，现实的政策和原则以及社会具体环境显然起着指引、修补甚至修正具体规定的作用。这种现象不仅仅存在于民商法领域之中，而且存在于刑法等传统的公法领域中。例如，在邓小平南巡后，不少地方的法院和检察院的负责人都不约而同地提出：要根据“三个有利于”的标准，采取实事求是的态度正确区分罪与非罪、合法与违法的界限，切实做到支持改革者，鼓励探索者，帮助失误者，制裁违法犯罪者，充分运用审判职能保障和促进改革开放。[③] 当时不少学者也都撰文论述如何运用新的政策来解释刑法中的贪污罪、投机倒把罪等条文的适用问题。由此可见，宏观目标和政策的变动给法律带来的变化，以及由此而生的法律运行中的不确定性和混乱性。[④]

政策及社会条件的变化以及不同部门制定的政策之间的冲突无可避免地带来了不同时期和不同部门制定的法律规范之间的冲突。法律规范之间的冲突实际上反映了这些规范背后的不同政策和原则的冲突。

---

① 这一观点始于中国人民大学法学院刘春田教授。笔者在最近与他的一次谈话中了解到这一观点，鉴于它与本文精神一致，特编辑于此。发挥之处则由笔者自负其责。

② 此处的“创造性”并非指法官造法的创造性，而是指在适用法律过程中运用法律条文背后的原则和政策，综合考虑各种非法律因素，从而消除法律条文间的冲突、弥补法律条文的漏洞或空白、修补法律条文的不足的创造性。

③ “法院工作要更好地为维护党的基本路线服务”，载《法制日报》1992 年 11 月 13 日。

④ 笔者并不简单地否定这种变化，也无意评论当时法律变化和种种新解释的得失。笔者在此仅意图证明政策变化所产生的法律运行中的不确定性。

由于政策具有灵活性，而法律则具有稳定性，在政策变动时，很多法律条文不可能得到及时的修改。这种现象使人们产生一种心理，即法律在一定时间和程度上是可以被忽视甚至被突破的。私营企业的出现和土地使用权的转让等现象都是在一定时间和空间内突破现行法律规范的典型例证。一方面它反映了改革的步伐和成功；另一方面它也助长了法律可以忽视甚至突破的意识。这恐怕也可以算作法律执行难的宏观原因之一吧。

除上述政策和社会环境等宏观因素外，法律运行中的个人因素也不能忽视。这些因素包括个人的教育和社会背景、个人的思想意识和品德、个人的思维方式和倾向性，等等。美国现实主义法学派曾从心理学角度就个人的特质（idiosyncracy）对法院判决的影响进行过详细的分析，认为法官的个人经历和社会环境决定了法官在判决中的倾向性，或认为法官自己都没有认识到的潜意识、预感（hunch）或直觉（intuitive sense）起着决定作用。[①] 这些因素很难归入理性思维的范畴。由于它力图展示的是被传统法学理论所否定和排斥的因素，因而被视为大逆不道反传统的理论。但是，除去其理论中的片面极端的成分，谁能简单地否认这些因素的存在呢？

即使时至科技高度发展的今天，这种观点也不乏响应者。美国联邦最高法院的法官斯图尔特（Potter Stewart）曾在一件涉及淫秽影片的案件中宣称："我见到就会知道。"[②]他之所以这样说，是深深感到用语言界定淫秽影片定义的困难。"这一工作是试图界定无法界定的事物。"虽然难以用语言表达，任何一个具有一般道德标准的人却都可以形成一种大致一致的关于什么是"彻头彻尾的淫秽"的概念。因此，"只要我见到我就会知道"。[③] 这种判断能力很接近所谓的直觉。美国联邦最高法院大法官布瑞南更提出，除了理性因素外，在一些案件的审理中还存在另一个因素，即"情感"（passion）。审判过程需要"心与头脑"的对话。[④] 这种趋向与批判法学带来的种族法学和女权主义法学的出现分不开。这些学说更注重人们的亲身感受和经历，更注重情感和故事叙述方式（storytelling）的运用。[⑤] 我国法院判决书中常用的诸如"手段残忍"、"罪大恶极"、

---

① William Fisher Ⅲ, Morton Horwltz and Thomas Reed, *American Legal Realism*, 1993, p. 165.

② Paul Gcwirtz, On "I Know it When I See it", *The Yale Law Journal*, Vol. 105, 1996, pp. 1023 – 1047.

③ Paul Gcwirtz, On "I Know it When I See it", *The Yale Law Journal*, Vol. 105, 1996, pp. 1023 – 1047.

④ Brenllnn, Reason, Passion and the Progress of the Law, 42 *The Record of The Association of the Bar of The New York*(1987)，转引自 10 Cardozo Law Review, 3(1988)。

⑤ Owen Fiss, Reason In All its Splendor, *Brooklyn Law Review*, Vol. 56: 789, 1990, pp. 795 – 797.

“民愤极大”、“不杀不足以平民愤”等用语也无不具有打动听众情感并为判决寻求道义根据的意向。所有这些分析都试图证明:“非理性因素和理性因素一样在司法审判中起作用”。① 而这些非理性因素的随机性更增加了判决确定性的难度。

七、“错案”与法官责任

综上所述,法律运行过程中存在来自3个方面的不确定性,即法律条文的不确定性、事实认定的不确定性和法律以外的其他社会和个人因素(甚至非理性的因素)的不确定性。由于有这些不确定性存在,想明确地界定什么是“错案”是一件十分棘手的工作。那么是不是就没有错案呢?笔者认为在两种情况下会出现错案,一种是法制得不到根本重视甚至被践踏,如“文化大革命”时的情况;另一种是司法人员徇私枉法、违法犯罪。前一种情况在我国现阶段已经基本成为历史;后一种情况已有相应的法律、规章和制度来约束(虽然这种约束还不完善)。在前一种情况下,要改正的显然绝不仅仅是个别的错案问题,而是整个法制被践踏的问题。正如“文革”后平反“冤假错案”必须以对“文革”的根本否定为前提一样。在后一种情况下,错案的纠正也必须以违法行为被追究为前提。除这两种情况外,如果司法人员正常行使职权,但在事实认定和适用法律上有所差异的,则很难简单地将其称为“错案”。应该说我国的审理制度是允许这类“错案”出现的。不然我国程序法为什么要规定上诉审和审判监督制度呢?如果看一看最高人民法院公报或中国审判要览,人们不难发现:其中二审改判的案例不是少数。按照简单的“错案”的概念,岂不是所有经二审改判的案件的一审都是“错案”吗?根据“错案追究制”,岂不是这些一审审判人员都要承担相应的责任吗?

笔者在此并不想完全否定“错案追究制”的必要性。在当前审判人员素质不高、徇私枉法情况相当普遍的情况下,如何保证审判的公正性和审判人员的廉洁奉公,确实是一个不容忽视的问题。但是,“错案”概念算不上一个科学的法律概念,在此基础上的“错案追究制”也很难保证不挫伤审判人员的积极性和主动性,也很难保证不削弱法院依法审判的独立性。笔者认为如果不是上述两种情况(尤其是违法犯罪的情况),也就是说,在法制基本健全和法官行为没有违法犯罪或违反职业道德规则的情况下,不宜以“错案”为名改正原判决,特别不宜以此对有关审判人员进行责任追究;当然,如果是违法犯罪,当然应当依现有

① Paul Gewirtz, On “I Know it When I See it”, *The Yale Law Journal*, Vol. 105, 1996, pp. 1023–1047.

的法律和规定对有关人员进行处理。违法行为影响到审判公正的,应当按照诉讼法规定的有关程序处理。如果有关人员因为业务素质不高,审判质量值得怀疑的,应当根据法官法的规定进行考核处理。

在西方法律体系中,基于司法独立的原则,错案概念基本上不存在。以英国为例,如果法官在审理案件过程中有违法行为,可以根据有关的法律追究其刑事责任;如果有其他违反职业道德行为的,可以由民意机构表决进行调查,可以由上诉法院在上诉审时对有关法官的行为进行审查,可以由律师或当事人提出申诉,也可以在报刊上进行批评。一般在这种情况下,有关法官在受到正式惩处前都会自动辞职。但是,"也有少数法官仍然占据着法官职务,虽然他们的行为经常受到指摘。"①因此司法委员会建议建立一种正式的申诉庭等机制来处理对于法官的批评。但是至今这类机制仍然未能出现。②

在香港,法官仅仅可以在无能力执行职务或行为不当的基础上,由设立在香港的特别处理庭或英国枢密院的司法委员会决定解除职务。而对于法官行为不当的纪律处分则没有正式的处理程序。在这种情况下,法官服务委员会可以拒绝有关法官的提升,拒绝给有关治安官延长合同。同事的轻视也会使有关法官提前退休。但至今没有一个专门委员会或正式机构处理法官的责任问题。③ 香港最近有一位法官的审理案件的行为受到质疑。它面临的是即将成立的一个专门调查委员会的调查。根据一般做法,法官通常在调查前就提出辞呈。提出辞呈也就终结有关的调查活动。④

由此可见,在英国普通法系中,法官对自己的违法行为或不当行为承担相应的法律或道义责任,而不是对判决的实体内容承担个人责任。这一制度不能说是完美无缺,但其中的一些观点和方法则可以有分析地进行借鉴。

(1997 年第 3 期)

---

① S. H. Bailey & M. J. Gunn, *Smith & Barley on The Modern English Legal System*, Sweet & Maxwell, 1993, pp. 222 – 224.

② S. H. Bailey & M. J. Gunn, *Smith & Barley on The Modern English Legal System*, Sweet & Maxwell, 1993, pp. 222 – 224.

③ Raymond Wacks, *The Law in Hong Kong* 1969 – 1989, Oxford University Press, 1989, pp. 26 – 29.

④ A Serious Judicial Matter, *South China Morning Post*, September 26, 1996.

后现代思潮与中国法学和法制

——兼与季卫东先生商榷

朱苏力*

一

近年来,在国内学术理论界,“后现代”一词已经颇为流行。然而在法学界,我所看到的、真正算得上后现代法学的文章大约只有冯象先生的一篇短文,而且还不是发表在法学杂志上。① 尽管我在评论波斯纳的著作时提到了后现代思潮,但仅仅是作为波斯纳的学术背景而论及,并没有展开。② 在这样的背景下,季卫东先生的新作“面向21世纪的法与社会”一文③从现代主义的角度(我将在后面论证我的这一判断)简要地谈及了后现代对法学的影响,并针对中国法制④建设分析了后现代法学的意义和局限。在一定意义上,季文中所提及的三个问题都具有后现代性(当然,这也就意味着现代主义者同样可以处理这些问题),他介绍了一些后现代法律观点和论文,这对中国法学的发展是很有意义的。

但是,季文对后现代思潮所作的某些概括、分析和判断,我却有一些不同看法。现在在中国引进后现代法学有意义吗?对中国当代法制建设和法学研究会产生什么影响?处在现代化进程中的中国,现在谈后现代是否太早,甚至是否有利于当代中国法制的建设和法学的发展?季文中明确提到中国不能“等现代化功告垂成之后再来谈后现代主义”,并认为“后现代法学与发展中国家的法治现代化并不矛盾”;但与此同时,季文“并不认为中国可以跨过法制现代化的阶段,来一个后现代主义的大跃进”。文章认为“后现代法学在很大程度上只不过是为了解决现代化的构造难题而画的一条辅助线”,首先是要“补课”,因此文章认

---

* 作者单位:北京大学。

① 冯象:“法文化三题”,载《读书》1995年第9期。

② 苏力:“什么是法理学”,载《中国书评》1995年总第5期。

③ 载《中国社会科学》1996年第3期。

④ 在本文中,“法制”和“法治”通用,季卫东先生自己的文章中也是通用的。尽管目前许多法学家偏爱“法治”一词,但“法制”一词也有其优点,即强调法律不仅是依法而治,而且法律是一种制度。因此,关于“法制”和“法治”的争论,关键在于使用者如何界定概念。

为应当“考虑和戒备”“法制现代化过程导入后现代主义的观点……妨碍对传统的批判和变革”;季文对中国大陆目前学者关于法学研究的本土化和中国特色的“丝丝缕缕的乡愁”表示了一种适度的怀疑,认为“以‘现代化之后的’理论美酒来浇‘现代化落后’的实践块垒”,是无法一醉方休的,认为弄不好后现代法学在中国就会落入“托古改制”的窠臼。

季文的担忧不无道理;在这一前提下,我觉得有四个基本问题可以进一步澄清。

首先,什么是“后现代思潮”,什么是后现代?从文字上来看,季文认为“一般而言,先有‘现代’,然后才有‘后现代’”,因此这也许容易使人认为,后现代思潮是“现代化之后”的理论,仅仅解决后现代社会的问题。而且由于季文认为中国不可能跨过法制现代化的历史阶段,因此文章在很大程度上隐含地沿用了一种单线进化的时代观。而我将在本文中论证,对后现代思潮也许不能作这种现代主义的概括;至少在一些后现代思想家看来,历史固然不是随意创造的,但也绝不是一种单线进化发展的。

其次,季文的判断中隐含了这样一种观点:后现代思潮对于中国目前的法学发展和法制建设可能是弊大于利,因此应当有警惕的必要。在这一点上,季文所体现的现实感、社会责任感,以及不承认跨越时间的普适真理,我完全赞同;但同时,基于上面所说的单线进化的阶段论,季文针对中国法制现代化开出的药方是中国现在应当更多一些现代主义,似乎现代主义的法学对当代中国就一定是利大于弊。在这里,季文无意中流露出一种几乎是无保留地认可现代主义具有跨越空间的普遍真理性的观点。在这一点上,季文似乎未能保持其学术逻辑上的一致性。的确,后现代思潮存在问题,但现代主义同样存在问题。抽象意义上的、脱离语境的更正确的理论并不存在。因此,尽管在本文中我的结论与季文的结论相似:中国法制会拒绝后现代思潮,但我的论证与季文不很一致。我认为这种拒绝不是由于学者的警惕,而是由于后现代思潮本身的弱点和法制本身的特点。

再次,假定后现代思潮法学不能普遍适用,并因此假定它会对中国法学界研究后现代思潮的学者产生不良影响,那么,它是否一定会对中国的法制建设不利?季文之所以认为要警惕后现代法学,固然有其实践的考虑,但一个潜在的预设也许是他过分强调了法制和法学的联系和同一。但我担心这一本来是正确的强调却容易强化“法制主要是法学家的创造”这一在中国目前法学界中颇为普遍的观点,而支撑这种观点的是一个多年来被当做理所当然的理论命题,即法学的价值在于并且也仅仅在于其对现代法制的构成性的价值。由于这一命题隐含规定了法学研究不存在其独立的价值,因此很容易变成并且在许多时候确实成为一个限制法学学术发展的理论。尽管季文并没有主张这些观点,但鉴于对中国当代法学发展的考虑,我将在本文中略加借题发挥。

最后,季文倾向于将中国目前学界关于本土化的思考[①]归结为后现代思潮的影响,我认为这种概括或者判断是不够准确的。我认为,关于本土化问题可以成为一个后现代思考的问题,但并不必定是一个后现代的问题。我将在本文第一部分的基础上分析指出,如果中国当代学术界和法学界一些学人的研究转向本土化包含了后现代的因素,那也仅仅由于后现代并不是一个现代之后才出现的问题,而是一个从来就有的问题。本文的结构也就如此构成。

但在转向问题讨论之前,我必须再次强调,季文是一篇学术评述,而并非对后现代法学思潮的全面论述;因此,从这个角度看,本文的"较真"无论对这篇评述或对作者本人也许都不够公平。但是,本文目的并不在于争个对错,而在于就季文进行的讨论本身对法学研究和发展可能具有的意义。在这一层面上,本文可以说是"借题发挥"。不当之处,还请季卫东先生和其他学界朋友批评指正。

二

尽管"现代"在许多学者和普通人那里都是一个时间的概念,并因此往往根据古代、近代和现代的用法而习惯于将"后现代"理解为现代之后的一个时代,但细心阅读一些后现代学者的作品可以发现,对后现代的这种界定实在令后现代学者无法接受。尽管后现代思潮真正形成一种学术气候并获得这一标签也许比较晚近,[②]也尽管直到目前对所谓的后现代主义一直没有一个公认的定义,但有一点是明确的,即"后现代"不同于"后工业社会"之类的概念。后现代甚至主要不是一个时间的概念,而是指近代以来某些学者大致共享的一种思维方式和对待世界的态度。从这些学者的学说本身来说,至少其中有些人就反对包括这种"后现代"加"主义"的标签;而尽管分享了这个标签,他们各自思想的差别也很大,仅仅具有一种"家族相似"。其中有些被称为后现代的学者(如季文中提到的卢曼、阿多诺和塞尔兹尼克,甚至哈贝马斯)——由于其具有强烈的制度设

① 中国当代学界关于本土化的学术思考,可参见《中国书评》1995年总第3期至1996年各期。

② 关于后现代主义的语源谱系的考察,可参见王治河:《扑朔迷离的游戏——后现代哲学思潮研究》,社会科学文献出版社1993年版,第2~4页。

计和理性主义倾向,强调宏大理论和历史阶段(而不是理想型)在一些人看来可能与现代主义者有更大的家族相似。但一般说来,后现代思想家都有一个倾向,即反对"时代化"的历史界定方式。

例如,福柯就曾指出,我们不应当将现代性仅仅视为位于日历上的处于前现代和后现代之间的一个时代,而更应将现代性视为一种态度,一种与今日现实相关的态度,是一些人的自愿选择,一种思考和感受的方式,一种活动和行为的方式。① 因此,在这个意义上,后现代"并不是直接的年代顺序",②并不总是理解为继现代之后,而且可以指与现代同时,甚至"先于"现代,"是现代主义的初期状态"。③

对于这种近乎语言悖论的界定,只有在理解了后现代学者对时代化的分析批评之后才能消解。在后现代学者看来,时代化是一种自笛卡儿以来的现代主义的产物。现代被用来指的是从历史上的某一时期或某一点至目前的一个时期,是在缺乏更加明确的描述时作为"场所维护者"而起作用的。历史时代化一个根本性的理论预设是,一个时代是一个自我包含的统一体,或是一个保持了一贯性的整体。根据现代主义的观点,今天的西方被视为十七八世纪启蒙思想、理性或资本主义的展开,今天的所有原则和思想都在这一时代起点的基因中就存在了,此后只有量的变化,没有质的变化,只有变形而没有变异,有变化而没有断裂,因此一切变化都是一个范式中的重复。④

但是在后现代思想家看来,这种观点并非是不证自明的,而仅仅是一个现代主义的预设,并且在实践上压制了生活世界的丰富性和变异。福柯就以大量的著作表明近代以来的那个"历史"是一种虚构,因此,他反对传统的那种基于因果论的历史学,认为那是一种理性主义的构造;他把他自己的著作称为"考古学",不是试图构造世界发展的总体因果关系,而是努力展现历史的谱系,其中充满了断裂、错位、变异、偶然性,充满了一种知识型对其他知识的权力征服。⑤

---

① What is Enlightenment?, The Fouceault Reader, ed. , by Paul Rabinow, Pantheon Books, 1984.

② [美]乔纳森·阿拉克:"后现代主义、政治,以及纽约才子们的绝境",载王逢振、盛宁和李自修编:《最新西方文论选》,漓江出版社 1991 年版,第 310 页。

③ [法]利奥塔:《后现代状态》,转引自王治河:《扑朔迷离的游戏——后现代哲学思潮研究》,社会科学文献出版社 1993 年版,第 6 页。

④ [美]福雷德里克·詹姆逊:"后现代主义,或后期资本主义的文化逻辑",载王逢振、盛宁和李自修编:《最新西方文论选》,漓江出版社 1991 年版,第 334 页。

⑤ 福柯的几乎所有著作都是关于历史的著作,但又都是这种"考古学"的研究,主要有《癫狂与文明》、《门诊的发生》、《事物的秩序》、《知识考古学》、《训诫与惩罚——监狱的产生》以及《性观念史》。关于福柯对因果化和整体化历史的批判,参考他的论文 Nictzsehe, Genealogy, History, in The Foucault Reader。

也正是因此,尽管福柯已于12年前去世,他却被公认为是一位极其重要的后现代思想家。也正是如此,德国哲学家恩斯特布洛赫曾指出,并非所有的人都生活于同样的现在。① 而另一位学者则指出,说福柯是后现代思想家并不意味着他的同时代人和幸存者同样也是后现代主义者或必须成为后现代主义者。历史的中断不是同时发生在每一个人身上的,也不是同时发生在所有地方的。同一个人、同一学科或设置在某些方面可以是传统的,在某些方面可以是现代的,在另外一些方面还可以是后现代的。②

尽管话让学者们一说就有点玄,但后现代的这一思想其实对我们并不陌生。只要我们观察一下我们自己和我们周围的人,我们就会发现,几乎我们每个人都会遇到这样的情况,难以同其他一些人沟通。尽管在时间和地域上,所有这些人似乎是处在同一个"时代",但理解、处理问题的方式和思路完全不同。因此,所谓的世界并不仅仅是一个物理场所,而是有人参与的主观创造。由于社会分工、经济发展水平、文化、教育等因素,许多人实际上是生活在不同的世界中。人们看的似乎是一个东西,但看到的却又不是一个东西,因为他们所理解的意义很不相同,甚至完全不同。现代主义者轻易抹杀这种实际生活世界的非齐一,将这种状态解释为人们启蒙程度的不同,进化程度或文化(作动词用)程度不同;表面似乎认可多元,实际隐含了单一的框架和对自己思维方式的过分自信。而后现代学者认为这种不齐一的状态就是生活世界的本来状态,是现代之前——思想家开始强调时代的整体性之前——的状态。正是在这个意义上,他们认为后现代是现代之前或现代主义的初期状态。在这种状态下,生活世界以它自身的丰富性和众多的可能性而呈现着,并不存在一种必定的汇合、整体性和终极目的。

因此,如何界定后现代,有一个由谁来界定的小问题:以现代主义对后现代思潮的界定为准,还是以后现代学者的自我界定为准。我认为,应当尊重后现代学者的自我界定。这并不是因为我个人希望尊重作者的自我偏好,更重要的是这个定义之争关系到一系列根本性的问题。在一定意义上,正如一位美国著名学者所说的,谁控制了定义,谁就控制他人的生命。③ 如果放弃了这个自我界定

① 转引自王治河:《扑朔迷离的游戏——后现代哲学思潮研究》,社会科学文献出版社1993年版,第6页。

② [美]D. C. 霍埃:《福柯:现代抑或后现代》,转引自王治河:《扑朔迷离的游戏——后现代哲学思潮研究》,社会科学文献出版社1993年版,第6页;原译文中"同一种纪律"当为误译,似应译为"同一学科"。

③ 美国女权主义法学家Catherine A. MacKinnon在女权问题上也指出,重要的不是如何界定女性,而是由谁来界定,见Feminism Unmodified, *Discources on Life and Law*, Harvard University Press, 1987,特别是第一部分。

的权利，后现代学者对现代主义的一切批判性反思和分析都从根本上成为无稽之谈。

比如说，后现代学者所反对的现代主义的要点就是前面提到的时代化，而如果接受后现代为现代之后，那么后现代学者的思想就显然与现代无关，他们的思想对于现代社会或现代化进程中的社会的相关性就在其受孕之前(而不是在摇篮里)被轻易扼杀了。又比如说，时代化假定历史的自我统一性，因此为了构造历史就必然要压制、征服那些与这一统一之预设不和谐的声音，而后现代学者就是要拆散这一虚构的统一体，他们希望像考古学家一样把压在地层中的、进入不了那种因果化的和整体化的历史的林林总总全都展示出来。再如，现代主义假定时代是一个必然的连续体，因此其中没有断裂、没有变异，一切不符合他们的因果化历史和整体化历史的事件都是偶然性的事件，因此都无关紧要，最多也只能作为一个趣闻逸事而成为这种历史的一个小注，而后现代学者就是要以他们的研究表明这个必然性的连续体其实并不是那么必然，而是充满了变异、断裂、错位和偶然性。因此，由谁来定义，这样一个小小的问题，决定了后现代思潮出现是否有意义。

也正是出自这种反对连续统一体和自贯整体的时代化，在后现代思潮看来，历史从来不是单线发展的，历史不存在那种本来仅仅作为便利的分析工具而如今已带有强烈意蒂牢结功能的古代、中世纪和现代之区分，因此也就不存在一种现代主义者认为不可跨越的历史阶段。当然，对这一命题必须要加以解说，后现代思潮认为社会变迁没有不可跨越的阶段并不等于说社会变迁是不需要具体条件的，相反，后现代思潮非常强调的、经常被指责为相对主义的就是语境论(contextualism)。它们并不是一般地认为“阶段可以跨越”(借用一个现代主义的短语)，而是努力去发现具体的知识、地方性的知识，促成这种“流变”。他们指出现代主义之虚妄，至少让人们不盲从，不会将一个社会的完善建立在某一个基础或本质问题上或某几个理论原则的基础上，它使人们理解社会的复杂性，理解人的理性的有限性。

就我个人来说，很赞同后现代学者对现代主义的这种分析批评。因此，假定历史真是时代化的，历史是单线进化的，时代不能跨越，而必须补课，人们就会发问，西方又是如何在17、18世纪之后一下子超过了其他国家和地区的文明呢？而有些非西方地区和国家的古代文明在时间上发生得更早，地域上更广阔，社会也曾经更富有(从后现代观点来看，文明是无法置于一个发展单线上加以通约比较的，因此这样的问题就是一个虚假的问题)。也许现代主义者会指出西方社会的发展才是历史发展的正宗和典型(如“中国文明早熟”的论点)，其他文明都是正宗的变形。也许情况真是如此，可是要建立这样一个宏大理论和中心话语又隐含了或会隐含着多少暴力、恐怖和征服。希特勒不就是这样一种理论的产物吗？反过来，如果社会真的是单线进化的，并且是必然性的，那么作为其他民族的人们又何必努力呢（反正最终都到达同一个目的地）？又能怎样努力呢（努力也不可能“超越历史阶段”）？

相比之下，我认为后现代关于知识、历史的观点可能对我们更有启示。后现代让我们看到和谐中的不和谐，连续中的断裂，理性中的非理性。例如，它提醒我们至少从一个角度可以并且应当将历史平面化，因此，我们可以自由地汲取一切我们希望并认为应当汲取的经验和知识；它提醒我们将人类其他社会的经验平面化，理解到经济上不发达的国家并不必然就没有我们可学习的东西，而经济发达的国家的一切也并不必定都应当学习，而是要根据我们的需要而学习。这是平面化，同时这也是非中心化。又如，从反基础主义和反本质主义出发，我们可能进一步理解中国的法制建设是一个多方面的磨合形成，而不是基于某一个观念或做法就可以完成。从视角主义出发，我们可以发现，世界上没有任何绝对好的制度和理论，其意义是阐释者赋予的，因此不会发出诸如“外国的好东西，中国人拿来一件糟一件”的慷慨陈词。从非哲学观点出发，我们可以理解那种玄而又玄的理论也许并不是那么重要，重要的是具体的分析，重要的是懂得如何做。

当然，人们可能会反驳说，你说得很好，也很容易，但后现代思想并不是那么容易把握、有效地并有利地付诸实践。在此，举几个实际例子，例证所谓的后现代思想及其实践并非那么遥远，而是自古以来就存在于人类的生活世界中，尽管后现代思潮这个词出现得很晚，而且让一些学者说得挺玄乎。例如，近代的语言再现理论，中国古代思想家就概括地表述为“道可道，非常道；名可名，非常名”，要求人们“得意忘形、得意忘象”。历史学家汤因比也曾从他自身的治学经验中得出古代学者的当时就是我们的未来这样一个令现代主义者瞠目结舌的命题，他认为把修昔底德的世界标记为“古代”，而把我们的世界标记为“现代”的记载历史的方法毫无意义；他认为在哲学意义上说，他自己的世界和修昔底德的世界是同时代的。[①] 波普则认为不可能有一部真正如实表现过去的历史，而只有对历史的解释，而且没有一种解释是最后的解释；他认为历史解释从来不是客观的而都是出自实际问题和决策中所产生的需要，因此历史没有人类注定要走的线

① ［英］阿诺比德·汤因比：“我的历史观”，载张文杰等编译：《现代西方历史哲学译文集》，上海译文出版社1984年版，第175页。

索或历史的意义。[1] 这些思想都是与后现代思想家的一些观点相通的,而说出这些话的学者本人却并不是后现代思想家,甚至根本没有听说过这个词。这说明了什么?说明后现代思潮不是一种远不可及的新学术,而是一种普通人也人人可能得到的人生经验;只要不是过分为现代主义的理性思想框架所笼罩,只要是认真对待、表述自己的生命体验,即使那些主要受现代主义影响的思想家也会得出某些后现代思潮相通的结论。后现代思想家的贡献也许仅仅在于将这些先前为现代主义的理性压抑的知识表述出来。

而且,后现代思潮也并不仅仅是一种人生的感悟,它也存在于社会实践之中。例如,在美国,司法制度和法律教育的核心是遵循先例,而这种制度的优点并非由于它总是坚持先例,[2]而是它体现出一种对历史和前人智慧的平面化和非中心化;在这种平面化、非中心化的司法实践中,判例不是根据其时间先后、判决结果本身是否公正来引证的,而是法官从任何他认为(当然要受到一种职业传统的限制)有关的判决中(而不论其多么古老,这个判决的实质结果以后看来是否是个错误)抽象出适合手边案件的法律。这同时也体现了哲学阐释学和视角主义。这表明即使在西方国家,即使在法律制度中也从来不是现代主义的一统天下。

不仅在法律制度上是如此,而且许多从整体上界于现代主义的法学家、哲学家,他们的思想实际上也是巴赫金所说的“复调”。我曾在一篇文章中提到罗尔斯。他无疑是一位现代主义者,试图重建一个康德式的正义理论。但在1980年和1985年为自己立论基础辩护时,[3]罗尔斯认为作为公平的正义所唯一要加以考虑的,就是辨识那些包含在一个民主社会的政治制度解释传统中的基本直觉观念。他依据的不是某种确定不移的“事实”——历史的或现实的,而是他和他的同伴的内心确信和基本直觉。这种辩解在传统理性主义者或现代主义者看来是太不充分了、太可疑了,会使许多基础主义者感到失望,但这却恰恰反映了后现代哲学观对罗尔斯的影响,尽管也许罗尔斯本人未必一定乐意承认。[4] 在另

---

① [英]卡尔·波普:“历史有意义吗”,载张文杰等编译:《现代西方历史哲学译文集》,上海译文出版社1984年版,第185页。

② 尽管遵循前例被认为是普通法的核心,但是看一下,美国的一切最重要的判例,被尊为经典的判例本身都恰恰是在某些地方不遵循前例的;在后现代学者看来,这本身就是一个反讽。

③ John Rawls, Kantian Constructivism in Moral Theory, *Journal of Philosophy*, 1980/77; Justice as Fairness: Political not Mctaphysical, *Philosophy and Public A ffairs*, 1985/14.

④ 这是罗蒂对罗尔斯的解说,参见 Richard Rorty, *The Priority of Democracy to Philosophy*, *Objectivity* , *Relativity*, *and Truth*, Cambride University Press, 1991; 又见 The Contingency of a Liberal Community , *Contingency*, *Irony*, *and Solidarity*, Cambridge University Press, 1989。

一篇文章中，我还曾提到哈佛大学法学院宪法教授劳伦斯·却伯的一篇论文，[①]他主张以爱因斯坦的相对论和海森伯格的测不准定理为指导重新调整对美国宪法的研究和实践，主张法律家应当也可以从现代物理学中学会一种新的理解法律和法律实践的观点。而另一位美国法学家波斯纳，作为一位极力推动法律经济学分析的学者，可以说是一位非常激烈的现代主义者。可就是这位波斯纳以尼采和霍姆斯为榜样，对权利所作的谱系学分析，对规则与裁量权之比较分析，以及他对法律的定义等，又同时显示出一种强烈的后现代风味。[②]

既然后现代体验在任何社会都是从来就存在的，是我们生存的状态或成分，这也就意味着后现代思潮并不只是少数敏感学者的天才创造。从接受美学上看，之所以存在接受者或者接受者之所以能够接受，并不是因为接受者从传授者那儿学到了这些经验，而仅仅是由于传授者的出现引起了他们对被自我忽视的自身经验的重视，他们能从传授者那儿学到的是也仅仅是对这种感受的表述。换言之，在一个他人普遍没有后现代体悟的社会中，根本不可能出现后现代思潮。这也说明为什么一些现代思想家，哪怕是强烈的现代主义者、理性主义者，也都可能或多或少地带有后现代的思想。因此，我认为，季文侧重于从现代主义的观点来概括后现代思潮，这种做法对后现代"主义"是不公正的；如果不是试图通过定义将后现代思想击败的话，那么至少也是没有理解和尊重后现代思想家。

三

尽管后现代思想家有所贡献，但一般说来，后现代思想家的著作中的确体现了一种对现存知识的否定，强调非中心化，历史的平面化，知识的破碎性、不确定性、非连续性和多元性。仅从这一点看，后现代思想家的著作是摧毁性的，而不是建设性的，似乎与肇始于笛卡儿的那种以肯定和建设为特征的现代主义哲学传统形成一种鲜明强烈的对比；人们很容易因此得出结论，后现代思潮的引进将不利于当代中国的法制建设。但我认为这种看法多少有些皮相。只要回顾现代初期，现代主义思想家不也曾以现代主义为武器对中世纪以来的传统不断否定和摧毁吗？因此，如果现代主义仅仅以本身就值得争议的"破坏性"来否定后现代思潮对现代社会、包括对中国这样正处在现代化进程中的社会的作用，那么现

① 朱苏力："读劳伦斯·却伯的《美国宪法》"，载《中国书评》1994年创刊号。

② [美]波斯纳著：《法理学问题》，苏力译，中国政法大学出版社1994年版。

代主义就有维护既得利益的嫌疑。

而且,即使假定后现代思潮有破坏性,那么我们首先应关注的问题也并不是它有没有破坏性,而是有没有研究它的必要,在多大程度上进行研究。更重要的是在多大程度上付诸实践,以及能在多大程度上付诸实践的问题。

首先,并不存在是否要引进后现代思潮的问题。我在上一节已经指出,后现代现象和思想一直都在我们的社会生活中存在着,并且或多或少地曾为我们体悟;尽管我们有时曾试图用理性主义来压制它、排斥它,将之归于非理性、反理性,但我们无法将之从我们的生活经验中清除。

我们也不能对其置之不理。既然它存在,并在无形中或无意中影响我们的社会生活,影响我们的法学和法制,我们是否可以采取鸵鸟政策(据说这是对鸵鸟的强加,因此有可能侵犯了它们的名誉权)而否认它呢?否认它是否比承认它、研究它有更大的好处?问题在于对谁有好处,以及由谁来界定这些好处?我认为应当对此加以研究。因为研究它对我们的法学发展和法制建设有用,可以帮助我们理解一些我们以前不理解的问题,帮助我们意识到我们以前没有意识到的问题。

我在读孟宪范女士等人的关于农村女童受教育权利意识研究的文章时,[①]发现女童在受教育问题上有比男童更强烈的权利意识,而不是如同我们通常所预设的那样更弱。为什么?我很自然联想到的解说之一是波斯纳对权利的谱系学分析。波斯纳认为权利意识是人的一种生物本能,没有这种本能人就不能够存在;“权利的内容……会随着变化的社会环境而变化,但这种拥有权利的感觉将是一个常项”。[②] 当然我还不敢说,波斯纳的这种解释一定就对。但如果这种解释是有道理的,我们以前关于中国公民的权利意识弱的论断和命题也许就要修正。也许我们以前关于中国公民权利意识弱的判断是一种误解;也许是我们还没有找到很好的衡量中国公民权利意识的示标,不足以显示中国社会中公民权利意识;也许我们应当研究是什么东西压制了或掩盖了中国公民权利意识的显示。当然,我的这种分析已经不是后现代性质的了,但启发是来自后现代思潮。

再如,霍姆斯对“迪奥单”(或对物诉权)的谱系学分析,[③]给我们的启发是:

---

① 孟宪范、李海富、吴利娟:“农村女性受教育权的保护”,载夏勇主编:《走向权利的时代》,中国政法大学出版社 1995 年版。

② [美]波斯纳著:《法理学问题》,苏力译,中国政法大学出版社 1994 年版,第 416 页。

③ Oliver Wendell Holmes, Jr. ,*The Common Law*, Little, Brown and Company, 1948, pp. 24 - 26.

一种初始荒谬的设计并不必然导致荒谬的结果，而在社会演化过程中可能蜕变成一种合理的制度；而相反一种初始设计完美的制度则不必然导致合理的、正当的和理性的结果。正如尼采所说的，一件事的起因和它的最终的用途、它的实际应用以及它的顺序总是会一次次按照新的目的而改写，[①]这从正面提醒了我们、又从反面告诫了我们法制建设的复杂性，"更注意提防那种设计了一个'纯粹、无欲、无痛、无时的认知主体'的危险的古老的观念虚构"，因为这些虚构和概念总是要求有一只常人无法想象的上帝之眼。[②] 这种思想对我国目前的经济体制改革和法治建设都不无意义。

又如，对法学的解构使我们理解到法学不可能成为一门完全自主的学科，因此，社会学、经济学、文化人类学、政治学和法学的交叉研究就不可避免。也正是在这种冲击下，法学才从其他学科获得了更多的活力。

因此，重视后现代思潮与法学关系的研究很有必要。那么应当在多大程度上研究？我认为前一个问题是一个公共选择的过程，而不是一个人为设计的问题。理由我将在下一节中深入展开。

问题也许在于法制建设应在多大程度上实践后现代的一些思想，但我认为更重要的问题也许是能够在多大程度上实践。我个人的看法，后现代思潮尽管言之有理，在现实生活中存在，但是就总体上来看，也许是无法全面付诸法律实践的。这并非因为我不是后现代主义者，因此自觉警惕或抵制后现代思潮对法制的影响；而是由于我认为，法律作为一种制度、一种社会实践将拒绝后现代思潮的全面实践。我们只要看一看，后现代思潮主要是发生在文学、历史、哲学和社会理论中的一种思潮，尽管这些学科也有社会实践问题；从某种意义上说，这种思考活动本身也是一种社会实践，但它毕竟不同于法律的实践。法律的实践性和社会性，以及由此要求它所必须具有的有序性和合法性都使得作为一种制度的法律无法全面进行后现代主义实践。人们不可能也不愿意不断摧毁现有的制度，并重建制度（否则的话，那还能称为制度吗?）；社会也不可能接受一个律师或一个法官在法庭上不断提出他的新理论、不断摧毁已有的观点。即使法官或律师想这样实践，他也会被他必须服务的人们所拒斥；即使为了个人的生计或其他无法抗拒的利益，他们也只能将后现代思考作为一种个人的偏好。人们需要法律或法制主要是需要它的确定性、可预测性，尽管人们看到了这种确定性的法制不是没有缺点（甚至会出现像辛普森案件这样的结果），但人们仍然会、或

---

① [德]尼采著：《论道德的谱系》，周红译，三联书店 1992 年版，第 55 ~ 56 页。

② 同上，第 96 页。

不得不容忍。因此,在我看来,后现代思潮对法制的影响必定较其对思想学术领域要小。但这并非是由于法律界和法学界人士更为保守,而是由于制度的限制、权力的限制、传统的限制。这也表明,即使同样是人文学科或社会科学,也并不是同等的,各个学科有自己的特殊性。制度的约束力要远远大于个人甚至是个别思想家的力量,这难道不正是我们主张法制的根本理由吗?

我的这一结论与季文的观点很近似,但我却不能同意季文关于中国当代法制首先要现代化,然后再谈后现代的观点。在一定意义上,季文是在坚持具体问题具体分析的观点,即中国目前的状况不能强调后现代思潮。但文章并没有将这一原则坚持到底。当文章以中国具体情况为由而反对后现代思潮普适一切历史阶段的同时,却有意无意地将现代主义的法制观当成了在"一定历史阶段"上的普适产品。这在论证逻辑上是有问题的。论证了后现代思潮不是普适的,并不等于论证了现代主义就是普适的,现代主义并不是否定后现代思潮后的"自然替补";论证了后现代思潮不是在"任何历史阶段"都是普适的,并不等于现代主义在"同一历史阶段"(而且中国目前和欧洲19世纪的同一吗?不要想当然,而是真正想一想并且看一看)的任何国家都是普适的。季文似乎没有将它的反普适主义逻辑坚持到底。

当然,这并不意味着我否定季文中的实质性判断。从上面的论述和分析来看,可以说我不是后现代主义者,作为一位法学研究者,我的职业要求我并限制我,我不能也不愿成为仅仅是不断摧毁的后现代主义者。但我希望自己成为一个开放的实用主义者。正是由于这一点,我不仅同意季文关于中国的法制不能全面实践后现代主义的观点,而且同意季文的阶段论中所隐含的关于法制发展是一个过程的思想。

四

细心的读者应当注意到,我在前面始终将法学和法制作了一种区分。这种区分是重要的,而我认为季文没有对这种区分给予充分的关注。季文倾向于假定中国法学家关注和研究了后现代思潮就一定会受其不良影响,并且文章过分强调了法学研究同法制建设相联系——如果不是等同的话,因此隐含了中国的法制建设主要是法学家的创造的判断。我认为这些观点都是值得商榷的。

首先我不认为有什么"本质上"不好的学术思想。只要真正是学术的思考,就无所谓好和不好,好坏的评价往往是从结果来看的,是一种由果到因的反推理。在这一点上,后现代思潮和现代主义都同样有这样的问题。的确,后现代思潮中也有不少在我看来可能是虚妄的梦，如批判法学的昂格尔教授就强调从理论上看社会制度具有无限的可塑性，批评那种认为社会制度必须采取确定形态的观点为“虚假的必然性”；[①]而罗蒂也曾设计过一个非常天真的乌托邦。[②] 对此，我们当然应当警惕。但是这种虚妄并非后现代所独有，更不是它的全部。现代主义的虚妄绝不亚于或少于，在我看来甚至——至少到目前为止——更多于后现代思潮。如启蒙、理性，如自由、平等的千年王国；在法学上，只有西方社会有法治，而非洲人是没有法律的野蛮人的流行观点；在法律实践上，我们也看到自然法一直被用来禁止安乐死和人工流产，而希特勒是民主制度选举出来的，等等。

何况历史上从来都有误读（这种说法也是可疑的，从阐释学上看也许没有什么误读的问题）的传统。尼采不是被希特勒“误读”了吗？也许一个人读《威尼斯商人》和《雾都孤儿》会因此成为反犹太主义者，可是应当让莎士比亚或狄更斯对此负责吗？[③] 对法学界来说，研究后现代思潮并不存在产生坏影响的必然性；而且即使对中国法制建设产生了不利影响，也不是由于后现代思潮的过错，而可能是实践者的过错。我倒认为，只有在了解后现代思潮的影响之后，中国法学界便可能对现代主义法制理论有更深的了解，也较少可能“误读”后现代思潮。没有比较就没有鉴别，这是一句老话，可道理是新的。

而且，为什么我们就不怕中国当代法学学者误读现代主义呢？事实上，多年来，我们不是确实多多少少误读了一些吗？——例如，我们更多赞美洛克、卢梭等的理性主义的传统，而不提伯克、托克维尔的保守主义，许多著作甚至标明伯克是反动派。法学界许多人欣赏美国的司法制度，但在美国人看来他们最重要的法学家的著作，除了《联邦党人文集》外，几乎都没有中译本；而我们又常常是拿着洛克和孟德斯鸠去演绎附会美国的法律制度。说到底，我认为，季文的判断是出于这样一个前见（伽德默尔意义上的，因此不带贬义）——现代主义比后现代思潮更有价值（危险性小，所以即使误读也不会出大乱子）。价值是无法争辩的，因为价值与主观偏好相关，一个人的垃圾可能是另一个人的财宝。但也正因

---

① Roberto Mangabeira Unger, *False Necessity, Anti - Necessitarian Social Theory in the Service of Radical Democracy*, *Part I of Polities*, *a Work in Constructive Social Theory*, Cambridge University Press, 1987.

② Richard Rorty, Unger, Castoriadis, and the Romance of a National Future, *Northwestern University Law Reivew*, 1988/82, pp. 349 - 350.

③ 这两部文学作品中都描写了贪婪、狡诈的犹太人形象，因此西方曾有人指责作者有反犹太人的倾向。

为与个人偏好有关，我更认为这种判断应当是人们自己研究之后的判断，这就是选择的自由。

季文的另一个前见也许是担心中国法学界会走火入魔。这种担心是有前车之鉴的，但也许现在是过分了。应当看到，尽管中国法学界近年来的发展还不尽如人意，但学术空气和学术辨识能力已不是昔日，不会因为一个口号化的观点或命题便以为发现了终极真理。而那种状况的出现，恰恰是由于了解西方学术发展太少，而不是太多。

但更重要的因素是，季文在此将法学研究和法制建设过于紧密地联系在一起了。而我认为两者的关系并不是那么紧密。在我看来，即使紧密关注实际的法学研究对当代法制的影响也主要是一个正当化的过程，最多只能对法制的形式结构和正当化论证产生一些影响。而法制是从社会中生发出来的，其实际运作可能符合，但不必然甚至不必须符合某个或某些法学研究成果。它可能引用某一法学研究成果来为其运作正当化，但也仅此而已。因此，如果不是将法制视为一种法典的集合，不是把法制视为某些机构的设置，那么所谓法制只是一种规范性的社会秩序，这种社会秩序从根本上看是形成的，是人们在社会生活磨合并体现出来的，而不是按照理论构成的。法制或秩序的真正力量并不在于法学家是否雄辩，是否有理论，而在于它自身的存在、有效的运作和人们的接受。这就正如维根斯坦所说的，“我不需要论证这种颜色是红色，而仅仅指着它说这就是红色”。

只要回顾一下许多国家的法律变化就可以看到这一点。美国的司法审查制度并不是因为当年的美国宪法作了这样的规定或是美国国父们有过这样的原旨。而仅仅是马歇尔法官这样做了，然后才有法学家和法官为这样的做法作了论证。美国的许多所谓里程碑的案件也都是这样形成的，并且推翻了先前对有关法律条文的解释。[①] 相反的例子是在英国，边沁曾反复论证普通法之弊端，成文法典之良善，不可谓不周全、雄辩；但英国普通法仅仅凭着它的存在，而无须一位比边沁更雄辩的思想家，就轻而易举地战胜了边沁这位伟大思想家关于英国法法典化的全部文字。普通法国家是如此，大陆法国家又何尝不是如此呢？法国大革命颁布了最早的《人权宣言》，可就在这一大革命中，人权受到践踏，而此后法国也仍然在非洲进行殖民地压迫。概念、命题与现实并不是对应的，因此不可能规定生活，思想对社会的影响如果有，也非常有限。

假如这一观点是有道理的，那么人们可能要问法学的功用是什么，是否就无

---

① 例如，1954 年美国最高法院判决的布朗诉教育委员会案。

用了？我们也许应当重新审视关于法学研究的价值之判断标准。我认为其价值也许主要不在于它能够直接地改造世界。如果坚持那种绝对的学术功利主义，那么文学理论、历史学、哲学和神学之类的学科都可能属于无价值之列。因此，在变革的中国，也许我们应当适度区分法学研究和法制建设，看到这实际是两个联系并不紧密的领域，有其各自的衡量标准。这种区分并不是降低了法学研究的价值，而恰恰是重新肯定了法学的学术研究具有不完全依赖于法律实践的独立价值。从哈贝马斯和库恩的理论来看，学术研究的价值在于它的交流（包括思维的训练）这种形式，而不在于其交流的信息本身。法学家的作用也许正是通过他思考、对话（包括学术批判）的过程和形式对社会共同体和职业共同体的形成起到一种促成作用。由于（当然不仅限于）这种话语的联系，人们逐渐被联结在一起了（中国人说，"不打不相识"，这其实是很有后现代意味的）；只要想一想，当年我们在学校学习的许多实质性内容、许多具体论点都忘记了，但我们通过这一学习而获得的能力却留存下来了，这才是对我们的社会生活真正起的作用。

作了这一番分析之后，我们也就可以看到所谓后现代法学可能阻碍中国法制现代化的命题是一个很难成立的命题。因为法制不是法学家的产物，而是人民的社会生活的产物，所有的法律工作者——法官、检察官、律师、立法者、执法者——在这一过程中都起作用，但司法活动说到底主要不是一个理论论证的过程，而是一种职业判断。从这个意义上，我要说，一个民族的生活创造它的法制，而法学家创造的仅仅是关于法制的理论。①

此外，我还需要指出，无论如何，中国也不会有很多人专门从事后现代的法学研究。首先，社会需求会限制一些因时兴而卷进来的同路人，一旦人们发现从事这一研究的边际收益不足以支付其边际成本时，他们就会离开，后现代法学研究就会削减。而现在还远不是这样一种情况。因为这个事业——如果还算是一个事业的话——不是每个人都干得了的，更不是人人都愿意干的。不仅在法律界，而且在法学界也不会有多少人愿意研究诸如断裂、平面化、非中心、时代化这样一些乍看起来不知何处下手而与他的直接生活似乎完全无关的概念或命题。尤其在市场经济蓬勃发展的今天，能坐下来搞学问就不错了，会有几人真正把这些相当"脱离实际"的问题当成个事业来作呢？这仍然是制度的约束，而这种约

① "'理论'是傍晚时产生的，也就是说，理论是晚到的解放'自觉'而不是产生解放的条件"。参见［美］理查·罗蒂："哈贝马斯与利奥塔德论后现代"，载王岳川、尚水编：《后现代主义文化与美学》，北京大学出版社1992年版，第60页。

束是比任何学者的告诫更为有力的。

因此,在这个问题上,季文可能有些过多的担心。坦白地说,如果我有些担心的话,那倒是相反:现在中国法学界能有几人有兴趣、有毅力同时有能力作一番这样的研究。也许10年后,有人会说中国又多了一个空白——尽管这种惊呼其实是大可不必的。

五

季文把中国目前学界的本土化努力视为受后现代思潮影响的产物,这是一个挺大的误解。粗略说起来,之所以谈起本土化,恰恰是因为许多中国学者发现自己对西方的理论挺熟悉,而对中国的问题却不那么熟悉,因此希望把学习来的理论化入中国当代社会文化之中,而并非想摒弃外来文化,试图从孔孟老庄那儿建立起一个纯粹的中国的理论和制度。我很难想象有这样的人。我们这几代人身上已经受到外来文化的很大影响了。举个例子,现在中国三四十岁以下的法学工作者和法律工作者中,能用外文写一封信的人可能要远远多于能用古汉语写信的人。我们怎么可能摒弃外来文化呢?外来文化已经成为我们这一代人的传统的一部分甚至主要部分了。

中国学者主张本土化,还针对了其他一些当代学术的问题。例如,从外国引进的概念、术语、命题不完全适用于研究中国,中国缺乏具体的实证研究;而中国的中青年学者是希望弥补这些缺陷的。不可否认,中国学者中有关心后现代理论的,但这种关切在我看来,也许恰恰是一种更加注意反思、自我怀疑和理性思考的标示,而不是为了显示一种时髦(如今学术又有多少时髦可说呢,时髦的是"经商"),是为了充实自己,为了中国的发展,为了中国学术的发展,为了中国学者能在同外国学者相遇时进行多层面的交流。也许有些观点有激烈之处,也许表述有欠缺之处,甚至难免个别人走火入魔。但如果说后现代主义者与现代主义者的态度区别在于,前者是怀乡的,而后者是摒弃乡愁的,①那么我可以说,这一代学人都是现代主义者。

(1997年第3期)

---

① 霍埃语,转引自王治河著:《扑朔迷离的游戏——后现代哲学思潮研究》,社会科学文献出版社1993年版,第5页。

现代法的精神论纲

李步云*

一、法的精神的一般特征

法的内容、法的形式和法的精神，是构成法的三个基本要素。如果说，法的内容是法的骨骼和血肉，法的形式是法的结构和外表，那么，法的精神就是法的神经中枢和灵魂。

法的精神似乎看不见，摸不着，但它是客观存在的；它集中体现在法的内容上，同时在法的形式上也有体现。有时候，人们自觉地运用法的精神去观察与解释法律现象，去指导法的制定与实施；有时候，人们则是不自觉地在法学研究和立法与司法实践中运用它。

法的精神集中反映在立法旨意和法律原则中，无论是封建专制主义的君主"一言立法，一言废法"，寡头政治的极少数决策者的制定法律，总会这样那样地表现出该国家的立法旨意，反映出该时代的法的精神。现时代，在代议制民主立法活动中的法律辩论，往往集中在对法的精神的不同理解与处理上，有时候还通过立法者的"法律说明"等方式，用文字的形式表现出该国该时代的法的精神。在以宪法为核心，以民法、刑法、行政法、诉讼法等法律为主体的法的体系中，一系列法律原则集中体现出一个国家一个时期法的精神。

法的精神这一概念的内涵与外延，是十分丰富和宽泛的。人们可以从不同层面和不同角度运用它。它的中心思想或主要内容涉及五个方面的问题，并需正确处理这五个方面的关系：(1)法律与人类的关系；(2)个人与社会的关系；(3)利益与正义的关系；(4)效率与公平的关系；(5)权利与义务的关系。所谓法的精神，就是法律应当和是否在处理上述五个基本的关系上，作出既符合事物的本性和规律，又体现人类一定历史发展阶段的时代精神的正确选择。

正确处理法律与人类的关系，是法的精神应当回答与解决的主要问题。第一，法律的内容与形式要正确反映它所需要调整的各种社会关系的发展规律和现实要求，也要正确反映法律自身的性质与特点。但是，法是人制定的，需要人

* 作者单位：中国社会科学院法学研究所。

去实施它。因而立法者和执法者能否使法的制定与实施适合客观事物的性质与规律,就具有决定性意义。第二,法律应当是人类用以认识与改造世界的武器,法律不应当成为奴役人、压迫人的工具。第三,为全人类或绝大多数人谋取最大利益和幸福,应当是法的终极目的。这就是法律的人本精神。法的人本精神是最高层次的法的精神。

法是联结个人与社会的重要纽带。正确处理个人与社会的关系,是法的精神应当回答与解决的根本问题。个人是组成社会的细胞,谋求与保障社会上每个人的利益是组成社会和国家的终极目的。调动每个人的主动性、积极性和创造性,是整个社会发展的基础与前提。但是个人不能脱离社会而独立存在,保障社会的整体利益是个人利益实现的基本条件。因此,在个人与社会的利益与道德冲突中作出合理的兼顾与平衡,得到个人与社会的和谐存在与协调发展,是法的精神的重要内容与原则。正确处理社会秩序与个人自由、社会安全与个人权利的关系,都是属于个人与社会相互关系这一范畴,是它的具体表现和展开。

利益与正义是法的最普遍、最深层的本质。法是社会关系的调整器。人们之间错综复杂的社会关系,包括个人与个人之间,群体与群体之间,个人、群体与社会之间的关系,本质上是一种利益关系。以权利与义务为形式,以正义为基本道德准则,实现人们的利益需要和合理分配,是全部法存在与活动的轴心。满足人们的物质生活的和精神生活的追求,使人们的基本需求——利益与正义能够彼此兼顾和得到最大限度的实现,并在它们相互矛盾时使其协调发展,是法的重要的基本的使命。

效率与公平是法的体系中两个重要的价值。法以自身的特殊性质和社会功能,通过对人们行为的指引和社会关系的调整,一方面,促进社会经济、政治、文化、科技的发展;另一方面,又保障社会公平的实现。效率与公平在一般情况下是相互作用的,在特殊情况下又是互相制约的。从总体上看,应当是效率优先,兼顾公平。因为,只有在全社会创造出更多的物质财富与精神财富的情况下,人们彼此之间才能在更高的水平上得到公正的、合理的分配。

权利与义务是法的最基本的范畴,是构成法律关系的内容。无论是一般法律关系还是具体法律关系,都是法律关系主体彼此之间一种权利义务关系。在一般情况下,权利与义务是不可分的;在特定条件下,权利与义务又是可分的。在权利与义务的关系中,从价值取向看,应当以权利为本位,即以权利为出发点和归宿,以权利为重心和主导;权利是目的,义务是手段;义务的设定,目的在于保障权利的实现。这是因为,人们生活在相互依存的社会中,建立国家与创制法律的目的在于保障人们的各种利益的需要和满足,“人们奋斗所争取的一切,都同他们的利益有关";人们对利益的追求,"是一切创造性活动的源泉和动力"。

法的精神根源于它所调整的各种关系自身的规律和法律自身的特性,同时又受不同历史时代和不同国家的经济、政治、文化的现实条件的决定、影响与制约。因此,它是共性与个性的统一,也是一个动态的概念;不同的时代,有不同时代的法的精神。古代法的精神和现代法的精神是有很大区别的。凡是体现客观事物的一般规律和法律本性,符合那个时代经济、政治、文化的现实条件,又促进了那个时代的物质文明、精神文明与制度文明的发展的法的精神,就是正确的和进步的;反之,则不是。

法的精神既是客观的,又是主观的。其客观性是指它有自身的性质、特点和发展规律,也真实地、具体地存在于一定国家和一定历史时期的法律制度中而不以人们怎样认识它和如何评价它为转移。其主观性是指在制定法律和实施法律过程中,人们的理念、思想和认识能力起着重要的作用。尽量使主观与客观相一致,是保证法的精神科学与进步的重要条件,也是法律工作者、政治家和学者们的重要任务。

法的精神既是应然的,也是实然的。法的精神的必然性决定于法调整对象的一般规律和法自身的特殊本质。例如,法应当以人为中心,应当是为人类谋幸福的工具;个人与社会不应绝对分离与截然对立;利益与道德都是人类不可或缺的需要与追求;效率与公平必须兼顾与协调;权利义务应当以权利为本位。法体现正义,法要求平等,是法之所以为法的必然要求。所有这些都具有超时空的性质。法的精神的实然性则受时空的限定。它受制于一定历史发展阶段和一国具体国情的经济、政治、文化等客观条件(其中经济的发展水平与制度性质具有决定性影响),也受制于人们的伦理观念与认识能力。在某些条件下与范围内,法的精神的应然性与实然性完全背离,这就是法的精神的异化。在古代,奴隶制把人作为工具可以任意买卖,封建制"轻视人,蔑视人,使人不成其为人";在近代,这种现象在个别国度与某个时期或一定程度上依然残存,就是例证。

二、现代法的精神的价值取向

现代法的精神与古代法的精神相区别的根本条件是市场经济、民主政治与理性文化。东西方之间由于在上述社会条件的三个基本方面有共同点,因而其现代法的精神的价值取向有它们的一致性。同时,由于文化背景、历史传统与具体国情不同,东西方之间现代法的精神又具有多样性,有时会呈现相反而又相成的面貌。

在法与人的关系上，现代法的人本主义（笔者赋予这一概念以人文主义、人道主义大体相同的含义）精神已经或正在实现中，法的应然与实然的人本精神正由古代法的异化而逐步实现复归。一切从人出发，把人作为一切观念、行为与制度的主体，尊重人的价值与尊严，实现人的解放和全面发展，保障所有人的平等、自由与人权，提高所有人的物质生活与精神生活水准，已经或正在成为现代法律的终极关怀，成为现代法制文明的主要标志，成为现代法律创制和实施的重要特征，成为推动法制改革的巨大动力。法的工具性价值与伦理性价值，已经或正在得到双重尊重，法由奴役人和压迫人的工具，已经或正在改变成为全人类谋幸福的手段，这一法的根本价值取向，正在成为越来越多的人的共识。世界上绝大多数国家和地区，尽管理性认识有高有低，道路方法有同有异，措施力度有大有小，实际进步有快有慢，但都已走上或正在走向这一现代法制文明的发展大道。

在历史传统上，东西方法的精神既有共性，也有特性。在西方的思想史与制度史上，经历过由神性到人性、由君权到民权、由神权到人权的漫长而曲折的发展过程。文艺复兴时期人文主义的兴起与传播，在世界范围内发生过巨大的影响。但不能因此得出结论或产生误解，以为中国历史上没有人文主义、人道主义传统。中国古代的“民之所欲，天必从之”，“仁者爱人”，“民贵君轻”，“爱人利人者，天必福之，恶人贼人者，天必祸之”，“水可载舟，亦可覆舟”，“人为万物之灵”，“己所不欲，勿施于人”，一直到“法乃天下之公器”，要以“天下之法”取代“桎梏天下人之手足”的“一家之法”等，源远流长。中国文化传统中重人、爱人，以人为本的特点，在中国法的精神中起过重大的积极作用；其内容之丰富，在世界文明发展史上也是不多见的。我们首先要继承与发扬自己国家历史上具有民主性与人民性精华的人本主义优良传统，同时也要重视借鉴与吸取其他国家一切具有科学成分与进步因素的人文主义的历史财富，来为建设我国的现代法制文明服务。

市场经济是现代法的人本主义精神赖以存在与发展的主要社会基础和巨大推动力量。发展市场经济的根本目的和意义在于，它通过对价值规律与竞争机制的运用，以更快地促进经济、科技与文化的发展，以更好地实现人们的物质生活的满足与精神生活的充实。现代市场经济的特性在于，市场主体独立自主，契约自由，进行等价交换，坚持公平诚信原则，这就可以大大培养与增进人们的主体意识、权利意识、自由思想与平等观念。市场经济与计划经济相比较，社会关系还将发生各种重大变化，如实现从身份到契约的转变，改变“大国家、小社会”的状况，形成利益多元与文化多元的格局。以上所有这些，都将大大有利于促进对人性的认同,对人格的尊重,对人道的肯定,对人权的保障。

在个人与社会的关系上,东西方历史文化的差异,对现代法制也有重要的影响。西方古代有相对发达的简单商品经济,以民营为主要特点;加之城邦国家的分立、交往与融合,比较重视对个人地位的肯定,对个人权利的保障;公民意识也比较发达。中国古代不同,自给自足的农业自然经济占据统治地位,虽有简单商品经济的存在,但以官商为主要特点。它重家国,崇宗法。此种情况一直延续了几千年。这就产生了两方面的结果:一是重视国家的整体利益,重视民族的团结凝聚,因而运用整体力量的优势,创造了伟大的文明;二是个人不能获得自主与自由,个人的地位与权利得不到应有的承认与保护,因而极大地束缚了生产力的发展与社会关系的改革。这正反两个方面传统对现代中国法制建设都有影响。扬其所长,弃其所短,有利于个人与社会得到和谐的发展。

在经济体制转型过程中,依据市场经济的客观要求,我们正在寻求个人与社会更好的和谐存在与协调发展,并为此对政策的侧重点作出重要的调整。过去运用整体力量的优势,曾经取得了科技、教育、文化及社会权利保障等诸多方面的重大成就;但是由于历史文化背景的负面影响,执政党的特殊历史经历以及经济与政治体制中权力的过度集中,也存在有重视个人权益保障不够的弊端,因而已经或正在采取一系列措施来解决这一问题,包括在保障社会秩序的同时,着重加强对个人自由的保护;在保障社会安全的同时,着重加强对个人权利的保护。在建立市场经济法律体系中,固然是以权利保障为其出发点;在众多公法领域也如此。以新修订的刑事诉讼法为例,诸如收容审查制度的否定、无罪推定原则的肯定、律师的提前介入、庭审方式的改革、类推制度的废除、非法证据的处理、不起诉制度等,这些都同加强个人权利保障有关。

利益与正义关系的处理,在中外历史上,都是一个富有争议的问题。西方法理学三大主流学派,特别是自然法学派与社会法学派(受功利主义学说影响很大)的论争,是同这个问题密切相关的。前者强调正义,后者强调利益。它们的兴衰起伏,都有特定的社会历史条件为其背景。中国古代“利义”之争中,儒家主张重义轻利,法家则主张重利轻义;但墨子(“兼相爱,交相利”)和荀子(“义与利者,人之所两有也”)却倾向两者并重。实际上,中国历史上占据主导地位的是儒家的主张。从孔夫子的“君子喻于义,小人喻于利”,到朱熹的“存天理、灭人欲”,不仅支配过古代人们的思想与行为的模式,也影响到现代。这都有其发生作用的社会经济、政治与文化条件。实行市场经济以来,人们既感受到了在物质上带来的重大好处,也看到了在道德领域诱发的种种消极现象,从而引起了广大民众、官员与学者的普遍关注和意见分歧。在建立市场经济法律体系及完善司法与执法体制中，如何使利义两者协调一致与和谐发展，大家的认识是比较一致的，也正在采取措施予以解决。然而对政策侧重点的选择，人们的看法仍然有距离。这同效率与公平的关系问题又是密切相关的。

效率与公平同自由与平等，有一定区别，又有内在联系。在全球范围内，这都是政策与法律论争的一个焦点。美国是自由主义占上风的国家，但两党政策分歧的重点还是这个老问题。瑞典是福利国家的典型，它的社会学家强调福利政策还要强化，而经济学家则持批判态度。原因在西方个人自由不缺，而社会平等过少，问题成堆。工业发达国家日益走向福利国家，这是总趋势，是人类文明进步的一个重要表现。与此趋势有所不同，中国大陆早已把经济建设作为中心任务，党的十四大又把"效率优先，兼顾公平"写进了正式文件。这里的现实情况是，"平等"过头，走向了平均主义；自由过少，束缚了各方面的手脚。改革开放一系列政策与措施，用一句话可以概括，就是"松绑"，给地方、企事业单位和个人以更多的自由，借以调动各方面的积极性、主动性和创造性，加快物质文明与精神文明建设。这也符合生产力的提高是人类社会各方面进步与发展的最终决定性力量的原理。

权利与义务的关系问题，在西方并非热点，尽管现今世界是一个权利的时代，对权利的研究分析为学者所普遍关注。但权利与义务的相互关系问题在实践中并不十分突出。近代西方的工业与政治革命已完成由义务本位向权利本位的转化。近几十年又已实现或正在实现由个人权利本位，向"个人——社会权利本位"的转变。中国情况有所不同。近几年来，法学界中主张权利本位论、义务重心论、权利义务并重论的3种观点进行了热烈的讨论。但是有两个因素和事态发展强有力地支持了权利本位论：一是市场经济模式得到了人们广泛的认同和支持，而市场经济法律自然要以权利的设定与保障作为出发点和落脚点；二是人权理论与观念的肯定与深入研究。法律权利实际上就是人权，虽然在某些具体法律关系中的权利义务并不完全属于人权的范畴。人权理论中一系列基本原理，诸如任何人都应享有人权；人权依其本义是一种基于人的价值与尊严所应当享有的权利，不是任何外界所恩赐；权利产生权力，权力作为手段是为保障人权服务的等，都为权利本位观提供了坚实的理论依据。在立法与司法实践中，如何以权利为重心而不是以"管理"、"义务"为重点，是一个亟待进一步解决的问题。

笔者曾给人权下过两个定义。一是"人权是人作为人依其自然的和社会的属性所应当享有的权利"。二是"人权是受一定伦理道德所支持和认可的人应当享有的各种权益"。据笔者个人对人权概念的内涵与外延的理解，本文所涉及的问题都是人权问题,或与人权问题密切相关。人权的实现程度是人类文明进步的综合性标尺。“享有充分的人权,是长期以来人类追求的理想。”人权是个“伟大的名词”,是无数仁人志士矢志不渝为此而努力奋斗的崇高目标。即将到来的21世纪是一个和平与发展的时代,也是一个人权受到空前关注与尊重的时代。促进与保障人权的充分实现是各国政府的神圣职责,也是人人都应参与的无上光荣的事业。

无论是在自然界、人类社会或人们的思想中,差异、矛盾、冲突与斗争是始终存在的。但是,万事万物又都处于一个统一体中而彼此一致、相依、共存与和谐。国家与国家之间要和平共处,民族与民族之间要凝聚团结,群体与群体之间要诚信相处,个人与个人之间要友爱相待,我们这个世界才会变得更美好。真善美与假恶丑是对立的,斗争不可避免也十分必要。但斗争只是手段,并不是目的。况且,矛盾与冲突还可以更多地经过沟通、协商、互谅、互让等各种形式来解决。相依和谐、共荣,既是万事万物发展的原动力,是它们的理想存在状态,也是处理本文所涉及的种种问题的总和指导原则。通过人们的共同的长期的努力,建设一个人的全面解放、人的全面自由发展、人的需要全面满足、人人平等与共同富裕、制度和文化多姿多彩的大同世界这一人类理想,是一定能够实现的。

(1997年第6期)

法制现代化进程中的东西方关系

公丕祥[*] 夏锦文[**]

法制现代化是当代各民族国家正在普遍经历的世界性进程,在这一进程中,早发的西方法制现代化模式是全球法制现代化运动的历史先导,并且形成了对东方社会乃至非西方社会法制现代化进程的冲击和扩张。这种冲击虽然有助于东西方法律文化的相互渗透与融合,同时也导致了非西方国家法制现代化进程的扭曲甚至灾难,造成了法律发展的"泛西方化"。近10多年来,非西方国家从本国的经济政治条件和自身法律传统出发,掀起了法律文明发展的非西方化运动,标志着全球法制现代化迈进了非西方化时代。非西方各国法制现代化具体道路的独特性和丰富多彩,展现了世界法律文明发展的多样性。

西方法律文明是在西方社会的发展中形成的具有独特价值体系的法律文明类型。西方法制现代化作为原生的内发型法制现代化,由于它反映了法律文明发展的世界性这一共同性规律,因而成为全球法制现代化运动的先导;同时,也形成了早发的西方法制现代化模式对晚发的东方社会乃至非西方社会法制现代化进程的冲击力。因而,在相当长的时期内,一些非西方民族的精英人物和学人们认为,要实现法制现代化,就应该踏着西方的足迹亦步亦趋:"东方国家乃至所有非西方国家要想发展自己,走向世界,首先就要承认西方描绘的图式,承认自己的前现代性,从而开始自己融入世界的现代化进程。"①于是,出现了非西方社会法制现代化的"泛西方化"问题。但是,在许多非西方国家按西方模式经过几十年法制现代化实践并没有获得成功的现实面前,非西方人甚至许多西方人都在转变自己的思路,深入考察西方法律文明对东方社会冲击的性质和后果,重新审视法制现代化进程中的东西方关系。

一、西方法律文明对东方的冲击与影响

从全球范围来看,东方社会法律文化在卷入法制现代化浪潮时,都不同程度

* 作者单位:南京师范大学。

** 作者单位:南京师范大学。

① 转引自庞朴:"文化的民族性与世界的多元化",载《传统与现代》1995年第1辑。

地受到了西方法律文明的冲击和挑战。尼赫鲁在《印度的发现》一书中写道："……英国人的来临就使得情形大为不同了。旧的制度在多方面连根拔去了。他们从西方带来了一种完全不同的推动力。这种推动力是从文艺复兴、宗教改革以及英国的政治改革的时代起就在欧洲慢慢地发展起来，而在工业革命的初期才具体化的。美国革命和法国革命又使这种推动力前进了一步。……最重要的是，在印度的历史上这是第一次，印度的政治管理权完全由外人来操纵，而它的经济中心是在一个遥远的地方，他们把印度造成为现代的典型殖民地，使它在漫长的历史中第一次做一个附属国。"①无疑，对于东方社会法律文化而言，西方法律文明的冲击既是灾难又是契机，既是压力又是动力。在这种挑战和冲击面前，东方社会法律文化只有进行创造性转换才能走上通向现代法律文明之路，实现法制现代化。

早在19世纪50年代，马克思就站在"世界历史"的高度，把握了东西方法律文化冲突与融合的历史性趋势及其必然性，并在晚年的"人类学笔记"中做了详尽的研究。在"中国革命和欧洲革命"一文中，马克思探讨了近代西方文明对古代中国社会的冲击："英国的大炮破坏了中国皇帝的权威，迫使天朝帝国与地上的世界接触。与外界完全隔绝曾是保存旧中国的首要条件，而当这种隔绝状态在英国的努力之下被暴力所打破的时候，接踵而来的必然是解体的过程，正如小心保存在密闭棺木屋的木乃伊一接触新鲜空气便必然要解体一样。"②在"不列颠在印度的统治"和"不列颠在印度统治的未来后果"等文章中，马克思深刻地分析了英国资本主义文化对古代印度社会的激荡与改造。在他看来，近代西方文明在东方社会的影响与渗透，具有历史发展的必然逻辑。"从纯粹的人的感情上来说，亲眼看到这无数勤劳的宗法制的和平的社会组织崩溃、瓦解、被投入苦海，亲眼看到它们的成员既丧失自己的古老形式的文明又丧失祖传的谋生手段，是会感到悲伤的"；并且，"英国在印度斯坦造成社会革命完全是被极卑鄙的利益驱使的，在谋取这些利益的方式上也很愚钝。但是问题不在这里，问题在于，如果亚洲的社会状况没有一个根本的革命，人类能不能完成自己的使命。如果不能，那么，英国不管是干出了多大的罪行，它在造成这个革命的时候毕竟是充当了历史的不自觉的工具。"③

在晚年的"人类学笔记"中，马克思进一步考察了西方法律文化对东方社

---

① ［印］贾瓦哈拉尔·尼赫鲁著：《印度的发现》，齐文译，世界知识出版社1956年版，第302页。

② 《马克思恩格斯选集》（第2卷），第3页。

③ 同上，第67～68页。

会的影响及其后果。在《约·布·菲尔〈印度和锡兰的雅利安人村社〉一书摘要》中,马克思分析了菲尔关于古代南亚社会村社制度演变的材料,认为西方文明的入侵,打破了印度村社结构和封闭状态,使土地关系也发生了变化,形成了土地私有权的历史运动。马克思对柯瓦列夫斯基《公社土地占有制》一书,做了大段大段的摘录,并且分析了西班牙人瓦解印第安人传统文明的伎俩,他指出:"这些导致破产的诉讼以及使印第安人失掉反抗西班牙人的最后力量的内部纠纷,成为可以说是印第安人的'政治'生活的唯一表现。"①在分析柯瓦列夫斯基关于法国人在阿尔及利亚的专横统治的材料时,马克思论及了殖民者对待殖民地法律的几种既相联系又相区别的态度:第一,只要非欧洲法律对他们有利,就立即予以承认。第二,对非欧洲法律进行"误解",使之对殖民者有利。这两种形式都以是否满足殖民者的利益需要为转移。这是一种法律文明的"变相压迫"。第三,表现为用新的法律规定否定殖民地法律的某些规定。第四,用新的法律文件来使殖民地的传统法律文明在实际上变形或解体。

怎样评价西方法律文化对东方社会的冲击呢?一方面,西方法律文化体现了以工业文明为基础的法律机制及其要求,它对以农业文明为基础的东方法律文化的冲击、渗透与改造,从大历史的角度来看,无疑具有历史的合理性。因为它意味着一种较为先进的生产方式对另一种较为落后的生产方式的历史性超越。"内战、外侮、政变、被征服、闹饥荒——所有这一切接连不断的灾难。不管它们对印度斯坦的影响显得多复杂、猛烈和带有毁灭性,只不过触动它的表面,而英国则破坏了印度社会的整个结构,而且至今还没有获得一个新世界,这就使它的居民现在所遭受的灾难具有了一种特殊的悲惨的色彩,并且使不列颠统治下的印度斯坦同自己的全部古代传统,同自己的全部历史,断绝了联系。"②"这些细小刻板的社会机体大部分已被破坏,并且正在完全归于消灭,这与其说是由于不列颠的收税官和不列颠的兵士的残暴干涉,还不如说是由英国的蒸汽机和英国的自由贸易造成的结果,这些家庭式的公社是建立在家庭工业上面的,靠着手织业、手纺业和手力农业的特殊结合而自给自足。英国的干涉则把纺工安置在郎卡郡,把织工安置在孟加拉,或是把印度纺工和印度织工一起消灭,这就破坏了这种小小的半野蛮半文明的公社,因为这破坏了它们的经济基础;结果,就

① 《马克思恩格斯全集》(第45卷),第226页。
② 《马克思恩格斯选集》(第2卷),第64页。

在亚洲造成了一场最大的,老实说也是亚洲历来仅有的一次社会革命。"[①]这一社会革命的本质乃是用资本主义的生产方式及其法制来征服建立在古老的村社生产方式基础上的社会及其法制。从更为广泛的意义上讲,西方法律文化对东方社会的冲击和改造,乃是文明的征服。"相继征服过印度的阿拉伯人、土耳其人、鞑靼人和莫卧儿人,不久就被当地居民同化了。野蛮的征服者总是被那些他们所征服的民族的较高文明所征服,这是一条永恒的历史规律。不列颠人是第一批发展程度高于印度的征服者,因此印度的文明就影响不了他们。他们破坏了本地的公社,摧毁了本地的工业,夷平了本地社会中伟大和突出的一切,从而消灭了印度的文明。"[②]

另外,从人道主义的立场上看,西方殖民者对东方社会的入侵,乃是一种赤裸裸的强盗行径。西方法律文化对东方社会生活的渗透,不过是整个西方文明压迫东方文明的组成部分之一。西方法制成了西方帝国主义国家征服东方国家的工具。而西方法律文化在东方社会的表现,与在其故乡的表现大相径庭。"当我们把自己的目光从资产阶级文明的故乡转向殖民地的时候,资产阶级文明的极端伪善和它的野蛮本性就赤裸裸地呈现在我们面前,因为它在故乡还装出一副很体面的样子,而一到殖民地它就丝毫不加掩饰了。"[③]西方资本主义文明的进步,是通过"使个人和整个民族遭受流血与污秽、穷困和屈辱"[④]而实现的。

二、法律文明发展的非西方化

西方法律文明对东方乃至非西方社会的冲击和扩张,虽然有利于法律文化的相互渗透与融合,但也导致了非西方国家法律文化的扭曲和失重现象,甚至要付出民族法律文化崩裂的代价。非西方大部分国家在"二战"后纷纷独立,为了实现法律文化从传统到现代的转型,都以西方法律模式构筑自己的法制,把"西化"与"现代化"等同,造成了所谓的法律文化发展的"泛西方化"。非西方社会法制现代化进程中的"泛西方化",远远脱离了本民族自身的经济政治条件,也脱离了自身的法律文化传统,因而,那些企图按照西方法律模式依样画葫芦而走

① 《马克思恩格斯选集》(第2卷),第67页。
② 同上,第70页。
③ 同上,第74页。
④ 同上,第73页。

向法制现代化的努力，不仅没有获得成功，反而导致了非西方社会政局的动荡、秩序的混乱乃至政变的多发。拉丁美洲地区、西亚、北非以及南部非洲地区的实践充分说明了这一点，教训甚为深刻。这是因为，东方社会乃至非西方社会有其确定的社会组织系统以及法律文化体系，它的演变发展也有自己相对独立的特殊的方式和道路，所以，尽管西方早期法制现代化的模式对非西方晚期法制现代化仍有较大的示范作用，但是绝不能完全照搬。

在经过相当长时间的实践后，到20世纪80年代末90年代初，大多数非西方化国家才逐渐认识到，割断本民族历史，脱离本民族法律传统而实现法制现代化是不可能的；引进和融合西方先进法律文明并使本民族传统法律文化实行创造性转换，才是大多数非西方国家走向现代法制社会的唯一正确道路。所以，许多非西方国家都在对自身走过的法律发展的道路进行反思，探寻本民族法律文化发展的特殊性，并根据自身条件和特点逐步建构适合的法律制度，法制发展的观念也从一元的西方化色彩向多元的世界性和民族性相结合的现代化理想转变。近10年来非西方社会法制现代化发展的进程表明，非西方各国的法制建设取得了很大成就，而且都从本民族的法律文化特征出发向着现代化的宏伟目标迈进，整个非西方社会的法制发展丰富多彩、朝气蓬勃，掀起了一股规模宏大、波澜壮阔的法律文明发展的非西方化运动，从而标志着全球法律文明发展已迈进了非西方化时代。

20世纪的历史是一页全球性的历史，20世纪90年代乃是全球性文化回归时代，这种文化回归就表现为文化发展从单一的西方化向兼有国际化和本土化特色的非西方化运动。从法制现代化角度而言，法律文明发展的非西方化首先表现为大多数非西方国家在按照西方法制模式进行法制现代化的努力失败后重新开展的法制现代化。作为现代化的后来者，非西方国家在此以前的法制现代化历程都是在西方列强法律文明的冲击下，伴随着社会的殖民化或半殖民化进程而发展的，法制现代化的实质乃是法制的西方化。在这种法律发展的“泛西方化”迷雾笼罩下，非西方国家过多地注重了法制现代化的外发型条件，即寄希望于外来因素的冲击并依外来的西方模式进行法制改革，实现法制现代化。然而，这种努力并未获成功，相反，倒是延误了法律发展的重大契机，并使法制现代化进程受到扭曲。因此，近10年来大多数非西方国家重新调整了本民族法律发展的思路和战略，注重并试图从本民族自身的经济、政治、文化和法律传统中寻找法制现代化的内在基础和发展动力，以适合非西方各国国情的方式重新构筑法制现代化的图式，从而展开了非西方国家法制的再现代化进程。如果说，非西方国家先前进行的扭曲的法制现代化属于法律文明发展进程中的“泛西方化”

现象,那么,非西方国家近10年来重新开展的法制的再现代化则鲜明地反映了法律文明发展的非西方化特征。

东亚的重新崛起以及东亚法制现代化模式类型的独特性和具体道路的多样性,是世界法律文明发展的非西方化的又一典型特征。东亚由中国与日本两个大国及若干个东亚边缘区的小国和地区组成,也即所谓的儒教文化圈或汉文化圈国家。除日本外,东亚的各国都是第二次大战后摆脱殖民地半殖民地地位,真正开始走上独立发展道路的。但在短短的40年中,整个东亚在法制现代化道路上取得了令世人瞩目的成就。战后日本的重建运动实质上是进行了第二次法制现代化,并通过渐进改革迅速实现了法制的再现代化;中国经过社会革命选择了社会主义道路,开创了有中国特色社会主义的法制现代化模式,“依法治国,建设社会主义法制国家”战略目标的提出,奏响了中国法制现代化的时代强音,当代中国正在朝着现代型法治社会迈进。在最近20年中,以中国的香港特别行政区、台湾地区以及韩国、新加坡为代表的新兴资本主义工业化经济体异军突起,被称为亚洲“四小龙”,创造了非西方型的新资本主义现代性,并且基本实现了传统儒家法律文化的创造性转换,走出了一条独特的法律发展的道路。总之,战后东亚的迅速崛起,使西方感到不论是在经济上、政治上、军事上都在丧失自己的优势,面临东亚的新挑战。同时,在法律文明发展道路上,东亚的法制现代化不再是内发型模式和外发型模式的划分及定论,而是开创了一种新的法制现代化模式类型——混合型。[①] 这不仅是对战后几十年来西方法制现代化理论的挑战,而且是全球范围内法律文明发展的非西方化的有力佐证。

三、世界法律文明发展的多样性

无论是西方或非西方,不同民族或国家的法律文化,在不同条件的作用下,总是按照特定的路程发展演化。久远的历史文化传统,特定的地理生态环境,不同社会发展阶段所形成的结构模式和国家制度,造就了各民族不同的法制现代化起点和独特的法律发展面貌,各种人类共同体的法律文化类型,都是由具体的法律制度、法律体系、法律学说及法律心理所联结而成的运动之网,作为运动之网上的每一个国度的法律制度乃至法律意识,都独具个性,从而展现了世界法律

① 在笔者看来,法制现代化的模式可分为内发型、外发型和混合型三种。以中国为代表的东亚国家(日本除外)的法制现代化道路具有独特性,笔者将其概括为混合型模式,也称“内发—外发”综合型法制现代化模式。对法制现代化三种模式的具体论证另文研究。

文明发展和运动的多样性。

首先，法制现代化是在民族国家范围内进行的，民族国家是法制现代化的载体。西方各民族，是伴随着资本主义发展，通过民族对地方主义的胜利和摆脱罗马教廷的影响，逐步建立起现代民族国家体系的；东方各民族及拉丁美洲和非洲，主要是通过反殖反帝斗争，赢得独立，走上民族复兴和发展道路的。东西方民族国家建立的背景不同，但民族国家对法制现代化的保障和选择作用是一致的。由于各国历史遗产的不同，民族国家的建立呈现出多样化的历史类型，这些不同类型，从一开始就参与塑造各民族的法制现代化模式，使各国各民族走上不同的法制现代化道路。

其次，各民族不同的历史文化背景和法律传统也在规定和制约着各民族的法制现代化进程。每个民族的法制现代化，既是人类法律史进化的结果，也是各民族法律文化发展的产物。不同文明国度在其社会历史演变中产生了各具特色的不同时代的法律文化传统。诚如黑格尔所言："民族的宗教、民族的政治制度、民族的伦理、民族的法制、民族的风俗以及民族的科学、艺术和技能，都具有民族精神的标记。"①人们一旦生活在某种传统之中，也就会自觉或不自觉地接受着传统，创造着传统。历史文化和法律传统是任何走向法制现代化的国家所不能割断的，不同的法律文化和传统必然孕育出不同的法制现代化的具体样式。

最后，地理环境的差异性也决定着法制现代化道路的多样性。造成法律文明发展多样性的重要原因之一，"就在于在一定的法律文化圈中存在独立的文化隔离机制。这种法律文化的隔离机制是使一定地域或国度的法律文化成为独立形态的基本要素。一个法律文化圈的形成，没有一定的隔离机制是显然不可能的。从文化发生学意义上讲，法律文化的隔离机制最初是与地理环境相联结的。"②地理环境和生态系统，是任何民族法律文化类型形成的前提和条件。它决定着各民族不同的世界观念、民族气质和法律文化心理，同时也制约和规定着各民族对法制现代化发展道路的不同选择。正如卢梭所说的："除了一切人所共有的准则之外，每个民族的自身都包含着某些原因，使它必须以特殊的方式来规划自己的秩序。"③

法制现代化进程中法律文明发展的多样性原理告诉我们：法制现代化的后

① ［德］黑格尔著：《历史哲学》，王造时译，三联书店 1956 年版，第 104 页。

② 公丕祥主编：《法律文化的冲突与融合》，中国广播电视出版社 1993 年版，第 5 页。

③ ［法］卢梭著：《社会契约论》，何兆武译，商务印书馆 1987 年版，第 71 页。

来者绝不能通过刻意模仿而走向法制现代化，它必须以法制现代化的基本原则结合本民族的特点进行新的创造，从而以自己独具特色的法律文明发展样式汇入世界法制现代化和全球化的伟大进程。在这里，关键的问题在于“如何把适用于所有国家和不适用于所有国家的条件分辨清楚”。[①]

（1997 年第 7 期）

① ［美］M. J. 列维：《现代化的后来者与幸存者》，吴荫译，知识出版社 1990 年版，第 18 ~ 19 页。

中国法治的过去与未来

卓泽渊*

一、中国百年法治的反思

中国法治,当然是指近现代意义上的法治,其起点,学术界有不同的见解。有的认为在1895年,有的认为在1898年,还有的认为在1901年。笔者认为,中国法治的起点应在19世纪末20世纪初的1895~1901年期间,作为一个重大而漫长的历史事件将其起点确定为一个期间也并不为过。其实,历史的真实也大体如此。在1895年,面对甲午战争惨败、民族危机日益严重的中国,以康有为为首的中国知识分子1300余人发动了"公车上书",掀起了民众的变法维新运动。这实际上是中国民众法治之梦的开篇,是中国启动法治建设的准备。1898年,光绪接受变法主张,颁《定国是诏》,重用变法维新人士,颁发了数十道维新法令,推行新政,其内容涉及政治、经济、军事、文教等诸多方面,这就是历史上著名的"戊戌变法"。"戊戌变法"虽然仅有百日,当时也仅仅是不得已而为之,远没有在中国实现现代"法治"的明确意识,但其确实应被视为中国政治当局(官方)谋求法治的朦胧开端。1901年,中国清政府发布了"变法自强"的上谕,拟制了宪法性文件、民律草案、商律草案、新刑律、刑事诉讼律、民事诉讼律,以及关于警务、新闻、教育、金融、税制,甚至商标、国籍等方面的法规,开创了与世界先发达国家类同的六法体系,在中国法治化的漫漫征程上迈开了第一步。反观百年的法治之路,笔者认为,法治发展在我国是:有制度移植,少社会根基;有机械模仿,无整体共进;有先锋引导,少民众基础。

(一)有制度移植,少社会根基

从清末的法律改革以来,中国的法治发展可以说都有相当大程度的制度移植。在20世纪的头10年,清王朝所进行的制宪修律活动,基本上是对西方法治的制度移植。不仅颁布或草拟了取法西方的六法框架(宪法、民法、刑法、民事诉讼法、刑事诉讼法、商法或行政法),甚至移植了在当时的中国似乎没有多大存在必要的《公司律》和《破产律》等。其中的《大清监狱律草案》基本照抄了日

---

* 作者单位:西南政法大学。

本的监狱法，但又抄得“犹豫不决”，乃至草案内部也“相互矛盾”。辛亥革命时的《临时约法》将中国法治发展推进到了一个新的高度。国民党政府前十年的立法，应当认为是较有成效的。其《宪法草案》（五五宪草）、《民法典》、《刑法典》、《民事诉讼法》、《刑事诉讼法》的草拟和颁行，为国民党政府的法治发展奠定了基础。其立法目的固然有维护国民党统治的一面，同时也还有继承中国法律传统、吸收西方先发达国家立法成果、实现中国法治（国民党政权所追求的法治）的另一面。其后，国民党政府法治的发展概莫能出其左右。

从清末到国民党统治在大陆的结束为止，应当说，中国向西方移植的法律法规已经不少了，而且经历了至少半个世纪，为什么在中国还未建立起真正的法治呢？

笔者认为，真正法治的建立，是社会经济、政治、文化等多方面综合发展的自身要求，是社会发展的顺理成章的结果，而不是靠简单的模仿、抄袭就能成功的。中国之所以长期未能建立起真正的法治，关键就在于，当时的中国缺乏建设法治的社会根基。从经济上看，中国的经济一直是农业经济、自然经济，而不是作为法治基础的工业经济和市场经济；从政治上看，中国的政治长期是专制集权统治，而不是作为法治基础的民主政治；从文化上看，中国的封建文化，集权、特权、宗法等的传统观念没有被摧毁，民主、自由、平等等的社会文化尚未形成，而现代法治却是以民主、自由、平等等为文化、思想基础的。

（二）有机械模仿，无整体共进

在长达近一个世纪的历史过程中，中国本着师夷自强、与万国同制，赶上先发达国家的理念，竭力学习西方列强。或是在法律规范上抄袭，或是在法治组织上模仿，不一而足，但终未能建立起中国先进分子所期望的那种法治。这又是为什么？

笔者认为，法治是一个整体，是一个由法治原则、法治制度、法治组织、法治观念、法治过程共同构成的整体；是一个由合乎法治要求的立法、执法、司法、守法、法律监督共同构成的整体，甚至是法治内部各元素及其整体与社会协调统一的整体。它需要各个要素的共同作用和有机协调。任何一个方面或几个方面的发展，都不可能带来真正的法治。法治发展过程应是其内在各要素的整合发展过程，是其内在各要素的一体化共振共进过程。法治是一个内在有机联系的系统，不是简单的机械模仿就可以建立的。通观中国近百年的法治建设不能不说，缺乏整体共进，是中国法治未能达到理想目标的重要原因之一。

（三）有先锋引导，少民众基础

中国法治的百年发展都是由先锋引导得以推进的。其引导的历史可以作两段来分析。

前50年(1949年前),中国法治的发展基本上是“以学为先,以官为主”的。在中国法治建设之初,首先是由康有为、梁启超、文廷式等学者率先倡导,继而为君主所看中的。然而真正从事法治建设的并不是学者。因为中国学者无权从事法制改革,无权将西方的法律制度引入中国。当时的官方亦无今日的“西化”之累,他们可以大胆地“西化”。法治,应当说是西风东渐的。没有官方的参与,封建的法制改革根本就无法进行。“以学为先,以官为主”的模式一直延续到国民党统治在大陆的结束。

后50年(1949年后)又可以分作两部分来考察。在前期的近30年(1949~1978年)的时间中,可以说是“以学为主,以官为否”,意即,主张“法治”的基本上是学者,而“官方”则基本上是否定法治的。在后期近20年的时间中,可以说是“以学为先,官学互动”。主要表现在,20世纪80年代初,中国的法学家们就已公开而较深入地研究、探讨了现代法治,并且历久不衰,千方百计地通过为国家领导人上法制课等形式,引导国家领导人实行“法治”。这对于国家领导人主张法治,并把“依法治国,建设社会主义法制国家”作为目标写进国家和社会发展规划中去,起到了不容忽视的重要作用。期间,如果没有学者的先导固然不行,如果仅看学者的先导而无领导的互动,仍将是十分困难的。

然而,在漫长的历史中,中国法治竟然未能在这些先锋的引导下顺利建立,原因何在?

在笔者看来,一个根本的原因是:缺乏民众基础。在近百年的法治发展过程中,法治似乎并没有成为中国民众的心理要求。在长期的封建法制思想的影响下,中国民众所拥有的仅是中国传统的明君思想和清官期望。民主未能成为民众的普遍追求。至于自由、平等等不是缺乏就是畸形。自由被无政府主义所取代,平等被平均主义所等同。面对非法,人们首先是忍受,其次是考虑以非对非,最后是寄希望于明君与清官。民众自己缺乏法治意识,也必然不会对社会提出法治要求。中国的法治,往往是中国先进分子的理想,而不是社会整体的期望。所以,笔者认为,中国近百年法治建设未能成功,在很大程度上都缘于中国的法治理想缺乏民众基础。仅靠社会的优秀分子,无论这些优秀分子是多么优秀,要建立起以社会状态存在的法治,也是绝无可能的。

二、中国现实法治的基本构架

现在,依法治国,建设社会主义法制国家已成为我国社会的发展目标。建设社会主义法治是摆在我们面前的历史重任。面对这样一个前所未有的历史时代，我们没有任何理由止步不前。然而我们今天又是否能取得成功？与历史的遗憾相较，我们又何以能取得成功？这关键在于：我们今天的社会主义法治建设有无它得以成功的基础与动力，其关键和核心何在，目标与途径为何？

（一）中国法治的基础与动力

笔者认为，中国法治的基础和动力在于经济的市场化，政治的民主化，以及意识的科学化。

从上面的分析也可以看到，中国法治建设之所以如此迟滞，这与中国经济的非市场化（自然经济）、政治的非民主化（专制集权）、意识的非科学化（教条主义等）有着必然的联系。然而，历史发展到今天，情况早已今非昔比。中国市场经济不断发展，市场经济体制逐步形成，经济的市场化已成为不可阻挡的历史潮流。经济的市场化必然要求政治的民主化，并推动政治的民主化。目前中国政治体制改革正待深入，政治民主得到了进一步的发扬，民主政治体制正在形成之中，政治民主化的进程不断加快。作为经济市场化、政治民主化的前提和结果的思想意识，也日益科学化。这些不仅是法治建设的基础，而且是法治建设的动力，必将推动中国法治似前所未有的速度和状况向前发展。

（二）中国法治的关键与核心

中国法治的关键在什么地方，不同的学者也许有不同的看法。有的学者认为，中国法治的关键在司法。笔者认为，中国法治的关键并不在司法，而在政治的法治化。政治的法治化，包括政治体制的法治化，政治权力的法治化，政治组织的法治化和政治行为的法治化。政治的法治化关系着中国法治的存亡。政治组织法治化中，最根本的是我们党和党领导下的政府的法治化。这是我国法治成败的关键所在。党和政府必须在法治上率先垂范。所以研究并解决好党和法的关系、政府和法的关系，是我国法治建设中的根本任务之一。

中国法治的核心是什么？学者们也有不同的看法，有的认为在立法，有的认为在法律监督。笔者认为，中国法治的核心在于司法的法治化。在司法法治化问题上，我们目前法治建设的最大的难题是我们的司法干部队伍素质太低，严重阻碍了法治发展的进程。一些司法官员，甚至成为中国法治建设的破坏力量。我们党和国家一再要求严肃吏治，实际上最应当严肃的首先是我们的司法干部。因为，如果我们的司法干部是好的，其他党政干部的任何违法乱纪都会毫无例外地受到制裁而被遏止。而司法官员的腐败却可以令我们束手无策。整肃司法干部队伍，在目前必须而唯一的途径，只能是“清源治流”。对那些道德素质低下、法律修养浅薄的人，不论他来头如何，都必须予以坚决堵住。再也不能让那些无德无能之徒混入司法队伍。对那些已置身司法干部队伍的无德、无学、无术之辈，必须予以坚决地扫地出门。中国人民的百年梦想绝不能败坏在他们的手里。

（三）中国法治的目标与途径

中国法治的目标是建立社会主义的法制国家，建成真正的社会主义法治。这种法治是立法、执法、守法、法律监督有机协调的法治；是法治原则、法治制度、法治组织、法治观念和法治过程一体共振的法治；是法治内在统一，并与社会政治、经济、文化等外在协调的法治；是一种呈社会总体态势的，以社会总体状态存在的法治。

中国法治建设的途径，可以从不同的角度予以描述。

笔者认为，它有一个"提倡依法办事——主张依法治国——实现理想法治"的过程。作为第一个阶段的"提倡依法办事"，它是泛义的，一是不管法是否是民主的良法；二是不强调对权力的特别约束。要说这是法治，这仅仅是法律制度意义上的法制，是法治的初步阶段。作为第二个阶段的"主张依法治国"，它是不明晰的，一是这里的法依然有一个是否是民主之良法的问题；二是"主张"的动机并非都意在法治，相当多的领导干部都还局限在"治国"、"治省"、"治市"，最终在"治民"上。作为第三个阶段的法治，才进入真正的法治阶段，法治的真谛才为社会所理解并为社会所实行。在笔者看来，我国正处在从第一个阶段向第二个阶段转换的历史区间。

笔者认为，中国法治有一个"党治—国治—法治"的过程。第一个阶段就是在党的领导下依法办事，党直接领导立法、执法、司法、法律监督等各项法制建设工作。党直接居于国家之上，指挥国家的法律活动。第二个阶段是将党的意志依法定程序变化为国家意志，由国家来负责立法、执法、司法、法律监督等各项法治建设事宜。国家的权力较少受到法律的约束，国家也难免作出违法违宪的行为。第三个阶段，国家也得依法办事，而且必须首先依法办事。这个阶段不是不要党的领导，而是党的领导愈加成熟，愈加能运用法律的手段管理国家和社会事务，更能反映人民的呼声，更能得到人民群众的拥护。这个阶段也不是不要国家，而是国家变得更加成熟，它在主导法治的同时，本身就是法治的楷模。在笔者看来，我国目前正处在由第一个阶段向第二个阶段转换的历史时期。

三、中国法治发展的历史进程

我国正在进行的法治建设，也就是市场经济下的法治建设。它已经经历了怎样的历史阶段，还将怎样发展，现在我们处在怎样的历史环节，这些都是我国法学界正在思考的问题。笔者认为，我国市场经济下的法治建设已经经过了准备、起步，正处于从起步走向形成之间，必将由形成走向完善。

（一）准备（1978～1993 年）

我国法治建设开始准备的时间，也许可以定在 1949 年中华人民共和国成立时，也许可以定在 1976 年"文化大革命"结束，或 1978 年 12 月党的十一届三中全会之时。

笔者认为，应当确定在 1978 年 3 月我国 1978 年《宪法》的公布。因为法治准备的开始应当以足以代表法治萌动的根本性法律的产生作为标志。1978 年宪法明确了我国新时期的总任务是实现四个现代化，强调了必须发扬社会主义民主和加强社会主义法制。1978 年宪法的这一特征，不能表明其已经开始了社会主义法治建设，但是它为社会主义法治作出了经济、政治、法制三个方面的准备。

随后，到 1978 年 12 月。中国共产党第十一届三中全会召开，社会主义法治的准备得到了党的政策的升华。这次会议制定以了以经济建设为中心的政治路线，果断地停止了"阶级斗争为纲"的口号，作出了把工作重点转移到社会主义现代化建设上来的战略决策；提出了健全社会主义法制和加强社会主义民主的方针。中共党史誉之为"开创社会主义现代化建设新局面的伟大起点"。这次会议使社会主义法治的准备阶段被进一步确立。

1982 年《宪法》及其 1988 年《宪法》修正案就是这一准备阶段法治发展状况的标志。从经济制度的角度来看，它为市场经济的提出及其法治建设进行着准备。这部宪法它从根本大法的角度确立了我国社会主义初级阶段的基本路线为"一个中心、两个基本点"。规定了我国社会主义经济制度的特征为，以生产资料公有制为主体，多种经济成分并存；以按劳分配为主体，多种分配形式并存。与此相适应，它还具体确认了城乡劳动者个体经济、私营经济和外资经济在我国经济体制中的地位和作用。从政治制度的角度来看，它也为市场经济的提出及其法治建设进行着准备。这部宪法扩大了全国人民代表大会常务委员会的职权与组织，加强了人民代表大会制度；赋予了省级人大及其常设机构的地方性法规制定权；规定了国家领导人的任期制和限任制，等等。

从 1978 年 3 月开始准备，到 1993 年开始起步，中国社会主义法治的准备阶段历时 15 年整。

（二）起步（1993～2010 年）

中国社会主义法治建设的起步点在哪里，也许可以将其确定在 1993 年 11 月党的十四届三中全会；也许可以将其确定在 1993 年 3 月第八届全国人民代表大会第一次会议《中华人民共和国宪法修正案》的产生。

笔者认为，将其确定在1993年3月的《宪法》修正案公布为宜。因为没有这一修正案，中国社会还不能说就开始了真正的法治——市场经济下的法治建设。这一修正案将宪法原有第15条关于计划经济的规定修改为“国家实行社会主义市场经济”，“国家加强经济立法，完善宏观调控”；“国家依法禁止任何组织或者个人扰乱社会经济秩序”，从而启动了中国市场经济及其发展中的法治建设。

1993年11月中国共产党的十四届三中全会通过的《关于建立社会主义市场经济体制若干问题的决议》从党的政策上进一步深化了上述宪法修正案。它明确提出要建设社会主义市场经济体制，要高度重视社会主义市场经济建设中的法制建设。它指出，“社会主义市场经济的建立与完善，必须有完备的法制来规范和保障。要高度重视法制建设，做到改革开放与法制建设的统一，学会运用法律手段管理经济。法制建设的目标是：遵循宪法规定的原则，加快经济立法，进一步完善民商法律、刑事法律、有关国家机构和行政管理方面的法律，本世纪末初步建立适应社会主义市场经济的法律体系；改革、完善司法制度和行政执法机制，提高司法和行政执法水平；建立健全执法监督机制和法律服务机构，深入开展法制教育，提高全社会的法律意识和法制观念。”

在法治建设起步后的1996年，第八届全国人民代表大会第四次会议制定的国民经济和社会发展“九五”计划和2010年远景目标，明确指出：到21世纪初要初步建立社会主义法治国家。中国共产党的十四届六中全会通过的《关于加强社会主义精神文明建设若干重要问题的决议》又再一次肯定了依法治国，建设社会主义法制国家的社会理想。党和国家领导人认识到并明确指出：加强社会主义法制建设，依法治国，是邓小平同志建设有中国特色社会主义理论的重要组成部分，是我们党和政府管理国家和社会事务的重要方针（见《人民日报》1996年2月9日）。法治的目标意义更加突出。

（三）形成及其完善（2010年～　）

中国社会主义法治将于何时形成，这是中国法学和法律工作者乃至整个中国社会都十分关心的重要问题之一。要确定其形成的时间表，并不是一件容易的事情。要列出绝对准确的时间表甚至根本就不可能；因为法治发展的进程要受多种因素的制约。一个偶然的重大因素甚至可以使法治发展受阻或搁浅。笔者所拟的2010年这一时间点，是以我国目前的法治状况、可能的正常速度、市场经济发展预期进程，以及我们党和国家的社会发展目标来确定的。实际上只能说是一个计划中的时间表，其实际状况如何，还有待历史发展予以说明。

社会主义法治形成以后，还有一个长期的发展完善过程。这个过程将与社会主义社会并存,并在社会主义社会中不断重复“从相对的不完善到新的再完善”的过程,直至发展到社会主义社会的最高阶段——共产主义社会的全面建立。随着共产主义社会的来临,社会主义法治也就辉煌而终。

(1997年第8期)

依法治国评述

蔡定剑*

一、关于法治的含义

什么是法治?一些法学家对此进行了引经据典的阐述。对法治作出最经典解释的是古希腊著名思想家亚里士多德,他指出法治就是"已成立的法律获得普遍的服从,而大家所服从的法律又应该本身是制定得良好的法律。"①这就是对后来发生深刻影响的法治两要素论:法律的"普遍之治"和法律的善德品质。他的这一解释的重要意义在于把法治与法制区别开来。法制是法律制度的简称,包括立法、司法制度、律师制度等,这种法制是任何社会都可能存在的,它不含价值判断,可能是良法,也可能是恶法,是君主暴政专横的法律。法治的法具有良好的价值取向,用今天的话来说是反映人民意志,反映自由、民主、平等价值的法。

法治含义的进一步发展是1959年在印度召开的是"国际法学家会议上"通过的《德里宣言》,阐述了法治的四原则:(1)根据法治原则,立法机关的职能就在于创设和维护得以使每个人保持"人类尊严"的各种条件。(2)法治原则不仅要对制止行政权的滥用提供法律保护,而且要使政府能有效地维护法律秩序,借以保证人们具有充分的社会和经济生活条件。(3)要有正当的刑事程序,充分保障被告辩护权、受公开审判权、取消不人道和过度的处罚。(4)司法独立和律师自由是实施法治原则必不可少的条件。这里不仅对良法提出了更高的要求——要维护人的尊严,还赋予法治新的内容:制止行政权力的滥用,要求司法独立和律师自治。

1981年,法国学者提出考察一个国家法治状况的三原则:一是要看这个国家法律秩序状态如何;二是要看国家是不是受法律的有效约束;三是看现行法律的内容是不是经科学论证达到技术完善水平。

还有的学者从"依法治国"拆字释义的角度阐述了它的意义。谁来依法治

---

* 作者单位:全国人大办公厅。

① [古希腊]亚里士多德著:《政治学》,吴寿彭译,商务印书馆1997年版,第199页。

国？治国的主体是人民，人民通过人民代表大会的途径来治国；而不是党治国，是党领导人民，依靠人民，通过法律来治国。“依法”是依什么法？这个法应该是真正反映人民意志的法，不是少数领导人的意志；是反映社会主义市场经济体制的法，而不是反映计划经济体制的法；是反映全体人民意志的法，而不是反映部门利益的法。“治”是“法治”而不是“法制”。治国的“国”，首先是指国家机器，然后才是人民；不先治好国家机器和官员，人民是治不好的。

二、依法治国的基本条件和要素

一个法治国家有哪些基本条件和要素呢？综合各种观点，主要有以下几点：

（一）法律的至上性是法治的前提

法治意味着法律要得到普遍遵守，这就必须要求法律有至上的地位和权威。任何人、任何组织均无超越法律的权力，而应以接受法的最高统治为其义务。在法治社会，对人们行为的评判只有法是最终的、最有权威的价值标准。在法治状态下，一切国家权力、政党和社会组织的权力均由法律作出规定，其正当性应受到法律的审视。法的至上性对公民来说是“法不禁止即自由”；而对公检权力来说则遵循“法无明文规定即无权”。公权力是来自公众的授予和委托，法律没有明确授予公共机关的权力，公共机关不得为之。法律的至上性正如美国独立战争时期的思想家潘恩说的：“在专制政府中国王便是法律；同样地，在自由国家中法律便应成为国王。”

（二）依法治国的重点是依法治权

政府管理公共事务，谁来管理政府？法治原则实质上就是对这个问题的一种回答：法律统治政府，或者说，把政府置于法律之下。在国家生活中，权力意味着权力人对权力相对人有强制力量，如果没有必要的约束，权力就同暴力无异，因此，国家不能以不确定的方式来实施强制，即使是为了值得向往的目标也不能这样做，国家在行使权力时必须受到法律等规则的约束，并且承担相应责任。

社会公共权力是为保障公众福祉而设立的，但掌权者有时会操纵公共权力牟取个人私利或小集团的利益，从而损害公众利益。由于公共权力掌握了社会资源和各种强制手段，使它变得容易对公民造成损害。可见，现代社会对法治的威胁主要不是来自公民个人，而是公共权力和官员。所以，有效约束公共权力，是法治的核心。只要有一个组织、机构不受法的控制，法治就不能存在。依法治国的重点是依法治权，而不是治民。而治权的重点又在于治行政权力，确保依法行政。行政权力是国家权力中最为活跃的权力，它的活跃程度与国家事务的千头万绪成正比，社会的复杂性为行政权创造了自由裁量的广阔空间。行政权最容易膨胀，它最需要自由又最容易自由无度，最需要控制又是最难以控制的权力。对权力必须套上责任的枷锁，并给予有效的监督，才不易被滥用。

（三）保障公民权利是法治的价值取向

法治是一种保障公民权利的政治制度，在这种制度下，公民的权利和自由受到充分的保障。在这种制度下，政府行为是否合法要受到人民监督，当政府要人民承担义务责任时，人民要检验其是否有法律依据。人民意识到法治国家的特点在于保障人民。

保障公民权利的途径很多，但最重要的途径是发挥人民代表大会制度的作用，特别是要加强对宪法的监督，为此要建立宪法诉讼制度。因为宪法规定了公民的基本权利，只有在公民的基本权利受到侵害时，给公民以控诉违宪者的权利，并建立相应的制度，才能有效地保障公民的权利。

（四）司法正义是法治的有效保障

一位法学家引用西方当代著名法学家德沃金的话说，法治不是靠政府，而是靠独立自治的法院建立起来的。在一个法治国家，法院有权对一切问题作终极的司法审查。法院是法律帝国的首都。[①] 独立、公正的法院和一支高素质的法官队伍对实现法治是不可缺少的。司法的独立性，在于它执行法律时不受任何外部权势或压力的控制或影响，只服从于法律。司法处于中立和超然的地位，才能充当社会仲裁人的角色，才能对政府部门、公民和社会组织的纠纷作出公正的裁决。司法权的被动性，它只有受到请求才能采取行动。如果法官有主动行动的权力，它就有越权之嫌，产生腐败的可能性就会大大增加。

司法正义分为实体性正义和程序性正义。实体性正义是争议的实体权利得到公正裁决。而公正裁决的作出依赖于公正的程序设置和一系列制度保障。正当的法律程序对保证法治也是必不可少的。

（五）法律的正义品质是法治的重要条件

法学家们几乎都认为，法治的法必须是善良正义的法律。正义的法首先是通过民意充分、真实地表达，并通过正当的立法程序制定的。如果立法存在偏私，含有偏袒某集团、部门的权力和利益的价值取向，这种法律无异于以恶为伍，以不法为“法”，这比无法可依对法制的破坏更甚。它不仅根本背离了法治精神，而且从根本上损毁了法律的形象和人们对法的信仰。当立法成了一些部门和地方谋私的手段时，执法、司法中的不公和贪赃枉法就变得情有可原，而对法

---

① ［美］德沃金著：《法律帝国》，李常青译，中国大百科全书出版社1996年版，第361～362页。

的崇拜和信仰就变得滑稽可笑，法治就不可能是真实的。

法律的正义善德品质还包括法律体系的统一协调，法律之间相互冲突、打架，对公民来说也是一种恶法，有人肯定要受到这样一些法律的无端损害。这些法律带来的将不是秩序，而是混乱。

三、关于对依法治国意义的看法

有学者指出，如果说四项基本原则是立国之本，改革开放是强国之路，那么依法治国就是治国之道。一定要把依法治国提到治国方略的高度来认识，而不应把它仅作为一种工具和手段。而现实的危险是，许多人包括一些领导干部把依法治国仅仅作为一种手段和工具。当前有一种口号是很值得商榷的，就是依法治省、依法治市、依法治县、依法治村、依法治行业、依法治部门……这种"治"多半是把法作为管理工具，是政府在治民。前面说到依法治国重点是治权，依法治国是讲国家权力与法律的一种配置和关系。如果法律仅成为各级政府手中的工具，就很难说有法治。依法治省、市、县、村的提法未免把依法治国的口号庸俗化了。

也有学者指出，提出法治的口号当然是个很大进步，对法制建设的发展会有推动作用。但不要过高地评价这个口号。法治是个中性词，它并没有明确的价值，上述对法治的解释只不过是学者的一面之词。由于法治的含义模糊，所以，在一些法制发达国家倡导宪政，而不仅仅谈法治。因为宪政有明确的含义和价值。所有国家的宪法都是规定国家权力分工，实际是给国家权力确定界限。同时保障公民的基本权利。宪政不仅包括良好的法治秩序，还包括自由、民主、人权、国家权力的分工制约，司法正义等价值理念。所以，用宪政代替法治的口号，更科学、更符合现代法制精神。

（1997年第8期）

错案追究制与法治国家建设
——一个法社会学的思考

周永坤[*]

错案追究制经过20世纪80年代中叶的理论和社会心理准备①,从80年代末90年代初起,各地法院开始试行。截至1993年10月底,已有河南、河北、海南、甘肃、宁夏、天津、山东、湖南、江苏、江西等省、市、自治区在3级法院全面推开,其余省、市也开始进行试点或在部分地区施行。② 经过多年的运行,它的利弊已逐步显露出来。1996年年初,党和国家选择了依法治国、建设社会主义法治国家的方略,因此,在法治国家建设这一总体目标下对当年设计的错案追究制重新加以考量实属必要。

一、法律的确定性问题与错案的确定性问题

自古以来,人们就存在对判决的崇拜现象,因为只有判决得到社会认可、具有确定性,才能保持社会关系的稳定。古人认为,法律是某种外在于人的力量的产物,具有神圣性,因而判决也是确定的。当法律是人的创造物的观念被接受以后,人们便将法律的确定性作为目标加以追求。在古希腊,亚里士多德最早提出法律的确定性,并以此为由主张法治,反对人治。罗马人接受了希腊的理性文化以后,从公元前3世纪始,逐渐产生了以法律为专门职业的法学家,正是在职业法学家阶层的努力下,形成了一整套特有的法律技术,大大提高了法律的确定性程度。起始于启蒙运动的法律现代化运动,除了追求实质合理性以外,同时追求法律的形式合理性,其内容之一就是提高法的确定性。这股理性主义思潮的最

* 作者单位:苏州大学法学院。

① 错案追究制尚无科学定义。从各地实践来看,它是古已有之的法官审判责任制的一部分,是追究办错案件的责任的制度。各地有将追究公安、检察办错案件的责任的制度也归入其中者。本文只讨论法院系统内部追究办错案件的责任的制度。近现代国家通行法官错案责任豁免,但刑事犯罪如受贿、枉法裁判不在此列,另有法官惩戒制度惩治法官审判中的不轨行为。我国实践中的错案追究制与外国法官惩戒制部分重合,但主旨不同。

② 张绳祖:"执行错案追究的制度,提高人民法院办案质量",载《人民日报》1994年2月22日。

大成就是产生了后来成为各国民法蓝本的法国民法典。法律的确定观源于决定论社会历史观。19世纪可以说是决定论的天下,无论是建构理性论者,还是经验理性论者,都强调社会的决定性。有趣的是,首创拉普拉斯决定论的拉普拉斯率先在社会科学领域放弃了决定论。拉普拉斯在研究法国审判程序年度统计数字后得出的结论是,对只有两种答案的问题,陪审团所得出的正确判决,应当由每个法官正确判断的概率来确定,他用数学方法推算出审判正确性的概率与参加审判的人数成正相关关系。① 但19世纪是哲理法学派、历史法学派和分析法学派的天下,无论是将法律看做理性,是民族精神还是规范体系的学者,都倾向于法律的确定性。

20世纪以来,法律现实主义者首先对法律的确定性提出非议,这股怀疑论思潮由规则怀疑发展到事实怀疑,讥讽法律的确定性是一个"基本法律神话",一个"恋父情结"。"二战"以后,虽然法律的确定性再次受到重视,但是法律的不确定也越来越多地被人所重视。日本的学者研究司法权的可变性。② 具有社会法学倾向的人强调社会力量对审判的影响,③波斯纳证明刑事案件中事实认定是概率而不是确定的,他同时从法与社会的关系来论证法是社会的追随者,是不确定的。波斯纳还将事实分为"是什么"和"为什么",当涉及后者时,确定性即大大降低。④ 就连企图证明法的确定性的德沃金也承认"法律判决是充满争议的"。⑤ 批判法学则走向极端,否定从亚里士多德开始的区分政治问题和法律问题的传统,认为法律与政治一样具有不确定性。

我们再来看错案追究制度。古罗马初期就有错案追究制度,当时甚至允许不服判决的当事人同法官决斗。罗马帝政以后设立上诉制度,一经败诉,原审法官要受到刑事处分。⑥《摩奴法论》中许多条文规定了审判者的责任,不公正地执行刑杖的国王"将被刑杖毁灭"、"在众目之下,一旦'法'被'非法'杀,一旦'真'被'伪'杀,那么法官也就被杀。"⑦在法律现代化过程中,随着法官素质与

---

① 罄禾:"社会现象的随机性与统计决定论(上)",载《光明日报》1985年11月25日。

② [日]棚濑孝雄著:《纠纷解决与审制制度》,王亚新译,中国政法大学出版社1994年版,第165页。

③ 参见[美]弗里德曼著:《法律制度》,李琼英等译,中国政法大学出版社1994年版,第199页。

④ 参见[美]波斯纳著:《法理学问题》,苏力译,中国政法大学出版社1994年版,第271、273、260页。

⑤ [美]德沃金著:《法律帝国》,李常青译,中国大百科全书出版社1996年版,第364页。

⑥ 参见周枏著:《罗马法原论》,商务印书馆1994年版,第923页。

⑦ 参见《摩奴法论》,蒋忠新译,中国社会科学出版社1986年版,第117、138页。

社会威望的提高,错案追究制度逐渐消失。

简要的历史描述以后,我们应当回答两个问题:法律究竟有无确定性?法律的确定性和错案追究有何关系?

古人把法律与判决的关系看做机械的因果关系固然是错误的,法律的运作过程是一个多因果关系过程,决定判决结果的不仅有法律条文(它的含义本身只具有限的确定性)、事实(进入法律程序的事实和客观真实是两回事,客观真实有多少进入审判程序本身具有或然性),还有社会关系、政治形势、法官的法律素养、心理状态等不确定因素。尽管人们尽量减少不确定因素(如法官私人感情和利益)对审判的影响,但要寻找排他性的唯一正确的审判结果几乎是不可能的。但是,现代法学流派特别是批判法学,则显然夸大了法律的不确定性。实际上,法律的确定性是相对的,法律的不确定性也是相对的。法律的确定性的相对性表现在:第一,在时间上,法律只在一定的时间段里具有确定性,超出这个时间段,法律就不具确定性。例如,美国宪法"平等"的含义,经过了"隔离而平等"到"隔离不平等"的变化,具有不确实性。但是,在布朗案判决之前及以后,它的含义是确定的,要么是隔离而平等,要么相反。第二,空间的相对性,法律的确定性不是表现为一个点,而是一个区域,对于一个点来说,法律具有不确定性,但是,法律的含义又稳定在一定的区域内。否则,法律将失去作为行为尺度的作用。对于判决来说,只要它在法律允许的区域内,就是公正的,反之则为不公正。如果连这点确定性都不存在,判决的"合法性"、"合理性"将无法评价。法律的发展过程是确定性程度不断提高的过程,人们有伦理上的义务不断提高法律的确定性,而不是放任自流。

法律的确定性与错案追究制有什么关系?这里要分清两个问题:法律的确定性问题和人们对这一问题的看法。法律的确定性程度是不断提高的。而错案追究制却是从有到无,可见法律的确定性与错案追究制不存在必然的联系,或错案追究制不以确定性为依据。人们对法律确定性的看法与错案追究制是否有必然的联系?回答也是否定的。19 世纪以前人们都强调法的确定性;但在 19 世纪,错案追究制在发达国家已悄然消失。因此,我们应当从更广泛的社会背景下来认识错案追究制。

二、错案追究制利弊分析

错案追究制度作为一项对司法腐败的制度回应,反映了人民群众对司法公正的渴望,也折射出制度设计者们的拳拳之心和殷殷之情。如果能正常运转,对少数害群之马或怠惰之徒也确实会起到某种惩戒或督促、威慑作用。但是,存在的不一定是合理的,良好的愿望未必能结出理想的果实。如果我们把这一制度放到法治社会的大背景下分析,我们将会看到它缺乏发挥作用的制度环境和人文环境,对于法治目标的实现,也是弊大于利,这一举措实在是找错了病因,开错了药方。

错案追究制缺乏归责的合理基础因而无法达到制度设计的目标。社会设定法律责任的合理基础通常有三:报复、教育和预防。对于制造错案的法官不存在报复问题;错案追究制是以行为的结果“错判”为依据的,这种认识错误(故意的枉法裁判不属错案范围)是难以通过教育来避免的,而且社会应当假定法官具备力求办好案的积极性和良心。同样认识错误也不能通过惩罚预防。相反,惩罚使行为人畏首畏尾,总体上只会加大出错的概率。这样,它的结果就与制度设计者提高办案质量的初衷相悖。

错案标准难以把握,由此而产生的惩罚权的主观随意性将给现代司法制度带来重创。如前所述,法律的确定性是相对的。法律的确定性程度高,错案的标准越明确,则错案追究制度的负面效应相对来说小些,反之则负面效应大。我国法律的确定性如何呢?客观地说,确定性程度较差。其原因除了多年来立法“宜粗不宜细”的错误原则造成的法律粗疏含糊外,尚有:(1)法律的形式化程度较低,具有较大的主观任意性。(2)法律缺乏应有的自治性,稳定性程度低。(3)法律的位阶常生错乱,下位法律违反上位法律得不到及时纠正。(4)没有形成严密的法律解释制度与技术,法律解释自由度太大,法律解释明显违背法律的事不在少数。这些都加剧了法律的不确定性。

以模糊的确定性程度差的法律作为标准来追究错案责任,则追究错案者的主观任意将给法律带来冲击,将对法官的独立审判带来威胁,妨碍法官对法律的忠诚。其可能的结果是:如由司法外的权威来对判决作出判断,其结果必然是侵犯司法权的行使;如由法院系统内的领导来判断,结果是实际行使审判权的人员事实上失去对事实和法律的确认权、解释权。如果将二审改判、发回重审作为错案标准,则更会从骨子里破坏二审终审制:下级法院法官为降低错判率减少风险,必然唯上是从,使二审形同虚设。同时也会严重影响法官的独立人格。这也会促使二审在改判时考虑初审法官们的损失,使公正执法增加了心理阻力,加剧官官相护的倾向,使法官的私利同公正执法产生一定的冲突。社会设置审级制,不是基于上级审一定比下级审更正确些,而是为正义多提供一重保障,进一步求得当事人和社会的认同。上级法院之所以可以改变下级法院的判决,并不是由于上级法院的判决正确,而是社会赋予了它司法变更权。

错案追究制缺乏审判组织基础。依照我国现行法律规定，除简单的案件实行独任制以外，我国庭审通常实行合议制，疑难案件还要有审判委员会议决，由合议庭执行。这就使错案责任失去了组织基础。如勉强实行错案追究制，就会产生几个问题：(1)责任主体是合议庭、审判委员会组织还是它的主要成员审判长、审判委员会主持人或全体组成人员？(2)合议庭和审判委员会实行民主集中制原则，如果组成人员意见不一，而事后恰恰证明是少数意见正确，谁来承担责任？如同样承担责任显然不公；如持少数意见者不承担责任则主张少数意见岂不成了逃避责任之途？久而久之，不同意见将消失。(3)审判委员会讨论决定而由合议庭执行的案件，责任由审判委员会还是合议庭承担？上述问题无论如何选择都会产生弊端，此弊足以对错案追究制的合理性产生动摇。如果集体负责，则不会起到“提高责任性”的目的。因为它意味着一个人可能会为他人的行为负责；如果由主持人负责，那么，为减少责任风险，主持人将力求按自己认为正确的方案办，这将强化他们的独断倾向，损害民主集中制的审判原则。

错案追究制失去了审判程序基础。在新的诉讼程序体制下，法官没有举证责任，起码在民事诉讼中，法官已没有查明事实的职权。举证是抗辩双方的义务。即使事实对己有利，如不能举证，则仍要承担败诉后果，法官只是在双方举证的基础上确定证据强弱之后作出裁决。[①] 在刑事诉讼中，控审分离是现代诉讼的特色，法官的举证责任正在弱化。法官既然成为中立的裁判者，怎能对举证有误或不能举证而造成的错案负责？在刑事诉讼中，这意味着法官可能要为检察官甚至是警察的行为承担责任。这不仅是不合理的，而且会危及公检法三机关“分工负责、互相配合、互相制约的原则”，促使三机关的人员为避免责任而站到一起，或者为推卸责任而产生对立情绪，使司法公正更难实现。

错案追究制度与现行《法官法》不合。这表现在两个方面：(1)违反《法官法》第8条第3款的规定。该款规定法官“非因法定事由、非经法定程序，不被免职、降职、辞退或者处分”。这就是法官独立制度中的法官地位保障的内容。现代世界各国特别注重法官地位保障，均以极高位阶的法律（通常是宪法、议会立法）规定法官的任免、待遇和惩戒。按世界立法惯例，这里的“法”只能是全国人大及其常委会制定的法律。从现行的许多错案责任的规定来看，位阶最高的是地方法规，大部分只是法院内部的文件，连广义的法都不能算，这不符合上位法

---

① 我国法学界从来不分现实的真实和法庭确认的真实这两个概念，而要求法庭查明所有事实真相，即将案件真实再现。这不仅是浪漫主义的，而且是不经济的。法庭应当承认自己认识的局限性，应当以参与程序来弥补此项不足，以减少失误，并求得当事人对判决的认同。

条规定的形式要件。(2)不符合现行法官法第30条的规定。这里有两点值得注意:第一,该条立法采取的是"行为"标准,只处罚"行为",不处罚错判,而错案追究制的核心在追究判决的错误;第二,该条列举了应受处罚的13种行为,也就是说,对13种行为以外的任何行为不得处罚。而错案追究制中起码有部分内容是这13种所不能涵盖的,因此是违法的。

三、法治国家下应如何解决司法公正问题?

20世纪90年代以来,我国逐步推开错案追究制,与此同时,腐败也在向司法部门渗透并逐步加深,司法人员违法者日益增多,而错案的改正却难上加难。[①] 司法公正形象进一步下降。这种错案追究制度建设与司法公正逆向运行的趋势值得认真思考。尽管我们可以自我安慰:社会现象是一果多因,如果没有这一制度,情况可能会更严重。但是无论如何,这一制度无法达到提高办案质量的初始目标确实是不争的事实。究其原委,当这一制度在理论准备到实际运作之时,法治观念仍未被人们接受,人们是在人治的观念下设计这一制度的。因此它与现代法治的不协调是可以理解的。

那么,我们当今应如何挽回司法公正的颓势?或如何按法治的总体目标去设计公正的司法制度?这一问题的核心是法治社会里司法权的定位。

如果我们承认法治就是法律的规制,它的核心内涵是法律的普遍性和良法,即良法至上,一切人都在法律之下,那么,判断社会(包括国家机关)是否依法办事的司法权就必须是独立的[②]。只有独立的司法权才能判断立法权和行政权是否合法、合宪,否则,国家机关行为的合法性就失去了中立的判断人。这要求司法机关的正当性直接来自社会、来自宪法。在法治社会里,"作为法律秩序象征的恰恰是法官而不是警察和立法者",[③]也就是说,法官对法律问题应当有最终的发言权,不应当在法官之外、之上有一个评价法官行为合法性的力量。总之,

---

① 据温州市中级人民法院一资深研究人员的调查,从1995年温州市法院实行错案追究制以来,没有一起错案得到纠正。并不是没有错案,据该研究者调查,起码有10多起明显的错案。其他地方的情况与温州相仿。

② 即使从救弊的实用主义角度来看,司法独立也是必要的,我国当前司法未能做到真正独立是司法公正的主要障碍,也是公民对司法公正性产生怀疑的症结所在。反对司法独立的同志们应当认真思考这一问题。

③ [美]诺内特、塞尔兹尼克编:《转变中的法律与社会》,张志铭译,中国政法大学出版社1994年版,第67页。

法治社会的司法制度的设计应当围绕着法治的基本要求——司法独立来进行，而不是相反。遵循这一思路，我们应当在观念和制度上实行4大转变：

第一，从惩罚转变到提高法官素质和加强地位保障，因害怕惩罚而不犯法的法官绝不能成为好的法官。这样的法官不能承担独立审判的重任。法治社会对法官的要求应当是高素质的、作为公正象征的法官。良好的法官有赖三大制度保障：正规的法学教育制度，严格的法官入口制度和周到的法官保障制度，三者缺一不可。正规的法学教育制度是良好法官的生产基地，这要求将法学教育制度法律化。法官考试应全国统一进行。法官保障制度是司法独立的屏障，也是法官忠于职守的主要制度保障。将良好行为与优厚待遇相结合，只要法官忠于法律，就能得到丰厚的利益，将利己心理与忠于法律在制度上结合起来。使法官形成一个有崇高社会地位的团体。这需要改变目前法官地方化的状况，法官应在全国统一考试的基础上，实行中央统一任命和调动。

第二，从对结果的关怀转移到对行为的监控上来。在法治社会里，社会应当对法官有足够的信任，只要法官行为正当，就应当推定判决结果是正当的；如果事实证明结果不正当，那么应当推定法官尽了职，并免除他的责任，这就是允许法官出错。这样做可能会有某些应受惩罚的法官逃避了应有的惩罚，但这是必要的"支出"。通过这一免责制度，社会取得了远远大于支出的收获。社会把审判的结果交由法官去判断，并不是对法官放任不管，而是将注意力转移到对法官行为的控制上来。法官行为严格依照程序是法官在法律内活动的主要标志，是防止司法专横的主要手段，正是行为的正当保证了结果正当的高概率。因此，对行为不正当的法官应当坚决清除。行为标准与结果标准相比具有明显的优势：(1)标准明确；(2)易于监控；(3)经济实惠。我国目前已经有了较完备的法官行为标准，主要是法官法第30条的13种禁止性行为。另外，新刑法的渎职罪名由7个增加到32个，贪污罪、渎职罪各设专章、总条文增至38条，其中3条是专门针对司法行为的(第399~401条)。现在的问题是司法工作中的不正当行为没有受到应有的处罚，且有合法化的趋势，这些问题不刹住，司法公正断无希望。

第三，从注重实体公正转向注重程序公正。

判断法官行为正当与否的标准是什么？是程序。追究错案关注的核心仍然是实体公正而非程序公正。从注重实体公正转向注重程序公正是法律现代化的一大成就。英国法的自然公正主要指程序公正，美国司法的主要原则是正当程序原则。现代法之所以注重程序不是偶然的，因为既能保障公民权利，又能控制司法行为；既能保证法官的法律秩序代表的地位，又能防止少数害群之马借此践踏法律的唯一办法是严密的程序。

程序与实体相比具有独特的价值:(1)程序不仅能保障实体目标的实现,同时程序本身是一项权利,它具有权利和护权的双重属性。(2)程序具有双向互动性,审判人员和案件当事人借助于程序互相了解达到监控目的。(3)程序有利于取得双方对结果的认同以及社会对司法公正的认可。中国当前的司法危机表面上看是实体公正的危机,其实最大的危机在于基本的程序公正没有得到实现。民众对司法形象的否定性评价,主要不是来自实体判决公正与否。因为除了当事人以外,大部分公民对实体公正的感觉是模糊的。而程序的不公正(如法官与当事人单方庭外接触)只要有一次,就足以使人对司法公正产生怀疑。而且这种情绪极易蔓延、被夸大,只要有极少数法官没有遵守公正的程序,就足以使民众对法官整体的公正性失去信心。对于当事人来说,即使实体不公正,如果遵守了公正的程序,也有利他接受判决,或者促使败诉方将不公正的原因由法官而转向自身的抗辩能力或客观条件之不利,缓解对判决的对抗心理,减少错判的不良社会后果。这一点对于公正与否弹性很大,甚至对无法找到各方满意的判决结果的所谓"多极纠纷"来说意义更大。(4)程序公正的标准比实体公正明确,易于把握。

基于上述理由,社会应当增加对法官的信任感,将法律实体问题交由专职的法官去判断,条件是法官必须按社会给定的程序办事;对于法官来说,是以接受严格的程序为条件换取对法律实体判断的自治。①

公正的司法程度的核心是什么?可以归结为四点:公开、参与、禁止庭外单方接触、说明理由。我国的诉讼法对这些程序均有不同程度的规定,目前有必要进一步细化、严格化,落到实处。审判公开是中外共同的历史传统。中国的"讼"即从"言公",有公开的含义。当今的公开(除法律规定的以外必须公开,而法律的规定又必须是以社会利益和当事人的利益为出发点的)必须有更高的要求:向社会公开,向舆论界公开,法院无权只向有选择的人群公开。审判程序从开始到执行的结果都应向社会公开,法院应当向社会发布犯罪年鉴和审判年鉴,便于社会从整体上监督司法行为。参与指当事人及有关人员不应成为审判的客体,而是参与者,如参加抗辩,质证。禁止法官与当事人的庭外单方接触应当成为一项重要程序规定。凡是当事人或其代理人单方与法官庭外接触者,法官一律免去法官资格,当事人承担败诉后果。这应当成为当前实现司法公正的程序

---

① 当然这种自治是极其有限的:法官必须服从立法者的宣告,服从社会的习惯,他的自治主要是技术性的,正因为有一套客观化的技术,才换取了社会的信任,这一套技术也是广义的程序。由于历史和现实的原因,我国历来缺乏对法官的必要信任,主要表现为:作为适用法律的法官(不是法院)却没有法律解释权,法官适用法律却要受到控方(检察院)监督,这些是典型的非理性的制度设计。

上的突破口。说明理由要求在判决书中对判决主文加以说明,对抗辩双方的理由加以公布,如不接受某抗辩或不采纳某一言词或事物作为证据,应说明理由,彻底解决“你辩你的,我判我的”这一司法专横现象。

第四,由分散的错案追究组织转向全国统一的法官惩戒委员会。表面轰轰烈烈的错案追究制度实际上几乎没有实效。① 其原因之一是这一制度设计违反裁判的自然公正原则:自断其案。各地的错案追究组织是设在同一法院内,在院长领导下的、由监察室、政治部(处)、研究室人员组成的错案办公室,审判委员会有错案确认权。这些组成人员都或多或少与错案存在利害关系;院长是判决的最后签发人,甚或是作出决定或判决的审判委员会、合议庭的负责人。审判委员会组成人员是本院的骨干审判人员,是相当部门的案件的主审法官,审查的对象可能正是自己或“抬头不见低头见”的同事、朋友,何以能正确判断“错案”?而且,从实践上来看,追究责任的人员如非审判人员即法院内的非法律专业人员,这会在法院内形成外行评价内行的非正常现象。因此,必须在实现上述3个转变的同时实行惩戒制度的根本改革:由各级法院分散的错案追究组织转向全国统一的法官惩戒委员会。这一组织拟设在最高人民法院,由资深、公正的法官组成,由它统一负责对法官的惩戒。只有这样才能克服自断其案,官官相护、外行管内行的积弊,才能彻底扭转司法行为几至失控的现状,也有利于抑制司法部门保护和司法地方保护主义,重塑司法公正的形象。

(1997年第9期)

① 笔者于1997年6月4日参加了《法学》召开的错案追究制专题研讨会,据到会京、沪、苏、浙、闽、赣等省市的实际工作者的报告,绝大部分地区的错案追究制是一纸具文。

也谈法律经济决定论

——兼与周永坤同志商榷

周世中*

《法学》月刊1996年第2期发表了周永坤同志的“法律经济决定论评析”（以下简称“评析”），该文认为马克思和恩格斯晚年纠正了“经济决定论”，现行的法律经济决定论和马恩晚年的思想有根本的区别，提出要走出法律经济决定论的认识误区，排除中国法学现代化的障碍，建构真正科学的法学和法理学。对于这些观点，笔者不敢苟同，现提出一些不同的看法，与周永坤同志商榷。

一

分析法律经济决定论，首先要界定其含义，综观“评析”全文，它指的是经济与法律的决定与被决定的关系，即经济是法律的决定力量，是法律的基础，法律对经济具有极大的反作用，“评析”的作者也曾经这样下定义。① 对于这一理论，马恩晚年是纠正它，还是发展和完善它呢？笔者认为马恩晚年是发展和完善了这一理论。

（一）从马克思晚年对俄国农村公社的研究看马克思对经济最终决定法律的理论的发展

“评析”认为，“在马克思关于农村公社的研究中，可以看到许多对经济决定论的纠偏，提出了许多新的观念。”究竟马克思做了哪些“纠偏”？提出了什么“新观念”呢？“评析”认为马克思从3方面纠正了经济决定论：(1)历史决定论只适用于“历史总体发展”，对具体历史事件，具体社会的发展轨迹“超出了历史决定论的值域”；(2)提出了世界历史条件下的环境决定论；(3)确立主体选择的决定作用。这三个结论，究竟是马克思的观点，还是“评析”的主观臆想呢？

马克思晚年对俄国农村公社的研究，是围绕社会发展的普遍规律和特殊道

---

* 作者单位：中国人民大学法学院。

① 周永坤、范忠信著：《法理学——市场经济下的探索》，南京大学出版社1994年版，第182～183页。

路这一问题进行的。马克思从1877年开始着手探讨东方社会超越资本主义社会的可能性问题,他在该年11月致《祖国纪事》杂志编辑部的信中,首次阐述了这方面的思想。在这封信中,马克思主要是批驳俄国民粹派理论家米海洛夫斯基强加于他的一种观点,后者在一篇文章中武断地认为,马克思在《资本论》中把关于西欧资本主义起源的历史概述彻底变成了关于一般发展道路的历史哲学理论,由此要求一切民族,不管他们所处的历史环境如何,都注定要走这条道路,以便最后都达到在保证社会劳动生产力极度提高发展的同时又保证人类最全面地发展这样一种社会形态。马克思在信中指出,米海洛夫斯基显然曲解了他的思想。马克思为此解释道:"一般历史哲学理论"并不是一把万能钥匙,由此可以把握在不同的历史环境中所产生的完全不同的结果,相反,"这种历史哲学理论的最大长处就在于它是超历史的"①。马克思所引的"一般历史哲学理论"指的是历史发展的一般模式,而他讲的历史哲学的"超历史"则指的是历史发展的特殊性。马克思在此既没有否定历史发展的必然,也不是说历史发展的特殊性就无规律可言。恰恰相反,马克思从两个方面阐述人类社会发展的普遍规律和特殊道路的关系。当他从逻辑上来反映世界历史过程的统一性和普遍性时,他没有由此排除各个民族在历史上所表现出来的特殊性,只是他并不孤立地看待这些特殊性,而是把它们置于世界历史之中考察;当他具体考察一个特定民族的独立发展道路时,他没有由此排除人类社会发展的普遍规律对任何一个民族的发展的制约作用。这正是马克思思想的深刻之处。从这一角度来看,马克思的历史决定论不仅适用于历史总体的发展,而且适用于具体历史事件、具体社会的发展。

"评析"在否定历史决定论的同时,提出了环境决定论。该文在论述跨越卡夫丁峡谷的理论时,说俄国之所以可以不通过资本主义时期的卡夫丁峡谷,而把资本主义制度的一切肯定成就用到公社中来,是因为一切都取决于俄国所处的历史环境。并由此得出结论,说马克思提出了在世界历史条件下外部环境有时可能成为历史发展的决定力量。"评析"在此又误解了马克思的原意,马克思当时讲的历史环境,并不仅仅是俄国的外部环境,也包括俄国的内部环境,我们可以从马克思给维·伊·查苏利奇的复信草稿中明确这一点。马克思在讲到俄国可以不通过资本主义制度的卡夫丁峡谷的原因时,写道:俄国"也不是脱离现代世界孤立生存的。一方面,土地公有制使它有可能直接地、逐步地把小土地个体耕作变为集体耕作,并且俄国农民已经在没有进行分配的草地上实行着集体耕

① 《马克思恩格斯全集》(第19卷),第131页。

作。俄国土地的天然地势适合于大规模地使用机器。农民习惯于劳动组合关系,有助于他们从小土地经济向合作经济过渡;最后,长久以来靠农民维持生存的俄国社会,也有义务给予农民必要的垫款,来实现这一过渡。另一方面,和控制着世界市场的西方生产同时存在,使俄国可以不通过资本主义制度的卡夫丁峡谷,而把资本主义制度的一切肯定的成就用到公社中来。"①从马克思的这段论述来看,他所讲的土地公有制、农民习惯于劳动组合等,都是俄国内部的经济因素,决定俄国能跨越卡夫丁峡谷的原因除了它所处的资本主义时代外,其根本原因还是俄国的社会内部因素。我们可以这样说,世界历史条件下的外部环境对一个国家的历史发展起着重要的作用,但并不起决定作用,起决定作用的是这个国家的内部因素。

"评析"为了否定经济决定论,还提出了主体选择决定论,并给这种理论冠以马克思主义的头衔。对于主体选择的作用,马克思历来是肯定的,"历史是由人自己创造的",这一命题本身就指明:人的意识和意志的选择,对于历史进程产生着巨大影响。但是,我们不能由此得出结论:马克思主张主体选择决定论。因为主体的选择,也不是完全自由的、不受社会物质自身运动规律制约的选择。主体的选择仍然取决于社会物质的现实状况及其发展趋向。对于俄国人来说,俄国最终道路的选择,要取决于:(1)实现跨越的社会生产力的物质基础;(2)革命阶段的主导性力量。所以,我们说马克思是在历史决定论的基础上肯定主体选择的作用的。认为主体选择在历史发展中起决定作用的观点,是不符合马克思的原意的。

(二)从恩格斯晚年对唯物史观的研究看恩格斯对经济最终决定法律理论的完善

1890~1894年间,恩格斯同一些德国社会主义者、理论家有过几封有名的历史唯物主义的通信。在这些信中,恩格斯既批判了把马克思主义曲解为形而上学的经济唯物论,又批评了唯心主义强调政治、法律、宗教和哲学现象独立于经济基础的论断。恩格斯并没有否认经济的决定作用,而是从各种因素的交互作用进一步论证了经济的决定作用。

恩格斯从以下几方面论证了经济的决定性作用:

第一,经济的决定作用是从"归根到底"、"原始的"、"最终的"意义上来说的。也就是说,对于经济因素的决定性作用,不是直接的、简单的决定。恩格斯还在"归根到底"4个字下加上着重号,突出了这个定语的含义,表明了经济因素决

---

① 《马克思恩格斯全集》(第19卷),第435~436页。

定作用的意义，这和把经济因素歪曲为“唯一决定性的因素”是对立的。恩格斯在致约·布洛赫的信中指出：“我们是在十分确定的前提和条件下进行创造的。其中经济的前提和条件归根到底是决定性的。”①这一论述坚持了经济基础第一性的、历史的、决定性的作用。

第二，经济的决定作用，是在必然性的意义上说的。恩格斯在1894年1月25日致符·博尔吉乌斯的信中详尽地说明了这一点。恩格斯说，历史的运动是经济因素和上层建筑的诸因素之间的相互作用，“在这种交互作用中归根到底是经济运动作为必然的东西通过无穷无尽的偶然事情……向前发展。”②恩格斯认为，历史的发展总是表现为必然性与偶然性的统一。但是，它的统一又不是简单的、赤裸裸的，而是曲折的和多变的。他说：“我们所研究的领域愈是远离经济领域，愈是接近于纯粹抽象的思想领域，我们在它的发展中看到的偶然性就愈多，它的曲线就愈是曲折。”③也就是说，上层建筑的诸因素离经济基础越远，那么它与经济基础的联系就越间接，越能表现出它的多样性和独立性。但从历史发展总趋势来看，上层建筑的诸因素不管有多大的独立性，归根结底体现经济运动的必然性。

第三，经济的决定作用，是有条件的，是在一定范围内的。恩格斯在1890年10月27日致康·施米特的信中说：“经济发展对这些领域的最终的支配作用，在我看来是无疑的，但是这种支配作用是发生在各该领域本身所限定的那些条件的范围内。”④

第四，在坚持经济决定论的基础上，强调上层建筑的相对独立性和反作用。恩格斯指出，巴尔特硬说历史唯物主义否认上层建筑的反作用，这纯系捏造。恩格斯说，无论是马克思还是他本人都从未否认思想、精神等上层建筑的反作用。但是，这里所讲的反作用，是在坚持经济的决定作用的基础上展开的。

从上述4个方面来看，恩格斯晚年尽管比较强调上层建筑的反作用，但是，他仍然从不同的方面，特别是从经济和其他因素的交互作用中，阐述了经济的决定性作用。

二

“评析”将马恩晚年的论述与时下流行的法律经济决定论作了比较，得出两

---

① 《马克思恩格斯选集》（第4卷），第477～478页。

② 同上，第477页。

③ 同上，第507页。

④ 同上，第485页。

者存在根本性的差异的结论。事实果真如此吗？答案是否定的。

（一）关于经济概念的外延

"评析"认为，"法学界对经济常识性理解最终归结为生产关系的总和，这就将马恩晚年反复强调的经济的物质形态、地理环境、外部环境忽略了。"这一评价是不符合实际的。法学界对经济概念外延的研究，早就从狭义和广义上作了界定，而且法学界已经接受了广义说。从狭义上说，经济或者指生产力，即生产的物质技术基础和劳动过程，或者指生产关系，即经济制度、经济基础。从广义上说，经济既反映人与自然界的全部关系的总和，包括了科学技术、生产力、地理基础、外部环境等，也包括了人们在生产、交换、分配方面全部关系的总和。法学界正是从广义的经济来谈决定作用的，根本不存在和马恩晚年思想、"失之毫厘，差之千里"的对立。

（二）关于决定的含义

"评析"认为，在马恩那里，经济决定仅仅是一种"比喻"，经济是上层建筑的"最终"载体。"经济决定"仅仅是一种比喻吗？我们仔细研究马恩晚年关于"决定"的含义，可以看到马恩是在如下几种界定中使用"决定"一词的：(1)产生、反映。如恩格斯讲："经济关系反映为法原则。"①(2)规定。有什么基础，就有什么上层建筑。如法以经济为基础。(3)第一性和第二性的关系。经济是第一性的，法是第二性的，法是从经济、派生出来的。如恩格斯在致康·施米特的信中说："虽然物质生活条件是原始的起因，但是这并不排斥思想领域也反过来对这些物质条件起作用，然而是第二性的作用。"②由此可见，经济决定在马恩那里不仅仅是一种比喻，也不仅仅是"最终"载体，它也有产生、规定、本原的，含义，这和我们现在所讲的经济决定法律，法律反作用于经济是一致的，并不存在一个弱化、一个强化的区别。

（三）关于适用的范围

经济决定论并不像"评析"所说的仅仅是一个历史哲学问题，不能说明经济与某一社会现象的关系。我们以恩格斯致瓦·博尔古乌斯的信为例来说明这一问题，恩格斯在信中写道："我们认为，经济条件归根到底制约着历史的发展。种族本身就是一种经济因素。不过这里有两点不应当忽视：(a)政治、法律、哲学、宗教、文学、艺术的发展是以经济发展为基础的……(b)人们自己创造自己

① 《马克思恩格斯选集》(第4卷)，第484页。

② 同上，第474页。

的历史……”[①]恩格斯这一段话既涉及历史哲学问题，阐述了历史发展的根源、谁创造历史等问题，同时，又阐述经济与各种社会现象的关系问题，包括经济与法律的关系问题。所以，把经济基础决定上层建筑的理论看做历史哲学问题，并用这一理论分析经济与法的关系，在方法论上是不矛盾的，“评析”作者为使其对立起来，并制造出这样一种差异是不妥当的。

（四）关于“决定力量一元与多元”的问题

“评析”认为：马恩晚年确立了社会发展决定力量的多元论。笔者认为这一结论是站不住脚的。尽管马恩晚年强调政治、法律、艺术、宗教等因素对历史发展的作用，但是，从“归根到底”的“决定性因素”来看，马恩始终将经济看做决定社会发展的最终力量。恩格斯指出：“根据唯物史观，历史过程中的决定性因素归根到底是现实生活的生产和再生产。”[②]他还指出经济关系和上层建筑的相互作用是不均衡的。其中“经济的前提和条件归根到底是决定性的”，[③]它是“构成一条贯穿于全部发展进程并唯一能使我们理解这个发展进程的红线。”[④]显然，恩格斯所肯定的决定性因素是一元的，而不是多元的。

（五）关于是否承认环境的决定作用问题

“评析”认为，“农村公社的命运不是自身经济合乎逻辑的发展，而是环境中断了其发展进程，把它推上了全新的运行轨道。这是马克思晚年对早年思想的重要补充。”这一观点是不符合马克思的原意的。事实上，马克思认为，农村公社内部包含着公有制和私有制两种对立因素，隐含着向两种不同方向演进的可能性，“历史环境”的作用是引导公社向其中一个方向演进，这并不是“中断了其发展进程”，恰恰相反，是促使其沿着自身的道路前进。从马克思关于俄国农村公社的论述来看，马克思晚年充分肯定了环境对推动历史发展的作用，但是，并没有认为环境起决定作用，起决定作用的仍然是社会内部的基本矛盾。

（六）关于是否承认主体选择的作用

对于主体的选择作用，马克思历来是肯定的，不存在早年马克思和晚年马克思的区别。问题是能否说主体选择就起决定作用。“评析”认为，“马克思将俄国的前途交由俄国人去选择，这里不存在经济必然性。”这一似是而非的提法确实很迷惑人。其实，马克思早已从哲学的方法论角度解决了这一问题。马克思曾多次说过，人们往往只知道某种行为的动机，却忽视了这些动机后面的物质原

---

① 《马克思恩格斯选集》（第4卷），第506页。
② 同上，第477页。
③ 同上，第478页。
④ 同上，第506页。

因。我们选择某种外来法律，似乎是主体选择的决定作用，但是，你为什么选择这种外来法律而不选择那种外来法律？这归根结底又是由物质的、经济的因素所决定的。

（七）关于是否承认法律自身发展的逻辑

“评析”将法律经济决定论归结为机械的决定论，并指责这种决定论否认了法的连续性和继承性。对此，笔者不敢苟同。事实上，马克思主义法理学根据不同社会的经济基础，将法律分为奴隶制的法律、封建制的法律、资产阶级的法律和社会主义的法律，对这些法律的根本性质做了界定。但是，它并没有否定不同经济发展阶段存在形式上相同的法律的可能性，也没有否定不同阶级之间的法可以有某种共同性。无论是晚年的马恩，还是我国现在公认的法学理论，都没有否认法律自身的发展逻辑。

三

“评析”认为，“法律经济决定论对法学尤其是法理学的发展极为不利”，提出要“走出法律经济决定论的误区，实现法理学的自我超越”。与这种观点截然相反，笔者认为，法学和法理学的发展必须坚持法律最终决定于经济的理论。

首先，坚持法律最终决定于经济的理论，有利于法理学对应然法和实在法的研究。关于应然法和实在法的划分，是从西方传统法理学中延续下来的。在应然法和实在法的划分背后，存在两种理论动机：一种动机是要从实在法中寻找出永恒不变的普遍内容，这种理论探索的思路是“从实在法到应然法”。另一种动机是以渊源于人类理性的、永恒不变的普遍要求来评价衡量具体的实在法，其理论思路是“从应然法到实在法”。前一种动机富于认识论意义，后一种动机富于实践精神。马克思对应然法和实在法的看法有一个发展过程，青年马克思受康德的理想主义法学观的影响，接受了黑格尔的理性国家观和法是自由意志的观点，从理想的、应然的和价值的角度来认识和主张法的本质。而在1843年以后，马克思逐步提出了“法的关系根源于物质生活关系”、“经济基础决定上层建筑”和资产阶级法是资产阶级意志体现等观点，并且不再提及合乎人类自由本性的那个自然法的存在，而是把法是否符合社会经济发展的客观要求作为评价法的尺度。马克思从价值转向现实，从确立价值观念转向对现实的考察与道德批判，标志着马克思思想轨迹从不成熟走向成熟。正确把握马克思思想转变的过程，坚持法律决定于经济的理论，有利于我们在法理学的研究中，既注重实在法的研究，也不抛弃评价法律的价值标准。

其次，坚持法律最终决定于经济的理论，有利于建构科学的法理学体系。法理学的基石是什么？马克思以唯物史观的经济基础决定上层建筑的理论为基石，在此基础上建构了法的本体论——一定社会的物质生活条件，揭示了法的本质——法的阶级性和社会性，进而展开了法的实体、法的价值论和法的方法论等。可以这样说，经济决定法律是马克思主义法理学的精髓所在。不理解这一点，就不能理解马克思主义法理学，不坚持这一点，就不可能坚持马克思主义法理学。抛弃这一实质性的东西，用所谓的“理性”来建构法理学，最终只能是以历史唯心主义作为其理论基础，把抽象的理性作为法的本体、普遍的正义作为法的本质，背离马克思主义法理学。

再次，坚持法律最终决定于经济的理论，不仅使我们充分认识到法必须最大限度地反映社会的经济状况，反映经济基础的客观要求，而且使我们充分认识到法从制定到实施需要什么样的条件、成本收入与收益比例，为立法、执法提供良好的基础，进而使我们在法的创制和实施过程中能够节约人力和物力，减少不必要的劳动消耗，提高立法效益和执法效益，实现法的经济职能，以服务于经济基础。

最后，坚持法律最终决定于经济的理论，有利于我们吸收西方法文化，促进中西法学交流。“评析”认为，“经济决定论”妨碍了对西方法文化的吸收，笔者的看法正好相反。中国近百年来的历史和文化发展的实践揭示了这样一个被文化学者论证过的道理：任何一种外来文化传入本土后，都要经历一个本土化（民族化）的过程，而本土化的过程实际上也是一个对外来文化进行分析、过滤、吸收、选择的过程。适宜的，则生存下来；不适宜的，则淘汰之。吸收和借鉴的标准就是看是否适合本国的国情和现实需求。而国情和现实需求的最主要因素就是经济因素。可以这样说，对外来法文化的吸收或排斥，最终都取决于吸收国的经济因素。

（1997 年第 12 期）

1998 年

邓小平理论的时代精神与我国法治与法学的现代化

郭道晖*

一、邓小平理论的鲜明时代精神

党的十五大高举邓小平理论伟大旗帜，把邓小平理论确立为党的指导思想，并载入党章。这是邓小平理论的伟大胜利，是马克思主义在当代中国的新胜利。邓小平理论是经过近20年的建设有中国特色社会主义的实践逐步形成，并且是同“左”与右的思想、主要是在同“左”倾教条主义思潮进行反复的思想斗争与理论斗争中取得胜利的（如批判两个“凡是”，否定“姓社姓资”争论），从而确立了它的历史地位。

邓小平理论之所以能取得伟大的胜利，是由于它把马克思主义同当代中国实践和时代特征相结合，对当代中国所处的历史阶段的国情和当代世界发展的时代特征作出了新的科学判断，具有鲜明的时代精神。

（一）这种时代精神，首先体现在把马克思主义同当代中国国情与实践相结合

党的“十五大”报告（以下简称《报告》）指出，邓小平理论抓住“什么是社会主义，怎样建设社会主义”这个长期没有搞清楚的根本问题，深刻地揭示了社会主义的本质，明确地认识了当代中国只是处在社会主义初级阶段这一最基本的国情，从而克服了那些超越阶段的错误观念和政策，抛弃了对马克思主义的著作中个别论断的教条式理解和附加到马克思主义名下的某些错误论点，扬弃了某些过时的或不适合当代中国的结论，制定了我国正确的基本路线和纲领。

（二）这种时代精神，同时还体现在把马克思主义同当代世界发展潮流相结合

《报告》指出：“邓小平理论坚持用马克思主义的宽广眼界观察世界，对当今时代特征和总体国际形势，对世界上其他社会主义的成败，发展中国家谋求发展的得失，发达国家发展的态势和矛盾，进行正确分析，作出了新的科学判断。”

---

* 作者单位：《中国法学》杂志社。

“世界变化很大很快，特别是日新月异的科学技术进步深刻地改变了并将继续改变当代经济社会生活和世界面貌，任何国家的马克思主义者都不能不认真对待。”邓小平理论正是在和平和发展以及人权为时代主题的新的历史条件下根据当代世界这种发展态势，改变了过去闭关自守的民族孤立政策，确定了对外开放的方针和国际战略，使我国适应当代世界经济、科技全球化趋势，“以更加积极的姿态走向世界，完善全方位、多层次、宽领域的对外开放格局”。

（三）这种时代精神，最根本的是体现在以科学的、历史唯物主义的发展观对待马克思主义

正如《报告》指出的：“马克思主义是科学，它始终严格地以客观事实为根据。而实际生活总是在不停的变动中，这种变动的剧烈和深刻，近一百多年来达到了前人难以想象的程度。因此，马克思主义必定随着时代、实践和科学的发展而不断发展，不可能一成不变。”《报告》强调对待马克思主义的态度的3个“着眼于”，即“着眼于马克思主义理论的运用，着眼于对实际问题的理论思考，着眼于新的实践和新的发展”。《报告》以警句指明：“离开本国实际和时代发展来谈马克思主义，没有意义。静止地孤立地研究马克思主义，把马克思主义同它在现实生活中的生动发展割裂开来、对立起来，没有出路。”这就是要把一个半世纪前的马克思主义加以适应时代的发展，既继承前人，又破除陈规，开拓马克思主义的新境界。这也是《报告》所强调的，邓小平理论“要求我们用新的观点来认识、继承和发展马克思主义，强调只有这样才是真正的马克思主义，墨守成规只能导致落后甚至失败。这是邓小平理论鲜明的时代精神。”

二、时代精神与法治的现代化

（一）“依法治国，建设社会主义法治国家”是时代的要求

继1996年2月江泽民同志在“中央领导同志法制讲座”上提出“实行和坚持依法治国”的方针，八届人大四次会议把“依法治国，建设社会主义法制国家”的目标列入国家“九五”计划和2010年远景目标纲要之后，党的“十五大”进一步把“依法治国，建设社会主义法治国家”作为“党领导人民治理国家的基本方略”，正式载入《报告》和决议之中。这标志着我们党的治国方略出现了一个符合时代精神的历史性转变。

这一治国方略首先标志着由人治到法治的历史演变，实质上确认了“法的统治”地位，“法律至上”的权威。这不只体现在“依法治国”的方针上，更体现在“建设社会主义法治国家”这一现代化目标上。其中，将“法制国家”改为“法治国家”,这一字之改,价胜千金。它表明我国所要建立的,是现代的法治国,而不是旧时代封建的人治国,也不是搞“人治底下的法制”。后者虽也强调法制(法律制度),却是搞专制的法制,把法制只是作为统治人民、控制社会的“防民”工具。而现代法治国家要求的是民主的法制,并实行法的统治(Rule of law),由法来统治一切,法律至上,一切人、一切组织都要服从法。这是现代法治国家的精义所在。社会主义法治国家更应如此。

所以,这一字之改,同人治划清了界限,体现了时代精神。这是中国共产党第一次以党的决议正式宣布要告别人治的历史,走上社会主义民主法治之路的新阶段的开始,是党在治国方略与理念上的重大突破。

这一治国方略,以党的代表大会文件的形式予以确认,其特殊重大意义还在于:党在治国方略上要彻底克服“以党治国”的弊端,实行“以法治国”的历史性转变,确认人民权力至上地位。

这一转变,既肯定与加强了中国共产党在治国中的领导地位;又以“法律至上”、人民权力至上的现代法治观念,再次否定了“以党治国”、“党权高于一切”的陈旧的错误观念。

说是“再次”,是因为早在1941年,邓小平就曾在“党与抗日民主政权”这篇文章中,严厉批评过把“党的领导”理解为“以党治国”、“党权高于一切”的思想与行为。在该文第2节中,在“反对‘以党治国’的观念”这样一个鲜明的标题下,尖锐地指出这种观念“是国民党恶劣传统反映到我们党内的具体表现”。他痛切地指出党内这种以党代政“顽固的思想”所造成的“恶果”:一是使一些同志不把党的优势建立在群众拥护上,而是建立在权力上,以为党包办代替就是绝对优势。二是误把党的领导解释为“党权高于一切”,遇事干涉政府工作,随便改变上级政府法令,甚至把“党权高于一切”发展成“党员高于一切”,“党员可以为非作歹,党员犯法可以宽恕……结果群众认为政府是不中用的,一切要决定于共产党,于是要钱的是共产党,要粮的是共产党,政府一切法令都是共产党的法令,政府一切错误都是共产党的错误,政府没有威信,党也脱离了群众,这实在是最大的蠢笨!”三是关起门来决定政策问题,把非党干部、群众“看成任人摆弄的傀儡,必然脱离群众”,使党和党员“失掉对新事物的知觉,而逐渐腐朽。”总之,“‘以党治国’的国民党遗毒,是麻痹党、腐化党、破坏党、使它脱离群众的最有效的办法。”①

邓小平在56年前说出的这段肺腑之言,不但有重要的历史价值,也是切中

① 《邓小平文选》(第1卷),第10~12页。

时弊。那时他在文字上虽没有提出“法治”的概念，实际上是要求克服“以党治国”（即以党代政）的弊病，实行党政分开，加强政府的法制权威。他认为“党团没有超政权的权力，没有单独下命令指示的权力，它的一切决议，只有经过政府通过才生效力，要反对把党团变成第二政权的错误。”①

现在我们党从历史的教训中，从当代的社会主义实践中，从时代的潮流中，终于认识到“以党治国”的危害和“依法治国”的重要，这不能不说是邓小平理论的一个重大胜利。应当说，这一认识过程是从具有伟大历史转折意义的党的十一届三中全会开始的，这次党的“十五大”终于由逐步积累的量变，达到认识上的质的飞跃。尽管还有待加深共识和切实贯彻执行，但这一符合时代精神与合乎人民需要的决策，必将大大有利于真正从政治思想上加强党的领导，而又能最大限度地依靠人民群众和由人民选出的国家机关的自主与自治；同时还将使党既加强自我约束，又在具体政务上可处于主动、超脱的优越地位，不致造成“政府一切错误都是共产党的错误”这样“最大的蠢笨”的尴尬结局和脱离群众、腐化党的堪忧境地。

这一治国方略，进一步明确了法治的主体与客体，确认了人民在治国中的至高主体地位。

《报告》指出：“依法治国，就是广大人民群众，在党的领导下，依照宪法和法律规定，通过各种途径和形式管理国家事务，管理经济文化事业，管理社会事务，保证国家各项工作都依法进行，逐步实现社会主义民主的制度化、法律化，使这种制度和法律不因领导人的改变而改变，不因领导人看法和注意力的改变而改变。”这是对“依法治国”的内涵的一个新的表述。

首先，它明确了“依法治国”、建设“法治国家”的主体是人民（作为整体的人民，包括作为领导党的共产党）；②其次才是经人民选出、受人民监督的人民权力机关（人大），它是法治的第二层次的主体；最后是经人大选出的行政机关、司法机关、军事机关，是法治的第三层次主体。这样，对作为法治最高主体的人民（包括作为领导党的共产党）来说，“依法治国”中的“依”字，应为“依靠”的意思，即主要是依靠法律治国，而不是仅依靠党的政策、依靠领袖意志与权威治国，此即“以法治国”。至于对其他国家机关及其工作人员而言，“依”字应解释为“依照”的意思，即“依照法律行使权力”——即依法行政，依法司法，依法治军，等等。

---

① 《邓小平文选》（第1卷），第19页。

② 此处应理解为，党是作为人民中的领导力量而与人民一起作为法治的主体，而不是居于作为整体的人民之外或之上。

同时,它又明确了法治的客体。“依法治国”中的“国”,首要的是指国家机器,治理或制约国家权力,即依法治权、治吏。这是依法治国的实质与关键。不能把“国”只是当做一个地域概念,把这一治国方略简单地推演为分地区、分级别层次地“依法”治省、治市、治县、治乡、治村乃至治家,直到治人,亦即只治事治人,而不治权治己,这就有违“依法治国”的初衷,失去“法治国家”的精义。作为政府及其官员,首先是党和人民群众实行法治的对象或客体,然后他们才是“依法行政”、“依法司法”、“依法治军”的主体。这样就避免了把“依法治国”仅仅理解为政府以法治民,法只是政府用来管束百姓的工具。这也特别有利于防止权力的专横与腐化。

当然,政党,包括作为执政党的共产党,[①]也必须“在宪法和法律的范围内活动”;公民,作为人民群众(不是整体意义上的“人民”),也要遵守宪法和法律。他们也同时是法治的客体。

《报告》指出,“依法治国把坚持党的领导、发扬人民民主和严格依法办事统一起来,从制度和法律上保证党的基本路线和基本方针的贯彻实施,保证党始终发挥总览全局、协调各方的领导核心作用。”这样,建立法治国家,实行法律至上、法的统治,既是实现党的正确领导可靠保证(因为法律是党的主张与人民意志的统一;而且法不依领导人及其意志的改变而改变),又是防止“党权高于一切”、“以权压法”的人治现象的必由之路。

(二)建设法治国家,为我国推进政治体制改革,扩大社会主义民主,健全社会主义民主制度和法律制度,提出了价值目标和行动纲领

现代意义的法治,实质上就是民主政治。法治国家亦即民主国家。国家法治化要求国家民主化,国家民主化也要有法治的保障。

《报告》指出:“共产党执政是领导和支持人民掌握管理国家的权力,实行民主选举、民主决策、民主管理和民主监督,保证人民依法享有广泛的权利和自由,尊重和保障人权。”这句话,标明了“法治国家”的基本价值目标,包含了民主的两个方面的基本内容,即人民的民主权利和公民的民主权利与人权。同时,也要求实现民主政治的四个要件,即:

(1)民权政治——国家一切权力属于人民,即主权在民,对国家机器实行民选、民决、民管、民监。尊重和保障人权,保障公民的权利与自由。

(2)民意政治——通过人大、政协、民族地方自治、基层群众自治组织,以及

---

① 此处“执政党”指“执政”的党组织和党员干部,而不是指作为领导党的共产党。后者身份是法治主体。

人民团体、企事业单位、行业组织、新闻媒体等渠道,“深入了解民情,充分反映民意,广泛集中民智”,一切以最大多数人民的意志与利益为依归。

(3)法治政治——建立社会主义法治国家,要求民主法制化,法制也要民主化;要树立宪法和法律至高无上的权威,使人民的权力和权利得到宪法和法律的切实保障;在权利受到侵害时能得到有效的法律救济;要依法行政,依法独立审判;党、政、军、民都要遵守宪法和法律,任何人、任何组织都没有超越宪法和法律的特权;一切国家机关和官员在行使权力的时候必须严格遵守和履行正当的法律程序;等等。

(4)责任政治——即民选的代表与政府官员应对其行使职权的行为负政治责任与法律责任。政务要公开化,充分尊重人民的了解权。人大要健全权力监督的法制,加强权力制约机制,运用调查权、质询权、撤销权、罢免权以及有待建立的弹劾制度等,追究失职、渎职乃至政策失误、庸碌无能的官员的政治责任或法律责任。其中政治责任尤为重要,而我国尚未重视建立相应的制度,或虽有了调查、质询、撤销、辞职、罢免等制度而未切实执行。

(三)建设法治国家,必须使法治现代化,使法治既切合当代中国的实际,又适应国际法治的发展潮流

所谓切合当代中国的实际,就是要从我国还是处于社会主义初级阶段这一基本国情出发,来进行我国的民主法治建设。要清醒地认识,我国的现实社会主义同马克思主义创始人所构想的理想社会主义或发达社会主义有巨大的差别。新中国是从落后的自然经济和半自然经济社会转变过来的,经济文化十分落后,又没有经历过资本主义经济与资产阶级民主政治发展阶段,民主法治的传统少,而封建专制主义的思想、观念遗留较多。要实现和巩固初级阶段的社会主义至少需要一百年、以致几百年。因此,一方面,民主法治建设只能逐步有序地进行,不能超越历史阶段。另一方面,也是主要方面,是要充分认识我国民主法治建设还比较滞后(一个明显的例证是,法治国家早在二百多年前就已确认的“无罪推定”、“罪刑法定”等民主原则,我国直到最近一两年才正式明定于刑法和刑事诉讼法中)。由于过去长期以来轻视法治,乃至“无法无天”,因此,民主法治建设的主要倾向不是表现在急于求成的超阶段的空想论上,而是表现在不能适应时代的潮流,滞后于改革开放和发展的需要。必须转变观念,迎头赶上。

所谓适应世界潮流,也是一种结合实际。我们所处的当代国际环境,是经济日益全球化一体化,法制日益趋同的时代。马克思、恩格斯早在《共产党宣言》中就指出:“资产阶级,由于开拓了世界市场,使一切国家的生产和消费都成为世界性的了。”“过去那种地方的和民族的自给自足和闭关自守状态,被各民族的各方面的互相往来和互相依赖所代替了。物质生产是如此，精神生产也是如此。民族的精神产品成了公共的财产。民族的片面性和局限性日益成为不可能，于是由许多种民族和地方的文学形成了一种世界文学。”①马克思在140多年前所阐明的国际上相互依赖关系，到当代更发展到为他们所不可想象的深广程度。本文前面引述的《报告》中对此作了精辟的论述。经济发展如此，作为精神生产的法制，也在某些领域彼此接近，日益趋同，相互联结，相互协调，向国际共同性或近似性方向发展。特别是在国际私法、知识产权、环境保护等方面更为突出。而现代的民主法治思想、人权观念、民法、经济法乃至宪法和行政法、刑法、诉讼法等法律中的一些规范，都在互相吸收与借鉴乃至移植。普通法系与大陆法系的不同国家的法制也在相互交融。我国在实行市场经济体制以来，上述这些现象更日益明显。有中国特色的社会主义经济制度与法律制度尽管在本质上与资本主义制度有原则区别，也不能回避国际大势所趋，自搞与世界隔绝的一套。有中国特色的法制与法治，在坚持与当代中国实践结合的原则下，也要防止以自己落后的“特色”固守“民族的片面性和局限性”。中国法制与法治必须同国际接轨，否则在经济上就无法参与国际竞争；在政治上，也无助于开展国际和平与发展以及人权的合作与斗争，以及国际司法互助。“我们要以更加积极的姿态走向世界”，就必须既发展开放型经济，也要同时发展开放型的法制与法治，吸收和借鉴世界各国包括资本主义发达国家（一般也是法治发达的国家）的先进法治观念、机制和法律规范。

以上两方面，就是我国建设社会主义法治国家，必须使法治现代化的主要根据。

对于我国法制或法治（包括法治理念、法律观念、法律制度等）要实现现代化，在法学界已经开展了广泛的讨论。但也有个别人心存疑虑，认为主张法制现代化就是要搞“全盘西化”，“就是资本主义化”，“是向资产阶级意识形态靠拢”，这是莫大的曲解。法治现代化是指本国进步的固有法制文明同全人类先进法治文明的相互吸收与融会，形成适应时代潮流、具有鲜明时代精神、适合本国需要的新的现代法治文明。它既非“全盘西化”，也非所谓“中学为体，西学为用”，而是“综合创新”，②即综合中外法治文化的历史成就与新鲜经验，创立适合

① 《马克思恩格斯选集》（第1卷），第254～255页。引文中“文学”一词是指科学、艺术、哲学等方面的书面著作（原编者注）。

② “综合创新”是我国当代著名哲学家张岱年先生提出的一种新的文化历史观。其要旨是“兼综东西方之长发扬中国固有的卓越的文化遗产，同时采纳西洋的有价值的精良贡献，融合为一，而创成一种新文化但不要平庸的调和而要作一创造的综合。”转引自刘鄂培：“论张岱年的文化观——‘综合创新’论”，载《中国社会科学院研究生院学报》1997年第2期。

我国国情与世界潮流的新的现代法制与法治。当然,也必须承认,要建设真正的社会主义法制,我们不能从我国封建主义法制中吸收更多养料,倒是要清除某些反民主的封建法制观念与法律制度的残存影响;由于我国未经历过资本主义发展阶段,不能从本民族传统中直接引申出现代意义的民主法治。因此,在实现法治现代化过程中要更多地借鉴、吸收某些西方发达国家对我们有用的现代法治观念与法律机制,是不足为怪的。何况,资本主义国家的东西,并不都只是资产阶级的东西,许多是人类共同的文明成果,有些还是劳动人民智慧与斗争的产物。而且,适应社会化大生产发展规律的经济的和法制的组织形式、运转机制,并无"姓社姓资"的区别,都可以大胆利用。邓小平南方谈话和党的十四大已经解除了市场经济的"姓社姓资"的阶级性束缚;党的十五大又进一步澄清了股份制形式"姓公姓私"的无谓争论。在实现法治现代化过程中,也需要大力破除某些过时的观念和作茧自缚的禁区,这还是一个艰难的历程。

三、时代精神与我国法学的现代化

《报告》确认:"邓小平理论是当代中国的马克思主义,是马克思主义在中国发展的新阶段","是指导中国人民在改革开放中胜利实现社会主义现代化的正确理论","具有鲜明的时代精神"。马克思主义法学作为马克思主义的一个组成部分,邓小平民主法制理论作为邓小平理论的组成部分,都相应地要求我国法学同法治一样,要与时代精神相谐,实现马克思主义法学的现代化。

所谓马克思主义法学的现代化,就是要把马克思主义及其法学的基本原理,同当代中国建设社会主义法治国家的实践和人类先进法治文明与法的时代精神以及国际发展潮流相谐。正如《报告》强调的,邓小平理论"要求我们用新的观点来认识、继承和发展马克思主义,强调只有这样才是真正的马克思主义",并指出这正是邓小平理论所具有的"鲜明的时代精神"。邓小平的民主法制思想同样具有这样鲜明的时代精神。它结合建设有中国特色社会主义的伟大实践,既吸收前人成果,又突破陈规,使马克思主义法学更加符合时代精神,适应时代的需要,在某些方面丰富了马克思主义法学思想。邓小平民主法制理论鲜明地揭示了"没有民主就没有社会主义,就没有社会主义现代化"的基本原理,深刻地阐述了"必须使民主制度化、法律化,使这种制度不因领导人的改变而改变,不因领导人的看法和注意力的改变而改变",要从制度方面特别是从法制上解决问题的基本原则,完整地提出了"有法可依、有法必依、执法必严、违法必究"的法制建设基本方针。这些基本原现、原则、方针,构成了邓小平民主法制理论的核心，体现了马克思主义法学理论现代化的发展要求。

邓小平理论在坚持科学社会主义理论和实践的基本成果的基础上，解放思想，初步解决了在当代中国“什么是社会主义、怎样建设社会主义”这个曾经十分模糊的根本问题，丰富了科学社会主义思想。应当说，在法学领域，我国法学界也有一个真正搞清楚“什么是马克思主义法学，怎样才是真正坚持和发展马克思主义法学”这样一个根本问题。这个问题远不是已经搞清楚了的。以致有的人把“法的阶级性”当做马克思主义法学的唯一的永恒的原理（事实上，阶级与阶级斗争理论并不是马克思发现的）；用简单化的阶级观来取代马克思主义历史观，以之衡量当代已经大大变化和发展了的实践及由此而提出的新的法学理论观点。甚至把本来是马克思主义固有的原理和马克思主义可以容纳、吸收并以之丰富自己的宝库的某些人类法治理论的成果（不论古代和现代），也当成异端加以排斥，并批评弘扬这些观点的学者是要“淡化马克思主义的指导地位”。实际上，持这种批评态度和僵化观念反而会“淡化”邓小平理论及其时代精神。也有的学者误把被苏联某些法学家所曲解的或附加于马克思主义法学上的东西，奉为马克思主义的经典。还有的学者由于不完全了解马克思主义的全貌与精神实质，特别是马克思主义在中国所遭遇的历史曲折，而错把那些被假马克思主义者（特别是极“左”错误路线时期的政客与御用理论家）所肆意曲解、炮制的理论，当做马克思主义及其法学的本来面目，而对真正的马克思主义也心存疑惑，以致在倒掉泼在真正马克思主义及其法学理论上的脏水时，连小孩也倒掉了。这两种偏向都是需要加以重视和克服的。

因此，摆在中国法学界面前有两项重大的任务：一是清除脏水，克服对马克思主义及其法学的教条式的理解和附加于马克思主义及其法学名下的某些错误论点，还马克思主义及其法学的真面目；二是吸收新养料，使马克思主义法学现代化，作出适应时代要求的新发展。

四、结　　语

总之，使我国社会主义法治现代化和使马克思主义法学现代化，是邓小平理论的鲜明的时代精神的要求，也是法学界、法律界贯彻落实党的十五大精神的一项重要任务。

如本文所反复论述的，法治与法学的现代化，既要继承前人，发扬中国固有的和人类共同的优秀文化传统，坚持马克思主义基本原理和社会主义方向；又要开拓创新，突破某些过时的旧理论、旧观念，吸收当代先进法治文明与法学理论的成果,包括西方法治文明中某些可资借鉴的东西。这既不允许再故步自封,闭关自守;也不是全盘西化,而是把当代世界先进的法治文明与法学理论中国化。正如古代中国引进印度佛教,而产生了中国化的佛教禅宗;现代中国学习与信奉来自德国、俄国的马克思、列宁主义,而产生了当代中国的马克思主义——毛泽东思想、邓小平理论一样。我国法治与法学的现代化,也必将产生有中国特色的社会主义法治和富有时代精神的马克思主义法学。①

《报告》在论到建设有中国特色的社会主义的文化时,要求"发展面向现代化、面向世界、面向未来的、民族的科学的大众的社会主义文化"。作为社会主义文化的组成部分的法治文明与法学理论,也应当是"面向现代化、面向世界、面向未来"的。我们在学习、贯彻十五大精神的基础上,要再接再厉,解放思想,弘扬邓小平理论的时代精神,为推进我国社会主义法治和马克思主义法学的现代化,作出新的贡献。

(1998 年第 1 期)

① 本文认为,法制或法治可以有中国特色:法学是研究法的一般规律的科学,重在其普遍性,而不能一味追求"中国特色法学"。对此,作者另有专文论述。

权威推进与权威转化

——法制现代化的基本经验及其对我国的启示

谢　晖*

根据马克斯·韦伯的权威类型学，权威可分为3类，即理性权威、传统权威和超凡魅力的权威。① 本文所讲的权威，是指个人或组织的魅力型权威。基本观点是：由权威推进是法制现代化必要的基本的动力机制；与此同时，倘若权威不因法制发展而转化，反而因此而支配法律，那么，就不可能实现法制现代化；权威转化并不是否定权威，而是相对法治，权威必须在法律之下。

一、一条经验

法制现代化之路源自资本主义商业关系的深入发展，从其历史和实现手段看，它具有渐进改良和急进革命两种模式。前者以英国为代表，后者以法国为代表。众所周知，在英国，君主在其历史发展中扮演着积极重要的角色，即便在法制现代化中，君主也不是一支消极力量，可以说君主与新兴资产阶级的不断妥协，共同促成了英国式法治之路。但英国法制长期改良的结果，一方面，使居高临下的王室权威支配法律的局面得以改观而受制于法律，所谓“君主立宪”并非君主支配宪法，相反，君主必须遵守和服从宪法。另一方面，也使手握实权的首相既在宪法之下，又实行限任制，从而英国的改良最终使权威服从法律。与此相对的法国急进式革命却使权威转化过程延缓了两百余年，本来拟走宪政之路的革命初衷，因为强人干政的持续不断而被大大延缓。革命胜利后的派性斗争，实质上是争夺权威地位之争；至于众人皆知的拿破仑虽然主持制定了一系列现代法典，但他自身却是个人权威甚于法律魅力的人物；甚至到了戴高乐，还因选民给其投票太少而以权威心态埋怨选民。法国近现代历史上不断涌现的权威人物虽是其法制现代化的动力，但权威因此不肯收敛其作用，反使其宪政之路历尽艰

* 作者单位：山东大学法学院。

① 参见［英］罗德里克·马丁著：《权力社会学》，丰子义、张宁译，三联书店1992年版，第162页以下。

辛。这从反面证实了法制现代化必须以权威转化为条件。美国的经验则居于英法之间，一方面，独立战争是革命式的，并从中涌现出了系列权威人物；另一方面，自从华盛顿于1796年拒绝第3次竞选连任总统，就秉承了英国式"先例"之风，把它上升为连任限制的宪法惯例。可以说，美国的法制现代化既有赖于华盛顿等权威们的推动，也受惠于这些权威们的自知之明。可见，欧美法制现代化的过程就是一个权威推进与权威转化的过程。

东亚国家和地区的法制现代化，是20世纪以来令世人注目的现象，其权威推进与权威转化的规律性，不但与欧美无二，而且更为彰显。在19世纪，日本和中国就先后开始了法制现代化之路，两者均起始于权威（皇室）的支持和推动，但因权威转化的情形不同，法制现代化的情形亦异。在日本，皇室权威曾一度强大，甚至在20世纪前期支持了一个法西斯政权，但天皇对宪法的服从终于使日本找到了法制现代化的门径。而中国则始终由形形色色的权威在支配和控制宪法，以致今天，法制现代化仍是我们的理想。

亚洲四小龙中，除我国香港特别行政区例外，其他3个国家和地区都明显具有权威推进与权威转化的共同特点。在韩国，前总统全斗焕和卢泰愚在法制现代化中发挥了极大的推动作用，把他们誉为韩国法制现代化的功臣，应该说并非夸大之词。然而，最近令世人关注的对两位前总统的公开审判，正是以他们领导下奠定的现代法治为基础的。不论这种审判含有多少现任总统的政治动机，能把两位在法制现代化中功勋卓著的总统押上审判台本身就是权威转化和法制现代化走向成熟之境的标志。新加坡的情形更为突出。李光耀是世所公认的一位政治强人和开明领导者，是他的卓越才干使新加坡创造性地实现了法制现代化，然而，他卸任后，新任总理吴作栋面对可能出现的家庭专制和权威力量对法制现代化的干扰，通过民选方式成功地避免了因其权威力量不足可能遇到的挫折。即使新政府具有崇高的合法性权威，又使新加坡的政治与法制现代化成功地实现了一次"软着陆"。

总之，法制现代化需要权威推进，但其成功的标志却是权威转化。这种看似二律背反的命题，却是世界各国法制现代化历程中所表现出的共同特征。相反，那个曾创造了令世人叹为观止的物质文明和法制成果的国家——苏联，却因只有权威推进，没有权威转化而到其解体之日，仍未实现法制现代化的使命。可见，权威推进与权威转化，是世界各国法制现代化的一条基本经验。

二、两个原因

法制现代化需要权威推进，同时，又必须权威转化。这有两个相互关联的原因，一是法制现代化的目标要求；二是个人或组织魅力型权威的效能有限性。

先看第一个原因：我们认为法制现代化的目标预期是法治。关于法治的含义，人们引用最多的是亚里士多德的定义："法治应包含两重含义：已成立的法律获得普遍的服从，而大家服从的法律又应该本身是制订得良好的法律。"[①]这是一个关于法治的本体论定义，如站在功能论的角度，则法治可分解为相互关联的两个方面：依法控权与依法管理。其中依法控权把法律置于一切权力之上，使权力服从于法律的预设，而不是相反。法律对权力的上位、支配和调控，事实上也是对权威的上位、支配和调控，因为权威所以能引领社会、指导众生，关键在于其作为一种力量的作用。如果权威转化不成一种力量，那么，它既不是权威，也不能发挥实际效能。当法治把法律置于一切个人或集团之上时，权威必须服从法律，否则允许凌驾于法律之上的个人魅力或组织强力，那么就没有真正的法治，最多只能如郭道晖先生所批评的那样是"人治底下的法治"。[②] 对此人们并不陌生，秦始皇时代乃至历代中国都有丰富多彩的法制（有些还相当不错），但没有法治；"二战"期间的德国也有法制，但没有法治；苏联也有发达的法制，却没有法治。原因在于它们都是"人的王国，而不是法律的王国"。[③] 可见，法治所要求的依法控权、法律至上等，与权威所要求的言出法随、个人（或个别组织）至上具有明显的对立性质。

再看第二个原因：权威的作用和效能是有限度的，其限度集中表现在两个方面，首先，权威效能条件的限度。权威效能的一般条件是公众对他的信从，而公众的信从又有两种情形：一是由于公众的蒙昧无知，这使知识丰富、能力超群的权威具有相对于公众的明显优越性，一旦公众摆脱蒙昧而达到自知之境，那么也就不可能服从于因自己蒙昧而烘托起来的权威。二是由于公众在自明前提下自愿的信从，这种情形的前提是权威必须永葆其威信，永远具有令人服从的理性力量，否则就失去公众自愿信从的基础。然而历史证明，没有绝对圣明的权威，一旦这种事实转化为人们普遍的观念和理性，那么，权威信从的公众基础和条件也

---

① ［古希腊］亚里士多德著：《政治学》，吴寿彭译，商务印书馆1983年版，第199页。
② 郭道晖："法治新论——兼评'人治底下的法制'"，载《学习》1993年第8期。
③ ［英］詹姆斯·哈林顿著：《大洋国》，何新译，商务印书馆1963年版，第7页。

就非常脆弱了。其次,权威自身效能的限度。任何权威都不是神灵,而是常人中的优秀者或由其建立的组织。既然权威不是神灵,不具有全知全能的超凡魅力,那么,其自身的功力和作用也是有限度的,这已经被人类社会的文明发展史所证实。

众所周知,法理社会所建立的基础——市场经济、民主政治和多元文化对主体的共同要求是自立自救的主体,这更使主体的权威感淡化,自立感及能力增强,因此,权威力量在这种社会现实面前虽不能说暗淡无光,但往日的辉煌亦难再现。但是人类不可以无权威,当个人(组织)魅力型权威一旦淡化之后,则必须新的权威以替代,这种权威正是法理型权威。法理型权威之所以能取代个体(组织)权威,就在于法治的法律对一切社会主体的一视同仁。可见,权威淡化是法治实现的明显标志。当某个或某些权威尚能以金口玉言支配芸芸众生、决定社会发展的取向时,一方面,主体之法治需求相当有限;另一方面,法治的真正实现尚是美好的理想。

以上两个方面,全面揭示了当权威推进法制现代化之后权威必须淡化的内在机理,这对当代中国之法制现代化究竟有何启示呢?

三、三点思考

探析法制现代化中权威推进与权威淡化的基本历史规律,旨在为我国的法制现代化做出合理预期。在我国法制现代化进程中面临千头万绪的矛盾,但最敏感、最关键的矛盾当属权威推进与权威淡化的矛盾。从目前来讲,法制现代化必须靠权威推进;就长远而言,权威又必须服从法律,因此,提出合理的解决方案就很有必要。

思考一,我国的法制现代化需要权威。虽然学者们将我国法治之路的起始时间确定为清末的法制变革,但近百年的内忧外患使其徒有文辞章句,远未化成法治。这其中便有权威推动力量的明显不足,因此,中国的法治化之路可说刚刚起步,其基本的权威推进是中国共产党。就目前情况而言,对这种推动力量的作用无论怎么称扬都不过分,不但如此,而且还要强化这种权威对法制现代化的推动。这是因为:第一,中国仍有80%左右的人口生活在乡村,而乡村一般是靠道德情理调节,而不是靠法律调节的;第二,已有的法律在实践中往往大大走样,这使更多的人遇事选择有效的关系,而不是钟情于严格的纪律,就连律师们也戏称“打官司就是打关系”;第三,人治的传统文化所塑造的尚人不尚法的情形还深刻制约着人们对法治的要求。这些均使中国的法治化不可能靠自下而上的力量推动,而只能靠自上而下的力量推动。

另外,能全面推动中国法制现代化的唯一力量就是中国共产党。这是因为:第一,中国共产党内集中了当代中国最杰出的人才,它是一支拥有无数精英的政党。第二,中国共产党坚定有力的执政地位为其推动法制现代化提供了极为便捷的条件。第三,中国共产党具有强大号召力,即便人们对党内腐败现象有强烈怨言,但党在12亿公民中的号召力和权威地位是无与伦比的。党对法治的崇信,乃是公民和其他社会组织崇信法治的伟大榜样力量。第四,中国共产党具有健全的网络化组织,因此,它对法制现代化的推动比较易于贯彻为一种行动,使纸面上的法律实践化。上述四点,既是构成必须加强党对法制现代化推动力量的原因所在,同时也要求党必须崇信和遵守法律。

思考二,党的权威必须服从宪法和法律。这似乎已是我国各阶层的共识,宪法规定:"各政党……都必须遵守宪法和法律";党章规定:"党必须在宪法和法律的范围内活动。"这为党必须服从宪法和法律提供了权威依据,但这些规定在实践中的实施效果还有不尽如人意之处,尤以地方为甚。对这一冲突的解决,近年来我国学者已做了深入探究,认为党的领导权"主要是一种政治权威或政党权利,不能替代国家权力。在党和人民代表大会的关系上,人民主权和人大权力高于一切政党,法大于党。执政党只有通过人大的立法程序,才能将党的意志转化为国家意志,转化为国家权力。"①尽管笔者对其中的个别提法并不同意,但对其总的思想倾向深表赞同;这也是法学界的一种主导看法。如前所述,党的领导在中国国情下,不但要坚持,而且要加强,但这种加强必须在宪法和法律之下,而不能凌驾、游离于宪法和法律之上;同时,只有根据宪法和法律的规定加强党的领导,才能使党在自身的权威之外,获得更高的权威——合法性权威,否则只能削弱党的领导。新中国成立以来我国宪政和执政党的曲折发展历程表明:凡是党注重维护法律尊严的时候,不但宪政有所发展,而且党的威信提高,领导权强化;反之,每当党公开违反、轻视法律之时,不但法律权威尽失,而且对党的领导和威信造成不可估量的损失。可见强调宪法和法律在党之上的权威,从形式上看是弱化党的权威,但在本质上却因为维护了法律的尊严而提高了党的威信。

思考三,必须制定政党活动法,尤其是执政党活动法。党在宪法和法律范围内活动是受法律调节的一般原则,要使它真正落实则须制定政党尤其执政党活

---

① 郭道晖:"法与法治在中国的启蒙——近年中国法理学界若干观点述评",载《走向法治之路》,中国民主法制出版社1996年版,第169页;详见郭道晖:"权威、权力还是权利——对党与人大关系的法理思考",载《法学研究》1994年第1期。

动法。近年来，我国从立法上十分注重对各权力主体的法律调整，如各种组织法对相关国家机关的调控；国家赔偿法对行政和司法机关的调控；行政诉讼法、行政处罚法以及即将制定的行政程序法对行政权的调控，等等。然而对国家事务具有全方位影响力的执政党除了一条依宪和依法活动的基本原则之外，却没有具体调节它的法律。这很容易使党的活动凌驾、游离于宪法、法律之上。在这种情形下，党是否依宪、依法办事，只是一种弹性的道德期望，而不是大致确定的法律预期。如果党的领导人或领导集团依法行为的道德觉悟高，则是推动法律发展的极大动力；反之，一旦党的领导人或领导集团依法行为的道德觉悟丧失，那么法治必将因此而面临挫折。可见，那种弹性的道德期望是没有保障的；只有为政党尤其执政党制定具体的、明细的，在实体与程序上既有权利赋予、又有义务约束、还有可诉的责任追究机制的法律，才能使党应服从宪法和法律、在宪法和法律范围内活动的原则实践化、可操作性。笔者认为，如果说近年来通过立法对国家各权力主体进行法律调控是中国迈向法治、实现民主的重要立法标志的话，那么，制定政党活动法尤其执政党活动法便是中国法制现代化和政治民主化的立法里程碑。

（1998 年第 2 期）

关于法律与全球化的几个问题

朱景文*

一、全球化——"无经济边境世界"的乌托邦

20世纪90年代以来，随着冷战的结束，"全球化"(globalization)一词已成为西方各主要资本主义国家人文科学各个领域，如哲学、经济学、政治学、历史学、社会学等最常使用的概念之一。在法学领域，法律与全球化的关系、法律全球化均成为法学各个学科，无论公法、私法、保护法、国际法，还是法理学、法社会学、比较法学所广泛讨论的热点。许多学校开设了有关全球化的课程，以此为中心的国际学术会议一个接着一个，有的还专门创办了研究全球化问题的理论刊物。

那么，什么是全球化呢？它与法律的关系又如何？

在西方学者的论著中，"全球化"一词涉及许多社会现象，从电视的卫星传送，计算机的国际联网，美国快餐、可口可乐征服世界，超级大国以自己的国内法为标准干涉其他国家的内政，关于人权普遍性的标准的争论，全球的生态平衡，武器禁运，世界范围的移民潮，打击贩毒领域的国际合作，直到不同国家经济基于比较优势的相互依赖，在部分地区，如欧洲联盟和北美自由贸易区某种程度地实现经济一体化。可见，"全球化"一词既指一种文化现象、政治现象，又指一种经济现象。就经济领域而言，全球化起码具有以下3个特点：

第一，经济的深入一体化。20世纪80年代以来，无论社会主义国家，还是资本主义国家都发生了市场导向的经济变革：主要资本主义国家为了提高自己的竞争力，开始削减60、70年代的福利国家政策，重视市场的作用；而大多数社会主义国家则发生了从计划经济向市场经济的转轨，这就为整个世界形成统一的市场创造了条件。与此同时，第三世界国家与发达国家之间的关系也发生了变化，它们之间的相互依赖越来越大：一方面，发达国家为了获得更大的利润，必须依赖第三世界国家广大市场，发达国家之间加剧了争夺市场的竞争；另一方面，第三世界国家为了获取发展所必要的资金和技术，又依赖发达国家的投资和高科技，并把发达国家作为出口产品的市场，这样在第三世界国家之间也相应地

---

* 作者单位：中国人民大学。

出现了争投资、争出口的竞争。特别值得注意的是，这种经济一体化的趋势，是在一个地区范围内的实现。在欧盟范围内取消了关税障碍，采取了一系列非歧视的主要原则，实行商品、服务、人员和资本流动四大自由，最近又向着统一欧洲货币迈出了重要一步。

第二，经济的非国家化。许多学者认为，这是全球化的最主要特征。所谓"非国家化"(denationalization)，主要是指减少国家在国际资本、金融、商品、产业流动中的干预，反对贸易保护主义，废除一切对外国资本的歧视措施，降低以致取消关税。用有些西方学者的话来说，全球化即建立"无经济边境世界"的新的乌托邦。经济全球化、非国家化以跨国资本雄厚的经济实力为基础，如果主权国家为了保护自己的民族经济，采取高关税等贸易保护措施，跨国集团会撤销投资，把资本转移到较少贸易障碍，适于其获取更大利润的地区。面对强大的压力，主权国家不得不作出让步。有些学者认为，这种强大的跨国资本力量正在取代国家，而形成一种全球资本主义的"利维坦"，任何公众力量和主权国家在它面前都显得无能为力。①

第三，经济一体化和非国家化不单纯是经济的，它必然以国家的政策与法律的变革为先导，同时又进一步推动了国家政策与法律的变革。随着争夺市场和投资的国际竞争的加剧，在世界范围内，特别是第三世界国家和苏联及东欧国家，出现了一股以市场为导向的法律改革潮流。有没有健全的法律保障系统，已经成为判断是否具有良好的投资环境的关键性因素之一。而这些法律改革的基本原则和最终目的就是增加法的可预测性、可计算性和透明度，即实现法治，以保证资本的跨国界的自由流动，保证世界范围内的贸易自由。为此，这些国家制定、修改或重新制定了投资法，贸易法，合同法，公司法，税法，金融法，知识产权保护法，反倾销法，刑法，行政法，诉讼法，仲裁法，律师法等，使这些法律尽量满

---

① 关于法律全球化与国际化的关系，学者们有不同的意见。有的学者认为，法律全球化就等于国际化，它是指在一个国家或地区通行的法律制度随着全球经济的发展而变为国际性的普遍现象的过程。有的学者认为，法律全球化不同于国际化，法律国际化属于国际法领域，它与国家主权并不矛盾，如果主权国家认为某项国际法律规律不符合自己利益，它不可能在该国生效；而法律全球化则意味着非国家化，它要求排斥国家的贸易保护主义，保证资本的跨国界的自由流动。还有的学者认为，法律全球化实际研究国际与国内法的关系，国际法是怎样被纳入国内法之中。See Jost Delbruck (1993), Globalization of Law, . Politics, and Markets—Implications for Domistic Law—A European Perspective, 1 *Indiana Journal of Global Legal Studies* 1 – 26; Martin Shapiro (1993), The Globalization of Law, 1 *Indiana Journal of Global Legal Studies* 27 – 64; David M. Trubek, Yves Dezalay, Ruth Buchanan, John R. Davis (1994), Global Restructuring and the Law: Studies of the Internalization of Legal Fields and the Law: Studies of the Internationalization of Legal Fields and the Reation of Transnational Arenas, Vol. 44, 2 *Case Western Reseve Law Review* 407 – 498.

足投资者的要求,"与国际通行作法接轨"。在国际领域,经济合作与发展组织(OECD),关贸总协定(GATT)及世界贸易组织(WTO)在世界贸易中的作用越来越大,其目标不仅在于排除对外商的歧视措施,而且试图调节"国界背后"的政策内容和国内市场结构。最近世界贸易组织通过的以保障市场准入为核心的《服务贸易总协议》(GATS)、《与贸易有关的知识产权协议》(TRIPS)和《与贸易有关的投资协议》(TRIMS)就是法律全球化的典型例证。

二、全球化的法律意识形态

不同的经济运动形式必然有不同的政治经济学及法律意识形态与之相适应。

19世纪以来世界经济的发展大致可分为以下几个阶段:

第一阶段,19世纪自由竞争的资本主义。这种经济的政治经济学是古典的自由主义,它主张,国家不干预经济生活,采取自由放任主义,强烈要求实行一系列自由贸易政策。功利主义法学是自由资本主义的法律意识形态,它主张"凡是实行放任政策,不干涉个人自由的政体就是最好的政体"。它把趋乐避苦、追求功利看做人的自然倾向,而立法的首要任务就是在立法开始之前用数学的方法计算苦与乐。这是近代西方法学关于法的可计算性的最早表述。

第二阶段,20世纪30年代在全世界范围内出现了资本主义经济危机,自由主义经济学逐步为凯恩斯主义所代替。在国内经济政策上,凯恩斯主义主张国家干预;而在国际经济政策上,则主张国内经济与世界经济某种程度的脱轨,以避免国内经济过分受周期性经济危机的影响。"如果说凯恩斯主义是罗斯福新政的政治经济学,法律现实主义则是它的法律意识形态。"①法律现实主义贬低司法权力而推崇行政权力,主张"专家治国"。它批判传统的自由主义法学国家不干预主义和公法与私法划分的理论。它认为,一切私法都具有公法的性质。无论私有财产权还是契约自由,都离不开国家的确认和保证,离不开国家强制力。

第三阶段,"二战"结束以后,为了复兴资本主义经济,在西方占主导地位的经济理论一直试图把自由主义与国家干预这两极调和起来,一方面使国内经济与世界经济重新接轨,另一方面又把国家干预作为保护国内经济不受自由贸易

① M. E. Tiger, *Law and the Rise of Capitalism*, Monthly Review Press, 1977, p. 301.

政策破坏的重要手段。从“二战”结束到20世纪70年代，发达资本主义国家保持着较高的经济增长率，高工资，高就业，形成了福利国家与世界经济体系的某种程度的协调。但是，正如一些学者所指出的，这种协调是建立在不平等的世界经济、贸易秩序的基础上的，特别是以牺牲第三世界国家的利益为前提。战后西方主流的法律思想也一直是在自由主义与国家干预二者之间打转转。在公法和私法划分的问题上，许多学者主张公共权力行使的领域与私人自治的领域之间的界限不是固定不变的、绝对的，而是流动的、活的，而且正在形成一些介于两个领域之间的“中间领域”。有的学者认为，“二战”以后发达国家的一个发展趋势是“合作主义”(corporatism)，即国家与社会、公共与私人领域的逐步接近。国家干预的增加使“私法公法化”，而国家成为经济活动的主体，国营企业的出现，又使“公法私法化”。另外，跨国公司、工会、新闻媒介联合体、医疗组织等私人组织在结构、组织形式及运行机制上日益类似于国家机构的管理模式，有自己一套完整的组织机构和类似法律的管理规章，它们正在形成一种与国家权力相抗衡的力量，即所谓“私人政府”。① 这些私人公司，企业在国际经济中的地位越来越重要，它们向发展中国家的投资已经成为特别引人注意的现象。

第四阶段，20世纪70年代以来，世界经济形势又发生了巨大的变化。战后一度出现自由贸易与国家干预相协调的局面受到一场声势浩大的经济一体化、全球化的浪潮冲击。越来越大的资本与商品流动使国家干预变得更困难，一个真正的全球资本市场已经形成。像有些学者所说的那样，它比任何民族国家拥有更大的经济权力，而民族国家的国内、国际政策不得不根据它作出相应调整。在它面前，所有国家都关心所谓“竞争力”，一方面担心国内市场被进口所吞食，另一方面又极力争取获得向国外市场出口本国产品的机会，这已成为当代世界许多国家经济发展战略。发达国家为了增加竞争力，不得不缩减福利国家政策，以降低生产的社会成本，减少国家干预，从而在全球经济中获得更大的比较利益。在新形势下，新自由主义、新古典主义成为占主导地位的政治经济学。它认为，全球资本主义已经抛弃了由民族国家调控的过时的模式，而代之以效益与福利最大化的新模式。较小的政府和较少的贸易障碍会导致更完善的市场，而更完善的市场则带来资源在全世界范围内更有效益的分配，从而导致高增长率和世界财富总量的增加。由于取消贸易障碍，将使各国获得基于比较优势的国际分工而带来的利益。全球资本市场将对主权国家起到约束作用，从而保证市场

① See R. Unger, *Law in Modern Society: Toward a Criticism of Social Theory*, Free Press, 1976, pp. 192－223.

不被扭曲。总之,在一个无经济边境的世界,资本将流向能使自己达到最高值,使福利最大化的地方。人们不难发现,经济分析法学是与全球化相适应的法律意识形态,它认为经济学提供了预测和解释人们法律行为的最好理论。它的理性的人(rational person)的理论认为,一个人作为自我利益的合理最大化者,在选择自己如何行为时,将考虑每种可能的行为方案所付出的成本和获得的利益。按照这种理论,法律规则影响人们的行为,它是人们选择行为方案时必须考虑的需要付出的成本。就贸易法而言,如果一个地区的关税高于另一个地区,在其他条件相同的情况下,就意味着与该地区贸易将以更大的成本为代价。个人或者公司作为自我利益的合理最大化者,将会放弃该地区而选择另一地区作为贸易伙伴。这种理论还认为,在市场的作用下,法律规则实际向着使“福利最大化”的方向发展。国际贸易法、税法的发展都说明了这种趋势。还有的学者提出自由贸易的非调控化、非规则化(deregulation)的主张,认为国家干预和法律都是多余的,无论法院或其他机构是否对争端作出裁决,当事人之间的协商都是可能的,官方的裁决只不过是“复制”市场的结果,无论裁决还是协商都是朝着效益即福利最大化的方向。

三、对法律全球化的不同评价

经济——法律全球化的浪潮,在西方学术界有着不同的评价。

(一)新自由主义的评价

新自由主义认为,经济边境的取消和国家干预的削弱,标志着贸易自由与效益原则的永久性胜利。因而,全球经济一体化及法律改革的进程越深入、越快,越好。对发达国家来说,全球化所引起的削减福利措施及社会公正问题,只要主权国家政府不加干预,市场本身会提供所需要的一切社会保证。对发展中国家,全球化也是一个福音,当资源在寻求利益的过程中,从资本主义的“中心”流向“外围”时,将导致全球收入的趋同。这就是为什么一些第三世界国家的领导人一改过去反对世界经济——政治秩序的立场,宣称新自由主义是自己信奉的意识形态,把自己国家的命运寄托在西方国家的投资和自己产品的出口,对全球化采取欢迎的态度的原因。按照新自由主义的理论,全球化似乎是人类历史上真正可能实现的乌托邦。然而,其他流派对这一潮流却有完全不同的评价。

(二)依附理论的评价

依附理论(dependency theory)是20世纪60年代产生的世界经济理论。它认为,不能孤立地考察每个国家的经济和社会发展,因为不发达国家的发展总是和发达国家的统治者、国际垄断集团的决定直接相关。世界资本主义经济体系已经存在了400多年,现在所有国家都与它发生这样或那样的关系,都在这个体系中占据某种地位。第三世界国家处于这个体系的外围,其经济服从于处于该体系中心的发达国家,为它们提供廉价的原料和劳动力;而发达国家则将自己的消费品,特别是高科技产品以高昂的价格出口到发展中国家。在现存的世界经济秩序下,处于外围的第三世界国家只能处于依附地位,其民族经济受到效率更高的发达国家的竞争,不可能独立自主:要么被发达国家、跨国公司的同类产品所挤垮;要么只能发展在发达国家已被淘汰的劳动密集型加工业或高污染产业。第三世界国家的发展从短期来看,可能会出现某些快速增长的时期;但从一个较长的时期来看,它们最终会停滞或衰退,这服从于整个世界资本主义体系运行的总规律。按照这种理论,面对全球化的挑战,第三世界国家发生的市场导向的法律改革的根本目的,只是争取发达国家更多的投资,最终满足中心的利益。而这种改革代价高昂,已经给这些国家带来了沉重的外债负担,从而进一步加重了它们对跨国资本的依赖。①

(三)社会民主主义的评价

如果说依附理论对全球化的评价主要集中在发达国家与发展中国家在世界经济体系中的地位和关系上,那么欧洲社会民主主义的评价则把重点放在全球化给发达国家带来的社会公正及福利问题。虽然,全球化是资本主义政治经济发展的不可避免的趋势,但它毕竟是对公众利益和社会公正的一种威胁。因此,如何保证社会民主和福利,"全球化以后的社会公正"②已经成为摆在发达国家面前的问题。这一问题在欧盟各国表现得尤为突出。欧盟作为最早打开边境,实行经济一体化的地区,由于各成员国经济发展水平的差别,如果工资较低,劳动条件较差,社会保障措施较薄弱的地区的产品自由地进入上述条件较好的国家市场,这将意味着输入国为了保证自己产品的竞争力,不得不降低劳动标准、压低工资和削减社会保障措施,否则自己的产品将被挤出市场。有些学者提出

---

① See Daivid F. Greebery (1980), Law and Development in Light of Sependency Theory, 3 *Research in Law and Society* 129 – 159; Santos, *A New Common Sense*, Wisconsin University Press, 1994. 有些学者指出,由于法律—经济改革代价高昂,第三世界国家和苏联与东欧国家根本无法承担,而且即使进行这种改革,其效果也不一定好。因此,他们谴责国际货币基金组织和世界银行所开的账单要价太高。他们主张应从这些国家的实际情况出发,进行"廉价革命",即用传统方法,解决它们所面临的困难。

② See Daivid M. Trubek (1996), Social Justice "After" Globalization, The Case of Social Europe, Presented at the 8th International Conference on Socio – Economics on The Socio – Economic Foundations of Just Society.

"新工业主义"的生产——分配模式,即运用高科技和高度熟练的劳动力,生产在质量上更具竞争力的产品,以适应特殊的需要和迅速变化的市场要求,从而达到在保持高工资、高福利的同时仍然具有经济竞争力的目的。但是,这种新工业主义的设计如何保证社会福利措施在法律和实际上得以实现,特别是面对国际竞争的压力,欧盟各成员国是否有兴趣和有能力解决社会公正和福利问题,仍然是一个未知数。有的学者主张,经济一体化带来的社会公正问题应当在欧盟一级上加以协调。但在欧盟和其成员国现有法律框架内,成员国对欧盟在社会福利方面立法的授权是很有限的,在许多领域要经过成员国的选择和批准。因此,如何解决全球化与社会公正的矛盾,仍然有一段很长的路要走。①

四、法律全球化——另一次法律与发展运动

如上所述,经济的全球化带来了全球范围的法律改革。据世界银行的统计,在过去的4、5年间,15个多边发展机构和20个国家参加到120个国家的400个有关法律改革方面的援助项目中。② 据有的专家估计,世界银行和国际货币基金组织用于这些国家法律改革方面的贷款已达到几百亿美元。这就给人们,特别是那些20世纪60年代美国法律与发展运动的参加者提出了这样一个问题:究竟怎样评价这些法律改革,它是不是另一次法律与发展运动?

20世纪60年代的法律与发展运动是在美国政府国际发展机构(AID)和一些私人组织,如福特基金会、国际法律中心(international legal center)、美国国际法学会的支持下进行的。美国一些最著名的法学院,如哈佛大学、耶鲁大学、斯坦福大学、威斯康星大学和纽约大学法学院派教授到亚洲、非洲和拉丁美洲发展中国家进行法律改革和法学教育方面的援助。与此同时,许多第三世界国家的教师和学生被送到美国的法学院学习,并从事有关第三世界法律改革方面的研究。法律与发展运动的内容,主要是传播美国的法律模式,包括方法模式,即案例教学法和苏格拉底教学法;教育模式,包括大学教育的基本模式和法律教育的特殊模式;职业模式,即作为实用的解决问题者和社会工程师的律师模式;和法学模式,即反形式主义的,工具主义法律观。在初期,法律与发展运动的参加者,

① See Streeck & Schmitter (1991), From National Corporatism to Transnational Pluralism: Organized Interet in the Single European Market, 19 *Politics and Society* 133.

② See Mohan Gopalan Gopal (1996), Law and Development: Towards a Pluralist Vision, Paper at the American Society for International Law.

尽管有不同的观点，但他们的共识是：法律改革对于不发达国家的法律制度基本上类似于美国或其他西方国家。但这一运动不久就受到人们从政治和学术上的批判。在政治上，越战以后，无论是受援国还是美国这一运动的参加者，越来越怀疑美国政府支持这一运动的动机。在受援国，人们拒绝或公开敌视美国的法律援助，有的对美国教授的讲课不感兴趣，有的要求正式终结援助项目，群众上街游行，喊出“美国佬滚出去”，“和平队滚出去”的口号。而法律与发展运动的参加者也深感，为水门事件所困扰的美国法律模式没有什么值得宣扬的。有的学者还尖锐地指出，美国政府支持法律与发展运动，是为其外交政策服务的。对不发达国家输出美国法律模式是帝国主义政策的继续，是文化帝国主义、法律帝国主义。在学术上，按照许多学者的意见，法律与发展运动没有促进发展，而是阻碍了发展。其原因，从学者角度，除了语言障碍、文化障碍之外，还包括知识结构的障碍，即美国教授所了解的只是美国法律方面的知识，而他们所从事的法律与发展运动却要求具备经济、政治、历史、文化、人类学、社会学等各方面的综合知识。他们对第三世界国家的国情知之甚少，因而他们所讲授的美国法知识很难与这些国家的实际情况相结合。法律与发展运动失败的另一个重要原因还在于，有些美国教授用西方中心论来分析和策划第三世界国家的法律改革，如在美国和其他西方国家，法律和法院处于整个社会调整的中心地位，他们也把它搬到第三世界国家。但实际上，在第三世界国家，习惯法、传统法占有重要地位，它们调整着西方国家用法律、法院解决的问题。①

30 年后，经济的全球化和全球范围的法律改革，似乎给美国和其他西方国家输出自己的法律模式带来了又一次机会。有些学者认为，现在第三世界的法律改革是重犯 20 世纪 60 年代法律与发展运动的错误，是法律帝国主义的继续。有的学者则持相反的意见。他们认为，20 世纪 60 年代的法律与发展运动没有死，它应该总结经验、教训，走向新生。有的学者把当前的法律改革称为新的法律与发展运动，它与 20 世纪 60 年代的法律与发展运动的区别在于：第一，法律与发展运动的目的不应像 60 年代那样强迫第三世界国家的政府和人民接受某种法律制度，而应该促使他们自由地选择他们赖以生活的法律制度，而这种选择应符合国际法的原则并在充分了解和交换有关文化规范和价值的信息的基础上进行。第二，法律与发展运动所接受的法的概念不应像 60 年代那样仅仅限于由

---

① See David M. Trubek & Marc Galanter (1974), Scholars in Self - Estrangement: Some Reflections on the Crisis in Law and Development Studies in the United States, 14 *Wisconsin Law Review* 1062; James A. Gardner, *Legal Imperialism*, The University of Wisconsin Press, 1980.

国家所颁布的现代法,这种意义上的法只为第三世界国家很少一部分人所理解和接受,而应注意受到普遍遵守的传统法、习惯法。[①] 第三,法律与发展运动不应像60年代那样认为法律在社会上、政治上、文化上是中性的,西方的法律制度可以无条件地移植到第三世界国家,促进社会和经济的发展,而应该评价、分析法律中所包含的社会、文化和政治价值,以便接受国在得到有关法律充分信息的基础上做出选择。不加分析地全部移植,将会带来严重后果。第四,法律与发展运动不应像60年代那样采取西方中心论的主张,认为法律发展只有一种普遍适用的模式,而应采取多元主义的观点,主张每个国家的法律制度都有自己发展变化的特殊过程,指导发展中国家法律改革不可能只沿着某一条预先确定的途径。第五,法律与发展运动的主要方法不应像60年代那样仅仅限于法律的,这种方法不可能应付第三世界国家复杂的社会发展问题,其方法应该是综合的,特别应注意采用社会科学的基本方法——经验研究。只有经验地了解第三世界国家实际情况,才可能制定适合那里国情的法律。[②]

五、全球化的途径:法治与关系

在西方的某些理论家看来,无论法律现代化,法律与发展运动,还是法律全球化,似乎总意味着西化。法律现代化理论认为,现代自由资本主义需要法律制度提供的稳定性、可预测性和可计算性。资本主义社会内部自主性因素的成长最终会形成一个强大的市民社会,足以与国家权力相抗衡。在这一过程中,地方的特殊的文化价值将为西方的普遍的文化价值所取代。法律与发展运动的某些支持者则认为,美国的法律模式为发展中国家提供了一个好的范式,一个非个人化的、普遍适用的规则,能够对国家的任意行为实行监督。这样一个由法治制约的社会不仅能带来经济的繁荣,而且也会带来政治的民主与人民的自由。发展中国家将把法律作为社会工程,促进经济、政治和社会的发展。而新自由主义的全球化理论则认为,全球市场的出现,经济贸易的自由化,将最终挤垮地方保护

---

① See Ibrahim Shihata, The World Bank in a Changing World. 作者为世界银行高级副行长、总裁。他认为,应该充分注意第三世界国家的传统法、习惯法的作用。"以宗教或习惯为基础的规则具有广泛的影响;而书本上的法与这些社会中得到普遍遵守并更具荣耀的'法'可能很少相关。"

② See Mohan Gopalan Gopal(1996), Law and Development: Towards a Pluralist Vision, Paper at the American Society for International Law. 关于新与旧法律与发展运动的区别,还有一点值得注意,60年代的法律与发展运动的参加者主要是法学家,而今天参与到发展中国家和前苏联东欧国家法律改革中的则主要是经济学家。

主义，用更能适合全球资本主义的东西取而代之。而能为全球化扫清道路的似乎只有西方式的法治。

上述理论的思想渊源都可追溯到德国著名社会学家马克斯·韦伯关于为什么资本主义产生于西欧，而在此之前世界其他地方却没有出现资本主义的问题。他认为，这涉及资本主义与合理性、法治之间的关系，其中法律起着重要的作用。欧洲法的特征使它比其他文明的法律制度更有助于资本主义的产生和发展。公共管理与法律秩序的可计算性，所有契约得到政治权力的可信赖的形式保证，是欧洲资本主义，或“赢利资本主义”（profit - making capitalism）、“真正的资本主义”（true capitalism）必不可少的条件 。①

在一些学者看来，东亚，包括日本和被称为“四小龙”的韩国、新加坡、中国台湾地区、中国香港特别行政区，走的却是另一条道路，它们实现资本主义和现代化不是依赖西方式的法治，而是依赖关系。在日本，商业关系网（keiretsu）把公司、金融机构、政府有关部门的领导人以私人关系的形式联系起来，它可以减少成本和风险，促进沟通，保证信用和可信赖性，面对外部激烈竞争，它提供“避风港”，也可以帮助参加者控制和适应变化的市场环境。值得注意的是，随着日本日益走向技术密集型产业，供应者与消费者之间关系不是变得更疏远，而是更紧密了。在“四小龙”，大多数公司，特别是华人公司为家庭或家族所拥有，家庭成员或亲戚占据关键岗位。据一些学者的统计在香港，1988 年 4 个家族所控制的公司占整个香港市场资本的 36% 。在新加坡，家庭所有的公司拥有新加坡股票的 61. 7% 。这种家庭企业具有高度的信任和忠诚，在内部较易于达成共识，“在环境迅速变化时，它们能及时决策。由于平时缺少文字记录，能更好地保守秘密。因此，在出现高风险时，它们更适于生存和发展。”与欧美的法治资本主义不同，东亚的关系资本主义依赖的不是韦伯的形式合理性的法治模式，而是孔夫子的儒家传统，即忠孝礼智信，集体主义价值观，强调和谐的人际关系对经济发展的重要意义。值得注意的是，从梅因提出“从身份到契约”的法律进化模式以来的西方传统理论，一直把这类亲密关系的解体看做资本主义产生的前提。但从东亚的实践来看，儒家的这些价值观念似乎不是阻碍了而是促进了经济的发展，创造了“讲奉献，负责任，有教养的个人，增强了义务感和组织观念及对社会与组织的忠诚。”集体主义的价值观把企业和社会的利益置于个人利益之上，这也与西方强调无限地追求个人利益，宣扬个人主义、个人价值形成了鲜明的

① See Susan Greenhalgh (1994) , De - Orientalizating the Chinese Family Firm, 21 *American Ethnologist* , 766 - 777.

对照。

毫无疑问，随着经济贸易的全球化，会把西方的价值观念及法律模式带到世界。但正如许多学者所说的，全球化不是单向的。它不仅意味着西方资本向世界其他地方的扩展，而且也包括东亚的资本向西方的渗透。20 世纪 90 年代以来，东亚的多国公司在国际贸易中的比重日益增长。中国香港的投资逐步发挥在全球经济中的作用。新加坡的公司把自己的贸易从日本扩展到美国，从南亚扩展到拉丁美洲，从中东扩展到中华人民共和国。而在中国台湾地区，面对全球市场的竞争，这类家庭企业，由于使用家庭成员和亲戚朋友，减少了生产成本，提供了在新的国际分工中中小企业获得成功所不可缺少的灵活性。像有的学者所指出的，"边境的开放与国际竞争的加剧，不是减少了而是加强了中国台湾（地区）企业的家族式结构。这些企业别无选择，只有在家庭成员的忠诚和技术的基础上，利用传统的家族文化遗产建设自己的企业。"[①]这样，东亚对全球经济的参与，导致自己较少的美国化、西方化，而给西方却带来了"东方化"。西方的企业在东方做生意也学会了运用"关系"。[②]

还有一些学者不同意把西方模式和东亚模式、法治和关系绝对对立起来。他们认为，无论从商人做生意的角度，还是从律师职业的角度，法治和关系都是不可或缺的资源。在强调关系重要性的东亚，法律的地位正在变得越来越重要。一向有儒家传统的日本经济界上层一方面保持着与商界、金融界、政界的最紧密的关系网，另一方面又在东京大学、京都大学、早稻田大学接受良好的法律教育，"正规的法律教育已经成为日本社会各界的精英相互交流的共同语言。"而在美国，一向标榜具有法治传统，但诸如"老伙计"（old boy）之类的关系网在社会各界都起着重要的作用。早在 20 世纪 60 年代，美国著名法社会学家马考利（Stewart Macaulsy）就指出，在有着长久业务联系的企业之间，除了正式的法律合同关系之外，还存在大量的非合同关系。在它们之间发生合同纠纷时，很少诉诸法律，因为它们都明白，保持它们之间长期建立起来的信任与合作，比一场官司

---

① See Max Rheinstein (ed.), *Max Weber on Law in Economy and Society*, Harvard University Press, 1954; David M. Trubek, Max Weber on Law and Rise of Capitalism, 1972 *Wisconsin Law Review* 720. 应该指出，韦伯虽然主张"真正的资本主义"与形式合理的法律体系相联系，但他并不认为，缺少形式合理的法，必然会阻止其他类型的资本主义的形式。有的学者据此认为，中国社会的家长制会产生另一种资本主义，它要求的不是形式合理性的规则，而是经济活动实质性的规则。

② See Carol A. G. Jones (1994), Capitalism, Globalization and Rule of Law: An Alternative Trajectory of Legal Change in China, 3 *Social Legal Studies* 195 – 221; Jane Kaufman Winn (1994), Relational Practice and the Marginalization of Law: Infor – mal Financial Practices of Small Business in Taiwan, 28 *Law and Society Review* 193 – 232.

的胜负重要得多。[①] 有不少学者指出，马考利这一结论具有普遍意义，不仅东亚国家如此，西方国家也不例外。至于美国的律师职业，随着全球化，已把它的工作方式，即与商业紧密联系的，大规模的跨国的事务所（corporate law firm）推广到全球，成为法律全球化的一个重要领域。美国律师的工作方式不同于欧洲传统的律师职业，它不是把自己锁在律师楼或学院的书斋里，也不是仅仅把自己的职能限于出庭辩护，而是作为客户的代理，穿梭于各个国家的大公司、金融机构、政府要员之间，他们的活动在于"沟通关系"。在这里，法律知识是重要的，但不是唯一的，没有与这些企业、金融机构、政府要员建立的长期的联系，再有学问的律师也无能为力。[②]

六、全球化的理论启迪

全球化正在改变着人们的经济、政治和文化生活，改变着人们的传统观念，同时它也给我们提出了许多值得思考的理论问题。

（一）全球化与国家主权的关系

全球化作为一种经济力量，是不依任何人，包括主权者的意志为转移的。在某种程度上，它表明资本的力量已经发展到这样一个阶段，它要冲破国境的界限，实行经济的一体化、非国家化。传统的在一国范围内，属该国所有，受该国法律调整的经济模式，由于跨国资本的介入、股份制的发展，受到了挑战，国家主权本身也受到了挑战。现在我们遇到的问题是，反对地方保护主义，维护法制的统一，这些原则在一国主权范围内无疑都是正确的。面对全球经济的挑战，我们是否能把上述原则应用到国际经济领域？是否在国际经济领域也应反对国家的贸

---

① See Stewart Macaulay（1963），Non－Contracual Relations in Business：A Preliminary Study，28 *American Sociologist Review* 55－67. 有的学者指出，随着社会经济的发展，法律合同关系的作用将变得越来越重要，而非正式的关系将退居次要地位。例如，1988年马考利参加的威斯康星大学商业争端研究小组发表的一份研究报告指出，20世纪70年代以来美国企业利用法律解决它们之间合同争端的比重增加了，但在汽车行业中，这类诉讼的比重几乎没有变化。See Galanter，Macaulay，Palay & Roger（1991），The Transformation of American Business Disputing：A Sketch of the Wisconsin Project，12 *On ati－Proceedings：Disputes and Litigation* 153. 在一项关于俄国企业处理它们之间争端的研究报告中，有的学业者发现，在苏联解体后，任何法院都不处理西方式的合同争端，企业依赖于相互利益与信任。如果认为交易对自己有利，它们就继续执行。当发生争端时，主要通过仲裁方式或自己谈判解决。See Luois Uchitelle，The Art of a Russian Deal：Ad－Libbing Contract Law，*New York Times*，Jan. 17，1992.

② See Yves Dezalay & Bryant Garth（1997），Law，Lawyers and Social Capital：Rule of Law Versus Relational Capitalism，Vol. 6，1 *Social Legal Studies* 109－141.

易保护主义，建立和维护世界法制的统一？国家主权对内是最高的，对外是独立的。即使在全球化时代，维护国家主权仍然是国际关系的最基本准则。要坚决反对那种借口全球化，甚至以一个国家的国内法为标准，干涉其他国家的内政，侵犯别国主权的霸权主义。但是，主权的概念也是历史的、发展的。它建立在一定的经济基础之上，随经济基础的变化而变化。闭关自守时代的国家主权概念不同于开放时代的国家主权概念，对外贸易只占很小比重时代的主权概念也不会同于全球化时代的主权概念。随着全球经济的发展，应该注意研究国家对经济活动的管理权限及管理方式方面的变化的理论意义。

（二）自由贸易与国家干预的关系

自由贸易与国家干预在经济学理论和法学理论中始终是一对矛盾。在一种形势下，自由贸易一方可能居于主导地位，国家干预成了经济发展的障碍，主张自由贸易的经济学、法学理论成为主流理论；而在另一种形势下，国家干预一方占主导，再强调自由贸易只会导致经济的进一步混乱，这样自由贸易的学说变得不合时宜了，让位于国家干预的学说。经验表明，在一定条件下，二者是可以互相转化的：过分强调自由贸易，完全排斥国家干预，认为市场自发地可以把一切都调整好，最终会导致经济混乱以致危机，结果会引起国家用更强大的行政手段进行干预；而过分强调国家干预，无视自由贸易和市场规则，迷信国家权力可以解决一切，最终会使经济缺乏活力，把经济搞死，结果又转向市场和自由贸易。按照邓小平理论，计划和市场都是手段。同样，自由贸易和国家干预也都是手段，它们统一于发展经济。自由贸易与国家干预也是相互依赖的。就贸易自由化而言，它也有一个逐步的、分阶段、分部门实现的过程。而这一过程恰恰是主权国家权衡利弊，区分轻重缓急，进行国家干预的过程。对理论来讲，应提倡全面性。不能在一种形势下只听到一种理论，似乎其他的理论都过时了。要提倡各种相互对立的理论的发展，既有主张自由贸易的理论，也有强调国家干预的理论。各种理论各有各的道理，也各有各的局限。只有发展各种理论流派，才有利于将政府的决策建立在各种理论的利弊分析的基础之上。

（三）全球化与地方化

科学技术的发展和经济的全球化，使各个不同国家、民族和地方之间的经济、政治与文化的相互渗透、融合达到了从来未有的水平。“世界变小了”。就法律领域而言，经济的全球化必然伴随着全面的法律改革。那种面对全球经济的发展，坚持闭关自守的狭隘民族主义、地方主义，拒绝吸收外国的先进方法，不改革开放，只能把自己排除在世界经济的进程之外，扩大与世界先进水平的差距。但是，法律的全球化绝不意味着世界各国都接受同一的法律模式或在统一的世界法下面生活。世界各国法律体系的丰富性在于,对同一问题,不同国家往往有不同的解决办法。在一个国家用法律调整的问题,在另一个国家可能用其他社会规范、道德、习俗、社会团体规范调整;在一个国家用一种法律方法调整的问题,在另一个国家可能用另一种法律方法调整。各有长处,也各有局限。面对全球经济的挑战,各国也完全有不同的处理方法。认为全世界只能遵循一个法律模式,只能沿着一条路走,是法律帝国主义的表现,是注定要碰壁的。把外国的法律模式生吞活剥地拿过来,不顾运作的环境和人民是否易于接受,在国外再好的东西,在国内最多不过是一张纸。问题在于寻找一条全球化的民族化途径。

(四)法治和关系的关系

法治和关系是人们进行经济、政治和文化交往中经常运用的手段,但它们属于不同层次。法治适于构建人们之间的正式级关系,如国家机关及其工作人员,社会组织及公民等各种正式的角色、职位的关系。而作为关系网意义上的关系,则主要依赖于人们的各种初级关系,如血缘关系、邻里关系、朋友关系。法治与关系是相互渗透的。我们经常会发现,国家或社会组织的正式结构内,除了由法律固定的正式关系之外,在上下级之间、同事之间、有着经常业务往来的部门之间,还存在一种以初级关系为基础的亲密关系。这种亲密关系对建立在法治基础上的正式关系,可能产生两种作用:一种是积极作用,能够加强成员之间的凝聚力和对组织的忠诚,弥补正式关系的不足从而提高效率,如中国改革开放以来取得最明显成就的领域,一个是农业的"家庭联产承包责任制",另一个是工业的乡镇企业(其中相当大的一部分是以家庭或亲戚朋友为基础的企业),它们都与作为基本生产单位的家庭有着密切的联系;另一种是消极作用,瓦解组织的正式结构和法律所赋予的职能,如果使关系网渗透到国家政治生活中,并与企业的经营,贸易,金融,甚至黑社会的势力勾结在一起,其结果必然是全面的腐败,最后导致政府的倒台,在某些国家出现的"黑手党政治"、"黑金政治"就是明证。我们的任务是在坚持法治的前提下,发挥关系的积极作用,限制其消极作用,为经济与社会的全面发展服务。

(1998年第3期)

权力结构与监督

崔　扬*

加强对权力的监督,有效遏制腐败,是中国共产党和中国政府长期以来一直在探索、实践,然而又始终未能很好解决的社会难题。这从近几年来我国反腐败的力度在加大,而腐败现象却仍在滋长蔓延的严峻现实就可得到证明。实践告诉我们:权力不受监督必然产生腐败,遏制腐败必须对权力进行有效的监督。笔者认为,对权力实施监督必须要有监督的权力,权力体系内的权力配置与监督权的地位直接影响到监督的效力,加强监督必须重视对权力结构的研究,最终要从权力结构上解决问题。

一、监督乏力的根本原因在于权力结构失衡

中国共产党和中国政府对权力腐败是一贯坚决反对的。早在新中国成立之初,便在全国范围内开展了声势浩大的"三反"、"五反"运动,严厉惩处了党内腐败分子刘青山、张子善。改革开放以后,陆续制定了一系列惩治腐败、规范党员领导干部和国家公职人员行为、加强监督的规范性文件;形成了一整套党内民主生活、民主评议考核领导干部、保障党员民主权利等政治生活和民主监督的制度;建立了人民代表大会、政协、民主党派、司法机关、行政机关、信访举报、公众舆论、新闻媒介等监督体系。这些年来,又在全国开展了深入持久的反腐败斗争,查处了一批大案要案,纠正了一些不正之风,强化了反腐倡廉的思想教育与从政道德教育,取得了阶段性成果。但是客观地说,所做的努力和所取得的成效之间还不成正比,腐败现象还未能得到有效遏制。从近年来所发生的原中共中央政治局委员、北京市委书记陈希同,原北京市委副书记、常务副市长王宝森,原泰安市委书记胡建学,原武汉长江动力集团总经理于志安,原黑龙江省石油公司总经理刘作卿等党政高级官员和企业主要负责人以及其他一些党政领导干部的大案要案来分析,这些腐败分子虽然名义上受到党内、人大、政协、行政、司法、企业内部、社会公众等多种形式的监督,但事实上这些监督并未有效发挥作用。这

* 作者单位:中纪委监察部纪检监察研究所。

些人行使权力时很大程度上仍然一个人说了算,他们随心所欲地支配其所管辖的人、财、物,因而可以轻而易举地用人民赋予的权力牟取私利。造成这种状况的原因虽然是多方面的,但最为根本的是由于权力结构存在缺陷,使权力未能受到真正有效的监督。

权力结构在一个国家的政治、经济体制中具有核心地位,权力结构的问题,是造成政治、经济生活中很多问题的总的根源。我国权力结构的弊端,从根本上说是权力过分集中。对此,邓小平同志在"党和国家领导制度的改革"一文中作了精辟论述。他指出:"权力过分集中的现象,就是在加强党的一元化领导的口号下,不适当地、不加分析地把一切权力集中于党委,党委的权力又往往集中于几个书记,特别是集中于第一书记,什么事都要第一书记挂帅、拍板。党的一元化领导,往往因此而变成了个人领导。权力过分集中于个人或少数人手里,多数办事的人无权决定,少数有权的人负担过重,必然造成官僚主义,必然要犯各种错误,必然要损害各级党和政府的民主生活、集体领导、民主集中制、个人分工负责制,等等。"邓小平同志用了"三个集中"指出了我国权力结构的弊端:(1)横向上将其他各种不同性质的权力集中于党内。(2)纵向上低层权力集中于高层,集中到各级的"第一把手"。(3)权力过分集中的现象在权力的各个层级都不同程度地存在,相当普遍。邓小平同志又用了"三个必然",把权力结构的缺陷与官僚主义、各种错误对民主生活、集体领导、民主集中制、个人分工负责制的损害等联系在一起,指出了它们之间的因果关系,即权力结构缺陷是因,后面的那些问题是果,而不是相反。

权力的过分集中破坏了权力结构的科学性,造成了权力结构的失衡状态,使得监督权弱化,破坏了权力间的正常监督机制。它的负面影响具体表现在以下几点:第一,取消或削弱了党的权力以外其他不同性质的权力的独立性,无论是国家权力、其他政党或团体的权利以及公众舆论等社会权力,其存在或有效行使都很大程度上取决于党的权力,因此很难对党的组织和党的各级"第一把手"进行有效监督。第二,模糊了决策权、监督权、执行权等不同职能的权力的界限,存在诸权合一或者表面上分开但由一个主体执行的现象,很大程度上造成权力自我决策、自我执行、自我监督的状况,因而当权力决策失误或在执行中出现偏差以后,无法对权力违规现象加以纠正。第三,破坏了权力内部的必要分工与正确行使程序,造成权力行为的不规范:(1)党政权力不分,职能混淆。有的党政机关甚至存在机构合一的现象,还有的一些党政机关在法律规定的职能外又生出与之不相关的其他职能,如党政机关经商办经济实体,就是其中的一种表现。它使这些机关强化了自己的经济利益,并且必然引起与其所代表的国家利益的冲突,影响其权力的正常行使。(2)权力界限不清。一方面表现为权力交叉,即机构之间管理范围重复,同一事务由多个不同的机构重复管理;另一方面表现为权力空白,即应由一定政府职能部门负责管理的某些事项,由于权限不明而未能实施管理。(3)权力行为失范。主要表现在3个方面:一是权力垄断。部门、地区、单位的权力在各自管辖范围内,利用自己职权优势排斥公平竞争,造成行业或地区的行政性垄断。二是权力扩张。即权力超出法定权限,任意扩大管辖范围,或自己为自己设定新的权限。几乎所有具有某一社会管理职能的机关都存在这类现象。乱收费便是其中十分突出的一例。三是权力专横。即利用权力所具有的强制性手段,对权力客体随意支配。一般表现为一些地区、部门和单位,为实现自己的利益而粗暴地侵犯权力客体的权益并迫使其接受自己的意志。(4)政企机构职能不分。有的行政机关一套班子、两块牌子,既享有政府管理职能,又具有企业获利职能,名正言顺地利用两种职能牟利。(5)行使权力缺乏规范与程序。一是具有一定管理职权的国家工作人员,在其业务范围内的报(审)批程序、受理时间、受理条件规定得过于粗疏或完全没有规定,造成管理或监督的漏洞,另外,很多国家机关工作人员都享有一定范围的自由裁量权,如在处罚幅度、资金的使用额度以及对一定事项的处理、选择等,自由裁量的幅度过大,而又缺乏必要的程序性规定,使权力行使带有很大的随意性。二是具有较高级别的领导干部,一般负责若干职能部门的管理权,但对其管理权如何行使、适用何种程序、运用何种方式等,相当大程度上缺乏明确、具体的规定,使这些人行使权力的弹性过大,既可以完全不管,也可以原则性地管,还可以包揽一切。

缺乏具有足够权威的监督权就不会有有效的监督。这是由权力的特点决定的。关于权力的特点,已有学者作过归纳,认为权力具有强制性、外向性、占有性、可塑性、腐蚀性、扩张性等特点。然而从研究权力内部结构去考察,权力还具有如下3个特点:一是权力主体的利益性与意志性。即权力的执掌者都具有自己的利益需求,不仅各个权力执掌者之间存在利益差别,而且权力执掌者的利益与社会利益之间也存在极大的差别。在一定条件下,权力执掌者的利益追求与权力所维护或管理的公共利益之间就会产生矛盾。同时,权力主体还具有一定的行使权力的自主性,权力只有在权力主体意志的支配下才能得到行使。主体的意志受到利益的驱动,利用权力牟取私利,是一切腐败现象的根源。当社会公共利益与个人利益存在矛盾,公职人员担任公职还只是谋生需要时,主体意志就极易受到个体利益的影响,从而导致对支配或管理对象的任意扩大和对公共利益的侵犯二是实体性,即权力是权力主体的意志与权力载体的实施手段的统一性,是精神力量与物质力量的结合体,完全可以凭借本身的力量实施权力行为。

实体性使权力可以不必依靠其他力量而自行其是，这是非实体性力量得以实施的基础。例如，法律等行为规范也只有以权力等实体力量为实施后盾时，才能得以实施。权力的行为界限不在于对其有何种形式的规范，而在于这种规范的背后是否有实体力量即权力作为实施的后盾。权力之间是互为界限的，缺乏以权力为实施保证的规范，很难对权力起到限制作用。实体力量只有以实体力量才能互相抗衡。三是权力的归属与等级性，即权力毫无例外地向赋予其权力的上级权力负责，表现出明显的归属关系与等级序列关系。在一个权力内部，上级权力可以层层支配下级权力，下级权力必须层层向上级权力负责。在正常情况下，下级权力无法左右上级权力。权力的责任关系往往是权力的归属关系的外在表现，当权力的来源不易辨清时，可以通过权力的责任关系很容易发现权力的归属关系，进而找到权力的来源。权力的归属与等级性表明，只有同等的权力或无隶属关系的权力才能真正互相独立并互相监督。权力的以上特点，说明权力绝非天然具有正确行使的品格，恰恰相反，它具有容易被滥用、不易被监督的特性。对权力实施监督必须要有监督的权力。权力监督是其他各种监督手段得以发挥作用的基础，有了权力对权力的监督，法律监督、舆论监督、权利监督等诸多监督形式才能得到实施保证，才真正具有揭露和纠正违规权力的功能，进而有效防止权力腐败。

二、权力结构的构成方式与特点

权力结构主要指权力的基本功能和构造。权力结构是权力的不同层次、不同要素以不同方式组合的有机构成体，各自都按照一定的规律组成和运行，相互间形成错综复杂的关系。

对权力的构成方式可以从三个方面加考察。

一是纵向考察。一个完整的权力结构一般纵向可以划分为三个层次，第一层次为所有权与实施权的关系。即权力的所有者通过一定的方式和程序，把权力授予实施者行使，权力的所有者与实施者之间是一种委托与被委托的关系。第二层次为实施权内部的权力关系。实施权内部一般由三项基本权力组成：决策权、执行权、监督权，这三项权力均由所有权产生，各自向所有权负责，相互平等独立。第三层次为决策权、执行权、监督权各自内部的权力关系。每一具体权力由于职能不同，形成为不同的组织形式，内部都划分出许多分权力，设置有复杂的组织机构并分为若干层级，情况十分复杂。

二是横向考察。权力由三个基本要素构成：(1)权力主体。即权力的所有者或权力的执行人，包括他们获取与行使权力的方式、途径及其相互间的关系。(2)权力的载体。即权力的存在形式或者权力的物质承担者，它包括各级组织机构的构成、分工与职能，各组织机构之间以及各自内部层级之间的职权范围划分与相互关系。(3)权力客体。即权力所指向的对象，包括权力支配者管理的各种事项和各类人员。三个要素中，权力主体处于主动或支配地位，权力载体和权力客体处于相对被动或被支配的地位。

三是综合考察。即从权力结构纵横两个方面结合起来进行考察，以层次、构成要素是否完整可以把权力分为复合式结构与单一式结构。复合式权力结构的特点是权力组成的3个主要层次和3个基本要素齐全，如国家权力、政党权力、企业权力等均为复合式权力结构。单一式权力结构的构成层次与要素不够齐全，一般主要缺少所有权与实施权的层次和所有权主体的要素。复合式权力结构内的各项具体的实施权，如决策权、执行权、监督权等，都属于单一式权力结构。复合式权力结构与单一式权力结构之间，存在互相交叉、互相包容以及内部多层次划分等状况。

权力结构的特点主要有以下3个方面：

第一，在复合式权力结构中，所有权与实施权的分离造成权力主体中所有权主体与实施权主体的分离，权力的所有者并不直接行使权力，而是通过层层委托的方式，把权力的实施权交给受委托人行使。以国家权力为例，在我国国家权力结构中，国家权力的所有权主体是人民，我国《宪法》规定："中华人民共和国的一切权力属于人民。"而实施权主体则有两个，一个是中国共产党，另一个是各级人民代表大会。《中国共产党党章》规定："中国共产党是中国工人阶级的先锋队，是中国各族人民利益的忠实代表，是中国社会主义事业的领导核心。"我国《宪法》还规定："人民行使国家权力的机关是全国人民代表大会和地方各级人民代表大会。""中华人民共和国全国人民代表大会是最高国家权力机关。"党和人大都代表人民行使权力，都是所有权的实施者。但党和人大与所有权之间结成了不同的委托或代表关系。人大及其常委会由选民或代表选举和罢免，是民意的直接代表机构，与所有权之间是一种直接委托关系。党不由选民或代表直接选举和罢免，党的受委托人地位，需经党提出符合人民利益的路线、方针、政策，并在实践中体现出来，受到人民的拥护，方能最后确立，与所有权之间是一种特殊的委托关系。这种委托关系的特点是：受委托人并非由委托人通过明确的法定程序所委托产生，而是由受委托人自行宣布。所有权对直接受委托人有直接制约力，对特殊受委托人没有直接制约力。

第二，权力结构中存在理论结构与实际结构的矛盾。所谓理论结构，是指我国宪法和法律明文规定的权力结构;实际结构是指我国现实的权力结构。它们的矛盾在于,目前权力的理论结构与实际结构差距较大,理论结构还未能充分体现在实际结构中,反过来说实际结构还未能完全按照理论结构去设置。仍以国家权力为例,根据我国宪法和法律规定,我国国家权力机关、行政机关、审判机关、检察机关、军事机关的领导人员及一定级别以上人员,均应由人大选举或人大常委会任免,并向人大及其常委会负责。然而在实际权力结构中,人大及其常委会的选举、任免制均由党委委任制转化而来,现在依然带有党委委任制的浓重色彩,其选举、任免很大程度上只是在履行法律手续,真正起决定作用的仍是党委委任制。这种任命体制是通过上级党的领导机关任命下级党委或党组,党委或党组再任命所在机关、组织或所属单位一定级别干部而实现的。形式上由人大及其常委会选举、任免的各级国家机关工作人员,按照法律规定应当选举产生的群众团体和企事业单位的主要领导人员,在履行法定手续前,都已先由上级党委任命其党组职务,然后才履行法定程序担任公共领导职务。党组书记及成员不经选举产生而由上级党委委派并直接对上级党委负责。又如,在党的权力结构中,党的各级委员会及其领导人的权力也是一种受委托权,产生于党员代表大会的授予。党内权力的所有权属于全体党员,党的各级领导人掌握的是实施权。但事实上却是,党内选举也带有形式化色彩,各级党的领导人的权力实质上来自于上级党委。企业权力结构中同样存在这个问题,按照公司法组建的企业,企业中最高权力机关股东大会、董事会、监事会均由股东大会产生并向股东大会负责。但其实际权力结构中,很多企业的股东大会形同虚设,董事长、监事、总经理仍然由上级主管机关任免,所有权不在股东大会而在主管机关。权力结构的理论结构与实际结构的矛盾,造成权力授受关系不清、来源错位,这是所有权决定、监督不了实施权,监督权监督不了决策权、执行权的根本原因。

第三,人民群众在国家权力结构中具有双重地位。在人民主权国家,人民是国家一切权力的所有者,人民在国家中具有至高无上的地位。我国《宪法》规定:“中华人民共和国的一切权力属于人民。”我国《宪法》关于人民主权的规定,并非只具有抽象意义,而是具体地表明我国人民应当实际掌握并通过有效方式行使国家权力。人民群众在国家权力结构中的双重地位,是说人民群众除了作为整体(人民)具有国家权力所有权主体的地位外,作为个体,还具有实施权客体的地位。即公民是受国家权力保护与管理的客体,对此可以从两个意义上去理解,一是指人民群众由所有权主体向实施权客体转化。人民群众一旦选举出了自己的代表,他们就从所有权主体转化成为实施权客体,人民群众作为公民个人不能直接享有与行使国家权力。这种转化从选举开始,委托一经成立,转化随之完成。二是指人民群众从整体意义讲是权力的所有权主体，从个体意义讲则是实施权客体，是国家权力的管理对象。当然，人民群众同时又以其所享有的公民权利处于监督国家权力的地位。这个特点表明，我国权力主客体之间的关系是一致的。但是保持这种一致性必须有一定手段做保证。关键是人民把权力委托给受委托人之后，受委托人能够始终如一地遵照人民的意愿行事。它首先要求委托必须真实，被委托人的产生一定是委托人真实意思表示。其次当受委托人违背了委托人的意愿时，委托人可随时撤换被委托人。如果限制委托人表达真实意愿，或者被委托人可以完全不必经过委托人的委托，甚至盗用委托人的名义自我委托、自封代表，都会颠倒权力主客体关系，使人民的国家权力所有者的地位有名无实，单纯地沦为实施权客体。

三、权力结构调整的基本要求

（一）区别情况，把握重点

由于权力的结构类型、层次与构成要素不同，解决权力结构中的问题，应当具体情况具体分析，不能一概而论。在权力构成要素即权力主体、载体、客体方面，要重点解决权力主体问题。因为现实中权力未能很好划分或表面上、形式上分开的权力发挥不出互相监督作用的原因，不在于权力载体而在于权力主体，在于权力载体与主体的分解不一致。仅有权力载体的分解不是真正的分解。以王宝森为例，他担任中共北京市委副书记、常务副市长、市计划委员会主任等职务，分管北京市财政、审计、监察等方面的工作，集市政府的计划、财政、监督等权力于一身，使政府部门之间所具有的分工、监督关系，由于分管者的原因而被破坏。解决权力主体的问题关键是要理顺权属关系，从权力主体的任命体制为出发点和落脚点。还要建立权力客体的抗衡机制，加强权力客体对权力主体的监督，使大大小小的王宝森们不能为所欲为。同时，要切实发挥舆论监督的作用。国外把舆论监督称为第四种权力，即把它视为与立法权、行政权、审判权并重的一种权力，以此说明舆论监督在国家政治生活中的地位。但是舆论监督与前三者在权力性质上毕竟不同，它不是国家权力，也不由国家机关行使，它更多地带有社会权力的性质。它既体现了人民群众从国家权力所有权主体的角度对国家公职人员的监督，即主人对公仆的监控；又体现了人民群众从实施权客体的角度对国家公职人员的监督，对公共权力侵犯自身利益的抗衡。因此，是否重视并切实发挥舆论监督的作用，是衡量一个国家人民主权的实现程度、人民利益的保护程度、人民群众对国家公职人员监督作用发挥程度的重要标志。舆论监督主要是通过新闻媒介实施的,新闻媒介具有工具性的特点,搞好舆论监督必须强调新闻媒介的人民性。强调新闻媒介的人民性与强调新闻媒介的党性并不矛盾,二者是一致的,党性以人民性为基础,脱离开人民性的党性绝不是马克思主义党的党性。新闻媒介的党性与人民性应最终统一到为人民服务上来。新闻媒介为人民服务绝不能搞成抽象的口号,必须有具体的措施来反映人民群众的利益和愿望,反映人民群众的呼声,并以此作为新闻工作做得好坏的准绳。为此,必须实现舆论监督的法制化,尽早制定并颁布国家新闻法,把舆论监督纳入法制化轨道使之切实得到加强。

在复合型权力结构的第一层次关系即所有权与实施权的关系上,应重点解决所有权与实施权之间委托、代表关系模糊甚至倒置问题。在权力的委托、行使、监督等各个环节上,尚未建立法律关系的,要通过立法作出明确的法律规定;已有法律规定而尚未落实的,要找准原因,坚决落实,切实建立起所有权决定实施权,实施权由所有权产生并向所有权负责的权力授受关系。在第二层次关系即决策权、执行权、监督权的关系上,要重点解决监督权弱化的问题。为此,监督权应与决策权、执行权分开并具有独立地位,其标准应达到"衡"的程度。监督权被削弱必然导致权力均衡关系的破坏,使权力体系内部的实体性制约力量无法发挥作用,这是当前各种监督手段很难发挥应有作用的主要原因,因此必须对保持监督权与其他两项权力的平等性与独立性引起高度重视。有人把权力体系内部的实施权与监督权比喻为汽车的驱动力与制动力,实施权是驱动力,监督权是制动力,只有驱动力而无制动力,就是一辆危险的汽车,驾驶起来迟早要车毁人亡。需要指出的是,仅有制动力并不一定解决问题,关键是应该有与驱动力相等的制动力。时速120公里的汽车必须有与之相当的制动力,如果制动力过小,就会形同虚设,同样会发生车毁人亡的后果。道理显而易见,只有平等的或高一等权力才能制约相应的权力。可以设想,如果会计与出纳两个平等的权力失去平衡,让出纳隶属于会计,或反过来让会计隶属于出纳,那么,无论把监督的重要性提得多高,把思想工作做得多么严密,双方也不会有良好的监督效果,问题的症结在于权力的平衡关系受到了破坏。监督权的作用形象地说是裁判的作用,是对竞赛中的双方是否按照规则竞赛的裁判者,如果双方能够遵守竞赛规则,裁判员并不干涉双方的比赛,但是一旦哪一方违反了规则,裁判员必须有纠正任何一方的违规行为、保证比赛顺利进行的权力。裁判员如果没有这个权力,裁判权就无法行使,比赛就不能顺利进行。从这个角度说,与实施权地位、效力相等的监督权是保证实施权得到正确行使的必要条件。监督权得到正常行使还必须以独立为前提。如果裁判员依附于竞赛中的任何一方,他的工资、住房及其他赖以生存的条件由其中一方所提供，那么可以想到裁判的后果。反过来，裁判员也不能在场上任意胡为，如果发生这种情况，运动员也可以通过一定方式或通过某些权力，对裁判员加以制裁。互相制约互相平衡，是权力运行的基本原理或法则，对权力结构进行调整，就是遵循权力运行的这个基本原理或法则，消除权力结构单一、过于集中的弊病，建立起科学的权力结构及监督机制。

（二）搞好执行权的调整

权力结构的调整是一项庞大复杂的社会系统工程，由于它不可避免地涉及政治体制方面的问题，情况十分复杂，必须根据客观实际有步骤有重点地进行。当前可以侧重把执行权即有关管理方面权力的调整作为重点，一是这方面的权力结构复杂，所调整的社会关系繁多，最易造成权力的滥用，最易产生各种腐败现象；二是这一层面的权力调整大多具有完善管理的意义，涉及政治体制中的敏感问题相对较少；三是随着社会主义市场经济体制改革不断深入，这方面的问题暴露得比较充分并已被人们所认识，较易找到突破口。由于管理权层次较多，部门、地区之间差异巨大，不可能提出统一的调整措施，但是却可以提出调整原则，以使调整有所遵循。这些原则主要是：

（1）权力分开的原则。一是有互相监督作用的各项分权力必须分开，如计划、财政、审计、监察等分权力之间必须切实分开。应当注意到，以往这些权力未能有效分开，往往不是由于机构没有分开，而是由于主管领导分工的原因，使形式上分立的机构失去了互相监督的功能。这方面着重要解决领导人分工不科学、不合理的问题，应当明确，凡有互相监督作用的部门不能由一个人统管。二是同一层次的不同权力职能和不同办事程序要分开，做到既互相衔接，又互相监督。例如，行政执法部门做出处罚决定与实施处罚措施之间，专项业务管理部门如财政、金融、工商、税务、建筑、土地等部门的审查、决定、批准、实施等环节之间，单位内采购、验收、批准入账等环节之间，都应当分开，由不同部门和人员专管。凡是与经济活动有关的一切部门和不同办事环节，都应根据这一要求，将没有分开的程序或环节予以分开，不能由少数人或一个人包揽而一统到底。

（2）权力大小与所辖范围相适应的原则。对于有层级隶属关系、需要逐级审批，或者各层级保持相对独立的部门所审批、决定的事项，上级机关的权限范围与下级机关的权限范围要划分明确。每一层级所决定的幅度，如事项的大小或钱款的多少，都应作出明确规定。

这个幅度会因地区、单位不同而有较大差异，不可能划定统一的标准。划分时可以根据一个单位所掌握的最高权限，按照所具有的管理层次，层层按比例递减，每一层级掌握的审批决定权限都由该单位最高权限分解而来，都应与每一层级权力大小相适应。具有最终决定权的层级,应严格规定集体行使的程序和要求,不得个人或少数人专断。对于在某种范围内具有临机处置权或自由裁量权的人员,应尽可能缩小临机处置或自由裁量的幅度,严格限制使用的条件、程序和范围,并严格规定事后备案、说明理由的制度。

(3)保持权力完整的原则。对权力的调整不是对权力的任意肢解与分割,使权力支离破碎,这样会适得其反,造成权力结构新的不平衡,使权力运行出现新的障碍。要根据权力职能的特点,按照其构成与运行的内在规律,对不够合理、过于集中的权力或职能进行调整或重新划分,达到配置科学合理、互相衔接制约的目的。

对于分得过散过滥或职能交叉重叠的权力或职能,都应根据情况适当集中到专管部门或者集中到相对高一些的层级上来。对权力结构进行调整的目的,是建立起符合权力运行规律,结构更科学,分解更合理,制约更严密,关系更协调,运行更有序的权力结构,保证对权力的监督更有效,从而有力遏制腐败。因此,必须以邓小平同志建设有中国特色社会主义理论为指导,坚持解放思想、实事求是的思想路线,从我国的实际情况出发,批判地吸收已有的科学成果,形成有中国特色的社会主义国家权力理论,并以此作为总的指导。对权力结构的调整同时也是对权力主体利益格局的调整,毫无疑问会遇到来自权力内部的强大阻力,因此足够强大的内力与外力的推动是必不可少的条件。由于我们党和国家的性质和宗旨所决定,党政各级领导干部除了全心全意为人民的利益而奋斗外,并无自己的特殊利益,这又构成解决权力结构问题的坚实基础。有了这个基础,就可以依靠自己的力量,切实解决好社会主义国家权力的调整与有效加强社会主义条件下的监督问题。

(1998年第6期)

作为方法论意义的法律文化
——关于“法律文化”的一个释义

刘作翔*

法律文化是一种非常复杂的社会文化现象。“法律文化”这一概念本身就蕴涵着较为丰富的内容。因此,要对这一概念做出较为精确的表述、限定和解释,是一件比较困难的事情。有位学者在分析产生这一现象的原因时指出:“这可能是部分由于‘文化’概念本身具有的不确定性,更主要的可能是这些学者没有把注意力放在对概念、原则的探究上,而是集中于对法律文化功能的经验研究上。”①

理论概念的产生、形成、发展,从本质上讲无非是对人类社会历史活动和现象做出描述和阐释,它本身就是一部活的历史。何况对于“法律文化”这样一个同“法律”这种不断发展变化着的社会现象有着密切关系的概念更是如此。按照目前学术界对法律文化概念的划分,法学家们可以主张所谓“狭义法律文化观”,也可以主张所谓“广义法律文化观”以及其他法律文化观点。每种观点和主张都可以有自己的理论分析、解释和说明。

“法律文化”究竟是什么?学者们众说纷纭,莫衷一是。正如日本法文化学者千叶正士教授所指出的:如果问到法律文化究竟是指什么,由于精确明了、并为多数人赞成的概念尚未形成,学者们的见解不一而足,如有人认为:“其用法大多数情况下是模糊不清的”(池田,1991);还有人认为,法律文化的研究“还不能说已经确立了明确的理论”(驹城,1990),因此,法律文化是“既有危险,又是必要和有用的概念”(藤仓、长尾,1989),等等。有鉴于此,有的日本学者指出:不能不说,这种状况经过若干年之后依然在继续,时至今日,法律文化理论仍然担负着克服无用论,证明其自身之意义的课题(六本,1995)。② 人们基于对文化的不同理解,对法律现象的不同理解,对“法律文化”作出不同的界定和概括。

---

* 作者单位:西北政法学院(现西北政法大学)。

① 刘大力:“法律的文化透视——当代西方法学的一个新视角”,载《外国法学研究》1989年第2期。

② [日]千叶正士著:《法律多元——从日本法律文化迈向一般理论》,强世功等译,中国政法大学出版社1997年版,第230页。

我们能不能寻找一种更加客观、更加具有包容性的理解？这种包容性并不是一种“文化杂烩”，而是以一种更现实的眼光来看待法律文化——这一本来就十分复杂的文化现象。

基于以上认识，笔者认为：我们可以从两个角度来认识法律文化，即作为方法论意义的法律文化和作为对象化的法律文化。“法律文化”既是一种用文化的眼光认识法律现象的思维方式和研究方法，也是一种具有实体内容和对象化的文化结构，并且，这两个方面是互相联系着的。下面，笔者将对“作为方法论意义的法律文化”作些分析。①

20世纪30～40年代的中国学术界，浸透着一种特有的学术传统和学术风格，就是善于“用文化的眼光”研究各类问题。在那个年代，文化以及文化的功用被学界推至巅峰，受到学界的高度重视。被称为一代“国学大师”的钱穆先生，就曾讲过这样一段话：“我认为今天以后，研究学问，都应该拿文化的眼光来研究。每种学问都是文化中间的一部分。在文化体系中，它所占的地位亦就是它的意义和价值。将来多方面的这样研究配合起来，才能成一个文化结构比较论。”②钱穆先生还曾用以下两句警句对文化的价值功用作了至高的评价：“一切问题，由文化问题产生。一切问题，由文化问题解决。”③在钱先生看来，一切问题，都是文化问题，甚至战争都不例外。而解决问题的出路，则应当到整个文化问题中去寻找，非此莫属。虽然我们不会完全同意这种“唯文化论”的观点，但是，对于30～40年代这样一种学术传统和学术精神却由衷地表示钦佩和赞赏。遗憾的是，这样一种重视文化及文化功用的传统未能很好地继承下来。

“用文化的眼光来研究”是一种看问题的方法和思维模式，也体现了对人间大千事物的一种文化关怀。它并不一定具有像钱穆先生所推崇的那种“解决一切问题”的魔力，也并非是世间“一切问题”产生的唯一的和终极的根源，但却是一种对世间事物以较合理阐释的有效之方法。这样一种方法同样可以运用于法律问题的研究之中。在下面的论述中，笔者将着重介评两位学者的观点和研究：一是梁治平先生的“方法论法律文化观”④；二是作为方法论意义的法律文化的

① 关于“作为对象化的法律文化”，参见刘作翔：“作为对象化的法律文化——法律文化的释义之一”，载《法商研究》1998年第4期。

② 钱穆著：《从中国历史来看中国民族性及其中国文化》，中文大学出版社1979年版，第100页。

③ 钱穆著：《文化学大义》，台湾中正书局印行1981年版，第3页。

④ 笔者之所以重点介绍梁治平先生的观点，是因为在所有法律文化研究者中，他是对“法律文化”概念的方法论意义的最鲜明的倡导者。

研究范例——严景耀先生的“犯罪文化”研究。

一、梁治平先生的“方法论法律文化观”介评

梁治平先生在20世纪80年代中期曾提出过一个原则:“用法律去阐明文化,用文化去阐明法律。”①他说,他的这一原则是由孟德斯鸠的“我们应当用法律去阐明历史,用历史去阐明法律”的原则中改造而成的。② 到了1994年他出版了《法律的文化解释》一书,在书的“代序”中,他用了这样一个鲜明的题目《法律文化:方法还是其他》,又一次提出了问题。他指出,以往有关“法律文化”的论说和定义都主要是从研究对象或研究范围的方面入手,如弗里德曼的定义和埃尔曼的定义。他认为,表面上看,这类做法增加了“法律文化”概念的可操作性,但是实际上,它们多少降低了这一概念可能具有的建设性意义。这样被如此限定了的“法律文化”变成了法律研究(或只是法律社会学)领域内的一个小小分支,它要在已经十分拥挤了的学科领域内为自己争得一席合法位置,因此不能不先将自己的手脚束缚起来。更严重的是,对理论和方法的关注为关于对象的思考所取代,在寻找和确定适当范围的过程中“法律文化”概念可能具有的方法论意义就逐渐被掩盖或者消失了。正是因为这一缘故,他宁愿把“法律文化”首先视为一种立场和方法。③ 他在1993年发表的“法律的文化解释”一文中讲道:“在中国大陆,‘法律文化’的概念只是最近若干年里才流行起来,不幸的是,几乎从一开始它就被滥用和庸俗化了。因此,我尽量避免再使用这个词。本文中两次出现的这一概念都是在我惯常赋予它的比较特别的意义上使用的。”④而这个“惯常赋予它的比较特别的意义”即“立场和方法”的意义。他在此文中,对“法律文化”作了如下解释:“把应用文化解释方法的法律研究叫做‘法律文化’。”⑤

梁治平先生认为,“法律文化”这一概念不应该被认为是具有对象化的法律内容,而首先应该是一种研究立场和方法,即用文化的解释方法来研究法律。为了说明他的这一观点,他从“法律文化”概念在中国的提出和源起作了论证。他

① 梁治平:“比较法与比较文化”,载《读书》1985年第9期。

② 同上。

③ 梁治平主编:《法律的文化解释》,三联书店1994年版,“代序”第3~4页、第64页注①、第57、4~6页。

④ 同上

⑤ 同上

说:“我不打算把作为研究方法论的法律文化,概念表述为真理……不了解作为中国社会科学产生和发展背景的中国社会特殊之点,就不能够真正了解被界定为立场和方法的法律文化,概念以及提出这一概念的意义。”①他对这种背景作了如下说明:在中国,现今意义上的法律学和社会科学皆产生于20世纪初,它们均是文化移植的产物。不仅如此,现今中国最基本的制度设施也都是同一时期文化移植的产物。当然“移植”并非“照搬”,“移植”应当被理解成一个复杂的变形过程。在此过程之中,外来的与固有的、历史的与现实的、情感的与理智的、习惯的与创新的、观念的与行为的、思想的与制度的,各种因素彼此纠缠、相互作用,共同造成了极其复杂的社会情态。这是一个充满矛盾和冲突而又依傍无定的情态,是以历史与现实、制度与行为等诸多层面的脱节为特征的情态。处于这种情态之下,法律问题从一开始就明显不仅是法律问题,而同时也是政治问题、社会问题、历史问题和文化问题。因此,要了解和解决中国的法律问题,必先了解和解决诸多法律以“外”的其他问题。② 从这一立场出发,研究者自然不能以流行的法律观为满足,而应较多关注社会学、人类学及历史学诸种方法的有效性。这时,对于历史和文化问题的探究正好强化了这一趋势。在中国,由于社会科学的“移植”背景,也由于长期以来政治强力对于思想及社会活动的全面渗入和控制,“认识”这一极为突出而且重大的问题基本上未被触及,以至于今天包括法律学在内的中国社会科学面临重建的紧迫要求。“法律文化”概念就是在此背景之下被重新提出和思考的。③ 按照梁治平先生的上述论述,“法律文化”的概念就不仅仅只具有认识论和方法论意义,而是承担着“重建中国法律学和社会科学”的重要使命。

梁治平先生还对着眼于立场和方法的“法律文化”概念至少包含的几个含义作了描述:首先,作为一种文化现象,法律被认为是人生活于其中的人造世界的一个部分,它不但能够被用来解决“问题”,同时也可以传达意义。由此,把法律简单归结为解决纠纷的手段和技术(即工具主义法律观)就是不可取的了。法律也是符号,它在任何时候都体现价值,都与目的相关。由此出发,法律研究并不能一般地满足于对法律的功能主义解释,而是要透过“功能”去追寻法律设置和法律过程后面的“根据”、“意义”。于是,“解释”这个词,也许能很好地标示出“法律文化”方法论上的特征和复杂性。“法律文化”上的解释不仅仅是

---

① 梁治平主编:《法律的文化解释》,三联书店1994年版,“代序”第3~4页、第64页注①、第57、4~6页。

② 同上。

③ 同上。

interpretation，即阐发行为、事件和制度等的意义，它同时也是 explanation，即揭示事物之间的因果联系。“法律文化”立场引出的另一个结论是，对法律的文化诠释必定要超越各种孤立的和机械的法律观，也一定要反对各种狭隘的种族中心主义的法律观。它一方面要强调法律与其他社会的文化现象之间的关联性，强调这种关联的复杂性和互动关系；另一方面还要求研究者在尽量保持视野开放的同时，对自己所处的“位置”不断进行反省，即不断修正自己的观点。①

简言之，在梁治平先生看来，“法律文化”就是对“法律的文化解释”，它是一种立场和方法，而不是其他，难怪乎他用《法律的文化解释》来作为文章的篇名和书名，又用《法律文化：方法还是其他》作为此书“代序”的题目。笔者将他的这一观点称为“方法论法律文化观”或“解释学法律文化观”。

笔者认为，从方法论意义上来理解“法律文化”概念，有它自身的内在道理和重要意义（而且在某种意义上，它是促动“法律文化”概念提出的动因之一）。把“法律文化”作为一种方法，从文化的角度看待法律，我们可以对所有的法律现象进行文化审视和文化解释，它有助于我们克服传统的法律观中将法律视为工具性、阶级性或规范性等“一属性”的社会现象，而赋予法律以一种内含人类价值符号、价值体现等目的意义在内的“多重性”社会文化产物，有益于深化人类对法律本质属性的认识。把法律作为一种文化，可以拓展人们的观察、思考和研究视野，把与法律相关的所有因素联系起来，考察法律现象，以求得对法律作出更加科学合理的阐释。正是从这个意义上，马克思讲道：“不应忘记法也和宗教一样是没有自己的历史的。”因为法律本来就是社会诸因素的产物。

但是，如果我们将“法律文化”概念仅停留在方法论意义上，而不赋予它同时也具有对象化和实体化内容，那是不周全的。其一，“法律文化”这一概念本身就标示着它是一种文化。而作为一种文化，它就应该有其自身的内在结构体系，否则，就可能得出“法律文化不是文化”这样一个荒谬之反命题。其二，在文化学视野中，法律是文化的一个重要组成要素。从这一点来看，我们也可以把法律看成一种文化，精确地讲，是一种“子文化”或“亚文化”。“法律文化”这一概念可以看成是对“法律”这一文化要素的概括，它自然应该有自己的对象体系。其三，从认识论上讲，认识对象和认识方法存在互为照应关系。认识方法以认识对象为根据，认识对象由于认识方法而赋予其意义。离开对象的方法将不成为

① 梁治平主编：《法律的文化解释》，三联书店 1994 年版，第 6 页。

方法，而离开方法的对象也将失去意义。北京大学陈平原教授在一次访谈中说道："研究的方法在一定意义上取决于对象，找到问题的时候，也就找到了研究的方法和途径。"①其实，梁治平先生也并不是一味地排斥对象。只不过在关于"对象"的认识上，他同许多学者存在差异。他1993年发表的"法律的文化解释"一文说："法律的文化解释并不简单就是传统意义上的法律史研究，毋宁说，它是对旧材料的重新安排和重新解释，为此，它不但引入了新的立场、观点和方法，而且提出了新的主题。我们不妨说，法律的文化解释在引入一种新的分析方法的同时，也确立了一个新的对象。这里，方法只是研究者'主观地'加以运用的一套策略，对象却是研究者已经发现并且意欲给出解释的一个客观地存在的世界，它们性质不同，但又关系密切，以致可以借用一个词来表达，那就是法律文化。"②笔者理解他这段话的意思是：法律的文化解释是一种方法，而"法律的文化解释"的"对象"则是"法律文化"。而他后来又反复强调"法律文化"是一种方法，于是对象变成了方法，方法即对象，似乎又回到了原点，成了一种对象和方法的循环。其四，把"法律文化"视为一种具有对象化内容的"亚文化"，也符合人们的一般语言理解习惯。否则，包括中国和外国的众多法学家对法律文化的解释，也都失去了其根据和意义了。

因此，笔者的结论是：应该从两重意义上去理解"法律文化"概念，即作为方法论意义的法律文化和作为对象化的法律文化。

二、作为方法论意义的法律文化的研究范例
——严景耀先生的"犯罪文化"研究

如果我们把法律文化作为一种研究方法，用文化的眼光或法律文化的研究方法去观察和透视各种法律现象和问题，我们可以将我国的法律文化研究上溯近50多年。早在20世纪30年代，我国老一代法学家就已经开始运用文化的方法，或者说用法律文化的研究方法研究法律及其现象，只不过在当时并没有提出一个像今天这样明确的"法律文化"概念来。

从方法论的意义上理解法律文化来追溯我国早期的法律文化研究，我们发现了一部应视作我国法律文化问题研究开拓性的学术著作，这就是老一辈社会学家、犯罪学家、前燕京大学政治系主任和代理法学院院长、北京大学法律系教

① 见《文汇读书周报》1997年12月20日。

② 梁治平："法律的文化解释"，载《中国社会科学季刊》（香港）1993年第4卷。

授严景耀先生于1934年在美国芝加哥大学撰写的博士论文《中国的犯罪问题与社会变迁的关系》。严先生的这篇遗作一直珍藏在芝加哥大学图书馆里和他的夫人雷洁琼教授的手中。由于严先生的这本著作所具有的鲜明的、进步的政治倾向,在旧中国国民党统治下是不可能出版的。新中国成立后,由于种种原因也未能问世。直到1986年,在雷洁琼教授的支持下,由金陵女子文理学院社会学系教授吴桢先生翻译、北京大学出版社正式出版。这部著作的问世,对我们研究我国早期的法律文化研究状况提供了一份不可多得的珍贵文献。

严先生的《中国的犯罪问题与社会变迁的关系》是一部专门研究犯罪与社会文化、社会变迁关系的著作。"犯罪与文化"和"犯罪者的文化"是这部著作论述的主题。在严先生的这部著作中,虽然从头到尾找不出"法律文化"这个概念,但通篇著作都浸透着法律文化的研究思想和方法。为了能对这部著作的基本内容有所了解,也为使我们的结论得到佐证,不妨择其一些主要观点予以介绍和说明。

严先生指出:犯罪,尽管它本身就是个有趣的问题,但是当我们还未发现它意味着什么时,它是没有重要价值的。我们想知道在什么情况下发生犯罪,犯罪者本身和他们的受害者的感受和态度怎样,一个人犯罪后社会和人们怎样对待他等这一类问题。同样的犯罪在不同的文化中有不同的意义,或者在"相同的"文化中,而在不同的时期又有不同的意义。"为了了解犯罪,我们必须了解发生犯罪的文化,反之,犯罪的研究又帮助我们了解文化及其问题。"①

严先生又进一步讲道:犯罪不是别的,不过是文化的一个侧面,并且因文化的变化而发生异变。它是依据集体的一般变化而出现的,它既不是一个离体的脓疱,也不是一个寄生的肿瘤,它是一个有机体,是文化的产物。严先生指出,"如果不懂得发生犯罪的文化背景,我们也不会懂得犯罪。换言之,犯罪问题只能以文化来充分解释。所谓文化,就是包括知识、信仰、艺术、道德、法律、习俗和一个人生活在某一集体内所必具有的能力以及区别于其他集体的特性等在内的整体。"②

在严先生看来,犯罪者首先是一个有身份的个人。他引用派克和伯杰斯的话说:"身份意味着人的社会地位。每人生活在社会中都不可避免地有他的地位。在某一集体中,每个人的地位都是以他与其他人的关系来决定的。每一个

---

① 严景耀著:《中国的犯罪问题与社会变迁的关系》,吴桢译,北京大学出版社1986年版,第2、3页。

② 同上。

在小集体和大集体中的个人同样有其地位，也同样由他与其他人的关系来决定的。”罪犯既被看做一个人，那么他的犯罪不过是他的行为的一方面。犯罪者的行为在他（犯罪者）个人看来是自觉的个人行为，但可能是被那个集体认为是“错误的”或“不受欢迎的”，或者是仅被那个集体中统治者所认为是犯罪的。人们的行为不管是正确的或错误的，道德的或不道德的，受欢迎的或不受欢迎的，都是社会决定的。个人几乎毫无选择的自由。人类的活动自由是受到现有制度的严格制约的。

严先生在这部著作中，始终将对犯罪的研究置于广阔的社会文化背景之中。他指出：一个人从一出生便面临着一个具有传统文化环境和确定行为规则的社会，个人是无力改变这种情况的。也就是说，一个人从出生起便成为他所在的集体文化的组成成员。对这种集体文化，他只有逐步认同和适应。一旦个人的思想和行为背离这种集体，便会受到集体或社会的排斥。犯罪行为实际上是犯罪者个人背离集体文化（或社会文化）的一种反映。某些行为在某种社会中被视为犯罪，主要是因为这种行为和那个社会的特殊利益有矛盾。这类犯罪被认为是对该集体特殊的一致性有所损害。文化的各个不同阶段和类型都是一贯的连续的，各有它自己的哲学和精神，它们由于不同的道德观，不同的观点立场，不同的方式和不同的概念而有所区别，但都是有利于社会组织的。以上各项因素都影响到对哪些行动定为犯罪。在任何地区、任何时间、任何文化的各个阶段都一致认为必须予以刑罚的犯罪行为是“叛逆”。这是因为“叛逆”对任何集体或统治阶级，对于维护集体的安全都是有害的。它的危害性使集体或统治者必须采取对犯罪的个人实行严厉行动。除这一罪行外，在不同的文化标准和阶段间，对犯罪有不同的概念。

严先生反复强调了这一观点：对于犯罪的理解只能从产生犯罪的文化传统来考虑才能得到解释。从文化的角度来研究犯罪问题的目的是透过犯罪的表面现象探索犯罪者的冲动同环境的有效刺激之间的内在联系，并揭示犯罪者因社会条件的改变而产生的行为变化。对于犯罪者的研究，不仅要揭示出他所生活的社会文化的各个方面，并且也要揭示出他所遇到的文化问题。为了深入理解犯罪行为的意义，我们必须了解社会条件如何使这些原来的行动成为某种特定的和被人注意的行动的。如果一个人的行动只考虑到发生行动的社会的文化传统就可以得到理解和解释的原则，那么，再进一步探索一个人的个人经验，同样可以寻找到我们文化的来源和意义的原则。严先生指出，假使以上概念是正确的，中国的犯罪只能以中国文化来解释，另外，中国犯罪问题的研究将对中国文化的理解有很大帮助。

严先生以一个社会学家的眼光对大量罪案进行了分析，着重研究了造成犯罪行为的一般社会过程与中国的迅速的社会变迁的关系。严先生指出，在中国，犯罪与社会变迁的研究，犯罪与发生犯罪的社会环境之间的关系，是互相关联的。通过对大量个案的分析，力图说明在文化范围内犯罪的意义是什么，并试图说明为了解犯罪问题必先了解造成犯罪的文化；同时，对犯罪的研究有助于对文化和文化问题的了解。严先生意味深长地告诫人们：犯罪与文化的关系深刻而密切，其密切程度是大多数初学犯罪学者所估计不到的。他提出了一些关于犯罪与社会变迁、犯罪与文化关系中值得我们高度重视的结论：

犯罪行为是在突然的和迅猛的社会变化中发生的；是在和新的社会环境失去适应能力的情况下发生的；或者是在新形式下，谋求他们原来的生活方式和满足他们的基本需要，而在这些传统形式被破坏的情况下发生的。有些犯罪反映中国旧传统与新法律的矛盾，社会与统治者还没有意识到某些行动的影响，中国的犯罪反映许多犯罪者都是因为受旧社会制度的保守固执的影响而不能与新情况适应而犯罪的。中国的社会组织和结构受到旧的传统观念的束缚和缺乏灵活性，使之很难跟上社会生活某些方面之迅速变迁；犯罪人本身是在迅速改变的社会环境中失去适应能力的受害者。他们在适合的社会条件下，他们的行为是很好的。当突然的、迅速的社会变迁发生时，他们失去了自我控制，而完全受社会的影响。他们行为的不稳定和矛盾不过是文化的不稳定和矛盾的表现，他们是受文化的影响。当代美国社会人类学家威廉·托马斯（1863～1947）也指出："在社会不断进化的过程中，不但社会活动在变化，而且调节这种活动的准则规范也在变化。传统和习惯、情境的界定，道德和宗教，都在经受着一种进化。认为某一个准则是有效的，任何与它不符的事情都是不正常的，在这样的一个假设之上，当运转的社会认识到这条准则已失去了它的社会意义，另一个新的准则已出现并代替了它的位置时，这个社会就会处于无能为力的境地。"[①]犯罪同社会危机有联系。社会对社会危机很难控制，而人们总是受到社会危机的影响，个人的危机也由此产生；我们不要把犯罪看成是非法的和反社会的行为，而把它看做对我们的风俗习惯、智慧以及我们自己的文化的挑战。它表现出一种对破除旧有的顽固势力的需求和准备重新创造新环境的愿望。在这个意义上，对犯罪的研究不仅帮助我们对现在社会解体过程的了解，还指明社会重新组织的趋向；犯罪技能是中国文化技术系统的一部分。技术的含义只能以文化来解决。技术的变化发展与环境的变化相适应。

---

① ［美］托马斯等著：《不适应的少女》，钱军等译，山东人民出版社1988年版，第217页。

严先生还对如何预防犯罪提出了他独到的看法。他说,预防犯罪需要对文化的各个方面作透彻的和勇敢的再检验,对于社会的、政治的和经济生活的迅速变化,应以不停顿地与之相适应的观点来观察。它指出人类要努力争取与变化的文化的需要减少矛盾与不稳定,以免使人们在不协调的社会变迁的面前无能为力。如果把制度看做自由的敌人,把一切规章条文看成是奴隶,这就等于否定积极性的自由是可以争取到的唯一途径。当然,愚蠢的常规和僵死的规则是自由的障碍,不时地予以调节和改动以使它们适应变化的生活。生命就是不断地更新,如果不允许不断地推陈出新就会发生爆炸性的变化。与之相反的是极端的顽固和不明智的规章制度与不断变化的生活相矛盾,它是文化失调的指数。如果把犯罪看做文化冲突和不协调的症状,因而寻求它所以发生的原因和过程,从而重新改革这些章则制度以求适应,则是可能的。

在这里,我们看到了一位法学家、社会学家对犯罪问题的深刻的文化剖析。既然犯罪是社会变迁过程中文化冲突和文化失调的一种反映,那么,解决这一问题的主要对策就应是文化适应。它包括个人的文化适应和社会的文化适应两个方面。严先生更多地注重的是作为社会的文化适应,它以改革过时的章则制度为主要手段。这里面,隐含了严先生对以旧制度、规章、风俗习惯等为内容的旧文化的批判精神。

以上简略的介绍,使我们可以窥见严景耀先生关于犯罪、社会危机、社会变迁与文化等诸多关系的主要思想观点。如果我们认为法律文化的研究有方法论意义和实证研究这一研究方向和内容的话,那么,严先生的研究无疑开拓了中国早期法律文化研究的领域,因而,他当之无愧地应该是中国法律文化研究的先行者和开拓者。他的许多闪光的思想,在今天仍是珍贵的思想财富,对今日中国的犯罪研究乃至法律文化的研究有着重要的参考价值。

(1998 年第 6 期)

论法律的强制性与正当性

周永坤*

法律之为法的标志或法律的基本特征是强制还是正当,法律实施的基础是强制还是正当是古往今来法理学研究的热门话题。双方争论的焦点是:法律植根于权力意志还是人类理性?法律的运作靠它的“正当的”感染力、人的理性选择还是强力威慑及直接行使强制?在社会价值变迁的紧要关头,它们总是以不同的身影流淌于法学家的笔端。强制论与正当论的兴衰更替几乎构成了法律哲理的历史长卷。20世纪下半叶以来,强制论在我国大行其道,正当论几乎失去了抗辩能力,与同时代正当论兴盛的世界潮流形成强烈的反差。据尤俊意研究员对国内11种教材和著作对法的基本特征的论述的统计,其中有8种直书国家强制性,另3种虽未直言强制性,但是包含了“国家制定或认可并由国家强制力保证实施”之类的语言,①着意还在强制。可见强制论得到我国法学界的普遍认同。② 另外,在笔者的阅读范围内,以马克思主义法学为题的教材、著作中,未见一处从肯定的角度论及法律的正当性问题,可见,法律的正当性实际已成禁区。

法治者良法之治。强制论法观念无疑将对法治国家建设构成严重阻碍。因此,对强制论作一批判性审视,确立法律正当性观念是法学界当务之急。

一、正当论的衰败与强制论的兴盛

所谓强制论指将强制作为法律之为法律的标志、特征,将法律实施的动力归之于强力;所谓正当论则相反,它将正当作为法律之为法律的标志或特征,将法律实施的动力归之于法律本身的正当性。正当论与强制论生存于不同的历史条件,从古希腊到“二战”以前,正当论逐渐被强制论取代。③

---

* 作者单位:苏州大学法学院。

① 参见尤俊意:“国家强制性、强制性规范与制裁”,载《法学》1996年第3期。

② 笔者和范忠信先生合著的《法理学——市场经济下的探索》(南京大学出版社1994年版),虽然正面肯定正义与法的联系,但也持国家强制说,责在笔者。本文的批判对象包括笔者本人在内。

③ 中国的情况有点特殊,容第四部分论述。

(一)正当论千年不衰

古代世界罕见的科学与哲学的兴盛使古希腊人有幸成为法律哲理研究的先行者。城邦生活铸就了希腊人独特的个人主义的人格独立气质,民主的立法与执法司法实践使他们成为正当论的先驱。在希腊人看来,法律是人民制定的,是以城邦幸福为目的的合意、是正义、是理性。① 法律之为法律不在于它与权力意志的联系(除非意志是合理的),而在于它与人类正义的同质。法律之执行力不在于强力而在于它的正义感召力,在于民众的心理认同,"法律只要它还为公众所支持,就必须遵守。"②早在前苏格拉底时期,智者普罗泰哥拉(公元前481~公元前411)就强调,没有一种道德和正义的情感,人类社会是不能形成的,道德和法律的有效性只是与产生这些道德和法律的人类社会紧紧联系着——并且,只有那个社会认为这些道德和法律是良好的,才有效。③ 面对死刑,苏格拉底拒绝逃离监狱。很显然,苏格拉底之所以恪守法律并不是法律的强制。他说,城邦的"所有命令都是建议式的,不是野蛮的强迫命令",人民遵守法律的义务产生于他热爱"城邦和它的法律"。④ 柏拉图认为人的灵魂里有较好的部分和较坏的部分,如果较好的部分占控制地位,人就处于正义状态,如果较坏的部分占主导地位,人就是自己的奴隶和没有节制的人,也就不正义了。⑤ 法律是使人达于正义的手段。很显然,在柏拉图看来,法律在一个正义的人身上是不存在强制的,只对不正义的人才是一种外力,而且这种外力与他内在的较好的部分是一致的。在《政治家》一书里柏拉图把政治家对"具有自由意志的二足动物的尊重意愿的管理"与强制的统治术对立起来。⑥ 强调"聪明的立法者将不希望完全依靠威胁来吓唬臣民服从。他宁愿竭力争取臣民在感情上支持他的法律,只对那种最坏的公民加以强制",立法者应当"争取站在法律那方面的正派人的同情"。⑦ 亚里士多德继承了其师柏拉图的正义论。他认为法律是"免除一切情欲影响的神祇

---

① 尽管有些智者指出法律是强者意志的体现,但那是在批判当权者的正当性的意义上使用的。法律在总体上是或应该是正义,这正是智者"意志论"的前提。

② [英]伯特兰·罗素著:《西方的智慧》,世界知识出版社1992年版,第38页。

③ 参见[德]E. 策勒尔著:《古希腊哲学史纲》,翁绍军译,山东人民出版社1996年版,第88页。

④ 参见[古希腊]柏拉图著:《苏格拉底的最后日子》,余灵灵等译,上海三联书店1988年版,第100页以下。

⑤ 参见[古希腊]柏拉图著:《理想国》,郭斌和等译,商务印书馆1986年版,第150页以下。

⑥ 参见[古希腊]柏拉图著:《政治家》,黄克剑译,北京广播学院出版社1994年版,第61页以下。

⑦ 参见[英]A. E. 泰勒著:《柏拉图生平及其著作》,谢随知译,山东人民出版社1991年版,第673、660页。

和理智的体现”,法律不是奴役而是“拯救”。亚里士多德也明确区分两种权威:奴隶主的权威和政治家的权威。“政治家所治理的人是自由人,主人所管辖的则为奴隶。至于政治家所执掌的则为平等的自由人之间所付托的权威。”[①]顺理成章的是,政治家依据民众同意的良法之治,自然有别于奴隶主的暴力之治。作为出自民众的、委托统治者以治权的法律,对于民众来说当然不是什么强制。

罗马人吸收了希腊人的正当论。西塞罗的法概念是选择性的:某种存在物是否法律,并不是看它是否出自国家或是否为习俗,而是看它是否与正义、与自然相一致。“法是一种自然的权力,是理智的人的精神和理性”,恶是“自然的对立物”,所以制止非正义的行为就是“自然的事情”,而不是惩罚。[②]

中世纪通行的也是正当论。托马斯的神学法观念并不否认法律的强制性,但是,他始终把法律的正当性放在首位。他指出法律有两个基本特点,“第一个是指导人类行为的规则的特点;第二个是强制力量的特点”。[③] 但是他在谈到人定法的4大特点时,却把它的正当性放在首位,未提及强制力。[④] 阿奎那特别强调政治权威的合法性与正当来源。他认为“人民是政治权威的根本来源”,“政治权威的真正基础是社会的意志或至少是社会的同意”,“法律并不依靠国家就能存在”。[⑤]“法律的真正目的在于诱导那些受法律支配的人求得他们自己的德行”,“包括法律都以人们的公共福利为目标,并且仅仅由于这个缘故,它才获得法律的权威和效力。”[⑥]对阿奎那来讲,好人的意志与法律相一致,所以好人不受法律支配;只有坏人才受法律支配,[⑦]而对坏人,法律的作用是“诱导”。

(二)强制论异军突起

在近代民族国家兴起的历史进程中,随着国家在立法、司法中地位的提高乃至达于垄断,法律的强制性思想异军突起,并且逐步排斥了正当性在法律中的地

① 参见[古希腊]亚里士多德著:《政治学》,吴寿彭译,商务印书馆1965年版,第169、19页。

② 参见[古罗马]西塞罗:《法律篇》(第1卷),转引自《西方法律思想史资料选编》,北京大学出版社1983年版,第64页以下。

③ 见《阿奎那政治著作选》,马清槐译,商务印书馆1982年版,第121页。

④ 托马斯提到人定法的四个特点是:来自自然法、以公共福利为目标、由市民社会的统治者颁布、是支配人类行为的法则。他首先强调它的内容正当和来源正当:自然法,正当目标,公共福利,其次才是形式上的来源及其规范性。参见[古罗马]西塞罗:《法律篇》(第1卷),转引自《西方法律思想史资料选编》,北京大学出版社1983年版,第117页以下。

⑤ 参见[古罗马]西塞罗:《法律篇》(第1卷),转引自《西方法律思想史资料选编》,北京大学出版社1983年版,第29页以下。

⑥ 同上,第109、123页。

⑦ 同上,第122页。

位。这股思潮始于法国人博丹(Jean Bodin,1530～1596),中经英国人霍布斯(Thomas Hobbes,1588～1679),至分析法学派大家奥斯丁(John Austin,1790～1859)而至极端。博丹作为法兰西国王的密友,为正在崛起的世俗封建制度的合理性做论证。他认为主权是统治国民的绝对权力,主权不受任何限制和法律约束。① 他认为主权者具有立法权,法律是主权者意志的体现,法律是对公民的命令,习惯的法律效力来自主权者的默许。② 博丹首次把法律的命令性提到首要地位,但是他并没有完全放弃法律的正当性。主权者虽然不受法律约束,但是国家应以公共福利为目标,否则只是强盗;国王虽然不受法律(他自己制定的)约束,但是要受自然法约束,否则为暴君。自然法学派的早期代表霍布斯的命令说则比博丹走得更远些。他从特殊的社会契约论得出法律的绝对义务说、强制说。霍布斯认为,人们通过社会契约把主权让渡给君主,君主享有绝对的立法权。法律是"对原先有义务服从的人发布的命令;至于国法则只是加上了发布命令的人的名称,这就是国家法人"。③ 霍布斯的命令是为了下达命令的"本人的利益";霍布斯的法律是"国家的理性和命令",是主权者的意志。霍布斯将法律绝对地归结为义务:"权利与法律的不同正和义务与自由的区别一样。"立法就是要限制自由。④ 霍布斯也讲法律是关于正义与不正义的法规,但是这已不具有古希腊的价值评价意义,而是对实在法律的陈述,将法律的正当性与法律出自立法者混为一谈。奥斯丁把命令说推向极致,且割断法律与正义的联系,把霍布斯承认的自然法逐出法律领域。他的三位一体的法律学说极具代表性:法律是在上位者给在下位者所下达的命令,如果不服从,就要给予制裁。他将法律定义为一种命令,又将命令直接等同于强制。奥斯丁指出,命令这个概念有3层含义:(1)依据一个理性生物的愿望或期待,另一理性生物必须作为或不作为;(2)如果后者不照办就会导致源自前者的不利后果;(3)通过言词或其他形式表达的一个意志或指令。⑤ 奥斯丁只强调这个命令的权力根源,排斥他的价值根源和价值内涵,得出恶法亦法的结论。

至此,西方世界完成了正当论向强制论的转换。正义由法律的灵魂、本质、法律力量的源泉退居为法律的一种属性,最终被从法律中彻底逐出,代之以强

---

① 参见[苏]K. A. 莫基切夫主编:《政治学说史》(上),中国社会科学院法学研究所编译室译,中国社会科学院出版社1979年版,第152页。

② 参见王哲著:《西方政治法律学说史》,北京大学出版社1988年版,第103页以下。

③ [英]霍布斯著:《利维坦》,黎思复等译,商务印书馆1996年版,第206页。

④ 同上,第198、210、225、208页。

⑤ See J. W. Harris, *Legal Philosophies*, Butterworths, 1980, p. 26.

制。强制论真正成气候则是19世纪的事,17、18世纪占主导地位的观念仍是正当论。这种恶法亦法的观念在19世纪末20世纪上半叶成为一种世界性的思潮。

在东方,人们自觉不自觉地重述规范法学派的恶法亦法学说,并进一步把它与国家暴力相联系、与镇压相联系。① 这种法观念的集大成者是维辛斯基。1938年,在肃反扩大化的恐怖气氛中,维辛斯基从政治上批判了斯图契卡的"社会关系体系论",完成了他的法本质定义:"法是社会中的统治阶级以权力(国家权力)所制定的人们的行为规则,以及由国家权力来认可,国家机关以强制办法使之实现的习惯和共同生活规则的总和,其目的是为了保护、巩固并发展惬意和有利于统治阶级的社会关系和社会秩序",②"法不是社会关系的制度,也不是生产关系的形式,法是为国家政权批准的、并由国家政权以强制方式加以保证的行为规则或规范"。③ 国家的作用被提到绝对的地步,强制性成了法律的根本属性、基本特点,强制力成了法律运行的能源库。维辛斯基在批判杰尼索夫法与"某特定阶级"相联系的所谓错误时指出:"法是统治阶级的工具、手段,是实行镇压的特别力量。"这就把法直接等同于暴力了。这种极端暴力工具主义的强制论比奥斯丁为代表的规范主义强制论在反价值的道路上走得更远,成为替强者任意辩护的工具。

二、强制论的逻辑分析

强制论者对强制的寄托程度有所不同,对正当性的态度也有所差异,因而形成了各具特色的强制论。例如,在博丹的强制论里强制虽为法律的标志,但不否认正义也是法律的属性,似可称为和缓的强制论。奥斯丁主张恶法亦法,但他并不排斥法律以外有正义存在。他的目的在法学的科学化。正义是价值评价问题,应属立法学研究。此似可称为规范主义强制论。最绝对的强制论是前苏联维辛斯基的工具主义强制论,把法律看做部分人手中的工具,否认正义与法律的联系,否认一般正义的存在。传入国内的强制论是维辛斯基强制论的中国化,在某些方面比维辛斯基走得更远,是极端的强制论。维辛斯基式的强制论是本文

① 奥斯丁的"下命令的人"不一定是国家,而在东方国家成了法律的唯一来源,执行法律也只是国家的事。

② [苏]安·杨·维辛斯基著:《国家和法的理论问题》,法律出版社1955年版,第49页。

③ 同上,第100页。

的主要分析对象。它的主要论点是:强制性是法律区别于其他社会规范的基本特征;这种强制是国家强制,即法律的强制性来自国家,并以国家强制力保证实行;只有阶级的正义,没有超阶级的正义,因而正义不是法律的属性或特征。这3层含义都有再思考的必要。

(一)并非所有的法律都有强制性

强制性(imperative)或强制力(force)是指迫使人服从的物化暴力,即如西方政治学家所谓"捆猪的权力",它是与军队、警察、监狱、执行庭相联系的。[①] 强制说即命令说,是命令某人作为不作为,否则将会导致强制或制裁。

首先,授予权利的规则不具强制性。

法律规范可以分为两大类:授权性规范和义务性规范。[②] 授权性规范可以分为授予权利的规范和授予权力的规范。权利对于权利人来说是一种选择的自由,权利人自己可以选择作为或不作为,也可以要求相对义务人作为或不作为。对于权利人自己的作为或不作为来说,权利不具强制性,它的实现也完全不靠强制。例如,公民的财产权利的实现如不涉及他人的权利和义务,他是完全可以自由选择的,放弃我的财产权利不存在任何强制问题。再如言论自由权,我如选择沉默就是完全自由的。如果权利表现为要求一般义务人或特殊义务人作为或不作为,此种权利本身不具有强制性,它的实现部分地与强制力有关。如果权利人选择弃权(债权人放弃债权),此权利已经实现(消极实现,权利义务关系解除),它不要强制力。如果债权人要求履行债务,则只在债务人拒绝履行义务时才产生强制,此类强制实质是义务的强制,权利只是强制产生的原因,而非强制本身。所以权利不存在强制。可能正是意识到这一点,霍布斯将权利"逐出法律之外"。[③] 对于授予权力的规范,形式与授予权利的规范相同,但其实质是不同的。权力与权利同样是一种主体行为的法律能力,它作用于对象所产生的效力与权利相似,但对主体的拘束却与权利完全不同。权利可以放弃,权力却不可放弃。所以权力实质是"应为",而不是"可以为",它更接近于义务。

其次,并不是所有的义务都具有强制性。

---

① 国内有些学者将心理压力也归入强制性是值得商榷的。法律具有心理威慑作用,但这不是强制性或强制力本身,而是它的社会心理效应。如果把这种心理效应也理解为强制力,则法律与道德难分,这与强制论者将强制作为法律区别于道德的基本特征的初衷不符。参见前引尤俊意研究员的文章。

② 国内许多教材将法律规范分为授权性规范、义务性规范和禁止性规范,笔者认为不妥。禁止本是不作为义务,禁止性规范是义务性规范之一种。如按此分法,则"义务"一词与整个理论体系中的义务概念不能保持统一。

③ 参见[英]霍布斯著:《利维坦》,黎思复等译,商务印书馆1996年版,第225页。

第一,对于被放弃的权利的相对义务人来说,强制只是业已不存在的“可能”,而非现实,法律关系的解除与强制无关。

第二,对于基于认可义务的正当性而自觉履行义务的主体来说,义务不具强制性。例如,我国的兵役义务对绝大多数公民来说不具强制性,被义务人视为当然。履行债务对常人来说也不具强制,“杀人偿命、欠债还钱”乃天经地义,除非人们对债务制度的合理性产生怀疑。

第三,国家义务的实现,主要靠自愿。如果国家义务靠国家强制执行则产生常识性错误:自己强制(请注意是物化暴力)自己履行义务。实际上,许多国家义务的实现用不着强制力,需要强制实现的国家义务,其强制力主要不是源自国家,而是源自国际社会、国内社会的压力和权力牵制关系。

国家的国际法义务的实现主要不是靠强制力,而是国家自身出自国际信誉、国家形象、国际互利关系的考虑。某些规定本国对他国义务的国内立法则根本不具强制性。例如,1985年英国政府制定《香港法》,规定英国对香港的统治在1997年结束。该法规定的义务全靠英国政府自愿履行。又如,以国内立法的形式赋予某外国或外国公民权利的法律,他们的实行全靠国家自愿。当然,某些国际法的履行离不开强制。例如,联合国制裁伊拉克的决议的履行就有赖强制。但是这种强制来自国际社会,而不是履行义务的国家,也不是其他某一国家。至于某些国家用强力迫使他国接受自己的意志,则通常不是法律问题,而是政治问题或干脆是反法律的弱肉强食了。某些以本国公民为权利人的特殊国际法义务的强制也不是来自国家,如欧共体内各国公民诉国家而产生的国家败诉义务就不是靠国家强制履行。

国家作为整体的对内义务靠国家的自愿或国内社会的压力。例如,国家对公民的民事义务靠国家自愿履行,国家对公民的政治上的法律义务亦然。如果有强制的话,也只是在特殊情况下迫于国内社会的压力,最终履行还得靠自觉,这是常识问题,似乎无须赘言。国家各个机关之间承担的义务靠国家机关间相互尊重牵制关系而不是强制。例如,在权力分立的国家,行政机关如果违法行政,它将受到司法机关的裁判,此类裁判的执行,源自行政机关对司法权的尊重和牵制关系及社会压力。如果立法机关以消极和积极的形式违反宪法规定的立法义务,那么,它也会受到司法机关的裁判,对于此类判决的执行也靠立法机关的自觉及社会压力。司法机关正确履行裁判权更不是靠强制力,而是司法机关的自律。上述国家及各机关的自愿行为和社会压力并非强制,而是社会积淀下来的正当性观念的产物。不那样做将被认为是极不正当的,并因此而失去权力或丧失百姓对权力的认同。

（二）法律的强制并不完全是国家强制[①]

这可以从两方面分析。

从法律强制性取得的来源来看，法律不完全是国家制定或认可的。在国家制定法一元化的历史条件下，"国家制定认可说"勉强行得通。但是如果我们超越特定时空法律实践的局限，强制说就显示出以偏赅全的逻辑错误。在国家制定法产生之前已存在了千年之久的习惯法起码绝大部分不是国家制定或认可的。中世纪的商法源自商人交往的实践，国际商法发展的 3 个阶段——旧的商人习惯法、商法纳入国内法、向国际主义的复归——只有一个短暂的阶段与国家权力有关。中世纪的寺院法不是出于国家机关。至于非正式的法源——公认的价值观和权威性理论就更不是国家制定或认可的了。因为认可是一种立法程序，而公认的价值观和权威性理论的法律效力的取得并未经过立法程序，而是司法者的发现。[②] 更有一种特殊情况，国际社会迫使国家接受或改变他们的法律。例如，"二战"以后盟军迫使德国接受民主的法律，特别是德国基本法。麦克阿瑟迫使日本接受民主的宪法，并对日本的法院组织等一系列法律制度作出根本性变动。20 世纪 90 年代，联合国迫使伊拉克废除占领科威特时的立法。人们可能会说这些法仍然出自国家。但是无论如何，这个国家已经不是强制论者原本所指的作为"国家意志"拥有者的国家了，如不是德国资产阶级、日本资产阶级、伊拉克资产阶级的国家。[③]

退一步讲，即使"制定认可说"可以说明全部国内法，它也无法说明国际法强制力的来源。国际法的强制性来自国际社会而不是国家。主流法理学通过将

---

① 这里的"国家"实为国家机关，因为这里是在"阶级斗争工具"的意义上使用国家这一概念的。作为"国家机关"的国家和作为国际法人的特定的人和领土组合体的国家是两回事。尽管我们可以合乎逻辑地说美国军队、警察是资产阶级统治的工具，但我们却很难说美利坚合众国是阶级统治的工具。不要忘记，美国人口的大多数是工人阶级（如果用阶级分析方法的话）。在现行法理学中，这两个概念是混淆的。当我们说国家强制的时候指的是"国家机关"的国家，当我们说国家主权的时候，却是指的另一作为国际法人的国家。此种混淆使法观念中严重的国家主义倾向得以正当化，使人民主权观念无法生根。

② 被制定法采纳的习惯、公认的价值观、权威性理论为制定法之一部分。未被制定法采纳的习惯、公认的价值观、权威性理论其强制力的来源不是一个"认可"可以解决的。根据我国的政治体制，立法权由人大及其常委会行使，司法机关没有立法权，最高法院也只有法律解释权（地方法院连法律解释权也没有）。这样，一个未经立法认可而被法院引用的公认价值观和权威性理论（这在司法活动中是不可避免的），只是被司法机关发现、证明，加以引用，它的法律性不是司法机关所赋予的，那么它是来自社会本身（习惯）和人类理性（公认的价值观、权威性理论）无疑。霍布斯用国家"默许"这一推论将习惯法纳入国家权力之下，那是典型的权力崇拜，是独断的。参见[英]霍布斯著：《利维坦》，黎思复等译，商务印书馆 1996 年版，第 207 页。

③ 郝铁川："法仅仅为国家意志的体现吗？"，载《法律科学》1998 年第 3 期。

国际法称为不同国家的妥协意志,从而将国际法纳入国家权力之下。这是一个逻辑错误。国家与国家的集合体不是一个概念,正像个人和个人的特殊组合体(国家)不是一个概念一样。国家只是国际社会的一员。国际法是众多国家组成的国际社会的合意或人类的共同理性,它不是国家意志。它的法律性、强制性不是源自国家。当我们说法律"由国家制定或认可"的时候,"国家"是一个独立的立法主体,在国际法生成过程中,国家已失去这一地位,它是作为条约或公约的签署者,即形成合意的一方。如果我们还要坚持国际法是国家意志,那么,由于国际法中不可避免地存在某一国家同意另一国家意志的情形,这就会产生一个立法者不得已将他人(国)的意志确立为法律的事,这就违背了"立法者必须是自主的"这一基本要求,非自主的意志绝不是"统治阶级意志"。严格说来,缺乏自主的人没有意志。况且,如果按照法律"是参加立法的成员的妥协"这一思维方法来推究国内法本质,则国内法将不是国家意志而是组成这个国家的成员——公民的妥协意志即合意、公意。这恐怕又把整个意志论大厦推翻了。我们论证同一问题(法律的本质)总不能遵循两种对立的思维方式吧?更有一种超国家法[①]不是出自国家的。从马约生效以来,欧洲议会取得一种自主立法权,欧共体的立法可直接在各成员国生效。欧洲法院强调:在欧共体法与成员国国内法相冲突的地方,优先适用欧共体法。[②] 这可以充分证明,欧共体法的强制性来自欧共体而不是他的任何一个成员国,且有约束国家强力的作用。

从保证实施的强制力的归属来看,保证法律实施的强制力并不完全来自国家。众所周知,西方中世纪的寺院法主要是由寺院执行的,虽然宗教裁判所一度可以将判决交由世俗国家执行,这也不是我们所讲的"靠国家强制力保证执行"的问题了。这里的国家只是执行教会法庭判决的工具,它已不是一个独立的行使强制力的主体了。至于中世纪的商人法,它是由行商法院(Piepowder)执行的。中国封建社会的家法、族规的执行全靠家族势力,而非国家。人们可以说国家"承认",但那毕竟不是国家强制力了。

至于国际法强制执行的保证,那就是国际社会的事。由于国际法尚处在幼年阶段,在强制执行方面某些国家的作用显得突出些。但是联合国的存在、国际法院的存在足资证明国际法执行的保证在于国际社会的强力,而不是哪一个国家。而且千万不要忘记,国际法中权利义务的承担者主要是国家,正是国家是国

① "超国家法"与国际法不同,它是由一个超越国家的主体所制定的在法域内各国直接生效的法律,超国家法实是小型世界的"世界法",如欧共体的立法。

② See Garner's Administrative Law, Eighth edition, p. 10.

际法强制力的承受者,如以前实行种族隔离之南非、当今之伊拉克。

"超国家法"的实行也不靠国家强制力保证。欧共体的立法有高于欧共体成员国国内法的位阶,这里不仅国家成为规范的对象,而且欧共体成员国各国的"欧洲公民"在许多法律问题上与国家处于平等的地位,公民可以在欧洲法院诉自己的祖国。此时,强制力不是出自也不应该出自国家(原告的祖国),否则将有违司法中立原则。

三、强制论的价值分析

强制论不仅经不起逻辑和人类经验的检验,是非科学的,而且它的基本价值取向也与进步人类的伦理观、与社会主义和法治社会的价值相悖。

(一)强制论的伦理价值失误

众所周知,对人的终极关怀是进步人类追求的最高伦理价值,马克思主义是围绕人的自由与解放展开的。马克思主义者为之奋斗的共产主义社会是"每个人的自由发展是一切人的自由发展的条件"的人的联合体,①它是人的解放的社会形式,"是人向作为社会的人即合乎人的本性的人的自身的复归"。② 人的自由与解放、人的价值的实现有赖于人的主体地位的确立、人的自主观念与自主关系的建立、自由平等观念的弘扬与制度上的保障。恰恰在有关人的自由与解放的伦理问题上,强制论显然处于负面地位。诚如哈耶克所言:"强制所以是邪恶的,恰恰就因为它取消了作为思维和价值判断主体的个人,把人沦为了实现他人目标的单纯工具。"③

首先,人的主体地位的迷失是强制论的最大伦理失误。在强制论中,指引人们行为的法律不是出自人的理性选择或认可,而是出自物化的权力;这个物化的权力又不是法律关系主体自觉选择的结果,而是如霍布斯所言一个"有权下命令"的人,或者一个由社会规律必然产生的人。基于治者与被治者的对立,在法律运作过程中,人进一步被贬为物化权力的强制对象,成为实现权力意志的工具,或如中国古代学者所言是辔策(法律)拘束、抽打的拉车之马。

其次,强制论漠视人类选择正当行为的自主能力。在强制论者看来,立法者

---

① [德]马克思、恩格斯著:《共产党宣言》,人民出版社 1997 年版。

② [德]马克思著:《1844 年经济学——哲学手稿》,中央编译局编译,人民出版社 1979 年版,第 73 页。

③ 转引自[美]霍伊著:《自由主义政治哲学:哈耶克的政治思想》,刘锋译,三联书店 1992 年版,第 40 页。

是主体者，享有统治之权，而行为人是事先具有服从义务的人，法律并不体现它的理性。在法的实施方面，所有的行为人都被假定为潜在的违法者，对于违法的公民当然只有用强力对付他们，而对于守法的公民呢？他们的守法只是害怕不良结果的惩罚。公民出自感情、道德、习惯的自觉守法的自主性被忽略。当然，强制论者有时也提及道德对守法的意义，但是，这里的道德也是作为“心理强制”而存在的，殊不知道德存在的前提条件是自主选择空间的存在。没有自主选择余地的人不能成为道德的主体。在强制论者那里，道德只是强制力的帮凶。

再次，强制论强化了权力崇拜倾向。依据强制性或强制力是法律的基本属性和运作的动力这一判断，站在法律之上的是权力，法律又是控制他人的工具，权力便不受法律控制。权力和法律又与正当性无缘或权力与法律产生“正当性自足”。这是典型的权力崇拜。

最后，强制论助长了特权和不平等现象。一切行权的组织均是人所组成，一切权力行为都是人的行为，因此，权力崇拜的实质是对掌权者的神化。人对权力的服从如果失去正当的法律依据，其结果要么是人对人的经济强制，要么是赤裸的权力服从关系，而后者比前者会产生更大的恶。这个恶就是人与人的不平等。部分人享有特权而傲视、歧视别人。在屈从不正当权力的体制下，人的利益难以权利化。所以，强制论是部分特权者欢迎的理论，这样，霍布斯的《利维坦》是献给独裁者克伦威尔的礼物，中国古代的强制论是政治策士和统治者智囊的理论，恶法亦法的实证法学派法观念为法西斯的突起推波助澜、维辛斯基理论与斯大林独裁共荣共损也就不足为怪了。

（二）强制论在功利上有碍法治国家的建立

强制论的崛起与古希腊罗马法治社会的衰落、近代自然法的兴盛与中世纪专制制度的瓦解、19世纪自然法衰退和强制论大行其道与随之而来的法西斯主义肆虐，历史已经昭示我们：强制论是人治社会的法理基础之一，它与法治社会不能共存。这里我们着重分析强制论的理论内容与法治社会的诸多价值的排斥关系。

（1）法治的基本含义之一是良法，现代社会的良法主要来自立法机关的良性运作，同时辅之以国际社会的相互牵制，社会一般价值的渗透和法学家的理性指导。强制论忽略国际社会的相互牵制、不承认社会一般价值和法学家阐述的理性的权威，视立法活动为唯一的法源。同时，强制论者又缺乏限制立法权的观念。这样，社会就缺乏法理基础以清除不良立法，也缺少拒绝不良立法的正当理由，势必难以保证法律的优胜劣汰。这样的教训历史上不胜枚举。且不说中国古代崇帝王为神、视民众为牛马的强制论使中国立法的专制化程度不断加深；就是西方的强制论对立法合理化进程的负面效应也是显然的。德国从19世纪初就确立了缺乏良法内容的形式法治国家目标，然而到20世纪上半叶却最终走上法西斯歧途，并给包括德国人民在内的世界人民带来深重灾难。价值法学的衰落使法理学和人民失去对恶法的批判能力是重要原因，新康德主义等价值相对主义法学难辞其咎。

在这方面，我们切身的教训或许是最深刻的。由于强制论的兴起（当然不是唯一原因），1954年《宪法》最终退化为1975年《宪法》这种标准的"权力宣言宪法"，20世纪50年代初步建立起来的社会主义法制被"文化大革命"式的无法无天取代。新中国成立30年后，我们的法制建设几乎是从零开始。至今在立法中存在的不平等现象、地方利益保护现象、唯刑主义等不良倾向仍然难以消除。

（2）强制论使法律的至上地位难以确立。既然法律来自权力，法律的运作靠权力保证，那么权力必然高于法律，掌握权力的人的权威必然高于法律。这是从强制论可推导出的简单结论。从强制论者推崇的权力结构来说，法律确实没有控制权力的力量。强制论强调法律运作对强制力的依赖，最终必然有一个最高的不受法律约束的机关（因为在它之上不存在一个更高的强力），这样一个机关必然集中一切权力。事实上，不用说中国古代强制论者都承认集中一切权力的帝王，就连博丹也论证一个对社会居于绝对主宰地位的"主权"的合理性。霍布斯则主张人民相互间订立契约把一切交给帝王后，对帝王的任何处置人民都无权过问，因为帝王不是契约的一方，不存在违约问题。当代中国的强制论无法解决"权力高度集中"这一积弊，相反是其潜在的理论基础。若需把权力逐出神坛而置于法律之下，就必须建立权力牵制机制，这就是分权。分权的法律——宪法只能来自人民，而不是立法者，或者说，人民是真正的立宪者，宪法的实行最终只能靠人民设立的权力相互牵制的法律体制、只能靠人民权利对国家权力的制约。

（3）强制论有碍组建符合法治要求的国家机关。在观念上，强制论使国家工作人员产生"管制人"的高人一等的特权意识，把民众当做强制的对象，认为自己是法律的代表。在组织结构上，由于对行政机关的强力祈求，导致行政机关的暴力化倾向，忽略了按合法性要求安排内部关系，它的必然结果是行政权力的滥用。强制论对司法机关合理化的阻却或许是最大的。强制论将司法机关定位为强制实施法律的机关，这样的功能要求对司法机关产生以下不良影响：司法机关既然是镇压工具，是"刀把子"，它关注的就不是公正、正义，而是如何贯彻掌权者的意志；司法机关的任务既然是由判断变成行动，那么必然导致司法机关的行政化趋势；司法机关既然只是执行当政者的意志，司法机关便无权判断立法的正当性问题，这必然使司法机关在判断国家机关相互间关系、国家与公民关系方面产生严重的权力不足现象；由于这一切，带来的是法官独立人格和独立判断能力的丧失。久而久之，善于服从上级而无判断能力的人将充斥法官队伍。严重者甚至产生像清末司法官大多不懂法那样的怪现象。[①] 这样的司法组织是无法承担法治重任的。

(4)强制论弱化了守法的道德基础，妨碍普遍守法状态的形成。由于恶法亦法的法律观念，法律本身的道德性是或然的，那么，守法行为的道德性便也是或然的。对法律来讲，守法的道德压力便会弱化。守法甚至有被视为懦弱、愚昧、为虎作伥的可能。立法者和守法者的绝对分野[②]、法律运作靠强制力保证的强制论观念在两方面妨碍守法习性的养成：滋长国家工作人员的特权意识、管理者意识，削弱他们的守法意识；对普通公民来说，养成畏法避刑的消极心态，难以形成积极维护法律权威、监督为政者守法的公民意识。如此则守法最终成为少数人的主动行为，对大多数人来说则处于被动状态。处于主动地位的少数人由于缺乏民众的主动监督而滥用权力，这就使腐败难以遏制。腐败的蔓延又加剧了民众的消极心态，甚至产生对法律和权力行为的对抗心理，产生对某些违法行为在道德上的认可，法律的实效势必会下降。按强制论的思维，法律实效下降的对策是加重刑罚(包括在立法和执法中)，刑罚的过重又使刑法的威慑力和道德支撑力下降。这样，法律的运作将会陷入实效持续下降的危险怪圈，法治国家建设将遥遥无期。

(5)良法的标准、基本的法治原则和法治的权力结构需要法学家去论证、阐述，法学家的科学研究是法治永不枯竭的精神动力。但是，强调法律与强力的联系将削弱乃至排斥科学理性的法学的作用，它的结果是无法形成独立的法学家阶层，甚至严格意义上的对法律持批判性审视的法学家也难以生存。中国古代秦汉以后法学即趋衰落、到头来法学成为绝学的历史就是很好的说明。

(6)强制论的理论前提之一——绝对国家主权论有碍接受国际社会相对统一的法治标准。现代法治国家是法治国际社会的一员，全球统一市场必然形成全球统一的市场规则，形成相对统一的法治标准。尽管到目前为止这些标准并不多，但是诸如自由、平等、人权等法治基本价值已为进步人类认同。这要求国家立法权在接受国内社会约束的同时接受国际社会公正的约束。但是，绝对主

① 沈家本任职西曹时，发现东北的法官"都不知刑名事"。参见沈家本著：《历代刑法考》，中华书局1985年版，第2225页。

② 例如，命令说中下命者与服从者的对立，中国古代"生法者君也、守法者臣也、法于法者民也"或者君臣、官民的对立，强者意志与被治者的对立，等等。

权论、国家立法权不受限制，具有天然正当性的强制论必然妨碍国家接受这些标准，从而延缓法治国家建设的步伐。

四、强制论在当代中国的生存发展及其社会学分析

第二次世界大战以后，对强制论的批判性审视成为世界性潮流。原纳粹德国的法学家们本着对人类负责的精神从逻辑、伦理和理论的社会副作用及对纳粹法律肆虐应尽的道义责任等方面对价值相对主义法学进行了严肃的反思。20世纪60年代，价值法学再次扩大了自己的理论影响，理论本身也进一步深化。特别是1958年开始的哈特、富勒论战把价值法学推向新的理论高度。经过学界多年的努力，曾经被接受为绝对真理的法律强制论在西方彻底衰落，法律的正当性再次被视为法律的主要属性。在当代西方三足鼎立的3大学派中，固然不必说新自然法学，就连分析法学和社会法学也都反对或修正强制论而弘扬法律的正当性。分析法学的哈特将奥斯丁的三位一体的法概念比喻为抢银行的强盗用手枪对着银行职员的脑袋：不拿钱来就开枪了。他说："对理解法律制度的基础和法律制度效力的观念来说，以威胁和服从习惯做后盾的命令是不适当的……强制权力存在的一个必要条件是有些人至少必须自愿地在制度中进行合作，并接受它的规则。"①社会法学巨擘庞德对法律的价值持积极肯定态度。他认为即使不能得出每一个人都同意的价值尺度，也不能"将社会交给不受制约的强力"，"不能把强力设想为手段以外的什么东西"。庞德指出，对于坏人来说，"他对于正义、公正或权利毫不在意……可是正常人的态度就不是这样，他反对服从别人的专横意志，但愿意过一种以理性为准绳的生活"。② 对于庞德来说，把法律看做强制、命令只是坏人的看法，而对占社会绝大多数的好人来说，法律是一种理性的安排。20世纪50年代末60年代初，苏联法学界也对维辛斯基以强制为中心的法概念提出了批评。苏联法学家法尔别尔批评维辛斯基的法律定义"把法的保证仅仅归结为强制"。③ 苏联《法学》杂志社在一篇社论中指出维辛斯基关于社会主义法定义的"基本缺陷在于把直接的国家强制措施宣布为社会主义国家中保证遵守法律规范的决定性手段"，社会主义法规范"之所以得到遵

---

① ［英］哈特著：《法律的概念》，张文显译，中国大百科全书出版社1996年版，第198页。

② 参见［美］庞德著：《通过法律的社会控制法律的任务》，沈宗灵译，商务印书馆1984年版，第17、58页。

③ ［苏］法尔别尔："论法的阶级意志性"，载《政法译丛》1958年第4期，转引自王勇飞著：《法学基础理论参考资料》（第1册），北京大学出版社1981年版，第182页。

守，主要是由于相信它的正确性和合理性、正义性和合适性，而完全不是因为在这些规范的背后存在国家的强制措施”。① 我国台湾地区的法学家在20世纪80年代也表现出某种弱化强制论的倾向。②

中国大陆法观念的走向与这股世界性“正当化”潮流形成强烈的反差。

古代中国可以称为极端强制论的故乡。在语义上，法、罚音同意通、法刑互训、兵刑不分；在法本体论上，王法观念久而弥坚；在法作用论上，“辔策论”通行无阻；在法内容上，刑法一枝独秀；在法渊源上，乾纲独断；在法概念的涵盖面上，正常交往的规范被排斥，所重者只是刑法，甚至只是刑罚。

19世纪之交的中国正处于法律和法观念的激烈变革时期，传入国门的有规范法学、社会法学以及后来的无政府主义、法西斯主义等各种思潮。这些思潮的国家强制成分与反法治成分经传统的改造而形成中国式的国家强制论。各种流行著作中通行的观念几乎都是：法律适于强行。故遂采用强行之手段，“因此社会力与公权力之强行而生之社会生活之法制，即所谓法律”，“藉权力而执行之，即所谓法律者是也”。③ 至于社会大众，由于法观念变革几乎仅限于社会上层，他们的法观念仍然是千古传诵的强制论。

20世纪中叶，新中国成立，人们力图在法律和法观念上切断历史联系。然而历史仿佛开了个大玩笑。声称激烈反传统的新法观念实际上只是传统的强化与理论化（起码在强制性问题上是如此）。人们将苏联法学当做传统的替代物，将维辛斯基的法学当做马克思主义法学全盘接受，殊不知这是教条化、歪曲化了的、背叛了马克思主义关于人的自由与解放精髓的，为斯大林专制辩护的法观念。人们先是请苏联专家来讲课，继而翻译出版苏联著作，接着是出版自己的著作。1951年中华书局出版的杰尼索夫的《国家和法的理论》称法律的定义就是指出法律的阶级实质，指出它对于阶级社会物质生活条件与“强制机关（国家）的从属关系，通过强制机关，阶级的意志就被推崇为社会都应遵守的法律”。④

---

① 这里仅将强制论逐出社会主义法，是不彻底的。法律的历史阶段性并不排斥法律具有的共性。但是无论如何，这是一个历史的进步，比现今中国法学界不分法的阶段性通通以强制性开路的观念要进步得多。参见王勇飞著：《法学基础理论参考资料》（第一册），北京大学出版社1981年版，第203页以下。

② 例如，我国台湾地区学者曹兢辉著《法理学》将法的学理意义归结为：（1）法是社会生成的规范；（2）法律以正义为存在基础；（3）法律靠国家强制力实行。这里没有强调法律是国家命令，而是强调法生成于社会，法以正义为基础，将强制力限制在实行的基础上，并置于学理意义的最后。参见曹兢辉著：《法理学》，台湾五南图书出版有限公司1987年版，第4页。

③ 参见王勇飞著：《法学基础理论参考资料》，北京大学出版社1981年版，第111页以下。

④ 同上，第147页。

人民大学出版社 1955 年出版的、苏联科学院法学研究所编的《马克思列宁主义关于国家与法的理论教程》说，法律的遵守“是由国家机关的强制力来保证的”，“这种以国家强制力来保证行为规则的遵守，就是法权的特点”。[①] 1955 年，维辛斯基《国家和法的理论问题》以当时少见的高质量精装出版，被法学界奉为圭臬。经过中国学者的传播和中国文化的诠解，中国式强制论形成。这个强制论在反“右”扩大化过程中和随之而来的一系列政治运动中被进一步“左”化、权力化、神圣化。20 世纪 60 年代，中苏关系破裂，苏联的观念被批判为修正主义、社会帝国主义，“左”倾的阶级斗争为纲的观念促使强制论进一步走向极端。法律被等同于国家的刀枪，司法机关成为“刀把子”。[②]

粉碎“四人帮”以后，法学获得了新生，但是强制论仍一以贯之，并进一步理论化，论证更加严密。孙国华教授主编的、哺育了一代人的统编教材强调“法律是统治阶级意志”，“不体现任何被统治阶级的意志”，“法律是阶级统治工具”，“法是经国家制定或认可的”、“法是由国家强制力保证实施的”。给法律所下的最后定义的核心是“阶级意志、国家制定认可、国家强制力保证实施”，把法与正义联系的观念斥为“唯心史观”。[③] 权威著作《中国大百科全书 · 法学》在谈到法律的特征时指出，法由国家制定或认可、法具有国家强制性，是以国家强制力保证实施的一种社会规范，国家强制力是法本身具有的一种属性。[④] 虽然至 20 世纪 80 年代中叶以来陆续有学者对法的阶级性提出质疑，[⑤]也有一些学者指出法的强制论的局限性，但是强制论的地位仍然不可动摇。[⑥]

那么，在 20 世纪下半叶正当论勃兴的时代，我国大陆为什么却反其道而行

---

① 参见王勇飞著：《法学基础理论参考资料》，北京大学出版社 1981 年版，第 147、149 页。

② 直到 20 世纪 80 年代，“刀把子”仍是禁区。有个上海法学家在一次内部会议的发言中，在肯定政法机关是“刀把子”的同时指出政法机关还有经济建设功能，因而惹来不小的麻烦。参见“刀把子风波记”，载《法学》1997 年第 6 期。

③ 参见孙因华主编：《法学基础理论》，法律出版社 1983 年修订版，第 47 页以下。

④ 参见《中国大百科全书 · 法学》，中国大百科全书出版社 1984 年版，第 79 页。

⑤ 法的阶级意志性和国家强制性是两个不可分割的命题，法的阶级性是强制论的潜在逻辑前提（起码在中国当代是这样，因为它是以立法者和守法者的对立为特色的）。对阶级性的反思实质上是对强制论的反击。但是学者们每一次对阶级性的质疑都受到法学权威们的“反驳”，问题不在于“反驳”，而在于这些反驳是教条主义的，更多的不是理性分析而是政治棍棒。所以对阶级性每一次质疑的结果是阶级性的再度强化。所幸的是党的“十五大”再次高扬“实事求是解放思想”这一邓小平中国特色社会主义理论的精髓，重提学习马克思主义的学风问题。

⑥ 例如，倪正茂先生发表于《法学》1995 年第 12 期的文章，朱苏力先生《法治及其本土资源》中的相关论述（中国政法大学出版社 1996 年版）。但是社会反映冷漠。《法学》在发表倪文时提出的关于开展强制性问题的讨论的倡议，响应者寥寥。社会对此类问题似乎不屑一顾，处于麻木状态，或者是早已失去探索的能力。

之，强制论被一再强化，正当论被视为异端？这种极端传统的法观念为何在剧烈的反传统运动中延续发展？为什么应该以自由、人的解放为己任的以理想社会为目标的我国法学家在法律问题上失去正当的法律理想而采"现实主义"的态度？除了强制论生存的一般条件、几千年的封建传统、闭关锁国等原因以外，对强制论生存与强化的特殊国情进行社会学分析是必要的。

（一）20世纪中国所处的历史转型期及特殊的转型方式

20世纪的中国处于由农业社会向工业社会位移的历史转型期，这一转型的实现方式又主要是暴力手段和群众运动，这在诸多方面助长了强制论。革命和群众运动依靠领导人的魅力、智慧及其权力，而不是民众认可的法律；法律的历史转型依赖暴力，无论在废除旧法和创建新法方面权力都跃居前台；转型期的规范转换难免带来规范权威下降促使统治者更多地使用强力，民众对法律的认同退隐；废除《六法全书》的过激行动人为地扩大了法律发展的不连续性，[①]连续存在于法律中的人类一般理性被掩盖，呈现在人们面前的是权力意志；巩固统治的斗争使用的主要是权力而不是法律，所用的法律也主要是实现权力手段的法律；转型期的价值嬗变带来的价值混乱使法律的价值基础模糊不清，社会良心处于被改造的地位，民众处于热情而不是理智的控制下，共同的价值认同十分困难，加上人为强化阶级斗争的方法更使法律的价值基础几至毁灭。这一切本身催生了法律的暴力化运动，为强制论的生存提供了良好的社会条件。这种类似经验西方国家也经历过，英国资产阶级革命中的霍布斯命令说是其代表。由于中国的特殊历史条件，这一转型的惯性冲力比西方更为强大，因而其理论表现也更为极端。

（二）特殊的经济结构及其经济运作方式

20世纪下半叶长期实行计划经济。计划经济的产生本身由自上而下的政府行为造就，社会处于被改造对象的地位。计划经济的运行靠的是权力而不是经济力量、经济规律。在计划经济时代，原有的经济关系和经济规律对法律应有的约束被权力打破。新的经济关系是权力的创造物，经济规律只以复仇女神的形象出现在人们面前，人们长期对此视而不见，自以为发现了规律、创造了新的规律。经济关系的客观必然性不见了，代之以权力行为。这使原本限制立法权的经济关系成为论证权力正当性的工具。由于交换被视为恶并一度被禁止，包

---

① 在社会主义国家中，采取"彻底废除"旧法，不允许引用的也只有中国，其他社会主义国家均或多或少承认旧法效力以免产生全面的法律中断现象。例如，苏联"十月革命"后采取废除而可有条件引用的方法，阿尔巴尼亚采取只要不违反新法旧法全部有效的方法，东德采取彻底修改的办法，原德国民法效力在东德直到20世纪60年代才结束。

含在交换关系中的人类理性、对他人的尊重被称为温情脉脉的小资产阶级情调。在既存的体制下，改革开放本身是权力认可和推动的。改革开放本身需要改变游戏规则。无疑，改变规则的动力不是来自社会而是来自权力。无论是主张“突破法律”规定或变法以改变规则的思想，都将权力推到了前台。法律再次成为权力的工具。市场经济建设在缺乏市场传统的国家，只能靠权力塑造、靠权力保障，法律又一次被工具化。在新旧体制交替过程中，法律的工具保障作用被强化。这个保障的法律又是与道德建设、民主建设相对称，分明强调的只能是法律的强制方面。

（三）权力过分集中的政治体制

邓小平同志多次指出“权力过分集中”是党和国家领导制度的主要弊端。① 高度集权的体制来自战时，而后在历次政治运动中不断强化。人们忘记了战时体制不能用来搞建设的常识。集权的必然结果是权大于法，法律成为权力的工具，依附于权力。人们将此种非常现象视为当然，视为规律。由于权力不受法律约束，立法中的意志色彩浓厚；由于权力大于法，在司法过程中“认权不认法”的现象必然蔓延；由于权力大于法，遵守法律就被服从权力取代，这又增强了强制论的影响力。在加强法制的过程中，人们想得更多的是以法行权，而不是以法控权。这实际突出的是法律的强制方面。权力的集中必然导致腐败蔓延，这又使人们力图用法律制止腐败，这个法律就几乎只是刑法了。可见集权的体制实为强制论的温床。

（四）国家垄断立法权和司法依附的特殊法律实践

中国自秦以来国家基本上垄断了立法权，不过给地方习惯、家法以一席之地。20 世纪下半叶，国家进一步垄断了立法权。同时，立法的民主化程度不高，加上“文化大革命”中立法机关 10 年不开会，实际上处于被非法解散状态。这使立法的权力化倾向十分明显。民众在立法中的作用未能充分体现，实际上民众只是成了法律强制的对象。② 在法律的内容上，民众参与管理国家的法律和民众权利保障的法律相对滞后；在立法权的分配上，行政机关实际上掌握了相当大的立法权；③在法律实施方面，司法机关的地位明显低于行政机关，司法独立难以贯彻。显现在人们面前的是一幅“政府权力立法、靠权力行法”的强制

---

① 参见《邓小平文选》，人民出版社 1983 年版，第 280 页以下。

② 据报载，直至 20 世纪 80 年代，某县委书记对人大依据宪法抵制他作出的越权决定时还蛮横地发问：“究竟是宪法大还是县委大？”可见，法律只管小民百姓的封建法意识是何等深入人心。

③ 全国人大常委会的几次“空白授权”使行政机关可以用立法形式处理公民的权利义务，法学界将行政法规、行政规章与人大及其常委会制定的法律同称为“法律”是最好的证明。

图画。

（五）偏执的阶级意志论

早在20世纪50年代，国人就从苏联引进了维辛斯基的阶级意志论，在强化阶级斗争的政治运动中，在阶级斗争为纲的时代，阶级意志论成为禁区。改革开放以后，阶级意志论日益完备，成为“法学基础理论”的基础。阶级意志论为法律强制论找到了新的理论根据，使它更具理论色彩，因而具有更大的说服力，成为难以改变的思维定式。加上将“阶级意志论”政治化的不懈努力，法律强制论也因而身价倍增。

（六）教条主义的学风

20世纪下半叶，将马克思主义教条化的学风一度蔓延成灾，教条主义学风加上法学与政治问题的难以分离、法学研究的对象与政治难以剥离，在政治成为禁区的时代法学的教条主义之风甚于其他社会科学。不良学风加上阶级斗争为纲的思维定式，人们自然只会论证被认可为马克思主义法学的阶级意志论和强制论的合理性，论证的方法是寻找语录，寻找苏联人的话。人们不会甚至也没有能力去发现强制论的不周延处，即人们失去了法学科学研究的勇气和能力。

五、法律的正当性高于强制性

上文对强制论的否定性分析评价并不表明笔者完全否定法律与强制的联系，笔者反对的是把强制夸大以致绝对化：把强制性作为法律的基本特性，把强制力作为法律运作的基础，特别是反对把强制性置于政治性之上，或者割断正当性与强制性的联系。在笔者看来，法律之为法律的基本特征是正当性、法律运作的基础是正当性。某些法律具有强制性，某些法律的运作最终需要强制开路，但是只有建立在正当性之上的强制才是法律的强制，否则便是赤裸的暴力。正当与否是法律与赤裸暴力的分野。

近代以前人们关于正当性的研究仅限于法律的内容，如自由、平等、权利保障，等等。现代特别是“二战”以来，人们关于法律正当性的视野扩充到程序领域。自然法学派开展了所谓程序自然法的研究，美国的法律正当程序由程序领域扩充至实体领域。哈特的“最低限度的自然法”、富勒的8大法制原则、马克斯·韦伯关于合法性问题的研究等均是对正当性研究的成果。综合前人的研究成果，笔者认为法律的正当性包括3方面的要求：（1）立法权的正当来源，即掌握立法权的人的地位来自民众选择或起码被民众认可，这种正当性可能以神授、禅让（继承）、天赋、民选等观念和实践体现出来。（2）立法权的行使正当，即立法权的程序、内容、目的被民众接受为正当。(3)强力的适当使用。法律强力不是压迫性的强力,它或者有上级权力作为依据,或以上位阶的法律为依据、权力行使遵守法定程序。尽管不同时代、不同法域的正当性标准差别很大,但是人们对法律都有正当性的要求这是同一的,最低的、统一的正当性内容也是存在的。事实上,只要有法律存在的地方,就会有讲理的地方(法庭),只要有法庭,就起码在形式上摒弃了赤裸的强力,法庭比的是谁"正当",而不是谁的拳头大,法官是以理服人,[①]而不是以力服人。否则法庭完全可代之以决斗场或战场。

法治社会里人们对法律的正当性尤为关注,对正当性提出了更高的标准。在立法权的来源上,要求必须是民选的机构才享有立法权;在立法权的行使方面,要求遵守严格的立法程序、充分的公民参与、最大的公开性;在立法目的方面要求以全体人民的最大幸福为立法目标;在立法内容上要求立法的内容正当(保障基本人权)、形式正当(不能溯及既往、明确、不矛盾、严密的法律位阶体系,等等)。

法律的正当性为什么高于或优于法律的强制性?

第一,在法律本体上,法律的强制性源自正当性。法律之为法不在于它是否出自国家,而在于是否正当,即立法权的来源是否正当,立法权的行使是否正当,特别是后者。如果不正当地行使立法权,其所立之规范失去正当性,则不是法,除非在"破房子也是房子"的意义上可以称为法。国家制定的东西之所以是法,是因为人们推定"国家的行为是正当的",而这个推定是可以被事实推翻的。希特勒的"法律"最终被逐出法律就是证明。相反,一条规则,只要是正当的,被人民认可的,并且涉及人们之间的利益分配关系,则它事实上是法。社会公认的价值、权威性理论、优良的国际惯例等皆为适例。现代许多法律客观上来自国家,但那只是它的形式方面,而且,国家的存在也依赖正当性,"只有那些得到被统治者拥护的人才能长期执掌政权"。[②] 总之,法律的根在社会,在组成社会的民众,在正当的社会关系及人们认同的正当性,而不是国家强制。

当然在法史上的确存在这种现象:有些规范或命令尽管它很不正当,但由于它出于国家,而被强制地推行。这只是法的败坏,是徒具形式的法,并不具备法律的本质。这些"法"只是法律历史长河中漂过的杂物与泡沫,它必定是短命

① 我们的祖先称第一位大法官皋陶为"理官"就是这种心态和现象的产物。

② [奥]路德维希·冯·米瑟斯著:《自由与繁荣的国度》,韩光明等译,中国社会科学出版社1995年版,第85页。

的。凡在一定地区长期存在的法律,必定具有为时人所认可的正当性。①

第二,在法的执行层面上,强制力源于正当性,正当性是评价强制效力的标准。强制推行一种意志或强制他人作为或不作为在人类社会普遍存在。因为强制是对他人自由的干预,因此在文明社会中强制受到严格的限制。法律正是限制非正当强制的主要工具。法律本身是对"非正当强制"的强制,只有在这个范围内,法律的强制才是正当的。也就是说,法律的强制不是专横的,否则就与人类设置法律的目的相左。法律的强制需要说明理由,以证明自己的正当,即法律的强制力根源于正当性。同时法律的正当性是评价强制力效力的标准。法律为使用或抑制国家的集体强制力提供正当的理由。② 即当强制力发动、运作时及其以后,它要受正当性的评价,被证明为正当性的强制的效力得到肯定,被证明为不正当的强制将受到抑制或否定。如果说在古代此种评价还只停留在道德层面的话,③现代社会则早已将它纳入名称各异的各类限制非正当强力的制度之中:宪法委员会、宪法法院、宪法法庭、行政法院、财政法院、普通法院,等等。在这些机构中,宪法规定的基本权利可以直接适用以纠正不正当的立法,撤销不正当的行政权力。同时正当性以"合理"、"适当"、"正当程序"等各种法律术语进入评价官方强制力的标准体系。

第三,在法的遵守层面上,正当性占主导地位。只要我们扬弃片面的强制论,承认行为人是具有选择能力的主体,那么,正当性优于强制性便不难理解。公民守法的行为源于法律知识积累、对法律正当与否的评价以及对可能社会反应的功利性考虑。社会反应通过社会关系而影响行为人的利益。只要承认人是具有理性的人,社会关系的大部分具有正当性,是"正当性观念"的源泉,那么对社会反应的功利性考虑的背后是正义女神。例如,债务人履行债务的主要动力是他的自主选择,这种选择考虑的主要因素是他处于社会之中,不履行债务将产

---

① 我国秦代的苛法是败坏的法律的代表。秦亡汉兴,先师黄老后崇儒学,均在法律中加入了"正当性"这一矫正器,故得以长久。黄老是对任意权力的限制。汉武以后以德入律,法律儒家化正是将"正当"置于强力之前。以往的学者侧重它的负面效应,未充分注意到这是中国法律对秦代暴力传统的否定,实为法律一大进步。历代"外儒内法"的统治术便是统治者对正当性优先的无可奈何的认同。嬴政的悲剧在于未认识到征战适用的是弱肉强食规则,统治适用的是法律规则,法律需要以正当为基础,而不是暴力。当他把强力当做包医百病的良药的时候,当他未能及时把强力取得的权力正当化、并以正当的法律进行统治的时候,"戍卒叫、函谷举",看来固若金汤的秦帝国竟如纸糊的一般。汉儒贾谊所言"夫并兼者高诈力,安定者贵顺权"真确论也。

② [美]德沃金著:《法律帝国》,李常青译,中国大百科全书出版社1996年版,第89页。

③ 即使在古代也存在例外。诞生于公元前509年的罗马保民官制度实为最早的制止不正当官方强制的行政法庭。在公民大会上,受到不正当行政行为侵犯的公民可以向保民官申诉,保民官可以对此作出判决。

生一系列不利后果:债权人的报复、失去信用导致社会的排斥反应而失去精神利益(受人尊重)和经济利益。这些关系与选择的基础都是"自尊和尊重他人为人"这一最基本的正当标准。如果履行债务被认为是不正当的,不公平的,那么,债务的履行将成为例外而不是常态。

近代法观念中的"正当论隐退"现象本身与法理学的科学化进程有关。奥斯丁以前的法理学主要是哲学层面的,可称为 Philosophy of law,在 19 世纪科学化思潮推动下,奥斯丁企图建立科学的法理学(Science of law),这就要求研究对象是经验可观察感知的,这就必然要把价值评价要素从法学中清理出去,转向对实证法律规范的分析。奥斯丁对科学法理学的建立功不可没,但由此而割断法律与正当的联系却是有害的、错误的。否定法律的"正当"基础,必然为法律找到强力这易被经验感知的基础。

近代法学中的"正当论隐退"还与人们研究法律特征的方法有关。希腊人从法律与道德的联系中、从法律与赤裸暴力的区别中寻找法律的特征,因而看到法律的基础是正当而不是强力。近代法学在法律"制定化"的进程中侧重法律与道德的区别中去认识法律。既然人们给定的道德定义是"社会自发产生并由内心信念推行",那么与此对称的法律基本特征就必然是"产生于国家并由国家靠强力推行"。其实法律与道德在外延上是交叉的。法律是人类文明的产物,它的基本特征应当从法律与赤裸暴力的区别中去寻找。整个法律体系的最终运作离不开对少数不遵守法律者的强力,从表象上来看这与强力相同,但是其实质正相反。赤裸暴力是邪恶的,法律的强制正是对邪恶强制的强制,法律的灵魂是正当而非强制。

六、余　　论

正当论与强制论的争议已延续了几千年,看来争论还得继续下去。双方争论的焦点不在于法律认知结果的差异而在于法律价值祈求的不同。站在正当论与强制论背后的是两种社会控制模式:强制论的人治型控制模式;正当论的法治型控制模式。

马克思早就把国家看成是"靠社会供养而又阻碍社会自由发展的寄生赘瘤",①他强调"自由就在于把国家由一个站在社会之上的机关变成完全服从这

① 转引自[苏]列宁著:《国家与革命》,人民出版社 1964 年版,第 49 页。

个社会的机关”。[①] 看来起码在“需十几代、几十代人”去努力的社会主义初级阶段还甩不掉这个“寄生赘瘤”。我们的选择就只有依照马克思的教导去控制这个“机关”。用什么来控制？那就是以正当性为基本属性的法律。因此从崇尚人治到高扬法治是对马克思的真正回归，是马克思主义发展史上对“什么是社会主义”认识的第二次伟大飞跃。[②] 如果我们坚持法治的社会主义，那么，一切以人的解放为己任而不是营营于维护特权的法学家们，难道不应当重新认识那把国家推上神坛的强制论吗？

（1998年第7期）

① [德]马克思著：《哥达纲领批判》，人民出版社1965年版，第21页。

② 对社会主义认识的第一次飞跃是从“计划经济社会主义”到“市场经济社会主义”的飞跃，这是对社会主义经济属性认识的飞跃。第二次飞跃是从“人治社会主义”到“法治社会主义”的飞跃，这是对社会主义政治属性认识的飞跃。

法律的可诉性：现代法治国家中法律的特征之一

王晨光*

长期以来，我国法理学界公认，法律作为最有效的社会整合机制之一不同于其上层建筑中的其他社会规范；它具有规范性、国家意志性、强制性、以权利和义务为内容等特征。与之相适应，法律具有指引、预测、强制、教育和评价等规范作用。①

笔者认为，这些特征和规范作用确实真实地反映了法律的属性，但是它们仅从一个角度反映了某些重要方面的属性，而忽略了其他的角度和方面，不能完全反映现代法治的要求。此说根据有二：(1)从法律概念层面上看，上述特征的出发点和运作中心是国家和政府。而现代法治国家不仅强调政府的推动作用，更强调广大人民群众的参与和人民主权的落实。② (2)从法律运行层面上看，无论是规范性、国家意志性还是强制性都暗含着一种自上而下的运行模式，即法律是由国家制定的、用以治理民众的、具有强制性的规范。③ 因此这些特征表述的不过是这种自上而下的运行模式，即由国家制定，民众执行的单向运行模式。制定法律规范的目的在于用其规范人们在社会生活中的行为。

徒法不足以自行。由文字和规范构成的法律规范不可能自动运行，而要靠法律关系的参与者通过各种主动或被动的行为来实施法律规范，推动其运行。按照上述单向性的法律特征的观点，我国法学界一般将法律规范在社会中的运行纳入法律实施这一范畴，即法律在社会生活中的具体运用和实现。它包括法律执行，即由国家行政机关按照法定职权和程序实施法律的专门活动；和法律适

---

* 作者单位：香港城市大学。

① 北京大学法学理论教研室：《法学基础理论》，北京大学出版社1984年版。其他同类教科书，如国家教委和司法部组织编写的教材、各大学自行编写的教科书，都在不同程度上采用了这种观点。

② 在近期发表的众多文章和1997年法理学年会中，不少学者对以法治国的主体进行了深入探讨。虽然观点不尽相同，但人民作为法治的主体（至少是主体之一）则是多数学者的共同看法。

③ 有的教科书讲："一国执政者特别看重法律、制度的作用，以法治国，即为通常所说的法治。"这种观点显然是这种仅反映从上而下运行方式的法律特征的逻辑归宿。

用，即国家司法机关按照法定的职权和程序具体运用法律处理案件的专门活动。[①] 在这样一个运行过程中，我们不难发现，公民、法人和法律关系的其他参加者似乎起不到什么作用。如果有的话，他们的作用通常被归入守法这一范畴之中，即社会上的一切组织和个人严格遵守国家现行法律规定，严格依法办事的活动方式。[②] 如此而言，公民、法人等不具有公权力的法律关系参与人所能起到的作用不过是被动地遵守规则而已。

由此可见，传统理论对法律特征和作用的论述建立在法律单向运行的模式基础之上，没有为一般民众积极参与法律运行提供充分的理论根据和说明。如果从传统的法律是国家专政的工具、社会控制或狭义的依法治国的角度而言，这样一种单向的、以国家作为立法、执法、适用法律和监督守法启示者的法律运行方式似乎也无可挑剔。事实也确实如此，在社会主义民主受到压制和忽视的时期，这种观念长期被人们所接受。然而，它显然忽略了法治的一个重要方面，且在法律实践中产生了某种偏差和失误。在高扬社会主义法治旗帜的新时期，这种法律概念和运行模式显然无法准确地表述社会主义法治的内涵。

社会主义法治国家的提出（观念的变革）和我国经济体制在市场化道路上的改革（客观环境和社会结构法的变化）为我们重新思考这一问题提供了新的视角和机会。

一、法律的双向运行模式是现代法治的要求

按照各国主流法学思潮的看法：现代法治只能以民主制度为基础，是对由国家占主导的传统法律制度和法律理念的否定。它的运作绝不可能采取传统的单向运行模式，即由政府或国家官员立法，并实行从上而下对一般大众的单纯管理、执法和适用法律的模式；而必须采用从一般大众到政府以及从政府到一般大众的不断的立法、规范、监督、反馈和修正的“良性双向运行”（reciprocity）模

① 有的教科书讲：“一国执政者特别看重法律、制度的作用，以法治国，即为通常所说的法治。”这种观点显然是这种仅反映从上而下运行方式的法律特征的逻辑归宿。

② 同上。

式。[①] 现代宪法主义和行政法的出现就是这种双向运行模式合理性和必要性的佐证。由此"法治不复仅仅是公民的准则,而且成了统治者所需要遵循的准则。"[②]有学者在论述"依法治国"和"以法治国"的区别时指出:"依法治国并不排除政府以法律作为治国的重要手段,不过它强调的是法律的主导地位:政府必须依据和依照法律所批准的方式来思考和行动,治人者须先受制于法,然后方能治人。"[③]我国经济体制改革中提出的"放权"、"小政府大社会"等提法,以及政治体制改革中提出的扩大和加强社会主义民主等措施也都反映了我国社会对这种双向法律运行模式的呼唤。只有在这样一种模式中,人民大众的主动性和积极作用才能发挥出来;法律的民主性和人民性才能得到充分的发挥和强化;法律及其整个法制的合法性才能真正深入人心;社会主义法治也才能奠定在坚实的基础上。这种双向模式听起来似乎不错。接踵而来的问题是,如何才能使法律运行的双向模式真正在我国的法治实践中得以建立呢?套用马克思的老话:批判的武器不能代替武器的批判,物质世界只能用物质力量去改变。良性双向运行的模式不可能仅仅凭借理论的论述而建立,而且还要在我国的经济体制改革和政治体制改革不断发展的大环境下,随着社会主义民主的逐步完善和制度的更新而积极推进和建立。这一模式包括在立法和法律的实施两个层面上的艰苦努力。因此它的建立和完善涉及政府职能的转变、立法的民主化、司法机构的职业化、法律观念的更新、公民权利保障的强化,以及公民参与法律运行程度的提高等方面一整套具体方案和措施的制定和实施。有关法律特征的思考引起了对法律双向性运行的探讨,而法律双向性的探讨又引发了这众多的方面。可谓牵一发而动全身。本文显然无法涵盖这众多的方方面面,不如还是回到对于法律的一个特征的分析上来,希望以此引发人们从新的制度对法律乃至法治的基本特征进行探讨,唤起对法律运行中一个长期被忽视或没有得到足够重视的层面的关注和研究,从而深化对社会主义法治国家的理论认识和相应的制度设计。

---

① Fuller 引用社会学家 Georg Simmel 的话:政府和公众之间有一种相互尊重,如果这种相互关系被破坏,公众也就不必遵守法律了。Fuller, *The Morality of Law*, 1964, pp. 38 – 39. Finnis 说:法治的理论建立在统治者和被统治者之间的某种互动关系之上。这种互动关系具有自身的重要价值,包括双向性和程序公正。它并非仅仅是实现其他社会目的的手段,故不可为达到其他目的而轻易地被放弃。Finnis, *The Natural Law and Natural Rights*, Oxford Press, 1980, p. 274.

② [英]W. I. 詹宁斯著:《法与宪法》,龚祥瑞译,三联书店1997年版,第32页。

③ 郑成良、董进宇、霍存福著:《论依法治国之法理要义,以法治国建设社会主义法治国家》,中国法制出版社1996年版,第122页。

二、法律可诉性作为法律特征的必要性

法律双向运行模式强调一般公众对法律的参与性。被管理和机械守法虽然也是公众参与法律运行的一种形式，但却非现代法治国家所要求的那种积极参与。就政治层面而言，这种参与来自民主制度的确立和完善；就技术层面而言，这种参与来自法律的可诉性（Justiciabilty），也就是说，法律作为一种规范人们外部行为的规则（就广义而言，法律规范包括规则、原则和立法意图①），可以被任何人（特别是公民和法人）在法律规定的机构中（特别是法院和仲裁机构中）通过争议解决程序（特别是诉讼程序）加以运用的可能性。德国法学家坎特罗维其认为：法律是规范外部行为并可被法院适用于具体程序的社会规则的总和。②在这一意义上，法律的可诉性是现代法治国家的法律应有的特性。

人们自然会问，既然强制性已经成为法律的特征之一，强制性已经包括了按照法律规定的程序起诉应诉的意思，为什么还要把可诉性单独作为一项特征提出来呢？广义而言，强制性确实包括了诉讼的意思。但是，这种诉讼在很大程度上暗示着由国家主导的诉讼，其主要表现形式是刑事诉讼。而现代社会的法律主要是建立在市场基础上、以民商法和行政法为主干的法律体系。民商法和行政法的运行则有别于刑法的运行。其区别在于：民事、经济和行政诉讼主要是由作为当事人的公民和法人启动的；而刑事诉讼则由国家启动。如果单纯强调强制性，就私法领域而言，市场运行中产生的大量纠纷就会因缺乏当事人的主动性和启动程序而无法通过诉讼途径得以解决。就公法领域而言，政府决策的失误和不断蔓延的腐败就不可能被真正置于有效的法律监督之下。虽然我们有人大、信访、党纪政纪等多种对政府机构和人员进行监督的途径，但真正说来，只有

---

① Dworkin主张法律不仅包括法律规则，同时包括规则背后的法律原则和立法意图。只有了解和运用法律原则，才能对法律规则进行完整的解释，从而得出唯一正确的判决。见Dworkin, *Law's Empire*。

② Hemann Kantorowicz, *The Definition of Law*, Cambridge University Press, 1958, p. 79. 坎特罗维其在分析了与其他社会规范的区别后指出：以内容、国家渊源和强制性来解释法律的特殊性都不甚令人满意，最为明显的区别应是法律的可诉性。除了坎特罗维其外，本文作者尚未发现其他学者对法律可诉性的论述。这大概是因为在西方社会中，所有法律都可以在诉讼或争端解决程序中被引为争辩的根据。因而法律的可诉性是不言而喻的。这一特点在以判例为主导和基础的普通法系中尤为显著。作为结果，熟视而无睹，当然也就没有必要对其大书特书了。在普通法制度中，法律的可诉性还可指某一争议是否可以纳入法院的司法管辖权的范围。例如，开创美国司法审查权的马伯里诉麦迪逊案就排除了政治决策的可诉性。

诉讼等法律程序才能将政府机构和人员置于与民众平等的地位,对其行为和权力构成强制性约束,确立其人民公仆的观念。同时,只有通过强调能够激发和鼓励当事人主动性的可诉性,才能使法律成为广大民众手中武器,而非仅仅是政府手中的控制工具;才能体现法律运行中的民主性,建成新型的社会主义法治。在这一意义上讲,法律的可诉性无法被强制性所包容或取代,因而它是一项不可忽视的重要的法律特征,反映了法治的内在要求。

传统的法律特征还包括法律以权利和义务为主要内容。这一特征能否包容法律的可诉性呢?本文的回答是否定的。权利指法律关系主体依法享有的权益和权能。这一特征主要是指法律关系的静态内容,并没有强调法律本身的动态运作方式,因而无法解释和涵盖法律可诉性所表述的现代法律双向动态运行模式。

从法治发展的实际状况来看,世界上其他一些法治较为完备的国家的经验也证明法律的可诉性是现代法治国家的法律特征之一。英美的普通法自不待说,它本身就是通过诉讼发展起来的。美国宪法中司法审查权的出现和发展便是一个最好的例证。可以说,没有诉讼就没有普通法。在这种制度下,任何法律规范都可以被作为诉讼的根据。大陆法系虽然以成文法为主,诉讼在其中的重要作用却也无须赘言。我们常常不无讥讽地说,西方人喜欢争讼(litigious)。其实就法治意义而言,这种争讼并非一味地具有贬义。除去它所包含的视诉讼为解决争端的唯一途径的观念外,它标志着法律的至上性在社会中的确立,也反映出民众对法律制度的信任和依赖。

法律的生命在于它在具体事实中的应用,否则法律不过是一堆毫无生气的词语。[①] 法律的应用是由社会中的人赋予的,因而其生命也是人带来的。如果我们仅仅把法律的生命置于政府及其官员手中,也就是说,只有政府及其官员才能启动法律的运作,法律制度的运作就永远是从上而下的单向性运作,无法达到法治的境界。当我们欢歌高扬的法治旗帜时,当我们聚精会神地论证人民是法治的主体时,切莫忘记探讨和设计如何使这一旗帜牢牢地根植于社会的方法,以及如何能使人民大众真正行使起主体资格的措施。法律的可诉性的论证和设计将是实现这一目标的措施之一。它旨在把法律和法律运行的启动器交到广大人民手中、把法律纳入摆脱行政和人治干扰的良性双向运作之中。这样法律体系才能成为自发的、相对独立运行的自治体系,才能具有强大的生命力。

---

① 美国霍姆斯大法官的名言:"法律不是逻辑,而是经验。"可以说是这一观点的最早表述之一。

三、实现法律可诉性的保障

法律的可诉性作为法律的特征之一并非是一个空泛的口号，而是体现着法治精神的具体要求。当然，法律的可诉性不可能因为人们把它列为法律的特征之一而自动得以实现，而是要通过一系列的观念、法律和制度上的保障而实现。

首先，观念的更新是一个重要方面。它需要对法律意识和法律文化进行长期培养。因篇幅所限，本文对此不多论述，而是仅仅列出一些可以考虑的方面。例如：法律关系参与者的诉讼意识的提高（可以想象，如果大多数人仍然像《秋菊打官司》中的秋菊那样，仅仅满足于被动地运用法律"讨一个说法"，而非有意识地运用法律保护自身的权益，法律的可诉性也就无从谈起）；党政机构及其官员的人民公仆意识的强化（如果各级官员认为自己是超乎法律之上的特权人物，法律的双向运行也就成为不可能）；司法机关工作人员特别是法院法官秉公执法、依法办事观念的增强（如果司法腐败、把"打官司"转换成"打关系"，法律的可诉性也就无法实现）。在上述方面，"政法战线在推进依法治国中居于重要的地位，负有重大的责任。"[①]在上述各种意识中，"法律至上"的观念尤为重要。这一观念的宪法根据是《宪法》第2条和第5条关于"一切权力属于人民"和"维护社会主义法制的统一和尊严"，"任何组织或者个人都不得有违反宪法和法律的特权"的规定。

其次，就法律规范而言，要使法律具有可诉性，在立法时就应注意不仅要在法律规范中制定明确的行为模式和相应的法律后果（奖励或罚则），而且要制定产生纠纷后的解决途径和诉讼主体。

在实践中，我们当然不可能在所有的法律条文中都规定相应的具体行为模式和法律后果。"一个法律规范并不一定等于一个法律条文。"有些法律规范的行为模式和法律后果并不同时存在于一个条文之中。[②] 此外，有些法律规范在制定中由于种种原因而没有法律后果的规定。西方学者将这种缺乏具体行为模式或法律后果的法律规范称为象征性立法（symbolic legislation）[③]或叙述性立法

① 江泽民在全国政法工作会议上的讲话，载《人民日报》1997年12月26日。

② 沈宗灵主编：《法理学》，北京大学出版社1996年版，第30页。

③ Roger Cotterell, *The Sociology of Law: An lntroduction*, Butterworths, 1984, p. 58.

(narrative legislation)。[①] 我们可将其称为宣言性立法。这类立法目的在于宣布一项社会政策、权利或职责。近年来,不少国家立法和国际条约都出现这种倾向,如人权、环保等方面的立法。但是,虽然我国的宣言性立法和外国的象征性立法或叙述性立法在形式上颇为相像,它们在适用上,即可诉性上,却大为不同。在西方国家,象征性立法或叙述性立法并不妨碍其在法庭或其他纠纷解决程序中被引证为法律根据,因此它们通过判例和司法解释得到重构和新生;而在我国,这种宣言性立法的可诉性则大为削弱,几乎丧失其作为法律规范的功能。

最后,就制度而言,法律的可诉性要求建立解决纠纷的机构、纠纷解决的程序和有效的执行机构。否则纠纷当事人或告状无门或无程序可寻,立法上规定了的权利也如同虚设。例如,法律规定:选举单位和选民有权监督、罢免他们选出的人民代表。但是在实践中原选举单位和选民则鲜有可行的途径行使这一权利。

制度建设还对纠纷解决机构的工作人员,特别是法院法官,提出了更高的素质要求。他们不仅应做到具有抗拒腐败、秉公执法的良好道德,同时也要做到具有深厚的法律功底和精湛的业务水准。如果我们有了相对完备的法律,但是法官们却无法真正理解和掌握它们,法治的实现就永远是纸上谈兵。可以说,从20世纪70年代末法制建设开始以来,我国法制建设主要集中在立法工作上。虽然至今仍有繁重的立法工作亟待完成,但我国的法律体系已初步形成。随着这一进程,立法的压力相对减轻,而执法和司法等法律运行中的压力则日益沉重。可以预见,下一个法治发展阶段的突出矛盾将是“有法不依、执法不严、违法不究”的问题。法理研究的重心也将从静态的立法和宏观理论的研究转移到对动态的法律运行的理论和实践的研究。后一种研究将更加深入、具体、生动和艰苦,同时也将更具有法律的独特色彩,更多地参与法律实践。

四、法律可诉性对我国法治现状的启示

我国法制建设已经取得了长足进步,但又存在不少弊端。其中一些弊端的形成和蔓延与长期以来法律的可诉性没有得到应有的承认和贯彻不无关系。众

---

① Jan Van Dunne, Narrative Coherence and Lts Funiction in Judicial Decision making and Legislation, *The Smerican Journal of Comparative Law*, 1996, Vol. 44, pp. 463 – 478. 第十四次国际比较法协会曾经对没有制裁的法律进行讨论。但其讨论的前提是法官面对这类法律时应当起什么作用。可见传述性法律的可诉性仍然存在,并未因制裁的缺少而失去可诉性这一重要的法律特征。参见 Bulletin, *The American Journal of Comparative Law*, Vol. 42, 1994, p. 827.

所周知，我国在很长一段历史时期内没有依照法律来治理社会和国家，而是奉政策为圭臬。虽然随着法制建设的推进，政策的法律化强化了法律的中心地位，但是法律的政策化则是这一过程的副产品。它的具体体现是政策性法律和宣言性法律的出现，以及法律适用的政策化。

政策性和宣言性法律的主要特点是不具备或很少具备法律的规范性，特别是法律的可诉性。例如，科学技术进步法、一系列的权益保障法和母婴保健法等法律中的大多数条文都不具备法律应有的规范性，特别是可诉性。严格讲，这些条文都是宣言性法律。它们的宗旨在于宣告一种国家政策和精神，而非在于赋予公众某种赖以诉诸公堂的法律根据和程序。例如，科学技术进步法规定："地方各级政府应当采取有效措施，推进科学技术进步。""国家鼓励……与国外科学技术界建立多种形式的合作关系"等。如果某个公民或机构认为国家和政府没有按照上述法律规定办事，他是否有权提出指控呢？如果有，那么向什么机构通过什么程序提出呢？该法显然没有考虑这些问题，或根本就没打算考虑这些问题。在其他一些权益保障法中，类似的条文不少。很多权益实际上由于缺乏相应的法律后果的规定而流于形式。例如，"任何人不得在中小学、幼儿园、托儿所的教室、寝室、活动室和其他未成年人集中活动的室内抽烟。"如果有人违反规定，有什么有效惩治的法律途径可寻呢？恐怕法院也不会受理这种吸烟案的诉讼吧？

本文无意否定这些立法的必要性和合理性。但是不区别法律规范和其他社会规范的不同点，按照道德规范或政策的标准来立法，把不具备法律可诉性的规范用法律的形式制定，显然会降低法律特有的严肃性和威严，从而把法律政策化、道德化。这又带出本节要谈的第二点，即法律适用中的政策化做法也应努力戒除。

政策和法律具有各自不同的实施方式。"上有政策，下有对策"。这反映了政策的灵活性和变通性。如果我们把对待政策的一套办法搬到法律实施中来，建设社会主义法治国家的宏图就难以实现了。因此我们应当对制定那种政策性或道德性法律持审慎的态度，尽量把这类立法以国家规划、人大决议的形式表达出来；如非立不可，则必须考虑并设计出用以保障这些法律实施的法律手段，特别是诉讼途径和机制。就这一点而言，联合国人权宣言等国际法律规范正是力图通过加强其可诉性的方法（如通过联合国的有关法院和欧洲法院等区域性法院机制）不断得以强化和实施。可以说，这一经验对我国的法制建设不无积极借鉴作用。

我国许多法律被作为纲领和宣言制定，因而从来就没有是否要通过诉讼形式或其他争端解决程序实施的问题。首当其冲的就是我国的根本大法，即宪法的实施。按照最高法院在1955年颁布的司法解释，宪法条文不得在判决书中直接引用。[①] 虽然该解释指的是刑事案件的审理，但宪法条文在任何案件的判决书中不得直接引用成为我国司法活动中的惯例。因此宪法的可诉性一直是我国法律实践中的禁区。在1988年最高法院公布的一起损害赔偿纠纷案中，法院首次引用了《宪法》"对劳动者实行劳动保护"的规定确立了人身伤害的侵权行为免责条款无效的原则。[②] 这一变化虽尚难明确揭示我国宪法可诉性的趋势，但它的产生无疑是向宪法可诉性迈出的重要一步。

香港的顺利回归也会对我国的法治建设提出新的课题和挑战。就宪法性法律的可诉性而言，作为香港地区性宪法的香港基本法在回归后已经经历了两次诉讼的洗礼。[③] 这两起诉讼表明：宪法性法律在香港特别行政区内可以直接被挑战和引用。透过香港基本法咨询委员会的工作，可以预见：围绕香港基本法产生的问题很可能被提交到全国人大常委会，基本法的问题也很可能引发宪法条文的解释和应用的问题。我国法学界和立法界长期探讨和设计的宪法委员会或宪法法院也将指日可待。

除了宪法外，我国还有一些法律历来缺乏可诉性。其原因或是因为它们被作为纲领而束之高阁，或是因为它们缺少具体的执行机构和程序，或是因为它们的规定太空泛。

综上所述，法律的可诉性应当成为法律，特别是现代法治国家法律的基本特征之一。对中国的法治现状而言，明确并强调法律的可诉性尤其具有现实意义。它不仅会带来法律观念上的深层变革，从某种意义上讲，它也是建立一个自行双向良性运转的法治系统的关键，是解决我国执法难和法律无力困境的出路之一。它的广泛而深入的落实将真正把法律交到人民大众手中，使其成为名副其实的法治的主体，从而推动在我国建立社会主义法治国家的进程。

（1998年第8期）

---

① 最高人民法院：关于在刑事判决中不宜援引宪法作论罪刑的依据的复函（研字第11298号），1955年7月30日，摘自《新中国司法解释大全》，中国检察出版社1990年版，第420、421页。该复函并未一般地禁止在判决中引用宪法，而是仅规定在刑事判决中不宜引用宪法作为论罪科刑的依据。但是司法实践显然对这一复函作了扩大解释，从而形成了在审判活动中一律不引用宪法的惯例。

② 全国人大常委会法制工作委员会民事法律卷编辑组编：《中华人民共和国法律分类总览》，法律出版社1994年版，第834页。梁慧星：《民法学说判例与立法研究》，中国政法大学出版社1993年版，第280页。

③ 该两起案件为香港特别行政区诉马维宽等案和张丽华等4人案。前案就《基本法》第160条的"采用"二字进行争论，以决定回归前的香港法律是否继续有效。后案则试图论证第24条和第22条的关系，以决定偷渡到香港的港人在内地所生子女是否应当遣返内地的问题。

实施依法治国的特点和需要解决的问题

李　林*

一、中国实施依法治国的主要特点

从主观上讲，我们所希望的依法治国，是既能够保持社会和政治稳定，又能够有效利用各种经济、政治和文化资源，避免损失和浪费的社会变革。从过程上讲，依法治国的进程应当是与经济市场化、政治法治化、权力制约化、社会生活有序化以及利益主体多元化的改革进程协调发展。

我国正处在社会主义初级阶段，当前实施依法治国方略有许多有利条件，但也存在各种困难。我国的历史文化传统和初级阶段的基本国情，决定了依法治国必然是也必须是一个逐步发展变革的历史过程。这个过程具有以下特点：

（一）我国的依法治国是一个由人治体制向法治体制逐步转变的过程

我国的人治体制形成于战争年代，新中国成立初期基本沿袭了这种靠领导人意志和政策办事的人治体制。特别是1957年之后，法治思想削弱，人治思想上升。在1958年8月召开的协作区主任会议上，毛泽东说，公安法院也在整风，法律这个东西没有也不行，但我们有我们这一套，还是马青天那一套好，调查研究，就地解决问题……不能靠法律治多数人。民法刑法那么多条谁记得了。宪法是我参加制定的，我也记不得……我们的各种规章制度，大多数、百分之九十是司局搞的，我们基本上不靠那些，主要靠决议、开会，一年搞4次，不靠民法、刑法来维持秩序。人民代表大会、国务院开会有它们那一套，我们还是靠我们那一套。刘少奇提出，到底是法治还是人治？看来实际靠人，法律只能作为办事的参考。① 实行人治，最后导致了“文化大革命”的悲剧。

邓小平同志作为党的第二代领导集体的核心，高度重视社会主义民主和法制建设。他强调指出，“为了保障人民民主，必须加强法制。必须使民主制度

---

* 作者单位：中国社科院法学所。

① 全国人大常委会办公厅研究室编著：《人民代表大会制度四十年》，中国民主法制出版社1991年版，第102页。

化、法律化,使这种制度和法律不因领导人的改变而改变,不因领导人的看法和注意力的改变而改变”。① 在实行人治还是实行法治的治国方略的选择上,邓小平同志坚决主张实行法治。他明确指出:“我们过去发生的各种错误,固然与某些领导人的思想、作风有关,但是组织制度、工作制度方面的问题更重要。这些方面的制度好可以使坏人无法任意横行,制度不好可以使好人无法充分做好事,甚至会走向反面。即使像毛泽东同志这样伟大的人物,也受到一些不好的制度的严重影响,以致对党对国家对他个人都造成了很大的不幸。”②实行人治最大的弊端,是把国家的安危、人民的福祉寄托在个人或少数人身上,决策没有基本法律依据和民主程序规制,个别人可以恣意决定国家和民族的命运。邓小平同志一再反对和批判这种人治的思想和治国方法,并从我们党新中国成立以来的历史教训中得出了这样的结论:“有一个观点,如果一个党、一个国家把希望寄托在一两个人的威望上,并不很健康。那样,只要这个人一有变动,就会出现不稳定。”③总设计师的思想清楚地表明了这样的思维逻辑:只有社会主义才能拯救和振兴中国;而要走社会主义道路就必须坚持和完善社会主义民主,保证国家的一切权力始终掌握在人民手中,保持安定团结,保证国家长治久安。为此,必须反对人治,厉行法治,依法治国。

以江泽民同志为核心的党的第三代中央领导集体高举邓小平理论的伟大旗帜,高度重视社会主义法治,坚决反对人治。早在1989年9月26日,江泽民同志在中外记者招待会上就郑重宣布:“我们绝不能以党代政,也绝不能以党代法。这也是新闻界讲的究竟是人治还是法治的问题,我想我们一定要遵循法治的方针。”1996年初,江泽民同志就依法治国问题发表了重要讲话,全面深入阐述了依法治国的意义、内涵和在社会主义现代化建设中的地位、作用。党的“十五大”报告把依法治国进一步确立为治理国家的基本方略,标志着我们党和国家领导方式、执政方式和治国方式的重大进步。

由国家最高领导人的民主政治意识来决定中国治国思想和治国方式的做法,本身就可以说是“人治”的反映和体现。但是,3代领导人的民主法制思想又是一个不断发展、丰富和完善的过程。从以上3代领导人治国思想和方式的发展轨迹中,可以明显看出,我国治国的基本方略正在发生着由实行人治向依法治国的逐步转变。这种转变是一个后发达国家走向现代化的历史必然。中国由人

---

① 《邓小平文选》(第2卷),第146页。

② 同上,第333页。

③ 《邓小平文选》(第3卷),第272页。

治向法治过渡和转变的社会特点，决定了依法治国、建设社会主义法治国家的复杂性、艰巨性、长期性和渐进性，不可能一蹴而就。

（二）我国确立依法治国方略的基本动因是一个具有经验性和实用性的选择过程，主要是为了解决经济发展、政治民主、精神文明和长治久安等现实社会问题而启动的

无疑，我们选择依法治国作为治理国家的基本方略，是从中国社会主义初级阶段的实际出发，对国际共产主义运动和中国社会主义建设的经验教训的科学总结，是邓小平理论及其实践的重大成果。依法治国方略的选择是一个动态的发展过程，是人们对实践认识逐步深化的体现。然而，这个选择的实践始于何时，在学术界是有争议的。有的认为应当以十一届三中全会为起点，有的认为以"十四大"提出建立社会主义市场经济为起点，也有的主张只能从"十五大"正式确立依法治国方略算起。如果以十一届三中全会作为我国实行法治和启动依法治国的起点，那么它的基本动因主要来自对"文化大革命"历史教训的深刻反思和长期推行极左路线的全面否定，这是一种以史为鉴的实践理性的经验总结。如果以党的"十四大"为起点，那么它的基本动因主要是为了适应由计划经济向社会主义市场经济转型的需要，通过建构现代市场经济法治体制来达到为经济建设服务的目的。这种动因在宏观上抓住了我国社会发展的主要矛盾，突出了以解决经济建设问题为中心的特点，但缺乏与政治、社会、文化等协调发展的系统筹划。如果以党的"十五大"明确提出依法治国是治理国家的基本方略为起点，那么它的基本动因体现了一定综合性的现实要求，主要为了4个目的：(1)促进社会主义市场经济发展，保证经济改革的顺利进行；(2)促进社会主义民主政治建设，保证人民当家作主权利的充分实现；(3)促进社会主义精神文明建设，保证思想道德和文化的健康发展；(4)促进社会秩序的有序化，保持国家稳定，实现长治久安。① 但是，无论以上述哪一个时间作为启动我国依法治国的历史时间起点，在战略决策上都主要是一种经验的现实选择，体现了比较被动的实用性和经验性特点，而缺少像西方国家进入法治社会时经过"文艺复兴"和"启蒙运动"的民主法治思想准备阶段和人文主义理性文化洗礼的前奏。如果把选择依法治国作为基本方略的动因放在国际大背景下，还可以明显感觉到一种赶超先进发达国家的国际压力和紧迫感。② 这种压力既来自于保持"球籍"的危机，也来自于跻身世界强国之列的渴望。主要是国内外诸种现实动因的合力

① 王家福："依法治国，建设社会主义法治国家"，载《求是》1997年第24期。

② 蒋立山："中国法制现代化建设特征分析"，载《中外法学》1995年第4期。

而不是理性思考和选择的作用,导致依法治国在20世纪的最后时刻被历史地确立为中国的治国基本方略。

从内在动因来分析,我国选择依法治国的道路主要是出于现实发展的需要,是对现代化建设中现实问题挑战的一种回应,在选择的动机上仍未跳出"实用主义"的窠臼。在我国,由于依法治国尚未成为社会主导价值的一部分而被普遍接受和认同,它还不具有法治理性文化支持的广泛社会基础,因此,依法治国方略的选择不可能真正成为理性思考和文化选择的结果。正因如此,在一些地方实施依法治国方略时,依法治理(包括依法治省、市、区、县、乡镇、村、各行各业、方方面面)主要还是靠利益驱动作为内在动力,是否开展依法治理、怎样开展以及开展到什么程度,往往取决于决策者对此项"方略"能否给地方或者行业(包括决策者本人)带来明显的或者潜在的、眼前的或者长远的经济、社会、政治和文化的利益的判断。地方或者行业的工作千头万绪,许多方面的工作都可以产生"利益",一些省市或者行业领导为什么要重视依法治理工作,为什么要把依法治理放在重要位置,一个很重要的原因是依法治理"管用",能够解决运用其他诸如教育、行政和经济手段难以解决的某些重大问题。由此决定,依法治理作为依法治国的一种首先在地方和行业实施的具体化形式,目前还主要是停留在工具和手段的层面上,远远没有内化为广大群众、特别是各级领导人的信仰和理念。

(三)由上述两个原因所决定,我国实施依法治国的形式之一,主要表现为一个外在强加的过程,而不是内在自发、自觉的过程

在世界范围内,实施依法治国的形式,主要可以分为内发型和外迫型。内发型的依法治国,主要特征是基于民众的法律文化传统和对法治的理性认知,出自对法律的信仰而自发或者自觉追求和实现法治的过程。外迫型依法治国的主要特征是,在一个缺乏法治传统的社会中,由于外在的力量所迫,如外患内忧、政治安全、生存和发展等需要,不得不在法制领域作出回应,接受来自其他以先进生产力为基础的法治文化传统的观念和制度,进而走上依法治国的道路。前者如英、法、德等国,后者如日本、新加坡、菲律宾等国家。

中国的依法治国基本上可归类于外迫型。在我国,依法治国是以人为主体的治国方式的根本变革,但由于我国历史上长期缺少民主法治传统,法治的理性文化基础非常薄弱,作为依法治国主体的"人",无论是一般群众还是领导干部,他们的多数对于依法治国的思想原则和现代法治的实践机制还缺少理论认知,要接受以法律为至高权威的法律统治,主要是也必须是通过外在压力的影响而逐渐内化,必须经历由外在而内在、由强制而自觉、由表面及里的过程。实践中,一些领导人接受法治并不是出于信仰和崇尚法律，而是因为现实或者形势需要而不得不为之，这种接受具有相当的"非自愿性"。目前许多群众接受法治、参与依法治国的进程，主要是因为各级政府要求"推进"依法治理工作，依法治理已经成为一项由政府号召和要求参与完成的"任务"，作为依法治国主体的人民群众在很大程度上是被"推进"法治领域，而不完全是由于对法治的、认知而自觉主动要求和实施法治的。当然，在依法治国这一必然的历史进程中，通过法治的思想教育和行为强制，经过一段时间的适应和习惯，人们有可能逐渐从心理和思想上完全接受依法治国，将其内化为自觉意识和主动行为。

（四）我们所进行的依法治国，是一个自上而下推进、自下而上实行的过程，国家和政府在法治建构中居于主导地位、发挥主要作用

中国的法制建设总体上是政府推进型的法制，是由中央最高决策层决定实行依法治国、建设社会主义法治国家之后，从中央向地方用组织和教育手段逐渐向下推行的。依法治国由政府推进而不是民间自发生成，因此，其前景很大程度上取决于政府对法制目标和实现步骤的战略设计，取决于国家，特别是领导人的决心和规划。① 依法治国既然是自上而下的推进而不是自下而上的演进，其过程至少涉及3个问题：其一，由谁推进以及谁被推进？就理论逻辑而言，人民是依法治国的主体，实现法治的整个过程应当由人民来推进，但是人民的总体法律意识比较欠缺，对依法治国还未形成内在的自觉的需求，广大群众还需要进行现代法治的启蒙、发动和组织，于是依法治国的推进工作又必须由政府承担。这实际上导致依法治国的主体变成了被推进的对象。其二，怎样推进？现在的做法是自上而下的推进：上级政府号召和发动，由下级政府在落实、实施的同时，再向其下级号召、发动，一直辐射到基层和各行各业。按照中国传统做法，推行行为规范或者其他道德风尚，历来应当自上而下地"率先垂范"、"以身作则"。例如，辛亥革命的剪辫子行动以及"中山服"的兴起，均自上而下行之。尤其是"法之不行"往往"自上犯之"，依法治国应当从中央做起、从最高领导人做起，这是推进依法治国成本最低、效果最好的途径。但是我国的依法治国却首先从地方、基层和行业做起，自下而上的实行。其三，推进至何方？依法治国的本质要求是在法律的至高权威下，以制度和法律来规范制约公共权力，保障维护公民权利。这是依法治国应有的发展方向和奋斗目标。然而，实践中，公共权力并没有得到真正有效制约（腐败肆行就是例证），相反在一些地方的依法治理活动中，公民却成为被治理的对象（所谓"依法治民"的说法就是例证）。

---

① 刘海年等主编：《依法治国建设社会主义法治国家》，中国法制出版社1996年版，第559页。

我国这种自上而下推进依法治国的方式，好处是易于启动，在中央政府的统一号令下，各级政府和各行各业、各个方面，都可以较快发动起来，投入依法治国的事业中。政府可以运用国家的权威和人力、物力及财力，动员并组织全社会普遍参与依法治理工作，在短期内见到成效，产生轰动效应。但是，这种推进依法治国的方式同样有相当的弊端，最大的弊端是把依法治国当做一种以运动方式实施的政府行为，民间的力量没有真正动员起来，而政府行为往往容易把政府自己置于法治之外，把社会和群众作为治理的对象。同时，政府行为如果不能被民众理解和接受，推进依法治国不能持之以恒，不能制度化、法律化，再加上组织领导方式失当、宣传教育不力、体制改革滞后、实践操作缺乏力度等原因，也存在使依法治国夭折的可能性。对此我们应当有清醒认识和对策准备。

（五）我国依法治国是由人治体制向法治体制转变中各级领导人能否重视和带头实施的过程

能否顺利完成由人治向法治的转变和过渡，是实现依法治国的关键。其中，从中央到地方的各级领导人能否真正接受并率先遵守法治原则，带头实施依法治国方略，又是关键的关键。因为中国的法治或依法治国是在以人治为特征的体制下进行的，必须凭借人治的权威和政治运作方式，来推进和实现。人治体制主要靠领导人的意志及其意志转化的政策来治理国家，领导人的看法和注意力在治国方略的选择和运作上起决定性作用。经过近 20 年的改革，人治体制正在解构，其功能已经明显弱化，但仍在发挥作用。例如，在中央决策层，依法治国方略的确立本身就是中央最高领导人表态的产物；而在地方贯彻依法治国方略、推进依法治理工作时，当地的第一把手是否支持和重视，是此项工作成败的前提和关键。正因如此，各省、市、自治区，各市、地、县、区，各行各业在总结依法治理工作经验时，几乎都把主要领导是否重视依法治理工作，列为开展和推进该项工作成败的首要条件。领导人重视，依法治理工作就开展得好，权威问题、规划问题、组织协调问题、经费问题、编制问题等，都可以迎刃而解。依法治国本来应当在民主基础上依靠法律和制度实施，应当超越并否定人治做法，同人治实行最彻底的决裂。但是在中国的现实国情条件下，不得不以人治的体制或者方式来推进法治体制的建构，靠领导人的民主信念和政治权威来实现依法治国。依法治国的命运维系于各级领导人的思想重视和行为落实，这也许就是中国建设社会主义法治国家的特色所在。

二、实施依法治国需要解决的几个问题

我国是一个有着几千年封建专制历史的国家，民主法制传统很少，新中国成立后又没有自觉及时地实行社会主义法治，因此，对于中国政府和广大人民来讲，依法治国是一项全新的事业，面临许多问题和困难。其中，正确认识和稳妥解决以下问题，是推进依法治国的当务之急。

（一）依法治国的政治定位

党的十五大报告明确指出，依法治国是人民治理国家的基本方略。用党的纲领性文件把依法治国确立为治理国家的基本方针和战略、策略，是我们党和国家治国方略的根本转变，是历史性的巨大进步。十五大报告把依法治国提到了治国基本方略的高度，明确了它在国家政治生活、社会生活中的不可或缺、不可替代的崇高政治地位。“基本治国方略”是十五大对依法治国的政治定位，但是在实施中，依法治国方略与科教兴国战略、可持续发展战略、精神文明建设、综合治理、基层民主建设等是什么关系，尚未厘清和理顺。毫无疑问，依法治国对于科学教育、可持续发展、社会主义精神文明、综合治理、基层民主建设起着有力的保障和促进作用，它们在有些方面甚至是交叉融合的。科技进步法、教育法的制定，法制的持续发展，精神文明法制化，依法从重从快等，都体现了依法治国的诉求和内容。但是，依法治国在管理国家和社会、建立公序良俗、保证社会和谐稳定等方面，能否居于统领全局的政治地位，能否把社会主义精神文明建设、政治体制改革、社会治安综合治理、基层民主建设、科教兴国、可持续发展等重大改革、建设和发展事业，纳入法治化轨道，兼收并蓄，统一运筹，切实形成依法治国的一体化格局，真正落实治国基本方略的政治地位，还需要从认识上和体制上研究解决。在实践中，从全国已经开展依法治省工作的省、市、自治区的情况来看，几乎各地都把综合治理、精神文明建设和村民自治等的大部分工作纳入了依法治省的系统工程；依靠法治促进地方经济和社会发展，维护稳定平安，保障人民安居乐业，也成为依法治省的重要内容。为此，建议把依法治国视为一个庞大的系统工程，定位为治理国家的总方略，把精神文明建设、政治体制改革、综合治理、基层民主建设等作为实施依法治国方略的子系统，把经济建设、科教兴国、可持续发展等纳入法治轨道，真正落实依法治国方略所要求的，人民依照宪法和法律规定，管理国家和社会事务，管理经济和文化事业，保证国家各项工作都依法进行。

(二)宪法和法律的权威

依法治国的本质特征之一,是在国家政治生活中,宪法和法律必须具有至高的地位和权威,包括各政党组织、国家机关、社会团体、武装力量、企事业单位和公民个人在内的一切社会主体,都应当在宪法和法律的权威和规范下进行活动,严格依法办事,维护宪法和法律的权威。宪法和法律具有至高权威,是实施依法治国方略的基本前提。正如一位外国法学家说的:在一个专制的国家,国王就是法律;而在一个法治的国家,法律就是国王。实行依法治国,必然要求一个国家的以宪法为核心的法律拥有至高至上的权威,这种权威来自人民在这个国家中的地位。因为,如果人民真正是国家的主人,作为主人意志和利益的集中体现的宪法和法律,当然应与主人的地位相一致,具有主人的权威;如果国家是人民的国家,表现为国家意志的宪法和法律,当然也就是人民的意志,人民意志至上必然是宪法和法律权威至上,也就是人民至上、人民利益至上。如果法律没有这种权威,就不能真正体现人民民主国家的性质。在我国,法律至上就是人民利益、国家意志和党的主张3者高度有机统一的权威至上。宪法和法律如果没有至高权威,就说明还有凌驾于它们之上的权威存在,那么官员和人民将不知道应当服从哪一个权威;如果有权威在宪法和法律之上,它就可以随时修改、废止宪法和法律,法律的稳定性就将遭到破坏,法治所要求的法律面前人人平等将难以实现。在我国,宪法明确规定一切社会主体必须以宪法和法律作为根本活动准则,必须维护宪法的权威。这已解决了宪法和法律在国家政治生活、经济生活和社会生活中的权威和地位问题,但是在实践中,由于众所周知的原因,宪法和法律并没有获得真正的至高权威,“权大于法”、“领导人的意志就是法”等人治现象依然存在。宪法和法律缺乏权威的问题如果得不到真正解决,依法治国方略就难以推行,就会流于形式。建议从理论上进一步加强对宪法和法律权威问题的研究和宣传,在各级领导干部中切实树立宪法和法律至上的观念,在制度中真正建构宪法和法律至上的机制。

(三)执政党在依法治国中的地位和作用

依法治国方略是在作为执政党的中国共产党领导下确立的,推进依法治国的实践也离不开党的领导和支持。问题是:第一,执政党在依法治国中居于何种地位?第二,执政党在推进依法治国的实践过程中怎样发挥作用?十五大报告明确指出,依法治国是广大人民群众在党的领导下,依法通过各种途径和方式治理国家。党对依法治国事业的领导,主要是思想、路线和方针政策转化为法律形式的领导,是通过立法把党的意志、人民意志和国家意志统一起来的法律方式的领导。按照宪法和党章的规定,党必须在宪法和法律范围内活动;党领导人民制定了宪法和法律,党也领导人民带头遵守宪法和法律。根据这些规定,党的执政活动应当纳入依法治国范畴,在法治的规范下进行活动。现在,依法治国已经在全国各方面、各层次被细化实施,突出地表现为各种“口号式的依法治国”,如依法立法、依法行政、依法治军、依法治山、依法治水、依法治路、依法治税,以及依法治省、依法治市、依法治区、依法治县、依法治乡、依法治村、依法治厂、依法治校、依法治居等。然而,能不能提“依法治党”,以表明党在宪法和法律范围内活动的法治特征,表明党领导人民贯彻依法治国方略的坚定决心;同时,由于我们国家实行的是党管干部原则,广大干部、特别是中高级领导干部的高度重视和以身作则对于实现依法治国至关重要,在实施依法治国过程中,能不能提“依法治官”,还需要进一步深入研究。① 从依法治国的本质上讲,“依法治党”、“依法治官”都是坚定不移地实施依法治国方略的应有之义,是在治国方式发生根本转变的新的历史条件下坚持和完善党的领导的有效举措。党中央曾经提出“从严治党”的要求,“依法治党”实际是“从严治党”的一种有效形式,与坚持党的领导并不矛盾。

根据社会主义法治原则,执政党在实施依法治国方略中应当发挥以下作用:(1)表率作用。党的各级组织和领导干部应当带头遵守和执行宪法、法律,维护法治的至高权威。(2)领导作用。党应当依照宪法和法律从政治上、组织上、方针政策上对依法治国工作进行宏观领导和指导。(3)监督作用。应当监督党的各级组织和全体党员、特别是党员领导干部模范遵守宪法和法律,严格依法办事,切实保证党在宪法和法律范围内活动。执政党应当通过发挥其独特的政治优势和政治功能,大力推进依法治国事业。

(四)实施依法治国方略的领导体制

依法治国是有领导、有组织自上而下推进的伟大事业。如何领导、组织和推进依法治国工作,建立一个什么样的领导体制来负责这项工作,是亟待研究解决的问题。前一阶段,在推进地方依法治理的工作实践中,对建立开展此项工作的领导体制已作了有益尝试,取得了一些经验。各省市的做法不一,集中起来,主要有两种类型:一种是实行党委领导,人大监督,政府组织实施的领导体制。这种体制被称为“河南模式”。另一种是实行党委领导,人大主导,政府实施的领导体制。这种体制被称为“广东模式”。两种体制都有其存在的合理性,最主要

① 卓泽渊教授认为,中国法治有一个“党治—国治—法治”的过程。第一个阶段是在党的领导下依法办事;第二个阶段是将党的意志依法定程序转变为国家意志,由国家来负责法治建设事宜;第三个阶段国家必须首先依法办事。我国目前正处在由第一个阶段向第二个阶段转换的历史时期。参见李龙等主编:《依法治国论》,武汉大学出版社1997年版,第77页。

的是它们都把地方的"党权"、立法权和行政权结合起来,组建依法治理的领导小组,形成权力的统合与分工,共同推进地方的依法治理工作。但是由政府(通常是政府的司法行政机关)负责依法治理的具体组织实施,必然出现"小马拉大车"现象,在一些司法行政权限以外的事情上往往会力不从心。各地设置的依法治理领导体制,存在3个主要问题:(1)依法治理的领导体制基本上是临时性的,是一种没有正式编制的体制;(2)领导体制多以领导小组名义存在,在法律上和国家整个政治体制中缺乏明确法定的职能和权限;(3)领导成员构成上多有组合性特点,常常出现领导小组主要负责人重视依法治理工作,此项工作就受到重视,负责人注意力转移了,依法治理工作就会受到冷落。

无论如何,地方依法治理已经建立了相应的领导体制。通过这些领导体制的运作,地方依法治理的各项工作正在积极推进。然而,在中央却没有一个能够集党权、军权、立法权、行政权和司法权为一体的集中统一领导依法治国事业的最高领导体制,依法治国这样一项全方位、大系统的工作,实际上主要由司法部在负责推进。司法行政机关推进依法治国的体制必然导致依法治国只能从地方和基层开始启动,对于中央其他党政军机关和部门的依法治理,则主要靠各个权力系统和机关的自我重视和主动安排,中央还没有建立实施依法治国方略的统筹规划、协调行动、统一推进的组织领导体制。十五大报告既然把依法治国确立为治理国家的基本方略,建立具有最高权威地位的推进依法治国方略的集中统一领导体制,应当尽早提上中央议事日程。能否考虑在时机成熟的时候,在中央成立依法治国委员会,由总书记任主任,政治局常委任副主任,全国人大、国务院、最高人民法院、最高人民检察院、中央军委的主要负责人任成员,负责全国依法治国的领导工作;委员会下设由司法部为主组成的办公室,负责依法治国的组织实施工作。同时,根据精简机构和效能统一高效的原则,应当撤销中央政法委员会、中央精神文明建设指导委员会、中央社会治安综合治理办公室等机构,把它们的职能和工作统一归并由中央依法治国委员会承担。各省、自治区、直辖市,各地、市、县、区也根据需要照此模式建立相应的领导机构。

(五)依法治国的发展战略和具体规划

依法治国既然是一项全国性的系统工程,是有组织、有领导、自上而下推进、自下而上实施的前所未有的事业,就应当在前一阶段工作的基础上,调查研究,总结经验,分析问题,根据国家总体发展计划和目标纲要,制定出依法治国的发展战略和实施规划。依法治国发展战略要解决的问题包括:总战略部分:依法治国的发展阶段,依法治国的总体目标和阶段性目标,依法治国的领导、组织体制,推进依法治国的基本方式和步骤,实施依法治国方略的保障条件,依法治国与政治、经济、社会和文化的协调发展，等等。分战略部分：民主立法的发展战略，依法行政的发展战略，公正独立司法的发展战略，法治监督的发展战略，人权保障的发展战略，地方、基层和行业依法治理的发展战略，法治教育培训发展战略，等等。每一个分战略中又包括自己的实施规划和具体目标、步骤和方法。

依法治国的实施规划是要将上述发展战略的要求具体化，制定出3~5年的近期计划和10~15年的中期实施计划。这些计划应当与国家的经济社会发展计划相协调和一致，应当有切实可行的实施依据和保障，有比较明确的量化指标和有效的组织措施。

（1999年第9期）

浅论政治体制改革与法治

戚　渊*

改革开放以来，我国的经济体制已发生了深刻的变化：十二大以前我们实行的是纯粹的计划经济体制，十二大报告中提出建立有计划的商品经济体制，十三大提出建立“计划为主、市场调节为辅”的经济体制，十四大明确提出建立社会主义市场经济体制，十五大又提出建立“以公有制为主体、多种所有制经济共同发展”的所有制结构。经济体制持续变革的结果使整个经济领域发生了巨大的变化：首先，私有经济的成分逐步增大，资本逐步民主化，产权逐步社会化，经济领域里原来的国家主义开始让位于真正的社会主义；其次，市民阶级的力量在增大并部分地改变了传统的特殊社会生产关系，一个拥有不等固定资产的有产者阶层正在形成，与其同时平行产生的劳动者阶层已由原来固守在土地上的农民或小生产者转化出来，成为市场经济下的一个新的利益群体，雇佣与被雇佣的关系已成为他们之间的经济关系的现实纽带。这说明，改革开放以后，我国原来意义上的工人阶级、农民阶级已经分化，正在形成有着不同利益要求但又有一定程度利益联系的新的阶级和阶层。除此之外，还有一部分数量相当可观、经济实力相当雄厚的所谓“暴发户”，他们的经济地位迅速崛起，使得他们与其他利益群体一样，也对政治体制有了新的要求。原来单一的政治管理模式已经不能适应社会发展的需要了，新的经济成分正在对现行政治体制发生着离心作用。笔者认为，这些应该被看做促进政治体制改革的积极因素。

尤其不容忽视的是，在改革开放的过程中，生长出一个特殊的阶层，这就是各级政治组织中的大小腐败分子，他们不代表工人、农民，也不代表其他利益群体，只代表他们自己，他们贪污、无能，终年无益于社会，却拥有重要的社会生存手段——法定的财政拨款、法定的或授权的或非法的租税费的收取，他们以特殊的社会身份凌驾于普通民众之上，过着寄生的生活。在这一特殊的阶层中，官员的任用完全操纵在私人手里，卖官鬻爵的事，在他们中间也是层出不穷，政治上的职位，甚至可以预约和承诺。更难以容忍的是，在这一特殊的阶层中，经由“民选”的一县之长、一乡之长能成为威临一区的豪霸，并簇集一群盲目追随者，

* 作者单位：北京航空航天大学。

串演出一个"小朝廷"的政治局面。这一切都说明,我国社会中旧的半封建生产关系依旧顽固地存在,而这种半封建的东西之所以如"百足之虫,虽死不僵",无非是我国政治体制中残存的官僚阶层的人身依附等封建宗法思想和自上而下的官员选择体制长期存续的结果。近年来,结构性权力腐败的不绝"再生产"表明这种半封建因素还在继续滋生和发展。这一特殊阶层不仅败坏了整个社会风气,而且还导致了不约而同的规模性民官冲突。改变这种现状的唯一途径当然就是政治体制改革了。笔者认为,上述种种应该是促进政治体制改革的消极因素。

更为消极的因素是,在今天,社会问题全面凸显出来。利益结构的变化带来了阶级关系的变化,阶级矛盾的形式也随之改变。因商品经济、科学技术的发展、价值观念的变化而导致的社会生产方式和生活方式多元化、分散化,使阶级对抗由过去的主战场——工厂企业转移到整个社会领域,分配不公、贫富分化、坑蒙拐骗、假冒伪劣、不负责任、铺张浪费、社会治安恶化、贪污受贿、毒品走私、恐怖活动、暴力犯罪等,宛如社会的"核泄漏",威胁到每一个人。当然,这种违法的、犯罪的、道德沦丧的现象的出现未必都与政治体制有关,其中有些现象在任何一种政体下都会存在,但不能忽视中国政治体制对上述问题的潜在影响。也就是说,有些影响是直接的,有些影响是间接的。

任何一个中国人如果能同时全面地认识到上述因素的存在及其危害,就会认为政治体制改革是迫在眉睫的任务了。但笔者必须说,这是乐观的估计。

政治体制改革如何操作?方向如何?是集权还是分权?这是民众普遍关心的问题。适逢党的十五大提出"依法治国,建设社会主义法治国家"的治国方略,在一个因历史惯性的作用而习惯于人治的社会里,这一"共产党宣言"式的号召,颇有"于无声处听惊雷"的思想启蒙作用。我们可以说,民众要求政治体制改革表明他们的政治成熟;执政党要求政治体制改革表明其自新意识的觉醒。但建立法治国家,需要有相应的制度基础,舍此,法治是难以实现的。比较世界经验,再加上中国国情,笔者认为,这些制度基础应该是:(1)立法权高于行政权。世界各国的宪法大致都明确规定,立法权高于行政权,这是因为立法机关绝大多数是民选产生的,它接受人民的委托制定法律规范行政和司法,能够较大限度地反映人民的意愿,归纳人民的公共意志。由于立法机关的组成人员不是分别代表某一地域或某一行业,而是代表人民全体,并且采用的是一人一票的表决制,因此,在其制定的法律中很难夹杂地域和行业利益以及个人的意志。立法机关制定的法律应该由行政机关不折不扣地执行,行政机关的主要任务当然是执行,依照法律的规定执行,执行的职能不仅仅表现为管理,而且还应表现为给付,在管理时不能越权,在给付时不失职。只有这样,才能体现立法权高于行政权。但是,如果立法机关制定的某些法律不符合人民的意愿,不能达到法治的要求,即法律中缺乏正义、平等、安全等人类公认的价值,或者立法具体地侵犯了人民的权利;如果行政机关在行政时,构成了越权或失职,由谁来宣布违宪的立法行为和行政行为无效呢?经验证明,这一任务应由司法机关来完成。(2)司法机关要独立行使权力。在法治状态下,司法不仅要给遭受行政侵害的人民提供法律救济,而且还要审查立法机构的立法是否违宪,并能宣布违宪的立法无效。显然,它的权力应该独立于立法和行政。(3)权力要互相制约。司法权可以控制立法权和行政权,而立法权不仅要高于行政权,并且,立法机关也应该是监督司法权的机关,立法机关应当经常地行使权力罢免违法的司法工作人员。只有这样,才能使各种权力在运作过程中将有可能出现的违法现象减少到最低限度。并且在权力越轨时,有相应的机关宣布无效,形成稳定的制约机制。不能忽视的是,权力互相制约的前提是各个权力之间的界限必须明确。洞察一下我国静态的宪法规定和动态的政治运作状况,诚实地说,这样的制度基础还远没有形成。我国《宪法》规定,中华人民共和国的一切权力属于人民,人民行使权力的机关是各级人民代表大会,我国各级行政机关是人民代表大会的执行机关,但同时又规定国务院享有制定行政法规的权力、国务院各部委享有制定部门规章的权力。这样,国务院及其部委实际上在广泛的领域内享有与立法机关并驾齐驱的固有立法权,且往往给人民设定了本应由宪法设定的权利和义务。试举税收立法为例:税制改革前,全国人大及其常委会制定的税收法律仅占全部税收法律的10%左右,其余的均出自国务院及其所属部委。实行新税制后,共有24个税种,有23个税收行政法规和有效力的税法出台,其中,由全国人大及其常委会制定的仅占15.2%,而国务院制定的税收法规则占84.8%。由政府部门制定的税收行政法规已引起了很多问题,诸如税收中的地方保护主义和行业保护主义问题,税率差异问题,税收的不合法减免问题,等等。更为普遍的现象是,一项法律规定往往敌不过一个政策决定或一道行政命令,甚至是一次领导人的讲话。所以,实际状况是,行政权高于立法权。

我国宪法也规定了司法机关独立行使权力,但对于立法机关的违宪立法和行政机关的违宪法规,司法机关是无能为力的。同时,对司法机关的监督何在?监督权力何有?宪法规定是人民代表大会及其常委会,但事实证明,人大的监督是难以到位的。由于政府操有司法的财政权,司法对于行政的干预也可能是"唯命是听"了。结果,司法不公正乃是因为干预太多、监督太少。在现行政治体制下,任何一个政治组织的权力既可能是极大的,也可能是极小的。也就是说，一个政治组织对下，可以将自己的权力膨胀到极限（当然超越了法律的授权），而对上，又甘愿将自己的法定权力缩小到唯上级之命是从。最高权力组织可能是最没权力的，反之亦然，今天有权力的组织，明天就可能没有了权力，一切都是在极不确定的状态下进行。由此可见，政治体制改革——而非仅仅是政府机构设置的改革——若要动真格地进行，其首要任务是划分权力界限，变模糊为明确、变不确定为确定，只有这样才能够保证权力机制的正常运行、权力监督的切实可行。

除了权力机构之间相互监督的体制以外，还应有一种有效的机制保证一种重要的监督力量得以发挥作用，这就是人民的监督。尽管中华人民共和国的一切权力属于人民，但真正直接且经常操作国家统治权力的毕竟是一小部分人，广大人民如何直接或间接地控制一小部分人手中的权力，广大民众如何保证自己的权利不被统治权力侵害或在遭到侵害时有能力得到救济？经验证明，仅有司法是不够的。另外，广大民众的合法反对意见如何才能畅通无阻地表达出来，实践证明，仅有“信访办公室”也是不够的。在我国还没有宪法法院，且宪法又不能被适用于司法程序的情况下，让“新闻自由”成为人民监督的良好机制是非常必要的，也是可行的，因为宪法中的“言论自由”规定当然地包括了“新闻自由”。

中国政治体制改革的前景如何？这是一个非常复杂的问题，应该从更为宏观的角度来考察。我们知道，改革开放以来，经济领域中的变革是广泛的，尽管其变革的速度还不能令人满意，但毕竟在持续地发生变化。可是，政治体制在整个社会生活中的变革速度实在过于缓慢，过于显得蹒跚不前，当然我们也不能说它完全没有进步，只是其改进的程度始终没有越出技术性的量变阶段，当量变到一定的阶段后仍不能引起质变，那么这样的量变还完全可能恢复到原来的状态，甚至趋于倒退。20世纪80年代以来的几次政府机构改革正好印证了上述看法。

理论上，我们早已承认社会主义是一场运动，那么，根据辩证唯物主义原理，运动是有规律的（即对立统一规律，质量互变规律和否定之否定规律）。它告诉我们，社会的发展是在不断自新的矛盾运动中持续进行的，如果一个社会或社会机制不能自新，那就不能说它在发展。当然，“自新”不是形式上的花样翻新，更不是语言表现上的变化，而是事物的本质向着更高阶段的飞跃。长期以来，我们把“动—乱—亡党亡国”简单地逻辑化了，认为“动”就会“乱”，“乱”就会“亡党亡国”，所以“稳定压倒一切”。这种认识论上的“零和博弈”实际上是对“稳定、改革和发展”之辩证关系的否定。

实践中（抑或在理论上），人们往往喜于用“左”或“右”来评判政治体制改革问题，对此，笔者难有新的见解，因为防“左”警“右”问题在党的文献中一再被强调。几年前，小平同志的“要警惕右，但主要是防‘左’”这句话曾让多少改革者激动不已。笔者的理解是这句话的前后都还应有一句话，前面应是“右很危险，‘左’是无知”，所以才要警惕右、防止“左”，而后面则应是“有‘左’反‘左’有‘右’反‘右’”，因为仅仅有“警惕”和“防止”的告诫是不够的。除了“左”和“右”的认识论方法论以外，笔者认为，还有一种就是形“左”实“右”，其危害之大绝不亚于“左”和“右”。这种认识论方法论的显著特点是：本质上既不对国家负责也不对人民负责而只对自己负责，既期望以“左”的面目获取“左”的实惠，又希冀凭“右”的本性得到“右”的认同。笔者形而上地认为，这是政治生态危机的典型表现。无论是“左”、“右”，还是形“左”实“右”都是因素改革的障碍，其存在和发展是以社会停滞或倒退为代价的。

然而，阻碍改革的因素并不简单地到此结束。笔者坚定地认为，“左”、“右”和形“左”实“右”对改革的阻碍还只是表现形式而已，在它们的背后，是实实在在的个人的既得利益。鲁迅先生曾经说过：“曾经阔气的想复古，正在阔气的想维持现状，未曾阔气的想改革。”这句话入木三分地揭示了改革之所以步履艰难的原因所在。再进一步分析一下，这三类人的比例与他们各自所拥有的权力及其影响肯定是成反比的，握有权力的往往也正是既得利益者。所以，有人将政治体制改革形容为一场革命，有人甚至鼓吹要进行“人民革命”。冷静地思考一下，笔者并不同意这样的认识，“改革”与“革命”不可同日而语。“革命”是什么？从国史中我们可以看到，“革命”往往是自下而上的暴力行动，它犹如装甲列车，风驰电掣，轰然而至，车上架满机枪，车顶红旗猎猎，它可能一路斩妖除怪，也可能伤害无辜，毁灭正义，并把仇恨和暴力撒满人间，“革命”的华美与凄悲是难解难分的。尽管中外历史上也有民主领袖推崇革命的，例如，美国的托马斯·杰斐逊就说过：“自由之树要用鲜血来浇灌，人民革命每20年可以来一回”；还有毛主席也说过“文化革命可以七八年来一次”。但每每想起“革命”，笔者总是不寒而栗，在当今的世界上，和平变革的成功实例屡屡出现在我们面前，为什么不能借鉴他人的政治经验，再结合本国的实际进行和平变革呢！和平变革的特点是：人道且能保障已有的自由与人权，使公众对公共事务产生参与感、产生比较能被大家接受的共同认识。但是，和平变革并不是缓慢地改革，更不是“一步三停”的改革，而应是自上而下的激进式改革，对于我国的政治体制改革来说，尤应如此，因为它可以减少转型过程中新旧体制的摩擦成本。如果继续坚持“模糊理论”指导下的模糊政治运作方式，那么，先进的生产力与落后的生产关系发生政治交往的结果，便是前者先从经济上跟着从政治上摧毁后者对它的束缚,因为在全球经济趋于一体化、地球"越来越小"的今天,顺应世界潮流的生产力终究是会获得发展的。如果我们要避免较大的社会痛苦,我们就应转变政治思维方式,将长期形成的"民主动员"的政治模式转化为以个人的独立判断和选择为基础的"民主参与"的政治模式,以适应和促进市场经济的发展。民主参与的政治体制的建立并不完全表明法治国家或法治社会的建立,因为法治社会不仅仅是一个民主的社会,而且更是一个自由的社会,法治不仅需要相应的制度基础,而且还表现为一种思维方式和价值观念。所以,用理想的眼光来看,民主的政治体制改革有可能在较短的时间内完成,而法治的建设却可能是一个旷日持久的过程。但无论有人怎样从理论上否定它、从实践上忽视它,可以肯定地说,我们这个社会的唯一出路就是实现民主与自由,让民主与自由的运作方式真正扩及社会、政治、经济、文化各方面(包括执政党的自新)。只有实现了真正的民主和自由,我们这个社会才能真正地坚强和团结。强制式权威所造成的"团结"并不坚固,而在民主和自由的价值结构中,经由开放的民主程序所得到的共识和休戚相关的团结却能使我们的社会真正坚强起来。

这是人民的期望,也是人民的要求。所幸的是,初具规模的商品经济已经起到了"启民智、新民意"的作用,一些民众可能因承担必要的改革代价而变得更贫困、更痛苦,但肯定不会更愚昧,"哀其不幸,怒其不争"(鲁迅语)的广大民众已经觉醒,一个新的人民时代已在加速形成与生长之中,只要政治领袖们拿出忘我的精神,上下配合的激进式改革是不难推进的。

(1998年第9期)

司法改革中的上下级法院关系

贺卫方*

近年来,由民事审判方式改革发轫的司法制度改革不断地向纵深发展。我们似乎可以发现,这种发展正在向两个方向延伸,一是建构更独立和更公正的司法制度的要求越来越多地触及政治体制的层面。实际上,司法制度本身便是政治制度的一部分,或者说,政治体制构成了制约司法体制的重要的制度环境,因此,司法改革离不开更宏观层面上的整个政治体制的改革。与此同时,司法制度方面哪怕是很细微、很技术化的改革,也会对国家的政治制度产生一定程度的影响。司法制度改革触角所及的另一个方向则是涉及制度各个环节的具体问题得到了更强烈的关注。司法界和学术界的人们开始意识到,中国司法制度所面临的若干大问题常常与小制度建构方面的缺陷有关;制度建构也仿佛积薪,需要累积性的努力。如果具体制度的建设长期被忽视,只是一味地寄希望于所谓根本性的改革,那么,改革充其量只能获得一些表层的成果。于是,构成司法制度的各个具体环节以及一些具体制度背后的理念背景就成为一些文章讨论的对象。本文将简要地探讨这些具体制度中的一个:法院的上下级关系问题。

一、法院及其上下级关系的特殊性

从严复翻译孟德斯鸠的《法意》算起,权力分立学说在中国的传播已经有近百年的历史了。① 然而,由于我们一个世纪以来社会持续不断的战乱和动荡,由

---

* 作者单位:北京大学法律学系。

① 《法意》出版于1904年至1909年,属严复翻译的前期作品。译笔古雅,颇合古文家法。但其缺陷,一是如张君劢所批评的,“以古今习用之说,译西方科学中之义理。故文字虽美,而义转歧”。参见张君劢:“严氏复输入之四大哲学家学说及西洋哲学界最近之变迁”,载申报馆编:《最近之五十年》,1922年蔡元培的批评则点出了严译的第二个缺陷,那就是难以在大众中传播:“他的译文,又很雅驯,给那时候的学者,都很读得下去。所以他所译的书在今日看起来或嫌稍旧,他的译笔也或者不是普通人所易解。”蔡元培:“五十年来中国之哲学”,载申报馆编:《最近之五十年》,1922年。虽然严氏在《法意》里所做按语对中西政治法律制度的评论锐利而精当,但无论如何,却难以承担孟德斯鸠的法律思想在中国更广泛传播的使命。第一个白话文全译本便是目前通行的张雁深译本,由商务印书馆出版的这个译本初版于1961年,正赶上既批评资产阶级,又最不讲法治的年代,影响范围之有限可以说是不言而喻的。

于相当长时间里这一学说在这里的坏名声妨害了相关知识的传播以及更深入研究,因此,虽然我们在制度设计上采用了立法、行政和司法的三分法,然而,为什么这3种权力应当如此划分,除了"生产队长派活"意义上的分工之外,分权还意味着哪些不同,进而言之,在行使权力的方式、人员选任标准、内部管理方式以及伦理准则等方面,3种机关之间应有怎样的差异,都被我们忽略了。在笔者看来,分权学说在我们这里屡遭抨击,除了在以意识形态划界时代的某种思潮的影响外,在一定程度上也跟我们对分权背后的原理缺乏了解有密切的关联。而知识贫乏的恶果之一便是我们对什么因素使得人民代表大会成其为立法机关,法院成其为法院,政府成其为行政机关等方面基本上没有严格的界定和大致的共识,政府机构设置得倒是相当全面,吃皇粮的人员规模越来越庞大,然而机构和人员的数量却似乎与效率成反比。① 不同机关的职能该区分不区分,当配合不配合,导致政府功能的愈发紊乱,官员无所适从,民众不满加剧。②

作为三权的一权,法院具有一系列与行政机关和立法机关相区别的特征③。区别之一就在于在上下级关系的性质方面独具特色。如果说行政机关是以下级服从上级的话,法院则无所谓上级,每一级法院都应当是独立的。为什么呢?因为法院之所以设置不同的审级,并不是要建立一种上级控制下级的机制。固然,上级法院可以改变下级法院的判决,但这只是为司法判决增加一道审核程序,使得相关决策更加审慎,减少错误。尤其值得注意的是,实际上,在案件或纠纷的处理过程中,上下级法院通常有分工上的区别。我们知道,在英美国家,第一审级法院被称为"审理法院"(trial court),第二审级法院则名为"上诉法院"(appellate court或者court of appellate)。这样的区分意味着一审法院主要的功能在于对案件事实加以调查,并根据法律对由证据所证明的事实作出裁判。第二审级原则上不再审查事实,不接受新证据,只是对审理法院的审理过程是否严格地遵循了法律程序,对法律的解释和适用是否妥当加以审查,如发现不妥,上

---

① 据一位历史学家引用的公布数据,"我国的官民比例,已从新中国成立初的1:600增加到了现在的1:34,增长了17倍,而同时的人口增长不足3倍。"参见葛剑雄:"全社会的负担",载《南方周末》1998年7月17日。

② 例如,近年来在强化人民代表大会对司法机关的监督的呼声中,一些地方的人大常委会在某些案件的审理过程中,召见法院院长和主审法官,对案件的处理进行协调和参与。问题在于,这样一来,立法和司法之间的界限是否还存在?法院这方面,又常借服务于市场经济之名,主动地处理当事人并没有要求法院处理的事务,至于这种做法对司法机关作为一种中立权力的行使会有怎样的伤害,则全然不顾。相关的论述和批评,参看拙文:"通过司法实现社会正义",载夏勇主编:《走向权利的时代》,中国政法大学出版社1995年版,第245页及以下。

③ 对法院原型以及法院不同特征的研究,参看Martin Shapiro, *Courts: A Comparative and Political Analysis*, University of Chicago Press, 1981。

诉法院可以改判或发回重审。此外,上诉法院的任务还包括力求司法标准的统一性以及对司法过程进行不同政策导向上的调整。至于位于一国司法体系金字塔顶端的最高法院,更是协调整个司法运作的关键角色。因此,上级法院有权改变下级法院判决并不意味着后者成为前者的下属。

另外,正是由于上级法院有权改变下级法院的判决,使得上诉法院的审查成为当事人所享有的一种权利。实现这种权利的重要前提之一便是上下级法院之间相互独立,作出决定的过程是分离的。否则,如果下级法院成了上级法院在行政机关意义上的下属,如同我们这里经常发生的那样,下级经常就案件的判决要请示上级,或者上级对下级进行监督(所谓"提前介入")、就判决结果作出指示,甚至下级在某些案件的审理过程中直接请示最高法院,后者直接作出有拘束力的答复,这样的做法必然导致法院上下级的设置变得毫无意义。试想,如果上下级法院之间已经就案件的处理结果达成了一致,当事人通过上诉挑战原审法院判决的努力岂不是从一开始便注定是竹篮打水一场空?上下级法院事先便已经"串通一气",还假模假样地让当事人上诉,这在道德上是否存在某种缺陷?①

二、回应可能的质疑

在中国,倡导上下级法院之间的相互独立,要面临着不少可能的质疑。首先是上级法院对下级法院的监督(或实际上的领导)有助于使司法决策抵抗来自同级党政机关的干预。我们该承认这是一个具有相当合理性的论辩。然而,这种合理性却完全来自于我们在制度设计上的不合理性。当我们把法院置于同级党政的控制之下的时候,事实上就使得法院不再是设在地方的国家法院(national courts),而只能是体现本地利益的地方法院(local courts)。正是在这样的情况下,法院按照内部的等级体系服从自己的上级较之服从法院之外的非司法权力显得更具有正当性。然而,这种正当性仍是以违反司法独立原则作为代价的。

司法独立可以在不同的层面上讨论,在初级层面上,整个司法体系独立外部干预是最基本的。但是,假如没有不同审级法院以及法官之间的相互独立,司法独立仍然是不完整的。在我国,宪法所规定的所谓"审判独立"基本上限于把法院作为一个整体规定其独立于外部社会的各种权力,而对于上述更高层次上的

---

① 参看贺卫方:"中国司法管理制度的两个问题",载《中国社会科学》1997年第6期。

司法独立则未予肯定。虽然司法在今天仍受到地方权力的干预可以成为上级法院“领导”下级法院的可以理解的辩护，然而这多多少少有以一种错误的实践为另一种同样错误的实践辩护的倾向。况且人们也很难论证来自上级法院的干预就一定比来自地方权力的干预更具有正当性，同时即使这种干预是正当的，由于法院的生存毕竟把握在地方权力的手中，欲使法院置地方利益或意志于不顾，恐怕仍然是强人所难。在双重效忠的压力之下，司法权将难以正当地行使，最终的结果大抵上仍是不得不屈从地方权力的意志——对于那些负责法院全体“干警”衣食住行的院长、副院长们来说，“失节”事小，饿死却是事关重大。为什么我们不去改变地方权力控制司法的做法，而偏偏要把法院置于在两个“婆婆”之间经常面临痛苦选择的境地呢？

第二个可能的质疑是，上级法院对下级法院的监督有助于强化司法权的审慎特征，考虑到我国法官目前的整体素质状况，多一道控制环节对确保正确的司法决策更是必要的。的确，就现状而言，法官的整体素质的确是不尽如人意的，而且由于大中城市的吸引力，优秀的法律专业毕业生更容易流向中级以上的法院，因此导致法官素质呈大致上的上高下低的态势，这些都是毋庸讳言的。然而，在判断我国法官的素质时，我们似乎应当对从事基层司法的法官与从事中级以上司法的法官采用某种不同的标准。按照我们在前面的论述，一审法院法官工作的侧重点是通过庭审过程揭示案件事实，二审法官则重在审查程序和法律的适用。虽然依照我国诉讼法的相关规定，中级和高级法院（甚至个别情况下的最高人民法院）都可能成为一审法院，但绝大多数案件仍然是由基层法院担任一审的。从教育背景、法律素养等方面着眼，我们固然可以说基层法院法官的整体素质不如中级法院以上的法官，但是，这种判断很难一概而论；一个长期从事基层司法工作的人也可能积累丰富的观察社会生活、敏锐地发现生活事实中的矛盾的经验，从而形成辨析证据、判断事实的娴熟的技巧。也许他难以胜任一个上诉法官的工作，但是，作为审理法官，他的经验、技能也并不是一个中级法院以上的法官所可以小视或代替的。如果我们承认上下级法院分工或侧重点有所不同的话，那么即使是承认法官素质尚不够高，也未必可以成为上级法院控制下级法院的理由。

不仅如此，那种认为多一道控制环节便更有助于决策质量的改进的观念也是大可质疑的。多一道控制也可能意味着增加一次犯错误的机会，因为没有人能够证明或确保监督者一定比被监督者更高明、更富于道德感。而且，监督环节的增多必然会带来这样的需求，即需要设置为数更多地对监督者进行监督的机制，因为监督者本身也可能犯错误，也是不可靠的，谁来监督监督者（Who *watches the watchman*?)便成为一个难以解决的问题。① 假如我们层层加码,对每一个监督者再设置一个或更多的监督者,制度所必需的监督成本必将迅速加大。我们是否可以走出这种可以称为"监督情结"的心理状态,而寻求更合理的制度建设路向呢?

三、寻求无需监督的司法界

了解西方宪政和司法制度的人都知道,那里的民主体制的基本特征之一便是对行使公共权力的人们设置了严密和严厉的监督机制。例如,一个担任了美国总统的人,纵然有天大的能耐,在总统的宝座上也不可能超过8年。他的决策经常受到议会的质疑,任命行政阁僚时,每一个候选人都要接受国会议员们似乎充满敌意的调查和盘问。大众传媒照例是"哪壶不开提哪壶",直逼得一位总统感慨,白宫仿佛一座玻璃房子,做总统的人没有任何隐私权可言。国会议员更是直接受制于选民,如果选民不满意他的表现,一次投票便可以使他风光不再,乖乖地回家做老百姓。

然而,法官这种同样行使公共权力的群体却构成了一个难得的例外。以美国的联邦法官为例,虽然他们在接受任命的时候也要受到国会参议院的审查,而且在任职过程中要不断地受到大众传媒的监督,然而,对他们的监督却是完全不同的。由于总统直接任命,因此选民对他们是无可奈何的。他们又是终身任职,也就是说,一旦被任命为法官,只要不违反法律,便可以永远地坐在法官席上,即使他们的判决引起上到总统、下到平民百姓的指责和抗议,法官本人也是受到严格保护的。大众传媒对他们的监督也受到了多方面的限制,如除非在极个别情况下并得到法官的许可,法庭之内可以进行文字记录,但不得摄影、录像或现场直播。在一起案件正在审理的过程中,传媒不得发表任何带有倾向性的报道或评论,否则发表报道或评论的媒体便可能以藐视法庭而受到刑事或民事惩罚。此外,宪法还明文规定,国会不得降低法官的薪金。如此看来,法官既终身任职,一旦获任,便不受任命者以及选民控制;薪金又只可以升不可以降,因此亦无法通过降薪之威胁使其有所顾忌;媒体对审判过程的监督又受到种种限制,这种基本上无管束的境况不是很可忧虑的吗?没有了外部监督的法官们岂不是要无法无天了么?然而,奇怪的是,两百多年来,正是这个外部管束和监督最宽松的群

---

① 参见 Mauro Cappelletti,"Who Watches the Watchman?",31*American Journal of Comparative Law*,No. 1(1983)。

体反而成为美国社会各种不同行业中最令人敬重、最少腐败的一个。不仅美国，在英国，自 1830 年以来，法官从没有因为严重行为不当而受到解职处分者①。在日本，京都大学历年来的社会调查表明，法官是社会公信度最高的群体。② 个中原因究竟在哪里呢？

如果我们仔细观察，对于一个行业性的群体而言，伦理道德水准的高下主要并不取决于来自外部的监督和控制，关键的因素在于是否能够建立严格的自律（Self－restraint and self control）机制。这种自律机制是复杂因素的产物。荣誉是其中的一个重要因素，寡廉鲜耻常常是导致一个人对道德戒律无所顾忌的直接原因。什么行业的人们最珍惜荣誉呢？长期树立并且较少受到玷污的良好的社会形象，只有受到严格而高层次教育者方能进入的选任标准，共同体成员之间相互熟知所产生的来自同事的关注，与一般流俗之间适度的距离，对社会需求能够较好地加以回应从而导致更殷切的外部期望，较为优裕的经济地位，组成该行业的人员数量相对较少等，都是其中不可忽视的内容。建立这样的自律机制乃是司法界走向更公正、更廉洁的治本之策，而指望通过设置更多的外部监督环节——运动式的清查、举报电话、电视镜头进法院、上级法院对下级法院更强有力的控制等，或者不断地强化道德教育，便能够解决司法界存在的种种弊端，即使有效果，也必定是短暂的。

（1998 年第 9 期）

① David Pannick, *Judges*, Qxford University Press, 1987, p. 90. 当然，因为某些不得体举止——如听审案件时进入梦乡、在法庭上开不适当玩笑、提问太多太频繁等——而受到媒体批评者却不乏其人。参看该书，第 75～103 页。

② 季卫东："法律职业的定位——日本改造权力结构的实践"，载《中国社会科学》1994 年第 2 期。

法理学学科的缘起和在当代所面临的问题

舒国滢*

汉译“法理学”一词源自日语,确切地说,来源于日本法学家穗积陈重对德文“Rechtsphilosophie”一词的创造性释译。① 这对于一个受过法理学训练的人而言,可能是一个常识性的问题。但笔者的问题是:到底是什么因素促使法理学最终与其他人文社会科学分离而成为一个独立的学科?以及当代法理学到底面临什么样的时代问题?这样有关一个学科产生和发展之时间背景的分析,或许能够对法理学的行进路向寻求一个间接的思考方式。

一

学者们通常把法理学(或法哲学)的起源,追溯至遥远的古代——古希腊、古罗马、印度、中国的哲学、伦理学或政治思想。这是一种法理学之本体论追问模式,相习已久,成为定式。

不过,笔者认为,法理学的思想渊源和法理学作为一门独立学科所产生的思想和时间背景,还是应当做一个适当的区分。不可否认,在人类思想发展的历史长河中,许多伟大的思想家、哲学家或其他人文学者都曾提出过影响几百年或千年的法理学思想。17~18世纪古典自然法学派的崛起,甚至达到了西方法律思想发展史上的一次高峰,但还不能说这一时期法理学(法哲学)作为一个学科已经形成。一个学科的存在,须具备以下条件或因素:(1)以本学科名称开设专门的课程;(2)标志本学科存在的权威教科书的出版;(3)确立本学科地位的学术人物的产生。

的确,作为法理学代名词的“法哲学”(philosophia iuris, Rechtsphilosophie)一语很早就出现在学者们的著作之中,例如,古罗马政治家和思想家西塞罗(M,T

* 作者单位:中国政法大学法律系。

① 关于日本“法理学”名称的由来及该课程设置的沿革,参见洪逊欣著:《法理学》,台北1984年版,第4~5页。

Cicero)在《法律篇·J,5》中曾提到"法律学科来自深奥的哲学"(Ex intima philosophia haurienda juris disciplina)。① 一些学者或哲学家也曾写过论述法哲学问题的论著,如肖比尤斯(F. J. Chopius)于1650年著《论法的实在哲学》(Deveraphilosophia juris),哲学家莱布尼茨1667年著《法学论辩教学新方法》(Nova methoduk discendaeque jusprudentiae),康德1797年出版《法的形而上学原理》(Metaphysische Anfangsgrunde der Rechtslehre),费希特1796年出版《自然法基础》(Grundlage des Naturrechts nach Prinzipien der Wis – senschaftslehre)。但是,这些著作都不能被视为一门独立学科(即法哲学)诞生的标志。在德国,历史法学派奠基人古斯塔夫·胡果(Gustav Hugo,1764~1844)最早开设"实在法哲学"的大学课程,1798年他将讲稿整理出版,取名为《作为实在法,特别是私法哲学的自然法教程》(Lehrbuch des Naturrechts, als einer Philosophie des positiven Rechts, besonders des Privatrechts)。这可以看做法哲学(法理学)确立学科地位的一个重要开端。与此同时,黑格尔在柏林大学设"法哲学"讲座,并于1821年出版此讲演稿——《法哲学原理》(Grundliniender Philosophie des Rechts)。此后,法哲学作为一门课程被各大学广泛接受。但在德国,至今仍有相当多的学者受黑格尔思想的影响,将法理学(法哲学)归属于哲学的一个部门,而并不视之为法学的分支学科。②

法理学真正成为独立的学科,还是19世纪的人文社会精神影响的结果。众所周知,17世纪以来自然科学的发展和机器生产深深地改变了人类的社会结构,使人类对自己在关于自然环境方面的能力有了一种新的概念。针对思想、政治、经济中的传统体系,在哲学上和政治上出现了深沉的反抗,引起了对向来看成颠扑不破的许多信念和制度的攻击。③ 故此,19世纪,以法国的奥古斯特·孔德(A. Comte,1798~1857)为代表的近代科学实证主义得以产生,而该思潮按照物理学的模式所倡导的"通过观察、比较、实验、分析和归类过程进行科学研究"的风气,对人文社会科学有着强大的冲击力。在政治—法律研究领域,一个最重大的事件,就是流行千年之久的"自然法哲学"受到排斥,逐渐趋于衰落。代之而起的,是所谓"法律实证主义"(legal positivism),它强调要以后验的

① 参见 Giorgio Del Vecchio, Lehrbuch der Rechtsphilosophie, dt. Ausg. 2. Aufl. Basel 1957, SS. 45–46.

② [德]黑格尔著:《法哲学原理》,范扬、张企泰译,商务印书馆1982年重印本,第1~2页;A. Kaufmann W. Hassemer(Hrsg.), Einfuhrung in Rechtsphilosophie und Rechtstheorie der Gegenwart, 3. Aufl. Heidlberg/Karlsruhe, 1981, S. 1。

③ [英]罗素著:《西方哲学史》(下卷),马元德译,商务印书馆1982年版,第21章。

(aposterriori)方法取代先验(apriori)方法,像物理学那样把法律当做一个物质的实体——实际的法(actual law)或实在法(positive law),用可以度量、权衡轻重和精确计算的方式来研究和分析。虽然英国的功利主义哲学家和法学家边沁(Jeremy Bentham,1748 ~ 1832)于 1782 年在《法理学限定的界限》(The Limits OfJurisprudence Defined)一书中最早表述了这一分析原则,但该书手稿直到 1945 年才被发现和出版。① 故此,至少在英美学界,真正对法理学学科的独立产生影响的,是 1832 年约翰·奥斯丁的《法理学范围之限定》(The Province of Jurisprudence Determined)一书的出版。② 奥斯丁在著作中强调:法理学只应研究"事实上是什么样的法律"(即"实在法"),而不是"应当是什么样的法律"(即理想法或"正义法"),力图将道德、功利、伦理和正义的模糊观念排除于法理学的领域以外,创立一个逻辑自足的法律概念体系。基于此点,后世许多法学家称奥斯丁为"分析法理学之父"。③ 也有人干脆把英美的法理学称为"奥斯丁法理学"。应当承认,正是奥斯丁著作的影响及其追随者们——如阿莫斯(Amos)、马克伯(Marky)、霍兰德(Holland)、萨尔蒙德(Salmond)等人的努力和贡献,法理学最终作为一门独立的学科(理论知识体系、学问和大学的法学课程)而存在。④

纵观法理学的产生和发展,还有一个令人注目的现象,即众多法理学派别的兴起。在 19 世纪早期,除了分析法学派外,占统治地位的,还有哲理法学派和历史法学派。哲理法学派以德国古典唯心主义哲学家们(主要是康德、黑格尔、费希特)的法哲学思想为代表。历史法学派以德国法学家(萨维尼、普赫塔等)为主体,也包括英国的梅因(Maine)和日本的穗积陈重等人,以强调"历史实证"而自成体系。19 世纪后期,社会学法学派、新康德主义法学派、新黑格尔主义法学派和新托马斯主义法学派开始逐渐形成。

进入 20 世纪,带着过去数个世纪日益成熟的方法论,法学诸流派都在各自的研究方向上进行了理论形态的深化和更新努力。一时间,大大小小的学派蜂起,呈现出多足鼎立的法学格局。然而从总体上看,它们的理论和方法不过是上一个世纪或更早一些时期的理论或方法的继续和发展,不过是历史上的法学流派所坚持的理论或方法在同一时空的再现。无论是新自然法学,还是纯粹法学、

---

① S. N. Dhyani, *Jurisprudence: a Study in Legal Theory*, New Delhi, 1985, pp. 43 – 44。

② 奥斯丁的著作几乎与边沁 1782 年未出版的著作名称完全相同,二者到底有何联系,不得而知。

③ 也有人把边沁视为真正的分析法理学之父。S. N. Dhyani, op. cit. supra. p. 46.

④ See Austin, *Lecture on Jurisprudence*, llth Ed., London, 1904. T. E. Holland, *The Elements of Jurisprudence*, 13th ed, Oxford 1924; John Salmond, *Jurisprudence*, 9th ed, London, 1937.

新分析法学、自由法学、社会学法学、现实主义法学、存在主义法学、现象学法学，都可以在传统的理论或方法中找到它们存在的根基。所不同的是，20世纪的法学运动，像其他人文社会科学运动一样，表现出更大的开放性和灵活性，相互之间的分化与融合更为迅速。"二战"以后，法学总格局仍然属于"三分天下"——新自然法学、新分析法学和社会学法学3大派鼎立。20世纪50年代以来的几次法学论战（如"哈特—富勒论战"、"哈特—德沃金论战"），推动了西方法理学的发展。20世纪60～70年代，比利时法学家佩雷尔曼的"修辞法学"，德国卢曼的法社会学理论，美国罗尔斯的"正义论"、诺齐克的新自由主义法学、德沃金的权利法学、波斯纳的经济分析法学等，曾有较大影响。20世纪80年代以后，批判法学和女权主义法学运动又各领风骚，形成强劲气势。①

二

时值世纪交替，法理学在历经20世纪的百年的演进之后，已经走向新的发展之路。从时代背景看，法理学的发展所面临的智识环境已不同于以前：

首先，我们当下所处的是一个"科际整合"（inter－disciplinary integration）的时代，学科之间的渗透与合作成为科学发展的一个总趋势。因此，法理学在与其他人文社会科学相互合作的过程中又不可避免地遭受相邻学科的入侵，学科之间的边际界限变得有些模糊，这就给法理学造成困境——难以确定纯粹属于本学科研究对象和范围的界限。② 或者说，传统上专属法理学研究的问题（如"法律是什么?"），可能会成为一个哲学、社会学或人类学探讨的问题；而一个其他人文社会科学的问题（如"进步与代价"）或部门法学的问题（如"犯罪与刑罚"）也可能会纳入法理学研究的视野。以问题为中心来选择研究的方法和理论的姿态已是学科发展的一个方向，加强学科与学科之间和本学科内部的交流显得愈加重要，不同法理学流派和学说之间的渗透、吸收成为必然。法理学家们也已感受到：单靠某一学派的方法和观点，不可能完成法理学所应完成的任务。当今的法理学所需要的就是把分析法学（关于法律的概念、渊源、形式、效力的解释）、社会学法学（关于社会和文化事实的社会学解释）以及自然法理论中的价值（如自由、平等、安全、人类幸福等）分析统一起来，建立一门联合诸法学流派的"综

① 张文显著：《二十世纪西方法哲学思潮研究》，法律出版社1996年版；沈宗灵著：《现代西方法理学》，北京大学出版社1992年版。

② 舒国滢："战后德国法哲学的发展路向"，载《比较法研究》1995年第4期。

合法理学”。①

其次,20世纪末似乎又是一个“没有根据的时期”。这个时期的人文社会科学领域一直在进行着理性与非理性、基础主义与反基础主义、理性建构与理论解构、现代性与后现代主义的论争。在法学领域,一方面,启蒙时代所倡导的法学世界观占据统治地位;另一方面,普遍主义的法治观和法治秩序本身却出现了深刻的正统性危机,传统的法律和权利哲学基础出现动摇,多元、界限、动态、混沌、怀疑和批判的思潮广为流行,地方性知识、特殊性问题和非正式的规范受到重视。② 法理学的经典理论体系受到前所未有的挑战,它必须能够在接受理论挑战的同时突破传统的法律思维和知识范式,为正在动摇的理论问题,如法治的现代性、法治的理性原则等,提出足够合理的论证。

最后,随着冷战的结束和苏联—东欧解体,交织着意识形态(主要是社会主义与资本主义)冲突的国家—民族文化冲突也日益凸显。这就为具有不同文化—意识形态背景的学者之间的交流带来障碍,例如,马克思主义者很难与那些反马克思主义者(如自由主义者)达成共识。就法理学而言,它在发展过程中必然遭受到这种文化—意识形态冲突的影响,这不仅表现为东西方法律文化、价值和理论的冲突,而且即使是在西方世界内部大陆和英美之间法理学/法哲学学术传统的差异,也不会很快消失。故此,不同国家—民族法理学家之间要寻找到沟通和对话的渠道,须取决于国际间社会政治、经济、文化诸因素的互动和良性循环。

此外,审视法理学所面临的时代问题,还必须认识法理学学科的独特性质,必须考察法理学与相关的法学分支学科的关系,从而在法学体系中给法理学以准确的定位。

在整个法学体系中,法理学居于一种非常独特的地位:一方面,法理学所研究的是法的一般原理、原则、概念、制度,这种研究对象与人类的生活式样、理念、价值和人文的总体精神息息相关。因此,法理学总是要站在法学学科发展的最前沿来追踪、吸纳人文科学、社会科学和自然科学的成就,反思法的基本问题;同时也从法学的角度对各种人文思潮做出回应。在一定意义上,法理学(尤其是法哲学)也属于研究人类精神的学问(人文科学)之一种,与那些专注于法律的应用与操作的学科(应用法学)是存在较大区别的。另一方面,从法学体系的内

① See Jerome Hall, *Studies in Jurisprudence and Criminal Theory*, New York, 1958, pp. 25 – 74. ; Edgar Bodenheimer, *Jurisprudence: The Philosophy and Method of the Law*, Harvard University Press, 1981, 39.

② 观点详见季卫东:“面向二十一世纪的法与社会”,载《中国社会科学》1996年第3期。

部关系看，法理学在整个法学体系中具有“基础理论”的地位。它是建立在诸应用法学（部门法学及其应用学科）之上的具有普遍意义、属性和职能的法学学科，其内容具有基础性、根本性、一般性、普遍性和抽象性，从而对各种应用法学给予理论上的指导，法理学是沟通法学诸学科的桥梁，在很大程度上影响整个法学发展的水平。法理学研究的不发达，必然会对法学其他学科的研究产生不良的后果。因此，强化法理学的基础地位，深化法理学的研究，对于建立一国法学体系是至关重要的。

法理学与法学其他学科的结合，反过来对于法理学自身的发展也同样具有十分重要的影响。法理学是一门开放性的学问，这不仅是指它的对外的开放（即法理学与整个人文科学、社会科学和自然科学的结合），而且也指它对内的开放，即在法学体系之内与其他法学学科的结合，不断从其他学科中获取理论和方法上的资源，以丰富和完善法理学自身的理论。例如，法律制度史的研究，国内部门法学（民法学、刑法学、宪法学等）的研究，在某些方面有各自学科的优势和特点，它们对历史上的法和现实的法所进行的实证考察，是法理学所不可替代的。而且它们从各自学科出发对法的本质和现实问题所做的结论，对于法理学亦具有重要的参考价值。因此，法理学若不与法律史、国内部门法学结合，很可能会陷入空泛和游说无根的窘境，也不能起到前导学科的作用，不能对法学其他学科予以理论上的指导。然而，法理学与法学其他学科的结合，绝不意味着法理学可以完全照抄、照搬法律史学、国内部门法学的理论，将别的学科的东西据为己有。否则，也就失去了法理学自身的特色。

在中国，当代法理学面临的问题既具有普遍性，也具有其特殊性，例如，法理学研究的学术环境的培养和保护，法理学学术传统的重建，中国的现实对法学家们所提出时代课题，法理学与应用法学的结合，法理学方法的变革，法治进程中的知识转变，法理学研究的国际化、规范化与本土化，等等。①

因此，中国当代的法理学，应当是以马克思主义法学原理为指导，吸纳古今中外一切优秀进步的法学思想而又与中国社会主义民主与法制建设实践相结合的法理学。显然，它的理论资源包括：（1）古今中外优秀进步的法律文化、法学思想；（2）马克思主义法学基本原理；（3）中国社会主义民主与法制建设的实践经验。具有中国特色的马克思主义法理学体系的建立，就在于这3个方面的理

① 参见刘升平、冯治良主编：《走向21世纪的法理学》，云南大学出版社1996年版；苏力著：《法治及其本土资源》（第3编），中国政法大学出版社1996年版；葛洪义著：《探索与对话：法理学导论》，法律出版社1996年版，第1～20页；梁治平：“法治进程中的知识转型”，载《读书》1998年第1期。

论资源的健康互动。具体而言，中国的法理学，必须走马克思主义法学基本原理与中国当代的社会主义民主与法制建设实践相结合的道路，即从中国的实际出发，着眼于中国的民主与法制建设的实践，不断丰富和发展马克思主义法学，提出一整套适应中国国情而关注人类生存和发展的一般法律问题的独创理论体系。如果说具有中国特色的马克思主义法理学，与同时代的西方法理学（包括其他国家的马克思主义法理学）有什么不同的话，那么中国的实际（实践）及其经验就是其最有生命力的、雄厚的理论资源，也是这种区别形成的标志。可见，同民主与法制建设实践的结合，是建立具有中国特色的马克思主义法理学最为重要的步骤。①

（1998 年第 10 期）

① 舒国滢："面临机遇与选择的中国法理学"，载《法学》1995 年第 9 期。

法治之法与法治之制

徐显明[*]　谢　晖[**]

建立一个和谐有序的法治国家,是我国既定的目标。然而,与法治相关的理念无论在学理上还是在实践上仍显混乱。诚如有些学者痛陈的那样:"近十数年,国人倡言法治,谈论民主,虽精神可嘉,终因游谈无根,不能成就系统的理论,更难对中国社会发展产生深远之影响。"①可见,澄清法治基本理念,乃法制建设之必需,其中法治之法与法治之制关系的辨明,即是一例。

一、法治之法必能导致法治吗?

中国百年法制变革的历程表明,倾向于法治的仁人志士,往往对良法情有独钟。从清末立法始、中经民国立法再到共和国八届人大期间以平均28天立一部法律,都深刻地表达着法学家和政治家关于"良法先行"的思想意识。然而,法律运行的逻辑却并未遵循立法者的设定,法律的大量堆砌不但没有给中国带来法治的现实,而且整个20世纪是中国历史上人治最为严重的时期之一。这必然启示我们思考如下问题:法治之法(良法)必能导致法治吗?

这是一个既需求诸实践亦需求诸理论的问题。就实践而言,除前述中国20世纪之大量立法并未带来法治实效外,相关例证在国外也屡见不鲜。例如,当今亚洲各国,几乎毫无例外地标榜立宪主义,并以此为基制定了各式各样的宪法②。但真正奉行宪政者寥寥,从而使宪法带有明显的"未来政治计划"的特征③。宪法作为法治的规范母体并未带来法治的制度母体——宪政,不正说明法治之法与法治之制的暌违吗?何以法治之法并不必然导向法治?这需从法律和法制(法治制度)相结合的角度探讨。

---

* 作者单位:山东大学法学院。

** 作者单位:山东大学法学院。

① 梁治平、贺卫方主编:《宪政译丛·总序》,三联书店1997年版。

② 韩大元著:《亚洲立宪主义研究》,中国人民公安大学出版社1996年版。

③ [韩]韩泰渊著:《宪法研究》,转引自韩大元著:《亚洲立宪主义研究》,中国人民公安大学出版社1996年版,第229页以下。

虽然，法治必以规范（良法）为前提，但法治不只是表征规范的概念，除良法规范外，与良法规范相配套的观念、组织（主体）、行为、监督等皆为法治之必需。因此，法治之法具有单面性、静态性、机械性、独在性；而法治之制则具有立体性、动态性、应变性、同构性。这必致两者的实践对接一旦失当，则法治之法无以呈现法治之制的情形。

第一，治法之法的单面性与法治之制的立体性可能造成两者间的错位。法治之法的单面性指的是它只反映或体现法治某一方面的要求，即法治对规则的要求，但规则的具备对于法治可能有两种结果：其一是规则导致法治其他要素与之配套，表现为实有的法治；其二是规则未至法治的其他要素与之配套，从而在法律与法治间出现错位。这种错位，又有两种形成机制，要么法律违反法治，要么其他制度与法治之法不相配套，或未依法治之法而立。法治之制是一种立体性的存在。所谓立体性是指它由多方面要素结构而成，法律仅是这诸要素中的一种，虽然法律对其诸要素——观念、组织（主体）、行为、监督等具有至上的调节功能，但当其他要素与法治之法间出现整体性错位时，法治之法则徒唤奈何。

法治之法与法治之制间的这一矛盾，说明良法的制定只为法治的实现创造了一个最基本的条件。亚里士多德强调良法之外，守法对法治的重要性[①]，其启示是深远的。今天的法治论者可能对法治持有更多的见解[②]，但良法与该法必须被遵守永远是法治的基本要求，当然法治之法与法治之制间的配套并不具有固定的模式。文化的差异、法治化程度的高低、政治和社会制度的相左以及经济发展水平的不同等，皆是影响两者配套的因素。但无论如何，倘法治之法未转化为法治之制，所谓良法也只是让人们望梅止渴而已。

第二，法治之法的静态性与法治之制的动态性可能造成两者间的错位。良法也罢，恶法也罢，作为规则，均是静态的。只有使静态的法律转化为动态的法制，才能实现法律的应有效果，这对法治之法也不例外。但在现实中，两者的错位时有发生，以致当代法学在社会法学的深刻影响之下，把"活的法"视为真正的法，并以此为基础，提出了与传统良法法治观、"硬法"（严格规则）法治观相对应的"软法"法治观[③]。尤其随着后现代社会的到来，价值的多样和规则的多元更为突出，究竟以国家制定的正式法律作为法治的基础，还是以社会通行的非正式法律作为法治的基础便日显重要。如果秉承国家主义，则正式法律至上，不论

① [古希腊]亚里士多德著：《政治学》，吴寿彭译，商务印书馆1965年版，第199页。

② 徐显明："试论法治构成要件"，载《法学研究》1996年第4期。

③ 严存生："略论法制观念的现代化"，载《法制现代化研究》（第2卷）。

其能否造就法治;如果秉承"社会"实用主义,则只要能造就法治的规则,便是法治之法,而不论其是否为国家确认。问题在于现代科技和信息的发展在为社会主体提供更好的自治条件的同时,也为国家权力提供了更方便的干预条件。论者往往只重前者,而对后者重视不足,以致"软法治"观念只是一种理论设想,而不是工业化时代及后现代社会的现实[①]。即使社会规范的应用,也与正式法律的宽容与否、宽容程度等息息相关。因此,现代国家对法治之制的追求,在根本上还有赖于正式法律。但正如前述,法律静态性与法制动态性的固有矛盾使得无论按严格规则设制,还是按"活法"设制,两者错位的可能性总是存在,这更要求人们在注重法治之法时,同时注重它与法治之制的调适。

第三,法治之法的机械性与法治之制的可变性可能造成两者间的错位。机械性是法律固有的弊端之一[②],即使良法也不例外。然而,法治之制与其动态性相适应,必须有应变性。倘若法治之制与法律一样机械,则社会因此而僵化,实践因此而停滞。但是,法治之制的应变性究竟至何种程度,才既能维护法律至上这一法治的基本原则,又能确保在严谨乃至机械规则调节下的法治其他要素的活力。这不但涉及理论的设定,更是一个实用性的制度技巧。在这方面,英美法系国家推行的判例法(法官创法)的实践给我们提供了范例,法官作为机械法律与应变法治的联系者,可以较好地解决两者之间的错位。但即使如此,要完全解决这一错位,仍然是一种理想。因此,美国等西方国家,针对工业革命的发展和实践中行政自由裁量权的急剧扩大,采取了坚定而又富有成效的法律变革,即以正当程序和严格规则相结合的方式调控行政自由裁量[③],从而把急剧变革的行政行为规范于法治的框架内。法治之法的机械性与法治之制的应变性是一对永恒的矛盾,因此,在实践中如何保障两者的对位也是一个常新的话题。如果不能较好地解决两者的对位问题,则必然使良法与法治间出现错位,从而使法治之法难以达致法治之制。

第四,法治之法的独在性与法治之制的同构性可能造成两者间的错位。对

---

① 苏力认为:"如果不是将法制视为一种法典的集合,不是把法制视为某些机构的设置,那么所谓法制只是一种规范性的社会秩序,这种社会秩序从根本上看是形成的,是人们在社会生活磨合并体验出来的,而不是按照理论构成的。"参见苏力著:《法治及其本土资源》,中国政法大学出版社1996年版,第287页。苏先生力倡者即为"软法治"观,尽管其表达了一定的道理,但这道理只是相对的,因为我们照例可以找到以理论建构规范性秩序的无数实例,并且各国实践中通行的大致为后者。

② 美国学者博登海默先生所谓法律的僵化性,其实即指机械性。参见[美]E. 博登海默著:《法理学——法哲学及其方法》,邓正来等译,华夏出版社1987年版,第389页以下。

③ 笑侠:"论新一代行政法治",载《外国法译评》1996年第3期。

于法治而言，与其相关的法律可以是一个独在的系统，而法治之制的其他要素必须以法律规范为前提并与之保持同构，否则，便出现两者的错位。虽然，在那些具有良好法治传统的国家，规则与其他制度的同构一般不存在问题，但事实并非全然如此。相反，法治其他要素对法律的冲击在任何国家都是不争的事实，如前述行政自由裁量权曾对严格规则模式的冲击，无过错责任方式的客观实存曾对过错责任原则的冲击，等等。如果说法治发达国家法律和法治间的这种错位往往为其更好的同构提供了正向的指示的话，那么，在法治后进型国家，一旦法治的其他要素对法律形成冲击，则每每形成法治系统的紧张，形成法治之法和法治之制度要求间的反向对立，其结果是活动的制度走向法治的反面，而只留下供人们探讨和追思的独在的法治之法。孙中山先生及其"临时约法"给我们的就是这种启示；当代中国法律规范的繁荣和与之配套的政治经济体制、主体观念—行为模式、社会—政治组织架构的严重匮乏亦很能说明问题。因此，在法治后进型国家，如何解决法治之法和相关制度的同构问题，如何使法治之法的独在性变成法治之制的同构性，是其走向法治之路时必须特别关注的问题。

综上所述，实践中法治之法无以导致法治之制的情形，是由两者间的内在矛盾决定的，然而，人类的智慧在于发现矛盾并解决它。针对法治之法与法治之制的矛盾，首先要解决的是法治之法需哪些与其配套的制度要素。

二、法治之法需要哪些配套制度要素？

虽然在现代社会里，与国家或政府相关的制度总是与法律紧密相连的，以致在宏观层面，法律与制度间到了难以分解的程度，然而，这绝不是说制度就是法律①。法律只是制度的基础要素、前提要素和导向要素，但有了基础、前提和导向，并不意味着制度的建立，正如有了土地、材料及图纸，并不意味着房子已经建立一样。那么，法治之法究竟需要哪些与其配套的制度要素？笔者认为，这些要素有法治观念、法治组织（主体）、法治行为和法治监督四个方面。

第一，法治观念。如果把法治之法的配套要素划分为软件和硬件两方面的话，那么，法治观念属于软件部分，其特点是既可存在于法律之前，或法律诞生过程中，亦可存在于法律之后。一般说来，超前存在的法治观念常为社会精英阶层

① 从逻辑上讲法律既是一种制度，也是制度的一个要素，我们在本文中对法律的定位主要指后一种情形。

所拥有，而在法治之法基础上推广的法治观念则为大众法治观念①。

对法治之法而言，法治观念不仅是其催助剂，而且是其营养液。说其是催助剂，在于倘无超前的法治观念，则法治乏法难以产生，如没有资产阶级革命前夜的法治思想启蒙，就没有近现代资本主义法治；没有近20年来中国法学界对法治的热切呼唤，中国的法治化进程将更加困难。说其是营养液，则在于法治之法一旦没有法治观念的支持，则必是“死法”，而无法变成“活法”。这在目前我国虽制定了大量良法，但从因法治观念的弱化而难以实现的困惑中可得以明鉴。

法治观念可分为法治的价值观念和技术观念两个方面，其中价值观念决定着法治之法的质态方面，而技术观念决定着法治之法的量态方面。虽然法治之法有其统一的、恒定的、放之四海而皆准的质，但这并不意味着法治国家的法律无质的区别；相反，要在世界各法治国家找出完全相同的法律则是困难重重的。同样，法治之法也有天下同理的度量标准，但这并不意味着世界各国在法治之量态标准方面的完全同一，其中最明显的则是大陆法系国家和英美法系国家运用截然不同的法律技巧成功地进行着各自的法制建设。这种法治观念在不同国家的差异也正是这些国家法治的特点所在。如果法治之法和法治观念在一个国家相匹配，则该国的法治之路事半功倍；反之，则事倍功半。

第二，法治组织（主体）。主体是人类一切活动的主导，也是其目的，法治作为人类活动的一种模式，既离不开主体推动，也必须以主体为目的。与法治观念相对，法治组织（主体）是法治之法的硬件。与法治之法配套的法治主体，必须是法律化的主体。所谓法律化的主体，是指社会上实存的组织或人取得法律上的资格，即取得法人资格或自然人的法律资格。在现代社会，法治主体实际上存在组织化的主体和非组织化的主体两个方面，其中组织化主体更具有主导性，虽然不少学者认为随着信息化的发展和网络技术的日趋发达，未来社会中人们的行为更趋个体化②，从而使组织化主体的地位下降。但笔者认为，这只是组织化主体的一种模式变迁，而不是组织化主体功能的弱化。事实上，现代科技的发展，更加强化了组织化主体的功能，即个体对组织化主体的依赖性日益增强，而不是相反。例如，在信息网络化社会中，一旦网络出错、信息失灵，则个人的许多行为将无所适从。

但是，组织化主体的主导作用并不意味着其是法治之法的目的；相反，并不

---

① 精英法律观念主要指导立法；而大众法律观念主要支配守法、用法和行法。不过这只是个相对的划界，尤其在当代主体素质普遍提高的情形下。

② 其中最典型的是美国未来学家托夫勒在《第三次浪潮》等书中的论述。1997年随着科技（包括人工智能计算机）的突破性发展，使中国新闻界也加强了相关论点的宣传。

占法治主导地位的个体主体,从来是法治的目的。如果组织化主体最终不能实现个体的要求和期望,那么,它便是背离法治之价值宗旨的组织,就不是与法治之法相配套的组织。

从原生意义上讲,与法治之法配套的法治组织只能存在于法律之后,在法律之先存在的组织,倘未得到该法律的认可,就是法律取缔的对象,而不是法治之法的同构体。而作为个人的非组织化的主体,即便未得到法治之法的认可,也不是其可以取缔的对象。造成这种情形的根本原因,是因组织化主体的工具性和个体主体的目的性之所致。

第三,法治行为。主体行为是法律调节的最基本的对象①,依法律行为也是法治的基本要素。法治之法要转化为法治之制,其关键环节就在于依法行为。

法治行为虽然也是与法治之法相配套的制度硬要素,但因其自身的活动性,使它成为连接法治之法与法治主体、表现法治观念与法治监督的关键所在。如果人们的行为与法治之法不配套,那么,设置法治的其他要素则为徒然。

从应然性讲,法治行为必须合法,才能与法治之法相对应,然而,在法律运行的实践中,往往是违法行为与合法行为并在,这就需要法律的适时和恰当调节。如果法律不能导引合法行为,则无法治之制;同样,如果法律不能制裁违法行为,亦无法治之制。主体行为与法律的相契性,是从法治之法到法治之制的基本动力。但这种境界的实现,既有赖于法律观念与法律之间的调适,更有赖于主体对依法行为之道德感的增强②。

法治行为也只能产生在法律之后,没有法治之法,便无相关的法律行为,存在于法律之前的行为,并不是法律调节的当然对象,因此,法治之法一般要求其颁布后的主体行为与它同构。如果在法律颁布后,主体行为未保持与法律的同构,则法治之法仍未转化为法治之制。世界法治史的实践表明,凡是法治化程度较高的地方,人们依法行为(包括运用权利和遵守义务)的程度较高;相反,凡是法治化程度较低的地方,人们依法行为的程度必低。当代中国法治建设的核心,已从立法的严重不足转向主体依法行为的严重不足,这既包括公权主体——国家机关依法行为的严重不足,也包括其他主体依法行为的严重不足。要使法治

① 对此,最典型的是马克思的论述:“对法律来说,除了我的行为以外,我是根本不存在的,我根本不是法律的对象……”参见《马克思恩格斯全集》(第1卷),第16页以下。这只是从制裁意义上讲的,笔者认为,倘从保护和放任的意义上讲,思想照例是法律的调整对象。

② 从本质讲,依法行为,不论是运用权利还是履行义务,均是具有道德义务性的行为。对后者人们易理解,对前者却理解不足,但只要看看德国法学家耶林的著作《为权利而斗争》就会明白。参见该文中译本,载《民商法论丛》(第2卷),法律出版社1994年版,第12页以下。

之法转向法治之制，则必须克服这一情形。

第四，法治监督。监督是法治之法的基本保障和必须要素。从广义讲，法律即监督，法治之法即为实施监督的标准和规则，它源自人性的不完善，法律就是人性不完善的救济措施和导人向善的监督机制①。然而，狭义的监督在法学上仅指对公权主体之行为的监督，作为法治要素之一的法治监督也仅指后者。

法治监督的根据和标准只能是法治之法的规定和要求，其对象是权力运行，其目的是权力行使的合法性和正当性。为何权力运行必须监督？对此，古今中外的思想家（尤其近代以来的思想家）进行了深入的探讨。除了众所周知的原因外，笔者认为，权力作为社会必备的要素及其在社会中的强势地位是其受监督的根本原因所在。虽然自卢梭以来，主权在民观念深入人心，但这并非权力和人民权利必然是统一的；相反，即使近现代的权力，其一产生就是人民权利的异己力量，并且人民实际表现形态的个体性和分散性，致使其权利具体表现也具有此种属性；而国家表现形态的整体性和聚合性，则使其权力获得了相应属性，因此，权利与权力间从来是弱者对强者的关系。法治之法之所以要设定对权力运行的监督要素，其目的就是为制约强者（国家及其权力）以救济弱者（人民及其权利），并最终使两者在社会功用上实现动态平衡，在人类进步中实现功能互补。

没有对权力监督和制约的法律便不是法治之法，对权力监督和制约失效的法律即使是法治之法，也只能表明其并未导致法治之制。可见，法治监督是法治之制的必需要素。法治不力的地方，法治监督要素大率松弛；而法治得力的地方，法治监督要素也必然严格。

综上所述，法治之法只有同时与法治观念、法治组织（主体）、法治行为和法治监督相同构，才能从法治之法转向法治之制。否则，如果上述四方面与法治之法出现紧张甚至对立，则法治之法徒具形式，法治之制殊难呈现。那么，如何实现从法治之法到法治之制的转换呢？

三、从法治之法到法治之制的转变方略

从法治之法到法治之制的转变方略，因文化传统的不同而各异。大体说来，世界各国存在如下两种转变方略：

第一，经验主义转变方略。所谓经验主义转变方略是指法治之法与法治之

① 自基督教以来，“原罪”观念一直是西方法律的理念之一，也是救赎的根本方式。参见张中秋著：《中西法律文化比较研究》，南京大学出版社1991年版，第157页以下。

制经过长期的实践磨合之后实现两者相契的情形。这突出地表现在以英美为代表的普通法系传统中。众所周知,英国普通法和衡平法是在长期经验积累中发展起来的,其间,法律规范和法治其他要素间紧密结合,形成一套严密的经验逻辑体系,并最终导致了在当今世界具有明显主导性的经验主义法治模式。这种模式泽惠所及,几达半个地球。不过对那些引进或鉴取这一模式的国家而言,其仍然经过了一个建构性发展过程。如英国法治模式之适用于印度、新加坡及中国香港特别行政区等,就是一种经验理性的建构性适用。

第二,建构主义转变方略。这是指在设置法治之法时,同时设计与该法相配套的制度要素,并通过人为的努力,把其推向实践,使法治之法与法治之制相契合的模式。从本质上讲,这是一种以割断传统并重建传统为目的的转变方略。这种模式突出的体现在法国、德国等大陆法系国家。它虽然是建构性的,但其并非没有经验基础。如果说近代欧陆各国通过法治成功地割断了一种神治的传统,并使神学政治转向世俗政治的话,那么,在另一端,它继承了别种经验,即以罗马法为代表的法典理性的经验。因此,建构主义方略,并非像一些人们所说的那样主观武断,脱离实际①,它也成功地开辟了一种使法治之法和法治之制紧密结合的模式,其对世界的影响,至少不亚于英美法系。尤其在观念方面,世人接受的则更多的是后者的理想主义法治观。社会主义国家在法治选择上具有明显建构主义特征,但因其法治之法与法治之制的严重脱钩以及法治本法自身的严重缺陷,并没有实现建构的法治模式;相反,却创造了一种建构主义的人治模式。它在实践中的挫折,迫使人们另辟蹊径,寻求新的法治之路。

综观上述两种模式,它们都成功地导演着法治,因此,两者之间只有方法的差异,并无价值的优劣。在当今世界,两大法系之间出现了明显的互借局面,但这绝不是说两大法系间变得更为模糊;相反,在互借对方优点的同时,两大法系间的分野也愈益明显。并且这种不同的模式理念共同推出了区域国际法②和世界统一的国际法,使国际社会出现了明显的法治特征。这集中表明两大模式各有所长,因此,不能因肯定其中一种模式而否定另一种模式。

中国作为法治后进型国家,究竟如何实现法治之法与法治之制的同构呢?在学术界,目前有两种不同的主张,一种是以老一辈著名法学家江平先生为代表的法典理性主义(即建构理性主义)者,他们主张在中国应复兴罗马法精神③,制

① 近年来,受文化保守主义思潮的影响,我国学界出现了明显的重英美经验模式和轻大陆建构模式的倾向。虽然其所言不无道理,但并非充足的道理。

② 如欧共体法、东南亚国家联盟法等。

③ 江平:“罗马法精神与当代中国立法”,载《中国法学》1995 年第 1 期。

定法典,建构法治。另一种则主要以注重法社会学研究的青年学者为代表,主张经验理性对中国的作用,这其中又可分为两种,其一是经验的方法论者,即主张引进经验理性主义方法建设中国法治。如苏力先生的有关主张①。其二是经验的本体论者,即主张引进英美的法治模式以建设中国的法治,如贺卫方先生的有关论述②。笔者认为,不论上述哪种方式,对中国而言均是建构,而非经验,它们均是中国传统经验的异在物。中国作为一个具有五千年文化连续性的文明古国,其文化的多样性和多变性大量存在,这正是有人得出中国文化更像法兰西③,而又有人得出中国法律文化与英美有更可沟通处,④这两种截然不同结论的缘由所在。

既然欧陆建构模式和英美经验模式对中国而言均是建构,那么,在中国究竟应如何实现从法治之法到法治之制的转变呢?笔者认为,这一方略应包括两个阶段。

第一,强制性对位阶段。这是指从法治之法到法治之制的过程是借合法权威的力量实现的过程,即通过权威推进,使社会观念、社会主体、社会行为及社会监督与法治之法相对位的过程。由于我国是一个法治后进型国家,且现代法治的基本理念、技术在传统文化中几乎没有,因此,一方面,经过经验积累以实现法治的可能性极小;另一方面,即使有可能,也是一个耗时费日的漫长过程。然而,中国所从事的现代化却是一个具有明显追赶性质的事业,法治也不例外,这就必须借助权威或精英的力量进行推动,甚至不惜借强制力量割断与法治背反的传统文化成分,并以同样的方式推行世所公认的法治理念。显然,这是一个具有明显建构特征的过程。中国从法治之法到法治之制的第一阶段必须借助这种建构,即使从形式上看,建构主体及其强制行为具有一定的非法治色彩,但只要通过它能实现从法治之法到法治之制的转型即可。

然而,这种强制建构并不是法治的目的,而只是法治发展的一种方式或手段。当法治有了一定进展,法治之法与法治之制实现了对位之后,则必须不失时机地依靠另一种力量实现法治之法与法治之制的同构。

第二,自治性同构阶段。这是指当法治之法与法治之制实现了强制性对位

---

① 苏力著:《法治及其本土资源》,中国政法大学出版社 1996 年版。

② 贺卫方:“英美法与中国”,载《比较法研究》1991 年第 4 期。

③ 陈寅恪先生曾认为:“西洋各国中,以法人与吾国人,性习最为相近。”参见吴学昭著:《吴宓与陈寅恪》,清华大学出版社 1992 年版,第 7 页以下。

④ 贺卫方先生认为:“在文化的某些方面,中国与英国还有较诸欧洲大陆国家更可沟通之处呢。”参见贺卫方:“英美法与中国”,载《比较法研究》1991 年第 4 期。

后，利用社会主体对法治的深刻需求及在这一需求基础上的自觉力量实现两者的进一步同构过程。从两者的强制性对位到两者的自治性同构，既意味着从法治之法到法治之制的推动主体的转变，也意味着两者间两种不同程度的实现——形式的对位和本质的同构，还意味着法治发展从逻辑建构主义到经验实证主义的自觉升华。一个国家的法治之法与法治之制间如果发展不到自治性同构阶段，那么，其法治水平只是低层次的。

自治性同构的关键是全体公民对法治的自觉向往和深刻需求。对中国这样一个经过数千年人治统治并至今仍有 9 亿多人生活在人治土壤丰厚的乡村社会的国度而言，这种状态的实现尚需艰苦的努力，尚需不断的经验积累和民众启蒙。这肯定是一个深刻的创造过程，但对它最终的创造却必须借长期的经验积累。

自治性同构的目的是实现法治之法与法治之制的有机互动，它与两者的对位不同，如果说后者是一种物理性反应的话，前者必须是化学的化合性反应。因此，自治性同构的目的不只是其自身的目的，而且是整个法治的目的。

通过上述 3 方面论证，可得出如下结论：第一，有法治之法并不必然有法治之制，并且往往有良法而无法治，这有其内在必然性；第二，从法治之法到法治之制必须有相关的配套制度要素；第三，法治之法与法治之制相同构的模式是多样的，中国作为法治后进型国家，实现两者同构的方式显然具有多模式综合性。

（1998 年第 10 期）

法的本质是一种实在还是一种虚无

——法的本质研究之一

童之伟*

法是否有本质，是讨论法的本质的人首先需要面对的问题。对此，我国法学界现在有两种观点。第一种观点肯定法的本质的客观实在性。这种观点很普遍，半个世纪以来我国围绕法的本质进行的解说或争论基本上都是以肯定法的本质的客观性为前提的。第二种观点在我国是近年来才提出的（或重新提出），这种观点认为，法律的本质是“一个虚构的神话”，①倾向于否定法的本质的客观性。

法的本质到底是实在的还是虚幻的呢？简单化地回答这个问题没有什么意义。从哲学史上看，肯定事物的本质的实在性或否定其实在性，其真实的意义都不在于有关命题本身是不是正确，而在于采取不同的方式解释世界，从而改变或影响世界。

通过探求事物（包括实在法）的本质②来认识事物的思想方法源远流长，它在很大程度上表现为人类认识世界共同的必经之门，是人的认识能力达到一定程度后自然会显现出来的一种方法论倾向。很难说这是某个民族、某个学派的首创。在中国，孔子把“仁”作为有基本法意义的礼的根本，同时又对“仁”的要求和底蕴作出多种解释，并在最深刻的层面上将其归结为“爱人”。③ 这可不可以被看做本质主义的法学倾向？笔者感到，孔子的这个思路不仅确认了他所想要维护的礼的初级的本质（仁），而且深入到了礼的二级本质（爱人）的层面。孟子也一样，他说，“仁之实，事亲是也；义之实，从兄是也；智之实，知斯二者弗去是也；礼之实，节文斯二者是也；乐之实，乐斯二者，乐则生矣”。④ 什么是“实”？“实”就是实质、根本、本质。从仁、义、礼等内容看，这里面也包含了探求法之“实”的含义。可见，孟子通过确认社会规范（从当时道德和法律不分的实际情

* 作者单位：中南政法学院。

① 法律文化研究中心：“法律的本质：一个虚构的神话”，载《法学》1998年第1期。

② 这里主要指实际上探究了事物的本质，不一定指形成和使用了“本质”这个概念。

③ 《论语·颜渊篇》。

④ 《孟子·离娄上》。

况看，可以认为其中也包括了法规范）的本质来解释这些规范并影响社会现实的思路比孔子还明显，而且也有向现象的一级以上的本质探求的倾向。在西方，与孟子同时代的亚里士多德提出，“科学就是对普遍者和那出于必然的事物的把握”。[①] 由于“必然”、“规律”是和本质同等程度的概念，所以这句话的实际含义差不多等同于“科学就是对事物的本质的把握”；作为一门科学，法学当然也不能例外（尽管当时法学还未从政治学等学科中独立出来）。这不仅是推论，事实上亚里士多德也是从揭示本质入手界定法律概念的，他说：“法律是以合乎德性，以及其他类似方法表现了全体的共同利益，或者只是统治者的利益。”[②]在这里，“全体的共同利益”或“统治者的利益”实际上就是他所认定的法律的实质。

本质作为一个与现象相对称的范畴出现比人们探求本质的学术活动的产生晚一些。在哲学史上，“本质”一词也导源于亚里士多德。罗素指出过，“有一个名词在亚里士多德和他的经院派的后继者们中间是非常重要的，那就是‘本质’这个名词”；“本质这个概念是从亚里士多德以后直迄近代的各家哲学里的一个核心部分”。[③] 以黑格尔为代表的德国古典哲学承继丰富了亚里士多德的关于本质的思想，马克思对其加以改造并赋予了新内容，如此等等。作为一种生长变化着的思想方法，它在历史发展的每一个阶段都影响着同时代的法学，马克思主义法学只是受其影响的法学流派之一。

不从事物的本质入手把握事物，以及不承认或根本否认事物本质的客观性的思想方法也是源远流长的，这种思想方法也相应地给同时代的法学打上了深刻的烙印。探研有关事物而不考察其本质有两种原因：一种是认识能力尚未充分发展，另一种是充分理解本质主义的认识方法但认为其不值得重视或不可取。早期的思想家不讨论事物的本质，往往是不自觉的，属于前一种情况；当代的学者不考察事物的本质，通常都是自觉的，属于后一种情况。至于不承认或否认事物本质的客观性者，就笔者所知，在哲学领域当首推18世纪以提出“存在即被感知”命题而著称的乔治·贝克莱，在他看来，所谓本质只是一种“虚无”。现代西方哲学的不少流派也都以各不相同的方式否认事物本质的客观性，实用主义、新实在论和存在主义就是其中较著名的流派。此外，还有的哲学家虽承认事物本质的客观性，但认为它是人的认识所不能把握的，这方面有代表性的人物是康德，在他那里，本质是处于彼岸的、不可把握的“自在之物”。

---

① 《亚里士多德全集》（第8卷），中国人民大学出版社1994年版，第126页。

② 同上，第95~96页。

③ ［英］罗素著：《西方哲学史及其与古代到现代的政治社会情况的联系》（上卷），何兆武、李约瑟译，商务印书馆1963年版，第215~259页。

与哲学领域的这种情况相对应，法学领域的情况历史地看也分为两种：一种是不懂得对法和法现象进行本质分析，也不知道有这么一种方法。这种倾向主要表现在早期的一些法学作品中；另一种熟悉本质主义的方法但根本否认法有什么本质，或虽未否认但不重视这个问题，有意回避这个问题。如社会连带主义法学的核心人物狄骥就将本质看做“臆想的及看不见的玄学本体”，反对用它来解释法现象。从当代西方法学各主要流派的一些有代表性的作品看，它们中几乎都没有采用法律本质这个范畴，但在实际的讨论过程中，却包含着不少人们常说的属于法律本质范畴的内容，尤其是在论述法律概念的时候。因为，完全不涉及对法律的本质的判断，就不可能说清楚法律的概念。但严格地说，不论以是否形成了法律本质范畴为标准来衡量，还是以是否刻意探求法的最一般属性和法现象之间的内在联系为标准来衡量，现代西方法理学的主要流派，如新自然法学、分析实证主义法学和社会学法学，都不具有本质主义特征。

是否具备本质主义特征并不是判断法学流派优劣的标准。法学的一般价值在于合理解释全部法现象和以最大限度地促进国民福祉为准则影响社会现实。具备这种功能、有利于实现这种价值的法学就是人们需要的，否则它的存在意义就要受到怀疑。不同的学派到底哪个更符合这个标准，要通过竞争来决定，而且其相对位置应当能够改变，竞争各方可以相互借鉴他方的长处完善自己或形成新的流派。

所以，本质主义的法学也好，非本质主义的法学也好，都只是按特定目标说明法现象和影响法律现实的工具，它们虽然与一定的哲学方法论有关系，但又绝不应该是冷战意义上的披着法学外衣的政治意识形态。从社会的要求看，不论哪一种法学都应当具有深刻合理地解释法现象和按既定目标引导法治实践的功能。按这种标准历史地衡量，两种法学各有优劣。本质主义法学通常具有的优点是系统性、思辨性强，比较深刻，缺点是实证性、实用性差，难以用来有效解决立法、司法过程中的具体问题。非本质主义法学往往有系统性、思辨性差、解释法现象过于表面化的缺点，但有实证性、实用性较强的优点。在很长一个时期，由于缺乏竞争、搞唯我独尊、以阶级斗争为纲，本质主义法学在我国一度被弄成了十分僵化的东西，与其说是法学，不如说是被冷战思维主导的政治意识形态。这不仅没能吸收非本质主义法学的优点，反而连它自身本来应当有的优势也丢了。近10多年来，幸亏有一批勇于解放思想、实事求是的法学工作者在这块园地里耕耘和奋争，本质主义法学才显得有了一些活力，获得了一定程度的发展。1949年后，非本质主义法学在我国销声匿迹了很长一个时期，直到近几年才得到一定程度的复兴。它复兴的时间虽不长，但显得势头好，有潜力，有助于推进建设社会主义法治国家的进程。

法学要发展,需要有不同流派的竞争。本质主义法学不能搞垄断,非本质主义法学也不能搞垄断,将其中任何一种法学看做万应灵药都是没有根据的。今天的中国的法学理论,真正属于我们自己首创的东西很少,大都是早年进口的和新近进口的,其中包含中国学者自己的附加智慧含量还很低。要形成符合中国情况、成体系,既有思辨性又有实证性、实用性的法学理论,恐怕还要经过相当长时间的努力。

说这么多,还是不得不回答法的本质是一种实在还是一种虚无的问题。对此,笔者觉得从两个方面回答较好。第一,承认或不承认法的本质的实在性,真实的意义在于对两种不同的解释法现象和影响社会现实的方式作出一种选择。如果能够充分发挥法学本身应有的学理功能和社会实践功能,承认或不承认法的本质的实在性并不重要,无须有定论。第二,就笔者个人来说,是倾向于从方法论意义上承认法的本质的客观性,并相信在一定的条件下本质主义法学能够获得良好学术前景。什么条件呢?看来至少得包括宽容、开放、自我批判和自我更新的态度等要求。如果自我封闭,把自己变成棍子,将自己当做唯一准绳、老子天下第一,那就避免不了日薄西山的命运。

(1998年第10期)

用什么方法确定法的本质

——法的本质研究之二

童之伟*

承认法的本质的客观性,才谈得上确认法的本质的方法。因此,这是一个只有本质主义法学才有的问题。不仅如此,对于本质主义法学,这还是一个最基础、最根本的问题。从哲学基础看,马克思主义法学无疑是一种本质主义的法学,因为马克思主义哲学是一种本质主义哲学。今天讨论确定法的本质的方法,当然也在它赖以形成的哲学基础上进行。

迄今为止,我国法学界据以确定法的本质的方法,是有很多值得检讨的地方的。首先有一个依据什么理论来确定的问题。对此,很多人会说,依据马克思主义呀。是的,这没有疑问。但依据马克思主义的什么呢?是依据马克思主义创始人在有关问题上的具体结论、具体原理,还是基本原理?迄今为止,法学界关于法的本质的论争往往集中于讨论法的本质是什么?而没有下力气讨论用什么方法确定法的本质。而长期以来问题没有得到令人信服的解答的关键恰恰是在方法上。这里笔者想谈两点看法:第一,在法的本质问题上持统治阶级意志论的学者所依据的《共产党宣言》中的有关论述,只是马克思、恩格斯对于具体问题下的一个具体结论,即使这个结论包含着有关原理,那它也只是具体原理,它的"效力等级"在理论上低于马克思主义的一些更基本的原理。《共产党宣言》中那段话的原文是:"你们(资产阶级——引者注)的观念本身是资产阶级的生产关系和所有制关系的产物,正像你们的法不过是被奉为法律的你们这个阶级的意志一样,而这种意志的内容是由你们这个阶级的物质生活条件来决定的。"①这段话是在资本主义条件下说的,是针对资产阶级说的,所讲的是资本主义社会的法——难道这不是十分具体的吗?的确,它包含着有关原理,但也只是受上述具体条件制约的具体原理。绝不能抓住这句话不及其余,尤其是不能片面强调这一具体结论或具体原理而置实事求是这一唯物主义方法论的基本要求于不顾。"实事求是,是无产阶级世界观的基础,是马克思主义的思想基础";②它的

---

* 作者单位:中南政法学院。

① 《马克思恩格斯选集》(第1卷),人民出版社1995年版,第289页。

② 《邓小平文选》(第2卷),人民出版社1994年版,第143页。

理论地位优于马克思主义创始人的任何具体论述或所提出的任何具体原理。长期以来在法的本质问题上,人们所坚持的统治阶级意志论实际上是机械地比照马克思主义创始人在资本主义条件下对资本主义法的本质的论述得出的结论,是按照错误的思想方法求得的,并不符合社会主义初级阶段的实际需要。第二,与统治阶级意志论相左的关于法的本质的其他观点,其所建立的方法论基础也值得有关学者花时间再思考。近20年来,除统治阶级意志论外,还有几种关于法的本质的新观点,有学者将它们概括为3种,即传统观念不再适用论、市民社会论,以及法和法律相区别论。[①] 这样概括也未尝不可,虽然并不全面。笔者认为,这些理论观点有一些共同的长处,那就是都希望立足于社会主义初级阶段的基本国情和实际需要,从重新确定法的本质入手,更新传统的法学理论,使之最大限度地符合当代中国人群的需要和跟上改革开放和发展的时代潮流。但从方法论上看,它们有一共同的问题,即没有明确提出和证明在新时期确定法的本质的方法论依据。

笔者认为,确认法的本质的最重要方法论原则是"从实际出发,实事求是"。这9个字是唯物主义方法论基本要求的最通俗表述。

在确认法的本质方面,如何具体落实从实际出发、实事求是的基本要求呢?这得从确认事物本质的一般方法论原则谈起。关于如何合理确定事物的本质属性,列宁晚年在论述工会应有的地位和作用的过程给我们提供了绝好的范例,其分析方法和所遵循的原则值得我们在讨论这类问题时学习。事情大致是这样的:对于工会在苏维埃政权下的地位和作用,即工会本质上是什么的问题,季诺维也夫和托洛茨基有两种截然不同的看法。托氏说工会是管理生产的行政技术机关,季氏认为工会是工人阶级的学校,布哈林则认为工会既是机关又是学校,并批评前两人犯了片面性的错误。布哈林还打了一个通俗的比喻,说讲台上放着一只玻璃杯,第一个人说它是玻璃圆筒,第二个人说它是饮具,布哈林暗示,这都是片面的,只有看到它既是圆筒,又是饮具才全面。对布哈林这种态度,列宁批评为要不得的折中主义,并以这个比喻为例阐述了正确看待事物本质属性的深刻的辩证法。可惜,有关学者过去似乎没有充分领悟其中包含的科学把握法的本质的方法论意义。

为了真正在马克思主义哲学的基础上解决确认法律和其他法现象的本质的方法论问题,我们很有必要将列宁确认工会的本质属性和根本作用时的思路同我国有些学者在坚持法本质统治阶级意志论时的思路作两个方面的简要对比。

---

① 孙国华主编:《马克思主义法理学研究》,群众出版社1996年版,第168~189页。

先看列宁在确认工会的根本属性时所使用的方法论原则和统治阶级意志论者把握法的本质时所持的思想方法的根本差别。借用布哈林把对工会的本质属性和根本作用的不同看法比喻为对玻璃杯的本质属性和根本作用的不同看法这个例子,列宁说:“玻璃杯既是一个圆筒,又是一个饮具,这是无可争辩的。可是一个玻璃杯不仅具有这两种属性、特质或方面,而且有着无限多的属性、特质、方面以及同整个外界的相互关系和‘中介’。玻璃杯是一个沉重的物体,它可以作为投掷的工具。玻璃杯可以用作镇纸,用做装蝴蝶的容器。玻璃杯还可以具有作为雕刻或绘画艺术品的价值。这些同杯子是不是适于喝东西,是不是用玻璃制成的,它的形状是不是圆筒形,或不完全是圆筒形等,都是完全无关的。”①相应地,对于今天在法的本质问题上仍然持统治阶级意志论的学者,不知是否已经认识到,法除了具有统治阶级意志性外,还有“无限多的属性、特质、方面以及同整个外界的相互关系和‘中介’”,而且它们同法是否有阶级性“都是完全无关”的呢?而如果承认法有无限多的属性、特质、方面都同统治阶级意志性是“完全无关”的,为什么一论及法的属性、特质等问题,就不分时间、地点、国情,一味地强调它的统治阶级意志性,并且认为它永远是法的最本质的属性呢?

再比较一下列宁在确认工会的根本作用时遵循的方法论原则同法本质统治阶级意志论者所持的思想方法的根本差别。对于工会在新时期的根本作用,列宁仍然借助玻璃杯的例子加以说明。他接着前面的思路说:“如果现在我需要把玻璃杯作为饮具使用,那么我完全没有必要知道它的形状是否完全是圆筒形,它是不是真正用玻璃制成的,对我来说,重要的是底上不要有裂缝,在使用这个玻璃杯时不要伤了嘴唇,等等。如果我需要一个玻璃杯不是为了喝东西,而是为了一种使用任何玻璃圆筒都可以的用途,那么就是杯子底下有裂缝,甚至根本没有底等,我也是可以用的。”②很显然,在列宁看来,对事物本质的把握应当随时间、地点等条件的变化而变化。也就是说,事物的本质不是一成不变的(这是辩证法的常识)。“现在”和过去、“需要把玻璃杯作为饮具使用”和需要把它作为其他东西使用,不同的条件下我们对同一个东西的本质及由其所决定的根本功能的定位应该是不同的。但是,统治阶级意志论者却似乎不能理解辩证法对于确定事物本质及其功能的这类基本要求。他们不明白,在以经济建设为中心的新的历史条件下,当我们需要强调把法律作为经济建设服务的工具使用时,人们“完全不需要知道”法律是不是统治阶级意志的表现,至少不必将统治阶级意志

① 《列宁选集》(第4卷),人民出版社1995年版,第418~419页。

② 同上,第419页。

看做法的本质属性，重要的是借助法律的作用把经济建设搞上去，发挥好法律解放生产力和发展生产力的作用。可以毫不含糊地说，在今日之中国，法本质统治阶级意志论是一种停留在十一届三中全会之前的时代的、已很不合时宜的法学思想的集中反映，它客观上妨碍着法律和法学发挥解放生产力、发展生产力的功能。因为，把法的本质定位于统治阶级的意志，逻辑上必然强调法的统治、镇压作用，如果不是这样，那么，法的本质论和法的功能论在逻辑上就一定是矛盾的——法的本质决定法的基本功能，这对于本质主义法学是不言而喻的道理。坚持维辛斯基时代的法本质论、坚持十一届三中全会之前的法本质论，而又表示赞同新的历史时期的法功能论，这在理论上是不可思议的现象！

针对应将玻璃杯（实际上喻指的是工会）看做什么的问题，列宁紧接前面的引文提出了确定事物根本属性的4条具体方法论原则。这些原则都是人们在谈论法和法现象的本质时应予遵循而事实上未予注意的。现在让我们对列宁提出的这四条原则作些分析并分别将其与现有的一些提法作些对照。相信这将有助于今天在法的本质问题上持各种观点的学者检讨和改进相关的方法，尤其对于法本质统治阶级意志论者是如此。首先，“要真正地认识事物，就必须把握住、确定清楚它的一切方面、联系和‘中介’”。我们永远也不会完全做到这一点，但是，全面性这一要求可以使我们防止犯错误和防止僵化。这是第一。持法本质主义倾向的法学者，不论其具体看法如何，都有必要想一想，我们在谈论法的本质的时候，是不是尽我们所能去把握和研究了法的一切方面、联系和“中介”？不顾历史条件的变化，抓住一点不及其余，在本本上考证来考证去，立论、反驳和猜想都围绕着统治阶级意志性展开，这是不是学术思想片面和僵化的表现？

“第二，辩证逻辑要求从事物的发展，‘自己运动’（像黑格尔有时所说的）、变化中来考察事物。就玻璃杯来说，这一点不能一下子就看出来，但是玻璃杯也并不是一成不变的，特别是玻璃杯的用途，它的使用，它同周围世界的联系，都是在变化着的。”本质与现象可以相互转化，本质自身也是可以变化的，法的本质绝不是一成不变的——按照辩证法，一切皆流、一切皆变，“本质”又岂能例外！玻璃杯的本质如此，法的本质也是如此。就玻璃杯来说，在人口渴的时候，它会被人看做和用做饮具；但当人突遭强盗袭击的时候，玻璃杯可能就会被看做和用做砸向强盗的武器。在前一种情况下，杯子的本质是饮具；在后一种情况下，杯子的本质是自卫武器，在其他的情况下，杯子的本质还会是其他东西。也许有人会说，玻璃杯在一般的本来的意义上是饮具，充当其他的什么只是权宜的选择。也许确实是这样，但我们应注意，具体地看，一般意义上的东西和权宜意义上的东西的地位在一定条件下也是可变的，如进行艺术化深加工之后，玻璃杯作为艺术品的价值就超过了它作为饮具的价值，因而就从一般意义上的饮具、权宜意义上的艺术品变成了一般意义上的艺术品、权宜意义上的其他东西。这些道理对于我们理解法的本质完全适用。在阶级斗争尖锐激烈的历史条件下，法律首先和主要地是统治阶级意志的表现，是阶级压迫的工具，因而理应从统治阶级意志入手把握法的本质；在我国社会主义初级阶段，国家的根本任务是进行现代化建设，法律的首要任务是为经济建设服务，因而法的本质就应当从有利于实现这一目的的方面入手去把握；在我国成了中等发达国家之后，时代的要求和社会发展的重心很可能会转向别的方面，那时，对法的本质的把握方式又会与今天不同。从法本质统治阶段意志论近20年来的思想轨迹看，有关学者是不会同意这种观点的。但这种观点恰恰是根据列宁明示的上述方法论原则得出的结论。

"第三，必须把人的全部实践——作为真理的标准，也作为事物同人所需要它的那一点的联系的实际确定者——包括到事物的完整的'定义'中去。"这大意是说，人的全部实践既是检验真理的标准，也决定着人将有关事物看做什么、需要它发挥什么功能，只能结合人的全部实践来确认有关事物的本质属性或它归根到底是什么。今天我国人民的全部实践集中表现为进行现代化建设和实行改革开放，法学应当把这个最大的实践反映到我们对法的本质属性的认识中去。今天离开这个伟大的实践来谈论法的本质，那就要么是陈词滥调，要么是一相情愿的臆想，两者都没有正面价值。

"第四，辩证法教导说，'没有抽象的真理，真理总是具体的'"。按照这个道理，全面地把握、研究事物的一切属性、特质、方面、联系和"中介"，充分注意时空条件和结构系统关系对事物的本质的影响，实事求是、具体问题具体分析，是获得对事物的正确认识的绝对要求。这也是我们获得对法的本质的正确认识的绝对要求。一成不变的法本质观本身已表明，新时期的法本质统治阶级意志论者从未注意到这种绝对要求。

（1998年第11期）

当代中国应当确立什么样的法本质观

——法的本质研究之三

童之伟*

法与其他所有事物一样,具有或能够具有无限多的属性(或特质,方面,同外界的相互关系,"中介"等),如强制性,规范性,预测性,指引性,阶级性,统治阶级意志性,国民意志性,国家意志性,社会性,普遍性,社会控制的手段,未来判决的预测,利益对立的产物,政治文化传统的结晶,权利保障和权利分配的工具,确认权力和约束权力的工具,利益分配的工具,理性,正义,断案的准绳,人民自由意志的体现,人民自由的圣经,人民权利的保障书,统治工具,"刀把子",一定经济关系的反映,社会进步的一般条件,社会效益,一定经济基础的上层建筑,执政党政策的定型化,主权者的命令,规则,人民的公意,国民的共同意志,保障和增值财富的手段,权威组织制定的社会规则,国家强制力支持的行为规范,社会经济文化发展的杠杆,民族精神的体现,习惯和经验的总结等,不胜枚举。

在法的无限多的属性中,我们根据什么将其中的一种或几种确定为它的本质属性呢?笔者主张当代中国的法学应从3个方面来确立这种根据。第一是基本国情和时代精神。这应当主要是指社会主义初级阶段的社会经济发展水平,定位于集中力量进行现代化建设的国家根本任务,改革开放的实践,解放生产力、发展生产力的需要,保障人权和发展人权的需要,促进人的自由、全面和可持续发展的需要。第二是一定的理论体系和方法论原则。看待法的本质,不同的理论体系有不同的套路,往往是"道不同,不相谋"。本质主义哲学产生本质主义的法学,本质主义法学以本质主义哲学为思想基础。据以确定法的本质的理论体系的核心,应当是唯物辩证法和它在相关问题上的具体方法论原则。第三是法学作为社会科学的一个学科的要求。其中首先是要求所确认的属性涵盖面较宽、解释法现象有足够的周延性;其次是使用的概念应该学科化:有法学特色、有必要抽象程度、逻辑发育程度较高。

综合以上要求,笔者认为,法的本质在今天可以确认为"分配社会权利并规范其运用行为"。在这里,社会权利是社会整体权利的简称。它是一个反映法

---

* 作者单位:中南政法学院(现中南财经政法大学)。

定社会整体利益的法学范畴，以所有权归属已定之财富为本源，表现为法律权利和权力之总和或如某些学者所说的“广义的权利”。

从分配社会权利入手的各种确认方式能够向人们展示法的本质的多级性，法与权利和权力的关系，法与利益的关系，法与社会财富的关系，以及权利权力、法律承认和保护的利益、所有权归属已定之财富三者间的转化—还原关系。这种确认方式表明：法的初级本质是分配权利权力之总和并规范其运用行为，包括在社会个体与以国家为总代表的公共机关之间划分权利与权力的界限，在不同社会个体之间分配权利、在不同公共机关之间配置权力，并规范社会个体与公共机关之间的权利—权力关系，社会个体相互之间的权利—权利关系和公共机关相互之间的权力—权力关系；法的二级本质是分配、分享法律承认和保护的全部利益（即社会整体利益），维护分配秩序并规范相关主体支配属于自己的那部分利益的行为，包括在社会个体与国家机关之间将社会整体利益界分为个体利益和公共利益、在社会各个个体间相互竞争和分享应属于社会个体的全部利益，各公共机关竞争和运用全部公共利益等内容；法的三级本质是分配可用于分配的社会财富并规范其支配或消费行为，包括在社会个体与国家机关之间将全部财富界分为个体所有之财富和公共机关所有之财富两部分，以及各个社会个体竞争和分享全部可用于个体分配之财富，各个公共机关竞争和运用应属于公共机关所有之全部财富等内容。如果还要探究下去，直到找到法的最深刻的本质，那笔者愿意表达这样一种猜想：在终极意义上说，法应该是保证与促进一切人自由、全面和可持续发展的最便捷可靠的工具。

这种法本质观在承认法的属性、特质、联系、“中介”等的无限多样性和发展性的同时，试图从其中的权利权力、利益和财富 3 种属性入手，集中地、多层次地反映立足于我国现有基本情况的法学界应有的看待法和法现象的眼光。做这种选择主要有 3 个方面的理由：（1）财富是个人和社会存在的物质基础，生产活动是社会最基本的活动，利益是财富在社会关系中的集中表现，而财富和利益在法律上又都只以权利或权力的形态存在。从这条线索入手确认法的本质，在 3 个不同层次上都抓住了法背后起决定作用的东西，掌握了法的根本，而且它揭示了权利权力之总和同社会财富总量之间的对应性和转化—还原关系，从而在理论上说明了解放生产力、发展生产力，集中力量进行经济建设对于人权、民主和法治的决定性意义。（2）这样的法本质观对于法现象有较强的解释力和较普遍的适应性，对于不同的社会形态和同一种社会形态的不同发展阶段的法都能够合理解释。任何时候法的根本功能都是解决财富、利益及与其对应的权利、权力的分配和运用问题。例如，在阶级斗争尖锐的社会历史条件下，尽管解决这些问题的过程突出地表现为阶级斗争的过程,统治阶级意志性成了法的最突出特征,但在这个意志后面起决定作用并作为其客观基础的东西归根结底还是相应的利益关系和财产关系。所以,即使在阶级矛盾尖锐激烈的社会,统治阶级意志性也只是法的浅层次的属性。退一步说,即使在阶级矛盾尖锐的社会历史条件下,在理论上突出法的利益、财富属性和经济功能也是正确的思路。(3)使用社会权利概念表述对于法的本质的认识,实现了语言的学科化。学科化是同生活化相对应的。能否使用高度概括性的、多层次反映研究对象基本属性的学科语言来表达内容,是衡量法学发展水平的一个重要标尺。学科化较强的社会权利概念比较准确、简明地同时表达了对于法的3级的本质的认识,这样的效果是使用通常的平面概念所难以达到的。

看到这里,读者或许会对作者提出这样的批评:过去你从分配社会权利并规范其运用行为入手说明宪法的本质或实质,现在又把这种提法原封不动地拿来说明法的本质,是不是过于简单化了?讲到民法、刑法等其他部门法的本质时是否也照此类推?这样做下去怎么能区分法的一般本质和各个部门法的特殊本质?

提出这样的问题可以理解,但看来其中包含着一些误解。为消除误解,有必要做两点说明:第一,作为法律一般,法的内容和宪法的内容本来就是重合的,从同一个角度入手来把握它们的本质理所当然。这一点结合具体国家的情况看得更清楚。在一国的法律体系中,从表面上看,法是一般,宪法是法的一部分,是特殊;但从真实内容看,由于宪法是根本法,概略但却全面地划分了社会权利各个部分的归属,确定了运用它们的基本准则,其他法律的内容只不过是宪法原则性规定的具体化,所以,不管在哪一个法治国家,宪法都可以被看做整个法律体系按比例压缩后的形态,而整个法律体系则可被视为宪法按比例的放大。法本质和宪法本质研究,所看重的都是根本内容,而恰恰因为上面讲过的原因,宪法的内容在宏观上概括了整个法律体系,整个法律体系中的其他法律都只是在微观上体现着宪法的要求。在这里,法和宪法的关系是并列的,没有一般和特殊的差别,因此,从同一个角度入手把握法的本质和宪法本质,不仅是可能的,而且是应该的。第二,上述情况只是一个特例,除宪法外,其他部门法在内容上都只各自构成法的一部分,前者是特殊,后者是一般。因此,这些部门法都有其各自特殊的本质属性,例如,在笔者看来,民法的本质是在平等主体之间分享属于他(它)们的那部分社会权利(具体地说,就是权利以及与权利相对应的那部分利益和财产)并规范其运用行为;刑法的本质在于以规定犯罪和刑罚的方式维护既定的社会权利分配秩序,如此等等。各个部门法的本质都可以按这个思路确定,从社会权利、权利或权力入手加以把握都可以，所体现的都是社会权利分析的思路，因为社会权利和权利、权力3者之间是整体与部分的关系，从权利、权力入手分析问题也就是从社会权利入手分析问题。至于在这个思路下如何具体把握各个部门法的本质，那是技术性问题，这里就不多谈了。

（1998年第12期）

1999 年

“双百”方针与言论自由

胡旭晟*

在笔者眼里，“言论自由”是近几百年来西方知识界一直拥有的一项护身法宝，它由宪法法律明文规定，更由社会观念共同保障，真可谓法力无边，至少，日常阅读西方的报章典籍会不断地获得这一印象。那么中国的情形如何呢？对20世纪上半叶的状况笔者不大了解，但如果说到共和国成立以后的历史，则我们知识分子真正领受这类护身武器，恐怕还是在1956年春，这便是毛泽东同志发布的“双百”方针（“百花齐放、百家争鸣”）。

年前偶得一册《政法界右派分子谬论汇集》（中国政治法律学会资料室编，法律出版社1957年版），浏览之余，颇多感慨。首先是惊诧于“老右”们的大胆，因为其中的许多言论，即便在今天看来，也依然是过分“放肆”的。那么，究竟是什么使得他们如此胆大包天？其实很简单，原因就在于毛主席刚刚提出了“双百”方针，用“老右”们的话说：“现在党提出‘百家争鸣、百花齐放’的方针，使我们如枯树衰草得以逢春。”①事隔数十年之后，面对那些激昂的文字，我仍能想象出当年的知识分子在“双百”方针鼓舞下兴高采烈、畅所欲言的壮观景象，也能体会出为什么在“文革”过去之后，每逢“双百”方针诞生之期，知识界常有人纪念之、庆祝之，有时几乎成了一道独特的人文景观。

然而，对于中国知识界的这种心态，笔者总有些疑问，因为，不管是“百花齐放”也好，“百家争鸣”也好，在笔者看来，都不过是一种状态、一种景象（尽管是理想化了的），因而也不过是一种“事实”，一种思想上的“事实”，在它们背后，总还隐藏着更为根本也更为普遍的东西，一种相对于“事实”而言可以称为“价值”的东西；细想想，这种东西，其实就是西方宪法中的“言论自由”。若再推敲一下，则在精神和思想的领域，只要“自由”得以存在，“百家争鸣”之类原本是必然要发生的事实。所以，真正需要我们去珍惜、追求、维护和捍卫的恰恰应当是“自由”这一类价值。再查我国《宪法》，“言论自由”早在1954年便已赫然在目（且不说民国时代的那些宪法）。那么，人们（尤其是知识界）究竟为何对宪法保

---

* 作者单位：湘潭大学法学院。

① 中国政治法律学会资料编：《政法界右派分子谬论汇集》，法律出版社1957年版，第24～25页。

障视而不见，却非得等毛泽东提出“双百”方针以后才如获至宝、欢呼雀跃呢？再有，此后的中国知识界显然并未因这一法宝而少受些“文字狱”或言论不自由之苦（每当此时，又有几人想到宪法？），但每至宪法修改，却仍未见知识界去着意留心自己的根本大法究竟怎样规定“言论自由”，更未见其倾心谋求宪法权利的具体化和制度化，倒是反而常常特别关注“双百”方针诞生多少周年，这一切又是为何？

笔者认为，思考这个问题大致可以从两方面着手，或者说至少可以找出两方面的原因，而它们又都与我们的文化传统有着某种深切的关联（这并非说现代人可以推卸自己的责任，而是说历史的逻辑原本如此）。

在这里，首先值得我们追究的，是国人对待法律与对待权力和道德的不同态度，因为，在传统上，我们就更习惯于相信领袖人物的言行举止和政治权力的行动倾向，而对法律（近代以来尤其是对宪法）的规定总是不屑一顾，至少是漠然视之。这恐怕便是“人治”得以在中国长久盛行的土壤和温床。

从老祖宗开始，中国人安邦治国历来就不大重视法律和制度，我们更看重圣人的伦理道德和领袖的人格魅力；连普通民众的行为处世，向来也是重道德责任的担当，轻法律义务的履行。而其中的原因，大约只能求之于传统中国的社会特征。可以说，在中国数千年漫长历史中，我们的社会始终以血缘宗法为基础，人与人之间的关系往往也就是一种人伦上的情感关系，因而，伦理道德原则不仅成为人际关系的最高准则，并且更支配了社会的政治法律实践；同时，法律自始便作为一种阶级镇压的手段和赤裸裸的暴力工具而出现，它在渊源和威力上归属于统治者的“权力”，在功能和效应上则主要地指向于“刑”和“罪”。这样的社会现实无疑会影响大众的观念和心理，使得人们在法律与道德之间从心理上生发出对法制的厌弃和抗拒，而对伦理道德则倍加崇敬和依赖；在法律与政治之间更导致对前者的轻视和对权力的崇拜。由此演绎的结果，我们在社会政治问题上习惯于诉诸领袖而非求于制度，诉诸道德而非求于法律。这种传统的心理和态度在今天仍可常见于社会的基层，尤其是广大的农村，甚至在知识界的观念深处也依稀尚存。

按照这样一种历史与现实的逻辑，执政党的方针政策，其实际效力自然是要高于国家法律的，而领导人的号召，其社会影响也肯定会大于宪法的倡导。加上自宪法传入中国以来，一般人多以为这个“根本大法”只是规定国家根本制度的，似乎与自己的切身利益并无直接关系，而国家的根本制度又实际上取决于党的安排，于是宪法就真的成了“闲法”，在社会观念中的地位往往更低于其他具体的法律。所以，在过去的相当长时间里，作为立法机构的全国人大被人们形象地称为“橡皮图章”,而其实,那时的宪法连橡皮也算不上,充其量是张纸而已,并且是一捅就破。这样的宪法,又如何让脆弱的知识界去引以为护身法宝呢?领袖的话可大不一样,它是一句顶万句,全党都得服从,当然由不得你不依,因为,那是党的政策,不仅有政治权力做坚实的后盾,而且以领袖自身的人格魅力和崇高威望做背景。这些,恐怕都是中国知识界重“双百”方针、轻宪法保障的现实缘由。

国人之重“双百”方针、轻“言论自由”,亦与我们的文化心态,尤其是思维习惯密切相关:在中国人眼里,宪法中的“言论自由”抽象、乏味,并带有过多的西方痕迹,而毛泽东道出的“双百”方针则形象、生动,且是地道的中国特色。

“言论自由”如同保障它的“宪法”一样,于中国而言乃是舶来品,至少,这样的法律原则在古代中国是绝不可能产生的;它之进入中国法律,不过是20世纪的事情;在中国这样一个极度重视传统和“身份”的社会里,如此显明耀眼的西方“血统”无疑会对它的现实命运产生某些深刻的影响。相反,“双百”方针则不同,且不管它的倡导者居于何等的地位又拥有何等的影响,单就它出自我们自己的“发明”、拥有我们自己的文化传承这一点,就会使之更能引起人们的兴趣和关注。

当然,这里还有更为重要的因素,这就是:按照中国人的思维习惯,人们更容易接受的肯定是“双百”方针,而非“言论自由”。其实这道理很简单,中华民族传统思维的特性之一就是经验—直观性,我们习惯把一切拉回到经验中来,让感性的经验直觉去检验抽象的理性判断,我们也因而擅长使用一些形象、生动和直观的语言来表达自己对于事物的认识;虽然由此达到的认识并不一定是“深入”的,但其表达方式却肯定是“浅出”的,肯定通俗易懂,肯定让人乐于接受。这是中国人特有的智慧,而毛泽东恰恰最富有这种智慧,这是他的伟大之处;所以,他的思想最中国化,也最易于为中国普通民众所接受;他那个关于“梨”的著名说法证明了这一点,他对“百花齐放、百家争鸣”的概括更证明了这一点;这是真正中国式的语言和思想方式,难怪我们会对其心悦诚服、津津乐道。而“言论自由”则不同,它是西方“抽象—超越”型传统思维的产物,在中国人看来,它太过于抽象,也太过于枯燥乏味,总之,它不能契合我们中国人以往的思维习惯,它要在国人心目中引起如同“双百”方针那样的兴致和共鸣是相当困难的。

以上政治法律和文化传统上的因素至少可以部分地说明:我们中国人为何会轻视“言论自由”的法律原则而格外重视“百家争鸣”的领袖号召。但是,这里讲的仅仅只是“事实”的必然性;如果涉及价值判断的合理性与应然性,或许我们还会有些别的说法。

首先，以现代立场来看，我们重道德轻制度、重权力轻法律的古老传统有着十分明显也极为严重的缺陷。假如说在传统的宗法农业社会里，我们的祖先还能依靠伦理训诫来维系人伦关系的和谐与稳定，治国安邦的政治家们也可以仰仗其道德人格和专断权力来处理尚不十分复杂的各种社会关系，那么，纷繁复杂的现代社会则已使这一切都成为不可能。权力的非理性因素与道德在技术手段和可操作性方面的缺陷会使得众多社会政治问题的解决和公民权利的保障变得飘浮不定，甚至不可捉摸，而这些弊端的补救，迄今为止还只能依靠理性的法律及其强有力的技术手段和操作机制。倘若我们的聚焦点始终只停留于党的方针，甚至领导人的号召，而忽视作为现代社会之支柱的宪法法律，那么，我们不仅有违现代“法治”之精神，并且，就连我们的权利和自由能否免遭经常性的侵犯都是大可怀疑的。

其次，中国传统的思维方式虽然有其长处，有着传播和接受上的优势，但它也有其缺憾，它还有一定程度的原始性，它容易让人们满足于对事物表象的直观把握，而这会妨碍人们的思维离开当下的经验去深入地分析和探求事物的本质和规律；它也容易使人们停留于对“事实”的经验性领悟，而忽略对（隐藏在“事实”背后的）“价值”的挖掘和推崇，甚至误将“事实”当做“价值”本身。马克思曾在《资本论》中指出，人类对“价值”的思考总是从经验开始、从直观开始。可“价值”是隐藏的，它不可能直接从直观中把握，因而，要达到“价值”就必须努力超越经验和直觉，就必须扬弃“事实”。但是，那种误将“事实”做“价值”的经验性错觉在中国传统思维的大背景下恰恰最容易产生，也最易于为人们所接受，甚至，我们至今还很容易对此习以为常。而且我们将“事实”推崇到无以复加的程度，或者误将“事实”当“价值”，那不仅会限制我们的理论视野，而且将对我们的切身利益带来直接损害。因为，相对于“价值”而言，“事实”总是有限的，它虽体现着“价值”，却终究是偶发性的、不稳定的，因而也总是有缺陷的。

“百家争鸣”正是这样的“事实”（尽管它也蕴涵着“自由”价值）；而“言论自由”却不仅仅是法律中的原则，并且是隐藏在“双百”这一“事实”背后的“价值”。所以，“百花齐放”、“百家争鸣”（作为“事实”），好当然好，但放在现实之中，却总不免打折扣的余地，远不如“言论自由”（作为“价值”）来得干脆、彻底，因为，有人可以把看不顺眼的东西视为“毒花”或“百家”之外的野家，即便让你放、让你鸣，那也是一时的，说不准什么时候（“算账”未必只在“秋后”）就会将你从“事实”上消灭；更糟糕的是，这里的判断标准还远不是人所共知的宪法法律，而全在旁人无法捉摸的个人好恶甚至一己私利！所以，在涉及我们的基本权利和自由时，人们既要超越有限的“事实”而走向虽不是“事实”却可以造就“事实”的“价值”,也要超越一时的方针政策或领导人的号召而走向国家的宪法法律;尽管“价值”的抽象性质使它不那么容易被接受和认同,但这不都取决于人们的思维习惯和认识水准。虽然我们的宪法法律眼下还不尽如人意,但其中的力量和希望不也正仰赖于人们在观念上和行动上的支撑吗?

从大众的接受心理来说,为人们喜闻乐见的“百花齐放、百家争鸣”自然有其天然的优势,也有其不可替代的合理之处,尤其对普通民众而言,它能让人更真切、更轻松地领悟到“言论自由”之意蕴。但作为最大的受益者知识界来说,如果我们的兴奋点总停留于表象化的东西,满足于政策化、道德化和个人化的东西,而不能达于更为根本,也更为普遍和更为稳定的东西,这的确不能不说是一种短视和舍本逐末。

如今,在西方,“言论自由”已随着社会的进步而被其立法逐渐发展为“表达的自由”(free expression);我们中国知识界也能否更进步一些:能否把我们的思虑从对领导人的关注、对“事实”(百家争鸣)的关注发展为对宪法法律的执著、对“价值”(言论自由)的执著呢?若如是,相信我们的知识界会有福了,我们的社会也会有福了。或许,我们确实应当谨记两点:其一,领导人的号召与党的方针政策固然需要重视,但国家的宪法法律更需要推崇,这实在是现代“法治”最浅显的道理;其二,“事实”只需要尊重,“价值”才应当成为社会的信念,才需要我们去倡导、维护和捍卫。

然而,我们的社会何时才会有对“法律”的信仰和对“自由”的信念呢?

(1999年第1期)

改善党在法治国家中的领导方略与执政方式

郭道晖*

党的十五大做出了“依法治国,建设社会主义法治国家”的重大决策。党是实现这一治国基本方略和基本目标的领导核心。在法治国家中,党应当如何改进领导方略和提高执政水平,是决定这一决策成败的关键。本文试做一些探讨。

一、增强作为领导党的领导意识

作为既领导又执政、“一身二任”的中国共产党,①要领导人民群众建设好一个社会主义法治国家,一方面必须努力提高党的执政水平,扩大民主,厉行法治;另一方面更要坚持、加强和改善党的领导,担负起领导责任。二者不可偏废。现在,在某些党组织和党员干部中,执政意识较强,而领导意识较弱;党权意识较强,而治党的意识较弱。前者也多限于掌权和用权意识强,而加强方针政策、政治思想上的领导和依法用权、接受监督的意识较弱,淡忘了我们党作为领导党所肩负的使命与职责。要当好执政党,首先要求当好领导党,加强和改善党的领导,加强领导意识。这要求转变党的治国方略,以法治国;扩大党内民主,健全党内权力制约机制;坚持党的集体领导,克服党内行政化倾向,实行“以党治党”。

(一)转变治国方略,实行党政分开,以法治国

中国共产党在领导中国的民主革命斗争中,主要是依靠党的路线、政策来治党、治军和治理党所掌管的部分地区的政府。在苏区、抗日根据地和解放区,虽也制定过一些法规、法令,但不占主要地位,那时,党与政府是一体化的。毛泽东早已觉察到党政不分的弊病,他在1928年写的《井冈山的斗争》中就指出:“党的主张办法,除宣传外,执行的时候必须通过政府的组织。国民党直接向政府下

---

* 作者单位:中国法学会。

① 关于中国共产党作为领导党与作为执政党的联系与区别,请参阅作者上篇论文:“党在法治国家中的地位和作用”,载《中外法学》1998年第5期。

命令的错误办法，是要避免的。”[①]邓小平在1941年更严厉批评过“以党治国”、“党权高于一切”的错误观念，更是切中时弊。[②]

不过，毛泽东、邓小平所批评的这种党政不分的错误，在党已领导人民群众夺取全国政权之后，仍然因袭下来，长期未能克服。以致到改革开放的新时期，邓小平在《党和国家领导制度的改革》的讲话中，又再次大加强调要“着手解决党政不分、以党代政问题”，并要求“中央一部分主要领导同志不兼任政府职务，可以集中精力管党，管路线、方针、政策。这样做，有利于加强和改善中央的统一领导，有利于建立各级政府自上而下的强有力的工作系统，管好政府职权范围的工作。”[③]他认为“党要管党内纪律的问题，法律范围的问题应该由国家和政府管。党干预太多，不利于在全体人民中树立法制观念。这是一个党和政府的关系问题，是一个政治体制问题。”[④]

这里，邓小平实际上提出了要改变党的治国方略，即由“以党治国”转变为“以法治国”。作为领导党的主要任务在于“集中精力管党，管路线、方针、政策”；同时使它通过全国人大的法定程序，制定为法律，以法治国。这一治国基本方略，终于在党的十五大报告中正式确定为“依法治国，建立社会主义法治国家”[⑤]，并明确党是建立法治国家的领导核心。

1. 实行“以法治国”，首先要反对“领袖治国”论

这就是要反对党的领导人个人专断的人治思想与做法，把党的最高领导人的一言一语当做全国遵循的“最高指示”，即最高法律。过去，这个领袖治国论，同我们封建君主专制政治的深厚影响有关，同斯大林式的党内领导体制在中国党内的影响有关，同中国在革命斗争中长期形成的对党的领袖权威的崇拜有关。在理论渊源上，也多少是对领袖、政党、阶级、群众的相互关系的理论公式作了片面的、绝对化的理解，即“群众是划分为阶级的……阶级通常是由政党来领导的；政党是由最有威信、最有影响、最有经验、被选出担任最重要职务而称为领袖的人们所组成的比较稳定的集团来主持的。”[⑥]以此错误地推论出党的领袖不只代表党，还可以是代替、超越党和阶级、群众的“救星”。其结果只会形成对领袖

---

① 《毛泽东选集》(第1卷)，第72页。

② 《邓小平文选》(第1卷)，第11页。

③ 《邓小平文选》(第2卷)，第321页。

④ 《邓小平文选》(第3卷)，第163页。

⑤ 此处对作为领导党的共产党而言，“依法治国”应解释为“依靠法律治国”，即运用法律作为治国的手段、方略。对作为执政党和政府而言，“依法治国”的“依”字则应是“依照”的意思。

⑥ 列宁：“共产主义运动中的‘左派’幼稚病”，载《列宁选集》(中文版第4卷)，人民出版社1960年版，第197页。

人物的个人迷信和党的领袖专权,失去对党权的制约。马克思主义承认杰出领袖个人在历史上的作用,但正如邓小平多次讲的:"一个国家的命运建立在一两个人的声望上面,是很不健康的,是很危险的,不出事没有问题,一出事就不可收拾。"①

2. 实行以法治国方略,还应反对政策治国论,防止以党的政策完全代替法律

政策固然有十分重要的作用;特别是在革命斗争时期,"政策与策略是党的生命";但新中国成立以后,毕竟党的政策不能等同于国家政策,更不是国家法律。党的政策或"党法",理论上都只能约束自己的党组织和党员,并无扩及全民的法定的普遍效力。以政策代替法律,还往往会出现以违法的土政策压过法律的弊端。

3. 实行以法治国,还要克服过去"群治"的做法

即迷信群众运动可以治国,其实质是搞以阶级斗争为纲的"大民主",如"文革"中让工人阶级和人民群众直接"登上上层建筑的历史舞台",搞"群众专政",群众可以直接行使国家权力,自行拘禁、审查、批斗乃至严刑惩罚他们认为的"阶级敌人"、"走资派"等,甚至鼓吹"群众运动天然合理",怂恿群众造反、夺权,名为依靠群众,实为"运动群众",使之成为党内野心家、阴谋家的工具。"以法治国"的主体是整体意义上的人民,不是一部分"群众",特别不是靠"无法无天"的群众运动来治,而是以国家法律为治。当然,这绝不是说治国不需要走群众路线,依靠群众的集体智慧与社会力量。

(二)实行"以党治党",扩大党内民主,健全党内权力监督与制约机制

1. 对党权制约的重要性

权力无制约,必然产生腐败,国家权力如此,党的权威与党内权力也如此。党的腐败是危及党的生死存亡的问题。从积极方面看,党的机体是否健康、强大,是能否充当12亿人口的大国的领导党、执政党的关键。特别是面向新世纪的中国共产党,面临着巨大的挑战,肩负着伟大的历史使命。党的十五大号召推进党的建设工程,不断增强党的拒腐防变能力,从严治党,有特别的重要性与紧迫性。

从实现"依法治国,建立社会主义法治国家"的任务来看,从严治党也是党能否胜任治国平天下重任的关键。由于党"一身二任",国家、政府、社会、人民群众都统一由共产党领导,因而也可以说事实上党既掌握着一切国家权力,也控

① 《邓小平文选》(第3卷),第311页,并见第272、325页。

制着一切社会权力,这可以说是我国的一个基本国情与特色。既然依法治国在于依法治权,因而,治国的根基还在处理好党的领导权与执政权,依国法和“党法”来监督或制约党权。

我们党在长期革命与建设中,总体上说,领导是正确的,执政是有能力、有功绩的,特别是改革开放以来,更显示出了它领导有方、执政为民的伟大业绩。但也毋庸讳言,在党的历史与发展过程中,也犯过很多错误而且有过特别严重的错误,甚至造成灾难性后果。但它总还是抹干身上的血迹,克服自身的失误,重新站立和强大起来。它凭借的力量,一方面是人民群众的支持与监督,另一方面也是党自身内在的健康力量的奋斗。如粉碎“四人帮”就是经过“四五”运动的强大社会力量奠定了群众性的基础,又是经由党内广大革命干部和明智的有胆识的领导人发动的断然义举,获得胜利。但这两种力量,两种解决党内权力失控的方式,都是在付出极大代价之后才不得不采取的激进的、非常的举措,而缺少经常起作用的党内权力制约机制,以致未能防患于未然。

古语云:“无敌国外患者国恒亡。”对一个政党也是如此。解放前,中国共产党能够保持自己队伍的纯洁性与战斗力、凝聚力,有多种原因,其中也包括它内受国民党反动派、外受帝国主义特别是日本帝国主义的“武器的批评”,稍一懈怠,就有亡党亡命的现实危险。革命胜利,党成为执政党以后,这种外敌的制约力量减弱或消失了,主要靠内部的“批评的武器”来对党的领导权与执政权进行监督与制约。

在资本主义国家,其对政党的制约,主要靠实行“反对党”制度。设置这种制度的本意也在于建立一种对党权的外部制约机制,让所谓“反对党”运用“批评的武器”来给执政党挑毛病、敲警钟,使执政党经常感到有一个竞争力量在卧榻之侧,不能安睡,而兢兢业业地约束自己,依法治国。避免像非洲一些国家那样,时常靠搞军事政变,搞“武器的批判”来推翻腐败的执政党。

“反对党”制度有许多弊病,我国不实行“反对党”制度,党外只有与共产党合作的民主党派以“参政党”身份,由共产党领导,实行民主议政与监督。同时,中国共产党作为一个群众性的大党,也主要依靠人民群众的监督。但毋庸讳言的是,党外力量要对处于最高权威地位的共产党进行有效监督,总还会有较大顾虑和局限,特别在党务及政务欠公开、言论欠开放的情势下,这种监督的力度还受到限制(除非公民的权利和各社会组织、社会群体的社会权力得到有效的法律保障,传媒与社会舆论能量得以依法释放)。

毛泽东曾讲到要有意识地设置“对立面”,“要唱对台戏,唱对台戏比单干好”。[①] 这包括了设置党外与党内两种对党的监督机制。1987 年,党中央就已提出,要建立“一套制度制约和监督党和国家的高级领导人,特别是职权最高的领导人都能严格遵守宪法,遵守党纪,不至于不受任何限制而自由行动,使我们党和国家的治理基本上靠制度而不是靠人”。[②]

2. 实行“以党治党”,建立党内的民主监督与制约机制

这里讲的“以党治党”,不是指以党外之党(所谓“反对党”)来治党,而是以党自身的力量来监督与制约党权,建设一个好党。它又包括两方面:

(1)以领导党的身份去监督执政党

对党的监督主要是对执政党(执政的党组织与党员)的监督,因为执政党的地位与作用同国家和人民的利益密切相关。而且,正如邓小平所说:“在中国来说,谁有资格犯大错误?就是中国共产党,犯了错误影响也最大。”[③]如前所述,这要求党增强领导意识,自觉领导全党和全民去监督执政的党组织和党员干部。执政的党组织和党员必须既对党负责,也要对人民负责,要经常和定期地向党请示、报告其在政府的工作;而党则要监督执政的党组织与党员干部是否既贯彻执行了党的治国基本方略与基本政策,又充分体察民情、反映民意,支持人民当家作主,履行了为人民服务、对人民负责的法定义务。这种监督,不只是通过党内系统,而且应意识到自己是全民的领导者,要自觉地运用对人民群众的领导机制,领导与动员人民群众和各社会组织去依法监督执政的党组织与党员干部。

通常有一种说法,认为“我们党的错误都是党自己纠正的”,这不能理解为只靠党内机制,关起门来去自行纠正,而更大程度上与更大范围内,是党主动领导人民群众来对党自己进行监督。这不但能增强对党监督的力度,而且,这也正是作为大公无私的领导党应有的胸怀、气魄与职责。这样也可使党对执政的党组织与党员干部处于更加客观、超脱的地位,不循党的私情去姑息那些贪污腐败、做官当老爷的党员干部,不致出现列宁所指斥过的现象:“执政党庇护‘自己的’坏蛋!!真是可耻和荒唐到了极点。”[④]

近年,中国共产党加强了对从政的党员干部的监督,制定了一系列有关党员廉洁从政的党规。其中一个基本党规是 1997 年 3 月中共中央颁布的《中国共产党党员领导干部廉洁从政若干准则(试行)》,规定党员领导干部廉洁从政的诸

---

① 转引自《邓小平文选》(第 1 卷),第 272 页。

② 转引自《党纪党风常用手册》,法律出版社 1991 年版,第 126 页。

③ 《邓小平文选》(第 1 卷),第 270 页。

④ 《列宁全集》(第 2 版),第 43 卷,第 53 页。

多行为规范及监督与处分办法。此外,还发布过领导干部报告个人重大事项、收入申报、收受礼品登记制度、提高民主生活会等党规。认真地而不是形式主义地执行这些党规,定将有助于加强党对执政的党组织与党员干部的监督。

(2)建立党内监督党权的民主机制

法治国家也是民主国家。中国共产党在建设法治国家中居于领导地位,因此,它自身也应是最讲民主的典范。陈云同志曾经指出:“无产阶级政党应该是一个最有纪律的党,也是一个最讲民主、最讲自由的党。”①党内民主,首先体现在对党权有民主的制约机制。所谓党权,就对国家与社会的领导权来说,是一种政治权威,而非国家权力。就党内来说,则是党的各级领导机关对下级组织与党员的权力。党的最高领导机关(实质上亦即党内最高权力机关)是党的全国代表大会和它所产生的中央委员会(相当于党代会的常务委员会)。但人们心目中却把党的中央政治局或政治局常委会视为最高领导或最高权力机关,这是一种误解。由于中央委员会每年仅开会一次,党的全国代表大会则每5年才开会一次,而且开完一次后实际上就不再存在了(要到5年后下一次重新选举党代表),因而其最高权威与权力,在日常工作中往往被淡忘,这不利于对中央的权力的监督与制约。党的八大党章曾经把党的代表大会(包括全国与省、县级党代会)改为常任制。邓小平在八大修改党章的报告中曾指出:“代表大会常任制的最大好处,是使代表大会可以成为党的充分有效的最高决策机关和最高监督机关,它的效果,是几年开会一次和每次重新选举代表的原有制度所难达到的。”他指出,按照代表大会常任制,党的最重要的决定,都可以经过代表大会讨论。党中央、省、县委员会每年必须向它报告工作,听取它的批评,答复它的询问。而且由于代表是常任的,要向选举他们的选举单位负责,就便于他们经常地集中下级组织、党员和人民群众的意见和经验,他们就更具代表性。而且在闭会期间仍可作为代表依一定程序去监督各级党组织,直到党中央、政治局。他认为,“这种改革,必然可以使党内民主得到重大的发展。”②笔者建议,参照邓小平在八大时的构想,适当时候把党代会改为常任制,5年内开会2~3次,把中央委员会每年开会次数也适当增加(如在每年一次的全国人大会前开一次,年中开一次),对于改善党的领导和加强党内权力监督机制,是有助益的。

党内权力监督机制另一个重要环节是扩大党内民主,保障党员权利,以调动全体党员与党组织对党权的支持与监督。这首先要求实行列宁讲的党内“批评

① 《陈云文选》,人民出版社1984年版,第131页。

② 《邓小平文选》(第1卷),第233页。

自由,行动一致”的原则。党员在从政和对外处事时,要在政治上同中央保持一致,遵守党的政治纪律。但这并不限制党员在党内生活中对党的决策和党的领导机关与领导干部的“批评自由”。恩格斯1889年在批评丹麦党把持不同观点的党员开除的做法时,曾经指出:“工人运动的基础是最尖锐地批判现存社会,批评是工人运动生命的要素,工人运动本身怎么能避免批评,想要禁止争论呢?难道我们要求别人给自己以言论自由,仅仅是为了在我们自己队伍中又消灭言论自由吗?”①1892年,他在致培培尔的信中告诫要防止党的报刊“国家化”,即中央集权化的弊病时,又指出:“你们在党内当然必须拥有一个不直接从属于执行委员会甚至党代表大会的刊物,也就是说,这种刊物在纲领和既定策略的范围内可以自由地反对党所采取的某些步骤,并在不违反党的道德的范围内自由批评纲领和策略。你们作为党的执行委员会,应该提倡甚至创办这样的刊物”。②当然,上述做法我们党不一定照搬,但其精神是值得十分重视的。

陈云同志也讲过:“党内有发表意见的自由。在决议作出以前,有争论的自由。在决议作出以后,有保留不同意见的自由(但行动上必须服从)。”③

在党的十一届五中全会通过的《关于党内政治生活的若干准则》中指出:“发扬党内民主,首先要允许党员发表不同的意见”,“由于认识错误而讲错了话或者写了有错误的文章,不得认为是违反了党纪而给予处分”。对党员对党组织或党内领导人的批评,“不允许追查所谓动机和背景”。1995年颁布的《中国共产党党员权利保障条例(试行)》中,规定党员有权在党的会议上就党的政策和理论问题“充分发表自己的意见”,在党刊党报上以个人名义投送稿件无须经过其所在党组织审阅或批准(第9条)。党员也有权批评党的任何组织与党员(第11条)。这些党规应当受到极大重视并予以执行。

对党权的党内制约机制的第三个重要环节是强化党的纪律检查委员会的监督权力。现行的党内纪检体制是纪委从属于同级党委,受其领导,同时受上级纪委领导。遇到同级党委有违纪行为需立案检查的,应报同级党委批准;涉及常委委员的,还应先报告同级党委后再报上一级纪委批准。这在执行中往往易受同级党委所阻滞,不利于对同级党委干部,特别是第一书记的监督。列宁时代,党的中央和地方各级监察委员会是与中央委员会或同级党委平权的,监委不对中央委员会或同级地方党委负责,而“只对党的代表大会负责,它的任何委员都不

---

① 《马克思恩格斯全集》(第37卷),第323~324页。

② 《马克思恩格斯全集》(第38卷),第517~518页。

③ 《陈云文选》,人民出版社1984年版,第130页。

得在任何人民委员会部(政府机关——引者)、任何个别主管机关及任何苏维埃政权机关中兼职。"[1]这种体制有其优越性,似可参考。

现行党内纪委还与国家监察部门"合署办公",两块牌子,一套班子。这种做法,虽有利于党政配合行动,增加行政监察权威。但也存在弊端,一则是党政不分,二则党的纪检委去包办行政监察工作乃至刑事案件的调查、处理,会削弱对党内的监督,包括对党的方针、政策的监督和对党的干部的纪律检查、监督,会造成"党不管党",不利于从严治党。如何从体制上加以改进,有待探讨。

(三)坚持党的集体领导,克服行政化倾向

一个民主的政党在党的组织体制上实行的是民主制。马克思主义政党实行民主集中制[2],也强调在民主基础上集中。中国共产党实行民主集中制的组织制度原则之一是"党的各级委员会实行集体领导和个人分工负责相结合的制度"。[3]

党与政府机构在领导体制上的区别是,前者实行的是党委员会制(亦称"会议制"),后者为首长负责制。党委制的要义在于实行集体领导,即以委员会中少数服从多数的原则作出决定,而不是由第一书记决定。在党内职能部门有党内行政首脑(如宣传部长、组织部长、统战部长等),在其部门职权范围内可由其部门首长拍板决定(但他得对党委会负责)。作为党的领导机关——从中央委员会到地方各级党委会,则是实行集体领导。在党的委员会内,不存在"行政首长"。委员会的书记、副书记等只是一种职责分工。列宁时代的俄共中央和政治局,虽然列宁是事实上的领袖,但党内并未设置类似"主席"(第一把手)的职位。在党中央政治局通过决定时,列宁也只有一票权利,有时还属于少数派地位,不得不服从多数的决定(如有关布列斯特和约的几次争议)。

长期以来,我们党的党章对集体领导与党委制虽有明确规定,但在实践上,却往往成了"第一书记负责制"。党委内有所谓"第一把手、第二把手","领导班子"中有"班长",有所谓"第一书记挂帅","第一书记拍板",等等。这都是仿效行政机关的体制,把党委制变成了首长负责制。把民主基础上的集中,不是按少数服从多数的原则集中到多数人的意志上,作出决定,而是集中"正确意见";而判断"正确"与否,则往往是由主持会议的第一书记个人来决断。以致产生毛泽

---

① 《列宁全集》(第33卷),第327~328页。

② 民主集中制,原意是民主的集中制,即在民主基础上的集中制。列宁最早提出党的组织原则是集中制,后来因马尔托夫攻击列宁的集中制是"官僚主义集中制",列宁才反驳说,党的集中制是民主的集中制。中国共产党的七大党章也是提为"民主的集中制"。

③ 《中国共产党章程》第10条(五)。

东所严厉批评过的“第一书记一个人说了就算”的“一人称霸”的现象。[①] 邓小平在分析所谓党的“一元化领导”时也指出，党和国家“一切权力集中于党委，党委的权力又往往集中于几个书记，特别是集中于第一书记，什么事都要第一书记挂帅、拍板，党的一元化领导，往往因此而变成了个人领导。”[②]党的第一书记的权力大于党的领导的集体权力。党委会中，第一、二书记成了比其他党委委员高一、二级的行政首长，对委员成了上下级关系。邓小平明确指出：“每个书记只有一票的权利，不能由第一书记说了算。”[③]党章也明确规定：“任何党员不论职务高低，都不能个人决定重大问题……不允许任何领导人实行个人专断和把个人凌驾于组织之上。”这正是要求克服党内第一书记违反集体领导、实行个人专权的行政化、家长制倾向。

与这种党内事实上的领导制度的行政化倾向相联系的是，党内的职能部门的设置与工作任务、工作方法，也往往同政府部门相对应，日益行政化、官僚化，形成了庞大的臃肿的党内机构与人员设置，有的干脆与行政部门合并（如中纪委与国务院的监察部）。党内设政法委员会，变成公检法司等机关的行政首脑的联合体，去“协调”案件的处理。党中央（办公厅）也常常同国务院联合发布带有法规性质的文件。党内的工作作风也行政化，上下级关系往往只是命令与服从关系，官僚主义、文牍主义盛行。

凡此种种，都不利于实现“党政分开”，实行“依法治国”，有待从党的领导体制、思想观念及作风上加以改革和改进。

二、提高执政党的执政水平

（一）执政党的中心任务是支持人民当家作主

党的十五大报告指出：“共产党执政就是领导和支持人民掌握管理国家的权力。”这里讲的是“领导与支持”，而不是去取代。党执政绝不是“党专政”。党是通过其执政的党组织与党员官员，将党所制定的纲领、路线、政策，通过法定程序变为国家意志，实现其为人民执政的宗旨与目标，而不是事事由党“作主”。党的主张要通过人大和政府的采纳，作出决定，才具有法律效力。更多的情况，应是党在政权工作中，集中人民的意志，反映人民的要求，即十五大报告说的

① 《毛泽东著作选读》（下册），人民出版社1980年版，第820～821页。

② 《邓小平文选》（第2卷），第328～329页。

③ 同上，第341页。

"深入了解民情、充分反映民意、广泛集中民智",去支持人民群众通过人民代表大会及其选出的政府机关,实现人民的愿望与要求。党的主张与决策,也都是来自人民群众,而不是脱离人民群众的意志与利益。

"人民当家作主"主要是通过人民群众(选民)选出的人民代表组成人民代表大会,去掌握与行使国家权力,代表人民去"作主";对人民群众而言则主要体现在选举与监督两个环节中可以"作主"。因此,"支持人民当家作主",首要的是支持人大作为国家最高权力机关,不受党政干扰地行使其职权;同时,又要尊重与支持公民的选举权和对政府,包括执政党的监督权,保证选举的民主性和监督的有效性。通常对执政党和政府,一般要求他们"发扬民主",这是重要的;但这个提法也还有把民主的主体只限于党和政府,要靠他们去"发扬"或恩赐,而不是人民自己的宪法权利。更确切的提法应是"尊重、支持与保障人民的民主权利"。吉林省实行的"海选"村民委员会的做法,可以说是在选举这个环节上,党领导与支持人民当家作主的一个范例。所谓"海选",就是党和政府事先不提任何候选人,而由村民不受限制地自主地直接提名,像从大海里捞取珍珠一样,选择自己信任的人。通过竞选,选出村民拥戴的村干部。其中所体现的党和政府的领导,是广泛宣传候选人提名的标准和条件,把候选人的提名权完全交给选民,充分体现尊重选民的直接民主的原则;同时制定"海选"的民主程序,监督依法选举。这种做法,选出了真正替村民办事的干部,也激发了村民政治参与的热情,产生了很好的效果,被国内外人士评为"非常透明、公正、民主的规范",与过去党和政府"包办选举"大不相同。① 当然,这不能理解为排斥基层党组织或各级党委以及党中央向各级政府推荐优秀的干部作为候选人参加选举;相反,应严格依法定程序争取当选,否则共产党的领导与执政就会落空。

(二)提高党的执政水平,民主执政

党执政既是领导和支持人民当家作主,其实质也就是民主执政。也只有民主执政,才能真正提高执政的水平。

民主执政有两方面含义,一是上节所述"领导和支持人民掌握和管理国家的权力",这是党对国家和人民群众的总的领导,属国体与政体的民主;二是执政的党组织和党员官员在对国家事务作出决策与执行过程中,严格依照民主的程序,尊重人民的民主权利,即党的十五大报告所强调的:"实行民主选举、民主决策、民主管理和民主监督,保证人民依法享有广泛的权利和自由,尊重和保障人权";"推进决策的科学化、民主化,提高决策水平和工作效率。"这是决策民

① 参见民政部基层政权建设司编:《城乡基层政权建设工作简报》1998年第2期。

主、监督民主。

由于过去长期在“以阶级斗争为纲”的极左思想指导下，党未能切实地进行社会主义民主建设。人大制度曾被人嘲笑为“橡皮图章”、“举手机器”，“文革”中甚至10年不开会。各民主党派参政议政与民主监督的作用也发挥得很不够，一度停止了他们的活动。工会、共青团、妇联等人民团体在管理国家与社会事务中，反映、争取各自群体的利益与要求、对政府工作实行民主参与与监督的职能也发挥不够，工会甚至成为一个福利组织，而且还一度被批判为“工团主义”、“与党闹独立性”等。党的十一届三中全会后，这些状况有了较大改变。党的十五大报告强调要坚持和完善共产党领导的多党合作和政治协商制度，推进人民政协的政治协商、民主监督、参政议政的规范化、制度化；要使各人民团体在政治参与和民主监督中成为党联系群众的桥梁和纽带。笔者认为，这里还应同时强调它们具有相对的独立性，要使它们形成支持与监督政府和执政党的“压力集团”。

（三）改善党的执政方式，依法执政

过去主要靠中国共产党在人民中的至上地位和党的领袖的至高权威治国，靠党的政策治国。实行法治，就必须事事注意“依法治国”。执政的党组织与党员官员必须依法执政。

依党的政策或依党的会议的决定来执政。在某项具体工作上，固然比依法执政要简便、有效率，但这种执政方式弊病很多，容易造成政府工作随党的领导人的意见与看法的改变而改变，既不民主，也影响稳定。依法执政，虽在程序上要麻烦些，但一般能保证决策的民主与科学性，保证国家与社会的稳定，减少政策失误，避免出现“天下大乱”，反而是最有效率与效益的执政方式。

改善党的执政方式，还应当注意不要事事干预政府的工作，干预司法机关办案。这样可以发挥执政的党组织与党员官员相对的自主性、积极性和创造性，并独立承担责任。也可以避免出现邓小平所讲的：党包办政府工作，结果政府的一切错误也都归结为党的错误，这是“最大的蠢笨”！

（四）增强执政的责任意识，厉行责任政治

民主政治也是责任政治，民选的政府应当把“对人民负责”不只是当做一种从政的道德格言，而是从政的义务与职责。执政的党组织与党员干部要有责任意识，要把对党负责与对人民负责统一起来，更根本的是要对人民负责。“负责”也不是一句空话，而是要承担政策失误或领导无方、失职渎职的政治责任或法律责任。执政党绝不应姑息犯错误或违法的党组织与党员官员，不能以党纪代国法。

（1999年第4期）

中国文化传统与现代人权观念

陈弘毅*

本文的题目是“中国文化传统与现代人权观念”。这个题目提到“传统”和“现代”这些词语，是希望突出“传统”和“现代”的比较。如果题目是“中国文化与西方人权观念”，那么它的重点便会很不同了，即变成“中国”和“西方”一个对比。

著名哲学家冯友兰先生曾经在一篇文章中提到“中西之辨”和“古今之辨”的问题。他指出，中国在20世纪面临的挑战不应称为“西化”，而应该正名为“现代化”。他写道：“有人说西洋文化是汽车文化……但汽车亦并不是西洋本有底。有汽车与无汽车，乃古今之分，非中西之异也。一般人心目中所有之中西之分，大部分都是古今之异。”①

笔者认为，他在这段文字中提到“汽车”的地方，完全可以用“人权”予以替代。正因为如此，笔者在本文的题目中提到“人权”的时候，用的词语是“现代人权”。关于人权的概念和讨论，并不是在人类各大文明中自古便存在的，而是现代世界中独特的现象。人权思想首先出现于西方文化圈，时间是17世纪和18世纪。人权思想的出现，代表着知识领域的一个突破、政治领域的一场革命。人权理念是西方文明在现代阶段的崭新的、史无前例的创造，它并不存在于西方文明的以往的阶段——如古代的希腊文明、古代的罗马文明或中世纪的欧洲文明。就正如蒸汽机或汽车是一种现代的发明，人权的理念和学说也是一种现代的发明。而正如当代阿根廷思想家宁诺(C. S. Nino)指出，“无可置疑，人权是我们的文明中最伟大的发明之一”。②

对人权持怀疑态度的人指出，人权只是漂亮的口号、美丽的理想，而理想与现实却有不可逾越的鸿沟；在现代史和当代世界中严重违反人权的行为屡见不鲜、层出不穷，这说明人权讨论是没有意义的、不能产生实际作用的。他们同时怀疑人类在道德上的进步是否可能，虽然人类在现代的确取得了在科技和物质

---

* 作者单位：香港大学法学院。

① 引自陈来编：《冯友兰语萃》，北京华夏出版社1993年版，第105页。

② 转引自 Norber to Bobbio, *The Age of Rights*, translated by Allan Cameron, Polity Press, 1996, p. 64。原文来自 C. S. Nino, Eticay derechoshumanos(Buenos Aies: Paidos Studio, 1984rh), p. 13。

生活上的进步。笔者并不同意这种怀疑论的观点。

第一,应当指出,即使一些好的思想观念常常被人置之不理或未能全面实施,这并不表示人类在文化活动中创造出来的思想观念是一文不值的,更不表示我们无须鉴别和区分好的思想观念和坏的思想观念。人权理念是一种思想,非人权理念导致中国20世纪60年代的"文化大革命"的极左路线以及导致中世纪欧洲宗教裁判所的成立的基督教的某些极端路线,也是一些思想,但它们是不同的思想。与人权思想相比,它们在人类历史中所导致的实际后果是有天渊之别的。人类历史中充满残忍、苦难、压迫和战争,而某些思想确能导致人类苦难和罪恶的增加;而另外一些思想,却能减轻人类的苦难和罪恶。

第二,笔者相信,现代人权学说的确是一种好的思想,而这种学说的产生,可以理解为人类在道德领域的进步的一种表现。德国著名思想家康德在1784年曾经发表一篇文章,题目是"世界公民观点之下的普遍历史观念"①,文章讨论到人获得道德方面的成长的可能性。当代意大利著名政治思想家波必奥(Norbrto Bobbio)就康德的构想作出进一步的讨论:"在康德的这段杰出的文字的感染下,我提出以下这个论点,就是从历史哲学的观点出发,现时日益扩展和深化的关于人权的讨论,可以理解为人类道德进步的'先知性的象征',因为这种讨论正在世界范围内的所有民族中进行,而且十分热烈,并进入了最具权威性的国际司法组织的议事日程。"②

著名的加拿大当代思想家查尔斯·泰勒(Charles Taylor)曾经对现代文明所建立的道德资源进行反思。他指出,与现代人权意识息息相关的"慈爱的要求"——"令人感觉到,我们这个时代产生了一些史无前例的东西。正因为这个要求得到承认,我们感觉到,我们的文明取得了一种在素质上的跃升;而所有以往的世代对我们来说都是有点令人震惊的,甚至是野蛮的,因为他们都好像是无动于衷地接受着人为的或很容易可避免的苦难和死亡,甚至是残忍、酷刑,又甚至让这些行为公开进行并因而感到快慰……而我们的文明的道德文化中,却就这些方面建立了更高的标准。"③

以上讨论可以总结以下几点:人权并非属于现代之前的西方文明;人权是现代的发明创造;人权思想的兴起和全球化,可以理解为人类的道德进步的一种象

---

① Kant, *Political Writings*(Cambridge University Press, 2nd, ed., 1991), pp. 41 – 53;见[德]康德著:《历史理性批判文集》,何兆武译,商务印书馆1996年版。

② 同上,第36页。

③ Charles Taylor, *Siurces of the Self*: *The Making of the Modem Identity*, Harvard University Press, 1989, pp. 396 – 397.

征;随着人权理念的建立和普及,人类道德意识可说是经历了一个历史性跳跃。现在让我们看看现代人权思想和讨论的发展对于中国文化传统的意义。

中华文明在绵延5000多年的历史中,曾经在很多方面取得了辉煌的成就,这是值得中华民族引以为荣的。悠久的历史产生了深厚的传统,而传统则塑造着人们的思想和行为。人的理性思维、道德判断、价值观念和理想追求,都是植根于他们所身处的文化传统的,似乎并不存在任何超越和独立于传统理性和道德的绝对的、客观的标准。没有或者脱离了传统,我们便没有可能进行思考和对事物赋予意义。这便是麦金太尔(Alasdair Maclntyre)和伽德默尔(Hans - Georg Gadamer)等当代思想家的洞见。① 那么,以中国文化传统为出发点,应对现代人权观念作出怎样的理解和评价?

这个问题在形式上或结构上与下面这个问题并无不同:从"前现代"的西方传统的观点或角度,会怎样看现代人权观念。由于这不是本文的主题,我们只可以很简单地处理这个问题,目的是显示一个可能的答案的形式。我们可以这样说:在前现代的西方传统中,存在着若干与现代人权观念相配合的,甚至是对现代人权观念的兴起有所贡献的元素。这方面的例子,包括基督教思想中对每一个人的与他人平等的价值和尊严的肯定、西方古典文明里在普遍的人性观念和理性观念的基础上建立的"自然法"概念、蕴藏于古罗马法中的法定权利的意识和欧洲中世纪的具有民主色彩和利益代议性质的政治组织。

同时不容否认的是,在前现代的西方传统中,也存在若干与现代人权观念相违背的元素。正因为此,我们才说现代人权是一种新的发明。这些元素包括如在宗教上的不容忍和对所谓异端分子的迫害、残忍和不人道的惩罚方法、奴隶制度、农奴制度、贵族的特权(即否定法律之下人人平等)、专制君主的权力的任意行使乃至君权神授的思想。

虽然如此,但当人权观念在现代诞生后,生活在西方传统中的人却可以给予这种人权观念正面的评价,并肯定它为进步的一种表现;而在这一判断过程中,采用的标准或原则仍是在西方文化中固有的、传统的,如基督教义中的博爱精神和它对所有人的平等尊严和价值的肯定。由此可见,一个传统是可以逐渐演化的,甚至可以更新自己,但在这个过程中,仍然动用着传统中原有的道德和精神资源,从而造就了这个传统中一些原有的、很多时候是相互冲突的元素的重组和新陈代谢。

---

① 参见[美]麦金太尔著:《谁之正义 何种合理性》,万俊人等译,北京当代中国出版社1996年版;[德]伽达默尔著:《真理与方法》,洪汉鼎译,上海译文出版社1992年版。

当我们回到中国的传统，正如在西方的情况一样，我们可同时找到一些与现代人权观念相融的，甚至是有利于其发展的元素以及一些与这个观念有矛盾的元素。前者的例子包括儒家思想中的"仁"的基本概念（这是人与人之间关系的最根本性的伦理原则）、对于统治者施行"仁政"和"德治"的道德要求（而统治者必须首先"修身"，并以身作则，为被统治者提供道德上的好榜样）、重视统治者征询民意的价值（并要求统治者赢得民心而不只是人民在外表行为上的服从）、肯定每个人在道德上的自主性和可完善性、相信人性本善和"人皆可为尧舜"（即肯定所有人在求学、进行道德修养和达到个人成长方面的能力的平等性）、关于人是万物之灵、人在天地之间有特别尊贵的地位的人文思想以致对于"天理、国法、人情"的立体道德世界的认识。至于中国传统中与现代人权观念大相径庭的元素，则包括在被视为"天子"的皇帝手中的绝对专制权力、由士大夫阶层构成的统治阶级自视为人民的"父母官"的思想（因而导致家长式的统治、否定从下而上的政治参与）、等级分明的社会和伦理关系（例如，关于君臣、父子和夫妇的"三纲"，在这些关系中都是一方享有绝对的权威，另一方却有绝对地服从的义务）、对于社会和谐的重视和把个人融入家族之中的倾向（这两者都不鼓励个人主张他自己的权利，又对于个人的主体性和自主性有所压抑）、残忍和不人道的惩罚方法、"文字狱"，等等。正如在西方传统的情况，中国传统如果继受现代人权观念，也可根据一些传统的价值标准来评定为一种在道德上有积极意义的发展；这些传统价值观念包括儒家思想中的仁义之道及它对于每个人的性善、理性、道德自主性和在学识、品格和心灵上趋向成长和完善的可能性的信念。进一步说，若干较晚期出现的人权观念，甚至可被理解为与传统中国文化的价值观念特别相融。这些人权观念包括如接受教育的权利，因为儒家文化特别重视教育，只有通过教育，蕴藏在每个人心中的美善的可能性才能真正体现和发挥出来。此外，在人权思想中较晚期出现的关于各种弱势群体的权利（如妇女、儿童、老年人和残疾人士的权利），也与儒家的仁爱理念中对于社会中较不幸的人的特别照顾，互相呼应。再者，当代思想家理查·罗迪（Richard Rorty）指出[①]，确保人权得到实现的最佳办法，便是培养和扩展人们对于自己的民族、文化或社会共同体以外的人的同情心；与此观点不谋而合的是儒家的"天下一家"的"大同"思想；儒家所主张的也是人的仁心或同情心的逐步扩展，首先是自我的道德修养，然后是关心与自己有某种家庭或社会关系的人（如家人或朋

---

① Richard Rorly, Human Rights, Rationality, and Sentimentality, in Stephen Shuteand Susan Hurley (eds.), *on Human Rights: the Oxford Amnesty Lectures*, 1993, BasicBooks, 1993, pp. 111 - 134.

友)，然后再把这种关爱之情进一步扩展至离自己更远更远的圈子里的人，直至全人类。

19世纪以来，中西文明进行了愈趋广泛和深入的接触，不少西方的政治和法律理念，包括人权的观念，已经在中国知识界取得了重要的位置，甚至植根于中华民族的心灵中。在20世纪上半期，不少中国思想家都接受了人权的用语，也有政治活动家采用人权的语言来批判当权者的倒行逆施。中国共产党人也曾经以人权为理由，谴责国民党政府违反人权的措施和行动，并以人权为号召来争取民心。可惜的是，中华人民共和国于1949年成立以后，在相当一段时间里，关于人权的讨论，对于中国知识分子来说变成了一个“禁区”；主要的原因是，人权概念被视为资产阶级所使用的政治性的、意识形态性的工具，因而与社会主义互不相容。

在1991年，中国政府对于人权问题的立场，出现了根本性的转变。中国国务院在当年史无前例地发表了一份题为《中国的人权状况》的“白皮书”，白皮书正式肯定了人权的概念，它开宗明义地指出：“享有充分的人权，是长期以来人类追求的理想。从第一次提出‘人权’这个伟大的名词后，多少世纪以来，各国人民为争取人权作出了不懈的努力，取得了重大的成果。但是，就世界范围来说，现代社会还远没有能使人们达到享有充分的人权这一崇高的目标。这也就是为什么无数仁人志士仍矢志不渝地要为此而努力奋斗的原因。”①

在20世纪90年代里，中国学术界发表和出版了不少关于人权的文章和书籍。从中我们可以看到，人权理念是得到绝大部分当代中国学者的欣赏、认同和支持的。同时，中国政府也比以前更加积极地参与国际层次的人权活动和讨论。在这方面的一个高峰点，便是中国最近签署的《经济、社会与文化权利的国际公约》。中国也同时是若干关于各种更专门的、个别的人权问题的国际公约的缔约国。与中国开始积极参与世界范围内的人权讨论同时出现的一个新的发展，便是关于人权观念与亚洲文化价值观念的辩论。在这个讨论中，最核心的课题是否是存在一些具有完全普遍性的人权标准，同时适用于不同国家、民族和文化之中的人权，以及文化因素在什么程度上可以容许或证成人权标准在不同国家的不同适用性。举例来说，在西方的人权思想和讨论中，是否有某些部分与西方文化传统有特别的关联性，因而不一定完全适用于像中国这样的文化传统？这类问题带出了另一个更根本性的问题，即什么是中国文化传统？由谁去解释和定义这个传统？政府是否是一个传统的最有合法地位的发言人？在这方面，英

---

① 国务院新闻办公室：《中国的人权状况》，中央文献出版社1991年版，第1页。

国的菲利曼(Michael Freeman)教授曾经提出一个论点:①生活在某个文化或传统之中的人民,比他们的政府更有权理直气壮地就什么是这个文化或传统的内容来发言。笔者的意见是,曾经对有关传统的历史、思想、哲学和文化进行深入研究和反思的学者的意见,也应具有重大的参考价值。所以笔者希望在本文的最后部分,与大家分享一下牟宗三先生的观点。②

牟宗三先生是中国20世纪最重要的哲学家之一,他把一生奉献于重建中国哲学传统的伟大工作上。牟宗三先生绝对不是西方意义上的自由主义者,他是完全委身于儒家思想的,他相信儒家思想是中国文化和哲学的主流、核心和"常道"。他把他对中国前途的希望,完全寄托于儒家传统的复兴。对于本文的论题来说,最值得留意的是,牟宗三先生这位终生研究和信奉儒家哲学和中国思想文化的一代宗师,竟然也是对源于西方的民主、自由、人权、宪政和法治理念的最忠实的支持者和最积极的辩护人。他认为这些理念在未来的中国文化中的确立,不但并不违反中国自己的文化传统,而且能促使这个传统更真正地、更完全地实现自己。他认为民主宪政和人权保障在中国的建立,是以儒家为主流的中国文化传统的"内部的生命"的要求;这种政治上的"现代化",有助于成就儒家的价值理想。牟宗三先生提到中国传统中的"内圣外王"的理想,他认为当代中国和当代儒家学者所面临的挑战和使命,便是开出"新外王";在这方面,"科学"是新外王的"材质条件",而"民主"(包括人权)便是新外王的"形式条件"。

像20世纪的一些其他儒家思想家一样,牟宗三先生认为中国文化传统本身已经包含着民主和人权的种子。他建构了一套独特的哲学语言,借以讨论中国文化传统和它在政治上的现代化的问题。在他的哲学体系中,中国文化传统,特别是儒家思想,已经产生和充分发扬了"理性"的"内容"上的表现(又称为理性的"运用"上的表现,即民主的精神和尊重人权的精神)。但中国文化传统中所欠缺的是"理性"在"外延"上的表现(又称理性在"形式"上的表现,即实现民主和保障人权的架构、制度等)。儒家思想中的伦理道德,以及它的关于人性、人与人的关系,尤其是关于统治者道德上的责任的学说,便体现了理性的内容上的表现。但是,就理性的外延上的表现来说,西方是比中国先走一步的。这方面包

---

① Michael Freeman, "On culture, values and human rights", paper presented at aninternational workshop on "Human Rights and Asian Values", Nordic Institute of Asian Studies and thd University of Copenhgen, Copenhagen, 15 - 16 May, 1997.

② 下文关于牟先生观点的介绍,主要基于牟宗三著:《政道与治道》,台湾学生书店1996年版。另外可参阅司徒港生:"牟宗三先生的政统理论",载李宗辉主编:《牟宗三先生与中国哲学之重建》,台湾文津出版社1996年版,第387~397页。

括民主、人权、宪政、主权在民、代议政制和法治等元素。牟宗三先生指出，虽然这种政治上的现代化“先发自于西方，但是只要它一旦出现，它就没有地方性，只要它是个真理，它就有普遍性，只要有普遍性，任何一个民族都该承认它。中国的老名词是王道、藏天下于天下，新名词则是开放的社会、民主政治，所以，这是个共同的理想。故而民主政治虽先发自于西方，但我们也应该根据我们生命的要求，把它实现出来，这就是新外王的中心工作”。[①]

正如另一位当代儒家学者翟志成先生指出，[②]一个文化系统包含至少四个部分，即科学、道德、政治和艺术。中国文化传统在道德和艺术范畴方面的卓越成就和对人类文化的重大贡献，仍是经得起时间考验的。因此，笔者认为，中华民族应该重新发现我们的文化传统中的宝藏，重建我们对于我们的历史、文化和我们的文明在过往的成就的敬意、信心和爱护之情，并同时学习、借鉴和吸收现代西方文明在政治、法律和科学等方面的建树。我们应该重建我们的民族自尊、文化自尊、文化认同感乃至应有的民族自豪感。我们应该正确地认识、欣赏和评价我们丰富而博大精深的中国文化传统之中有价值、有意义、有所洞见和有说服力之处，并予以发扬光大，继往开来；并同时为了中国在21世纪的进一步民主化和人权保障的进一步改善，付出我们的努力。这就是我对于我们在这个时空中的历史使命的浅见；我更相信，这便是在过去两个世纪中尝尽苦难、历尽沧桑的中国人民在付出了最沉重的代价之后所能看见的启示和曙光。

(1999年第5期)

---

① 牟守三著：《政道与治道》，台湾学生书店1996年版，“新版序”，第21页。

② 翟志成：“由民本到民主——评当代儒家有关中国民主政制的几点省察”，载翟志成著：《当代新儒学史论》，台湾允震文化出版社1993年版，第395～409页，特别是第407～408页。

论法学的核心范畴和基本范畴

童之伟[*]

一、社会权利最有理由成为法学的核心范畴

此处所谓“最有理由”，不是要同将来可能被提出来作为核心范畴的概念比较，而是同相对于现在已被提出来作为法学核心范畴的那些概念比较而言。

社会权利概念的反映对象是从权利和权力这两种最基本法现象中抽象出来的，并且使权利和权力在其面前成为一种无差别的存在的东西——一定社会或国家中法律承认和保护的全部利益，归根到底是归属已定的全部财产。这一点决定了社会权利这个抽象概念既处在从权利和权力的完整表象开始的抽象过程的终点，同时又站到了从抽象概念向具体概念上升的逻辑过程的起点。相对而言，也就是社会权利概念已处在了马克思以《资本论》为代表的经济理论中价值概念的逻辑位置。① 这个位置直观地表明，此后的全部法学范畴乃至整个理论体系将以社会权利为核心范畴和逻辑同一性基础。因为，按从抽象上升到具体的思路，法学的范畴架构应该是处在这种逻辑位置的唯一科学抽象概念自我运动的产物，而理论体系则只不过是这个范畴架构的适当延伸。

说到这里，读者难免提出两个问题：(1)能不能仅仅根据上述理由就让社会权利占据核心范畴这个对于法学来说是至高无上的位置？(2)社会权利概念是怎样通过自我运动来展开法学整个范畴架构的？这里先回答第一个问题，第二个问题将在本文第三部分附带讨论。

权利权力统一体的客观属性表明，将标志它的社会权利概念认定为法学的核心范畴有非常充分的根据，其中除已叙述过的道理之外，还有一些更值得重视的理由，现略予申论。

---

* 作者单位：中南政法学院(现中南财经政法大学)。

① 这里得做三点说明：(1)虽然价值概念不是马克思首先提出来的，但将其在有关学科中放在这样的逻辑位置在学术史上却是第一次；(2)《资本论》的核心范畴从逻辑上或形式上看应当是价值，列宁和其他马克思主义者将剩余价值看做《资本论》的最重要概念是着眼于从实质看问题的结果，其主要依据是：剩余价值概念才是马克思政治经济学区别于前人并超越了前人的地方，而且，在资本主义条件下，价值归根结底是剩余价值；(3)本文做这样的对比，并非想以马克思的做法来证明作者自己的正确性，而是便于一般读者能够理解有关文字。

首先,社会权利概念包含的利益内容和财产内容是社会全部法律生活的现实基础,也是以它为核心的法学范畴架构乃至相应理论体系获得逻辑同一性的客观根据。在政治社会,法律承认和保护的全部利益及其背后的全部财产,构成社会法律生活的全部物质基础,这个道理对于马克思主义法学来说不言而喻、不证自明。社会权利概念之所以能够成为法学范畴架构及相应理论体系的逻辑同一性基础,关键在于它后面有这样一种法定社会整体利益和相应的财产作为全部法现象的现实同一性基础。其中,法学范畴架构及相应的理论体系的逻辑同一性基础是由全部法现象的现实同一性基础决定的,前者是后者的理论反映,后者是前者的根据。

其次,社会权利概念内含的利益(即法律承认和保护的利益,称为社会整体利益)是社会全部利益中最为重要的部分。一定社会或国家的利益可分为法定利益和非法定利益(即剩余利益)两大部分,其中法定利益又可进一步分为个体利益、公共利益两部分。在一个社会现存的全部利益中,法定利益是基本的、数量上占绝对优势的部分,相对而言,非法定利益在数量上微不足道。同时,社会整体利益作为个体利益和公共利益之总和与归属,其现实地位毫无疑问高于个体利益和公共利益中任何一方。在现实生活中,为了最大限度地保存、增值社会整体利益的总量,在必要时既可以牺牲个体利益,也可以牺牲公共利益,但却没有理由以牺牲社会整体利益为代价来保存或增值个体利益与公共利益两者中的任何一方。从利益分析角度看,社会权利概念在法学中其所以比其他一切概念都更为基础、更为重要,就因为在法律的眼中它所内含的利益是全部各种利益中最为重要的。在法律的眼中,社会整体利益就是社会的全部利益。法律不保护它所确认的范围之外的其他利益(非法定利益),而在这个范围内,个体利益和公共利益作为相互独立的部分,相对于社会整体利益来说,任何一方都不能不处于次要的、从属的位置。

再次,社会权利概念所内涵的财产内容(归属已定之财产)是社会的全部财产中最为重要的部分。与利益分类相对应,一定社会或国家的全部财产也可分为归属已定之财产和归属未定之财产两大部分,归属已定之财产又进一步分为个体所有之财产和公共机关所有之财产两部分。在一定社会或国家的全部财产中,归属已定之财产是基本的、数量上占绝对优势的部分,归属未定之财产数量微不足道。同时,归属已定之全部财产作为个体所有之财产和公共机关所有之财产的总和或总体,其现实地位显然处在个体所有之财产和公共机关所有之财产两者中任何一方之上。就现实性而言(即如果对归属未定的那一小部分财产忽略不计),归属已定之财产也就是一个社会或国家的全部财产,其内容大致上相当于邓小平所说的"综合国力",更准确地说应该是综合国力的物质存在形态。在社会实践中,为了最大限度地保存、增值归属已定之财产即现实意义上的社会全部财产的总量,必要时可以牺牲个体所有之财产或公共机关所有之财产,但却不应以减损、牺牲社会全部财产的总量或其增殖速度来片面保存、增值个体所有之财产和公共机关所有之财产两者中的任何一方。所以,从财产分析或经济关系分析的观点看,社会权利概念之所以比法学中其他概念更为基础、更为重要,正是因为它所包含的财产内容比其他任何法学概念所包含的财产内容在法律的眼中显得更为基础、更为重要。也许有的读者会说,包括归属未定之财产在内的社会全部财产更为重要。笔者并不否认,从社会生活的一般意义上说,这种看法是合理的。但我们也应当看到,从法学的观点看,情况有所不同,法律不保护也谈不上保护未曾进入任何一种所有制关系中的财产,因此,法律眼中的社会全部财产在其现实性上就是归属已定的全部财产。

最后,社会权利概念标志的法律现实高于其他一切法律现实。[①] 讨论法现象的过程表明,全部法现象中最基本、最重要的法律现实是权利和权力。但同单纯作为法律现实的权利权力统一体比较,权利与权力两者中任一方都只能同时屈居次要位置。因为,在总体上权利与权力都只是权利权力统一体两个相对独立的构成要素,其中任何一个的重要性都必然低于由它们两者构成的整体,道理同前。

二、将权利和权力等7个概念确定为法学基本范畴较为合理、较为有根据

这里相对于权利义务法理学的基本范畴而言的。这里的所谓基本范畴,实际上包含了核心范畴在内,因为,核心范畴必然是基本范畴的一个。按照从抽象上升到具体的思路,法学范畴架构中的各个范畴,首先是基本范畴,都应当是从

① 法学的研究对象可分为两种,一种是凭感官直觉就能感受到其存在的东西,另一种是感官直觉无能为力、只能用抽象力才能加以把握的东西。前者人们常称为法现象,也就是说,它既是一种法现象,也是一种法律现实,而后者一般不能叫做法现象,只能算一种法律现实。在这个意义上,社会权利概念所标志的权利和权力统一体虽不是像权利和权力那样的法现象,但却是同权利和权力一样的法律现实。

社会权利这个抽象概念上升而来的。① 这种上升表现为作为起点的社会权利概念的辩证的自我运动。它运动的动力来自有关概念自身内部包含的对立因素的矛盾。对于社会权利概念来说,它内部包含着至少3个层面的矛盾:个体利益与公共利益的矛盾,个体所有之财产与公共机关所有之财产的矛盾,以及在法现象层面的权利与权力的矛盾。

在抽象的社会权利概念向思维具体作辩证的上升运动的过程中所产生的第一批概念有数十个,其中相对而言最为重要的有6个,它们是权力、权利、②社会剩余权利、社会总体权利、义务和法。在这里,逻辑的推演和法现象的历史发展大体上是一致的。法现象的历史发展是指这样一个过程:从原始的社会权利即权利权力混沌物中首先分离出(公共)权力,同时对应地产生(法律)权利,以及从原始的社会权利即权利和权力混沌物中分解出权力和权利后的余数剩余权利;作为原始的社会权利分解的结果,权力、权利和剩余权利在新的历史条件下仍然是一个密切联系在一起的整体,构成社会总体权利,所有这些又都伴随着相对应的(法定的或非法定)义务,而法则是确认、分配和规范它们的运用行为的一般形式。在由7个范畴组成的范畴群中,作为核心范畴的社会权利最重要,它不仅是这个基本范畴群的核心,也是按这种思路构建的整个法现象解释体系的基础。

法学概念既要逻辑地反映这种历史,更要符合反映现实的法关系的需要。根据这个原则并借助前文对权力、权利现象基本属性的认识成果。现按如下排列顺序对法学的基本范畴予以论述简要。在全部基本范畴中,上文对社会权利已做过论述,这里就不再赘述了。以下只讨论和界定由它上升而来的其他六个基本范畴,其中权利和权力上文已有详尽论述,这里只从概念角度概括最必要的逻辑线索。

(一)权力

在历史上,权力是从原始的社会权利即权利权力的混沌物中首先分离出来

---

① 本文尚无意于确定法学的全部范畴,只想确定其中主要的和有代表性的部分。这部分数量虽少,但却是整个范畴架构的缩影。所谓主要的和有代表性的部分,就是包括核心范畴在内的全部基本范畴。

② 这里又是权利和权力,对此人们很可能提出疑问:你以权利和权力为起点,怎么又回到了权利和权力了,这岂不是循环论证?应当说,这不是循环论证,因为,作为起点加以分析的权利和权力是法现象即由感性具体构成的权利和权力的完整表象,从社会权利概念上升而来的权利和权力是具体概念即理性具体。所以,前后两种"权利"和"权力"是逻辑性质截然不同的东西。马克思所说的"从表象中的具体达到越来越稀薄的抽象、直到我达到一些最简单的规定。于是行程又得从那里回过头来"这段话就是指的这样一种过程。请参见《马克思恩格斯选集》(第2卷),人民出版社1995年版,第17~19页,以上引文出自第18页。

的法律现象。在逻辑上权力是社会权利概念在以分解形式进行的自我运动中上升而来的第一个具体概念，表征由公共机关掌握和运用的那部分社会权利。它以公共利益和属于公共机关所有之财产为内容。它的现实表现是公共机关、准公共机关依法拥有的职权和其他体现公共利益的权能，其具体存在形态在不同的时代和不同的国家有所不同。权力范畴是对不同时代、不同国家的各种具体权力形态的共性所作的抽象。法定公共利益、公共财产和与其对应的权力的具体存在形态往往因时代和国家而异，可以是主权、皇权、僭主权，也可以是依法行使的法定权力、职权或其他体现公共利益和公共财产的权能。

（二）权利

在历史上，权利是权力从原始的社会权利即权利权力混沌物中分离出去后的全部剩余中由社会个体依某种新出现的强行规则（后果是法律）享有和运用的部分。在逻辑上，权利是社会权利概念以分解形式进行自我运动过程中上升而来的第二个具体概念，表征由社会的个体享有的那部分社会权利。它以个体利益和属于个体所有之财产为内容。在现实生活中，权利表现为公民、外国人、无国籍人和法人①及其他社会经济组织享有的法律权利、自由、经营权和其他直接体现个体利益和个体所有之财产的权能。还要做几句说明：权利范畴是对不同的时代、不同国家的各种具体权利形态的共性所作的高度抽象；社会的个体利益和其对应的属于个体所有之财产，是权利的一般属性和权利的各种具体形态的特殊属性辩证统一的现实基础；权利的具体存在形态，因时因地而有所不同，它既可以是罗马法中的家父权，中国封建时代的夫权，也可以是我国现行法律和有关规范性文件规定的权利、自由、经营权，还可以是霍菲尔德所说的那种特权、豁免，或贝勒斯等人所说的请求权。②

（三）社会剩余权利（简称剩余权利）

历史上的剩余权利是权利和权力都从原始的社会权利即权利权力混沌物中分离出去并获得了法定地位之后的遗留物，在现实社会表现为法外之“权”。在逻辑上，剩余权利是社会权利概念以分解形式进行自我运动的过程中上升而来的第三个概念。剩余权利是一个标志社会权利所没有体现或无法体现而客观上又存在的那部分利益的法学范畴，它以非法定的利益为其社会内容，以所有权归属未定之财产为其物质属性。在社会的全部利益中，法定利益只能是其中主要

---

① 有些学者认为国家也可充作法人，本文不采用这种说法。

② 霍菲尔德所说的这种特权，一般表现为我国法学论著中所说的自由，至于他所说的豁免，在我国法律中也有实例，如全国人大和地方各级人大代表法第29条和第30条第1款规定的给予人民代表执行职务的保障就属其类。我国法学论著通常也是将“豁免”看做权利的一种具体形态的。

的或基本的部分，总会有或多或少的利益法律不规定、不加以保护，与之相对应的也一定有以某种形式存在的一定量的财富，如山民捕猎某种可以自由捕猎的飞禽走兽的权利，往往就是剩余权利的一种存在形式，而此处所说的飞禽走兽则是与之相对应的所有权归属未定之财产。剩余权利与权利、权力之间都是相通的，在一定条件下可以相互转化。某种资源，若人人可自由获取而又尚未为任何人所实际占有时，就表现为非法定利益和所有权归属未定之财富，因而体现为剩余权利它被某一个体实际占有时，它就转化成了权力。反之，权利、权力也可以向剩余权利还原或回归。正因为这个道理，反映相应客观内容的剩余权利概念就成了系统解释法现象所不可或缺的基本范畴之一。

(四)社会总体权利(简称总体权利)

如果说社会权利在历史上最初是原始的社会权利即权利和权力混沌物发生分解后人们从理论上推定的一种法律存在形态，那么总体权利就是在同样条件下理论上推定的一种社会存在形态。在逻辑上总体权利是社会权利概念在向具体上升的过程中与剩余权利对立的同时发生融合的结果。总体权利是一个标志权利、权力和剩余权利 3 者之总和的法学范畴，它以一定国家或社会的全部利益为客观内容，以有关国家或社会的全部财产为其物质基础。其中，全部利益包括法定和非法定的两部分，全部财产也相应地包括所有权归属已定的和未定的两部分。总体权利概念就其包容的内容而言，是最大、最广泛的，但由于其中部分内容处在法律承认和保护的范围之外，因而从法律的观点看，它比社会权利、权利和权力显得次要一些，但它标志的对象无疑是法学不能不纳入视野的一个基本分析单元。若没有这个概念，对法现象的分析将受到很大的局限。

(五)义务

在历史上，与原始的社会权利即权利权力混沌物数量相等、性质相反的对应物是原始的社会义务，同原始的社会权利的分解相对称，原始的社会义务也对应地分解为法律义务和剩余义务(非法定义务)，法律义务进一步分解为个体义务、公共义务，个体义务和公共义务又组合为与社会权利相对应的社会整体义务。义务是社会权利内部对立(权利与权力、权利与权利、权力与权力之间的对立)以及与剩余权利对立的产物和表现，从历史上看和从逻辑上看都是如此。可以说，(法定)义务是标志与社会权利概念所指代的利益正相反对的事物的法学范畴，它的物质内容是与社会权利体现的财产的价格总量(这是可以用一定货币量表示的)相等但本身为负数的东西，其法律存在的形式往往因时代和国家而异，通常表现为法律义务、责任或无资格。① 其中，与社会权利指代的利益“正相反对”，是指义务体现着与这种利益相反的事物，我们可称为“负利益”、“不利益”、代价，或好处的付出、让渡等，而且它们应当与这种利益绝对值相等但正负性质相反。此外，与权利和权力体现的财产价格总量相等但本身为负数是指若社会权利的总量能在理论上还原为若干数量的货币收入，相应义务的总量则只能相应地还原为同样数量的货币的支出，等等。还须注意，义务是一个法学范畴，它不仅仅反映法律条文中被称为“义务”的东西，也反映与权利、权力体现的利益正相反对的其他法现象，如责任、负担等。这个定义反映了本文对义务的客观属性的一系列新认识：（1）从法律层面看，义务既是同权利相对应的，也是同权力相对应的，因而在全社会范围内，义务的总量等于以权利加权力之和的绝对值表示的负数，也可以说正好是社会权利总量的绝对值的负数。为什么会是如此，在法律层面甚至在负面利益层面都是没法证明的。只有在负性财产内容层面理解了义务同权利和权力的对应关系后再回过头来看这个问题，它才真正是清楚的。这就解决了对权利、权力和义务做量的比较时需要解决的通约问题。（2）从负利益层面看，义务是同与其对应的权利、权力所体现的社会个体的利益、公共利益之和的绝对值相等但表现为负数的东西。这里所谓负数，是指相应数量的牺牲、代价或负性利益。这样说也许比在法律层面讨论问题要实在一些，但总体看来仍然难以对义务作确切定位，因为利益是一个表达关系的概念，过于抽象。对义务的认识还应当深入。（3）从财产层面看，义务的物质内容从根本上说主要是创造对应的权利、权力所体现的那部分财富时应当付出的代价。按马克思主义经济学的观点，可以说就是应当支出的社会必要劳动时间（这种劳动时间在经济学上是价值，在经济生活中表现为市场价格）和虽不包含这种劳动时间但由于稀缺和垄断等原因而具有了一定价格的那部分使用价值。较直接地看，义务等同于购买与其相对应的权利和权力所体现的那部分财富所需给予的一定量货币支出。这是义务的物质内容。人们通常将这种义务称为对人义务或相对义务，与之对应的义务人们通常称为对世义务或绝对义务。所谓对世义务是从属于对人义务的，任何一种具体对世义务的负性财产内容归根结底只能体现为一定量的对人义务，对世义务本身没有独立而确定的负性财产内容。

这里所说的义务是法律义务的简称，严格地说，它是与权利和权力相对应

① 看来有必要将“无资格”归类到义务范畴，这样做至少在理论上有深化义务概念分解程度的意义。关于“无资格”的论述，可参见［美］迈克尔·D. 贝勒斯著：《法律的原则》，张文显等译，中国大百科全书出版社1996年版，第96～98页。

的，因而也是与社会权利相对应的，另有一种与剩余权利相对应的义务内容，称为剩余义务是适当的，而与总体权利相对应的也有社会总体义务这一重要分析单元。

（六）法

法是原始的社会权利即权利权力混沌物中原始权利相互之间对立和斗争不可调和的产物。在逻辑上，法是抽象的社会权利概念在向具体上升过程中装载其自身及其分解和派生的全部内容的外在形式，根据对权利、权力和社会权利的认识，结合中国现阶段实际并充分考虑到法学的特点，笔者主张这样界定法的概念：法是合乎正义地分配社会权利并规制其运用行为的以国家强制力为后盾的社会规范。这样看待法，特色在于十分明确地表达了我们立足于中国现阶段的基本情况对于法的根本属性和功能应有的新认识：在法现象层面，法的一般功能是按照一定的正义标准分配权利权力统一体并规制有关主体的运用行为，但从根本上说，它的属性和功能在于合乎正义地分配社会整体利益和与之相对应的财产。什么叫正义呢？正义不是永恒不变的东西，在当代中国，法正义的准确内容虽有待法学界认定，但它主要由以下两个原则构成却应该是可以肯定的：（1）在承认权利能力平等的前提下，主体向社会或他人提供的有用的东西与他所得到的那部分社会权利的量成正比、相对应；（2）应当从根本上有利于社会权利的保存和增值。

为什么说选择包括社会权利在内的以上7个概念做基本范畴比较合理、比较有根据呢？笔者认为，第一，以社会权利概念为核心，以权利、权力、剩余权利、总体权利、义务和法六个概念为拱卫的这个基本范畴群①有一系列用其他方法（如词义辨析方法）形成的范畴所没有的优势：它的产生和构成合乎辩证思维法则，在哲学上承接着从康德、黑格尔到马克思构造学科范畴架构的思想成果，而从法学上看，运用这种方法来构建范畴架构还是第一次，并且密切结合着当代社会的实际，富有时代气息；第二，组成该范畴群的每一个概念都是立体概念，都同时从法现象、利益和财产3个层次上反映着对象，揭示出了相应法现象多级的本质特征；第三，各个具体概念都表现为许多规定的综合和多样性的统一，如权利概念，它就反映出法律权利和自由等相应法现象的个体利益属性、个体财产属性，与权力、剩余权利的相通性，乃至与公共利益和公共财产及所有权归属未定之利益和财产的相关性；第四，也是最重要的，是在最宏观、最基础的层次上从理

① 这个顺序是按照反映我国现阶段法律现实的需要进行调整的结果，不完全是历史顺序或逻辑顺序。

论上穷尽了一个社会或国家的全部财产和全部利益，从而也穷尽了由它们直接、间接地转化而来的全部法现象，因而使法学的范畴体系具有了对法现象进行全面利益分析和经济分析所需要的周延性、融合性。

具有以上特征的这个基本范畴群的形成，使得法学有可能运用概念实现对法现象、利益和经济关系的同步分析，一举解决迄今为止分析上述 3 个因素往往“三张皮”、3 种内容融合不起来的问题。有了新的基本范畴群之后，运用它们来进行表达和分析就与此前完全不一样了。例如，现在说权利与权力的对立，就实际上表达了 3 个层面的对立的含义，即法现象层面各种权利和各种权力的对立，利益层面个体利益与公共利益的对立和经济关系中个体所有之财产与公共机关所有之财产的对立。

（1999 年第 6 期）

法治的悖论

杨解君*

法治是我们的治国方略和理想目标,但在法治进程中,必然存在各种反法治或者与法治不相容(或者相冲突)的因素与倾向。如果我们将与法治相矛盾的各种现象称为法治悖论的话,那么,对这种悖论的研究及解决方式的探讨也许比法治理论本身更具有意义。只要留心的话,我们会发现在许多方面都明显地存在这种悖论现象。人治的种种表现,如以言代法、以权谋私、权大于法等,皆为法治所否定,自然属于法治的悖论现象。但还有一些做法,本身与法治相矛盾却已被"法治"策略所肯定或正在盛行之中。这后一种情况往往不易被人们所察觉,因为它给人们一种积极推行法治的假象。如对"法治"的注解、"依法治"的泛化与口号化、运动型的思维与方式、抵制或变样实施法律、规避法律、执法"两难"等,这些现象往往对法治具有潜在的负面影响。如何处理它们与法治的关系,是我们在探讨法治的现实与理想过程中无法回避的难题。我们应以积极的态度和方式进入法治的悖论,促进悖论的转化,以期在转化中达到法治理想的逐步实现。正是基于此种考虑,本文拟对此类悖论现象略作分析。

悖论之一——"依法治国"的理解

"依法治国,建设社会主义法治国家"这一治国基本方略,人们多将它看做对"法治"的认同。因此,在提法上,人们往往将这一整体概念简称为"依法治国",并将它与法治的概念相等同。江泽民同志在中国共产党第十五届全国代表大会上所作的报告对"依法治国"作了如下正式的解释与界定:"依法治国,就是广大人民群众在党的领导下,依照宪法和法律规定,通过各种途径和形式管理国家事务,管理经济文化事业,管理社会事务,保证国家各项工作都依法进行,逐步实现社会主义民主的制度化、法律化,使这种制度和法律不因领导人的改变而改变,不因领导人看法和注意力的改变而改变。""依法治国"这一方略的提出及其理解,是对人治的彻底否定,具有巨大的现实意义和时代意义。但笔者认为,

* 作者单位:南京大学法学院。

这一理解与法治的本质尚有一段距离,在有些方面还给人以困扰:

其一,将法治理解为法制。虽然我们的目标是建设"社会主义法治国家",但从界定来看,只是使民主和管理制度化、法律化而不能因领导人的更替而不断变化。这种理解完全只是一种技术层面的理解,与法治的本义是不相一致的,至多只能称为"法制化"而非"法治化"。法治的本质在于,对掌权者行使权力予以限制,防止其滥用而侵害公民的利益;它要求法律是保护公民利益和维护人权的工具。仅有民主和国家管理的法律化、制度化,并不意味着法治。如果将法制等同于法治,无疑是对法治的误解与肤浅化。

其二,理解带有较强的政治色彩和模糊性。从方略的明确及其具体理解来看,都带有较强的政治或意识形态的色彩。一是在法治国家之前以"社会主义"来限定;二是在依法治国的主体上明确了领导主体是党、所有主体是"人民群众";三是治理的对象是"国家事务"及社会事务。在上述3个方面,笔者认为存在若干疑惑:就法治而言,其实质都是对滥用权力的限制,它是任何一个现代国家都要面临的问题,在法治本质问题上,没有社会主义与资本主义这种意识形态的划分。如果将每个国家都面临的课题冠以社会主义(或资本主义)之类的意识形态的话,恐怕对我们借鉴和吸收国外的法治经验与教训并无益处,且会落入一种"戒条陷阱"之中。就领导主体而言,是党组织整体上的领导还是各级党委的相应领导,是政治思想的领导还是组织人事上的领导,是大政方针的领导还是具体事务的领导等,都还有待于进一步明确。就"人民群众"而言,这一术语在党的纲领性文件中提出本无可厚非,但如果在法律文件中出现就会出现若干不明确之处。因为,人民是与敌人相对应的概念、群众是与干部相对应的概念,这两组相对应的概念是动态、变化的。因此,人民群众的范围并不明确,它往往具有浓烈的政治性并随时代的不同而不断变化。如果靠一个不明确的主体能够实行法治的话,那么这样的法治也只是没有稳定基础和明确目标的"法治"。就对象而言,依照十五大报告的理解是指"国家事务"及社会事务,这一理解回避了"人"这一根本性的要素。因为,事务总需要人去完成,而国家事务具体是由国家机关及其工作人员去实际完成的,直接和实际管理者并不是所谓的"人民群众",要保证掌权者按全体民众的意愿管理国家事务和社会事务,就必须用法来约束和规范掌权者的行为。因此,笔者认为,法治的对象应是掌权者(即各级国家机关及其工作人员)及公共事务,其中,"治官"是重点,只有将"治官"与治事相结合,方是完整的对象。

"依法治国"方略的不完善,主要是由于两方面的原因导致的:一是观念上的原因。可以说,法律工具主义观念对领导者还存在一定的影响,从而以党的需要决定法律的适用范围和方式;只从立法执法守法这一技术层面接受"法治"的概念,从而其理解也只是停留在这一技术层面上。二是由于现行体制和现实因素的影响。我国正处在一个从计划经济向市场经济、从人治向法治过渡的转型时期,在现阶段,国家机构体制还有诸多不尽如人意的地方,法制尚不完备,传统的做法和观念依然根深蒂固。如果要在短时间内有一个质的改变与飞跃,几乎是不可能的。因此,现实的考虑可能决定了"依法治国"方略的范围及其理解。笔者认为,我们应正确处理好现实与理想这一悖论关系。一方面,从理论上正确解释法治的概念;另一方面,又要对产生悖论的现实条件予以批判和改造,从而缩短现实与理想的距离。这就要求我们,必须摆正法律工具主义与目标主义的关系。对法律工具作出重新界定,将法律作为控制和约束掌权者的工具;同时,将工具与目标相结合,将法治的重心朝向公民权利的保障及社会主义实现的方向。

通过上述分析,笔者认为,我们是不是可以将"依法治国,建设社会主义法治国家"的提法作如下修正:"健全和完善社会主义法制,建设法治国家";并将这一方略理解为:全体国民(或称公民)在党的基本方针政策的指导下,通过宪法和法律将管理国家事务或社会事务的公共权力授予国家机关及其工作人员行使;国家机关及其工作人员必须依照宪法和法律的规定管理国家的各项事务及社会事务,并应积极促进社会的进步和人民生活水平的不断提高;宪法和法律禁止一切越权或滥用权力的行为,违法者必须承担法律责任。

悖论之二——法制运动化或运动化法制

运动即政治运动或社会运动,往往是指有组织、有目的、规模较大的群众性运动。反复出现的政治运动,我们也许司空见惯或记忆犹新,它是我国政治的特色,也是中华人民共和国自成立以来国家或政府活动的主要方式。虽然 1979 年后开始否定群众性运动,但我们仍然可以看到通过运动方式解决问题的明显迹象。运动不只是作为一种历史存在于我们的印象或回忆文章中,而且它还在现实中有所表现或回复。[①] 运动作为一种行为方式和思维方式,它并不会因"文化

① 美国曾有学者通过对我国国家机构及其制度运作的分析认为,机构及其运行都深刻地体现了运动性,运动方式是我国国家机关活动的基本特色。"虽然 1976 年以后的制度化表明,运动统率机构的方式也许将成为历史,或者至少是大大地减弱,但这种统率方式毕竟是中华人民共和国大部分历史的基本特征。"参见[美]詹姆斯·K. 汤森、布兰特利·沃马克著:《中国政治》,顾速、董方译,江苏人民出版社 1994 年版,第 100 页。

大革命”的结束而销匿。在政治、经济、社会、文化等诸多领域,我们都还可以看得到运动的影子,甚至在社会主义法制的建设和法治进程中我们都随处可见运动的迹象。一方面,为使社会稳定、有序,必须使国家政治生活和民主生活制度化、法律化,必须使国家机构正常有效地运转,立法、司法和行政活动必须进入常规化状态,因此,我们迫切希望(并且正在采取措施)确立法制和法治;另一方面,我们的法制建设和法治目标,又都是在作为政治任务来完成,以党的纲领性文件予以表现,以各种长期、中期或短期发展计划被提出,使法制和法治以运动的方式在进行,从而提出了在法治进程中的一种法制化运动或运动化法制的“二律背反”。①

法制化运动或运动化法制,不容易被人们所察觉甚或还被认为是理所当然的(因为它具有法制之名),但它的表现(在这里是指有运动之实而不论有无运动之名的运动)则是多方面的:其一,立法方面的表现:(1)大规模地进行法律规范的创制,包括快速立法、追求立法数量、频繁修改法律等。(2)立法主体多元并且“联营”。在我国不仅国家权力机关和有权地方权力机关在从事立法,而且大量的行政机关也在从事行政法规或规章的制定以及法律或地方性法规的草案起草工作;除此以外,还存在党的机构与行政机关联合创制各种规范性文件、党群社团军与行政机关以及司法机关联合作出规定的情况。② 立法内容本身就规定了某些运动型的方式,如关于综合执法、突击执法的规定等,还有一些政治运动式的口号(即口号或宣言式的条款)。其二,行政方面的表现:(1)机构的设置甚至机构改革表现为极大的随意性,往往随当下的任务而定,各种临时机构或应

① 法制运动化或运动法制化,是一事物的两面。一方面,法制或法治以运动思维或方式来推动;另一方面,法制或法治本身又将一些运动的方式、思维或内容予以肯定。二者相结合,从而呈现为一种法制中有运动、运动中有法制的不可分解的难解之题。对这样一种悖论,苏力先生曾有所言及:“正是这种关于法治的愿望,可能使得我们急切希望以唯理的设计变革的方式、政治推动的方式、急风暴雨的方式、只争朝夕的方式、群众运动的方式来‘建设’法治;而这种方式恰恰是与现代法治本身要求的回应社会、秩序内生于社会、规制社会也规制国家权力的行使、维护社会长期稳定难以兼容和两全的。”苏力:“二十世纪中国的现代化和法治”,载《法学研究》1998 年第 1 期。

② 我们只要翻阅国务院公报、一些规范性解释文件集成的书籍,就可以找到若干佐证。殊不知,党组织只有党务方面的权力和对国家活动的领导权,行政机关只有执行和实施法律的权力,而司法机关则在于适用法律或作为公正的监督者监督政府,即使行政机关和司法机关分别依人大的授权拥有行政解释权或司法解释权,但也不能联合作出某些规定,否则它们就是相互逾越权限。至于党组织、群众组织、社会团体或者军队组织也都只有在本系统范围内制定“行规”的权力。但是,这些制定主体似乎总感觉到力量太小,只有主体越多就越显得它们制定的规范性文件效力越高、权威越高、力量越强。这种做法直至今天仍大行其是,而且上行下效。如省级(或市)公安机关(或其他行政机关)、人民法院、人民检察院经常联合发布一些规范性文件,类似的例子我们随处可见。但是,如果我们从基本的法理来分析的话,从上至下的所有“联营”文件都应无效。

急性机构比比皆是,如走私现象比较突出就在各地设立打击走私领导小组等。(2)行政执法方面,往往专项执法、综合执法、联合执法、打人海战等(而不论每个部门是否有相应的权力)。① (3)行政指导变异为行政指令。政府进行行政指导值得提倡和肯定,但政府往往将指导转化为指令或实施"××战略",强迫人们接受,形式主义泛滥致使公民的权益受到侵害且损害政府的形象。② 其三,司法方面的表现。司法活动似乎也表现为一种完成政治任务式的活动,活动的方式也带有运动型。诸如以往和目前盛行的严打斗争、专项斗争、联合办案、司法与行政及纪检部门等的相互配合(如由政法委或纪检牵头公检法司及其他行政部门配合的情形,我们已经见怪不怪了)等。其四,在守法方面的表现。甚至在要求公民守法方面,也有运动的迹象,如以强迫或命令方式要求相对人服从、在法制宣传教育方面开展法律宣传教育运动(如"二五"普法、"三五"普法等)。也就是说,我们借助的是动员群众的方式,而不注重环境和条件的改变与实际问题的解决。其五,法治宣传运动化。例如,我们习惯于树立榜样或典型,将一些所谓"依法治市"做得好的城市树为典型广泛宣传,因而成为一场模仿化运动。"与面临紧迫任务时求助于钱袋的西方政府相比,中国政府往往求助于扩音器。"③

法制运动化或运动法制化,对法治将会具有破坏性的作用。法制或法治要求常规或常态化,而运动则具有非常态性,它往往是对正常进程的否定或中断,表现为一种阶段性、振荡性、循环性(如以往我们的教训是:运动一个接一个,政策不断地进行调整,但没有一个特定问题得到永久性的解决,后面的运动总是重提或修改前面运动中的问题)以及结果的不确定性。它虽然有可能调动人们的热情,但一旦人们以冷静的态度思考时就会对它冷漠待之,或者加以抵制,或者导致过火行动、宗派主义和虚假的热情。如以大量立法而论,恐怕结果会与人们

① 关于专项执法,虽被广泛采用并被认为是有效手段,但笔者却不敢苟同。如打击走私,在重点打击时可谓成绩显著。如在1998年7月至9月两个月内就查出走私货近50亿元。参见刘洲伟:"两月查出50亿元走私货",载《南方周末》1998年11月20日第2版。笔者不禁要问,走私为何如此猖獗?既然走私现象如此严重,平常为何不严格查处?这种现象产生的原因是多方面的,但它也说明了海关在平时的执法过程中有严重失职之嫌。执法并不只能是专项执法,它必须常备不懈、持之以恒;至于综合执法、联合执法等,则明显与权限划分原则相抵触从而也与法治原则相冲突。

② 《经济日报》1998年11月25日曾刊文说,日前记者在农村采访,一位老农给记者说了心里话:种田不等于"打仗",现在有的地方一会儿这个"战略",一会儿那个"战略",命令一下,千军万马都得往前冲。这位老农所在的乡实施"苹果战略",号召村民砍掉其他树改种苹果,等到收获时市场早已饱和,销路不畅,苹果大量积压。这种动不动实施所谓"战略"或上"项目"的做法,人们往往怨声载道。

③ [美]詹姆斯·K. 汤森、布兰特利·沃马克著:《中国政治》,顾速、董方译,江苏人民出版社1994年版,第283页。

的愿望正好相反。“法律制定者如果对那些会促成非正式合作的社会条件缺乏眼力,他们就可能造就一个法律更多但秩序更少的世界。”①

法治是一项长期艰巨而复杂的系统工程,并不只是靠政治激情的迸发或一时的法律创制就能短期实现的。因此,我们必须冷静地对待目前的法制运动化或运动化法制,有必要对现行的做法予以检讨。虽然我们已否定了运动,但为什么还会存在这种法制运动化或运动法制化的悖论呢?笔者认为,产生的原因主要在于:一是现实与过去的关联性。虽然时代不同,如今与“文化大革命”相比已发生了很大的变化,但基本制度仍然依旧,新阶段的起点总是建立在以前阶段的经验、行为和观念基础之上的,传统的思维和行为定式不可能销声匿迹,它总在发挥着某种潜在的作用,彻底的决裂还需要假以时日。二是制度因素。我们作为发展中国家,也具有所有发展中国家的形态特征:“一个政党垄断了政治权力并渗入所有其他具有政治意义的组织;一个明确的官方意识形态使革命的目标合法化和神圣化;将全体公民政治化和动员起来的决定,其典型方式是通过党领导的群众运动来实现。”②三是在解决问题的初期,运动的方式利用起来比制度化的方式更为熟练、便利,“运动情结”可能使得人们自觉或不自觉地选择了运动方式。四是我国传统文化的影响。一方面,我们的历届领导人在领导风格上或多或少具有某种帝王气质;另一方面,各种非正常的社会关系网络交织在一起,使得法律制度和正当程序所能发挥的作用受到相当大的限制。两方面相结合,也就为运动型的行为方式提供了生存的土壤。

面对运动化法制或法制运动化,笔者认为,我们必须有一个明智的态度。法制或法治不能与运动兼容,运动的存在及其发展将会最终否定法治。因此,在社会主义法制的建设过程中,我们应彻底否弃运动的思维方式和行为方式,我们既要有勇气面对现实,又要平心静气、理智地解决法治实现中遇到的问题。

悖论之三——严格执法与规避法律

法治在技术层面上至少要求执法者与平民百姓一样守法,因此,执法者在法律适用活动中必须严格遵循法律的规定,依法办事。这既是法治的基本要求,也是执法者的职责。但是,在现实中,不仅百姓存在积极或消极规避法律规定的情

① 转引自苏力:“二十世纪中国的现代化和法治”,载《法学研究》1998年第1期。

② [美]詹姆斯·K. 汤森、布兰特利·沃马克著:《中国政治》,顾速、董方译,江苏人民出版社1994年版,第21页。

况，而且，行政机关和司法机关及其执法人员在执法活动中也普遍存在规避或抵制法律实施的情形。从而在法治的守法要求上，形成了严格执法与规避法律(或消极抵制法律)的悖论。

规避法律即常说的“逃法”，即执法者钻法律的空子从而逃避法律的制裁或受到监督的可能。“逃法”在现实中的表现是多种多样的，往往是利用现有法律制度的欠缺或者以一种消极的心态被动守法，而不是自觉自愿、积极主动地实施法律以及保障公民的合法权益。“逃法”如果以其是否合法来认定的话，大部分都同时表现为违法，也有一部分表面上看去是属于合法行为但并不能为法律所积极提倡。就司法机关适用法律活动而言，“逃法”让人抓不着把柄。例如，行政诉讼法规定人民法院审理行政案件不得适用调解。为了回避该规定，一些地方的法院则在案外实行调解或者美其名曰为“协调”。就行政机关的执法活动而言，“逃法”现象时有发生。由于具体行政行为要受法院的监督，因此，行政机关就通过规范性文件给行政相对人设定义务，使你投诉无门。又如，根据行政处罚法的规定，罚款要实行收缴相分离，因此，行政机关则不予罚款而改为收费并从中提取一定的回扣。不仅在执法和司法活动中存在“逃法”现象，甚至在地方性法规和规章的制定中也存在类似的“逃法”做法。例如，《江苏省劳动监察规定》(1997 年9 月 3 日以政府令发布，自 1997 年10 月 1 日起施行)为了规避行政处罚法的限制性规定(行政处罚法第 13 条第 2 款规定：尚未制定法律、法规的，有规章制定权的人民政府制定的规章对违反行政管理秩序的行为，可以设定警告或者一定数量罚款的行政处罚。其他相关条款规定法律可以设定任何一种行政处罚、行政法规可以设定除限制人身自由以外的行政处罚、地方性法规可以设定除限制人身自由和吊销企业营业执照以外的行政处罚)，在第 24 条作了如下规定：“从事职业介绍、职业技能培训和鉴定以及境外就业服务的社会组织违反劳动法律、法规、规章规定，管理混乱、弄虚作假、滥发证件的，由劳动行政部门责令其限期改正，并可给予警告或者处以 10000 元以下的罚款。情节严重的，依法注销或者收回由劳动行政部门颁发的许可证。”该条款由于顾及无权设定“吊销”许可证或执照的规定，而规定“注销或者收回”许可证。在这里实际上是为了逃避“吊销”一词，对“吊销”一词在条文上作了“技术处理”，将这种违法堂而皇之地“合法化”。①

① 笔者认为，这种“逃法”仍属违法行为。我们不能只看表面的字词而应看到它的本来意义，该规章的规定实则仍是对违法行为的惩处，字面上的“注销或者收回”属于实质上的“吊销”。因此，该规章的规定应属于无效规定而不应具有法律效力。但实际上该规章仍在继续施行。笔者感到疑惑的是，为什么类似的大量规定没有监督者发现或指出、没有能及时制止和纠正？

执法者“逃法”的原因是深层次的。一是由于我们向来都没有自觉守法的传统和习惯;二是由于法律创制的自身漏洞给执法者借以“规避”之机,又没有判例法作补充;三是观念上的原因也是最主要的原因。执法者不是将法律视做“自己权利的主张”和“对他人权利的承认和尊重”,而是看做限制其活动或权利的工具从而予以消极抵制。“这时人们眼中的法律,并不是创造和维持社会秩序的东西,而只会是拘束自己的东西。因此这里的法意识不是守法精神而完全变成了逃法精神,仅仅是受法律拘束的意识,所以尽可能逃避法律精神。”①

逃法现象同违法一样,对法治也具有破坏性的作用,而且它还往往掩饰着客观现实、给人以合法的假象。因此,必须消除法治中的这一悖论。解决这一悖论的关键在于,我们不仅要健全法律制度和依靠法律的强制力,而且更重要的是要改变社会的文化结构和意识形态、培养人们的敬法守法精神(并不只是建立一套完备的法律典章制度)从而防止法制流于形式。

悖论之四——有法可依与执法困惑

法治在技术层面上还要求立法、执法(包括行政执法活动和司法活动)等环节协调一致,它们应该也能够同步。但是,如果我们站在执法者角度来看,就会对现行立法制度及立法内容和形式等提出若干质疑和批判。在立法者一方是大量地立法,以便执法者有法可依、有章可循;而在执法者看来大量的立法粗制滥造,使执法无所适从。一方面是“立法不少”、“立法如林”;另一方面则是“执法不好”、“执法难”和“执法困惑”;从而使得立法与执法之间出现种种冲突与矛盾。而这样一种状况,势必弱化法律的权威、政府的权威和效能,法律和政府都将因此而表现得无能。

有法可依与执法困惑的悖论,既有立法存在的原因,如大规模地立法、立法质量欠缺、可操作性差(法律的规定比较原则或笼统还情有可原,但有些地方性法规或规章的规定却层层抄袭甚至规定一些口号性的条款,未免不能让人接受,如此还有何可操作性和适用性可言呢?)、交叉立法、立法内容相互冲突等;也有执法本身的原因,如执法者对法律的理解、各种法外因素(如政策、人情、领导者等)的干扰等。如果从发展社会学的角度来考察的话,一是在于制度化的不规范,二是在于行为的不规范。制度化的不规范主要是指立法的不规范,立法权

① [日]川岛武宜著:《现代化与法》,王志安等译,中国政法大学出版社1994年版,第74页。

限、立法内容及各种法律形式相互冲突、各种命令或政策之间相互不一致等。"都是本本,都代表着正式的政府权威,但当把这些本本放在一起时或要处理一个实际问题的时候,它不是指导你,而是使你困惑,无所适从。这种无所适从的覆盖面绝不是一个个案,它覆盖了整个国家,因为它是中央颁布的法规同部门的规定不一致,中央法规同地方法规不一致。"这种制度化的不规范又"创造了一个非常方便的环境,使行为的不规范变得无所节制"。[①] 行为的不规范即执法领域的不规范。两种"不规范"的结合,即形成了我们这里所说的立法与执法之间的悖论。

我们该如何解决这种立法与执法之间的悖论呢?为消除该悖论,笔者认为,我们至少可从如下几方面着手:在立法方面,一则,改变运动式立法的思路,使法律的需求量与社会发展相一致、相均衡;二则,严格确定各立法主体之间的权限范围,减少和避免立法上的冲突;三则,提高立法质量和可操作性,使执法者能够有效地依法。在执法方面,提高执法者的素质和执法的质量,改善执法环境,使执法与立法之间保持同步,从而消解二者的冲突。在立法与执法的中介方面,确立解决二者冲突的权威规则(如以宪法或适时性为解决规则)。

(1999年第6期)

① 原载1998年7月2日《中国改革报·时代周刊》,张其瑶根据澳大利亚大学太平洋亚洲研究院研究员丁学良博士在天则经济研究所举办的双周学术讨论会上的发言录音整理。转载蔡伟民主编:《转型中国:亟待解决的问题》,改革出版社1998年版,第136~137页。

科学批判与法哲学的发展

姚建宗[*]　石东风[**]

一、我国法哲学研究的缺陷

毋庸讳言，我国法哲学研究的总体水平还很低，显得非常粗糙、肤浅和不成熟。老实说，许多所谓“法哲学”研究，很少有甚至根本就没有什么真正的法哲学意味。首先，是因为我国的法哲学研究起步较晚，对于西方各国法哲学研究状况缺乏全面准确的了解，也缺乏真正科学的吸收。其次，笔者认为，我国法哲学研究落后的根本原因还在于，我们的许多学者是在尚未具备法哲学思维从而尚未真正进入法哲学领域，即是在对法哲学之科学本性茫然无知的情况下，进行“法哲学”研究的。这样的研究不可能不成为“隔靴搔痒”之举。由于法哲学的理论水平直接制约和影响着各部门法学及整个法学的理论进步与发展，进而对法的实践产生重大影响，所以，我国的法哲学研究毫无疑问需要深化、需要理论层次的跃升。而要做到这一点，笔者认为，必须提倡法哲学研究中的科学批判，这是法哲学发展的必由之路。

概言之，我国法哲学研究的主要缺欠体现在：

第一，我国的法哲学研究尚未形成自己的独特论域与话语体系。这样，一方面，法哲学成为一些人手中的玩物，随意摆弄，即使对有关法律的一些基本理论只有一知半解，也可随意踏入“法哲学”领域，对某一问题作一番“法哲学”考察，以示自己研究的深入、理论水平的高妙和思维的神奇幽玄；另一方面，由于没有形成自己独特的论域与话语体系，我国的法哲学研究只有靠人为地寻找或制造“热点”来展开研究，这表明我国很大一部分学者对于法哲学还缺乏自觉的主动研究意识，处于被动甚至茫然状态。在我国法学理论研究水平普遍偏低的情况下，有意识地制造“热点”的确可以活跃法学理论研究的学术气氛，推动法学研究的深入。但同时也不可否认和忽视“热点”的副作用是会制造一大批浅薄的“理论”，或者把一些深刻的法哲学命题庸俗化与简单化。

---

* 作者单位：吉林大学法学院。

** 作者单位：吉林大学法学院。

第二，我国的法哲学研究从总体上看，尚未形成自己的经得起理论和实践检验的基石范畴、概念框架、参照系统和思维方式。简言之，我国的法哲学研究主要体现在微观层面，即对某一具体论题如“法律权利和义务”、“法的价值”、“法治”等的研讨上，而宏观层面即法哲学理论体系层面的研究，无论是本体论，还是价值论，抑或方法论等，都还很少有人涉及，有关这方面的论著并不多。

第三，从目前的情况看，如果说我国有法哲学理论研究的话，那也只是比较浅层的理论，还没有与国际法哲学界进行学术对话的平等资格和能力。我国既有法哲学理论之所以是“浅层次”的，是因为：首先，它缺乏应有的庄重而严肃的历史凝重感与强烈的社会责任感，显得轻率而浮躁；其次，它缺乏严整的理论所应有的系统性、连贯性和逻辑一致性，比较散乱，因而适用的时间与空间范畴极其有限，并随时间的进程而进一步减弱其作用、降低其影响，也就是说，它是内向的“收敛”型理论而不是外向的“延展”型理论；再次，它相对缺乏理论上的理性沉思，学者本人或其他社会成员的感性体验与情感表达在其中占据相当比重，甚至还有学者为追求轰动效应而故意标新立异；最后，它具有浓厚的实用主义色彩。法哲学理论确实是为实践服务的，但它既不是法律实践本身，也不能是法律实践的“摹本”，它与法律实践应当是有一定距离的。它只负责为法律实践提供基本的概念框架、理想的参照系统与合理的思维方式。但我国知识分子那“六经注我”、“我注六经”的传统使我国大多数学者不仅热衷于注解、粉饰实证的现实法律和法律现实，而且耗费了不少时间和精力去注释党和国家领导人的言论，不厌其烦地阐发这些言论所“包含”的“微言大义”。笔者认为，在这种研究对象和研究“成果”当中是绝没有丝毫可以称为法哲学的理论、思想和观点的，这种所谓的“研究”只能使法哲学庸俗化，从而窒息法哲学本身的生命。看来，把我国法哲学的落后和法哲学研究的种种缺欠，归因于学者们对法哲学之科学本性的自我意识的缺乏并不为过。笔者认为，只有在明确了法哲学的科学本性以及法哲学的角色责任是什么之后，我国的法哲学才有可能真正得到繁荣和发展，我国的法哲学也才有可能成为真正意义上的法哲学并提升其理论水准和层次。而对法哲学科学本性的认识，可以从科学的一般发展之规律的启示中获得。

二、法哲学批判与我国法哲学的发展

我们所理解的法哲学批判的科学性包括两个方面的内容：其一，法哲学具有科学批判的功能；其二，法哲学在本质上就是批判的。前者指向法哲学理论之外部，是法哲学的实践批判；后者指向法哲学理论之内部，成为法哲学的理论批判，即法哲学的自我批判。①

具体而言，从功能意义来看的法哲学的实践批判，是从作为批判主体的法哲学自身的立场而指向其外部的、作为其批判客体或对象的其他法哲学，以及法律制度现实与法律实践现实的；而从本质意义来看的法哲学的理论批判，则是法哲学指向自身内部的、对自己的理论内涵的自觉怀疑与反思、自我否定与批判。

这样，科学的法哲学批判便具有了双重的意义：一方面，通过科学批判，法哲学对自身论题的认识和理解更加全面、准确和深入，它对人的"法的生存方式与生活方式"的必然性、正当性、合理性与现实性的认识，当然也就会达到新的高度和水平；另一方面，通过科学批判，法哲学在提升自身理论素养与水准的同时，也充分暴露和揭示了法律制度和实践现实的种种内在缺欠与不足，展示了其内在的诸多矛盾与不和谐之处。也就是说，它标志了人的"法的生存方式与生活方式"的现实与其理想目标之间的距离，进一步说则是人的"法的生存方式与生活方式"的现实与人的生存、发展和完善这一人类所有活动的最终根据与目的、最高标准与尺度之间的实际距离。这样，法哲学就能够，也应该从自身的原则出发，创设并塑造出自己理想的、处于应然状态的法律制度理想模式与法律实践的理想图景，以进一步观照、对比、检测活生生的法律制度与法律实践场景，从而彻底改革和完善现实的法律制度与法律实践。可见，法哲学批判的真实意义体现在法学理论的升华和法律制度与法律实践的完善两个方面，其内在的历史使命便是创造与建设：既在批判、怀疑、否定与反思中进行法哲学自身的理论创造与建设，又在批判、怀疑、否定与反思中进行法律制度与法律实践的实践创造与建设。

法哲学批判及其在此基础上进行的理论与实践的创造和建设，具有非常独特的性质：首先，由于不同的法哲学流派和法哲学家的法哲学观点各不相同，其通过法哲学批判所进行的理论与实践的创造和建设便当然地呈现出千差万别、丰富多彩的多样性来。其次，法哲学是对时代精神的观念反映与理论表达形式，在不同的社会历史条件下，法哲学的理论水平以及通过法哲学批判所进行的理论与实践的创造和建设，当然会打上历史的印迹与时代的深刻烙印。因此，法哲学批判及其所进行的法哲学理论创造与建设，以及法律制度与法律实践的实践创造与建设，只具有相对的历史合理性与时代水准的先进性。随着社会的发展与时代的进步，新的时代精神要求法哲学通过自觉的内在审视与省悟，通过合理

① 详见姚建宗："法哲学批判与批判的法哲学——对法哲学科学本性的一种理解"，载《吉林大学社会科学学报》1998年第1期。

的怀疑、辩证的否定与科学的批判，进行法哲学理论与法律制度和法律实践的创造与建设。所以，法哲学理论的升华与进步，正是通过具有时代特色的科学批判即肯定与否定的螺旋式上升的历史循环过程而实现的；同样，法律制度与法律实践的改革与完善当然也是通过这一途径而完成的。因此，法哲学批判不仅具有深刻的理论意义，而且具有重大的实践意义。可以说，科学的法哲学批判既是法哲学的生命线，也是法律制度和法律实践进步的杠杆。

然而，由于历史的原因，特别是大规模的意识形态批判与残酷的政治斗争的消极后果所带来的负面影响，我国学术界大多缺乏真正深刻的学术批判意识与学术批判实践。与政治实践密切联系的法学领域更是深受意识形态与政治批判斗争之苦，所以，一谈到批判，很自然地就触到人们敏感的政治神经，引起人们对意识形态批判和政治斗争的联想，一部分人莫名地兴奋、摩拳擦掌地跃跃欲试；而绝大多数人则莫名地痛苦、噤若寒蝉，只求以“敬”而远之来明哲保身。这实在是中国法学界乃至整个中国学术界的悲哀与不幸，当然也是中国人文社会科学水平不高或落后的重要原因。虽然改革开放以来，这种不正常的状况已有所改变，学术争鸣与学术批判也在逐步展开，但其层次尚浅，水平亦低。就法学领域而言，学术讨论、争鸣和批判对于法学研究的重大意义已为越来越多的学者所认识和赞同，并自觉地身体力行地予以实践，如法理学界对于法的本质的讨论、对于法的本位的争鸣、对于法律价值的探究等，都充分说明我国法学理论界对于科学的法学批判的共识与认同。

但若以严格的、科学的学术规范标准来衡量，我国法学理论界所进行的学术批判还只是一种低层次的、浅陋的批判形式，离真正法哲学意义的批判距离尚相当遥远。因为：首先，到目前为止，我国法学界所进行的学术批判还仅仅停留在单纯的怀疑、否定、指责和破坏外在于自己的其他法学理论、观点、主张和方法的阶段，缺乏真正的科学反思。这样，在批判者看来，一方面，其他的法学理论、观点、主张和方法到处都是错误和漏洞，真是一无是处的胡言乱语，是不科学的，鲜有真正有价值和意义因而可以吸收的合理成分；另一方面，只有自己的法学理论、观点、主张和方法才是科学、合理、完善的，才是有重大理论意义和实践价值的，因此，对于自己的理论、观点、主张和方法只有认同、欣赏和赞美，而没有也不可能有丝毫的怀疑、否定、指责和破坏。一句话，只有自己的法学理论、观点、主张和方法才是绝对真理的表达，而其他当然都是谬误。所以，严格说来，在我国法哲学领域所进行的法学批判，是一种畸形的批判，它既缺乏对他人的法学理论、观点、主张和方法的科学认识、同情的理解与反思，更缺乏对自己的法学理论、观点、主张和方法的自觉反省与自我反思。其次，我国法学界所进行的学术批判在很多情况下缺乏科学的批判态度。这主要表现在以下3个方面：

第一，在一些法学批判和争鸣中，部分学者缺乏起码的学术道德和学术良知，既没有学术责任感又没有社会责任感，常以绝对真理的权威拥有者自居，或以权威的政治权力代言人与捍卫者自封，以政治批判代替法哲学学术批判，不是以理论、观点、主张和方法的科学内容与科学逻辑服人，而是以政治权力的棒子打击他人、以政治帽子压制他人。

第二，一些法哲学批判和争鸣缺乏严肃的态度，参与者基本上表达的是私人之间的恩恩怨怨，以个人意气和个人怨气的发泄为目的。

第三，绝大部分法哲学批判缺乏真正的学术批判所必须具备的平等、民主和宽容精神。因为当批判的矛头并不针对自己的理论、观点、主张和方法，而仅仅针对他人的理论、观点、主张和方法的时候，实质上就是有意无意地把自己当做了绝对真理的代言人与阐释者，而把他人看做谬误的制造者和传播者，因此，批判者的责任便当然只是弘扬自己的"绝对真理"而挞伐别人的"谬误"了。于是，自觉地、积极主动地去认知和理解对方的理论、观点、主张和方法，从而自觉地反思、反省自己和对方的理论、观点、主张和方法，以怀疑、否定和批判的眼光来看待它们各自的合理性与不合理性、正当性与非正当性、真理性与局限性、可靠性与不可靠性、合逻辑性与不合逻辑性以及正确与错误，就显得不那么必要了。这样，批判者及其理论、观点、主张和方法与被批判者及其理论、观点、主张和方法，自然就处于一种人为制造的不平等地位，二者彼此排斥，互不相容。在这种情况下，很难谈得上科学批判的平等、民主与宽容。

而笔者始终相信，科学的学术批判是学术进步、发展与繁荣的巨大动力和杠杆，正确而科学的学术批判态度是学者优良的学术人格的体现，也是学者强烈的社会责任感与严肃的学术责任感的充分体现。我国法学的发展、进步与繁荣，进而法律实践的完善，同样也有赖于法学界科学的法学批判意识的培育和提高，以及科学的法学批判实践的倡导与实践。可以这样说，真正自觉的、独立自主的、自由平等的学术批判意识在我国法学界普遍形成之时，真正自觉的、独立自主的、自由平等的学术批判实践在我国法学界普遍通行之时，当是我国法学走向成熟之日。

（1999年第6期）

司法改革：从权力走向权威
——兼谈对司法本质的认识

贺日开[*]

为克服由司法腐败和地方保护主义而引起的司法不公和执行难的顽疾，法律不断在探索司法改革之路。1991年颁布的民事诉讼法将职权主义的审判方式改为当事人主义，指望通过纠正过去由当事人陪同法官去调查取证的做法杜绝司法不公；同时又赋予法院执行拘留权，期望法院能凭依它扭转执行难的局面。然而，经过近10年的实践，这两项措施不仅没有实现预期的立法目的，甚至出现了背离立法目的的现象。民事诉讼法将法院原有的调查取证权移转给了双方当事人，但法院在失去调查取证权后，却衍生出了对伪证的认定权。法律赋予法院的执行拘留权，却被不同程度地演变成乱扣人质权。司法不公和执行难不仅没有得到遏制，反而更加猖獗。这种现象促使人们对改革措施进行反思。

党的十四届五中全会发出进行司法改革的号召后，司法改革的步子有所加快：对庭审进行电视直播，淡化审判委员会的权力增强合议庭的功能，实行错案追究制，加强人大对法院的个案监督，刚闭幕的九届人大二次会议通过的最高人民法院工作报告里又提出"院长检讨责任制"①等。出乎意料的是，这些改革措施引起了激烈的争议甚至反对，②值得注意的是，反对者并非主张不要进行司法改革，而是认为不应该如此改，且其理由也言之凿凿。法学界的分歧使本来就谨慎有加的司法改革更趋谨慎，这与市场经济对法治的迫切要求及人们对清除司法腐败和杜绝地方保护主义的声声疾呼，显得不相适应。

应当肯定，已经推出的改革措施中有些在当前是有价值的，但稍加分析不难

---

* 作者单位：北京大学法律系。

① 参见最高人民法院工作报告第三部分第（三）点，载《人民日报》1999年3月21日。

② 关于对庭审电视直播的争议，参见高娣："目标：为了司法公正——记关于舆论监督司法的一次讨论"，载《法制日报》1998年11月4日；关于审判委员会的争论，参见左卫民："看病与开处方"和构建国："取消审判委员会"，分别载《南方周末》1999年2月5日和3月5日；关于错案追究制的质疑文章，参见王晨光："法律运行中的不确定性与'错案追究制'的误区"，载《法学》1997年第3期；关于人大对法院进行个案监督的论争，参见于晓青、李永红："论人大对司法机关进行个案监督的必要性和可行性"及王晨光："论法院依法独立审判权和人大对法院个案监督权的冲突及其调整机制"，分别载《法学》1998年第12期和1999年第1期。

发现,措施与措施之间存在相互矛盾和相互抵消的现象,反映出这些措施背后缺乏基于对司法本质的认识而形成的明确的改革指导思想。改革的指导思想模糊不清,各项具体改革措施就缺乏统摄,难免出现不协调,从而影响改革整体效益的发挥。因此,只有在认识了司法的本质,并在此基础上确立了正确的改革指导思想后,围绕它而建立的各项改革措施才能形成良性互动。

司法的本质是什么?国内对此专门论述的文章并不多见。有人认为是判断,[①]陈端洪老师认为:“司法的本质是理性,法律推理是一种理性过程,裁决者不能有利益、感情牵涉,中立是最基本的要求。”[②]陈老师关于“司法的本质是理性”的论断无疑是深远的,但笔者更愿意在此对司法的本质作一番略带启蒙性质的介绍和探讨,因为笔者觉得它不无现实必要性。如果要尝试给司法下定义的话,是否可以这样表述:“所谓司法,是指司法机关(法院)依法对争议所作的具有法的权威的裁判。”

据此,对司法可作如下理解:

首先,司法只是一种裁判。何谓裁判?日本著名学者兼子一教授在其著作《裁判法》中解释道:“裁”是一刀两断地解决,“判”是作出辨别是非黑白的评价、判断。[③] 司法只负责对纠纷作出裁判,裁判以外的事,不属于司法的范畴。例如,执行裁判,那是双方当事人自愿的事或是行政机关对不自愿履行的当事人强制其履行的事。强制执行属于执行法律(包括法院作出的判决,判决是法律的体现和延伸)的范畴,是行政的权限范围,法官只是“宣告法律”。[④] 执行法律需要权力,而裁判不需要权力,裁判需要的是法律知识、鉴别真伪的智慧及公正。

其次,司法是国家裁判,亦即作出裁判的主体是司法机关,由法院代表国家对纠纷进行裁判。这一点使司法与仲裁区别开来,仲裁也是一种裁判,但它是由民间主体作出,仲裁主体对纠纷的管辖权是以争议双方协商一致选择仲裁为前提,而司法的主体是法律事先确定的,法院对纠纷的管辖权不依赖争议双方的协商选择。

再次,司法是独立的第三者的裁判,亦即作出裁判的主体是与争议双方无利害关系的中立的第三者。因此,兼子一教授认为:“自我裁判不能称为裁判。”[⑤]换言之,就是自己不能做自己案件的法官。兼子一进一步指出,在刑事诉讼和行

---

① 孙笑侠:“司法权的本质是判断权”,载《法学》1998 年第 8 期。

② 陈端洪:“司法与民主:中国司法民主化及其批判”,载《中外法学》1998 年第 4 期。

③ [日]兼子一著:《裁判法》,有斐阁,第 7 页。

④ [日]佐藤幸治著:《现代国家和裁判权》,有斐阁,第 15 页。

⑤ [日]兼子一著:《裁判法》,有斐阁,第 5 页。

政诉讼中，作为国家机关的检察官和行政机关成为当事一方，而作为裁判主体的法院也是国家机关，在这种情况下，为避免自我裁判，就要求法院独立于其他国家机关。也就是说，在裁判领域，国家人格必须分裂。只有在国家人格分裂后，法院不再代表国家权力时，法院在刑事诉讼和行政诉讼中的裁判在学理上才不是自我裁判。①

最后，司法是有法的权威的裁判，即法院作出的裁判对争议的双方具有拘束力。② 法院从国家权力中分离出来，不再具有国家权力的属性，那它作出的裁判是凭什么拘束当事人的呢？凭权威。表现在司法既是一种依法作出的国家裁判，而且还是法院确定的终局性裁判，具有与法律同样至高无上的权威，这种权威的裁判无疑对争议双方具有拘束力，而且这种拘束力具有强制性，不管双方有无服从的意思。民间调解没有拘束力，双方自愿履行是源于调解人的权威，但这是个人权威而不是法的权威。仲裁虽然对争议双方有拘束力，一方不履行仲裁裁判，也可能导致法律的强制，但仲裁的这种权威必须得到司法的承认和支持，不具有终局性，法院有权对仲裁裁判进行审查，决定是否给以承认。因此，可以说仲裁的权威依赖于司法的权威。行政裁判(行政司法)虽然也是国家裁判，但它也要接受司法的合法性审查，同样也不具有终局性。

行文至此，已不难概括出司法的本质，那就是:权威裁判。

或许有人会质疑，司法不具有权力属性，裁判怎么能有权威呢？不依权力作出的裁判，能获得当事人的服从和履行吗？这里的问题涉及国家权力与裁判权威之间的关系。诚然，我们认为司法本质上是一种权威，并不是说司法与国家权力毫无关系。应当看到，国家权力是司法权威的重要来源，司法权威的建立有赖于国家权力；同时，国家权力还为司法权威提供保障，有人不履行裁判或藐视法庭时，国家权力可对司法权威起维护作用。但是，不否认国家权力对司法权威的作用，并不意味着肯定司法也应该直接体现为国家权力。如果将司法视为直接的国家权力，这种权力司法的状况虽然也能带来一定的权威，但这种权威是暂时的、不可靠的和难以长久的。依权力作出的裁判，人们或许慑于权力的威胁而服从，但权力有趋于腐化的天然弱点，容易被滥用，而被滥用和腐化了的权力将严重损害裁判的权威，使人无法产生对司法的信仰。因此，当依靠国家权力建立起了司法的权威后，为恒久地维系司法权威，国家权力就应当远离司法，使司法不再具有权力属性，成为权威裁判。

---

① [日]兼子一著:《裁判法》，有斐阁，第5页。

② 同上。

担心不依权力作出的裁判难以得到当事人的履行是可以理解的,但却是多余的。在司法出现之前,就有各种各样的纠纷,有纠纷就必有裁判。[1] 但并非所有的裁判都是依国家权力作出;相反,大量的裁判不是依国家权力而是依裁判者的权威作出。比如,历史上曾经出现过的神明裁判和长老(族长)裁判,就不包含国家权力因素,人们对裁判的服从是基于对神明和长老(族长)的敬畏。可见,国家权力并非裁判的固有属性,此其一。法律产生后,除了依国家权力的裁判外,在民间同样存在不依国家权力的裁判,如民间调解和仲裁。虽然这两种裁判方式不具有国家权力的色彩,但它却依靠人们对裁判主体身份上的优势(知识、德高望重等)带来的权威的信仰,化解和解决了大量的纠纷,以其迅速、便捷、高效、低耗正受到人们越来越多的重视,此其二。在法律实施的方式上,人们出于对法律权威的信仰,自觉地遵守法律无疑是其最主要的实现方式,即便在法的适用中,也主要依赖于人们对法的适用行为的尊重、信仰而不是屈服。一旦法律主要不是依靠权威而是通过权力来强制推行,司法就成了暴力,招致的只能是反抗,这种局面显然是不能长久地持续下去的,此其三。因此,在强调依法治国、法律至上的法治国家,司法的本质可以是而且只能是权威。

司法从国家权力中分离出来后,司法的权威从何而来呢?来源无非有二:第一,法律的事先确定,即它是终局性的国家裁判。这是司法的静态权威。第二,裁判本身是公正的,具有公信力。这是司法的动态权威。司法仅凭静态权威尚不足以引起人们对它的信仰,裁判的生命在于公正。只有公正的裁判才能使司法恒久保持权威,成为人们的某种信仰。本文所要关注的正是后者。

裁判怎样才能实现公正?

首先,要求作出裁判的主体——法官的立场应该是公正的,法官必须在双方当事人之间保持中立。换言之,法官要独立。法官不独立,就难免受到各种不相关因素的牵扯,从而偏离公正的立场,导致裁判不公。牵扯法官偏离公正立场的力量既可以来自法院外部,也可以来自法院内部(上下级法院及法院的同事),因此,不仅要确保法官的外部独立,而且还必须实现法官的内部独立。

其次,要求法官司有公正心,也即要让法官专心致志于裁判,以一颗公正的心来而对案件事实。这就必须给法官高薪和退休保障使其能抵御贿赂的诱惑,让法官不为金钱而“动心”,并通过规定法官终身任职免除法官的后顾之忧,让法官不为遭打击报复而“担心”,使法官在裁判时只需依自己的良心,按法律行事。

---

① [日]兼子一著:《裁判法》,有斐阁,第4页。

再次，法官不仅要有公正心，还应当有“公正力”，即法官必须具备精深的法律知识、经验和智慧，才能对事实作出合乎法律的正确判断和评价。否则，心有余而力不足的话，也难以作出公正的裁判。

最后，裁判的公正还要求程序的公正。司法是一个过程，裁判是在经过一系列程序之后的判断，程序的公正与否，直接关系到裁判是否公正。

持不同观点的人士或许会进一步反问道，司法权毕竟是国家权力的一部分，依你所说，司法失去权力属性成为权威后，作为国家权组成部分的司法权究竟到哪里去了呢？诚然，司法权无疑是赋予给了法院。但是，我们知道法院是具有两重身份的。其一是作为裁判的主体，它是由法官或法官的集合体——合议庭构成的；其二是作为一个单位，它是由单位内的物质设备和工作人员构成的。如前所述，作为裁判主体，法院依凭的只能是权威而非权力，那么，行使司法权力的任务只能落在法院的第二重身份上。我们可以将法院的第二重身份称为“司法机关”，它与立法机关和行政机关相对应；将法院的第一重身份称做“裁判所”，[①]它与双方当事人相对应。作为司法机关的法院，它主要在以下两个方面直接体现国家权力：第一，对外而言，司法权是一个国家主权的一部分，一个国家对发生在其领土上的纠纷如果不享有管辖权的话，那么这个国家的主权就是不完整的。例如，中国历史上曾经出现过的“领事裁判权”，就是通过掠夺中国的司法权来损害中国的主权。第二，就国家权力的内部分工而言，司法权是作为对立法权和行政权进行制约的国家权力而存在的，目的是防止权力被滥用，维系权力的平衡。司法对立法权的制约主要是通过违宪审查来进行，对行政权的制约就是司法审查制度。而司法审查是法院在诉讼中通过裁判进行，法院的裁判决定着争议的行政行为的存废，因此，司法审查中的法院不仅是国家权力的拥有者（表现为法院作为司法机关只能审查行政行为的合法性而不能审查合理性，因为合理性是行政权的范围，司法权与行政权是分立的，司法权同样不能侵越行政权），也是权威的拥有者（表现为法院作为裁判主体可以撤销行政行为，法院的审查是终局的）。司法的本质是司法的内在规定性，决定着司法改革的指导思想。对司法是一种权威裁判的认识，就必然确立如下改革的指导思想，即对现行司法领域中的一些带有权力色彩的因素进行革新，采取一系列符合司法本质要求的措施，建立一套能增进裁判权威的司法体制，使司法从权力走向权威，真正成为人们内心的信仰。

围绕这一司法改革的指导思想，我们有哪些事情急需要做呢？

---

① 日本的法院就称为裁判所，如日本的最高法院就叫“最高裁判所”。

(一)革新观念,树立权威司法观

长期以来,我国的主流思想是权力司法观,将司法简单地混同于一般国家权力,视司法机关为“专政工具”,是“刀把子”。1950年11月3日《中央人民政府政务院关于加强人民司法工作的指示》明文称:“人民的司法工作如同人民军队和人民警察一样,是人民政权的重要工具之一。”①此种权力司法观在形式上也有恰当的表现,那就是让法官也穿上类似于军官服和警官服的“武官服”,雄姿异常威武,而且还给法官配发手枪,确实做到了“如同人民军队和人民警察一样”,以至于一些不了解中国国情的外国朋友常常误认法官为警察。法官“如同人民军队和人民警察一样”的观念正统化后,军人退伍或转业后到法院去当法官甚至法院院长这种让外国人觉得不可思议的事情,也就成了再自然不过的了。当有人主张复转军人不应该进法院后,②招致严正驳斥也同样是理所当然的了。③

此种权力司法观与司法的本质显然是南辕北辙。虽然它有其历史成因,但随着历史条件的变化应该及时转变,否则就是僵化不前,难以适应已经变化了的客观现实。在敌对势力作为一个阶级已不存在,阶级斗争不再是主要任务,工作中心已转移到经济建设上来,实行市场经济和依法治国的今天,应摒弃权力司法观,代之以权威司法观。只有这样,司法改革的各项制度和措施才能顺利进行,并发挥其应有的功能。

(二)修正现行司法体制中的一些带有权力色彩的制度,确立权威的司法体制

1. 将执行从司法中分离出去,使法院专司裁判

前已述及,司法只管裁判,裁判以外的事不属于司法的范畴,强制执行属于行政权的范围。然而,我国却把裁判的执行权(刑事案件除外)加给了法院,这种让司法直接行使权力的制度会带来如下弊端:

第一,使法院疲于奔波执行,为当事人四处讨债,有失超然和权威的形象。

第二,执行不了的案件,受影响的本来只是执行主体的权威,而不会影响裁判的权威。然而,我国由于执行主体和裁判主体合一,两者均为法院,人们一般又不去区分这是执行主体无权威还是裁判主体无权威,而是认为法院无权威,使裁判的权威无端受到损害。

---

① 转引自陈端洪:“司法与民主:中国司法民主化及其批判”,载《中外法学》1998年第4期。

② 参见贺卫方:“复转军人进法院”,载《南方周末》1998年1月2日。

③ 参见龙宗智:“评贺卫方‘复转军人进法院’一文”,载《法学》1998年第6期。

第三，有些案件，法院采取合法的强制手段后仍然无济于事，为执行裁判，维护裁判的权威，有的法院将民事诉讼法赋予的执行拘留权演变为“乱扣人质权”，采用绑架人质的非法手段执行裁判。如此虽然表面上维护了某一案件裁判权威，但它却损害了法院整体的权威。法院为维护裁判权威陷入两难境地：不采用非法手段，裁判执行不了，有失裁判的权威；采用非法手段，虽表面上维护了个案裁判的权威，却损害了法院整体的权威。

第四，法院在强制执行中，也有可能出现违法的情况，这时引起的争议，法院也就成了当事人一方，而解决争议的主体只能是法院，这势必出现如下两种局面：要么法院自己做自己案件的法官；要么法院根本就不予受理，使人告状无门。无论哪一种情况，都与司法的本质要求大异其趣。

第五，前文提到，执行是权力，对执行人员不需作严格要求（如专业知识），所以对执行人员当然不必给以高薪。而裁判是权威，需要专门知识，必须给以高薪，才能防止司法腐败，确保裁判公正。我国的执行人员和裁判人员同在一个法院内，且大多数法官既是裁判人员又是执行人员，这就使得裁判人员的薪金与执行人员无法拉开差距，有的甚至出现倒挂现象，执行人员的报酬比裁判人员的还高，[①]这为以法官高薪为保障的法官独立制度制造了一个人为的障碍，为司法腐败培植了土壤。

第六，使法官分散了精力，导致裁判效率低下，积压案件增多。

第七，我国不少法律中有这样的规定：相对人不履行行政行为确定的义务时，行政机关可以申请人民法院强制执行。也就是说，法院不但要执行自己的裁判，而且还要执行行政机关的具体行政行为。如此一来，行政机关就成了裁判所，法院倒成了执行机关，成了执行行政行为的机关。这种司法与行政角色错位、裁判与执行职能颠倒的制度，容易导致行政诉讼中的裁判不公或执行回转。因为，相对人不履行行政行为，一方面行政机关可依法申请法院强制执行，另一方面相对人也可以向法院提起行政诉讼。由于起诉不停止行政行为的执行，就很有可能出现同一法院在先成了执行人后，又充当了该案的裁判者。当引起争议的行政行为不合法时，法院应判决撤销行政行为，恢复执行前的法律关系状态，而一旦被告拒不履行裁判，则法院势必要进行执行回转。同一案件上的两次方向相反的执行都由同一主体——法院作出，这种“出尔反尔”的现象，不仅浪费司法资源、加大司法成本，而且对于维护法院的权威也实在不是什么好事。倘

---

① 李晓斌：“审判效率如何能有大幅度提高”，载《法学》1998年第10期。文中说，目前法官的月收入比同职级的法警低200元左右。

若法院嫌执行回转麻烦或不愿意承认自己的执行错误，则法院只有通过不公正的裁判来维持违法行政行为之一途了，而裁判不公远比“出尔反尔”式的执行回转于司法权威为祸尤烈。基于以上理由，建议将民事（包括经济）、行政案件的执行权从司法中分离出去，与刑事案件的执行权统一移转给行政机关行使，让法院专司裁判，以提高司法的公正、效率和权威。

2. 改革现行司法管理体制，确立以法官独立为核心的司法独立新体制

司法是一种裁判，裁判只能由中立的第三者充任，这就要求作为裁判主体的法院在民事诉讼中应中立于双方当事人，在刑事和行政诉讼中应独立于其他国家权力。在诉讼领域只有当法院与权力无缘时，才能与权威结缘，成为凌驾于整个社会之上的权威。正是在这个意义上，美国的戈登伍德和汉密尔顿等人才主张法院不仅应该独立于立法机关和行政机关，甚至应该独立于人民。①

然而，我国基于司法是权力的认识，把司法当做普通国家权力加以规定，地方法院和地方行政机关一样，都由地方权力机关产生并对其负责，法院的级别甚至比同级行政机关低半级。法院的经费和编制也由行政机关控制，法院的人事任免又决定于同级党委或人大。法院内部也官僚体制化，审判员、副庭长、庭长、副院长、院长，等级分明，层层把关。上下级法院之间也不是像法律规定的那样只是指导和监督关系，而是盛行行政管理中常用的请示、汇报、指示、批复那一套。在不给以法院任何独立的条件下，法律却要求法院的裁判行为做到独立，这无异于缘木求鱼。地方保护主义肆虐及司法腐败猖獗必然成为这种体制的伴生物。

审判独立是司法的内在本质要求，是司法公正、权威的前提，也是我国在签署联合国《公民权利和政治权利国际公约》后应尽的国际义务。② 审判独立的核心内容是法官独立，法官除了向法律负责外，不向任何人负责。正如马克思所说：“法官除了法律就没有别的上司。”③围绕法官独立这一核心，必须确立法官身份独立、法院集体外部独立和法官在法院内部独立，并以法官高薪、退休保障、终身任职等措施保证此 3 项独立的实现。④ 值得一提的是，要真正建立起司法

---

① ［美］汉密尔顿等著：《联邦党人文集》，程逢如等译，商务印书馆 1996 年版，第 78 页。

② 该《公约》第 14 条第 1 项前半部分规定：“所有的人，在裁判所面前平等。为了决定刑事上是否有罪以及民事上的权利义务，所有的人均有接受法律设置的、有权限的、独立的而且公平的裁判所进行的公正的公开审理的权利。”参见［日］平井宜雄等编：《小六法》，平成 10 年版，有斐阁，第 1991 页。

③ 《马克思恩格斯全集》（第 1 卷），第 76 页。

④ 有关司法独立的详细内容，可参见陈瑞华：“现代审判独立的最低标准”，载《中国律师》1996 年第 3 期；谭世贵：“论司法独立”，载《政法论坛》1997 年第 1 期。

独立新体制，还必须废除审判委员会制度和重新考虑地方政法委员会“协调”地方公检法工作制度是否合理。毛泽东同志说过：“没有调查就没有发言权”，而现行司法体制下，审判委员会不经审理（法庭调查）就有权对案件作出裁判，且合议庭必须执行。这是将司法视为权力的突出表现。因为没有任何理由可以断定：未经过法庭审理、仅听简短汇报又非很专业化的审判委员会作出的裁判，一定比经过庭审、熟悉全案细节的合议庭作出的裁判更公正、更权威。唯一可能的依据就是审判委员会成员一般是由庭长、主任、副院长、院长组成，这些人虽然法律知识不一定比合议庭成员高，权力却比合议庭成员大，因此，作出的裁判自然比合议庭公正、权威。这是典型的权力逻辑。而且审判委员会裁判错误，无人承担责任。这种只享权利不担义务、无须承担责任的权力，是很容易导致专权和腐败的。

政法委员会名为协调公检法3家的工作，但由于宪法中确立了党的领导地位和我国“党领导一切”的政治现实，所以它实为公检法的共同上级。通常，政法委书记是同级党委的副职兼常委，法院院长的级别虽然相当于同级党委的副职，但不是常委，故法院院长在党内的地位显然没有政法书记高，在政法委员会内，作为政法委员会委员的法院院长是政法书记的当然下级，因此，无论是按职级还是按党的组织原则，法院院长都必须服从政法书记的领导。这意味着法院院长除了法律这个上司外，至少又多出了一个上司——政法书记，与司法独立所要求的法官只有法律这一个上司不相符。更耐人寻味的是眼下的通行做法，即由地方的公安局长兼任政法书记或政法书记兼公安局长。我们可以设想一下：当行政相对人向法院状告公安局，要求撤销其具体行政行为，公安局长代表公安局出庭应诉，要求法院维护其具体行政行为，法院院长担任该案审判长，在这样的行政诉讼中可能出现怎样的审理情况？法庭上，院长听局长辩论，院长认为应该撤销被诉具体行政行为。法院与公安局就出现了不协调，政法书记为了协调两家的分歧，在法庭外召开的政法委会议上，局长听取院长汇报后，局长书记对院长委员发出指示：维持被诉具体行政行为。最后，按党的组织原则，院长委员服从局长书记。试问：这里究竟是谁在司法？是法院院长？公安局长？还是政法书记？都是又都不是！

(三)纠正现有的一些习惯做法

例如,搞公检法联合办案、让法院提前介入,①让法院协助催粮和抓计划生育,要求法院"送法下乡"、"主动收案","案件有了结、服务无止境"等,诸如此类把司法当行政管理的工具看待,与司法的本质要求是背道而驰的。顺便说一下,就连法院的判决书也散发出一股浓重的权力气息。裁判的权威就在于它能够使人信服,这就要求裁判必须说明理由,说理越透彻就越能令各方心服口服,从而自愿履行裁判。所以国外有些判决书往往就是一篇说理充分的法学论文。而我们的判决书几乎不说明理由,对当事人及代理人发表的意见或提交的证据,如果法庭不想采纳,往往只写一名"本庭不予采纳",掷地有声,给人以"说你行你就行,说不行就不行,不服不行!"的强权压服的感觉。这种裁判权力味越浓,离开权威也就越远。

(四)改革现有的对司法的权力监督模式,建立起法官弹劾制度

任何事物都有它的对立面,裁判也如此。裁判有公正的,自然也有不公正的。对不公正的裁判怎样进行纠正以及如何预防此类裁判的再出现,就成为对司法进行监督的核心内容。司法是一种权威,对权威的监督模式及方法,自然应该和对权力的监督有所区别。对权力的监督可以是直接的、具体的、全方位(事前、事中、事后)的,而对权威的监督只能是间接的、非具体的、事后的。因为,在事前和事中,权威是被推定为公正的、正确的,当然就不应再对其产生怀疑并进行监督。如果在事中也允许对裁判进行监督,那么,裁判将不可能进行下去。只有在事后,暴露出裁判确实错了,才能进行监督。但这种监督一般不是直接对原裁判进行推翻,而是对法官的行为进行调查,如果发现法官有故意枉法裁判的事实,可对法官进行弹劾,虽然可能存在个案不公的现象,但却消除了可能继续产生不公正裁判的隐患,从根本上维护了司法的权威。更何况世上原本就不存在绝对公正的司法,错案是在所难免的。我国对司法进行监督的方式中,目前争议较多的是人大对法院的个案监督,而且正在立法规定个案监督。② 笔者认为,这是简单照搬人大对行政权的监督方式,把司法当权力而不是当权威来进行监督。这种监督因其有违于司法的本质,会带来如下后患:

---

① 参见张启才:"1740万巨款被骗之后",载《中国律师》1999年第2期。文章写道:"市委迅速成立了以时任市委副书记的孙楚寅同志为组长,市公检法各机关主要负责人为成员的追款专案组。与此同时,指派市中级法院法官汪雄、魏群先行一步,前往天津万行公司调查该公司状况。在襄樊市中级法院的支持下襄樊化工外贸公司迅速向市中院递交了起诉天津万行公司骗取巨款的诉状。"

② "全国人大内务司法委员会召开个案监督程序规定稿征求意见会",载《人民日报》1999年2月5日。

第一，使审判独立徒具虚名。司法是凌驾于国家权力之上的权威，如果允许人大对个案进行监督，就等于承认人大权力可以凌驾于司法权威之上，实践中就等于人大可以左右法院的裁判，这就出现了孟德斯鸠所说的“司法权同立法权合而为一”的情况，其后果必定是“将对公民的生命和自由实行专断的权力，因为法官就是立法者”①。司法独立也就不复存在了。

第二，损害司法的终局性权威。对于具体案件的裁判，只有法院是最终的。允许人大对法院的终局裁判进行监督，就是对司法权威的怀疑和挑战，终局也就不成其为终局了。

第三，人大有可能被人操纵、利用来达到个人目的。就法律知识和对案件的了解程度而言，人大，尤其是地方人大显然不如法院有优势，人大又凭什么断定法院裁判的个案是错案？有些人（尤其是地方保护主义者）正是利用人大代表的这一点，片面夸大其词，进行煽动性游说，蒙骗部分人大代表提出了对某一案件的监督议案。这类人大被人利用进行了错误监督的事例并不少见。②

人大对法院进行个案监督的提出，也许是针对当前司法不公的泛滥和司法腐败的猖獗。但我们在进行司法改革时，不能只顾及眼前的个案得失，而应该从长计议，要看某项改革措施是否符合司法的本质，是否有利于恒久地维护司法的权威。事实上，司法腐败、司法不公的猖獗泛滥，正是由于违背司法本质、把司法视为权力、司法不能独立从而使法律规定的程序内监督机制失灵的结果。应该说，为防止错案的发生，法律已设计了比较完整的程序内机制。辩论制度、抗诉制度、审判监督制度等，只要其中任何一个制度真正发挥作用，错案是不难防止的。但是，由于庭长、院长层层审批及审判委员会制度造成的审理与判决相分离甚至“先定后审”现象的广泛存在，使得法庭审理尚且沦为“走过场”，辩论就只有落得个“你辩你的，我判我的”的份了。而下级法院向上级法院“请示、汇报”和上级法院对下级法院“指示、批复、提前介入”的悠久传统，不仅重演一遍“审、判分离”或“先定后审”，而且使上诉制度流于形式，二审变一审。又由于司法被权力化后与检察权的诸多共性和联系，要提起抗诉程序谈何容易！审判监督程序的启动同样难上加难。启动审判监督程序只有两条途径：一是由原判的法院院长提交审判委员会讨论；二是上级法院指令再审或直接提审。在我国，原判决一般都经过审判委员会或院长审批，现在要院长提交审判委员会讨论纠正，院长为面子和责任计，能痛快地提交吗？即使院长提交了，审判委员会为法院可能面

① ［法］孟德斯鸠著：《论法的精神》（上册），张雁深译，商务印书馆1996年版，第156页。

② 寿蓓蓓：“三级法院、四个判决、八年官司、一张白纸”，载《南方周末》1998年6月5日。

临的司法赔偿计,能坚决纠正吗?故此路难通。而当事人向上级法院的申诉,上级法院可能因原判决就是下级法院按自己的"指示"或"批复"作出的而驳回;大多数情形是将申诉材料转原判法院处理,所以,第二条路也难行通。根据世界大多数国家的经验,只要实行司法独立,让程序内的监督机制真正发挥作用,防止司法腐败和司法不公是不难做到的。为什么我们不去考虑如何让程序内的个案监督机制正常运转,反而去挖肉补疮,搞什么人大个案监督?这实在是舍本逐末。刚刚闭幕的九届全国人大二次会议通过的最高人民法院工作报告中,新提出一种可称为"院长检讨责任制"的审判工作纪律监督,即"从今年起,凡地县人民法院年内发生一起法官贪赃枉法造成重大影响的案件,除对当事者依法严肃查处外,法院院长要到省高级人民法院检讨责任。凡省、自治区、直辖市年内发生两起的,省高级人民法院院长要到最高人民法院汇报查处情况,检讨责任。发生情节特别严重、造成恶劣影响、被追究刑事责任案件的,因严重官僚主义,用人失察、疏于管理而负有直接领导责任的法院院长要向选举或任命机关引咎辞职"。笔者认为,这种改革思路仍然没有跳出权力司法的框框,老实说,笔者对它防止法官贪赃枉法的功能持怀疑态度,笔者甚至反而担心它可能带来负面影响,再次出现与改革目的相背离的情形。且不说这种做法的宪法根据是否充分,[①]但它能助长法院内部的请示、汇报,有损法官内部独立,恐怕是没有疑问的。下级法院院长为避免检讨和引咎辞职,防止法官枉法,就会把关更严,甚至每关必把,院长独裁更加严重,法官独立荡然无存。一方面着手改革审判委员会,还权于法官;另一方面又集权于法院院长,难道这不是在相互抵消吗?笔者还进一步担心,一旦法官存在贪赃枉法行为,由于法院院长与该法官负"连带责任",共同的利益使院长与法官"结盟",院长尽可能掩盖法官的枉法行为,包庇贪赃枉法的法官。此种后果与监督的目的可谓背道而驰。但愿笔者的担心是多余的。

(1999年第7期)

① 现行《宪法》规定,地方法是向产生它的地方人大负责,上下级法院之间只是工作指导关系,而不是领导关系,下级法院并不向上级法院负责,法律也没有规定上级法院有权让下级法院院长辞职,只有人大才有权罢免法院院长。

“法学”的层次分析

——知识、智慧与精神

胡旭晟*

时下,法学已经成为一个相当热门的学科,然而,究竟什么是“法学”?这恐怕是首先需要追问的。依据常识,法学就是研究法律现象的科学。这样的认识当然不错,但毕竟不够真切,多少显得过于笼统、过于空洞,甚至大而无当,至少,它不能告诉我们,“法学”作为一门科学究竟具有怎样的品性,其内在的灵魂是什么,人们又该以怎样的立场和态度来观照它,以及我们究竟可以从“法学”中得到些什么,等等。这些问题无疑都应当成为我们认识和理解“法学”的必要的角度,而正是由这样的问题和视角出发,笔者将法学分解为3个层次(不是在具象或形式逻辑的意义上)——知识之学、智慧之学、精神之学,在笔者看来,它们代表着法学之于人类的真正意义。

一、法学作为知识之学

作为一门科学,“法学”首先表现为一种知识系统,而支撑这一知识体系的又主要是如下两个方面:一是各种有关法律的专门的概念、术语、命题和判断等,它们构成“法学”的基本细胞;二是由前者按照一定方式组合而成的法律条文与法律原则、法律理论,它们构成“法学”的基本骨架。这两方面的结合,便组成了法学及其各个分支领域的“硬件”。同时,由于它们是真正可以言说、可以分析以及可以传承的“知识”,因而也构成了法学教育中各门专业课程的核心内容。当然,作为“知识”,这里真正重要的并不是变动不居的法律条文,而是赖以构成条文且相对稳固的各种概念、术语、命题、原则以及各种法律理论。

这些“知识”乃是法学最表象也是最基本的层次,其意义主要在于:第一,它使得法学成为较为严格意义上的“科学”,成为一门具有内在逻辑体系并且十分专门化的科学,也在很大程度上成为亚里士多德所说的“纯粹理性”的、思辨的科学。第二,它代表着法学的“专业槽”,构成法学与其他科学的基本分界(当

* 作者单位:湘潭大学法学院。

然，这绝不意味着笔者主张法学与其他学科的决然分割，笔者只是强调法学学科应有的专业性），从而也是在法学领域避免犯常识性错误的前提条件。第三，它代表人类的一种知识传统和交往的渠道、桥梁或工具，它使得不同时代间的传承与不同国度间的交流在法律领域成为可能。第四，它是人类的一种智识积累，代表着人类生活智慧与精神信仰的一种不可或缺的载体。总之，知识之学构成法律科学的“硬件”和躯体，在很大程度上，它是每一个试图踏入法律领域的人（尤其是法学院学生）必须首先牢固掌握甚至必须死记硬背的东西（特别是那些专门的概念、术语、命题、判断），也应当是人们从事法律实践和法律学术研究的先决条件；只有真正进入了这一领域并掌握了它的基本知识，人们才不会错把“无罪推定”理解为是将“无罪”“推定”为有罪，才不会“创造”出“文学刑法学”、“文学民法学”之类的“新”学科①，才会不犯其他各种各样的常识性错误，也才谈得上去争取做一个合格的法律工作者和法学研究者。

二、法律知识与法律智慧

习惯上，人们总以为读书就是学知识，其实并不尽然。因为所谓“知识”，是人类认识的成果或者结晶，是对既有现实的反映，是相对凝固的东西；仅仅掌握或拥有这种“固化之物”，我们能否应付生活的需要实在大可怀疑。为改善我们的生活和世界，或许更为重要的，还是对知识的运用尤其是创造；而这种运用和创造，笔者认为当归于“智慧”的范畴。换言之，对于“智慧”，我们不妨将它理解为运用知识和创造知识的能力、方法、技巧甚或思维方式；毫无疑问，它是异常灵动的，充满着活力与开放性、创造性。诚然，智慧通常隐含于知识之中，知识是智慧的主要载体，也是达于智慧的重要途径，但正如古人所谓“得意忘言”，那种“言”与“意”的关系大约也可用来类比“知识”与“智慧”；或者说，学到的许多具体“知识”被遗忘掉（这经常发生），这是无关紧要的，但是，通过学习知识而获得的“智慧”（或称为能力、技巧、方法、思维等）却应当长久地留存下来，因为，在实际生活中，我们主要依靠的正是智慧，而非知识。所以，知识固然要学，但智慧更为重要（尽管，必须首先学好“知识”然后方可获得“智慧”）。

法律领域的情形亦复如此。当我们言说“法律知识”的时候，那多半是指那些有关法律的概念范畴、命题判断以及由此组合而成的法律条文、法律学说。因

① 这种对于“无罪推定”的“新”理解，以及这些法学“新”学科，都绝非出自笔者的杜撰，而的确是现代中国社会生活中存在过的事实。

而，倘若某人能够讲出一些法律术语、了解一些法律条文，那意味着也仅仅意味着，他已掌握了一定的法律知识；而单纯地传播与掌握法律知识（尤其是法律条文），这几乎还仅仅属于一般性的普法教育范畴（这一任务通常经自学也能完成）。

然而，在现代社会，仅仅掌握一定的法律知识是远远不够的，更重要的是，还应当善于运用法律和法律知识来分析和处理各种事务（这一方面是因为现代社会事务的错综复杂必须有法律规则的调整才能高效率地运作，另一方面是因为人们——特别是从事法律职业的人们——置身于这等纷繁交错的社会之中必须切实依靠法律的指引才能顺利地生活和工作），这就必须精通（至少是某一领域内）实在法的规则、谙熟诉讼程序和诉讼技巧、擅长法律推理和法律解释等；所有这些，均已超出法律知识的范畴，而具有了“法律智慧”的属性；对这种法律智慧的培养，应是法律职业教育的职责。不过，在笔者看来，善于运用法律和法律知识，这还只是一种初级的甚或工具性的智慧；只有能够创造法律知识，或者能够深刻地洞察并自觉地推动法律的历史发展，那才是高级的也是真正的法律智慧；对此种法律智慧的培养，也才真正是高等法学教育的历史使命（尽管严格说来，“智慧”主要不能直接依靠传授而获得）。只有在这一阶段，法学作为实践科学的本质才可充分展现出来。

从法律知识到法律智慧，对其间的递进关系，若以其主体来考察，我们不妨作如是观：具有一定的法律知识，这是合格的现代公民之必备条件；拥有初级的法律智慧，此为“法律工匠”之标志；富有高级的法律智慧，方始为真正的法律家（不管其为学者、立法者，还是法官、检察官或律师），而其中之著者可称为“法律大师”。①

三、法学作为智慧之学

在古代西方，最早出现的“法学”一词在拉丁语里指“法律的知识”和“法律的技术”，这里的“技术”，依笔者看，就已超出知识之学的范畴，而其备了智慧之学的性质和特征。其实，我们真正应当从法学之中获得的，恰恰主要就是关于法律这种“技术”的能力、方法、技巧和思维。

---

① 从我国目前的教育体制来看，各种普法教育当旨在培育合格的现代公民，各种法律职业教育意在输送社会急需的“法律工匠”（或“法律技术工人”），而法学高等教育的真正使命当是努力造就优秀的“法律家”。

作为智慧之学,法学首先意味着对法律及其意义的深切领悟,意味着法学乃是我们改进生活的力量之源,也是一个社会开拓生活的利器和法宝(几乎每一个社会改革家都必须借助于法化这一工具和手段,在现代社会尤其如此)。在这里,法学要求于我们的,绝不是简单地记忆和注释条文,而是透彻理解各种法律概念、法律理论,熟练掌握各种立法技术、法律推理和法律解释的方法,牢固把握各种深刻影响法律发展的因素。由此,我们要真切地了解法律条文是怎样构成的、条文的真实内涵如何确定、法律和法学知识于我们的生活及所面临的问题有何意义、在实际操作中究竟怎样运用它们快速有效地解决疑难,等等。事实上,作为一门实践科学,"法学"的要旨之一就在于它能够便利地操作,能够为人类解决问题提供一种独特而有效的工具和技术。当然,假若由此进而洞悉法律的变迁、把握法律的命脉,那自然是又一种更高的境界了。窃以为,这些都是一个真正的法律工作者所应当努力获取的智慧。

作为智慧之学,法学还意味着法和法律不断进化、发展的无限可能性,意味着法学是一个促进人类向前发展的开放的试验场和不断释放能量的推动器。此时,法学要求于我们的,已不仅仅是深切地领悟法律及其意义,以便充分和有效地加以运用,而更是深入地研究各种法理精义,并对法律价值有自己广泛而独到的理解,从而能够对法律概念和法律理论的创新、对立法技术和推理解释方法的发展,进而对人类法律的不断进步等作出新的贡献。在这里,人类法律发展(以及由此影响和决定着的社会发展)的各种前景与途径被不断地假设和论证,人类运用法律解决疑难的各种新方法、新思路被不断地提出并得到不断的检验,所以,正是因为法学这一智慧之学的存在,人类文明(不单单是法律文明)的发展才得以免除无数的失误并获得无穷的动力。

不过,在最通俗、最经常的意义上,法学作为智慧之学就是人的一种思维方式,因而,投身于法学便意味着改进我们自身的思维。这里的法学要求人们养成一种以"法"为坐标的思维方式或思维习惯。一方面,这种思维方式意味着习惯于以法律作为评价的尺度,合法还是违法、是否应当受到法律的保护,或者是否具有法律上的意义,等等,这成为我们审视他人行为和自身行为的独特标准与内容;另一方面,这种思维方式更意味着法律成为我们分析社会、解决问题的惯常角度和擅长工具,意味着一种"法治思维"(依法而治、依法而行的思维)的形成,甚至意味着我们的行为处世方式也深受法律的浸染:不仅仅是"依法办事",而且是,只要事关法律,我们总会多一层敏感,多一些兴趣和关注。所有这些,都是法学作为智慧之学给予我们的熏陶,也是我们应当从"法学"之中获取的东西;而在其背后深藏着的,则是法律的精神和人类对法的坚定信念。

四、法学作为精神之学

如前所述，法学无疑是要传播“知识”的，但投身法学之后，如果满腹知识而不能化做灵动的“智慧”，那也不过是于事无补的书呆子而已；所以，法学还要进而磨炼人们的智慧。但是，智慧本身也可能用于邪恶的目的，甚至，法律智慧越高，破坏法律、危害社会的“本领”也可能越大，西方社会的“法律杀手”即由此而来。因此，依笔者的看法，法学还应是精神之学，它应当全面展现并传播法律的精神；这无疑是比“智慧之学”更高的层次，但同样是“法学”的题中应有之义，因为法律原本就不单单是一种规则体系，它同时还是一种精神的集合体；也只有作为精神的结晶和载体，法律和法学才真正是属人的东西，或者说才真正是合乎人类本性的东西。当然，在这里，我们需要对“精神”做一种比较严格的理解，应当把它看成一种代表社会理性的东西，或者看做体现人类良知和一定道德境界的东西。这样，充分体现并广泛传播法律的精神，就应当成为法学的本质。

作为精神之学，法学所应体现和传播的具体精神因时代而异，但笔者认为最重要的，莫过于“秩序精神”、“正义精神”和“自由精神”（现代社会高度崇尚的“效益”价值，在法律领域正是通过它们才得以实现的）。众所周知，确立和维护社会生活的有序化，这历来是法律最基本的职能；而在纷繁复杂的现代，只有通过法律建立起严格而合理的“秩序”，社会才可能高效率地运作和发展；由此，“秩序”大可视为法律的首要价值，也是法学作为精神之学应当在其各分支领域充分展现出来的。事实上，在一个法律具有崇高威望的社会里，秩序精神不但呈现在法的管辖领域，还会浸透到法律之外的其他社会生活中，体现到人们时时耳闻目睹的日常小事里，如井然有序地排队（等候公共汽车、等候签名……）等。因为，所谓“精神”，其特性就在于它有辐射力，正像古人说的，精神如同火焰，要用它的光辉照射四周的黑暗。所以，一旦某种精神在法律中得以确立，它就会超越法律界，就会向整个社会蔓延、扩展。反过来，一个法学中人，他即便是在公共场合不按秩序排队，那也有违法律的精神，有悖法学的本质。

不过，对于法学来说，还有着比“秩序”更为重要的精神，那就是正义和自由。也许，作为一种精神，“正义”最能够体现出法的追求，也最能够代表法律在常人心目中的价值，所以，古罗马法学界最流行的定义是：“法学是关于正义和非正义的科学。”不过，这里所谓的“正义”精神，它不但隐含在法的各种原理和各项制度里，也应当呈现于日常人伦之中；就后一方面而言，正义精神要求公正地处理人际纠纷，要求在一切必要的场合见义勇为，也要求不以自己的法律智慧去规避法律、危害社会。作为精神之学，法学最本质、最核心的东西大约就是充分展示并传播这样一种正义观了。但对中国人来说，“自由”精神却具有一种格外的重要性，因为，我们历来就最缺乏这种精神，也最不善于正确地对待这种精神。其实，在最经常的意义上，“自由”不过是最大限度地行使和维护自己的合法权益，同时也积极主动地尊重他人的合法权利。显然，展现并传播一种正确的自由观，这对法学而言是义不容辞的。实际上，法学的本质，它最鲜活的灵魂，就是一种精神，就是一种既促进法律也捍卫法律，从而造福社会的追求；而作为精神之学，法学的极致是一种信仰，一种对“法”和法律的信仰，也是一种对真、善、美的信仰。综上所述，法学既是一种知识体系，又是一种智慧之学、一种人类的思维方式，同时在本质上还是人的一种精神和信仰。作为“知识”，法学是静态的（仅仅只在形态学的意义上），它代表着人类的智识和传承，代表着文明进化的积淀和结晶；作为“智慧”，法学是灵动的，它代表着人类的一种实用技术、操作方法和有效工具；作为“精神”，法学是纯净的，它代表着社会的道德和良知，代表着人类进化的光明正道和美好前景。假如将“法学”视做有机的生命体，那么“知识”之学构成它的躯体，“智慧”之学代表其内在的血液，而“精神”之学则是它的灵魂。所以投身于“法学”，绝不仅仅是学知识，而更是“爱智慧”，更意味着改进我们自身的思维方式，陶冶我们自己的精神和信仰，从而培养一种现代的法学世界观。

（1999年第7期）

全球化与法学思维方式的革命

周永坤*

早在冷战形势严峻的1964年，曾任联合国法律顾问和联合国国际贸易法委员会主席的英国法学家施米托夫(Dlive M. Schmitthoff,1903～1991)就以科学家特有的睿智倡言："我们这个时代的显著特征不是喷气式飞机，也不是原子弹，而是国际意识的重新觉醒。"①随之罗马俱乐部的研究报告将人类的眼光从民族国家真正转向全球。1992年，随着两极对峙的冷战时代结束，人类真正迈进了全球共存与竞争的新时代——全球化时代。尤其是20世纪90年代中叶以来随着高度发达的信息传播技术的发展，随着经济、贸易的发展，全球化趋势进一步加剧。现在全球有46,000多个计算机网络，数亿户终端，而且呈现出几何级数增长的态势，人们可以十分便捷地在全球范围内交流信息、进行商务洽谈。从1990年到1997年流入发展中国家的资金比20世纪80年代增加了5倍多，年平均流量为2650亿美元。人员的跨国流动更是成倍增长。1995年3月26日《申根协定》生效，欧盟9个国家互相取消了内部边界，实现了"人员自由流通"。在21世纪即将来临的今天，不管人们是否喜欢全球化，但凡一个明智的人都不否定它的存在，特别在经济方面。1998年8月28日江泽民总书记在外交部第九次使节会议上指出："经济全球化作为世界经济发展的客观趋势，是不以人的意志为转移的，任何国家也回避不了。"②这股亘古未有的汹涌的全球性社会变革浪潮对人文社会科学产生了巨大的冲击，也带来了新的发展机遇。世界各国，特别是发达国家的人文社会科学界都做出了积极的回应。各种以全球化为研究宗旨的学术会议、著作、课程、刊物相继涌现，"全球化"成为人文社会科学普遍使用的概念，各学科以全球化为契机拓展研究空间、更新学科内容和体系。

国内学界的反映也相当迅速，以经济学界为最。经济学界对经济全球化做出了相应的描述，并对我国融入全球经济体系、在全球经济体系下我国的经济发展战略等作出了有益的探索。且不谈与国外各学科相比较，即使与国内经济学

* 作者单位：苏州大学法学院。

① [英]施米托夫著：《国际贸易法文选》，赵秀文译，中国大百科全书出版社1993年版，第178页。

② 参见《新华日报》1998年8月29日。

界、实务界相观照，法学对全球化的关注相当迟钝。[1] 20世纪90年代以来，全球化运动进入新的阶段，但是文献检索的结果表明，法学界只有零星几篇全球化的法学专论和对国际金融危机的对策性文章，每年的法学指导性研究课题无一涉及全球化问题，法学研究的范式更未见相应的变革。是否由于法学的特殊性，全球化对它没有意义？非也。全球化作为前所未有的全球社会整合运动，它已经和必将对社会生活、社会结构、社会观念的各方面产生革命性的冲击，作为社会生活不可剥离的一部分的法律的变革在所难免，且已经发生了巨大的变革。那么，如此强烈的社会法律需求的刺激和法律刺激为什么至今未能激活传统法学的创新体制？原因在于它的思维方式的保守与落伍。欲使法学对代表了人类新时代的全球化运动作出回应，创建全球化时代的法学，必须实现法学思维方式的革命。

一、全球化运动与法律全球化——法学思维方式革命的必然性

全球化是以经济全球化为先导的经济、生态、政治、文化的全球性整合运动，是人类向马克思笔下的"世界历史"时代迈进。这个过程发端于近代工业资本向全球的渗透与扩张。迄今为止这个运动可以分为两个阶段：从近代工业革命开始的全球化起始阶段和20世纪90年代以来的全球社会形成阶段。起始阶段的技术（生产力）基础是机械工业，它的特色是工业化国家向前工业化国家的渗透，甚至掠夺，同时伴随着强盗之间的互食。由于商业的强大引力以及对现代战争尤其是核战争的巨大破坏的恐惧，在起始阶段，国际间由无序逐渐走向有序，形成了以民族国家为主体的相对有序的国际社会。20世纪90年代"冷战"的结束标志着人类进入全球化的新阶段——全球社会开始形成的阶段，这是真正的全球时代开始的阶段。这一阶段的科技（生产力）基础是高新技术。高新技术缩短了时空，它通过通信、信息、观念以及贸易、服务、投资和人员流动把全人类史无前例地拉拢、靠近、联系在一起。电视、传真、移动电话和互联网正在不断穿越国界，将全球各个角落的人统为一体。这种现实催生出环球一村的全球意识，最终造就全球化时代的人类，人类历史从国家的历史再上一个台阶，使历史真正成为人的历史。

全球化内容包括4个方面：经济、生态、政治和文化。经济全球化是全球化

---

[1] 本文主要的分析对象是法理学，偶尔涉及其他法学分支学科。创建全球化时代的法学，必须实现法学思维方式的革命。

的先导，是全球化的动力。经济全球化指资本、商品、劳动力、科技等经济要素的全球化流转，各国经济相互渗透、相互依存、相互合作与竞争而形成一个整体。20世纪90年代以来，经济全球化的重点已从边境措施向国内立法和决策转移，从贸易自由化向要素自由流动转移，从部门自由化向整体自由化转移，尤其是贸易与劳工标准、贸易与环境保护、贸易与消除贫困等方面。不管你是否愿意，任何国家的经济已无可奈何地成为全球经济的组成部分，无国界经济在许多地区、许多方面已成为现实（如欧共体）。有学者预测，到21世纪，无国界经济将成为主导经济。

伴随经济全球化而来的是生态的全球化。经济全球化大大提高了全球生产力与全球生产总量，使人类活动对生态环境的破坏日趋严重。许多生态环境问题早已越出国界而成为全球性问题，例如，酸雨、热带雨林锐减、全球变暖、物种保护、荒漠化、臭氧空洞，等等。我们已生活在同一个生态圈里，任何国家与个人都对生态环境享有权利并负有责任。

经济、生态全球化必然带来政治的全球化。政治全球化指政治问题的全球化以及这些政治问题解决途径的全球化。重大经济问题、生态问题本身就是全球性政治问题。除此以外，随着全球社会的形成还会产生一系列全球政治问题。例如，维持全球和平、可持续发展、跨国犯罪控制（恐怖主义、贩毒、跨国商业犯罪，等等）、国际政治冲突、贫富国的差距、超国家政治权力的分配、超国家政治组织的建构、人权保障，等等。这些政治问题早已没有国界，这些政治问题的解决绝非一国所能，需要全球社会的共同努力。解决这些问题的结果必然发育出区域性的超国家政治组织和全球性的政治组织。这些组织现在已初具规模：欧共体、联合国、联合国维和部队、国际刑警组织、国际法院、国际刑事法院，等等。政治全球化的重要标志是国家已不再是最高政治组织（尽管在许多方面现在仍然是国家最高），国家成为全球政治组织的一个层次。国际纷争的解决由野蛮的弱肉强食的动物状态走向规范化、合理化。

以经济、生态、政治全球化为动力，以高新技术特别是高度发展的信息传播技术为手段，不同文化背景的人员在世界各地穿梭往来，各种文化随着商品、服务而流淌到全球各个角落。广播、电视、传真、电话、互联网可将任一文化传播到不同文化的区域和人群中，不同文化的人群可以在这种无国界的交流中相互影响。文化再也不是区域性的，而是全球性的了。文化的全球性指各种文化的辐射力达于全球，全球文化相互影响、吸纳、竞争、冲突，在保持文化多元的同时形成最低限度的全球统一的文化，例如，相同的自然科学技术、对真善美的追求、对人权的尊重与保护、不同文化间的宽容，等等。文化全球化最终会形成新一代具有全球活动能力和全球意识的真正的世界公民。

全球化涉及人类生活的各个方面,它不可避免地带来法律的全球化。事实上,法律全球化不但是经济、生态、政治、文化全球化的产物,也是全球化的重要组织部分,它本身又推进全球化向深度和广度发展。

法律全球化是全球分散法律体系向全球法律一体化的运动或全球范围内的法律整合为一个法律体系的过程。这个统一法律体系当然并不意味着全球适用完全同一的法律,而是在基本的共同法律原则的基础上,将全球法律统合为一个规范等级体系。当然我们今天还只是在初始阶段。这个运动的结果将产生真正的全球法或世界法,笔者乐观地预计人类有能力在21世纪中叶达到这一目标。① 20世纪90年代以来法的全球化的主要事实有:《欧共体马斯特里赫特条约》(1993)和《阿姆斯特丹条约》(1998)的签订,联合国地位和联合国通过的重要法案的地位、实效的提高,国际法院的复兴,②联合国维和部队的有效工作,国际社会联合起来制裁侵略(如制裁伊拉克侵略科威特)、制裁种族隔离罪行(如制裁前南非政府)的成功。世界贸易组织的扩大及其规则效力的提高与空间效力扩展。特别值得一提的是1998年联合国通过《国际刑事法院规约》,该规约决定成立常设的、具有普遍性、强制性管辖权的国际刑事法院。该法院可以在任何缔约国或经由特殊协议在任何其他国家的领土上行使职权。该规约一旦生效,它将是全球第一个真正统一的刑事法院,尽管它的管辖权只限于灭绝种族罪、反人类罪、战争罪、侵略罪,但它的主要矛头无疑针对国家及其权力者,目的在于维护全球秩序与公正。

法学作为高度应用性的学科,它以描述法律规范、评价法律规范、创设法律规范和建构法律体系,促进法的实施等为目标,它必然随社会和法律的进化而进化,同时为这种进化提供精神驱力和技术。部落法时代的法观念以部落文化的形态存在,它只是一种有关法律的直观的习惯思维的产物,没有法学。迄今为止的法学是国家法发展到一定阶段的产物,是国家法的理论形态,与法律发展的特殊形态——国家法阶段相适应③,它与法律全球化的态势不合。法律作为文化现象不可能脱离社会存在,法律思维方式走向全球化,正是全球化运动不可分割

---

① 全球化与世界化含义相同,都源自英文"globalization"一词,法的全球化或世界化的表现,详见周永坤:"世界法及法的世界化探索",载《东吴法学》1996年号。

② 参见管建军:"国际法院的'复兴'与我国之应对",载《法学》1996年第4期。

③ 法律的发展已经历了两个时代:部落法时代和国家法时代,部落法始于公元前90世纪至前70世纪之间完成的农业革命之后,国家法产生于公元前30世纪。20世纪是国家法发展的顶峰,并开始向新的法律时代过渡。21世纪人类将由国家法时代过渡到世界法(全球法)时代。

的一部分。因此,思维方式的变革具有必然性。

二、全球化浪潮对传统法学的挑战——变革法学思维方式的必要性

中国传统法学是一种皇权主义法学,新传统主义法学的理论基础是阶级斗争为纲理论,是一种国家主义法学,它与全球化的社会与法律实践不协调。解决这一问题绝非旧瓶子装新酒的方法所能及的。所以变革法学思维方式实属情势所必需。

首先,全球化浪潮对法学研究对象的挑战。

传统法学分析对象的核心是国家法及其与此相应的国内社会与国家权力。在全球化时代,一国法学固然仍应以本国法为主要分析对象,但必须同时把外国法,特别是超国家的法、全球统一的规则纳入分析对象,并由此分析国际社会、全球性或区域性超国家组织,并把国家法、国内社会、国家权力放到全球法律体系、政治结构中加以分析。至于肩负着塑造法律精神、指引法律实践活动的法理学的研究对象就更应当越出国家法的狭隘圈子而面向全球法现象。

其次,全球化对传统法学方法的挑战。

传统法学的主要分析方法是以利益对立为前提的阶级分析方法。这一方法在评价法律中的不公正时具有一定的工具价值,对于建构现代法律体系则只有负面意义。这种分析方法在分析国内法时已显捉襟见肘,用来分析全球化时代的法律制度就更加力不从心了。同时,在全球化时代,人格平等早已成为共识,任何形式的奴隶制(包括马克思笔下的忽视工人权利、强迫超长时间劳动、超强度劳动的奴隶制)、歧视已为法理所不容,以阶级为标准分配权利和义务失去了正当性。全球化时代的人类分属不同的利益群体,这些利益群体常常是交叉的,个人在其中的位置是流动的。例如,甲国A、B两公民分属不同的阶级群体,在这个意义上他们利益对立(其实并不尽然),同时他们又同属甲国公民与他国人的利益产生对立(如果是对立的话)。更何况经济要素可以自由流动。这种利益交叉与主体流动使得按阶级划分权利义务在技术上成为不可能。这使阶级分析方法的分析工具作用进一步降低。当然,它作为评价法律良恶的分析工具作用仍然存在,以人的阶级属性论证差别利益分配正当性的分析方法应当成为历史的陈迹。

再次,全球化浪潮对法学基本观念的挑战。

传统法学的许多观念是在国家法的基地上营造出来的,它与全球化时代的

法律现实不符。主要有:全球化时代法律中所体现的全球利益和全人类的一般理性以及法律实践的非阶级化对法的阶级意志论的挑战;超国家立法、超国家公权力的存在,世界性强行法的存在对国家意志论和国家工具论的挑战;国家法客观上被纳入更高的体系中的现实对现存法律体系观念、对国际法国家法两元论的挑战;超国家立法、国际组织的立法、国际社会习惯法、全球统一的一般法律原则(尽管存在分歧)的存在向国家法一元论观念的挑战;国际法地位的提高、主权国家受超国家法律约束甚至惩罚的事实,尤其是前述《国际刑事法院规则》将主权国家的行为纳入刑事法律规则的事实对绝对国家主权观念的挑战;国家法被迫接受国际惯例,或按国际法义务被迫修改国内法(如德国和奥地利均因欧洲人权法院的判决而修改刑事诉讼法)的事实,对国家法经济决定论这种法律发展自组织理论的挑战;超国家司法的存在对司法国家主义的挑战,等等。

最后,全球化带来新的法律问题向传统法学的挑战。

全球化社会产生了全球性社会问题,这些问题需要相应的法律手段,因而全球社会问题遂演变为全球性法律问题。这些问题包括:全球和平共存与纠纷正当解决中的法律问题、全球可持续发展中的法律问题(如全球资源保护、全球金融危机防范中的法律问题等)、全球生态保护中的法律问题,不同文化交流、融合中的法律问题、全球人权保护中的法律问题、我国对全球化的法律应对问题,等等。这些问题的解决必须站在全球整体利益的高度、站在人的"类本质"的立场上才能做出合理的回答。以国家意志、国家强制为中心的传统法学显然无法对此做出可以与同行对话的回答,有些问题甚至根本上被拒之门外,不能成为"问题"。而任何科学、哲学均开始于"问题"。

面对汹涌的全球化浪潮与法学的迟钝,法学特别是法理学应如何应对?这是任何一个有社会责任感和不甘被边缘化的法学家所应当认真思考的。"鸵鸟政策"显然是对民族命运的漠视;以不变应万变、把全球化问题纳入传统理论框架的有效性也值得怀疑;局限于国家利益的策论性研究虽然有用,但由于缺乏全球视野和新的法律原理的构建,其局限性是显然的,且很有可能误入歧途。出路何在?愚以为法理学界应率先做出回应,研究全球化的基本法理问题,实现法学范式的转换,欲达此功,必须实现法学思维方式的革命。

三、从主客体思维走向主体际思维——转变法学思维的阿基米德点

思维是运用智能寻求问题答案,或寻求达到目的的手段的人脑的活动,科学思维是一种定向思维,它需要合理的思维方式。通常认为思维方式是思维结构

和思维功能的统一。思维方式的属性决定了它可以变革。思维方式具有历时性,时代发展了,思维方式也随之发展,法律思维方式亦然。思维方式既具有时空特殊性,也具有统一性,这决定了不同思维方式间的相互学习和影响的可能性。不同的种群、民族,甚至职业群体、社区的思维方式都会呈现其特色,在不同文化的融合、交流过程中,任何思维方式都可能吸收他人的优点而改变自身。

我们所说的思维方式的变革当然不是盲目西化,这个变革是在马克思主义辩证唯物主义方法论的指引下,以全球化法律实践为出发点,在传统法学思维方式的基础上吸纳各国,特别是西方法学思维方式的精华而实现的思维方式的时代创新。这个创新的根本立足点在于从主客体思维走向主体际思维。

这是法律思维根本原则的转换。中国法学思维的最大特色是主客体思维。这种思维方式将人分为造法之人和“法于法”之人两类,法律是作为主体的人造出来约束作为客体人的工具,法律具有主观意志性。它的哲学基础是对社会实践活动的人的主体地位的否定,使实践活动的人依附于外在于人的实体(神)或站在实践之上的人。这是形形色色的古今迷信的共同哲学基础。主客体思维是等级法文化的组成部分,这一思维是国家制定法发达的产物。中国古代视法律为帝王御民之策的主流法学就是典型的主客体思维,新统治阶级意志论、古罗马时代的帝王意志论和奥斯丁为代表的主权者命令说均属于此。

主体际思维是全球化时代法律思维的“阿基米德点”。相对于“家族思维”、“帝王思维”、“集团思维”的主客体思维而言,主体际思维是“人类”思维,它将全球圆颅方趾的动物视为同类,将法律实践视为人的“类特征”。主体际思维方式在西塞罗反对奴隶制的思想和以自然法为宪法的世界国家思想中已见端倪。真正的法学主体际思维发端于近代市民社会。马克思、恩格斯是主体际思维的先行者。

马克思、恩格斯在他们的新唯物主义的奠基之作《费尔巴哈》中指出,由于生产力的巨大发展,人的存在由狭隘的地域性的存在变为世界历史性的存在;由于生产力的发展,人们之间建立了普遍交往;由于普遍交往,“狭隘地域性的个人为世界历史性的、真正普遍的个人所代替”。[①] 解析出这个建立在生产力巨大发展和普遍交往基础上的、具有世界历史性的真正普遍的个人的存在,正是主体际的产物。从马克思“人类社会或社会化了的人类”正是历史唯物主义的立脚点的论述中,[②]从后来马克思、恩格斯对共产主义社会就是人的自由解放的描述

① 《马克思恩格斯选集》(第1卷),第39页以下。

② 同上,第18页以下。

中,我们可以明晰地领略到主体际思维的智慧。

马克思、恩格斯以科学家的敏锐预示了当时仍处于萌芽阶段的全球化运动的成果。时至今日,当年马克思、恩格斯所预示的“普遍交往”和“真正普遍的个人”已部分成为现实,这就是当前全球化运动呈现出来的两个相反相成的向度——高度全球一体化和主体多元化。

高度全球一体化表现在:(1)全球人类具有真正的共同利益,简单地讲就是60亿人同在一条船上,需要共同保持船的安全和航向。(2)利益创造和利益分配的一体化。人际关系已不是零和博弈关系,而是共同做大蛋糕,在全球范围内分配蛋糕,共同的精神提升这种新型的协作关系。当然仍有争夺。(3)信息流动的全球一体化。(4)交流规则的一体化。不同主体可以有不同的信仰,但是交往的双方所遵循的交往规则却必须是共同的,否则就不是社会意义上的交往,而是掠夺、殖民统治这种动物行为。

交往主体的多元化包括两方面内容:一是交往主体量的增加,这是交往主体资格普遍化以及交往空间全球化的必然结果;二是交往主体质的多元。参加交往的主体从全球社会的原子——自然人到能力各异、结构不同的各类团体人。后者小至合伙组织大到国家甚至联合国这样的超级组织。这些参加交往的主体又可能抱有不同的目的、怀有不同的价值取向。交往主体多元使人们步出“熟人交往”的局限而走向与“陌生人”的交往,这无疑极大扩展了人类的生命活力,使人类从社会分工和社会交往中获取的利益最大化。熟人交往的依据是“关系”,而陌生人交往的依据则是相互对主体资格的承认与对交往规则的信仰。

全球化运动这两个向度的发展造就了真正的“普遍交往”方式,这是真正的主体际的交往,这个主体际的交往正是现代主体际思维的客观基础。现代西方的后现代思潮就贯彻了此种思维。这个思维方式具有与主客体思维方式不同的特点:(1)以人的法律实践活动作为思维关注的中心。法律是多元主体交往实践活动的产物和表现,人是法律活动的主体,所以应当以人为核心组建概念体系,预设、解释法律规范。从此出发,法律的本体不再是主体者的命令这种主观意志的表现或自我利益追求的结果,而是人类交往实践活动的结果,为社会主体所认同,具有客观性。(2)合理交往模式的建构成为主要价值取向。全球化的法律是普遍交往关系的产物,参加交往实践的主体是“同类”的,任何厚此薄彼的交往模式都违背交往的要求,所以法学思维应当把任何强者对弱者的“统治术”排除在外,而致力于创建公正合理的交往规范,公平、正义等概念应当时时铭记在心。(3)人格的独立自主应成为确立法律规则的基本前提。参与普遍交往的法律实践活动的主体是独立的主体,主体独立的表现即为自主选择自己的行为方式,自主地追求自己的利益,同时自主地承担自己行为的责任。所以法律人格独立的维护,法律关系双方平等应当成为建构法律原则的基本立足点。建立在主体利益基础上的主体利益与全球利益的平衡应成为法学的永恒话题。前已论及,全球化必达致全球一体化和主体多元两个向度的高度发达,全球利益同时是交往主体利益之所在,但是交往又是以主体的自我利益追求为基本动力的,所以法律规则应当不断在两者间谋求适度的平衡点。例如,人权和主权的关系、个体发展生产的权利与生态平衡的关系,等等。

四、变革法学思维方式的 3 个具体问题

(一)从斗争思维走向合作思维新传统法学思维的基本特点是斗争思维

这种思维先天地将人分为两极,而后强调两极的斗争,结论便是法律为人与人的斗争的产物和工具,强者手中的工具。此种思维在内则强调姓资姓社的身份,在外则深挖姓资姓社的鸿沟。这是违反辩证法的片面、直观的思维方式。马克思早就说过,“把社会分成两部分”,一部分人高出社会之上,这正是旧唯物主义的特色,是违背历史唯物主义的。[①] “社会关系的含义是指许多个人的合作”,把同类作为掠夺对象的关系带有“动物性质”,[②]并非社会关系。可惜的是,马克思的上述论述长期被忽略,他们关于阶级斗争的论述被无限夸大化、漫画化了。在全球化时代,除了绝少量残余的中世纪法律以外,法律维护某一集团的利益不仅失去了合法性,而且失去了可能性。在全球层面上,“一球两制”共存,全球人类已经形成一个利益共同体。人们日益认识到全球利益在许多方面就是国家利益,邻国的发展同样会给自己带来益处。在国内,即使社会层面上的阶级利益分歧仍然存在,但是由于“一球两制”的现实,起码那些全球性共同规范(如人权保护)要维护阶级特权看来很困难。当然,无论在全球社会还是国内社会,利益纷争将永远存在,全球化及其法律无法消除这种状况。但是全球化改变了这些斗争的强度及其形式,动物式的斗争形式将有可能被人的交往所取代,法律再也不是、起码不应当是斗争的工具,而应当是合作、妥协的工具,为人类合理交往提供模式。与此相应,法学不应当为斗争服务,而应当为合理的人际交往服务,因此法学思维应当从斗争走向合作。

---

① 《马克思恩格斯选集》(第 1 卷),第 17 页以下。

② 同上,第 34 页以下。

（二）从封闭性思维走向开放性思维

这是法律思维空间的拓展，传统法学只注重本国法的分析，讲社会主义法实际上只讲中国法。在全球化时代，不管主观意愿如何，只要你与别人交往，你就不可避免地接受外部世界已形成的规则，同时或早或迟地改变本国法。在全球化时代的内外规则一体化（特别在经济规则方面）的压力之下，国内法最终将被统合到全球法律体系中去。只关注本国法的封闭式思维在全球化时代日益显得落伍。从认识功能来看，这种封闭的思维无法正确认识法律，无法作出前瞻性的规范预设；从践行功能来看，它使我国难以积极、有效地参与法律全球化进程，将降低我国法律的世界影响，并日益边缘化，不利于我国参与全球性竞争，有损民族利益。对于法理学来说，只以本国法为依据的法理学无疑是片面的，在全球化背景下将无法与国外同行进行交流，这直接关系学科的生存。

（三）从重原则的思维到重实践的思维

传统法学特别是法理学的基本思维方式是以原则为出发点的演绎思维。这种演绎是以法律实践外的政治原则为起点的理论演绎。理论演绎作为一种治学方法是不可少的。但它的基本缺陷是一旦出发点有误，则推论结论随之失去意义。在传统法学中此种缺陷表现得十分明显。在传统法学中，作为出发点的原则是僵化的、法学外的权宜原则（如阶级斗争为纲原则）。此种原则作为法律规范或理论的出发点其真理性可以想见。以此类超越法律实践的原则为基点的研究方法：一使法学僵化，失去创造力，不能满足法律时代进化的需要；二使法学失去独立的根基，随风倒，无力为法治开路；三使法学理论回避现实问题成为宣传和空谈。全球化时代的法学思维应以实践为基点，兼容演绎和归纳。作为演绎出发点的原则应当出自实践、经验，主要自法律实践与法律经验归纳而来，并且随着法律实践、经验的进化而进化。特别需要指出的是，作为法学原则之源的实践是交往的实践，而非有权者的单向度行为，这种实践具有时空的广延性和连续性，是人类的实践，而非原始思维所依据的、一己的直观体认的狭隘经验。

（1999 年第 11 期）

知识经济社会与法理学的更新

温晓莉*

作为对人类社会一定历史阶段的整体法律现象进行研究的“法理学”,作为对本国各部门法学进行高度概括的“法理学”,因其知识结构和思维品质的特殊性,只能是工业革命的成果,而不可能是农业文明的产物。

十六七世纪自然科学的发展和随之而来席卷欧洲的工业革命,催生了各种人文思想、启蒙学说和一浪接一浪的政治变革。凡是理性的都是现实的。在工业文明取代农业文明的时代变革中,在科学与人文的浓浓氛围中,诞生了法学的“法学”——法理学。自从科学意义上的现代法理学诞生后,整个法学和法律制度、人类法治秩序都被提升到了一个更为理性、更合乎人性、更具可预测性和效率性的阶段,成为工业社会法律发展必不可少的价值理念体系和理论支撑。法理学的诞生与工业社会分工程度提高,组织、制度资源的相对增加,人们自由选择的余地增大等有密切关系;它是人类社会自然科学、人文、社会科学全面发展的结果。在知识社会即将取代工业社会而占据主导的21世纪,历时300年的工业文明所催生的法理学,又将如何发展呢?

科学发展对法的影响是多方面的。如同一些学者指出,法的出现本身就是人们认识自然、社会及人类自身的科学的重大成果;法律观和法学理论受科学的制约,因而法的进步也受到科学的影响;科学知识丰富了法的内容和根据;法律方法论受科学的制约和影响;科学是法的重要的价值标准。

而在知识社会到来之际,科学对法的影响,包括对法理学及整个法学的影响,将超过以往任何时代。可以预见,知识社会人类社会、生产范式的变革,将引起法理学的研究对象、某些基本理论、基本内容、知识结构和研究方法等的重大变化。

---

* 作者单位:西南民族学院(现西南民族大学)。

一、由法律所确认的民主政治形式、立法与决策机制和公民民主权利等将发生重大变化;高科技将成为“制度创新”、法制改革的资源寻求之一

知识社会高科技的发展,知识与信息的普及,网络和计算机革命,将逐步渗透到社会的各个层面;社会范式的全球化、知识化、智能化和信息化,使体力劳动向脑力劳动转变,物质型生产向非物质型生产转变,经济资本向知识资本转变,封闭性、地区性向开放性、全球性转变。这些转变将使法理学研究的工业社会的民主政治形式、决策机制、民主与法制关系,公民民主权利以及人权问题等发生变化。

(一)工业社会实现民主的基本形式将因高科技引导的知识社会到来受到严重挑战

普选制和代议制等民主形式,是伴随工业文明而发展起来的现代民主制度,由普选基础上产生的代议制(议会制和代表制等)被认为是工业社会里民众参与国家和社会管理最可行的形式。然而,资本主义议会的“金钱政治”特征,严重地影响了议员代表民意行使权力的公正性和广泛代表性。社会主义国家的代表制也因体制不健全和社会各方面发展条件的制约,难以使选民真正行使对代表的监督罢免权,也难以使广大民众真实直接深入地参与公共事务的管理。

而网络时代的到来,将使普选制和代议制等工业社会的民主政治形式在社会政治生活中的意义逐渐淡化。民众不必完全通过工业社会的政治形式参与国家政治生活,而可以通过网络,对他们关注的各种社会问题,从本国政治、经济的发展到全球性事务,进行“投票”、发表意见、参政议政。美国俄亥俄州的哥伦比亚市在20世纪90年代初便建立了世界上第一个“电子市政厅”,使当地居民可以通过电子通讯系统参与地方政府政治会议的决策。人们只需在家中客厅按一下按钮,就能对有关决策进行表决。

这还只是知识社会初露端倪时较粗糙的简单的“网络政治”形式。但从这一端倪中可以想见,“网络”将为直接民主与间接民主、自我代表与他人代表的结合,创造一种崭新的知识社会的民主形式开辟道路。

中国改革开放20年来,进一步扩大直接民主的范围已势在必行,但究竟采用什么形式才能减少实施的社会成本?这确实是需要慎重考虑的。其中最重要的是扩大“制度创新”的资源寻求。而高科技的发展,网络的普及为这种资源寻求至少提供了一种启示。事实上,这已不是遥遥无期的事情,我们只要仔细分析

"电子商务"从最初出现到现在遍及世界的过程，就可想象，"电子政务"、"电子立法"、"电子司法"等一系列由高科技引起的政治权力运作的新机制、新事务，在知识社会中都可能变为现实。而这不仅仅是民主实现的手段的某种改变，还将带来实质内容上的变革。对于人们感到失望的工业社会的普选制和议会制，无疑已受到了严重挑战。

（二）工业社会的立法与决策机制将发生变化

第一，工业社会的立法与决策机制特点是权力的集中、划一，立法与决策信息反馈的缓慢和单一，"民众参与"在口头和实际上的严重脱节。这些都将由知识社会的到来发生变化。首先，知识社会的信息爆炸和知识爆炸，引起了政治权力系统的"决策爆炸"甚至"立法爆炸"（如现代一些国家的经济立法、社会立法大量涌现，虽说不像中国汉代时期法律"汗牛充栋"，但人们实际已很难掌握）。而任何高明的政治权力组织都只能处理一定数量的信息，解决部分社会问题，产生数量和质量都十分有限的决策和法律。知识社会的到来，经济和社会生活的快速运转，使各种新的社会问题层出不穷，这必然将原来按部就班的政府体制推到"决策爆炸"和"立法爆炸"的临界点之外。为使政府抓最主要的问题，提高决策权和立法权的效率，转移部分立法权和决策权势属必然。

第二，有什么样的生产方式就有什么样的社会关系和上层建筑。工业社会高度集中、整齐划一的立法与决策机制，是与大工业的社会化生产相适应的。尤其在一些后起的工业化国家，为了迅速实现工业化，建立统一的工业布局，国家必须集中人力、物力进行统一管理，才能有效发展经济。这就使得立法与决策的集权程度更高。而这种立法与决策机制在快速运转的知识社会中，往往会因地区行业的分散多样和纵向与横向信息周转的缓慢而变得效率极低，互相掣肘。生产的分权必然带来决策的分权，知识社会生产方式呈现出的非群体性、多样性、差异性、扩展性、分散性和个体性，必然要求立法权和决策权配置的改变，即这一权力"向上"与"向下"的转移。向上转移，是指主权国家的部分立法与决策权将转移到跨国层次上，如关于国际性、区域性金融危机的防范、违规金融行为的惩处，环保和生态平衡的立法、区域性战争的制止、网络的国际化管理、国际性犯罪等的立法。向下转移，是指中央政治权力的部分立法和决策权将移至一国境内的地区、省、州或地区性、非地区性组织，使集权式立法与决策方式变为集权与分权并存，或向分权式转移。

（三）公民实际享有的权利自由将大大超出工业社会的范围

知识社会公民实际享有的言论自由、出版自由、新闻自由，及公民的信息权、知情权、发表权等，在内容和实现途径上都将发生变化，其所享有权利的范围将大大超出工业社会的范围。网络时代,人们所享有的上述权利已远远超出工业时代的法律界定;国家强制系统对一些网络上明显违法或错误的言论,不得不采取讲道理、摆事实、以"平等"说服来争取大众的态度。我们只要仔细分析从1999年5月8日中国驻南使馆被炸后,网络上关于如何看待北约轰炸、中美关系走向等问题的看法,就可看到知识社会的"自由"程度,已大大超出了国家政治权力的控制范围;主流意识形态在网络上也只能平等地发表意见。当然,这种权利自由事实上的扩展,也带来了法律的失控,并向国家法律提出了严峻挑战。上述这些变化,必然影响到法理学所研究的民主与法制关系、人权理论等一些基本原理的发展。如民主是法制的源泉,在民主实现形式变化的情况下,法制如何确认这些民主形式呢?同时,民主实现形式的改变,对立法权、行政权等政治权力系统的影响到底有多大?这些,都不能不引起人们的关注。

二、知识社会经济结构所引起的社会阶级、阶层变化,将直接影响科学社会主义理论的创新,从而引起对"法律阶级意志性"等法学基本理论的新认识

工业革命时期,马克思从分析资本主义社会的生产方式出发,认为产业无产阶级与大工业流水线生产相联系,生产的社会化、群体化、规模化和规范化,使得他们最有组织性、纪律性、团结性和协调性;还由于他们在社会物质生产资料的占有上"一无所有",因此他们具有"大公无私"的阶级品质。而这些农民阶级所没有的优点,使无产阶级成为工业社会先进生产关系的代表,肩负着解放全人类的历史使命。建立在经济分析基础上对无产阶级阶级特性的分析,正是马克思关于无产阶级革命和无产阶级专政理论的出发点。无产阶级法律即社会主义法律的本质也是从这里出发的。

而知识社会中,物质形态的资本已不是主要的生产要素,知识—智能资本、人力资本正逐步取代经济资本;社会劳动的方式也从工业社会群体性有组织的大机器生产,变成了分散化、个体化、家庭化、流动式的非物质形态生产方式;知识产业正以一种"永恒的朝阳产业"姿态取代工业产业;白领阶层数量在一些国家已大大超过真正意义上的产业工人——蓝领(如美国在1955年就已出现了这一状况),知识阶层正逐步成为一个独立的阶级或社会力量(对于"知识分子是工人阶级的一部分",很难说是从经济实证分析中得出的结论)。

知识社会的一个根本变化:不是谁与流水线大工业生产相联系谁最先进,而是谁掌握了这一时代最先进的知识和科技,谁最能开发"人"自身,实现人的价

值，谁就是“社会中坚”，谁就在历史发展中掌握了优先权、主动权和决定权。知识不仅是“力量”，而且是“权力”；不仅是一种经济权力，也是一种政治权力。科学技术在知识社会中不仅是“第一生产力”，还是“第一精神力”、“第一意志力”。从这个意义上说，知识社会中的法律所体现的主观意志性，首先不是什么“阶级意志性”，而是“科学的意志”；知识社会已把工业社会中政治权力的“合法性”问题，从僵化的静态论证变成流变的动态解析，从既定单一模式变成立体、多面的不定格式。知识与科学素质不高的社会群体，即使与大工业生产相联系，但在知识社会中却往往因其素质低下而导致技术停滞，效益下降，阻碍生产力的发展；而为数不少的生产资料占有上一无所有的农村剩余劳动力，往往是发展中国家的社会“边缘群体”，是诸多社会问题发生和社会次生集团（如娼妓、乞丐、“三无”人员、犯罪团伙等）产生的供给基地。缺少知识含量，尽管是“民主”的法律，在本质上也很难说是“先进”的。

知识经济到来引起的社会阶级、阶层状况的变化，对科学社会主义理论的创新提出了严峻挑战；也对目前法理学根据传统社会主义理论提出的“法律的阶级性”问题提出了严峻挑战。

（1999年第11期）

司法如何公正

——一种尊重常识的论述

戚　渊*

司法不公正或欠公正的现象已引起了中国社会的广泛关注。于是,司法如何公正的讨论也不时见诸报端,精见迭出,笔者获益良多。然而,所有的讨论对司法不公正的制度原因纠问较少。一年前,笔者在一篇文章中认为:"司法不公正乃是因为干预太多,监督太少。"①现在看来,这种观点仍然符合事实或者说制度事实。本文试图通过对中国司法制度及其理论基础的分析,找出司法不公正的制度原因。

一

尊重常识是研究问题的基本态度。一种合理的制度形态之存在的背后,必然有一种常识性(即符合人性和人类公理)的理论予以支持。关于司法公正的制度设置,一些公认的法治国家已经为正在走向法治的国家或正在进行法治启蒙的国家贡献了值得深思的理论成果:公正或基本公正的司法制度的建立必须在本体和价值的双重含义上对司法权的性质作如下基本的认识:

第一,司法权是保护少数民意、少数权利或弱势群体权利的权力。众所周知,在民主国家成立之初,个人权利的保障,一般均交给行政机关。然而,行政权代表国家追求公共利益,往往容易忽略个人利益,故为确保个人权利不受侵犯,人民逐渐将其自由权利之维护,交给立法机关,在此时,人民对立法机关还是比较信任的。可是,"二战"以后,这种观念已有了很大改变;由于立法机关被设定为民意机关,立法权的产生和行使均采用"多数决定原则",立法机关一经产生,其权力来源的合法性已不容置疑;立法机关制定法律,一旦达到法定多数即获通过,旋即对其效力范围内的每一个人产生拘束力。在这样的原则下,违反少数民意或侵犯少数权利或弱势群体权利的现象就不可避免。如德国魏玛宪法时代,

---

* 作者单位:北京航空航天大学。

① 参见戚渊:"浅论政治体制改革与法治",载《法学》1998年第9期。

希特勒根据该宪法第48条获得国会充分授权后,反而实施集权专制,过度扩张军国主义势力,酿成世界大战。又如美国国会曾立法宣布焚烧国旗为非法,一女性公民认为该法侵犯了公民的表达自由,遂向联邦法院控告,该法被后者宣告违宪而失效。这些历史经验使许多国家体认到立法机关也不一定可靠。经过长久的宪政演变,慢慢发觉司法是比行政和立法更值得信赖的,乃将保障基本人权的目标转移到司法权上,通过强化司法权,达到保障人权的目的。这种思想,无论在英美法系国家,还是在大陆法系国家,尤其是在"二战"后的一些民族国家,均已转化为制度事实:它们相继建立了违宪审查制度、宪法控告制度,更在宪法和一些部门法律中规定了"无罪推定"、"不得强迫自证其罪"、"平等保护"等保护个人权利或弱势群体权利的法律原则,使司法权的权限大大扩展。

第二,司法权是制约立法权和行政权的权力。现代国家,理论上应为主权国家,主权在实际运作中等同于国家权力,由国家的立法权、行政权和司法权构成。司法权原本是国家权力中最弱的一支。众所周知,孟德斯鸠当初在谈到司法权要从执行权中独立出来的时候,其所指的司法权仅为用来惩罚犯罪或裁决私人讼争的权力。[①] 所以,他虽然认为司法要独立,却又认为司法权在某种意义上可以说是不存在的。[②] 孟氏提倡三权分立,又倡导制衡的观念,而从制衡的观点来看,他认为司法难以制衡行政与立法,所以,他所说的制衡,是指立法和行政之间的相互制衡,而不是司法对立法和行政的制衡。在他看来,立法与行政是积极从事国家政务的主动机构,而司法只是争端发生之后的被动活动。他所理解的司法独立就是法官在做裁决时,不受立法与行政的干预,他并未想到司法权还可以用来制衡立法与行政。[③] 孟德斯鸠未曾想到的制度设置,今天在世界上很多国家已变成现实。"二战"以前,除美国的法院可以审查法律有无违宪,可以宣告违宪的法律无效外,其他很少国家的司法机关可以牵制立法机关。然而,在"二战"以后,各国逐渐放弃孟德斯鸠的见解,欧洲许多国家相继建立起违宪审查及宪法控告制度,宪法法院纷纷成立,其目的在于保障权力分立与制衡的宪政体制。他们确信,宪政体制仅靠立法机关和行政机关来维护是相当困难的,确信司法机关通过司法程序,审查和裁决立法和行政是否违宪可以有效地维护宪政制度。尽管从民主理论的观点看,司法机关从事违宪审查可能有问题,因为法律是由民意代表表决通过、国家元首公布,为数不多的法官仅仅过半数或2/3多数的

① [法]孟德斯鸠著:《论法的精神》(上卷),张雁深译,商务印书馆1959年版,第155页。
② 同上,第160页。
③ 同上,第154~165页。

通过，即可宣告其违宪而无效。但这种制度的存在，确实是世界各国建立宪政体制所必不可少的发展趋势，若干年以前，国家权力体系中弱小的一支权力，今天已能和行政权、立法权并驾而立，朝着制衡其他国家权力、保障基本人权的目标挺进。

第三，司法权在国家权力体系中是最后的权力。在法治国家里，因为任何权力都要受不同质的权力或权利的制约，看不到最高的权力，却存在最后的权力，这就是权力分立后的司法权。司法，乃是对所有存在利害两造的案件，审判和裁决何者为合法、正当。其对法的适用和对法的违宪审查均在立法权行使之后。而在司法权作用下的两造当事人，有可能是个人或团体，也有可能是行使公权力的政府。尽管争讼双方在进入司法程序寻求保障权益时，有可能先利用其他救济程序（如民事纠纷的调解、行政纠纷的复议等），但不可否认的是，进行复议或调解的行政机构或授权机构，虽可依职权作出决定，但最后仍可被司法机关加以撤销。然而司法机关一旦作出决定，除司法机关本身的审级监督以外，原则上不被其他机关所变更。换言之，对于具体的法律问题，乃至进入司法程序的一切问题，司法机关是最后一道防线，它所作出的裁决是最终的。

司法权的上述性质在很多国家已经转化为可操作的制度形态，无论不同文化传统、意识形态、政治制度背景的人们是怎样从不同的立场或角度去认识它、评价它，一个不争的事实是：在这样的制度形态下，一旦出现宪政危机，司法权的存在和运行可以避免和化解宪政危机对宪法的冲击和破坏，保障社会在法治的轨道内稳定地运行。值得注意的是，这种制度形态已从国内走向国外，从西方走向东方，从欧美走向全世界。近十几年来，亚洲国家此起彼伏的民主运动（自下而上）和作为回应的立宪主义运动（自上而下）表明，以上述性质而建立的制度形态不仅仅是西方的，它更是现代的。

二

中国作为已经宣示“法治”的国家，应该怎样建立自己的司法制度，这首先得考察一下中国司法的制度现状。

中国的司法现状是：(1)司法权难以成为保护少数民意、少数权利和弱势群体权利的一支国家权力，因为司法机关没有违宪审查权，同时在中国也没有宪法控告制度（宪法不能进入司法程序）使公民的权利和自由在遭到立法和行政的侵害时向司法机关寻求宪法保护。(2)司法权不可能成为制约立法权和行政权的另一支国家权力，甚至是连司法体系内的权力制约都不可能存在（这些部门存在和工作的宪法原则是分工与配合)。(3)由于司法权(从广义上说)的行使是众多机构共同完成的(其中负责民事、行政、刑事案件审判的是人民法院,负责批捕、起诉和进行法律监督的是人民检察院,负责维持社会治安、从事刑事案件的侦查和预审的是公安机关)。所以,比较前述司法权(仅为法院的权力)是最后的权力来说,无法确定在中国的司法体系内哪一支权力是最后的权力。尽管在中国的司法体系中,法院的判决是最终的,但由于受司法制度的性质的影响,在无数的案件中也不知会渗透着多少来自其他方面的权力。

中国的司法,无论是静态的司法体系还是动态的司法过程,都存在混乱现象;在人事体制上,法官和检察官的遴选是先由各级党委组织部确定而后由各级人大及其常委会选举或任命的;在物质分配上,司法系统的办公用房、设备、车辆等,司法工作人员的住房、工资和福利待遇等均来源于政府的供给;在工作程序上,公安机关、劳动教养管理委员会、监察机关、党的纪律检查委员会,以及一些行政机关都在办"案",还各自制定了自己的"程序法";人们很难说清楚监察机关、纪检机关和检察机关在办案中的关系,人们更难说清楚警察、检察官、监察和纪检机关工作人员和法官在办理案件时由于职业不同而在方法和技术上的区别。[①] 在领导体制上,内部有层级分明的各式各类的"长",外部有各级政法委员会和各级党委及政府;在监督体制上,司法系统内部有党委、纪委、监察处室、督察处室、政治处室以及审级监督和检察监督;外部有各级人大、党委和政府以及政协;在监督方式上,有一年一次或数次或数年一次的执法大检查,新近又有人大及其常委会的个案监督,还有林林总总的复议、再审、抗诉、举报等。如此多重的领导和监督体制,模糊了司法系统内部及其内外的权力界限,使得办案的机构和个人很多,对案件负责的机构和个人则较少甚至没有,这种矛盾的焦点最后集中到法院身上,因为判决是法院作出的,所谓司法不公正变成了法院不公正。其实,从上述分析可以知道,情况远不止这么简单和直接。在谴责司法腐败的时候[②],人们往往忽视了立法对司法的影响,笔者曾多次言及,中国司法腐败在很大程度上导源于立法腐败,立法中存在的问题,诸如:(1)法出多"门",权力界限

① 李栖:"法官培训与司法改革",载《程序、正义与现代化——外国法学家在华演讲录》,宋冰译,中国政法大学出版社1998年版。

② 司法面对的是对立的两造当事人,由于立场不同,民事败诉或刑事被判刑的当事人通常固然不满意,即使是胜诉或被判处轻刑的当事人也未必满意。再者,司法重证据,采信严格,裁决的结果往往与当事人的期待有所落差,而各法院审理具体个案,彼此间的证据取舍、量刑标准甚至对法律的理解未必一致,相类似的事实也可能获得不同的判决结果,凡此种种都可能引起当事人的不满,甚至怀疑法官的风纪操守。事实上,司法腐败现象不至于像时下认为的那样普遍。

不明;(2)地方、行业保护主义严重,尽管有全国性的中央立法,部门与地方的立法均不得与之相违背,但事实上,中央立法的原则性和概括性特点给地方和行业进行偏“私”的立法留下了广阔的空间;(3)立法冲突严重,由于法出多“门”,在立法技术上又喜采用授权性规范,立法冲突则不可避免;(4)立法价值取向滞后,中国正在进行市场经济体制建设,但用计划经济思维指导立法的观念挥之不去,如对私有财产权缺乏起码的宪法保护,在公域和私域的有关立法中存在区别性权利义务,等等;(5)立法组成人员本身缺乏法治意识或者说不懂立法,导致立法瑕疵丛生。试想,立法中存在这么多问题,怎么可能会带来执法和司法的公正结果。对此,马克思说过一句不怎么被马克思“追随者们”引用的话:“如果认为在立法者偏私的情况下可以有公正的法官,那简直是愚蠢而不切实际的幻想。”①由此可知,在现行体制内追求司法公正是很难的,完善现行司法体制内的各种制度,只能固化早已不适应现实社会需要的陈旧制度,使之越来越不能促进社会发展而成为阻碍生产力发展的工具。

三

为了实现司法公正,学者们竭尽心智,已经贡献出了许多措施供决策者们选用,但本文已指出,这些通过完善现行制度的措施是不可能促进司法公正的。另外,我们也应该清醒地认识到,完全抛弃现行的司法体制,立即建立“三权分立”意义上的司法独立也是不现实的。但是,我们应该做和可以做的工作是确立并逐步实施符合常识的司法体制改革的远程目标和近程目标,并使二者之间具有符合常识的逻辑联系。

司法体制改革的远程目标应该是:司法独立。

司法独立问题继一些老牌法治国家在宪法中规定以后,近20年已蔚为时代洪流,浩浩荡荡。1980年,第十六届国际法曹协会(International Bar Association)大会在西柏林召开,决定从事司法独立最低标准的研究计划。1981年,法学者国际委员会(International Commission of Jurists)在意大利Syracuse开会时也讨论了司法独立原则之草案(The Syracuse Draft Principles on the Independence of Judiciary)。1982年3月,国际法曹协会在以色列耶路撒冷召开司法独立最低标准计划会议,通过了提交同年10月在印度新德里举行的第十九届国际法曹协会

---

① 《马克思恩格斯全集》(第1卷),第178页。

大会的司法独立最低标准草案。同年10月22日,司法独立最低标准法(International Bar Association Code of Minimum Standards of Judicial Independence)终于获得国际法曹协会大会的通过。同年5月,亚洲法曹协会(Law Asia)也在日本研讨有关司法独立问题。1983年6月10日,由联合国经济社会会议授权,第一次世界司法独立会议(The First World Conference on the Independence of Justice)在加拿大蒙特利尔召开,有26个国家及世界3/4国家的有关团体,包括联合国、四个国际法庭参加。大会一致通过《世界司法独立宣言》(Universal Declaration on the Independence of Justice),意义非常重大,对各国司法的健全和发展已经产生并将继续产生深远影响。一些发展中国家也纷纷效仿西方,在自己的宪法中确立司法独立原则,并在宪政实践中加以实施,虽一波三折,却是他们始终不渝的努力方向。这充分表明,司法独立是符合社会现代化、实现基本人权、维护和巩固法治秩序的一项基本原则。

中国司法体制改革的近程目标可以涵盖以下几个方面:

第一,改变地方各级法院对同级人大负责的体制为向上垂直负责的体制,法官的选任由法院自己决定但须有严格的资格限制,并有一定的任期(至少在某一地域内有任期)。中国现行法官任职体制虽没有终身职之宪法保障,但只要不出"问题",是不太可能被淘汰的。这一点与其他一些国家并无二致。但现在,在国外,"法官终身职"的观念在逐渐改变:过去都认为法官应为终身职,要使其有终身职之保障,始能独立行使其职权,而现在认为保障终身职的法官,容易安于其位,与民意脱节,趋向保守,不思进取。所以,原来采行法官终身职的国家也开始规定法官的任期。法官终身职规定的减少,能让民意机关发挥监督司法的功能。①

第二,建立违宪审查制度,将违宪审查权赋予最高人民法院。对于中国立法的混乱状况,笔者曾经呼应过个别学者提出的一个建议,即在现有的政治体制内建立立法控制制度,将这项任务交由宪法委员会——一个常设于全国人大的专门委员会——来承担,笔者还列举了这个专门委员会的具体职责。② 现在看来,真是幼稚,原因是违背常识。在全国人大内部设立一个宪法委员会来审查全国人大及其常委会自己的立法(当然其审查的对象还包括其他广义上的立法行为及行政行为)是否违宪属于自己监督自己,这违反了监督的基本属性。监督,从

① 笔者认为,在中国,对法官的监督权应由也只能由同级检察机关和同级人大行使,同级人大只在收到同级检察机关对同级法院法官的违法指控时始能审议和弹劾违法之法官,除此,同级人大和检察机关不得以监督为名干扰法院的审判。

② 参见戚渊:"论立法权",中国人民大学1999年博士学位论文。

人性的角度来分析,正是对被监督对象失去信任的结果,人性中总有一面是要抵制和逃避监督的,而这正是监督的内容。自己监督自己永远是一个逻辑上的悖论,如果将其用于制度设置则更是自欺欺人。

赋予最高人民法院违宪审查权需要同时解决以下几个问题:(1)宪法及宪法性法律应该进入司法权领域,被法官适用。(2)确立违宪审查的范围,它应包括一切违宪行为,将现行《宪法》第5条的规定付诸实施。(3)受理公民和一切组织的宪法控告。(4)违宪审查权应包含对一切违宪行为的否决权和撤销权。

第三,废除人民陪审员制度。国家的司法权只能由法官来行使;实践证明,人民对司法权的监督难以由陪审员来完成,它可换由其他方法实现:将各级法院已经聘任的专家的顾问身份改为“荣誉职法官”身份。这是一项在欧洲大陆法系国家盛行的参审制度[①],它不同于英美法系的陪审,后者是由公民在刑事案中参与事实的认定,法官只担任适用法律的任务,其适用的案件范围很小。荣誉职法官应该是由人民选出或法院聘任的知识和智力健全的人士担任。其权限与职业法官完全相同,在开庭时,既参与事实的认定,也参与法律的适用,但不参加案件审理的准备程序。荣誉职法官参审制可以在诉讼中普遍采用,尤其是一些专业性较强的案件或疑难案件,更能发挥荣誉职法官的专业作用,使案件裁判得更准确、更公正。由于参审的荣誉职法官人数较多,司法权的行使更为民主化。同时,当事人要想通过贿赂荣誉职法官而得到枉法裁判也是不太可能的,因为他要考虑自己的诉讼成本。

当然,笔者必须指出,保证司法公正的上述所有论述基本上都是外部的因素和条件,法官自身素质也是十分重要的。当我们谈到法官的素质时,往往会拘泥于他们的道德素质,其实,法官的专业素质也是保证其公正司法的前提之一。很难设想,一个没有接受过良好的法律专业训练的法官能够公正地裁决案件。笔者还要指出,司法公正的实现靠的不是党和国家对法官的一般性道德教育,而是要确立易于操作的法官伦理的技术化规则对法官产生有效约束。

应该看到,司法体制改革已是社会的迫切需要。由于司法改革的内容较多的是技术性的,所以,它是政治体制改革中最易于进行的一部分。我们的执政党欲切实有效地推进依法治国,建设社会主义法治国家,那么,可以肯定地说,加速司法改革、促进司法公正,是实现这一目标的良好途径。

（1999年第12期）

---

① 参见德国法官法第六章第44~46条。

法理学的研究对象与范围

陈金钊*

一

我国法理学近20年的研究在许多问题上都取得较大进展,但在法理学的研究对象上却基本上没有变化。从能反映这一问题的教材中可以看到关于法理学研究对象的说法基本上是一致的,即认为法理学是研究法律现象的共性问题和最一般规律的法学学科。这种表述历经20年没有变化,但法理学的研究却得到很大发展,教材内容也发生了巨大变化。这意味着什么呢?这究竟是我们的前辈同人拥有超常的概括能力,还是后来的研究者没有注意到对这一问题研究的重要意义呢?

综观西方法理学的历史发展,我们看到的是学派林立,观点纷呈,一片繁荣景象。为什么在他们那里出现了学派林立的现象,而我国却不能。在归结原因时,我们除了报怨法学起步较晚和学术不民主外,还有没有其他原因?也许有人会说,我国的法理学研究虽不能说是学派林立,但观点各异、众说纷纭的状况还是存在的,在许多法理学问题甚至是重大问题上还没有定论,而且许多观点还存在着很大的差异。但是我们这里的问题也恰恰是,既然在许多重大问题上存在争论,为什么没有形成学术流派?我们是否可以认为,这种情况的出现与法理学的研究者不注意法理学的研究对象有关。对任何学科来说,研究对象的确立决定它的研究范围,而研究范围的不同是存在学术派别的重要因素。当然,也可能会有人提出,学术派别的划分,并不是以研究对象和范围来确定的,除对象和范围外,研究方法也是划分学术派别的重要因素。像社会法学派和经济分析法学派的存在,主要就是因为它们有独特的研究方法。我们承认这种观点的正确性,但我们也不得不指出这样一个事实,研究方法只是划分学术派别的辅助标准,而研究对象是确认派别是否存在的主要标准,实际上,研究方法所导致的结果仍然是研究范围或空间的不同。语言、逻辑方法和社会学的方法所确定的正是分析法学和社会法学不同的研究领域。社会法学派是把法律放到广阔的社会空间,

* 作者单位:山东大学法学院。

进行以社会学方法为主的研究,而分析法学派则是把法律视为实在法,进行以语言、逻辑分析为主的研究。由方法所带来的仍然是研究范围的不同。可以这样说,社会法学派和分析法学派都是以法律为研究对象的,但我们能感觉到的是,分析法学派和社会法学派所使用的"法律"概念的含义是不相同的。分析法学派所要分析和解释的法律,主要是指以规则为核心的成文法律,而社会法学派所讨论的法律,则是带有变量因素的、行动中的法律。虽然我们可以笼统地讲,所有法学流派都是以法律现象为研究对象的,但实际上,各法学派流所研究的法律的背景是不同的,它们是在不同的语境中使用"法律现象"一词的。所以,笔者认为法理学研究对象的确立,是法理学应加以重视的问题。它是法理学研究的指针,确定着我们的研究范围和研究方向,这是毋庸置疑的。

反观我国现在的法理学研究,不难发现,我国的法理学研究者对法理学对象的研究是不够重视的,主要表现为:当一种学术观点被人指责为"错误"时,一般都被认为是方法的错误,而没有一个人在对象问题上寻找原因。如对法律本质的认识,如果出现与流行观点不一样时,往往被指责为没有正确地理解和运用马克思主义方法论,等等。对社会科学研究中的这种现象,殷鼎先生曾讲:"我们的时代是一个对方法论着迷的时代,人用方法控制自然,人也用方法控制自身。人创造方法,使用方法,人同时也用方法研究人,以方法理解人。"①现代科学的长足发展,使方法论得到了空前的繁荣,理解和研究任何问题逐步变成了方法的选择问题。方法的确帮助人们拓展了生活范围,但方法的胜利也确实助长了人们对方法论的迷信。在法学研究中,对许多问题的困惑或者得出错误结论,也往往被归结为方法的错误,因而转为寻求新的方法。法学研究这种迷信方法的现象,被有些学者认为是方法论的异化。方法确实在我们生活中占据重要地位,但是如果我们把方法论置于人类生活的中心地位,就可能发生方法论取向的危机。我们认为,法理学研究中就存在这种危机。可以说,我国法理学研究者是很努力的,几乎运用了现代科学所提供的所有方法,甚至包括最新的科技方法,像系统工程、行为学科学等,在被不同的学者采用后研究出大量的成果。但有哪位学者的系列研究成果是前后一致,拥有系统和核心的概念,并形成为一个流派呢?可以说没有。笔者认为我国法理学的学术研究到目前还没有出现这种局面。当然,也许会有学者说,这种认识是不对的,因为自20世纪80年代末期以来,我国许多法理学者一直在进行各种尝试,试图以某一概念为核心范畴构建新的法理学体系。例如,有学者主张用权利构建法理学体系,有学者主张用法律文化构建

① 殷鼎著:《理解的命运》,三联书店1988年版,第131页。

法理学体系，有学者主张用法律价值构建法理学体系等。但我们看到的情况是，当这些所谓核心概念被引进到法理学科的时候，学科体系仍是支离破碎的，体系中并不存在能统驾法理学科的核心概念。被称为核心概念的概念与法理学科的其他概念既不是并列关系，更不是包容关系，它只是众多法理概念中的一个概念，有时甚至是孤立存在的概念。

我们是否可以这样认为，20 世纪 90 年代末期以来，法理学研究的"大腕"学者一直在追寻一个诸如民法学中的民事法律关系、刑法学中的犯罪构成这样的概念。这两个概念在民法学和刑法学中可以说是核心概念，正是这两个概念支撑起了民法学和刑法学大厦的基础，是当之无愧的基石概念，许多人也正是从这一意义上把民法和刑法称为学科的。这种基石性概念从整体上统领了民法学和刑法学，整个民法学、刑法学就是在这两个概念的基础上构成体系的。如果从民法学中抽出民事法律关系的概念，民法学将不成体系；如果在刑法学中抽出犯罪构成，刑法学体系也就不复存在。① 也许有学者会问，在民法学科和刑法学科中都已找到了这样的核心概念，法理学科中能否找到这样的概念呢？笔者个人认为也能找到，但这是有条件的。像现在这样不重视对法理学研究对象的研究，仅仅在方法论上做文章，是难以做到的。民法学和刑法学找到了两个基石或称为核心的概念，是与该学科有意无意地对该学科研究对象的定位分不开的。民法学和刑法学是两个拥有悠久历史的部门法学科，长期以来，该学科就把研究对象定位在实体法上，以实在法规则作为自己学科的研究对象。这其中，虽有一些"离经叛道"进行社会学或其他方法的研究，但它们中的大部分并没有像法理学者们这样去寻求该学科的核心概念。因此多年以来，这两个学科体系虽不能说是完善的，但起码是完整的。没有哪一个人能从整体上冲破这一完整的体系。但是，我们的法理学研究便不同了。

法理学科没有任何具体的实体法作依附，它研究的对象是一般法，也有人称为抽象法。它首先是指法的整个领域或者说是整个法律现实，其次还包括古今中外的一切法。但它研究的内容并不是一般法的全部，而仅仅是包括在一般法中的普遍性和根本性的问题。② 对这样的抽象法，如果我们不确定它的对象即

---

① 我们已经注意到，某一学科成熟的标志之一就是在这一学科中存在一个被公认的核心概念，并由这一概念去统驾、构建整个学科体系。但某一学科成熟实际上也意味着这一学科整体性发展的停滞。如果没有新的核心概念的出现，这一学科的研究只能对旧体系进行"修补"性研究。如果从这一角度看，法理学没有形成核心概念（或称为基石性概念）倒也不是坏事，它起码可以说明法理学目前还存在有广阔的发展空间。

② 张文显主编：《法理学》，法律出版社 1997 年版，第 12 ~ 13 页。

研究范围，我们很难甚至不能得出统驾这一学科的核心概念。因为，就一般法或抽象法的概念而言，已是哲学化的语言，再往上"抽"就是哲学问题，再往下"深"就是部门法学问题，所以我们的法理学研究者如不能在抽象法中确立一块属于自己的研究对象（或范围），就可能会出现有些学者所说的"上不去，下不来"或者"上不着天，下不着地"的状况。所以，笔者认为，加强对法理学研究对象的研究，尤其是对研究范围的确定，对构建法理学体系（包括法理学教材体系）有着十分重要的作用。对于笔者这种认识也许会有人问，既然你们已经找到法理学不能形成完整体系的原因，那么，完整的法理学体系是什么？能够统领法理学体系的核心概念又是什么？对于这个问题，一时笔者也难以回答，但笔者的信念是，人都不会下鸡蛋，但我们却可以品评鸡蛋的味道，这一点也许是批评者的"权利"。

二

以学科发展的历史来看，法理学的出现确实是在研究对象和范围确定以后的事情。奥斯丁创立分析法学，正式使用了法理学的概念，他能传世的代表之作就是"法理学大纲——法理学研究的范围"。在该书中，奥斯丁非常明确地讲，法理学所涉及的是实在法，"法理学的内容是制定法，纯粹意义上的法，或由政治上的优势者为政治上的劣势者所制定的法。"[①]这些法，经常被统称为实在法。奥斯丁的法理学"体系"就是首先从确定的研究范围，然后"从各种有关对象中区分出法理学内容"的。[②] 如果奥斯丁没有对自己所研究的法理学确定对象（实在法）和研究范围，就不能形成对法理学"体系"性的认识。当然，体系性认识未必是正确认识，但它确实是一个学科独立，并走向成熟的标志。与分析法学派相对应，自然法学强调以研究应然法为对象，社会法学派则以行动中法、"活"法为研究对象。

在我国，有些法理学研究者自恃掌握了马克思主义的世界观和方法论，因而也是站在更高的角度来认识西方法学流派的。许多人认为，西方的法学流派在认识法律的问题上，不是存在唯心主义问题就是存在形而上学的片面性，总之是与马克思主义不一致的。在这种思想指导下，有的学者对法理学研究对象采取

---

① ［英］奥斯丁："法理学大纲——法理学研究的范围"，载《西方法律思想史资料选编》，北京大学出版社1983年版，第501页。

② 同上。

一种“站得高，看得远”的方法，试图超越3大法学流派，克服其各执一端的弊病，来对法理学的研究对象定位。

从20世纪80年代初期以来的法理学教材来看，对法理学研究对象的表述有如下几种：(1)“法理学，即法学基础理论的简称……它所研究的是法的一般理论，特别是我国社会主义法的基本理论。”①(2)“法理学以‘一般法’即整体法律现象为研究对象”。② (3)“法理学与西方的法哲学同义，它是以整个法律现象的共同发展规律和共同性问题为研究对象的学科。”③(4)法理学也称为法的一般理论，“它是把对法律现象的哲学的研究、社会学的研究和专门法律的研究方法结合起来，来研究各种法律现象的共同性问题的一门理论法学。它研究的不是某一国的法律制度，也不是某一种法或法律现象，而是把法律上层建筑作为整体来研究其产生、本质和一般性理论问题。”④(5)“法理学是研究法的本质和一般规律的法学学科”。⑤ (6)“法理学是研究法的最一般规律的基础学科。”⑥

从上述罗列的六种略有不同的观点看，我国学者关于法理学的研究对象有如下六种：(1)法的一般理论；(2)一般法；(3)法律现象的共同性问题；(4)法的共性问题和共同发展规律；(5)法律的本质和一般规律；(6)法律的最一般规律。在这六种观点中，有四种表述谈到了法理学研究对象是法律的规律，有两种表述没有谈到规律问题，这一点可能是我国法理学者对法理学的研究对象的认识中较大差别之处。当然，这六种关于法理学研究对象的认识与西方法理学流派相比较，有其突出的特征，主要表现为：第一，关于法理学研究对象有较为一致的认识，这就是法的共性问题和规律性问题；第二，这种定位目标高远，与中国当今法理学研究现状和基础相差甚远，因而难以在具体研究中发挥指导作用。如果我们用这种对研究对象的定位来衡量我国法理学研究的现状，我们能很快地找出法理学的研究成果与这种定位的距离。而从法理学是研究法律现象的最一般规律来看，我们确实搞不清，究竟哪一本法理学“教科书”(包括专著)中揭示的是法律的规律，且不说最一般规律。笔者认为，整个法学就是关于法律经验的一些学问，这里面虽有一些共性问题需要我们认真研讨，但确实很难找出那种以必然性、内在联系为特征的规律。即使是有些学者声称自己所揭示的是法的一般规

① 沈宗灵主编：《法理学》，高等教育出版社1994年版，第20页。

② 张文显主编：《法理学》，法律出版社1997年版，第12页。

③ 卢云主编：《法学基础理论》，中国政法大学出版社1994年版，第5页。

④ 孙国华主编：《法理学教程》，中国人民大学出版社1994年版，第12～13页。

⑤ 张贵成、刘金国主编：《法理学》，中国政法大学出版社1992年版，第11页。

⑥ 孔庆明主编：《马克思主义法理学》，青岛海洋大学出版社1992年版，第1页。

律，但也很少有人会认为，某人关于法理学的观点就是规律。我国法理学界的一些学者之所以愿意在规律这类字眼上对法理学研究对象进行定位，其主要原因就在于他们相信，法学是一门社会科学，法理学因而也不例外，当属于科学的范畴。但实际上，法学这门学科究竟能否被视为科学，到现在仍然是仁者见仁、智者见智，并没有形成一致的观点，实际上也不可能形成一致的观点。笔者认为，对法理学的研究，确实可以借助科学的方法，但借用科学的方法得出的结论并不必然的就是科学。根据我国法理学目前的研究现状，我们对法理研究对象定位的格调可以低一些，先确定法律现象的某一区域（但不是降低到部门法的区域），就某一角度进行深入研究。而对所谓一般规律和普遍性问题，留待我们对局部问题有了系统研究以后再进行系统研究。通过对西方国家法理学的研究，我们可以看到，各学派间虽有沟通与靠拢的趋势，但由一派统一另一派的时机还不成熟。当然，我们有些学者可能会说，他们观点难以统一，正说明他们缺乏马克思主义的科学观点，也许这种观点是正确的，但我国法理学近 20 年的研究经验也证明了另外一个问题，这就是在没有对局部问题搞清楚以前，就对法律的最一般问题进行整体的综合与抽象，得不出令人信服的法理学观点，更谈不上对法律系统性的整体认识。这也许是个解释学上的循环问题，即当我们搞不清部分的时候，难以弄清整体的情况，但当我们对部分研究的时候，不了解整体，对部分也难以从整体上把握。从我们的观察来看，我国法理学研究所缺乏的正是对部分深入而系统的研究。需要说明的是，我们这里所讲的部分是指作为法学研究对象的法律现象中的“部分”，而不是像作为部门法学研究对象那么具体的“部分”，它指的是像自然法学派所研究的应然法、分析法学研究的实在法那样的“部分”。如果把部分当成部门法的部分，法理学就失去了理论学科的意义。

（1999 年第 12 期）

2000 年

法理学的基本使命和作用

——一个疑问和重述

刘　星*

一般认为,法理学的基本使命和作用是研究法律现象中带有普遍性质的问题(如法律的性质、基本特征、法律的起源),以及在宏观上法律与其他社会现象的彼此关系的问题(如法律与政治、法律与道德、法律与文化的关系),并在此基础上建构一个理论范式的框架,提供一个可以客观描述的现实社会中的法律图景。这样一种看法大体占据着我国目前法理学研究的主导地位。①

从学术历史谱系上看,这种看法深受近代自然科学研究范式的影响。从18世纪末19世纪初开始,近代自然科学的强劲发展刺激了法理学研究观念的实证转向。人们感觉,法理学研究可以而且应该像近代自然科学那样客观中立地研究社会中的法律现象,可以而且应该建构一个超越具体社会语境的"法律科学"。②

这种看法的一个预设前提是:法理学研究主体可以站在一个不受自己"前见"和价值判断影响的立场上,客观中立地观察法律现象。这种看法当然不排斥法理学研究主体可以而且应该提出实践色彩的"规范性质"(normative)的价值观念(如主张社会应该建构何种法律秩序),但是,它显然认为,"规范性质"的价值观念可以和"描述性质"(descriptive)的观察观念相脱离。③ 换言之,观察判断可以和价值判断分为不同的阶段,而且,观察判断独自得出的结论可以是超越具体时空或曰具体社会语境的。

* 作者单位:中山大学法律系。

① 参见我国目前主要的法理学教科书及一般性的相关论文。当然,它们的具体表述有时是有区别的。另外,正如国内许多学者介绍和引用的那样,20世纪中叶此种比较典型的表述之一见于美国学者 Edwin Patterson 的著作。参见 Edwin Patterson, *Jurisprudence*, The Foundation Press, 1953, pp. 2-4。

② 参见英国学者 Dennis Llyod, *The Idea of Law*, Viking Penguin Inc., 1981, pp. 105-108.

③ 例如,英国学者 Jeremy Bentham 认为,法理学可以分为"说明性"法理学和"评价性"法理学,前者解决的问题是"法律是什么",后者解决的问题是"法律应当是什么"。见 Jeremy Bentham, *An Introduction to the Primciples of Morals and Legistation*, Hafner Publishing Co., 1948. p. 293. 英国学者 John Austin 也说过:"法律的存在与其功过完全分属两个不同的问题。"见 John Austin, *The Province of Jurisprudence Determined*, ed., Wilfrid Rumble, Combridge University Press, 1995, p. 184。

笔者认为,法理学参照近代自然科学而来的这种“科学主义”,可能是有问题的,甚至误导了法理学的基本使命和作用。

阐释学的研究①已经大体表明,法理学研究不可能不受研究主体的“前见”的影响。在说明、描述、解释研究对象时,研究主体已经是在依赖自己以往获得的“理论预设”、“历史经验感受”,等等。换言之,这种“理论预设”、“历史经验感受”之类的“前见”的内容,总在制约着研究主体的观察和分析。② 法理学研究者所以成为一名法理学研究者,正在于他(她)已具有了一定的习得而来的“法理学知识”,以及具有了一定的“人们称之为法律现象”的历史经验感受。当然,研究者可以反省自己的“前见”。但是,不幸的是这种反省同样依赖另外一种“前见”。因为,研究者进行理论推论的时候必须而且只能依赖另外一部分理论。这就如同研究者描述一个语词时必须而且只能依赖另外一些语词。科学哲学的研究从另一角度表明,自然科学的研究实际上存在“观察渗透理论”的特征,自然科学的研究不会也不可能不在一定的“科学知识”的前提条件之下展开和推进。③ 自然科学尚且如此,遑论作为社会科学的法理学?这意味着,应该坦承法理学研究中的因“前见”而产生的“偏见”(这里不含贬义)。这种“偏见”不是也不可能是超越他者的绝对真理。因为,“前见”也是历史形成的,是社会语境化的(这是说,它也是受另外的“前见”而形成的偏见的影响)。这决定了法理学研究者的“观察判断”研究是历史的、社会语境化的,而不可能超越时空从而放之四海而皆准。

法理学中的“科学主义”时常具有一种学术策略:汇集所有人们用“法律”一词加以描述的社会对象,对之进行概括和分析,从而得出一个研究法律现象的客观出发点,并在此基础上建构一个超越具体社会语境的“法律概念”或“法律基

---

① 这里指一般性的哲学阐释学,尤其是德国学者伽达默尔的理论。这种阐释学认为:对文本(文本不仅指文字文本,而且包括如社会现象等之类的阅读对象)的解释,必然会受阐释者的“前见”影响,这不仅是不可避免的,而且是合理的。参见[德]伽达默尔著:《真理与方法》(下卷),洪汉鼎译,上海译文出版社 1999 年版,第 678 页。

② 最明显的例子是在英美国家语境中,“法院判例是法律的一部分”,成为法理学学者研究的“理论预设”和“历史经验感受”之一,而在中国语境中没有成为。

③ 参见[美]N. R. 汉森著:《发现的模式》,邢新力译,中国国际广播出版社 1988 年版,第 22 页;另见[英]卡尔·波普尔著:《科学知识进化论》,纪树立译,三联书店 1987 年版,第 254 页。

本特征”的描述理论。[①] 自然,对于“科学主义”意念极为浓重的法理学而言,这个出发点是十分必要的,失其便不能开辟法理学的学科进路,建构法理学的理论大厦。然而,这种策略忽视了一个重要现象,即社会中时常存在“法律争议”。这种争议不仅发生在研究者之间的理论争论中(这是次要的),而且还存在于广泛的社会实践主体的实践中(这是更为重要的)。因为社会资源的相对稀缺,也因为人们政治道德价值观念的差异,“法律争议”难以避免。“法律争议”的存在决定了人们在社会中尤其是法律实践中,不可能在同一意义上使用“法律”一词。[②] 例如,在具体案件中,有人会主张“法律”一词所指的内容包括了“立法者意图”,而有人则会坚持“法律”一词仅指正式文字化的权威规则。而这两种看法包含的法律观念则显然是不同的。事实上,实践主体自然倾向于站在自己的实践立场、政治道德立场赋予“法律”一词不同的意义。即便“法律科学”宣布找到了人们最为常用的“法律”一词的用法,实践中的主体依然会坚持自己的“法律偏见”。

法律争议的存在,对“科学主义”的学术策略,意味着两方面的潜层颠覆。其一,争议时常“破坏”了所谓的法律语词的通常用法,使其处于变动不居之中。其二,变动不居使法律语词的通常用法会发生范式的变化,即一个时期一个地方会有一种用法,另一时期另一地方甚至同一地方会有不同用法。接下来,这两方面又左右了法理学研究者的观察“视域”。[③] 进而言之,这又意味着法理学研究者建立的理论模型不可避免的语境化,即受当下社会存在(人们使用“法律”一词的方式)的影响。这在另一方面也说明了法理学研究者的“观察判断”研究的内容与结论,是历史的、社会语境化的,而且在价值观念意义上也是不可能客观中立的。

就价值观念意义上是否可能客观中立而言,法理学研究者可以宣称,自己在研究时绝不牵涉利益愿望、政治道德观念等价值内容。但是,研究者这类“自觉”,依然不等于也无法决定研究出来的理论内容没有价值判断的内容。如下分析可以进一步说明这一点。

---

① 中国学者一般没有这样的明确表述,但是他(她)们都赞同了实证方法的必要性,从而暗含了这样的学术策略。参见目前主要的法理学教科书以及有关的一般性研究论文。另英国学者Herbert Hart和美籍奥地利学者汉斯·凯尔森明确认为,研究法律的基点正是“法律”一词的通常用法以及该词所指的对象。参见Herbert Hart,*The Concept of Law*,Clarendon Press,1961,preface;[美]汉斯·凯尔森著:《法律与国家的一般理论》,沈宗灵译,中国大百科全书出版社1996年版,第4页。

② 参见[美]Ronald Dworkin,*Law's Empire*,Harvard University Press,1986。

③ 因为实证的法理学研究者总是观察现实中人们如何运用“法律”词语来进行理论抽象的。

实践中的社会争议角色提出的“法律意见”,可以分为两个部分。一个部分是有关“具体法律观念”的,另一部分是有关“一般法律观念”的。“具体”是指法律的具体内容,如法律在合同、婚姻、继承等方面的具体内容。“一般”是指法律的一般概括性观念,如认为法律的一般概念是什么。实际上,主张具体法律内容是什么以及在哪里,已经意味主张了一个一般法律观念。例如,认为应该在合同法的规定中寻找合同是否具有法律效力的依据,便是认为《合同法》一类的文字规定是法律(这是一般法律观念)。与此不同,认为不仅应该在合同法的文字中,而且应该依据民间的商业惯例中,来确定合同是否具有法律效力,便是认为不仅合同法的文字而且民间的商业惯例,都是法律。这两种一般法律观念是不同的,所以不同,恰是时常因为利益愿望以及政治道德观念的不同。从政治道德观念上看,坚持合同法文字的法律效力意义,是因为认为“文字法律”的价值意义不可忽视,认为它可以带来规则的明确性和可预测性,从而更好地使人们有效地安排自己的行为计划。而坚持民间的商业惯例也具有法律效力的意义,是因为认为法律规则应该和民众自然形成的规则行为相契相合,认为商业惯例有益于市场经济的运作,而市场经济会带来更多的效率和效益。

能够发现(这是十分关键的),社会争议角色提出的这样一类“一般法律观念”放在法理学研究的领域内,正是法律理论。他(她)们的“一般法律观念”和法理学研究者的“一般法律观念”,其内在肌理和纹路是一致的。只是一个没有清晰地用理论表达出来,一个表达出来而已。因此,认定受制于利益愿望、政治道德观念影响的实践者的“一般法律观念”带有价值内容,也就意味着法理学研究者的“一般法律理论”潜在地受染了价值色彩。我们毕竟可以看出,法理学研究者的“一般法律理论”实际上是实践中社会争议角色的“一般法律观念”的系统化和学理化。

因此,无论法理学研究者如何宣称自己的研究过程可以摆脱利益愿望、政治道德观念等价值内容,其所建构的法学理论的内容依然包含了价值立场。

由此观之,法理学的基本使命和作用,不在于、不可能在于而且也不应该在于建立一个客观中立的超越具体历史社会语境的抽象理论。实际上,其基本使命和作用正在于在具体历史的社会语境中建立一个适时适势的表达当下普遍较为有益的价值姿态(这些价值是会发生变化的)的法律理论模式。它具有实践性,而且是法律实践的话语推动器,其目的应该在于建立一个具体社会语境中大多数人希望的法律秩序。

从反向来说,如果认为法理学研究可以建立一个超越具体社会语境的普遍理论,而且这种理论具有自然科学那样的科学性,那么,无形中就会在价值气氛极为浓重的政治法律领域内建立一个值得怀疑的"霸权话语",并通过法学渗入实践的方式,在法律实践中压抑其他可能具有同样存在资格的法律观念及法律价值的意义,破坏法理学推动法律观念及法律价值对话的机制,破坏具体社会语境中的法律依赖民主的政治基础。

(2000 年第 2 期)

关于法理学向何处去的一点看法

朱景文*

一

近年来法理学的发展伴随着我国改革开放的进程,提出了一系列新的理论、思想、观点,尽管几乎所有观点都是有争论的,但我们仍然可以看出它们所体现的时代气息。择其要者包括:

(1)党的十一届三中全会后关于法治与人治的讨论。

(2)中央提出"阶级斗争已经不是当前我国社会的主要矛盾"后,对法的阶级性与社会性的讨论,关于法的概念的讨论。

(3)围绕我国经济体制改革,提出重构我国法学体系的一系列命题,包括权利本位的讨论;从身份到契约的讨论;市民社会与国家的分离的讨论;公法与私法划分的讨论;社会主义市场经济实质上是法治经济的讨论。

(4)围绕我国政治体制改革,关于人权的研究,社会、经济、文化权利与政治权利的关系,人权与主权的关系的讨论,法定权利与自然权利关系的讨论,国际人权与国内人权的讨论。

(5)党的十五大提出"依法治国,建设社会主义法治国家",法学界关于法制与法治的讨论,关于法治的类型的讨论,关于法治与民主政治的关系,关于依法行政问题,关于法治与市场经济的关系。

(6)围绕我国立法制度,关于我国立法体制的讨论,关于我国法律体系划分的讨论,关于民主立法、立法的公众参与问题。

(7)围绕我国司法改革,关于我国庭审制度中法官与当事人的作用、法官制度、律师制度、与此相适应的法律教育与培训制度,法院与人大的关系的讨论,法制建设的正规化与非正规化的关系。

(8)关于我国法律文化与法律思想,与中国传统法律思想、与西方法律思想、苏联法律思想的关系,法的阶级性与继承性的关系,法律移植的理论与实践问题,法制现代化的理论与实践,法制现代化与本土化。

---

* 作者单位:中国人民大学法学院。

(9)围绕全球化问题,关于法律在经济全球化中的作用,法律全球化的理论与实践,包括我国加入世贸组织与两个国际人权公约的问题,全球化与国家主权的关系等。

上述问题有一个共同点,都涉及我国政治、经济、社会生活的重要方面,如我们党和国家工作重心的转移,经济体制、政治体制的改革,全球化,以及法制建设中具有方针性、指导性、全局性的一些大问题。当然,对这些问题可以从不同方面来把握,可以从部门法层次上进行法律对策研究和制度设计,但这些问题的研究首先要求在法理学层次上的突破,这是任何别的学科都不可能替代的。如果说这些年来我国法理学取得了一些成就的话,其根本原因就在于它能抓住时代的脉搏,能够把它们转化为法理学的问题,能够用法理学家的特有的素质对这些问题进行法理学层次上的思考。

二

那么为什么在法理学界内部和外部还会对这个学科的现状产生这样和那样的不满,还会提出“法理学向何处去”这样的问题呢?笔者认为,从我们内部找原因,主要是方法论问题。具体的讲包括下面3个问题:

(一)抽象与具体相结合问题

如上所述,法理学是从比较抽象的层面上对我们所研究的法律现象的把握,它的优点在于它能比部门法学站的更高,能够统览全局性的问题。但是,这种抽象、统览应该建立在对部门法知识的详细的了解、把握的基础上,这就要求法理学者能够了解部门法所提出的问题,深入到部门法的领域中去。过去有一句话:一个好的部门法学家,都应该具有法理学的思维。如果部门法学者只局限在部门法的字句、条文中,跳不出部门法条文的框框,他最多是一个教条主义者,只能对法律的条文作出字面的解释,不会对自己的学科的发展提出开创性的真知灼见。现在我们也可以反过来谈法理学家:一个好的法理学家,都应该同时是部门法学家,如果法理学家只把自己的研究停留在抽象的层次上,对部门法研究中提出的新问题知之甚少,这样的法理学是不可能对法律现实有任何指导意义的。由此联想到1995年笔者在日本访问时,日本法哲学协会的秘书长给笔者看了日本法哲学协会近年来的历次年会所讨论的题目,它与我国法理学研究会所讨论的主题有一个重要的区别就在于密切结合部门法实践中所提出的前沿问题。如试管婴儿的法哲学问题、同性恋和非婚姻家庭中的法哲学问题、法人犯罪的问题、知识产权保护是否合理的问题、安乐死问题,等等。由此笔者也想到了美国的法理学教授,几乎毫无例外地都同时兼任部门法的课程,从宪法、行政法,到合同、侵权法,到民诉、律师道德,无所不包。如果说现在我国部门法的学者和研究生已经开始转变,有越来越多的人热衷于其中的法理学问题,而在法理学方面,这种转变则并不明显,很难看到对部门法问题真正从法理上加以分析的有分量的文章。法理学如果不在这方面有所突破,只讲大道理,不在部门法层次上解决一两个实际问题,不把这些道理贯彻到对法律现实的说明、解释和改造中去,这样的法理学没有几个人爱听。抱怨实际脱离理论,抱怨部门法的人不关心法理,是无济于事的。按照辩证法从抽象到具体的研究方法,思维的抽象并不是认识的终点,只有达到思维的具体才可能认识真理。而思维的具体是多样性的综合。总之,我们所需要的法理学不是思维的抽象意义上的法理学,而是作为思维的具体的法理学。

(二)跨学科研究问题

现在越来越多的社会问题,不是一个学科所能解决的,而需要多学科的配合,需要有跨学科的知识。这种跨学科的研究包括两层含义:第一,法学学科内部的跨学科研究,它要求法学各个学科领域,法理、宪法、行政法、刑法、民法、经济法、诉讼法等的综合知识,这点上面关于抽象与具体的结合实际已经谈到;第二,法学与其他社会科学、自然科学知识的结合。跨学科的研究现在在世界各国已经成为一种趋势。有人提出,我们现在的学科分类是建立在十七八世纪形而上学的基础上的,把原来统一的现象世界分裂为零碎的、无联系的、各自独立的一个个学科、部门,现在是把它们重新联系到一起的时候了。笔者在威斯康星大学看到,那里建立了许多综合性的研究所,如环境研究所、土地研究所、全球化研究所等,这些问题都不是靠一个学科的力量就能解决的。在研究某一个问题时往往都是几个学科的专家相互配合。有时一门课也经常是几个学科的教授共同讲授,如经济法问题,实际大部分是经济本身的问题。江平教授曾经说过,学民法的是三分法律,七分经济。如果我们没有一个比较好的经济学功底,要想学好民法是不可能的。这点对于学习法理学的人来讲,就更为重要。再如,笔者现在正在搞法律全球化的研究,一方面凭笔者的法理学素养和已经形成的知识,笔者深切地意识到这一问题的重要性,也深感这一问题突破的理论意义;但是,另一方面,笔者也深深地感到自己知识的贫乏,这种贫乏表现在笔者原有的国际公法、国际经济法知识的不足,对于世贸组织、欧盟、跨国公司、非政府组织等一系列的新现象的法律问题知之甚少,对于在这些领域中特别是在实践中出现的一些新的现象不了解,它们与传统的主权观念、法律观念的差别没有深入的研究;这种贫乏还表现在对于作为法律全球化现象的主要依赖物和伴生物的经济全球化、政治全球化的原由、历史，它们的理论形态，在各个领域的具体表现缺乏系统训练，一知半解；这种贫乏不仅表现在书本知识上，还表现在对现实的把握上，对于法律规定与实际生活的差距，书本上的法与实际生活中的法之间的差别更不了解，对于全球化已经和将要给我国各个领域带来的影响缺乏系统的知识。国外许多搞学问的人现在都具有双学位，这不是偶然的。笔者认为，未来中国法学界的领军人物一定应是跨学科的人才。这不仅仅是个人的兴趣问题，而是时代的要求。

（三）社会科学的共同研究方法

社会科学的研究方法有许多，但作为科学，它的基本研究方法是实证的方法，所谓实证的方法也就是能够得到证实的方法。任何一个科学的命题都是通过假说开始的，而这种假说要成为科学必须是能够通过科学的方法得到证实或证伪的，通过实践得到检验，不管这一理论是谁提出来的，它的真理性只能通过实践的检验。例如，降低存款利率是否能带动消费，只能通过实践，看降低利率后银行的存款是否真的转移到消费市场，消费水平是否真的上去了。而在法律上所通行的方法，则不是这样。它要看人们的行为是否符合法律，合法性是判断人们行为的唯一的标准。判断是否违法以有关的法律为标准，判断行政法规、地方法规的合法性以宪法、法律为标准。而整个法学也都是建立在合法性的基础上，法律解释、法律推理、法律分析，等等，都是以合法性为标准。这也是一种实证的方法，但证实或证伪的标准不是实践，而是法律。在这样做的时候，只是不要忘记法律本身只能作为合法性的标准，而不是真理性的标准。尽管法律具有至高无上性，是全国人民意志的体现，代表了国家意志，但它毕竟是一种政府措施，它的真理性也同样应该受到实践的检验。这里就涉及这样一个问题，法学在有些国家并不被看做社会科学，因为它不具有和其他社会科学共同的研究方法，它不是以实践为标准，而是以法律为标准，而社会科学，包括经济学、社会学、政治学所共有的实证的方法在法学领域很少应用。当然我们可以有不同的看法，认为在立法领域实际运用的就是社会科学的实证方法，但是，奥斯汀早就说过，立法学不属于法学的范畴之内。在我国，一些青年学者也提出，法学发展的轨迹似乎脱离整个社会科学。这的确是一个值得人们思考的问题。现在，人们经常爱说“现代法的精神”，但在笔者看来，从现代科学的观点出发，摆脱神学世界观和法学世界观的双重神话，把法律看做可变的、看做随着社会变迁而不断调整的变动的、看做实现某种社会目标的一种工具，恰恰是现代法的精神。

在法学界内部经常听到一种埋怨，法学对经济体制与政治体制的改革的参与度太低。最近关于中国加入世贸组织问题，《法制日报》上有一篇文章，又提到这个问题,说在这个问题上似乎听不到法学界的声音。这不是中国独有的现象。20 世纪六七十年代时,美国的法律与发展运动,当时派了许多法律专家到第三世界国家进行那里的法律改革;而20 世纪 90 年代,国际货币基金组织、世界银行和一些西方国家派到苏联、东欧以及第三世界参与经济、法律改革的则主要是经济学家,法学家不起主导作用。笔者认为这主要有两个原因:第一,这些改革的性质,各种贸易自由化措施,无论是降低关税、取消补贴、服务贸易、与知识产权有关的贸易、开放金融市场、纺织品配额制、环境标准、劳动力标准,主要都是经济贸易问题,法律所起的作用只是将这些措施规范化、定型化,并建立与之相适应的解决争端的机制。这就决定了在这些改革中主发言人当然是经济学家。而且任何法律改革离开经济改革是不可想象的。第二,这与法学的研究方法有关,对上述所有措施的评价,不是也不可能用是否符合法律为标准,而只能看它们对参加国有经济发展的影响,这显然也不是法学家们所擅长的。当然,法学家对经济体制改革也作出了他们的贡献,最主要的就是提出了法治问题,即增加法的可预测性、可计算性、公开性和透明度,防止政府官员的任意行为,因为这是市场经济的根本要求。总之,笔者谈这些不是贬低法学的作用,而是要指出法学的研究方法的局限性,作为法学家除了应该关心合法性问题之外,也应更多地关心法律本身的真理性问题,把法学作为一门科学而不是显学,走所有社会科学共同的发展道路。

(2000 年第 2 期)

理论创新与结构重组

——法理学的青春危机及其消解

周永坤*

中国的法理学,如果从20世纪之交西方法理思想的输入、法科学堂开设法理课程为起点,已近百岁华诞;如果从20世纪二三十年代中国有自己的法理研究、法学专论为端,则已年近古稀。新中国法理学从彻底割断传统、移植苏联法学开始,迄今已整整半个世纪,改革开放以来的法理学也已到了20岁青春佳期。然而,法学外人士仍谓法学(自然含法理学)幼稚,法学圈内人士也对法理学颇有微词。作为法理学业内人士,笔者初觉刺耳:改革开放以来法理学研究成就有目共睹,起码它要比政治学、伦理学及其他某些大牌学科要好些,但是冷静地想想,上述责难并非完全没有道理。中国的法理学确实尚未成年。从研究主体来看,具有独立人格、充满敬业精神的法理学学者群体尚在形成中;从学术成长阶段来看,法理学仍处在政治哲学和部门法学的边缘地带,许多理论是政治哲学的演变或是部门法理论的变形,独立的学术范式只具雏形;从学术内容上来看,大多仍为苏联国家与法的一般理论的中国化,介绍和研究西方法理学尚嫌不够,能站在世界法理研究前沿的成果更是难觅;从学术的社会功能来看,法理学对立法、司法缺乏应有的指引作用,更没能成为具有规范立法行为、解决疑难案件的第二位的法源,它对法现象的解释能力有限,存在许多盲区(如社会法);从社会地位来看,法理学家和法理学没有得到法学界、法律界足够的尊重,社会大众则对法理学几乎茫然无知,法理学家对政治、法律进程的影响微乎其微。由此可知,中国的法理学尚处于幼年向青年的过渡期。对于一个已有百年历史的学科来说,不能不说是迟到的青春。而这个处于青春萌动期的法学分支学科事实上正处于危机之中。

中国法理学的危机来自学科内外两方面:

学科内的原因可概括为一句话:先天不足。中国的法理学并不是在传统文化基地上自然生长的,而是在否定传统文化的浪潮中从西方输入的,因而一开始就缺乏本土文化的支撑;中国的法理学长期在法律虚无主义的社会氛围中生存,因而缺乏社会的理解和支持;中国的法理学历来与政治权威存在不可分割的联

* 作者单位:苏州大学法学院。

系，有较浓厚的官学色彩，它的兴衰演变依赖政治权威，骨头中钙含量始终不足；中国的法理学依附于动荡的、独断的政治哲学，难以形成自己的学术范式与学术积累，难免流于摇摆与浮躁；中国法理学最大的内在缺陷或许是缺乏"科学的"理念。几代学人都沉浸在"唯我独真"的自我陶醉之中，仿佛真理依附于主观的立场、主观的认定甚至社会角色，仿佛只有我得益于祖宗的遗传而独享真理之果，因而缺乏反思精神，缺乏对外来文化的理解与宽容，更缺乏吸收与消化不同文化并借以改造、发展、提升自身的能力。

法理学危机的学科外原因指法理学生存的环境产生了前所未有的变化，这对法理学的理论提出了严峻的挑战。就国内环境而言，中国正经历着从农业社会到工业社会、从计划经济到市场经济、从人治到法治的亘古未有的社会转型期，这个转型必然会带来法律的转型，这个转型需要法理学作前瞻性的理论建构，这个转型需要法理学对它作出描述与规范，这使传统法理学难免捉襟见肘。就国际环境而言，中国早已不是"中央帝国"，也不是闭关自守独往独来的"文革中国"，而是世界一员之中国。中国的法律早已是世界法律的一部分。经济学家预言21世纪的主导经济是全球性经济；同样，我们可以相信，21世纪的主导性法律将是世界法。① 这对以国家法为唯一研究对象的法理学提出了挑战。

一个缺乏本土文化支撑、学术积累不厚且又缺乏反思精神的学科，面对全方位的社会变革与汹涌而来的全球化浪潮，其危机是显然的。当然，中国法理学正在走向成熟，它的危机是青春期的危机，发展中的危机。这个危机同时正是发展的良好机遇。如果能顺利度过这一危机，则中国法理学将趋于成熟，它不仅能对中国法律与法学的发展作出贡献，而且在世界法理学界也将占有一席之地。但是如果不能度过这个危机，中国的法理学将进一步工具化、边缘化，将进一步与法律实务界疏远、进一步被社会淡忘，最终成为难以长大的侏儒。

如何度过这个青春期危机？要度过这个青春期危机，中国法理学应当在新方法论的指引下实现理论创新的同时进行结构重组。这一过程将是十分艰难的，它需要在下述八个方面实行变革。

(一)从"规律学"走向"规则学"

走出危机首先要解决法理学的学科定位。这当从法理学史来认识。法理学产生于19世纪的西方，它的"前科学"形态是十七八世纪的自然法哲学。早在古希腊罗马时期，西方法学就是高度"实用"的，希腊的哲理法学倾向于立法学，

---

① 关于世界法和全球化问题请参见周永坤："世界法与法的世界化探索"，载《东吴法学》1996年；以及"全球化与法学思维方式的革命"，载《法学》1999年第11期。

法学之于立法者犹如园艺术之于园艺匠。而罗马的法学则是部门法学，主要是民法学和部门法学，它们与民事司法行为不可分离。希腊罗马的法学都缺乏作为法学的超越于部门法学的“一般法学”。十七八世纪的自然法学表现出向这一方向的努力，但是由于它浓厚的哲学和政治色彩，事实上被排斥于正统法学之外。到19世纪，在自然法学的基础上逐渐生发出四种理论倾向：康德、黑格尔的哲理倾向、边沁的立法学倾向、奥斯汀的规则学倾向和萨维尼等的寻求法律发展规律的倾向。奥斯汀将政治哲学色彩极浓的自然法、罗马法（部门法学）、英国式的法律技术逐出法理学，专事一般法律规范分析，实现法的一般理论向西方法学传统——规则学的回归，或在各部门法学之外发展出研究一般规则的专门学科，因而被公认为作为法的一般理论的法理学产生的标志。[1] 当然，奥斯汀完全排斥价值分析是欠妥的，但是，它却告诉我们一个道理：法理学的价值分析应当有别于政治哲学——它应当建立在规范分析之上并为规范分析服务。

我国的法理学情况如何？我国的法理学源自苏联的“国家与法的理论”，姑且不说它的理论倾向，就其研究目的在于揭示国家和法的发展规律来说，它是哲学味浓于法学味的。苏联法理学的“规律学”倾向，与苏联法学彻底否定西方法学传统，否定资产阶级法学有关，也与苏联人赋予法理学的政治目标——找出法律发展的规律，资产阶级法必然灭亡，苏联法是最先进的法建立在一般规律之上——息息相关，其背后是在西方已受到冷落的科学泛化思潮。苏联法理学的规律学倾向在我国得以继承并极端化，法理学成为历史唯物主义的法律图解。改革开放以前的法理学演变为负面的意识形态——阶级斗争为纲学，它的目标与结论都在于说明无产阶级文化大革命、阶级斗争为纲是社会发展规律的产物。改革开放以后，虽然阶级斗争为纲观念被放弃，但是政治哲学味道仍很浓。近年来价值分析和规范分析的内容被引进，这是很大的进步，但是价值分析和规范分析始终围绕政治哲学展开并为之服务，法理学的目的仍被限定在通过因果分析寻找“规律”这一哲学的、认识论的框架内。

要走出这一法理学的幼年阶段，应当实现从“规律学”向“规则学”的转换。规律学是建立在因果关系之上的，而规则学则是讨论如何建立人际合理关系的学问。当然。我们说法理学是“规则说”，并不是如凯尔森那样排斥正义。法理学是规则学指法理学是以研究人际规则为核心内容的，除此以外，它包含了某些

① 哲学、语言学、文学等属人文科学，在意大利被称为 Studia Humanitatics，早在文艺复兴时期，法学就被称为 Legista，意为“规则学”，与人文科学对称。政治哲理研究进入对规则的分析，才被承认为真正的法理学。这是奥斯汀对法理学的莫大贡献。

"规律"的内容,但只指人际关系合理化的趋势,及其合理规则中共性的东西;它包括正义的内容,这个正义以主体际关系中的正义为核心,以区别于伦理学讨论的正义,同时它还包括法律的共同性的技术。

(二)调整同意识形态的关系

新中国的"国家和法的理论"本身是意识形态的重要组成部分,这种传统源于维辛斯基法学理论——它本身是斯大林主义的一部分。维辛斯基的法定义本身就是在1938年第一次全苏联苏维埃法律和国家科学会议上以官方决议的形式宣布的,仅就这一点而言,它就不是科学的,而是独断的。就是在那次会议上维辛斯基说,"资产阶级实际上没有法律科学","奸细和叛徒集团很多年以来在法律科学中,几乎都居于垄断地位","在法律科学方面,还没有全部肃清可耻的托洛茨基—布哈林匪帮破坏活动的影响"。① 可见这一理论形成的氛围与中国的"文革"有过之而无不及。它的内容完全是意识形态斗争的产物,是斯大林20世纪30年代大清洗的意识形态化,因而是负面意义的意识形态。苏联法理学的意识形态学科定位正好填补了我国全盘否定民国时期法理学造成的学术空间,并迅速左转。这在战争硝烟与巩固政权的高度情绪化氛围中具有某种必然性,这种完全意识形态化的"国家与法的理论"最终在阶级斗争为纲和法律虚无主义的意识形态下失去了立足之地,走向了自我毁灭的道路,这就是"文革"及其法学被完全取消。改革开放以来的法理学否定了完全意识形态化的苏联传统,有了相对独立的内容,例如,法律文化、法的社会作用、法律推理、法律现代化,等等。但是意识形态化问题并未能很好解决。一方面阶级斗争为纲的理论在现行理论中仍有存留,同时又加入了新的意识形态内容。其典型表现就是:不断有人从意识形态角度对于不同观点予以"文革"式的批判,每当意识形态发生分歧时,都会波及法理学。它的许多内容,仍然是高度意识形态化而非法理学的。法理学的意识形态化是十分有害的,举其要者有:(1)它使法理学难以形成独立的学术品格,只能跟随意识形态之风摇摆。(2)它使法理学难以建构学术范式,它的基本概念和基本观念始终是意识形态的,而非法学的。(3)难以保证理论的连贯性,难免出现理论上的断层甚至自己打自己耳光的现象。例如,前期学苏联,20世纪60年代批苏联修正主义;前30年以阶级斗争为纲,80年代批判之;以前大讲社会主义法维护计划经济,90年代又批判之,等等。应当指出,这种受制于外部意识形态的反复无常并非学术的积累和进步,而是有损学术传统的形成与学术进步的。(4)法律问题的政治泛化,无法形成独特的法学视角。这一

① [苏]维辛斯基著:《国家和法的理论问题》,法律出版社1955年版,第64页以下。

方面使法理学等同于政治宣传，另一方面使法律问题复杂化，不利法律问题的解决。例如，将法治问题与党的领导对立起来，将人权与资产阶级等而视之，将分权与资本主义拴在一起，等等。(5)有损法理学的学术权威。意识形态化的法理学缺乏独立的品格，缺少符合逻辑的一贯的相对恒定的理论，它本身缺乏对人的终极关怀，同时对具有独立品格的和有社会责任感的理论采取排斥态度，因此无法确立理论的权威。它无法也不配成为立法的指引与司法的第二位法源。

当然，法理学，特别是其中的价值评价部分要完全与意识形态分离是不现实的，但是，这不能成为法理学意识形态化的理由。防止法理学意识形态化要注意两点。一是结果不能是先验的，应当从人类经验和理性中来，是研究的产物，如不能先依据外在权威确立结果，再去证明其正确性。二是研究方法的价值中立。这一问题上马克斯·韦伯的观点应当引起足够的重视。韦伯并不反对把“主观的”评价作为科学研究对象，但是研究人员和老师“应当无条件地将经验事实的确定(包括他调查的经验个体的‘价值定向’行为)同他自己的实际评价是否满意(在这些事实中包含作为研究客体的经验个体所作出的评价)区别开来”，这两件事在逻辑上是完全不同的。[①] 我国法学意识形态化的严重后果之一就是将自己的价值判断当做社会上唯一的价值判断，并为了“证明”其唯一正确性，不惜对经验事实作实用主义的裁剪，这是严重违反科学研究的规范与科研伦理要求的。

(三)从“解释性、证成性”法理学到“解释性、评价性”法理学

时下的法理学对现行法律及其政治权威主要是解释性的和证成性的，这是有违法理学性质的。法理学既然是“规则学”，那么，它应该在解释的同时对研究客体作出评价，以规范法律的变化、运作及政治权威的行为。缺乏对现实政治权威评价的法理学，其实质是研究主体与客体的合一。任何科学理论的前提是研究主体与客体的分离，否则所谓成果就是纯主观的要求与欲望，缺乏科学所要求的起码的客观性。如果我们的法理学具有这种评价能力，则我国的法律和国家本不至于走如此大的弯路，付出如此昂贵的学费。如果在反右中不经法定程序剥夺公民权利的行为受到法理学的评价，如果公社化运动无偿剥夺公民财产的行为受到法理学的评价，如果“5·16”通知受到法理学的评价，如果“四人帮”镇压丙辰清明的行为受到法理学的评价，则政治权威本可以冷静得多，法治国家也许早已建成了。

(四)从中国的国家法理学到一般法理学

这涉及法理学的研究对象问题。法理学的研究对象为“一般法”，在理论上

---

① [德]马克斯·韦伯著：《社会科学方法论》，杨富斌译，华夏出版社1999年版，第110页。

法理学界并不存在分歧,但在实际操作上却存在极大的片面性,使法理学成为"中国国家法的法理学"。这里有两个问题需要解决。一是分析对象仅限于国家法,二是研究对象几乎仅限于中国的法。从历时性观点来看,法律经过了部落法、国家法两个阶段,现在正由国家法向世界法阶段过渡,国家法只是法律发展的一个特殊阶段;从共时性观点来看,国家法与社会法长期是共存的,特别是在现今世界上。当今世界上不但有国内社会层面上的社会法,而且有国际社会层面上的社会法,如我们即将加入的世贸组织法律制度。同时,现今法律除了社会法、国家法以外还有超国家法律的存在。任一国家法理学学者的分析对象都着重于分析本国法,这本无可非议,但是只从本国法归纳出来的法的一般理论的片面性是显然的,因为任何人(包括人的群体)的经验都具有特殊性。在逻辑上,从单一特殊对象无法抽象出普遍性结论是不言而喻的。我们应当分清两个问题:法的一般原理、原则和本国法律制度的描述,前者应当尽量关注外国的法律和国家法以外的法律,尽可能避免片面性。同时应当注意控制法理学中本国法律制度描述的成分,否则,法理学就名实不副,成为"中国法律制度学"了。

(五)从封闭的法理学到开放的法理学

我国的法理学本是开放产物,正是清末闭关锁国传统被打破才有了中国的法理学。民国时期的法理学也不重"中外有别"。20世纪下半叶这一传统被放弃。新中国法理学是从割断与发达国家的学术承继与交流开始的,但初期并未完全封闭:转向苏联开放。与其说是开放,不如说是照搬一种学术,骨子里是封闭的。20世纪60年代中苏关系破裂以后便彻底关上了大门,直到20世纪80年代中期中苏关系正常化。其间只有少量的苏联和西方著作引进,西方著作当然只能供批判用,有些甚至只能"内部出版",这大概是国人独创的制度。笔者所见边沁的《功用主义》、狄骥的《宪法论》,马里旦的《人和国家》均属此类。80年代以后有了明显进步,大量的西方法理著作被引进。但是作为学科的开放这还是很不够的。在当今全球化的世界上,法理学作为研究一般法的法学分支学科,其开放性不但表现在研究、出版他国同行的著作,主要应当表现在正常的学术交流、学术上的互相学习、批判与吸收。但时下的法理学国际交流极少,与西方同行的共同话语太少,作为10多亿人的大国,译介的西方法理著作远远不够,高质量的、能与西方同行交流的学术成果就更是寥若晨星了。最可堪忧的是"自己人"和"外人"的二分法这种情绪化的、非学术的态度,看来自尊实则自卑的"防卫"心态妨碍了对西方法理学的学习和借鉴。人们忘记了这个基本的事实:马克思主义是西方的,如果我们的前辈在20世纪之交采取与我们同样的态度,则完全不存在今天中国的法理学。在多元交融的今天,文化的地方性早已是相对的了，我们常说："中国特色的马克思主义法理学"，这个法理学的基本精神早已是西方的——马克思、恩格斯的（如果我们正确理解了、发展了马克思主义的话）；但这同时又是中国的——经过中国人学习和理解的。有人肯定会用阶级分析的方法来反对学习、消化吸纳西方的法理学。笔者认为，难道真如某些以邻为壑的国粹主义者所声称的西方没落了？高度发达的西方工业社会在社会科学方面突然落后于仍处于农业社会的东方，而这一切都归结于两颗科学巨星的陨落！这是很幼稚的，是文化排外的借口。马克思、恩格斯的思想是早期工业文明的产物，如果说19世纪的西方值得学习，20世纪、21世纪的西方反而不值得学习，这岂不显得有点滑稽可笑？邓小平早在1979年就说，我们已经承认自然科学比外国落后了，现在也应该承认社会科学的研究工作比外国落后了。[①] 只要承认"法理学"是科学，就必须向西方学习。敢于学习是强者的表现，是自强的必要条件，学习他人是人类获得知识的捷径。如果我国的法律早已西方化，法学学者都有个学习西方法律、法理的问题，那么，作为"一般理论"的法理学，就是首当其冲的。

开放除了上述空间维度以外，还有一个时间维度：向未来开放。法理学要能够说明、评价新的法律实践与思想，将新的实践与思想纳入法理学体系，并且如有必要，借以修改原有的概念体系及其理论。未来法理学碰到的最大问题是全球化及其带来的全球法律问题以及法律从内容到形式的变化，法理学必须向这个大未来开放。

可开放性的第三个维度是事实维度——向事实开放。时间维度的开放当然包括了事实，这里的事实维度专指已然的事实：由于主客观原因而遗漏的已然的事实。对中国法理学来说，特别重要的是关注法人类学研究揭示的部落法事实、国际法学描述的国际法规则、超国家法规则，等等。

（六）从主客体思维到主体际思维

中国的法理学可以称为主客体思维的法理学：它的基本方法是将人分为法律实践主体的人和法律实践客体的人两部分，其基本假设是法律是法律实践主体的人统治客体的人的工具，并以此为逻辑起点构筑整个法律理论体系：法的起源是阶级统治的产物，法的本体是阶级意志，法的作用是阶级斗争、阶级统治甚至阶级镇压的工具，法的发展是阶级斗争的结果，最后法律消亡于无阶级的社会。这个理论的谬误是十分明显的。且不说国家产生以前早有法律，即使在阶级产生以后的国家法时代，法律也主要不是解决阶级关系的工具，法律是调整人际——主要是个体际关系的产物，作为法律关系主体的人的组合体只有各种法律拟制的人：法人或某

① 《邓小平文选》（第2卷），第181页。

些非法人的人的组合体。法律实践领域的人格分离现象是法律的败坏。退一步讲,即使主客体思维对于描述压迫型的法是有用的,对于法治社会是构建应然的法律体系,它无论如何是不适用的。随着经济、政治、生态、文化、法律全球化运动的展开,主客体思维的非科学性及其弊端日渐明显。在市场经济、法治社会里,主体际思维应当替代主客体思维而成为法理学的思维工具。①

(七)从法学方法论到法律方法论

这里的法学方法论指法学研究的一般方法问题,在法理学教科书里一般分为一般方法原则和具体方法问题,通常讲些唯物辩证法、历史考察方法、社会调查方法、分析方法,等等。这些实在不是法学的特殊研究方法,它适用于一切社会科学、哲学的研究。这些方法主要是对法律整体的认识方法,而不是"法律方法",最多对法律方法存在指导意义或"方法论"意义,或仅对法学中的认识论成分有意义,或对建构合理规则体系的"经验"有意义。高扬这些方法本身与我们将法学定位为"规律学"有关。法学作为以"规则学"为主体的学问体系最终落脚点在于应然规则体系的预设,或是一种"事后的合理化"——对社会规范的理性建构,在于法律运作体系的组建以及法律运作的技术,这才是"法律方法"的核心。换句话说,法律方法的核心不是"认识的",而是陈述的方法或规定的方法,套一句康德的话来说就是"实践理性"的方法。具体来说,就包括规则预设与合理化的方法、法律解释方法、法律漏洞之弥补的方法、法律推理方法、法律利益分析方法、法律适用的逻辑模式等。② 当然,对法律整体的认识方法也可涉及。不过,无论如何,"法律方法"应成为法理学的重要内容。

(八)从一元法学到多元法学

学术是一个不断进化的过程,它应当永远是一个开放的体系。也如商品生产一样,它是多元竞争、相互诘难、优胜劣汰的过程。因此它存在的前提之一就是多元思想的共存。在学术上统一口径必然扼杀学术本身。"文革"中法理学遭受灭顶之灾的教训应当永远记取。我党历来提倡"百花齐放,百家争鸣"就是这个意思。可惜始终难以落实。改革开放以来这方面有了长足进步。法学,特别是法理学是建构应然规则体系的学问,它在两个层次上涉及价值评价。一是"何种行为是正当的"——对人的行为的评价,二是"何种规则是正当的"——对规则的评价。价值评价本身是在各种不同的评价中展开的,各种评价都应当接

---

① 关于主体际思维问题请参见周永坤:"全球化与法学思维方式的革命",载《法学》1999 年第 11 期。

② 关于法律方法论体系,可参见[德]卡尔·拉伦茨著:《法学方法论》,陈爱娥译,台湾五南图书出版公司 1992 年版。

受同行的、社会的评价。否则就没有价值评价而只有独断。诚如劳伦斯所言，“理论建构、批评以及防卫是法学的主要工作”。[①] 进入20世纪90年代中叶以来，各种不同思想的争鸣常见于报刊杂志，已有学者开始注意中国法理学的流派问题，这表明维辛斯基法理思想一花独放的局面正在结束。但是离“多元并存”还有较大距离。例如，许多批评带有明显的“文革”色彩——“文革”式的批评是反学术的，它不可能发展学术；有些批评带有过多的感情色彩而缺少理性思辨和“据实说来”的科学态度。而且总体上相互批评不足。最典型的是各类表扬稿式的“书评”，更不用说有些纯属人为“炒作”以及自己和自己商榷的滑稽戏。起码多元并存没有被作为学术发展的理想状态来接受。

现在，法理学发展的社会环境是50年来最好的时期之一，倒是少数法理学、宪法学圈内人士缺乏学者必要的宽容精神，不珍惜大好时光，不爱惜自己的人格，打棍子、扣帽子的文章常见于某些刊物，着实令人扼腕。争鸣是学术进步的条件，但争鸣是“学术的”而不是不允许别人生存。在这里，启蒙大师的风范永远是我辈的榜样：当年伏尔泰对卢梭的“科学、艺术加剧人的不平等”的观念提出了尖刻的批评，但是后来当政府因言论驱逐卢梭的时候，伏尔泰却盛情地邀请卢梭到他的庄园避难，他说：“我不同意你说的每一句话，但是我将誓死捍卫你说话的权利。”上述政治批评家的目的就在于把别人的嘴封起来，独断话语权。它的最终结果只能是消灭学术。这可能是那些批评家们始料未及的。

结　　论

中国法学步入躁动的青春期，它某些方面的先天不足难以适应外在环境的变动，这就使它步入了危机，这种危机正是发展的契机。中国的法理学远不是成熟的，但近来对法理学的反思本身却是走向成熟的表现。中国法理学的核心问题是什么？郑戈先生指出的中国法学两大问题——研究方法和角色定位——是很有见地的[②]，笔者认为这也是法理学发展的症结所在，且角色定位是首要的，它涉及到法理学空间的拓展和结构重组。社会科学是人造的、为人类（不是为部分人）服务的理论体系，人的期望对它的发展是至关重要的。就如想砍柴而造出斧，欲耕地而铸就犁一样。我国法理学的最大角色错位是“规律学”和意识

---

① 关于法律方法论体系，可参见［德］卡尔·拉伦茨著：《法学方法论》，陈爱娥译，台湾五南图书出版公司1992年版，第367页。

② 郑戈：“法学是一门社会科学吗？”，载《北大法学评论》第1卷第1辑。

形态及政治宣传的角色定位，如不改变此种定位则法理学永远不可能长大。正确的角色定位应当是“规则学”，以规则学为核心来拓展法理研究空间和重建法理学理论体系。理想的法理学体系应当包括3大块：法律的一般认识成分、合理人际交往关系的建构成分以及法律方法或法律技术成分，最终将法理学由政治哲学造成为经世致用——为法治所用、为人的自由与解放所用的学问。这要求我们对法理学体系作一番“消肿增肌”的改造——剔除某些无用的或体系外的东西，增加实用的、合逻辑的成分。这主要是：删除复述历史唯物主义成分，精简“史”的成分、过于空泛的法与社会的成分和本国法律制度的描述成分，增加人际合理关系的规则研究和法律技术的研究。

法理学的方法问题是法理学发展的第二个“瓶颈”，正确的方法虽然不能保证出科学的成果，但是不正确的方法要出科学的成果却只能是偶然的碰运气，正如一个人拿起菜刀用切菜的方法去为病人动手术很难成功一样。法理学的方法包括研究方法和法律方法两部分，前者包括思维方式，思维方式从主客体思维到主体际思维的变革是法理学方法首先要解决的问题，而法律方法的叙述则应当成为法理学的重要组成部分。

长期以来，外部环境对法理学的发展构成了某种压力，尤其是在新中国成立初的30年，近年来有了很大好转，这是值得庆幸的。法理学的发展需要社会的理解与支持，特别是在今天。法理学需要克服自身的局限而达于成熟，它必须突破许多框框，需要更多地以“外在”的观点对法律、社会作出评价，对某些传统的权利提出质疑，这就必然引起人们的不快。当然，法理学发展更有待于学人发挥敬业精神。理论工作的任务在于创新而不是复述。以法理研究为职业的人，如果没有创新而只知照搬陈年古董，这就如机械工人没有生产出机器，农民种不出庄稼一样，应当以此为耻，也应当有相应的社会机制叫他下岗或待岗。

最后要说的是“讲坛法理学”和“论坛法理学”的分裂问题虽然有了许多进步，但是教材远远落后于研究的状态始终没有解决。由于教材理论的落伍，我们培养的学生远离法理学，甚至鄙视法理学，更不用说在司法实践中应用法理学，这是法理学教学的悲哀：法理学产生了自己的掘墓人。这造成法理学研究缺乏后备力量或后备力量不足的状况，对学科发展极为不利。建议进一步打破教材几乎是千人一面的局面，实行教材多样化，同时教材必须是开放的：避免把自己的观点说成是绝对真理，教材应当对各主要观点做出描述与评价。

（2000年第3期）

执政党模范守法是实现法治之关键

童之伟*

本文所说的执政党,指作为全国人民领导核心的中国共产党(除小标题和个别情况外,以下均简称党),它在我国的领导地位是宪法确认了的。

建设社会主义法治国家,必须坚持党的领导,因为"我们人民的团结,社会的安定,民主的发展,国家的统一,都要靠党的领导。"①1993年由第九届全国人大第二次会议通过的《宪法》第13条修正案(以下简称宪法的法治条款)规定:"中华人民共和国实行依法治国,建设社会主义法治国家。"这是我国民主法制建设史上的一个里程碑。在我国,实现法治要靠党领导,这是不言而喻的。但本文所要谈的是同一过程的另一方面,即党模范地守法对于实现法治的意义和相关问题。

一、执政党守法方面有待改进的一些问题

近20年来,党作为一个整体,十分重视在宪法和法律的范围内活动,极大地推进了中国走向法治化的进程。但是,我们也不必讳言,在某些时候、某些具体问题上,今天的有些做法仍然是欠妥当的,不符合或不完全符合法治的要求,有必要逐步改进。在笔者眼界所及的范围内,至少有这样一些不妥当而且没有引起社会和国家最高领导层足够注意的问题。

(一)在全国人大启动修宪程序之前就超越宪法自行其是的问题

宪法的修改,从议论、讨论到启动修正程序,有一个过程。作为国家的领导核心,党的代表大会或党的其他机关要在向有关国家机关提出修宪建议之前讨论修宪的内容,这是完全应该的,不存在什么违宪问题。但是,如果在宪法有关条文由最高国家权力机关修改之前,党就做出了与之相背离的决定并通过自己的机构和党员带动全社会大张旗鼓地贯彻这种决定,情况就不一样了,就很可能已经超越宪法、违反宪法了。在这方面,笔者印象最深的是《宪法》第7条修正

---

* 作者单位:中南财经政法大学。

① 《邓小平文选》(第2卷),人民出版社1994年版,第342页。

案通过前的情况。当时,在《宪法》第15条关于国家实行计划经济的条文得到修改之前,党就做出了实行市场经济的决定并开始贯彻落实了,各级各类国家机关也开始在党的推动下按市场经济的要求部署工作、推进改革,而有关宪法修正的提出,则是在那之后许久的事情。笔者认为,要说这类做法不违反宪法和党章中都肯定了的关于党要在宪法和法律的范围内活动的原则,那是很难令人信服的。这是一个例子,但却较集中反映了党处理修宪问题的通常模式。对于这种模式在历次修宪中的应用及其存在的弊病,在本文之前已有学者作过很中肯的论述。①

(二)不尊重国家权力机关,甚至违反宪法和相关法律的问题

这在地方上有多种表现,其中常见的有以下几种:有些依宪法和地方组织法应由本级人民代表大会选举或由其常委会任免的国家机关工作人员,党委往往直接任命,或党委内定后立即到职视事,事实上行使职权许久后再走人大或其常委会的程序;让在国家权力机关未获通过或已被国家权力机关撤销职务的人行使或继续行使相关职权;不给人大或其常委会了解和考核被推荐任命的干部的机会;任命被推荐的干部时,除少数负责人逐一表决外,多数安排成批交付表决,使人大或其常委会只能要么全同意,要么一个不同意,使人大及其常委会行使任免权成为空洞的形式;不经人大或其常委会同意任意调动经由其选举产生或任免的"一府两院"人员;为保证向人大提名推荐选举或任免的干部全部获得通过,向代表或委员不适当地施压,未获通过时长期不重新考虑人选;对未经党委推荐但又合法当选的人员拒不认可,甚至借故从其他方面进行追究和非难,等等。

(三)妨碍审判、检察机关独立行使职权的问题

《宪法》规定,法院、检察院依照法律独立行使审判权、检察权,不受行政机关、社会团体和个人的干涉。有人据此认为,其中没有排除党的干涉,因而在党的组织面前,审判权、检察权无独立性可言。这种看法不合理,因为,如果说宪法有关条文没有排除的组织就是可以干涉独立行使审判权、检察权的组织,那可以干涉的组织可就多了。上述宪法条文没有提到政党,也许修宪者当初确是有意给执政党从政治上领导和监督法院、检察院独立行使职权留下余地。但这并非绝对必要,因为,政治上的领导、监督不同于干涉,它不是要妨碍这两个机关独立行使职权,而是要在政治上支持和保障它们独立行使职权。

但是,在实践中,由于现行党与审判、检察机关的关系模式不尽合理,在有些

---

① 沈关城:"宪法的地位与现实",中国法学会宪法学研究会1999年年会论文。

地方、有些时候，党的机构及其领导人不是支持审判机关、检察机关独立行使职权，而是将自己的意志强加于这些机关。在这方面，最近在全国范围内颇受关注的原河南平顶山市政法委书记李长河雇凶、受贿案审理过程中披露出来的一些体制性问题发人深省，很能够说明问题。据报道，法庭调查时揭露了李长河任舞钢市市委书记期间制造冤狱、干预司法机关独立行使职权的几个片断：在法院院长、检察长向其汇报子虚乌有的吕净一贪污案的案情时，李长河拍板："吕净一罪名能够成立"；后来李长河又对案件处理做出指示："吕案处理，判上几年为上策，做出有罪处理为中策，处理不了为下策"；①在法院奉了上述指示开庭审理吕案的休庭期间，"一位公诉人对吕净一说：'老吕，你没有罪！但领导说你有罪，我们只好来公诉你，请你理解我们"；"市法院的一位领导更坦率地对吕说：'我们知道你是冤枉的，但也没有办法，顶不住市委的压力"；结果一审判了吕净一有期徒刑二年，上诉也被中院驳回。② 面对这样的事例，难怪在了解事情真相后会有法科学生作出这样的评论："检察机关独立行使检察权；审判机关独立行使审判权是宪法明文规定的，但是从法庭调查中可以看出，在举报人吕净一冤狱的过程中，有关部门无论是在立案、批捕环节，还是在起诉、审判环节，都受到了时任市委书记李长河的干预和操纵，甚至在量刑上也听从了李长河关于'吕净一案要从严不从宽'、'判上几年为上策'的指令；以致造成对吕净一错捕；错判，成为我国司法腐败中又一典型案例。"③

应当说，李长河这种品质恶劣的领导人，在党内是极少数，从这个意义上说，以上事例具有偶然性；但我们也应当看到，在现行党与审、检机关关系模式下，党的有关组织若想要给审、检机关发指示就能够发指示，想要干涉就能够干涉，并无什么实际限制，后者往往难以抗拒，而且，在通常情况下出现这类做法既没有谁会追究，也没有谁能够追究（李长河的事后来被翻出来，完全是因为李雇凶伤害他人致一死一伤的事败露，为查清事情的来龙去脉才被提及的），从这个意义上说，现行党与审、检机关关系模式妨碍审、检机关独立行使职权具有一定程度的必然性。

（四）直接行使国家权力的问题

国家权力由受人民委托的组织即各级各类国家机关按照法定的权限和程序统一行使，其他任何组织和个人都不得行使。这是我国《宪法》规定的"国家的

---

① 张惠君、吴天庆："李长河雇凶伤害、受贿案始末"，载《法制日报》2000年3月18日。

② 越时："政法委书记雇凶灭口"，载《楚天都市报》1999年10月11日。

③ 张惠君、吴天庆："警钟处处听民声"，载《法制日报》2000年3月16日。

一切权力属于人民”原则的基本要求，也是民主制度的通例。但在我国，执政党直接行使国家权力曾经是十分普遍的现象。遗憾的是，这种现象今天也还并不鲜见。笔者手边有几张报纸，正好有这方面情况的几则记载：一则是黑龙江某市的市委工作组行使原本属于司法机关的职权，使用强力收审某处长、非法扣押其弟财产等情事的详细记载；①另一则是安徽某县某乡的一党委副书记以收税名义带人下乡横征暴敛的报道；②还有一则是浙江某市某乡一党委副书记带强征队搞非法拘禁逼死农妇的消息。③ 同一种报纸一个月之内就披露出三则这类事件，足见党的机构直接行使国家权力的现象今天仍然是较常见的。以上事例都是在批评性文字中反映出来的。在正面报道中类似情况也有所反映，例如，有文字表明，海南省戚某某特大受贿案得以突破的关键性线索，就是在党的机构的工作人员对戚妻实行拘禁的过程获得的。④ 党的组织或其负责人直接行使国家权力的事情，在我们社会特别是其基层至今仍是较常见的现象。党的上级组织往往只在弄出乱子之后就事论事地管一管，并未将其实事求是地摆到宪法和法律的层面上认识，更未意识到这种做法是非法的。

（五）党政不分带来的问题

解决党政职能不分问题一度被中央确定为政治体制改革的重点，但10多年过去了，这个问题在不小程度上仍然存在。党政不分除人们常说的以党代政外，其具体形式还有党政联席会议、同一机构党政双重职能，党政部门合署办公，党政联合行文，以及党政联合、由党委安排人负责的领导小组、指挥部、办公室等。党政不分给法治建设带来不少问题，其中主要有三个：一是党的机构客观上充当了国家机关，但却不对任何国家权力机关负责、不受其监督；二是原本应对国家权力机关负责并受其监督的机构，因其行为与党的机构混在一起，责任不清，往往使得有关国家权力机关难以对其进行监督、让其负责；三是当公民、法人和其他社会经济组织的权利受到或感觉受到这类机构损害时，无法通过行政诉讼等途径寻求救济。

（六）对党员领导干部和党的下级组织不守法行为失之放任的问题

虽然党章规定党员应自觉遵守国家的法律，但并无具体要求和罚则，各级党的组织往往并未将不守法作为大问题看待，尤其是当有些有不守法行为是在实

---

① 郭毅、毕晓帆：“他在权与法中挣扎”，载《法制日报》1998年12月28日。

② 何世建：“钱铺乡竟如此敛钱”，载《法制日报》1998年11月11日。

③ 李建平：“如此‘强征’法难容”，载《法制日报》1998年11月18日。

④ 郑文：“揪出狐狸尾巴”，载《法制日报》2000年1月27日。此外，笔者曾阅读过的另一篇深度报道对此有十分详尽的描述，可惜记不准出处和日期。

现党的领导或加强党的领导的外观下表现出来的时候。党的有些组织及其领导人不守法，较常见的情形有这样一些：在处理某些重要社会公共事务的过程中，违反宪法的规定或精神，在某种程度上架空或规避国家权力机关；行使依法应由国家行政机关行使的职权；超越政治领导和监督的范围，干涉审、检机关独立行使职权；挤占基层群众自治组织的自治权，或妨碍其行使这种权利，尤其在农村；党员作为行政机关、社会经济组织的法定代表人，拒不执行已生效的法院判决或裁定，等等。

二、为执政党模范守法提供充分制度保障

党在守法上面之所以存在以上那些问题，有很多的历史的和现实的原因，不是一篇短文章所能说得清的。但是，若从法制角度看，原因主要有这样几个：

首先，执政党理论定位和法律定位不明确。任何党都不能等同于国家，党的机构不是国家机关，从应然意义上说，这点我国和其他国家没有什么不同，这也是党的正式立场。但是，既然党不能等同于国家、党的机关不是国家机关，那它们是什么呢？通常它们应当是社会团体和社会团体设立的机构。但在我国，党是不是社会团体？它的机构是社会团体的机构吗？从理论上、法律上和事实上看，对此都不能作肯定的回答，其中可能有的任何一种回答都自相矛盾或与客观事实不符。

其次，党所享有的“权”的性质也十分含糊，而这又导致相应的义务没法界定。只有国家机关才能拥有（公共）权力，社会团体及其他非国家机构只享有权利，这是法治社会通行的规则。按学理和按法律党不享有（公共）权力，只能享有权利，但事实上它同时享有和运用着大量的（公共）权力和权利。并且，由于这些“权”都不是法律明确规定的，所以也就没有法定义务与其相伴随，因而党事实上直接掌握和运用的（公共）权力、权利往往与相对应的义务的脱节。党理论定位和法律定位不明确造成的问题在财务制度上有集中反映。例如，党有没有自己的财产？应当说是有的，因为党员都是缴纳党费的。但是，党产和国家财产怎么区分，党的哪些活动用党产做经费，哪些活动的经费来自国家财政，以及党的机构既然不是国家机关，专职党务工作者既然不是国家机关工作人员，那为何将其经费在事实上纳入国家预算，等等。这些都是很现实却又很难回答的问题。这些问题在理论上和法律上未解决好，是现实生活中党政职能分不开的重要根源。

最后，党必须遵守宪法和法律、在宪法和法律范围内活动的原则，没有具体

化为可操作的法律制度。这方面问题早已有作实际工作的同志根据亲身体验讲过自己的感受,笔者觉得这些话是比较实事求是的:“任何组织或者个人超越宪法和法律都要承担相应的法律后果,可是地方党委违宪、违法却没有人追究,也没有人敢过问,因此,客观上地方党委还是享有超越宪法和法律的‘特权’。党委的违宪、违法行为不仅使国家法制的统一性受到严重的破坏,而且使法律应有的尊严受到损害”;“比如宪法规定了‘一切违反宪法和法律的行为,必须予以追究’。但具体涉及各级党委违宪时,怎样追究?谁来追究?追究党委违法行为应当履行什么样的程序?对违法的个人应当怎样追究?对党委集体违法怎么追究?”①这些迄今仍然是不可能真正找到答案的问题。事实上,在我国现行司法制度中,以党的机构为被告的任何案件法院都不会受理,党的机构的行为和文件在任何情况下都不会成为违宪审查和司法审查的对象。这也是党的机构实际上享有超越宪法和法律的特权的表现。

针对以上症结,为了使党能够获得模范守法所必不可少的制度保障,看来按照建设社会主义法治国家的要求,从以下诸方面着手改革或变革是十分必要的。

第一,在国家指导思想或国家哲学层面形成更能体现法治精神的执政党概念,并通过权威性政治文件宣示出来。经过刷新的执政党概念可在现有基础上改进部分原有内涵的表述或概括进必要的新内涵,其中应当包括:执政党不是国家机关,按国家的一切权力属于人民原则,它不享有任何(公共)权力;执政党也是社会团体的一种,除按其性质由宪法和法律特别授予的权利之外,它同其他社会组织在享有权利和承担义务方面,不应当有什么不同;除法律特许的机构和少数领导人之外,党的机构和专职党务人员都是民间机构和其中的人员,与公共财政不发生关系,但党的机构依法可获得公共财政的补贴。

第二,按上述理论定位,确定党和党的机构的具体法律地位,并在法律上对党的领导权的内容、界限、行使程序和相应的义务作出规定。根据权威性解释,我国宪法序言中关于党的领导的文字以其特有的方式肯定了党的领导地位、领导权或执政权。宪法既然确认了党的执政权,就应当按法治原则,同时明确或另行立法明确这种领导权或执政权的具体内容、范围、运用程序和相应义务。这方面的工作应当引起足够重视。

第三,通过必要立法,具体规范党和国家机关的关系。这当中首先是党的各级组织与同级国家权力机关的关系,其次是党与审判机关、检察机关的关系。这方面的法律可以称政党法,也可以称党与国家机关关系法。应当说,许多国家都

① 王福林:“改善党对人大工作的领导”,载《人民之友》1998年第11期。

无这样的立法。但须知,那些国家也没有宪法规定的唯一执政党。根据我国具体情况,我们很有必要制定这样的法律。

第四,以党的财产与国家财产界限明晰化为基础,先解决分灶吃饭问题,再解决党政职能分开的问题。分灶吃饭,指原则上国家机关工作人员(当然包括同时在国家机关任职的党员干部)吃财政,党的机构和专业党务人员吃党费。党费不够依法由财政补贴。从分开党产与国家财产、分灶吃饭入手,比较容易解决长期困扰我国政治体制乃至司法体制的党政不分问题。

第五,在改革现行宪法监督制度时充分考虑对执政党进行监督的可能性,争取设立能够对所有政党及其机构进行监督并能对其违宪行为做出相应处罚的宪法监督机构。为了既保证党对这个机构的领导,又保证它能够独立行使职权,有关法律可规定其成员全部或绝大部分由执政党在有足够资格的人士中提名推荐,报最高国家权力机关批准,但同时又规定非因法定事由不得调动或撤换。

第六,形成各级党的组织与同一级国家权力机关的双向制约关系。党的一级国家权力机关的政治领导很大程度上是通过同一级党的组织来实现的,其中,领导已包含了监督的含义。在这方面,要进一步做好的工作是通过改善党的领导来加强党的领导,这一点平时强调得比较多。现在和今后应更多地强调的是事情的另一面,即实现各级国家权力机关对同级党的组织的监督。按我国宪法,毫无疑问,各级国家权力机关有权对本级党的组织是否遵守宪法和法律的情况进行监督,有权对其所主张、所行使的权利或权力是否属于超越宪法和法律的特权进行监督。按宪法关于监督宪法实施,保证宪法、法律得到遵守和执行的规定,严格地说,进行这方面的监督是县级以上各级国家权力机关不可推卸的职责,不监督就是失职。落实这方面的监督显然是建设法治国家的应有之义。从宪法、法律与党的方针、政策的关系看,此举也是加强党的领导的必要措施。

笔者相信,如果能够在以上诸方面实行改革或变革,为党模范守法创造出更好的制度条件,那么这本身就是向社会主义法治国家迈进了一大步。

(2000年第7期)

法治的审美旨趣与美学意境

姚建宗*

俄国思想家车尔尼雪夫斯基曾说过这样一句名言："美是生活。任何事物，凡是我们在那里面看得见依照我们的理解应当如此的生活，那就是美的；任何东西，凡是显示出生活或使我们想起生活的，那就是美的。"①这表明，美是人的世界所特有的，美体现在人的生活的方方面面，也体现在人的生活世界的不同层面与构成部分之中。

因为，人的世界的独特性在于，它是人基于自然而然的世界的存在而对其加以认知和改造的结果，人对其生存于其中的世界的认知固然需要依据这世界的本来面目——事实与逻辑的必然性来进行，但人对这世界的改造和对"改造了"的世界的再认知与再改造的不断展开，却必须基于人对其生存和发展的客观需求、主观愿望与未来期待，这本身也是人的生活的基本事实，它所表达的乃是人把单纯的生存变成有意义的丰富的生活的努力。而在这为了生活的努力当中，人便不能不具有立足于现实的日常生活世界的乌托邦情结，以及在这乌托邦情结下对未来生活的理想追求。人的现实的自然世界、社会世界和观念世界，也就既是人的理想追求的结果，又是人的理想追求的基础和起点。于是，在人为其生活的追求与努力当中，便无时无刻不体现出其独特的审美旨趣与美学思维逻辑；人的现实的和未来的日常生活世界的精神意识与观念的更新，人的现实的和未来的日常生活世界的制度变迁与制度创新，人的现实的和未来的日常生活世界的组织建设与设施的完善，也不能不必然地体现出人自身的美学观照。这就是马克思所说的人与其他动物的根本不同："动物只是按照它所属的那个种的尺度和需要来建造，而人却懂得按照任何一个种的尺度来进行生产，并且懂得怎样处处都把内在的尺度运用到对象上去；因此，人也按照美的规律来建造。"②

显然，作为人的一种生存式样与生活方式，作为人的一种秩序性追求的制度安排，法治也反映并体现着现实的人自身的审美旨趣与美学意境。

---

* 作者单位：吉林大学。

① 《车尔尼雪夫斯基选集》（上卷），周扬等译，生活·读书·新知三联书店1958年版，第6页。

② 《马克思恩格斯全集》（第42卷），第97页。

一

法治的生成与运作所表达的社会活动主体与作为客体之法治要素的相互塑造与型构,彼此赋予对方以价值和意义。这种价值和意义与人性的契合,呈现出的乃是社会活动主体在法治问题上的审美立场;就法治自身而言,它所呈现的乃是法治的审美观照,即法治的美学标准。

我们知道,美只存在于生活之中,而生活只是属于人的,因此,美只能也始终存在于人的生活世界。人的世界和人的生活是由人来创造的,因此,美只能也始终存在于人的创造和人的生活追求之中。现实的人的世界和人的生活追求表现为人作为社会活动主体在以自身的生存、发展和完善为根本尺度而对客体世界的改造,在这里,客体乃是进入主体人的认知视域的存在,包括纯粹自然的物质世界、由人的创造性活动产生的社会的物质世界以及由人自身的观念和意识构成的主观的观念世界。所谓人对客观世界的改造和对人的生活世界的创造以及人对生活的追求,实质上也就是人对人的这3种世界的统一的认知与改造,这种认知与创造必然是以人自身的美学标准、以人为其生活世界设定的理想原型为参照而进行的。

法治,作为现实的人的一种现实的生存式样与生活方式,作为现实的人的一种秩序性追求与制度安排,它本身也既是现实的人对于生活的一种选择,又是现实的人对于生活的一种创造;它既是人对客观世界进行改造的一个维度,又是人对客观世界进行改造的手段与方式之一。于是,在法治的追求与践行之中,作为主体的人的坚定的审美立场便是:以人自身的生存、发展和完善为真实的地基和根本的标准。也就是说,法治的审美立场是也应当是以现实的人的现实的生存与生活为基础与出发点,而以现实的人的未来的理想生活为目标指向和参照。从根本上来讲,法治的审美立场体现了人的超越属性,即人对自然世界的超越和人对自我的超越。一方面,"为了让世界满足自己的需要,人类要从这个自然而然的世界中去探索真(为何如此)、去寻求善(应当怎样)、去实现美(是与应当的统一),把世界变成对人来说是真、善、美相统一的世界。这种对人来说是真善美相统一的世界,就是人与世界、思维与存在的否定性统一,就是把人的非现实性(目的性要求)转化为现实性、把世界的现实性(自在的存在)转化为非现实性

(为我的存在)。这就是人对自然世界的超越。”①另一方面,“从自然中生存的人类,却要认识人生、改造人生,在对人生的认识与改造中去寻求意义(为何生存)、去追求价值(怎样生活)、去争取自由(实现人生的意义和价值),把人类的生存变成人类所向往和追求的生活,把人类社会变成人类所期待和憧憬的现实。”这就是人对自我的超越。② 笔者认为,作为现实的人的一种规范性生活方式,法治的审美立场体现了人的超越性,乃是基于这样一个基本事实,即“人类超越自然而构成人类社会,由此便产生了个人与社会、个体意识与历史文化的矛盾”,同时,“人作为类而构成认识和改造世界的‘大我’,人作为个体则表现为各自独立的‘小我’”,而“由这种‘大我’与‘小我’的矛盾关系所构成的社会正义与个人利益的矛盾,提出了具有更为迫近的人类生存意义的政治理想问题、社会制度问题、法律规范问题、伦理道德问题、价值观念问题以及人类未来问题。”③因此,法治作为人的一种现实的规范性生活方式,既不能不密切关注现实的人的生活现实,也不能不密切关注现实的人的生活需求与生活理想。法治的审美立场所表达的也就是以现实的人的生活理想为尺度对现实的人的生活现实的观照与改造,从这个角度来看,法治的审美立场也就体现了现实的人对人的现实的超越。因为,“人是现实的存在,但现实的人却总是不满足(不满意)于人的现实,总是使现实变成对人来说是更加理想(更加满意)的现实。生产劳动、科学探索、技术发明、工艺改进、理论研究、艺术创新、道德践履、观念更新、政治变革,都是现实的人对人的现实的超越。人在现实中生活,又在希望、期待、向往的理想追求中生活。现实规范着理想,理想又改变着现实。”④

这样,法治的审美立场在现实的人的现实的法治生活之中,便不能不体现为既不背离现实的人的现实生活又坚定地朝向现实的人的理想生活这样一条美学标准,其核心乃是用理想来观照人的生活现实。所以,法治的审美立场及其美学标准,体现了人的一种永恒的乌托邦情结,一种永恒的对理想生活的追求与向往。难怪布洛赫高度评价乌托邦理想对人的生活和社会的重大意义,他说:“如果,一个社会不再以一种理想的乌托邦社会加以参照以照亮前景,而是根据事物本身去盲目要求,这个社会就会相当危险地误入歧途。如果,革命的力量不是使在抽象中展示的理想付诸实现,相反,以灾难性的手段去诋毁甚至毁灭那种尚未在具体中出现的理想,那么,再糟糕也莫过于此了。唯有乌托邦的目标明晰可见

① 孙正聿著:《理论思维的前提批判》,辽宁人民出版社 1992 年版,第 82 页。
② 同上,第 82 ~ 83 页。
③ 同上,第 82 页。
④ 同上,第 84 页。

并成为人类的前景时，人的行动才会使过渡的趋势变为主动争取的自由。即使空想主义者至多只允诺显而易见的空想的乌托邦，但是在其中就已经对乌托邦所具有的客观实现的真实可能性作出了自己的承诺。”①

然而，必须明确，法治本身的存在和践行是拒斥乌托邦的“在场化”的，能够作为法治的美学标准的只能是在法治之“外”与法治保持“距离”的“不在场”的乌托邦，也唯其“不在场”、唯其处于法治现实之“外”，人类生活的乌托邦或理想才有可能现实地构成法治审美的参照模式与标准。

二

法治的审美旨趣在于寻求一种符合人性并体现情、理、法3者之统一的和谐秩序；这一旨趣贯穿于法治的诸多层次、涉及法治的方方面面，它所体现的法治的审美形态也是多种多样的。

美是生活，而生活只能是人的生活，因此，美的东西既以人的真实的人性为基础同时其本身又是人性的体现；正是在人性基础上并满足人性之正当合理要求的生活经历之中，人才创造了自己的生活，也创造了美。然而，现实的人的生活是多方面的，人所创造的生活世界也是多方面的，同时，在现实的人的生活的每一个方面、在现实的人的每一个生活世界，又都体现着丰富的人性内涵、体现着真实的人的多重需求，生活之所以是美的，正是这丰富的人性内涵、真实的人的多重需求都能得到充分有效的满足并达到统一与和谐。

作为现实的人的一种生活方式，法治所寻求的也正是一种立足于人性并体现着人性、伦理与法的协调统一的和谐的社会秩序，这也是法治的审美旨趣之所在。因为从根本上来说，“人不仅有生物生命，而且有精神生命和社会生命，人是三重生命的矛盾统一体；人不仅生活于自然世界，而且生活于自己创造的文化世界和意义世界，人的世界是三重世界的矛盾统一体。因此，人的生命之根是人的三重生命的和谐，人的立命之本是人的三重世界的统一。美，就是人的三重生命与人的三重世界的统一与和谐。”所以，“美是和谐，是人与自我、人与社会、人与自然的和谐”，如果“失落了人与自我、人与社会、人与自然的和谐，美便不复存在，人也就无法感受到美，体验到美。”②在法治的观念、意识的精神层面，法治

① ［德］E.布洛赫：“乌托邦的意义”，载董学文、荣伟编：《现代美学新维度——西方马克思主义美学论文精选》，北京大学出版社1990年版，第208页。

② 孙正聿、李璐玮著：《现代教养》，吉林教育出版社1996年版，第302、293、292页。

对现实的人的人格之平等独立、人的尊严与价值的高扬，对人与人在社会生活之中充分的自主与自治的地位及其彼此合作，对人的正当合理的利益与权利的充分认可与保障，对人的生活环境之改善的深切关注（可持续发展观即是其表现之一），真实地体现了法治在人的生活之中所达到或追求的人与自我、人与社会、人与自然的"和谐的美"；在法治的规范设计、制度安排、组织机构设置及其结合方式与实际运作之中，法对现实的人的主体地位与人格尊严的平等保障，对人与人的社会合作的利益与负担的合理分配方式的确认与保护，对人的生存与生活环境的改善与合理利用的保护（如自然资源法、环境保护法等法律的宗旨、规范与制度框架），也真实地体现着法治所追求或者达到的人与自我、人与社会、人与自然的"和谐的美"。

美是生活，是人的创造，而人对生活的创造本身又不能不依据一定的审美标准、不能不遵循一定的美学原则。正因为如此，作为人的真实的生活的重要方面，一切社会的、政治的、经济的、法律的规范设计、制度安排与组织机构的设置，都不能不符合一定的美学原则与审美标准，它们自身也不能不映现出某种美学效果。所以，古希腊先贤亚里士多德指出："人类在历史过程中自有许多机会——实际可说是无数的机会——一再创始各种制度。我们有充分的理由可凭以设想，'需要'本身就是各种迫切的发明的教师；而人类社会既因这些发明具备了日常生活的基础，跟着也自然会继续努力创造许多事物来装点生活，使它臻于优雅。这个普遍原则，我们认为对于政治制度以及其他各个方面应该一律适用。"①而英国思想家霍布斯更是把国家及其规范、制度与组织结构视做模仿有理性的大自然最精美的"艺术品"人并依其美学原理来建造的。我们不妨详引其言于后。霍布斯说："号称'国民的整体'或'国家'（拉丁语为 Civitas）的这个庞然大物'利维坦'是用艺术造成的，它只是一个'人造的人'，虽然它远比自然人身高力大，而是以保护自然人为其目的；在'利维坦'中，'主权'是使整体得到生命和活动的'人造的灵魂'；官员和其他司法、行政人员是人造的'关节'；用以紧密连接最高主权职位并推动每一关节和成员执行其任务的'赏'和'罚'是'神经'，这同自然人身上的情况一样；一切个别成员的'资产'和'财富'是'实力'；人民的安全是它的'事业'；向它提供必要知识的顾问们是它的'记忆'；'公平'和'法律'是人造的'理智'和'意志'；'和睦'是它的'健康'；'动乱'是它的'疾病'，而'内战'是它的'死亡'。最后，用来把这个政治团体的各部分最初建立、联合和组织起来的'公约'和'盟约'也就是上帝在创世时所宣布的'命令'，那

① ［古希腊］亚里士多德著：《政治学》，吴寿彭译，商务印书馆 1995 年版，第 371～372 页。

命令就是'我们要造人'。"①

首先,法治的审美旨趣所追求的"和谐秩序"的美,其根本的意义体现在寻求情、理与法3者的协调与统一,即法治所追求的规范性生活乃是既照顾到人之生活常情,又考虑到人类生活的普遍公理与道德共识,同时还符合法的规范性要求的有序的生活。事实上,作为现实的人的生活之一维度,法的生活绝非单纯法之一项内容,而是包含了情、理、法三项内容的复杂生活,于古于今、于中于外概无不同。仅就中国情况而论,梁治平早就指出,由于"法律就像语言,乃是民族精神的表现物。它们由一个民族的生命深处流淌出来,渐渐地由涓涓细流,汇成滔滔大河,这样的过程也完全是自然的。就此而言,法意与人情,应当两不相碍。只是,具体情境千变万化,其中的复杂情形往往有我们难以理会之处。即以'人情'来说,深者为本性,浅者为习俗,层层相叠,或真或伪,或隐或显,最详尽的法律也不可能照顾周全。况且法律本系条文,与现实生活的丰富性相比,法律的安排总不能免于简陋之讥。因此之故,即使立法者明白地想要使法意与人情相一致,此一原则的最终实现还是要有司法者的才智与努力方才可能。这也就是为什么,历来关于明敏断狱的记载,总少不了善体法意,顺遂人情这一条。"在司法实践中,"表面上看同是依法行事,实际上却有深浅之分,真伪之别。如果拿不伤物情,不害事体做一项标准,执行法律这件事情便是一种艺术,必须创造,不能照搬。这时,法官的人格与识见,就像艺术家的修养与趣味一般,乃是他们创造活动中最重要的一些因素。"②就国外的法治情形而言,第二次世界大战结束后,纽伦堡欧洲国际军事法庭对纳粹战犯及其他为法西斯政权效劳的罪犯的司法审判、③1889年美国纽约州法院对里格斯诉帕尔默一案的审判、1960年美国新泽西州法院对亨宁森诉布洛姆菲尔德汽车制造厂案件的审判,④都十分典型地体现了情、理、法相协调、相统一而达致之和谐的法治的审美旨趣。

其次,法治的审美旨趣所追求的"和谐秩序"的美,表现为法治的价值美与法治的形式美的协调与统一。法治的价值美也就是以人性为基础,体现为充分满足人的生存、发展和完善这一根本价值尺度的各种价值观念与理想的可欲性,也就是对于人性与人的根本需求的正当性与合理性,法治的价值美构成了法治的实质合理性,体现为对个人的基本人权和自由的确认与充分保障;法治的形式

① [英]霍布斯著:《利维坦》,黎思复、黎廷弼译,商务印书馆1995年版,第1~2页。

② 梁治平著:《法意与人情》,海天出版社1992年版,第149、152页。

③ 张文显著:《二十世纪西方法哲学思潮研究》,法律出版社1996年版,第410~411页。

④ [美]罗纳德·德沃金著:《认真对待权利》,信春鹰、吴玉章译,中国大百科全书出版社1998年版,第41~42页。

美也就是法治的制度美或体制美,即将对人来说是可欲的各种价值理想外化为一系列具有可行性的法的规范、制度、组织,并使之按一定方式有效组合并良性动作。显然,法治的形式美更具有技术性与手段性,它本身是由法治的价值美决定和制约的,或者说,正是法治的价值美规定着法治的形式美对于人的属性和它自身的功能、作用与美学效果;另外,法治的价值美也只有通过美的形式,即彼此和谐的规范、制度与组织才能体现出来,并在法治的形式或者法治的制度的良性运作中才能充分实现。正如普罗提诺所认为的,"美只寓于形式中……而且必然是这样,因为只有形式才能为我们所领悟。"①因为价值美和形式美是统一的,所以,美学家桑塔亚那才说:"正义的价值,如果不是派生的和功利的,就必须是固有的,或者说,审美的",而且,"民主的主要权利,是纯粹审美的东西。"②具体而言,法治的形式美从静态角度来看,主要体现在3个方面:一是法治的规范之美,表现为法的规范与人的现实生活的密切关联并忠实地反映着现实的人的生活需求,表现为法的规范之间的协调与相互配合,还表现在法的规范自身具有严整的逻辑;二是法治的制度之美,表现为单个的法制度与构成该制度的一系列法规范的协调与配合、法的制度与现实的人的真实生活之需求的协调,表现为法的制度之间的协调与配合,法的制度自身在逻辑上严谨,在此基础上,由各相关法制度构成的法的部门在充分体现现实的人的生活需求的同时彼此之间能够协调并相互配合;三是法的组织机构之间的协调,也就是它们之间既能相互制约又能彼此配合。静态意义上的法治的形式美的基本要求为法的规范、法的制度和法的组织各自内部及其彼此之间既不发生矛盾、冲突和对立,又不发生重大的遗漏(法律漏洞或法律空白)或者重叠。动态意义上的法治的形式美体现为法的规范、法的制度和法的组织各自良性运作并在相互之间形成良性互动,从而使其预期效果与实际效果达到高度的一致,既能在形式上最大限度地达到司法公正与社会公正,又能在实质上最大限度地达到司法公正与社会公正。

再次,法治的审美旨趣所追求的"和谐秩序"的美,表现为法治的共性与法治的个性的协调统一,也就是法治的普适原则与法治的多元模式的统一。作为人的一种生活方式、作为人的一种制度性生活安排与秩序追求,法治本身乃是人的生活经验的总结,也是人类生活的基本共识之体现,其对人的生存、发展和完善的积极意义构成法治的共性与普适原则。但这种共性的展现和普适原则的落

① [英]鲍桑葵著:《美学史》,张今译,商务印书馆1997年版,第153页。

② [美]桑塔亚那:"美感",载章安祺编订:《缪灵珠美学译文集》(第4卷),中国人民大学出版社1991年版,第244页。

实,却是在丰富多彩的法治现实所展示的具体个性与多元模式中实现的。这说明,法治的现实运作,除了具有一些共同的基本原则外,其具体的运作方式与体制建设必定是多种多样的,每一种现实的法治实践都自成一种模式。这样,在法治的每一种实践之中,都必然体现出人的现实需求与历史传统、经验积累与理性建构的不同程度的统一。

最后,法治的审美旨趣所追求的"和谐秩序"的美,表现为在法治问题上众多作为个体的个人的审美理想和审美标准、众多作为个体的人的集合形式的群体即社会的审美理想和审美标准,与国家(政府)的审美理想和审美标准的协调与统一。这种协调与统一既体现在法治的理想方面又体现在法治的现实方面,同时又是法治的理想与法治的现实的统一。

三

法治的审美旨趣所达到的美学意境乃是一种残缺的美。正是由于这种残缺的美使法治的审美旨趣和审美活动的存在绵延不绝,也正是由于这种残缺的美才使人们对法治的追求经久不衰。

美作为人的生活,本身就是以真实的人性为基础并且是人性的具体体现;法治作为现实的人的一种生存式样与生活方式,作为现实的人的生活的一种秩序追求与制度安排,也只能是基于真实的人性并且是人性的表现形式之一。而就人性来说,其内涵包括善恶两面,凡是人皆无不同。在法治生活中,其规范与制度设置在个人的私人生活领域以善居于恶之先为基本预设,在个人的公共生活领域则以恶甚于善端为基本预设。而一般说来,法治主要是通过对人的公共生活的规范与制度化调整而实现人在私人生活领域的高度自治,因此,从总体上看,法治的人性假定是秉持一种恶甚于善的立场,也就是刘军宁所说的"消极的"、"防恶"的政治观。① 由于人性是一不变的常量,其恶根本无法彻底清除,其善也根本无法取代恶而成为人性的主宰,恰恰相反,恶却始终处于人性的主宰地位,因此,基于人性的人的创造、基于人性的人的生活之所有政治、法律、经济、文化、道德和社会的规范与制度安排、组织与机构设置及其现实的运作,都不能不时时刻刻显现出人性之恶的痕迹和烙印,使它们永远都不可能达到普善无恶的完善境界。所以,法治虽然是以现实的人的美学标准而对自身生活的规划与创

① 刘军宁著:《共和·民主·宪政》,上海三联书店1998年版。

造，但它同样不可能达到绝对完美无瑕的状态，现实的法治的审美旨趣所能达到的美学意境只能是一种有着诸多缺陷的残缺的美，这种残缺的美也就是法治的最大限度的完美的诸方面与其不可避免的诸多缺陷协调统一的“和谐的美”。

首先，法治的美学意境之所以只能是一种残缺的美，是因为人性之根本弱点始终存在，即如上所述，在人性之中，人性之恶端永远无法消除，在社会生活的各个领域和方面，人性之恶端比人性之善端更加主动、强大与活跃，正如狄德罗所说“恶就存在于善的本身；我们无法消灭这一个而不同时消灭另一个”。[①] 因此，即使人只抱持善念而在现实中去追求和创造自己的理想生活，也始终无法摆脱人性这本恶对其生活的全方位的广泛而深刻的消极影响，因此可以理解，法治的美学意境只能是一种残缺的美。

其次，从认识论角度来看，人的理性认识和理性能力始终是极其有限的，换用哈耶克的话说，现实的人始终处于“无知”之中。这种有限理性或“无知”的人对法治的追求只能达致残缺的美的境界。哈耶克认为，在人的现实生活中，“一般而言，人不仅对于自己为什么要使用某种形式之工具而不使用他种形式之工具是无知的，而且对于自己在多大程度上依赖于此一行动方式而不是他种行动方式亦是无知的。人对于其努力的成功在多大程度上决定于他所遵循的连他自己都没意识到的那种习惯，通常也是无知的。这种情况很可能既适用于未开化者，亦适用于文明者。”[②]由于人的理性认识和理性能力是极其有限的，人的知识和对知识的运用也是极其有限的，可以说人的认识越深入、知识越广泛，其无知的领域也就越大。人基于自身的这种始终无法克服的理性的有限性而进行的生活之创造，显而易见是无法完美的。因此，法治之美学意境不能不是一种残缺的美。

最后，无论是法治的观念、意识和精神，还是法治的规范、制度和组织设施，其现实的落实有赖于社会的多个主体层次即个人、社会和国家的认知、理解与共同参与的实践，也有赖于社会环境的多向度即政治、经济、社会、文化、道德、历史等因素的综合作用。这些多层次主体、多向度社会因素彼此制约又相互配合的结果，也只能使法治的现实尽可能达到法治的理想，二者可以最大限度地接近，但永远无法达到等同一致。因此，法治的美学意境只能是一种残缺的美。

然而，人之为人，就在于他始终抱持着对未来生活理想而在现实之中具体迈

---

① 转引自朱学勤著：《道德理想国的覆灭》，上海三联书店 1994 年版，第 99 页。

② ［英］弗里德利希·冯·哈耶克著：《自由秩序原理》（上），邓正来译，生活·读书·新知三联书店 1997 年版，第 26 页。

步前行，其对理想关爱的乌托邦情结、其对理想的追求与向往始终不会消失，不会完结。正是由于人的这种超越性质，在法治生活中，他始终在以其理想来观照、反思和改造现实，以使其向理想靠近，这样，现实的法治的残缺的美这一法治的美学意境就自然而然地成了现实的人法治生活与法治追求的基础与起点，也就成了现实的人法治生活与法治追求的最根本的动力和最终力量源泉。

四

法治的审美旨趣与美学意境所折射出来的法治的成长轨迹，乃是一条缓慢的、与人的理性和认识能力状况以及与人的智识水平相适应的渐进之路。

从某种意义上讲，法治的展开过程，就是法治审美的实践过程，即有关法治的美学标准与美学原则在法治实践中的应用过程。由于现实的人的理性认识能力与智识水平的差异，其对法治的美学标准与美学原则之具体内容的理解是极不相同的；同样，不同的时代的人们以及同一时代处于不同社会环境与生活境况中的人们，其对法治的美学标准与美学原则之具体内容的见解也极不一致。而就现实的法治的展开与审美过程的一致性而言，它理所当然也就是历史中的和现实中的众多层次的社会主体之审美标准彼此交锋、相互碰撞的过程，也正是在这种交锋与碰撞中彼此妥协和相互让步并形成某种审美共识的过程。“妥协是通过双方的让步而达成的对冲突的矫正。它意味着妥协双方彼此都能对另一方有所要求，并提供某种价值。它也意味着双方达成某种基本的原则，以此作为相互交往的基础”①，在社会生活之中，妥协乃是比较普遍而正常的一种生活规则，法治的践行实际上就是在坚定地遵循法治的基本原则的前提下，又在各种具体的现实生活场景中适度妥协之中展开的，坚持法治基本原则与实行必要而有效的妥协之间的协调也正是法治的审美旨趣所寻求的“和谐的美”的具体表现，其所达到的和谐的程度固然与人的理性认识能力和知识水平密切相关，同时也与时间密切相关，其过程必然是漫长的。

这一漫长的作为法治审美过程的法治展开过程，同时也是法治的审美示范与审美教育过程。作为法治的审美示范与审美教育过程，其重要任务便是在法治生活或者实践中，通过符合法治原则的审美标准与美学原则的实践训导，塑造着法治的主体人格，特别是锻造着法治主体人格的健全的心态与情感，因为正是

---

① ［美］爱因·兰德著：《新个体主义伦理观》，秦裕译，生活、读书、新知三联书店1993年版，第60页。

"人创造了有意义的生活,有意义的生活涵养了人的性、情、品、格,由此便构成和显现出人性之美、人情之美、人品之美和人格之美。人的性、情、品、格'对象化'为人的生活世界,美就是人的生活,美就是人的世界"。[①] 所以,从美学的角度来看,实际上,正是法治的审美在制约着或者推动着法治的实践及其进步的程度,法治成功与否的关键,就在于能否在全社会广泛地培育起具有高尚的法治审美意识与道德情感的法治主体,这种法治主体应当具有符合法治之审美要求的"性"、"情"、"品"、"格",其"性"、"情"、"品"、"格"之高尚、之美又具体体现为具有健康的法治的心态。难怪马尔库塞特别强调心理革命、审美革命对于社会革命的重要意义。他认为,"一场真正的社会革命要想获得成功,一个真正自由的社会要真正建立起来,首先要经历一场人自身的审美革命,只有通过审美状态才能进入自由",他坚信:"现实社会的革命须以心理革命为基础。只有先经过心理革命,造就出有新的感觉的人;现实社会的革命才可能完成。"刘小枫解释说,"所谓心理革命,就是本能结构(需要系统)的审美变革,感性的审美生成。"[②]

所以,笔者坚定地认为,中国法治建设的关键乃是全社会健全的法治心态、法治人格与法治情感的培育和生长。唯其如此,才会有人们对法的真诚的信仰。从这个意义上来讲,我们不难理解,在一普遍缺乏法治的情感与法治的审美的国度,的的确确是很难建立起真正的法治的。

(2000年第7期)

① 孙正聿、李璐玮著:《现代教养》,吉林教育出版社1996年版,第229页。

② 刘小枫著:《诗化哲学》,山东文艺出版社1986年版,第258页。

“以权利制约权力”辨

胡玉鸿*

如果说“权力制约”是法治的宗旨与归宿①,那么,在法律上设定权力制约的主体,并进行制度的设计与建构,也就成为法治的前提工程。也就是说,要使权力制约真正得以实现,就必须拟定权力制约的主体、依据,并建立相应的组织机构,授予特定的法律权限。然而,权力制约制度的构建本身又涉及“制约”一词本身的界定,即什么性质的法律形式方能称之为制约。无疑地,“制约”作为现代汉语的一个多义词,本身包含丰富的内涵,但权力制约作为一种国家的正式制度,又不能使其含义过于宽泛,否则即可能造成制约的滥用与泛化。② 在我国,基本法律中所用“制约”一词,主要是刑事诉讼法有关公、检、法三机关“互相制约”的规定,其基本含义指司法三机关之间在刑事诉讼活动中,通过权力的交错应用而达到纠正权力违法行使的目的;同样,证诸各国的宪政实践,权力制约主要是指设定正式的法律制度,对权力的行使进行阻止、约束、纠偏,西方法治国家所言权力制衡即为明证。以上“制约”一词的含义表明,制约是一种动态的法律行为而非静态的法律规定。本文所称“制约”一词也严格地在此一意义使用。“制约”含义的确定又涉及权力制约的主体,在我国理论界,有关权力制约的主体除通常所言“以权力制约权力”之外,尚有“以权利制约权力”的提法③,其意指通过人民的参政、议政,增强公民的权利意识,从而以权利的深度、广度来抗衡权力的力度、强度。但是,笔者认为,“权利制约权力说”实际上误解了作为一种国家制度的权力制约的真谛,有从理论上加以澄清的必要。

---

* 作者单位:苏州大学法学院。

① 正如学者所言,“从古代起,‘西方人’便激烈而无休止地讨论着法律与权力的关系,这种争论奠定了法治观念的基础。”参见[美]H. W. 埃尔曼著:《比较法律文化》,贺卫方、高鸿钧译,三联书店1990年版,第92页。“法治的要义在于,为了确保人民的主权地位和每个公民的权利不受国家侵犯,必须对国家权力进行限制。这里说的‘确保’正是法治的着眼点,‘限权’是它的逻辑结论。”参见萧雪慧:“不可回避权力制衡”,载董郁玉、施滨海编:《政治中国》,今日中国出版社1998年版,第69页。另请参见胡玉鸿:“权力制约:法治的宗旨与归宿”,载《法律科学》1996年第3期。

② 从总体上而言,关于权力制约的界定,大致包括四个主要方面,即“谁来制约”(权力制约的主体)、“何谓制约”(相对制约的性质)、“如何制约”(权力制约的形式)、“为何制约”(权力制约的目的)。本文的任务即在于界定“谁来制约”这一问题,其他三个问题则另撰文述之。

③ 除此之外,还有“以法律制约权力”、“以责任制约权力”、“以程序制约权力”等不同的提法。

一、人民主权与权力制约

分析“以权利制约权力”的论点,可以发现,这一命题预设的第一个基本前提是,国家的一切权力属于人民,人民是国家的主人;人民的权力在政治学意义上以主权的形式表现出来,在法律意义上则具体转化为公民的权利;公民权利的集结可以成为对抗国家的力量,因而,“以权利制约权力”其实质就是人民对权力的制约。

自然,就终极意义而言,国家权力来自人民的授予与委托,从这个意义上说,制约权力的“权力”也可以为人民所拥有,即人民利用宪法或法律赋予的权利(这部分权利在宪法学上称为“保留权利”),与非法运作的国家权力对抗。当然,这里所说的人民,实际上也就是单个个人的集合。① 随着民主、法制、人权意识的高涨,现代国家无不以“人民主权”的原则来建构国家的政治制度,承认“政府的正当权力,则得自被统治者的同意”,②如果政府部门非法运用权力,背离了人民授予该种权力的目的,人民则可以利用手中的“保留”权力对其进行抵制、反抗,直至建立新的政府。但是,人民对权力的终极制约权往往与政治革命相联系,并不是严格意义上的法律权力;同时,人民是个抽象的集合概念,人民的权力无法外化为单个人的行为,因而人民主权的理论并不能真正使权力制约成为现实。这正如思想家所言:“依靠人民是对政府的主要控制:但是经验教导人民,必须有辅助性的预防措施。”③所谓“预防措施”,也即预先在宪法中设定权力分工与权力制约的制度,将对权力的制约权授予政府的某一组成部门。这样,就可

---

① 必须明确的是,这里是从“人民”的本来意义而言,即作为国家权力拥有者的全体国民,如法国《人权宣言》即以单数的人作为主权的拥有者。但这一观念在我国宪法中是不存在的,后文还将涉及。

② 美国1776年独立宣言,引自李道揆著:《美国政府与美国政治》附录一,中国社会科学出版社1990年版,第746页。

③ [美]汉密尔顿等著:《联邦党人文集》,程逢如等译,商务印书馆1980年版,第264页。一国范围内的直接民主只能存在于小国寡民的古希腊城邦国家中,这一点已为政治经验所证实。不仅如此,米尔斯在《美国社会的权力结构》中还讨论了现代社会中极端民主的问题,他写道:“在‘群众’发展到一个极端时会出现以下现象:(1)只有很少人发表意见,大多数人是接受别人的意见,因为民众社会已变成一种抽象的由个人组成的集体,这些人只能领先大众媒介来形成自己的见解。(2)传播工作组织得如此严密,以致个人很难或不可能立即有效地作出反应。(3)为把某种意见付诸实施而采取的行动是受掌权者控制的,由掌权者来组织和控制这种行动。(4)各种机构并未赋予群众以自治权,相反,由各种权力机构的代理人深入群众之中,使群众通过讨论形成自己的见解的自决权就更加少了。”引自[美]希尔斯曼著:《美国是如何治理的》,曹大鹏译,商务印书馆1986年版,第604页。

以将人民的意志转化为国家机关的意志,使人民对政府组成部门控制的权力以委托的形式交由特定的国家机关来行使。

为什么“人民”不能直接作为权力制约的主体,这与“人民”概念本身的抽象性有关。“人民”、“大众”、“集体”等集合性概念,虽然在称谓上气势恢弘,然而却也往往沦为一种集合的虚幻。正如学者们指出的:“我们说‘大众’仿佛大众是一个人,有自己的爱憎和意志,但其实‘大众’只是由一个个单个的人组成的,那一个个单个的人与我们一样是认识主体。大众并没有集中在一起,就任何一个不论多小的问题仔细讨论一番,然后得出一个令人信服的决定;大众对事情的看法常常是匆忙的、不定的、未深思熟虑的。这样,我们怎能以‘大众意见’为准则呢?这准则未必正确,还经常变动,实在是不可靠的。”①不仅如此,作为将“大众意见”理论化的词语——“共同意志”——同样也无法化解其与个人关系的矛盾。我们经常论及的是“法是统治阶级意志的体现”,但共同意志与个人意志究竟是怎样的一种关系:是个人意志的总体,还是在整体上优于每个个别人的意志?即使“共同意志论”能够成立,但它也毕竟无法否认个人的意志存在:缺乏各个主体意志的共同意志是不存在的。如果说“共同意志”是一种个别意志的吸纳与整合,那就不能假设,每个人建立在欲望甚至认识水平上的意志是整齐划一的,这也就意味着在所谓的共同意志中,必定有个别意志得不到满足甚至丧失了自己的意志;如果法律是集体投票的产物,按照民主的多数决原则,自然可置少数人的意志与不顾,但问题是,除了小国寡民的社会,全体国民(退一步说,全体统治阶级成员)直接决定法律的“生死存亡”实际上是办不到的。显然,从逻辑上而言,“共同意志论”完全无视作为法律主体的个人的活动,其正当性难以肯定。

在我国宪法与政治文件当中,“人民”还存在不可化约为公民的理论难题。按照宪法学者的理解,“人民”乃政治概念,其对立面是“敌人”;宪法是阶级力量对比关系的集中体现,因而,国家的权力属于人民而不属于敌人;所谓“人民”,在我国主要指3种人:全体社会主义劳动者;拥护社会主义的爱国者;拥护祖国统一的爱国者。根据以上的释义,似乎可以得出这样一个结论:未成年人由于不是社会主义劳动者,更难说有作为“爱国者”的资格,因而他们不属于爱国者的范围,也就不是国家权力的拥有者和行使者;一个人,当其为人民的一分子时,他是国家的主人——但一旦成为敌人,国家权力则与其无缘。由此这里涉及两个

---

① 秦立彦著:《面对国家的个人——自由主义的社会政治哲学》,泰山出版社1998年版,第15页。

既是理论的，也是逻辑的问题：(1)宪法将基本权利普遍地赋予中华人民共和国公民，但国家权力仅属于总量少于公民的人民，因此权力(或曰国家权力)高于权利。这一结论虽是顺理成章，但似乎与当下所要求建立的法治国家不相吻合。(2)对于一个社会而言，危及社会整体利益的"敌人"的确是存在的，对于敌人的镇压也是任何一个国家所必需的基本职能，但在一国内部，对"敌人"得以镇压的依据必然是他同时也为该国的属民，同样属于国家权力的所有者，否则国家就是对其管辖权范围内的民众行使专政权力。实际上，根据宪政的一般原理，国家的权力建立在被统治者的同意基础之上。① 显然，这个意义的"人民"实质上是对公民、个人的架空。由此可以看出，如果将权力制约的主体定位于主权意义上的人民，实质上无法实现权力制约的目的；同时，人民授予权力，人民又制约权力，并得以宣布某一权力的运作背离了人民的意志，这也违反了自己不能作自己法官的基本法治原则。正确的理解应当是，当人民的权力转化为公民个人的权力后，个人手中的权力能够作为维护其自身权益的盾牌，形成保护私域并最终影响到公共权力的终极力量。

在宪政体制下，人民的意志一旦托付给特定的国家机关，由其行使对其他机关的制约权，该国家机关就必须忠于人民的意志，通过制约权的行使，阻止、约束其他国家机关非法权力的行使。在此时，"人民的意志并没有被宣称为上帝的意志，但是被认为毕竟比任何一个因王室一纸敕令而做官或依恃武力或派系势力而当权的人的意志更为稳妥和明智。"②因此，权力制约虽然交由特定的国家机关行使该项权力，但制约权力运作的本身仍然以人民所制定的法律为其基本依据，与"人民主权"原则本身并不矛盾。但这里同时又派出另外一个问题，这就是，权力制约在何种情形下得以可能？

二、"以权力制约权力"是权力制约的唯一模式

强调"以权利制约权力"的第二个前提预设，不外是人民的权利所派出的巨大物质力量，可足以有效地防止权力的异化，从而使权力真正掌握在人民手中。那么，这样一种说法在实践中能否成立呢？

---

① "民主国家对所有公民一视同仁。准此以观，凡系被故意排斥在外的人，或是在政治上永远为人鄙视的人，都不能承认这个宪法代表他们。"引自[美]里普逊著：《民主新论》，登云译，香港新知出版社 1972 年版，第 24 页。

② [美]查尔斯·A. 比尔德著：《美国政府与政治》(上册)，朱曾汶译，商务印书馆 1987 年版，第 7 页。

实际上,对于权力制约这一制度而言,必然存在两个基本前提:第一,每一种权力在法律上都有明确的分工与界定,有着自己独立但非无限的疆域。人类社会历史发展的经验表明,权力如果集中于一个人或某一个部门,必然会形成强迫与专制。麦迪逊即曾言道:"立法、行政、司法置于同一人手中,不论是一个人、少数人或者许多人,不论是世袭的、自己任命的或选举的,均可以公正地断定是虐政。"①要防止集权体制的产生,就必须从横向(如立法权、行政权、司法权)、纵向(如中央权和地方权)、内部(如参议权与众议权不同的权限)三个方面,划分不同的国家机关及内部组成单位所享有的国家权力的范围,确定各自的权力限度。权力分工是权力制约的基本前提,也是权力制约的实质标准。然而,仅有分权还是不够的,"根据制宪者的观点,总是还有这样的危险,即拥有不同权力的不同官员可能集中权力,一致行动。分权本身还不能防止政府部门及其官员对同一压力作出反应。"②权力分工的必然延伸就是权力制约。第二,"制约"既然是一种阻止、约束权力非法运行的活动,制约者本身就必须具有因制约所需的实力和法律地位。不难设想,在宪政体制下,如果某一国家机关本身并不具备与被制约者对等的法律地位,不具备制约所需的强制力、执行力以及法律权威,权力制约就根本不可能实现。这正如美国著名政治学家摩根索所言:"既然凡是能利用暴力的人,在利大于弊时就会利用暴力,因此,需要是一个坚强得足以制止暴力使用的社会机构。"③显然,权力制约只能发生于对等的政治实体之间,是处于同一层面的国家机关之间的权力的相互制约。简言之,"以权力制约权力"是权力制约的唯一模式,舍此则别无他途。

孟德斯鸠是最经常与权力分工、权力制约学说相联系的学者之一,他在总结权力运行的规律时说道:"从事物的性质来说,要防止滥用权力,就必须以权力约束权力。"④按照孟氏的理解,国家权力分为立法权、行政权、司法权3个部分,三者既彼此独立,又相互制约,从而使权力之间不至于集结为危害人民利益的力量。在这里,孟德斯鸠虽未明言地位对等是权力制约可能的条件,但他所构想的立法机关、行政机关和司法机关在职能上有确定的范围、在制约上有固定的手段、在法律上有明确的责任,这一理论的逻辑结论就必然是:要使制约成为可能,制约者就必须拥有与被制约者对等的法律地位,具备制约所需的实力。

---

① [美]汉密尔顿等著:《联邦党人文集》,程逢如等译,商务印书馆1980年版,第246页。

② [美]詹姆斯·M.伯恩斯等著:《民治政府》,陆震纶等译,中国社会科学出版社1996年版,第42页。

③ [美]汉斯·J.摩根索著:《国民间的政治》,杨歧鸣等译,商务印书馆1993年版,第610页。

④ [法]孟德斯鸠著:《论法的精神》(上册),张雁深译,商务印书馆1961年版,第154页。

所谓"对等"的法律地位,包括两层含义。从形式上说,制约者与被制约者处于同一个政治层次,例如,通常按国家结构形式将国家权力划分为中央权力和地方权力,同一个政治层次指的就是中央权力部门之间与地方权力部门之间的制约;除此之外,还包括根据特定国家的宪政制度按照分工原则建立的同等政治地位的国家机关之间,例如,美国的国会、总统、联邦最高法院之间,我国的国务院、最高人民法院、最高人民检察院之间等。从实质上说,"对等"的法律地位意味着制约发生在国家主权原则下,国家权力按职能所分成的几个不同部门之间。它表明:此权力与彼权之间独立存在,不存在相互替代的可能性,也就是权力之间各有固定的活动范围,而按人们的经验这种划分又是必需的;在政治结构中,此权力与彼权力均属于主权原则下体现主权者意志的国家权力范畴,虽然权力之间量的方面可能并不均衡,但在质的方面则均为主体的体现。

"实力"是从政治意义而言的。包括:(1)判定权力运作行为合法与否的主观条件,如权力制约所必需的专业知识及政策水平等。行政化是所有现代国家的基本特征,由此形成官僚政治,而"官僚政治权力的基础当然是官僚的知识和专门技能。一般说来,官僚们对于他们的计划以及他们所从事的工作的后果比其他任何人了解得更多。"以至于有人认为,"法律知识和政治手腕,连同专业知识,在行政和立法政策的制定过程中是如此重要,以至于它们本身成了一种权力。"①(2)拥有行政制约权力所必需的各种法定手段。"权力能让人去做本来不想做的事情,它可能使用强迫(通常称为强制)、说服和奖励等手段,但它的本质是以某种方式改变他人行为的能力。"②这是从宏观上而言。就每一个具体的制约行为来说,权力制约要得以进行,就必须具备制约的机制、审查的程序、决定的权力和执行的能力。(3)具备制约者身份所应有的权威。在政治学上,权威有两种含义:一是合法化的权力;二是因职权所产生的威信。对于权力制约而言,第二种意义上的权威更为制约行为的有效运作所必需。例如,美国联邦最高法院被人们称为国家体制的监护人、政治权力的裁判者和社会正义、公民自由的保障者,这种权威对于权力制约来说,就是一种取之不尽、用之不竭的精神资源,具有十分重要的政治意义,因为"如果人们意识到应当遵照权威的愿望行事,就没有必要对其施加强迫,甚至无须说服工作。对权威来说,施加影响的代价就比

① [美]詹姆斯·M.伯恩斯等著:《民治政府》,陆震纶等译,商务印书馆1996年版,第308、768页。

② [美]加里·沃塞曼著:《美国政治基础》,陆震纶等译,中国社会科学出版社1994年版,第4页。

较小了”。①

我们之所以认为权力制约必须发生于对等的国家机关之间“以权力制约权力”是权力制约的唯一模式,还与权力的特性有关。首先,是因为权力的强制性。权力作为一种控制客体的力量,其运行的效果是以客体的服从为标志的;而在国家权力这个框架下,权力的客体即为受权力行为约束的公民、法人或者组织。现代国家以维护人民的生存、幸福、自由为目的,权力制约作为一种重要的政治制度当然也不例外。因而,当某一国家机关背离法律的轨道,超越职权或者滥用权力时,控制的最好办法就是预先设定一个另外的与之相当或更强大的权力主体动用法律手段来对之加以约束,阻止该类行为对人民权益的危害。显然,不存在对等的法律地位,或者缺乏必要的能力与手段,就难以保证控制的强度和力度,“用约翰·伦道夫的话来说:‘你可以在整张整张的羊皮纸上写满种种限制措施,但是唯有权力才能限制权力’。”②其次,是权力分工所派生出的权力相对独立性。权力分工的原则要求的每类国家机关都有自己特定的职权范围,“以某种形式表现的权力分割以及职能分离正是我们政府制度的核心”,③其实质即在于没有任何一个权力主体能够控制国家的全部机器。同样的道理,按照这种分权理念,国家权力之间又是独立行使的,即在相对封闭的范围内的自治权,而恰恰是这种独立使制约成为可能。否则,由于职权分割不清或隶属关系的存在,制约本身就成为一句空话。这正如中国古代君主为示仁政而采取的“虑囚”策略一样,其本意即为君王对“家务事”的裁夺,而并非行政权对司法权的制约。

权力制约必须发生于对等的国家机关之间,还说明制约本身是相互的。这就是说,制约意味着甲、乙国家机关之间存在着相互制约的关系;如果仅有一方

---

① [美]加里·沃塞曼著:《美国政治基础》,陆震纶等译,中国社会科学出版社1994年版,第6页。

② [美]汉斯·J.摩根索著:《国家间的政治》,杨歧鸣等译,商务印书馆1993年版,第224页。

③ [英]M.J.维尔著:《宪政与分权》,苏力译,三联书店1997年版,第7页。

能够控制另一方,两者的关系就是领导与被领导的关系,与制约意蕴毫不相干。[①] 实际,"对等"的法律地位本身也即能推导出这一结论。同时,权力制约本质上也是国家权力的运用,而"几乎任何权力的运用都会诱出一个相对应的权力的运用。虽然这两方面未必势均力敌,这已经成了一个规律。"[②]显然,只有在相互制约的机制下,才能体现权力制约的效果。甚至于摩根索认为:"力量两极化和政治稳定之间的关系并不是现代的发现。古人就知道了这一点,并且通过做出宪法规定的手段,试图创造出这样一种局面。"[③]

三、权利仅为权力制约的诱因而非权力制约的本体

认定权利可以制约权力的第三个前提预设,是在宪法或法律中,赋予了公民对非法运行的国家权力的控告权利。但笔者认为,权利仅为引发权力制约的诱因,而并非权利本身对权力的裁判,因而两者之间难以存在制约关系。

应当承认,"以权利制约权力"涉及权利与权力共同的本源——人民主权,具有较为深刻的民主意蕴。但是,权力制约本质上属于宪政问题,而民主与宪政不仅在制度设计上有所不同,其价值意蕴也迥然有别。[④] 国家机关拥有权力,人

---

① 从这个意义上说,我们经常将对权力的监督也作为权力制约的一种措施,这实质上也是一种概念不清的表现。对权力的制约与对权力的监督虽然都为法律所明文确定,但两者的区别也是很明显的。主要表现在:第一,如上述所述,权力制约是一种双向制约,对权力的监督则是一种单向的上对下的监督关系。例如,我国人民代表大会拥有对"一府两院"的监督权,然而后者并无权监督同级人大,显然不是通常意义上的制约关系。第二,对权力的制约是一种对其他权力主体的制约,制约者与被制约者之间为对等的政治关系,而对权力的监督则是一种对内部的监督关系,监督者与被监督者是领导者与被领导者的关系。第三,权力制约是一种事后制约,它只能在某一权力主体非法运行国家权力时才可能产生,而对权力的监督既可以有事后监督,也可以体现为事前监督,如立法审查制度即是。第四,对权力的制约其后果只能引发相应的法律责任,如某一权力行为的无效;而权力监督除行为的法律责任外,还包括领导者或责任人的政治责任在内。从这些区别看,不能将权力的制约与对权力的监督混同起来。实际上,在我国正式的法律文件中,两者的含义也是很清楚的。例如,《刑事诉讼法》第7条规定:"人民法院、人民检察院和公安机关进行刑事诉讼,应当分工负责、互相配合、互相制约。"这里的"制约"就是从对等的法律地位而言的。同样,人民法院组织法所规定的上级法院有权监督下级法院的工作,"监督"通过"上级"与"下级"关系的字眼而得以彰显。

② [美]约翰·肯尼思·加尔布雷思著:《权力的分析》,陶远华、苏世军译,河北人民出版社1998年版,第58页。

③ [美]汉斯·J.摩根索著:《国家间的政治》,杨歧鸣等译,商务印书馆1993年版,第450页。

④ 主要的区别是:民主以性善为前提,相信广大公民和为政者的德性,因而把政治权利普遍地赋予公民和权力行政者;宪政则以性恶为预设,以防范大众的无理性和为政者的施虐。我国将所有国家机关均冠以"人民"二字(如人民政府、人民法院),可以说是一种理性的乐观;而休谟所提出的"无赖"原则则与宪政的实质假定相当。

们手中掌握权利，这是在法治的架构下国家与公民关系的一种基本状态，现在的问题是，公民手中所掌握的权利能否用来制约权力呢？在我国行政诉讼法颁布后，人民经常将之作为权利制约权力的一种例证，但细加分析，行政诉讼法中公民权利的实际行使则仍然只是一种对国家行政权力的抗议（起诉），或者说申请司法机关给予法律保护（要求撤销或变更行政行为，请求国家赔偿等），而不能直接对国家权力予以制约，因为制约的主体是人民法院而非作为行政相对人的公民、法人或者其他组织。这就是说，只有审判机关才能对行政机关进行权力制约，从而在审查事实、法律、程序、职权范围等方面的基础上，对被诉的行政行为作出维持、撤销、变更、给付赔偿的判决。从这个意义上说，公民的起诉权利只是引发审判权制约行政权的前提，是权力制约可能发生的条件，但并不必然产生制约的效果。例如，根据行政诉讼法的规定，人民法院对于不符合法定起诉条件的起诉可以不予受理、对于合法的行政行为应予维持，等等，都说明了权利主体实质上无法像权力制约主体那样，拥有对国家权力运行的制约权。显然，权利虽然是权力的本源，但权利本身并不能直接产生制约权力的效应。

从以上论述可以看出，将“以权利制约权力”称为“以权利对抗权力”或“以权利抵抗权力”、“以权利抗议权力”，或许更为恰当。当然，这里所称“对抗”、“抵抗”、“抗议”是从权利运作的形式而言，并非都需要以社会革命的形式出现。应当指出的是，这种对抗、抵抗本身也是维持法治秩序本身所必需的。“为了把政治权力控制在适当的范围内，要求保持最大限度的警惕和谨慎。”①换言之，只有全体公民具有高度的政治责任感，随时关注着权力是否合法运作并及时采取相关的行为，才能形成舆论的力量，使权力主体不至逆民意而动；当公民受到来自国家权力的侵犯时，能够及时地利用起诉、控告的权利，引发制约主体对权力的制约行为；这本身即会产生遏制权力无限扩张与滥用的效应。但必须注意的是，要求公民注意权力的运作状态，抗议非法的国家权力，并非就是“以权利制约权力”。权利与权力不同：“权力是一种必须履行的职责，而权利则体现为一种或然状态；行为人可以行使权利；也可以放弃权利广如果没有示威的决心，示威的权利就形同虚设。如果没有人要批评什么，言论自由就毫无意义。出版自由、司法保护、隐私权都可能在无须改动《宪法》一个字的情况下荡然无存。”②并

---

① [美]詹姆斯·M.伯恩斯等著：《民治政府》，陆震纶等译，中国社会科学出版社1996年版，第265页。

② [美]加里·沃塞曼著：《美国政治基础》，陆震纶等译，中国社会科学出版社1994年版，第32页以下。

且,民主制度也不禁止公民放弃其政治责任,或者说,并不排斥政治上的"懒人"。[①] 显然,如果将权力制约的希望放在公民可能进行也可能不进行的控诉、抗议行为上,本身就可能放任非法权力的行使。

否定"权利"作为权力制约的模式,并非是贬低公民权利在保证权力合法运行中的意义。实际上,"权力的运用在很大程度上依赖于它所处的社会条件。"[②] 如果公民有较强的法律意识,能够运用手中的权利来抵制非法权力的行使,这在很大程度上就迫使非法行使权力的国家机关改弦易辙——抵制本身即为权力行使过程中出现的权力现象之一,否则权力就会无限制地扩张。显然,对国家权力的社会监控场的存在,必然会对权力的运行产生良性作用。达尔就认为,"对于政治权力的行使加以限制的真正保证不可能从政府的内部安排中找到……对于专横地行使权力的有效限制来源于这样一些情况的某种结合,这些情况是:政治精英们对于限制行使权力所作的承诺,多种利益集团的存在,而最重要的是,多种自治组织的存在。"[③]在这里,除"政治精英"涉及政治主体以外,利益集团与自治组织都与公民个人有关:前者是利益攸关的人的集合体,后者则是市民社会中民众的自我管理组织。利益集团与自治组织的存在是国家权力之外的强大社会力量,无疑也是防范权力非法运行的有力屏障。

(2000年第9期)

① 如果将"民主"的核心定位在人民自治与意志自由,那么对行为的自由选择就是民主制度的必然产物。从这个意义上说,民主不能以加重公民的理性负担为前提。

② [美]约翰·肯尼思·加尔布雷思著:《权力的分析》,陶远华、苏世军译,河北人民出版社1988年版,第10页。

③ 转引自[美]斯蒂芬·L.埃尔金、卡罗尔·爱德华·索乌坦编:《新宪政论——为美好的社会设计政治制度》,周叶廉译,三联书店1997年版,第32页。

法理学的能与不能

谢　晖*

在法治发展进程中,法理学能做什么？不能做什么？这似乎是无须探讨的问题。然而在实践中,我们还是不时地能够发现法理学在“忍受着”无法承担之重。今天,人们对法理学过高的,甚至使其立于某种霸权地位的期待,已经不是法学圈内的要求,同时也是法治实践(特别是司法实践)的要求。与这种热烈的期待和要求相比,法理学能满足他们的情形却是相当有限的,于是,它只能招致方方面面不客气的指责和误解。这就迫使我们思考这样一个问题:法理学的能与不能。

一、对法理学实用化的期待及其误导

法学是实用学科,这已成为学界共识。这种共识使得习法和执法之人对所有法学科目每每以能指导法律实践中的具体事务为标准来衡量其有用与否。如果能事无巨细地指导其司法和执法实践中大大小小的问题,则被视为有用的;反之,则是无用的。对法理学的这种要求,虽极少见诸具体的文字,但在与有关行政者、司法者甚至专门从事部门法研究的学者进行交谈时随时可闻。笔者把这种情况,称为对法理学的实用化期待。就这种期待之初衷而言,无可厚非,特别是我国尚处于法制现代化建设之初,因此,人们对法律的认识也是相当肤浅的,对超越法律规范的法理研究①人们在接受上还有一定的难度。但即使存在这种法理学实用化期待的“合理性”,它的实际效果仍可能会使法理学变成意识形态说教之外的另一种说教:即法理学对法律要有立竿见影的效用性。确实,法理学对法律以及法律实践应有效用性,否则,法理学便成无的之矢。但是,要求这种

---

* 作者单位:山东大学法学院。

① 超越规范的法理研究是受陈兴良教授的一种说法的启发而提出的。陈兴良教授曾把没有法律(刑法)条文限制的学术研究称为法(刑法)哲学。而把针对法律(刑法)之具体条文的研究称为法律(刑法)解释学。参见陈兴良著:《走向哲学的刑法学·学术自传》,法律出版社1999年版,第11页以下。笔者基本赞同这种关于法学学问的一般分类。但在规范研究中能否产生法哲学的问题上略有不同意见,事实上,深入的规范研究,特别是对规范结构模式的研究,也就是法哲学的任务。

效用性的实现是立竿见影的则值得怀疑。从本质上讲，对法理学的实用化期待，是要求对它作形而下的处理。然而就法理学的特征而言，它所要求的恰恰是人们对其进行形而上的思考。缺乏形而上的研究精神，就很难产生出类拔萃的法理学。①

我们知道，法理学是法学的基础学科，也是对法律的哲理性说明。② 人们常说，没有哲学的民族是悲哀的。对法理学实用性的期待，已经误导了法理学的一些研究思路，有不少学者把实现这种期待当成了自许，从而产生了法理学研究中过分的功利现象。但在事实上，这种自许是殊难实现的。每当自许落空之时，法理学研究者只能寻求另种生活道路，要么放弃法理学而转入对部门法的研究，要么干脆转行，脱离法学界，转入政治界或法律界。当然，作为一种自主选择，任何人无权对这种现象指手画脚、品头论足。不过，当我们明显发觉这种现象产生之初因在于人们对法理学不现实的实用化期待，并且同时也发现它已经对法理学发展造成负面影响，使一批非常具有学理研究能力的人脱离法学界时，上述议论或许就有了其特殊意义。当对法理学实用性的期待在实际地影响法理学者的研究思路之时，我们也能感受到法理学研究内容的个中变化。这种变化的突出特点是它对时事性的政治思维的盲从性论证。作为一名法理学者，对法理学的这种不尽如人意既须从法理学内部反思，③也要从外部对法理学的无理要求进行反思。事实上，法理学并不是商业活动，因此，它无须遵循需求者（读者）就是上帝的原则。法理学者的学理研究，也无须过分在乎某种功利的因素。法理学者有可能因为对某种外在需求无法满足而面临失业之危险，然而，左顾右盼地去揣测、不加分辨地去满足来自社会的需求，照例会使法理学者失业。并且这种失业所失乃法理学者之本业，而不仅仅是失去以法理为业的饭碗。

对法理学实用化的期待，不仅影响了法理学者形而上地处理法理问题的能力，影响了法理学的自然深化，而且也影响了读者对法理学的兴趣。本来，对法

① 田成有先生认为形而上的缺失是中国法学家人格丧失，从而导致"自我意识失落的法学"的根本原因所在。参见田成有："转型期中国法学形而上的缺失及其代价"，载《法律科学》1997 年第 5 期。笔者觉得，这种说法是有道理的。当代中国法学家倘要在世界法坛上充分展示自己，并能占有一席之地，形而上的研究方法是不能绕过的。

② 不过，这不是说法理学就是法哲学。笔者向来以为，法理学应与法哲学分开。这倒不是为了分开而分开，而是因为在笔者看来，法理学与法哲学无论在研究对象、研究方法、学科分类以及社会功能上均是明显不同的。笔者对此的初步研究参见谢晖："法思辨：法哲学的基本精神"，载郑永流主编：《法哲学与法社会学论丛（一）》，中国政法大学出版社 1998 年版；"法思辨的实践经验基础"，载郑永流主编：《法哲学与法社会学论丛（二）》，中国政法大学出版社 2000 年版。

③ 从法理学内部所进行的反思，笔者在其他论著中已有论及。参见谢晖著：《价值重建与规范选择——中国法制现代化沉思》，山东人民出版社 1998 年版，第 306 页以下。

理学的意见以及相关要求就来自法理学的读者。但是,当法理学者对这些意见及要求选择不当,或者成为这些意见和要求的客体,而不是驾驭这些意见和要求的主体时,法理学者的“研究”自然失去了主体性,即失去了研究者的个体体验和个人风格。这就使法理学陷入一种怪圈:法理学者越是想联系实际、接近读者,其结果越不得要领、令人沮丧。这里存在的问题值得我们深长思之:法理学者按照读者的要求去研究法理问题,根据常理,应当是赢得读者,现在为什么反而会失去读者?笔者觉得,这其中的根本原因就在于当法理学者一味地去迎合读者趣味时,所失去的往往是他自己的独创性和对法理问题的个性化思考。学术研究应是一项丰富多彩的事业,一味地迎合读者趣味、“满足”读者要求,只能意味着学术研究的色调单一化、内容浅显化,这就像通俗文学给我们的启示一样,它确实能赢得大量读者,但没有人能肯定它就是深刻的,甚至它给我们的文学所带来的并不是百花园,而是一个相当流俗化的单调世界。可以说,法理学的研究,并不能仅仅满足于揭示人们的法律生活,而且要批判日常的社会法律生活[①],干预社会对法律的不当需求,改造社会的法律需求。也许有人会说,这不过是法学家们的一种自我膨胀和自大意识,社会不可能是由法学家所构造的,相反,法学家是由社会所构造的。确实,这一类说法在信仰人类社会同自然界一样是渐变的学者那里,我们随时可以听到。但问题在于,包括法律在内的人类社会的演进。不仅仅是渐变的、自然式演进的,而且往往是突变的、人为式演进的。这在所谓“轴心文明时代”的巨人们和“文艺复兴时代”的大师们对人类社会突发式发展的决定性影响中不难发现。不然,中国就不会有“天不生仲尼,万古如长夜”之说,西方也就不会有所谓“人的创世纪”之说。明白了这一点,则法理学者批判日常法律生活的使命便昭然:法理学者既然负有日常法律生活批判之使命,则他们就不能一味地去迎合读者对法理学的趣味。更何况读者对法理学的趣味并非千篇一律,相反,它同样是丰富多彩的。法理学者如果以法理学的实用化期待为宗旨,其结果势必是捡芝麻、丢西瓜,顾此失彼,最终只能失去读者兴趣。

---

① 对日常社会生活的批判,是笔者受日常生活批判学说的影响提出来的。近年来,以吉林大学高清海先生的一批弟子为主力的哲学研究者,展开了对日常生活批判的理论建构。其中代表作是衣俊卿著:《现代化与日常生活批判》,黑龙江教育出版社 1994 年版;另外,黑龙江大学的《求是学刊》、《吉林大学社会科学学报》等刊物也不断发表一些相关的学术性论文,可参考。这对学术研究者的基本启示是:学术研究者的任务不仅仅是观察生活、描述生活、揭示生活,而且也要反思生活、批判生活、干预生活。法理学研究者作为法学领域里最富抽象能力和综合能力的学者,反思地批判现实的社会法律活动应是其最重要的使命。遗憾的是,我国的法理学者还远未展开对社会法律生活的批评,还显得过分注重于对法制建设实际的“研究”,从而有点远离法理学。

当然,对法理学实用性期待的最大负面影响还在于:它可能反而使法理学丧失应有的实用性。何以会有这一结论呢?作为对法律问题进行宏观、抽象思考的法理学,它不应当是头痛医头、脚痛医脚式的学问。不论法理学研究者采取宏观的还是微观的研究方法,法理学研究的实用性都体现为它对整个法律问题的宏观切脉,而不是对法律问题的微观解剖。这就是说,法理学的实用性及其对法律世界的解释能力,不在于事无巨细地去满足每个人截然不同的法律需求,而在于为法制建设提供宏观的精神指导。法理学的不断发达及其在实践中的运用,也许会在全社会形成一种有关法制的精神结构,当此之时,我们也许并不感到法理学的具体作用,感受不到所谓法理学的实用性,但是,它的作用已经深入人们关于法律的精神世界,它事实上也在具体地影响着人们的法律生活。至于能否感受到它的作用,已是无关紧要的问题。当然,这种情形的实现,要以法理学的发达为前提。如前所述,对法理学的实用化期待以及法理学者对大众的这种期待的迎合,只能导致法理学学理性的削弱和法理学者研究能力的下降,即只能使法理学走向发达的反面。在这种情形下,事实上并不是法理学的研究成果影响社会公众,相反,社会公众的流俗在时刻不断地作用于法律实践。社会关于法律的精神结构,也不是因法理学而形成,而是因社会流俗而产生。这样,法理学对法律实践的作用也相应地降低。由此不难发现对法理学实用化的期待所必然带来的对法律实践的负面影响——法理学在法律实践面前失去了其应有的解释能力和指导作用,反而变得像小媳妇那样任人摆布。

上述论证表明,法理学固然有其独特的实用性,但并不是说它可以是包医百病的法学学理,不是说它要对形形色色的法律需求、法律案件都有解释能力、说明能力和解决能力,相反,法理学独特的实用性就说明了其能干什么和不能干什么。

二、法理学在法制建设中的能与不能

现在,我们再回过头来分析法理学在法制建设中究竟能起什么作用,不能起什么作用。也许,这是一个人言人殊、难以共识的问题,但是,这并不妨碍笔者对该问题站在自己的立场上做出符合笔者观察视角的分析。笔者将法理学在法制建设中能做什么概括为如下3方面:

第一,精神教义。法理学对法制建设的首要作用是对法制社会的主体能产生以法律为宗旨的精神教义。这种精神教义功能的实现,是以法理学对法律之精神价值的揭示为根据的。倘若法理学没有揭示法律的精神价值何在,那么,其精神教义功能的社会效果是值得怀疑的。由于长期以来我们总是把“教义”一词和一定的宗教意识形态联系在一起，从而使该词处于所谓贬义的尴尬状态，它一般地被安排进“唯心主义”阵营。然而，教义对于任何一种学说来讲都是必要的。宗教需要教义，哲学需要教义，科学需要教义，法学照例需要教义。特别是当一种学问或学说被运用到社会实践中，被作为主体思考和行动的指南时，更需要强调这种学说或学问的教义功能。事实上，所谓启蒙，也无非是使人们接受一定的教义，没有教义，凭什么来启蒙？法制作为对人类行为所进行的规范化治理①，作为一种人的理性，它要以人们的接受来实现其社会功能。当然，人们接受法制的契机可以说是多样的。例如，通过自上而下的压制，久而久之，会形成人们对法律教义的接受；通过温文尔雅的说服，长此以往，也会形成人们对法律教义的接受。不过，这两种传统的方式，明显地具有单方面性，由它所形成的法律精神结构，也许只能是压制性的或自治性的，对它的进一步发展，是需要在主体素质普遍提高基础上形成的所谓回应性法制及其教义②，即在主体自主地参与条件下所形成的法律教义。具体的法律教义以及把这种教义实践化的机制即使有再大的不同，也不足以影响法律的精神教义之于法制的意义。可以肯定，缺乏精神教义的法制，在实践中只能是“死法制”，不可能具有主体精神自觉的活动性。人们经常把精神信仰领域归诸神灵，这毫无疑问也是受了某种教义的影响。其实，作为人的理性，法制更有赖于人们的精神信仰而得以维持，对法律的精神信仰，无疑是法制最为重要的因素。它是法治社会的必备精神要件和精神基础。③ 缺乏主体信仰支持的法制，也许只能是赤裸裸的专制。那么，对法律的信仰又从何而来？这固然是一个相当复杂的问题，但不能否认的是，法理学具有创生主体法律信仰的功能，或者说，法理学在法制建设中的精神教义功能，就是形成或创生主体对法律的信仰。如果法理学产生不了这种功能，则对法理学者是一种严重警告。

第二，方法启示。可以说，法理学对法律的研究，对法律现象的本质性揭示，或者法理学的“科学化”，最终给法制建设的功能就是一种方法启示。如果说法

---

① 我们知道，法哲学家富勒把法界定为：“是人类的行为服从规则治理的事业。”L. L. Fuller, *The Morality of Law* (revised edition), Yale University Press, 1969, p. 106.

② 这里的说法，是受诺内特、塞尔兹尼克对法之划分的启示而提出的。他们将法划分为“压制型法”、“自治型法”和“回应型法”三种类型。参见[美]诺内特、塞尔兹尼克著：《转变中的法律与社会》，张志铭译，中国政法大学出版社1994年版。

③ 相关论述，参见谢晖著：《法律信仰的理念与基础》，山东人民出版社1997年版。姚建宗：“信仰法治的精神意蕴”，载《吉林大学社会科学学报》1997年第2期。

理学实现在法制建设中精神教义功能的基本根据是它对法律的价值揭示的话，那么，法理学实现在法制建设中方法启示功能的基本根据就是法理学的科学程度。如果说法理学对法制建设的精神教义功能有助于造成法制(法治)的精神要素的话，那么，法理学对法制建设的方法启示功能有助于造成法制(法治)的操作要素。任何意义的法制，都既有精神价值要素，又有技术操作要素。特别是当法制建立起来以后，其技术操作性的方法启示功能往往显得比价值信仰性的精神教义功能更为切要。那么，什么样的法理学更有利于对法制建设以方法启示？笔者觉得，就我们所熟知的世界3大主流法学派而言，社会法学派及其分析方法也许更有利于这一功能的实现。这是因为，社会法学派不但具有一套完整的分析方法体系，而且它的分析方法不论在宏观意义上讲，还是在微观意义上讲，都具有明显的可操作性。与价值法学及其价值分析方法相比，它显得要具体、现实得多，与规范法学及其规范分析相比较，它有显得要宏观、深刻得多。正是社会法学的创生及其深入发展，才形成了法学向社会科学迈进的契机。当然，说社会法学更有利于实现法理学对法制建设的方法启示功能，并不是否定价值法学和规范法学具有同样的功能，这里的区别，只在于它们各自对法制建设之方法启示功能的量，而不在于其质。

第三，实践应用。对于法制建设而言，法理学所能做的，当然还有其实践应用功能。所谓法理学的实践应用功能，顾名思义，就是把法理学的学理直接地应用于法制建设的实践中。然而，当我们仅仅满足于这种界定时，还明显地具有过分抽象之嫌。因为，所谓法制建设的实践，实在是可大可小地被人们所解释的问题。例如，法理学在某一个具体案件上的应用是其实践应用，在国家立法活动中的应用也是其实践应用。这就发生了关于法理学在法制建设中实践应用功能的具体标准问题。它是指在国家立法活动中的实践应用呢，还是指在国家行政活动中或司法活动中的实践应用？抑或是指在主体用法守法活动中的实践应用？它是指在人们关于法制的一般意识结构形成上的实践应用呢，还是指在人们对某一特殊的具体案件加以分析时的实践应用？抑或是指在其他方面的实践应用？对这些问题的不同标定，会形成关于法律之实践应用的截然不同的标准。例如，如果把法理学的实践应用界定为它是具体案件判决的指导、根据或参照，那么，其与本文一开始就提出的问题无所区别，都是对法理学的一种实用化期待。通过前文已知,笔者对这种实用化的期待持反对态度。① 笔者认为,法理学在法制建设中的实践应用功能,主要作用于法制建设的宏观领域。它可分为广狭两义:就广义而言,前述法理学对法制建设的精神教义功能和方法启示功能都是其实践应用。就狭义而言,法理学对法制建设的实践应用所指的就是它在法制建设的宏观领域中的具体作用。那么,法制建设的宏观领域又是指什么?这是需要继续解释的问题。

法制建设的宏观领域,可以分为3个方面,即关于法制的精神领域、关于法制的事实领域和关于法制的规范领域。关于法制的精神领域,法理学的作用就是不断地进行精神教化,即发挥精神教义功能;关于法制的事实领域,法理学的作用就是认真地去揭示,即发挥方法启示功能。这两者,笔者在前文中已有详解,不再赘述。那么,所剩的法制之宏观领域,就只是法制的规范领域了。也就是说,按照不太复杂的逻辑,法理学的实践应用功能,应作用于法制的规范领域。不过,法制的规范领域包含了多方面的内容,因此,仍然是一个需要继续分解的问题。可以把法律的规范领域分解为三,其一是法律规范的制定或产生,其二是法律规范的执行和适用,其三是法律规范的遵守和运用。那么,法理学在法制建设中的实践应用功能应作用于法律规范的哪个领域呢?笔者觉得,在法律规范的执行和适用、遵守和运用中,法理学的功能主要是精神教义,当然,这并不排除在特定的或个别的情形下法理学对它们的实践应用功能,但这时已经指向法制建设的微观领域,已经不属于我们在此讨论的问题。这样一来,法理学的实践应用功能就势必落到法律规范的制定或产生上了。是的,笔者一直认为,法理学对法制建设的实践应用功能,主要体现在立法领域。在人类学术史上,人们对立法者寄予了很多美好的期望,②有时,这些期望也许是对立法者的一种理想化,但

---

① 当然,这绝不是说我否定法理学具有实用性,哪怕它在解决具体案件上的实用性。事实上,我们不论在浩瀚的法制史料中,还是在复杂的法制现实中,都能不时发现某种或某个法理学说或见解对具体案件判决时的参考意义甚至决定作用(众所周知,在古罗马,皇帝授权的法学家的学说还具有法律的效力;在有些国家,权威法学家对法律的解释是有权解释),从而使其具有了相当微观的实践应用功能。可见,法理学能发挥某种实用性是一种事实,对此,笔者毫不否定(并且即使否定,也无异于无的放矢)。笔者所要否定的,只是一些法学家(包括一些法理学者)、其他学者和其他社会主体对法理学除了过分的甚至唯一的实用性期待之外,再无其他寄予的主张。

② 例如,霍布斯认为立法者是主权者。参见[英]霍布斯著:《利维坦》,黎思复、黎廷弼译,商务印书馆1985年版,第206页以下。葛德文认为立法者是理性者。参见[英]威廉·葛德文著:《政治正义论》(第1卷),何慕李译,商务印书馆1980年版,第149页以下。卢梭认为立法者应是贤明者。参见[法]卢梭著:《社会契约论》,何兆武译,商务印书馆1980年版,第55页。德沃金认为立法者应是哲学家。参见[美]德沃金著:《法律帝国》,李常青译,中国大百科全书出版社1996年版,第362页以下。

笔者觉得，作为立法者（众所周知，在现代社会，立法者是一个团体，有时甚至是一个国家的全体选民——在全民公决的立法形式下，而不是具体的个人）至少要了解法理学，甚至以某种法理学为立法的指导。如果立法者对法理学浑然不知，如果在立法过程中没有某种法理学的指导，那么，立法的质量也就可想而知，法律规范的实际作用也就不难想见。

当然，法理学对法制建设的实践应用功能也可以深入到法律规范执行和适用、遵守和运用中。但这种情形的发生，要以深入的规范研究为前提。大体说来，法理学对法制建设的实践应用功能，主要以规范法学为主导。这是由于，就立法而言，它是直接给人们创制社会行动的准则，因此，立法者、法律执行和适用者、法律遵守和运用者必须了解法律规范的结构、特征、内容、分类形式等（不过，就法律规范领域而言，其他法学，如价值法学、社会法学同样会对其产生实践应用的重大功能，这是立法所产出的法律规范对社会会产生全方位的实际作用的必然要求）。

通过上述关于法理学在法制建设中能做什么的论述，我们大致也可以了解法理学在法制建设中不能做什么。能与不能是一对相反的范畴，当法理学能做什么被限制了"领地"后，法理学不能做什么的广阔空间也就豁然可见了。因此，对法理学能做什么的限制，就是对法理学不能做什么的解放，也是对法理学作用能力的客观估价；相反，对法理学不能做什么的限制，就是对法理学能做什么的放任，也就是对法理学的过高期待。总之，对法理学能做什么的限定和了解，也就意味着对其不能做什么的一般性把握。

三、主观的法理学与客观的法理学

通过对法理学的能与不能的一般性论述，我们可以发现，事实上存在两样的法理学，那么，这种两样的法理学是什么呢？还是让我们从葛洪义教授的一个发言引申开去。葛教授曾把法学分为两类，一类是"关于法律的理论"，另一类是"根据法律的理论"。他同时认为，法理学就是"关于法律的理论"，而部门法学就是"根据法律的理论"。笔者对这种划分方法表示赞同，但对划分结果的归类，并不苟同。这是因为法理学也有"关于法律的理论"和"根据法律的理论"之分。笔者把前者称为主观的法理学，而把后者命名为客观的法理学。两者在内容上不同，功能上各异。

所谓主观的法理学是指能充分表达法理学者对法律的态度、见解、主张和观点的理论法学。尽管法律是一种客观存在的社会现象，但可以说，有一百个法理学者，就可能有对法律的一百种解释。这是否过分扩大了对法律的主观见解在法理学中的作用呢？事实上，这不是一个人为扩大与否的问题，而是一个存在与否的问题（所谓真问题还是假问题）。可以说，我们所了解的历史及事实，就是一个人为解释的历史与事实。因此，所谓真实的历史与事实，只在“存在”领域存在，而不在理解和解释领域。正是基于这种情形，20世纪以来，人类哲学转向了主体哲学、文化哲学、语言哲学和解释学的研究，而相对地放松了对真知的探求，放松了对客观无限性的关注，从而相对主义大行其道。所以，当人们研究某一事物时，存在两种情形：也许他的研究是一种“元研究”，即对该问题的前无古人的研究或者采取了一种前无古人的解释；也许他的研究是一种对研究者的研究，即研究者不过是在研究前人已经研究过的结论，前人的研究成为研究者的直接研究对象，所谓研究对象本身则隐身为间接的研究对象。这时，要了解研究者对对象的解释，就无可例外地要研究和了解研究者。特别是随着人类知识的不断积累和膨胀，人们对研究对象的了解，往往得益于间接经验，即人们更惯常地接触、了解和研究的，是对象的“帷幕”，而不是对象本身。法理学虽然被号称为应用学科，但它的研究也很难摆脱这种情形。我们很难想象哪怕最伟大的法理学者在研究法律时、在对法律下结论时，他观遍了古今中外的所有法律；我们甚至不能设想他能够观遍古今中外的所有法律，即使那些强调“绝知此事要躬行”的社会法学家们，所“躬行”的大都为对研究对象的知识考古，而不是研究对象——法律本身。正是在此种意义上，产生或形成了所谓主观的法理学。可见，主观的法理学，就像它的对象——法律一样是存在的。

所谓客观的法理学是指能较好地展示法理学者对法律的揭示、描述、说明和论证的理论法学。虽然，每个法理学者可以对法律做出完全不同的解释，但这种解释并不纯粹是自由的，它本身受着解释者的知识背景、认知能力、解释语言以及法律自身的客观性的制约，由此就产生了法理学的如下3种客观性：其一是法理学者对法律的解释本身多少会反映其的客观性；其二是法理学者的言说（表达）具有客观性（客观的语言、客观的文字）；其三是法理学者的言说会形成客观的后果。简言之，三者可分别称为解释的客观性、言说的客观性和后果的客观性。当法理学者是“根据法律”而对法律进行解释时，追求准确地表达法律的属性，便是这种解释的客观使命。由此所形成的法理学，就是所谓客观的法理学。虽然，人类在认识对象时，免不了受重重“认识之幕”的遮蔽，然而，这并不否定人们透过重重“认识之幕”，特别是经过一些“集大成”式的认识活动，深入事物的内部结构中。正是这样，所以，人类知识的增长，绝不只是不同言说及言说方式的增长，而且也是对对象认识程度的增长。因此，即使主体哲学、文化哲学、语言哲学及解释学再发达，也难以取代以探求真知——“究天人之际、察古今之变”为使命的传统哲学。由于主体对对象认识的深化，在本质上是一个主体认识接近客观本相的过程，由此所形成的学问，当然更具有客观性。具体到客观的法理学，则以法律解释为宗旨而形成的法理学是客观的法理学（与此相反，以解释法律[①]为宗旨所形成的法理学为主观的法理学，尽管在解释法律时，人们也在不断地企图接近法律的本相）。

然而，当笔者列举出哪些法理学是主观的法理学，哪些法理学是客观的法理学时，笔者会说真正的难题来了。因为就每一种具体的法理学说而言，它们既不可能是纯粹主观的，也不可能是完全客观的。换言之，它们既有主观性，又有客观性。因此，主观的法理学和客观的法理学在此意义上又可以表述为法理学的主观性和法理学的客观性，尽管它们之间的置换也有可能招致完全不同的意见。如果硬是要笔者说出那些法理学是主观的法理学，哪些法理学是客观的法理学，笔者只能勉强地说，价值法学更像主观的法理学，规范法学更像客观的法理学，社会法学则介于两者之间。

可以说，作为法理学的两种不同知识体系，主观的法理学更多地为主体提供关于对法制的精神选择自由，而客观的法理学更多地为主体产出有关法制下的行为选择限度。因此，主观的法理学在法制建设中的功能主要是精神教义，而客观的法理学在法制建设中的主要功能是实践应用。相对而言，法理学的方法启示功能在主观的法理学和客观的法理学中都存在着。弄清了主观的法理学与客观的法理学各自与法制建设的这种关联，可以更进一步帮助我们认识法理学的能与不能。

（2000 年第 12 期）

① 笔者认为，解释法律与法律解释是完全不同的两个概念。

2001年

法治与艺术：论职业法律家显贵的理由

李学尧*

毋庸讳言，在中国历史上从未形成一个在社会上具有较大影响、能够代表法律职业的社会群体。近年来，随着法治建设的深入与加强，人们对法律职业的认识在不断提高，法律工作者的素质与社会地位都在不断提升，但总的来说，职业法律家群体在中国还处于形成之中，或者说一个独立的、有学识的、受人尊敬的、对社会有影响力的职业法律家集团在我国历史与现实中都未曾出现和存在过。在司法改革业已被提上议事日程，并被置于法治建设之关键地位的今天，我们不得不思考这么一个问题：职业法律家①集团的产生及其地位的提升在我国具有怎样的意义与必要？下面，笔者将主要围绕该问题，试作初步阐述与探讨。

一、社会法制化与职业法律家的显出

韦伯曾经非常精辟地论述了这样的问题：独立的职业法律家集团在一个高度法制化的社会里，为什么会显得如此的不可或缺与德高权重？诚如季卫东先生对他有关此方面观点与论述的归纳："……在经济交易日益活跃的社会中，用以调整有关利害当事人关系的法律日益增加和复杂化，因而对法律专业知识的需求也就日益迫切。在此处，能把当事人的主张正确无误地翻译成法庭标准用语的律师、能创造新的合同形式和法律概念并使之得到审判官承认的法律顾问等是必不可少的。同时，职业法律家也是加强法的形式合理性的前提条件……

* 作者单位：浙江大学法学院。

① 本文所涉"职业法律家"之概念是指一个经长期和专门的职业培训，并经严格遴选，从而产生的具有高深的专业知识、娴熟的专业技巧、超群的能力、廉洁的作风，具有为公众服务的精神的社会集团或阶层的统称。该社会集团因为其独有或高深的专业知识和技术，使得没有经过专门训练的人根本无法涉足其专业领域，从而产生事实与法律上的专业垄断。在文中，该概念有时还意境性地应然包括这种社会集团所具有的卓然超群与丰禄显贵之内涵特征。在本文的阅读中，请读者注意区分职业法律家与法律职业者的概念不同。为更好地理解职业法律家，读者可参见孙笑侠："程序的法理"，中国社会科学院2000年博士学位论文，第76页以下。在该处，他对法律职业的特征作了非常精辟与独到的论述和概括。

因为,只有职业法律家才能够填补规范与事实的缝隙……从这一意义上可以说,独立的有学识的法律家群体处于国家机构与市民社会的衔接部位,起着法治秩序的安全阀的作用。”①

从国内外的历史经验来看,对职业法律家的迫切需要并不是一贯而至的普遍现象。我们往往发现,在古代社会虽未有一个现代意义上的职业法律家集团,其司法执法人员基本不经专门训练,但往往能够回应当时的社会要求,能够实现当时意义上的司法公正(或功能)。这是因为,在社会结构比较简单的小农经济社会里,案件和纠纷所涉及的人和物往往都在当地,容易为社会大多数人所理解和调查,因此可以根据社会中普遍、习惯、道德的行为规则作出判断②(或者即使有法律,也往往就是那些对于地方性的社会习惯和道德的承认,且往往依附于政治或其他)。所以,人们无须职业培训也可以对案件事实作出比较正确的判断,并依据常识作出比较恰当的因而也相当有效的“裁决”。③

近现代工商社会的高度分工和职业划分、多元的利益主体与价值观念、广泛的社会流动程度等社会状态特性使得该类社会的权力结构发生了本质性的变迁——形成了一个以可计算的法律(calculable law)为基础的统治方式。该种统治方式的直接结果之一是一个近代型法律体系的出现和发展。这一法律体系伴随着现代工商社会上述状态特性的深化发展而变得越来越相对地独立于其他社会领域,直至走向自治;它形成了自己的一整套概念体系和研究方法,成为一种独立的知识传统;它越来越成为一整套普遍的和具有可预期性的规则体系,从而使普遍性和可预期性成了近代法治的基本特征。

由此趋势所决定的,近现代的法律职业者不仅要娴熟法律,而且要通晓法理,如当法律不完备或存在漏洞时,法官需要根据法理进行法律解释;不仅要具备崇高的道德水准、高深的法律知识,还要掌握或具备特有的法律思维方法与专业技巧。这种法理理念或特有思维方式诸如表现为:“无罪推定”、“法无明文规定不为罪”、“法无禁止即自由”、“无授权则无行政”,等等。而此般法理理念与专业思维的确立,须经长期且专门的学习与研究。否则,一位法律职业者不仅无

① 季卫东著:《法治秩序的建构》,中国政法大学出版社 1999 年版,第 198 页;另可参见[德]马克斯·韦伯著:《论经济与社会中的法律》,张乃根译,中国大百科全书出版社 1998 年版,第 304 页以下。

② 农业社会流动性的低下、权力结构的一元化,又使得某些道德观念具有普适性,多数地方性习惯具有久长或延续性,因而依据此种道德规则或习惯的判决,往往能为民众或社会所接受与赞可。

③ 参见苏力著:《法治及其本土资源》,中国政法大学出版社 1996 年版,第 129 ~ 155 页。他在该处还继而指出:“……在人类历史上普遍存在过的司法行政不分的现象并非一种愚昧的体现,相反可能是人们面对简单的社会管理和统治任务而表现的一种实践智慧。”

法掌握高明的判断技术，成为真正的职业法律家，而且其法律知识也大抵高不过“杀人者死，伤人及盗抵罪”之类的水准，根本无法胜任纷繁多变的现代社会托付其的重任。此外，由于现代法律的“可计算化”与技术化，它与道德或伦理之间的相互独立性越来越明显。一位法律职业者，即使具备崇高的道德水准、高深的法律知识与一定的法理理念，如果不娴熟掌握法律技巧，如运用程序的技巧、推理的技巧和解释的技巧，他也根本无法将形式化的法律转变为生活用语与要求，或将“当事人的主张正确无误地翻译成法庭标准用语”，从而无法发挥其“填补规范与事实的缝隙”、“国家机构与市民社会的衔接”的“法治秩序安全阀”之功能。

社会的法制化，对于长期依靠一个在精神上尊奉同一套价值准则的文官集团的我国来说，形成并提升一个具有共同理想、共同的价值准则的职业法律家集团显得更加重要。在古代乃至不久前，我国庞大的文官集团是由清一色的读书人组成，他们不曾受过何种的专业训练，但却饱读经书，熟知由圣贤教诲中引申出来的治理国家的各种原则。事实上，正是这种价值上的强烈认同意识而不是法律，把他们塑造成一个有着自觉意识的群体，从而保证并且能够保证我国这样一个农业大国在行政上的统一性。

作为一个初具规模的、复杂的现代产业市场经济社会，我国现时期利益集团的多元化，也带来了价值观念、道德追求的日益多样化，并进而引发了传统的一元权力格局的全面危机。根据西方的经验，随着市场经济的进一步发展、市民社会的逐步培育与成熟，这种统治方式或权力格局①的全面崩溃与瓦解势在必行。在这种必然“礼崩乐坏”的情况下，应该依靠什么来维持我们庞大的官僚集团的统一、维持我们中央政府的统治权威？现代西方国家的法治实践表明，形成一个以法官为中心的职业法律家集团，并将之提升到至高的地位，“通过‘资格任用制’把掌握法律知识和技能的程度作为录用官吏标准，使法的精神渗透到传统的家产式科层制中使之现代化”，②是他们的成功经验所在（尽管这种经验有可能不是有意识的、理论创设的产物）。由此可见，从经验主义的角度来说，用一种法的精神与价值来使庞大的官僚机构维持统一，防止其制度出现疲软，是我国政治改革的必由之路与终极归宿。

---

① 此处的“一元权力结构”主要包含三层意思：一指国家政府横向权力结构中，立法权、司法权依附于行政权或三权不分的权力集中；二指凡权皆属官方的权力垄断；三指地方自治权力极小、中央管理一切的权力包揽。本文议题与政党政治毫无干涉。

② 季卫东著：《法治秩序的建构》，中国政法大学出版社1999年版，第212页以下。

二、司法特性与职业法律家的内质回应

(一)德高权重与司法独立

作为三权中最为弱小的权力中心,司法权"没有军权、财权,不能支配社会的力量和财富,不能采取任何主动的行为……既无强制,又无意志,而只有判断;而且为实施其判断亦须借助于行政部门的力量",①它到底是如何实现独立的?"在法律制度中,司法具有终局裁判的权力……人命关天的事却恰恰掌握在少数几位法官手中,而居然还有不少人相信不需要对法官的审判行为实施监督……人们总是相信法官的判断犹如神授的力量……这一切都是因为法官的权威!?我们所见到的西方法官大都像文弱的老书生或老绅士……几乎看不到一点中国人传统印象中的黑脸青天式的威严……"②那么,这种法官或司法的权威又是如何树立的?笔者认为,并非如国内许多学者所构思与论证的一样,在国家政治体制中对财政权、人事权等进行合理的划分与配置,就能在实现司法的独立、树立司法的权威和公正方面达到一劳永逸、万事皆休的效果。固然,这种合理的划分与配置在某种意义上是前提与必要的。但是作为一种运行特殊的国家权力,司法独立依赖的主要是一种内在性精神层面的权威(一种宗教式的虔诚信仰),而既非暴力与强制,也非代表意志所形成的外在性权威;司法独立最根本的源泉不在于强制,也不在于多数人的愿望,而是源于其自身的力量。

这种自身力量的源泉,从相对片面的角度归纳(就西方法治国家而言),来自于职业法律家的学识化、精英化、集团化与专业化,来自于因为上述"四化"所造就的职业法律家的独立、超然与理性。③ 职业法律家集团(又称解释的共同体)的形成,并不是因为组成这个集团的成员出身的一致,而是由于他们知识背景、训练方法以及职业利益的一致。④ 这个集团的成员因为具有高深的专业知识、娴熟的专业技巧、渊博的智识、超然的能力、廉洁的作风、为公众服务的精神而使得该集团获得社会公认并获极其崇高的声望。声望助长了权势,权势的正当运用越发地抬高了声望⑤,故足能回应社会对正义与法治的期待,更进而推进

---

① [美]汉密尔顿等著:《联邦党人文集》,程逢如等译,商务印书馆1980年版,第391页。

② 孙笑侠:"程序的法理",中国社会科学院2000年博士学位论文,第80页。

③ 同上,第76页。

④ 贺卫方著:《司法的理念与制度》,中国政法大学出版社1998年版,第7页。

⑤ 因为权势促进了集团本身或司法权的独立——独立符合了司法理性推断的客观规律,从而为司法权势的正当运用创造了条件。

法意识在社会中的传播，并提高社会整体的现代化程度。①

此外，法律家因其特有的法律思维方式与高深的学识素养，使其具有了为主持正义和维护法治而对抗公众②与不畏强权的傲骨品格与非凡毅力。③ 职业法律家通过长期的法学教育和实践体验，往往形成其一切依法办事的卫道精神；形成其一切依据形式事实判断是非的学者风范。在一切依法办事方面，他们对于纯粹的法律问题自然如此，连政治经济问题乃至日常的社会问题也尽量按照法律的普遍性和形式的规则和程序使之转化为明确的权利义务关系来加以调整处理。这种精神的结果是职业法律家在内心上无法接受任何有损法制尊严的行为与压力，即使这种压力来自极大的民愤与庞大的强权；即使这种压力所体现的价值取向与利益要求符合其本身的道德追求与私利倾向。而科举式的选举所造就的学者化、学究化，更使职业法律家的此种独立品格发挥到了淋漓尽致的境界。综观各国，职业法律家往往具有“匹夫不可夺志”或“威武不能屈”的傲骨品格；往往具有“以身护法”，坚决抵制不正当干涉的无畏勇气。而司法独立恰恰需要法律职业者具备此种品格，以维护司法中立，保护少数与弱者的合法权益，维护民主、人权与法治，真正实现司法公正。

（二）经验、理性与司法公正

追溯到司法产生的初始时代，我们会发现：仲裁人或裁断人的角色往往由那些在某个部落或族群内被视为先知或智者的长老来充任。事实上，在任何社会里，优秀的司法者，无论是职业的还是非职业的总是那些对人情世故有深刻理解的人们，是那些有相当丰富社会经验的人。古今中外，法官或其他在社会中扮演社会裁判者角色的总是年长者。当然，这种长者崇拜并非纯粹性的传统崇拜与遵循，而在于这些年长者饱经沧桑，对人生和社会有较多的和较深的理解，因此

---

① 贺卫方著：《司法的理念与制度》，中国政法大学出版社 1998 年版，第 8 页。

② 因认知能力的局限，我们无法保持公众能够永远保持审慎详查，不受某些玩弄阴谋诡计者之煽动和影响，来行其真实所不望之极端鲁莽之事。此外，根据人性恶之指导，也能得出此般结论：公众的意志并不必然代表正义。事实上，在古今中外，大多数的民众为了维持或获得某种非法的利益、达到某种不可告人的目的，或凭一时的感情好恶取舍而侵犯或迫害少数族群之事件屡见而不鲜。一般认为，在一个法治社会里，法院是能对抗此般“多数暴政”的唯一国家权力中心。因为无论是国会、政府，还是舆论，都是多数意志的结果；因为“对法律作过研究的人，在工作中养成了按部就班的习惯，喜欢讲究规范………这一切，自然使他们特别反对奉命精神和民主的轻率激情”（托克维尔语）。有关“多数暴政”的论述可参见［法］托克维尔著：《论美国的民主》（上卷），董国良译，商务印书馆 1988 年版，第 282 页以下。

③ 值得注意的是，职业法律家此种独立之精神，并不单指法官忠实法律而判的职业品格，它还包括律师为维护司法之形式公正，而敢于以类似“冒天下之大不韪”的勇气来为当事人辩护的魄力。

他们能更好地利用他们的经验和知识来解决社会的纠纷。① 此处,似乎可以得出这样的结论,司法之所以产生作用,相当部分依赖于人们的知识或理性崇拜。因为普通的人们都相信只有理性与经验的完美结合才能实现真正的公正。而事实与科学也确实说明了这一点。

对于复杂与常变的现代社会来说,法律职业者,特别是法官的经验和知识积累、驾驭理性能力、对法律知识与技巧的娴熟掌握、特有法律思维的具备,在实现司法公正和维护社会正义中显得万分的必要。正如汉密尔顿所指出:"浩瀚之法典乃是关系自由政府优点的必然现象。为防止法庭武断,必有严格的法典与先例加以限制,以详细规定法官在各种案情中所应采取的判断;由此易见,由人类天生弱点所产生的问题,种类繁多,案例浩如瀚海,必长期刻苦钻研者才始能窥其堂奥。"②也正如卡多佐所说的:"只有具体情况不尽吻合,资料索引无从参与,又没有先例可资比照时,对法官的挑战才真正开始。"③

17 世纪英国著名法官 E. 柯克曾经说过这么一句脍炙人口的话:"法律乃一门艺术,一个人只有经过长期的学习与实践,才能获得对它的认知。"言下之意就是说,法律实践之中,有许多只可意会而不可言传的精妙之处。使职业法律家区别于法律外行的,并不在于掌握了法律知识的多寡,相反,它主要区别于法律家法言法语背后所隐含的独特的推理、论证和思维之方式。④ 这种独特主要体现在以形式化、程序化为依托的诸多思维特征内,包括:运用法律术语进行观察、思考和判断;通过程序进行思考,遵循"向过去看"的习惯;注重缜密的逻辑,谨慎地对待情感、情理等因素;只追求程序中的"真",不同于科学中的求"真";不同于"权衡"性政治思维的非此即彼的判断结论。⑤

当然,现代意义上的职业法律家也绝非只知道审判程序之程规和精通实在法之规则的法律工匠,否则,他即使不是一个"十足的笨蛋"⑥,但也必然是个有

---

① 苏力著:《法治及其本土资源》,中国政法大学出版社 1996 年版,第 134 页。

② [美]汉密尔顿等著:《联邦党人文集》,程逢如等译,商务印书馆 1980 年版,第 395 页。

③ 转引自 Harry Jones, The Trial Judge Role Analysis and Profile("初审法官作用透视"),载宋冰编:《读本:美国与德国的司法制度及司法程序》,中国政法大学出版社 1998 年版,第 429 页。

④ 解兴权著:《通向正义之路——法律推理的方法论研究》,中国政法大学出版社 2000 年版,自序。

⑤ 孙笑侠著:《程序的法理》,中国社会科学院 2000 年博士学位论文,第 83 ~ 89 页。

⑥ 戴维·保罗·布朗(David Paul Brown),一个 19 世纪初期的费城律师,曾经说过:"一个只懂法律的人,只是一个十足的傻汉而已。"[美]E. 博登海默著:《法理学:法律哲学与法律方法》,邓正来译,中国政法大学出版社 1999 年版,第 507 页。

损于法律尊严与依赖度、"葫芦僧判葫芦案"的家伙。① 法律乃是整个社会生活中的一部分，它绝不存在于真空之中；法学也并不是社会科学中一个自足的独立领域，能够被封闭起来或者可以与人类努力的其他分支学科相脱离。法律作为一种社会控制的主要手段，它的知识本身就是一个大百科知识的集合。诚如博登海默所指出的，因为法律及其学科的开放性、社会辐射性特征，所以对职业法律家的培训的很大程度往往是放在非法律部分来完成的。例如，对其进行哲学、历史、经济学、社会学、政治学甚至自然科学等方面的知识传授与理论教育。因为，一旦缺乏这些方面的基础知识，法律职业者不仅不能正确地理解立法目的，曲解法律规范的词义，而且肯定会在日益复杂的案件和纠纷面前显得措手不及、无所适从。所以，我们在评价一个法官或律师训练有素，对法学有相当深入研究与理解的同时，往往已经隐喻了该位职业法律家具有渊博智识的含义。

值得注意的是，现代社会对高学识、精英式职业法律家集团的迫切需求，也在客观上促进了职业法律家地位的提升。诚如汉密尔顿继而指出的："社会中，只能有少数人具有足够的法律知识，可以成为合格的法官。而考虑到人性的一般堕落状况，具有正直品质与必要知识的人其人数自当更少。由此可知政府可以选择的合格人选自属不多"，②因此，依据"物以稀为贵"的原理，现代社会中职业法律家地位既崇又高也就成了必然。

三、法治的建构与职业法律家的创建艺术

法律职业问题是法治中人的因素问题——它是法治及其运行中的最重要的活的因素。法律职业者（或职业法律家）作为法律的实际制定者和法律的适用者，处于法治建设的前沿和核心地位，以这个"人"的因素为核心而释放的能量可以辐射向法治的各个环节和领域。这尤其体现在作为审判人员的法官的活动中。③ 如果一个国家的大部分司法判决都是形式正义与实体正义的完美结合，

---

① 固然，我们也无法同意一位英美法系法官布兰代斯（Brandeis）这样的一种过激观点："一个法律工作者如果不研究经济学与社会学，那么他就极容易成为一个社会公敌（a public enemy）。"因为，我们所处的时代是一个社会分工与专业划分已经达到万分细致化的时代。在这样的社会里，不仅不能奢望亚里士多德式大师级人物的出现，而且连希望大多数法学家都在法学内各领域达到游刃有余的要求也成了一种苛求。［美］E. 博登海默著：《法理学：法律哲学与法律方法》，邓正来译，中国政法大学出版社，第507页。

② ［美］汉密尔顿等著：《联邦党人文集》，程逢如等译，商务印书馆1980年版，第395~396页。

③ 参见孙笑侠著：《法理学》，中国政法大学出版社1996年版，第222页。

它至少可以达到这样的效果:促成人们对法律和法治的高度信仰,进而提高法律或司法判决的效力,使法律获得应有的尊严和威望;唤起人们的权利意识,并在事实上保护了人权;抵消了一些立法或行政上的腐败,在分权和制衡中真正实现对行政权与立法权的制约与监督;认真设计的制度获得实际运行,由此我们所追求的真正的法治秩序也就建立起来了。重视法律职业其实也就把握住了法治的各个重要环节。

马克斯·韦伯把影响或保证西方走上法治道路的制度性因素总结为两项,一是"严格的形式"(特别是法律程序),二是维系制度的目标、理念的延续和演进的专业化的职业法律家集团。[①] 因此他认为,与其把各种法的发展归结为发展精神或传统的自发产物,还不如将其归功于利害关系者之间的相互作用或职业法律家的工作。在他看来,"形形色色的法律专家,如罗马的法律解答者、犹太的拉比、伊斯兰的穆夫提、印度的僧侣、英国的法官和欧洲大陆的法学家,分别在他们各自所属的法中创造了法(法律秩序)的特性。"[②]他实际上就是认为,法治秩序构建的关键在于一个独立的、高学识的职业法律家的培育与发展,关键在于这个职业法律家敬法(一切依法办事)精神的具备;西方国家法治的成功源于他们法律"艺术家"的高超创造和应用艺术。[③] 实际上,正如我们在上文中零零散散所论述到的一样,如果缺乏一个重视程序、注重形式公正的职业法律家集团在司法工作中的关键作用,另一构建现代法治的主要因素——"严格的形式"——也将无法实现或消失殆尽,一国近现代意义上的法治将无法实现。

从某种程度而言,在一个实质意义上的现代法治国家里,占据至高无上地位的并不是法律规则本身,而是在该社会里占据举足轻重的法律职业共同体的法

---

① 例如,他在《儒教与道教》一书中如此论述这个问题:"我们近代的西方法律理性化是两种相辅相成的力量的产物。一方面,资本主义热衷于严格的形式的,因而——在功能上——尽量像一部机器一样可计量的法,并且特别关心法律程序;另一方面,绝对主义的国家权力的官僚理性主义热衷于法典化的系统性和由受过理性训练的、致力于地区之间平等进取机会的官僚来运用的法的同样性。两种力量中只要缺一,就出现不了近代法律体系。"参见[德]马克斯·韦伯著:《儒教与道教》,王容芳译,商务印书馆1995年版,第200页。

② [日]大木雅夫著:《比较法》,范愉译,法律出版社1999年版,第263页。

③ 类似的论述,在西方不止马克斯一人。如另一位德国法学家马克思·莱因斯坦指出:"法的形成和适用是一种艺术,这种法的艺术表现为什么样式,取决于谁是'艺术家'。"参见 Max Rheinstem, Die Rechtshonoratioren und ihr Einfiu β auf Charaktcr und Funktion der Reehtsordnungen, RabelsZ 34(1970)1, dcm, Einfuhmng in die Rechtsvergleichung(bearbeitetv on Reimer von Berries), 1974, S. 172。

律决策与评判。[1] 因为这一共同体是以学识理论为基础，享有共同的思考与分析问题的方式，所以他们的决策与评判绝非是肆意的产物。他们的决策与评判不仅要受到其因接受久长专业教育所形成职业思维逻辑的限制与规范，而且还要受到其共同体内部极大的制约。这种内部的制约，在很大程度上，是通过法律职业的具体再划分，并使各子职业集团之间与其内部之间在法律程序中相互倾轧、竞技来实现。因为，即使有着种种美好的理由与假设，职业法律家所作的任何活动都无法脱离其七情六欲的主观色彩，而这个法律解释共同体的相互竞技使得他们的主观性判断都必须经受该共同体内其他成员的批评与监督，必须迎接与之相对立的主观性判断的挑战和第三者的择优选择，因此客观而正确的法律及依据其作出的判断与决定终将在主观与主观的碰撞砥砺过程中出现。[2]

即如上文所指出，职业法律家所使用的法律理性是以开放性、广博性的知识结构为基础的，所以他们既不会无视政治、经济、文化等外在环境变化，生硬、不合时宜地固守过时的观念和原则，也不会忽视法治的价值目标而机械地搬用规范，使法的工具效用和目标效用脱节。此外，也正如上文分析所已指出的，职业法律家的独特思维方式与学者风范，使得他们不会为其他社会权威力量所左右，使法律沦为个别意志的附属物；由此，他们的法律决策与评判能够回应人们对现代法治兼具形式与实质正义的崇高期望。在一个非法治社会，法律权威之所以不能确立（尽管该社会可能有详尽周密的法制体系），主要就在于缺乏一个权威的法律评价的职业家团体。因为在这样的社会里，谁都可以对法律说三道四，并对事物进行法律方面的评价，以个体的力量恣意左右或影响法律，而法律来自各方的压力，尤其是政治权威的干扰下固然也就难以自立了。[3]

综上所述，一个能够适应高度专门化、技术化要求的具有相应法律理性的职业法律家集团不仅是衡量一国是否为现代法治国家一项必不可少的要素条件，它的造就还是通达现代法治的一条“终南捷径”。中国的法治是要后来而居上，既有此“便途”，又何乐而不为呢？

（2001 年第 1 期）

---

① 贺卫方：“关于法治与法学研究”，载《中山大学法律评论》（第 1 卷），法律出版社 1999 年版，第 165 页。

② 季卫东著：《法治秩序的建构》，中国政法大学出版社 1999 年版，第 221 页。此外，在季卫东先生看来，法律体系的学识性越强，其合理化的程度也就越高，非理性的恣意裁量的空间也就越小。

③ 葛洪义、朱继薄：“法治 · 法治化 · 法律理性”，载杭州大学法学院编：《法治研究》，杭州大学出版社 1997 年版，第 36 页。

论法官与政治家思维的区别

孙笑侠　应永宏*

在我国社会生活中人们并不习惯于对法官与政治家①加以区分。中国古典政治制度中让行政官或政治家兼任司法官,这种历史传统演变为现行体制,以至于当代中国法律职业仍然具有浓厚的行政色彩,由此又使法律职业归属于政治的范畴。当代中国法官的培养途径多元化、训练内容不统一、准入制度不严格、考核标准不明确,所以,法官作为法律家的职业特征不是专业化,而是行政化、大众化和政治化。把对法律家工作的评判标准混同于对政治家和行政官的评判标准,即两种职业采用同一系列的标准进行评判。这又容易导致行政官、政治家和民众对作为专家的法官及其专业工作的不理解、不信任,甚至责备、反感和排斥。

一、法律家的专业性是分工的产物

专业性是分工的产物。专业知识与专业屏障是"专业化"之树上结出的既相连又相异的两颗果实。人们历来对专业化和分工有着种种非议,②但是社会发展的客观趋势并不是以人的意志转移——在人们对于分工与专业化发表异议的同时,分工与专业化在变本加厉地发展。今天,社会中的每一个分支专业都日益精深。"我们所知道的各种法律(也就是公开宣布并执行的规范)的历史在很

---

* 作者单位:浙江大学法学院、温州大学。

① 法官是法律职业的典型代表。我们把经过法律专业训练、具有法律职业技能与职业伦理的人称为法律家或法律人,他是法律职业共同体中的个体。他可能是法官、检察官、律师,也可能是从事其他工作,诸如企业主管、政府官员等。实际上的"位置"并不重要,关键是看他是否具有法律家的"脑子"。同理,在政治机构和政府机关工作的政治家和行政官,如果"脑子"不是法律家的,那么他就是政治家或行政官。本文在叙述中把政治家与行政官合为一体,是因为他们的思维方式具有共同性。

② 例如,近代学者中最早对分工进行专门研究的亚当·斯密说专业化破坏了劳动者的活力;马克思认为"某种智力上和身体上的畸形化,甚至同整个社会的分工也是分不开的。"萨特说:"在采用半自动化机器不久,研究表明……女工梦中拥抱的是她手中的机器";托夫勒说"专业化的工作不需要一个全人,而只需要一个肢体或器官。再也没有比这更生动的证据,说明过度的专业化把人如此残忍地当牛当马了。"郑也夫著:《代价论——一个社会学的新视角》,三联书店 1995 年版,第 95 ~ 96 页。

大程度上就是各种法律工作日益专门化的历史”,[①]而法的发展带来的一个结果则是法律活动的进一步专业化。伯尔曼在分析西方法律传统的主要特征时指出:法律的施行是委托给一群特别的人们,他们或多或少在专职的职业基础上,从事法律活动。

法律职业者,无论是像英国或美国那样具有特色地称做法律家,还是像在大多数其他欧洲国家那样称做法学家,都在一种具有高级学问的独立的机构中接受专门的培训,这种学问被认为是法律学问,这种机构具有自己的职业文献作品,具有自己的职业学校或其他培训场所。

培训法律专家的法律学术机构与法律制度有着复杂、辩证的关系,因为一方面这种学术描述该种制度,另一方面法律制度通过学术专著、文章和教室里的阐述,变得概念化和系统化并由此得到改造,如果不这样,法律制度将很难彼此分立,不能被组织起来。换言之,法律不仅包括法律制度、法律命令和法律判决等,而且还包括法律学者(其中有时包括像法律学者那样一些从事讲述和撰写的立法者、法官和其他官员)对法律制度、法律命令和法律判决所作的阐述。法律本身包含一种科学,一种超然法(metalaw)——通过它能够对法律进行分析和评价。[②]

英国亨利六世时的大法官福蒂斯丘论述了关于法律具有职业神秘性的思想,即认为法律乃法官与律师界的特殊科学。[③] 130年后,福蒂斯丘当年描述的法官与国王对话的场面居然真的隆重上演了——法官柯克与英王詹姆士一世就国王可否亲自坐堂问案发生分歧,柯克有一段精彩的阐述:的确,上帝赋予陛下丰富的知识和非凡的天资;但是陛下对英格兰王国的法律并不精通。涉及陛下臣民的生命、继承、动产或不动产的诉讼并不是依自然理性来决断的,而是依人为理性[④](artificial reason,又译技术理性)和法律的判断来决断的;法律乃一门艺术,一个人只有经过长期的学习和实践才能获得对它的认知。法律是解决臣民

---

① [美]波斯纳著:《法理学问题》,苏力译,中国政法大学出版社1994年版,第7页。

② [美]伯尔曼著:《法律与革命》,贺卫方等译,中国大百科全书出版社1993年版,第9~10页。

③ 福蒂斯丘在其《英国法礼赞》中借虚拟的大法官之口,劝告国王不要充当职业法官,不要取代法官和律师的专业化工作,他说因为“我很清楚,您的理解力飞快如电,您的才华超群绝伦,但是,要在法律方面成为专家,一个法官需要花20年的时光来研究,才能勉强胜任。”参见[美]爱德华·S.考文著:《美国宪法的“高级法”背景》,强世功译,三联书店1996年版,第33页。

④ 原文应为artificial reason,季卫东把它译为“技术理性”似乎更贴切些。参见季卫东著:《法治秩序的建构》,中国政法大学出版社1999年版,第200页。

诉讼的金质魔杖和尺度，它保障陛下永享安康太平。[1]

在柯克看来，法律是技术理性，法官是技术理性的拥有者，因此，法律就是一个职业等级的领地。柯克所谓"自然理性"与"技术理性"之区别，显然道出了基于普遍的道德观念而形成的大众逻辑与根据专门的专业思维而构筑的职业逻辑的区别。国王固然居万人之上，何况"上帝赋予陛下丰富的知识和非凡的天资"，但是他并不拥有经过长期的职业培训而获得的职业技能，这其中主要是职业法律家的职业思维方式或职业逻辑。

韦伯曾经在阐述专业官吏的兴起时说，在16世纪时欧洲较先进的国家，由于君主理财、战争技术和司法程序3方面发展的原因，才出现了财政专家、军事专家和法律专家。韦伯说，司法程序的细密化要求有训练有素的法律专家。就在君主专制主义凌驾于身份等级制度之上的同时，君主大权独揽的统治也逐步让位于专业官吏体制。[2] 法律家与政治家对于一个社会结构的控制具有分工的关系。

二、法律家与政治家思维的区别

我们把经过法律专业训练、具有法律职业技能与职业伦理的人称为法律家，或法律人，他是法律职业共同体中的个体。他可能是法官、检察官、律师，也可能是从事其他工作，诸如企业主管、政府官员等。实际上的"位置"并不重要，关键是看他是否具有法律家的"脑子"。同理，在政府机关工作的政治家，如果"脑子"不是法律家的，那么他就是政治家。

思维是客观事物在人脑中间接的和概括的反映，是借助语言所现的理性认识过程。思维是职业技能中的决定性因素。法律家具有理性的思维，以法官为例，这是指法官思维判断力的理智与成熟，[3]表现为法官的意识、观念或态度的自主性，法官在思想上是自由的。这种理性的思维特点是经过专业的训练才能获得的，所以是十分特别的，带有几分神秘感，甚至令法律家在社会上具有某种先天的"显贵"地位。它是区别于其他职业的内在的质的规定性。我们认为法

① ［美］爱德华·S.考文著：《美国宪法的"高级法"背景》，强世苏译，三联书店1996年版，第35页。

② ［德］马克斯·韦伯著：《学术与政治》，冯克利译，三联书店1998年版，第68页。

③ 中世纪史学家坎特罗威茨说只有三种职业有资格穿长袍，"这种长袍象征着穿戴者思想的成熟和独立的判断力，并表示直接对自己的良心和上帝负责"。贺卫方著：《法边馀墨》，法律出版社1998年版，第54页。

官可以有自己的政治倾向，但在程序中必须以法律为最高准则。法官最忌讳的是采用应急性、临时性的政治要求、政治观点或政治任务来左右审判结论。

法律家与政治家最大的区别在于他们内在的思想观念，而这一点则是取决于他们所受到的职业思维训练。正是因为有了专门化、职业化的思维方式，他们才被赋予操作法律的重托，他们的法律活动才是值得信赖的。正如人们为什么在通常情况下信赖职业医生那样——因为职业医生是训练有素的专家。对于法律家来讲，思维方式甚至比他们的专业知识更为重要。因为他们的专业知识是有据（法律规定）可查的，而思维方式是靠长期专门训练而成的。

只有具备法律思维特征的人才能称为法律家。法律家的思维方式有什么特点呢？日本的一位学者把法律家思考方式的特点概括为：教义学的性质，过去导向性、个别性，结论的一刀两断性以及推论的原理性、统一性、类型性和一般性。[①] 季卫东在“法律职业的定位”一文中曾分析过法律职业的独特的思维方式，包括“一切依法办事的卫道精神”、“‘兼听则明’的长处”、“以三段论推理为基础”[②]3 个方面。笔者认为法律家与政治家的思维有以下区别：

第一，法律职业术语（概念）是法律家必备的思维要素，法律家运用职业术语进行观察、思考和判断；而不是政治家必备的思维要素。

政治家的普遍使用的语言属于大众话语的范畴，他们运用大众的词语进行观察、思考和判断。大众的话语，即大众的呼声就是政治家关心的问题，所以政治家话语来源于大众，并与大众标准相一致。虽然现代法治要求从事政务工作的人学法、知法、依法办事，但这并不改变他们的职业本质。

法律是一种专门的技术知识，法律术语是这门专门知识中的最基本的要素。所有的社会问题，不论它们来自民间还是官方、不论具体还是抽象、不论是春秋大义还是鸡毛蒜皮，一概可以运用法言法语转化为法律问题进行分析判断。甚至连不容易或不应当转化的政治问题，也完全可能地被转化为法律问题而提交法院解决。[③] 纯粹的法律问题自然如此，连政治经济问题乃至日常的社会问题也都尽量“使之转化为明确的权利义务关系”来处理。[④] 托克维尔说美国几乎所有的政治问题都迟早要变成法律问题。所有的党派在它们的日常活动中都要借

---

① 季卫东：“法律职业的定位”，载《中国社会科学》1994 年总第 86 期。

② 同上。

③ 美国司法审查有历史上形成的不讨论、审理政治问题的原则。然而，托克维尔曾敏锐地观察到并尖锐地指出，在美国几乎所有重大的政治问题都被转化为法律问题而交由法院审理。苏力：“论法律活动的专门化”，载《中国社会科学》1994 年第 6 期。

④ 季卫东：“法律职业的定位”，载《中国社会科学》1994 年总第 86 期。

助于法律语言,大部分公务员都是或曾经是法律家。[①] 如果一个社会崇尚法治,那么法律语言会成为广受推崇的语言,[②]几乎可以成为普通语言。

法律的发展日益与道德和政治因素相疏离,这主要是由于专业化程度的提高,而法律活动的专业化又取决于一种专门的技术知识的形成。因此有学者说法律与法律活动就会较少受到社会生活的波动而激烈变化,而受法律团体内的话语实践的制约;即使有变化,法律现有的知识传统和实践传承也会使法律和法律活动保持相当大的连续性。[③] 不懂得运用法律术语就不配为法律家,虽然我们不必强求所有的法官都像大陆法系的法官那样在法学院开始训练"原理性思维"[④](尽管这样的要求是合理的),但是,至少,法官应当学会用法律术语进行思考和表达。今天中国的法官与律师当中,仍然存在不习惯于运用法律术语"讲话",可能还存在不屑于这样做——在社会中摸爬滚打多年后"俗"惯了——的情形,或者是羞于这样做——因为某些人并不以职业专门化为荣——的多种情形。

第二,法律家通过程序进行思考,遵循向过去看的习惯,表现得较为稳妥,甚至保守;而政治家则高瞻远瞩,设定预期目标勇于改革与实践。

程序是自治的,在其内部的一切活动(包括思维活动)都被视为"过去",[⑤]这才可能被认定为是有效的。法律程序的自治,要求我们只在程序内进行思考和判断。之所以这样,是程序自身必要性决定的——对立面的设置以及两造竞争就是为了排斥任意性,促进理性选择,形成法官稳妥的结论。

这一点与法律家态度与活动的被动性、中立性有关。政治家的态度与活动具有主动性和倾向性。政治家的权威来源于政绩、民意和职级 3 个方面,因此他们积极追求政治目标的实现,积极主动地干预人们的社会活动。而法律家的权威来源于理性的思维、超然的态度和独立的地位,他们从事法律活动具有被动性,主要表现为法官以"不告不理"为原则,非因诉方、控方请求不作主动干预。

---

① [法]托克维尔著:《论美国的民主》(上卷),董良果译,商务印书馆 1997 年版,第 310 页。

② 历史上,不仅法律人坚持使用法律语言,而且各界人士也对法律语言倍加推崇与赞誉。例如,意大利诗人但丁在他的著作《论俗语》中将"法庭的"语言与"光辉的"语言、"中心的"语言、"宫廷的"语言并列为"理想的语言",并指出法庭的语言是"准确的、经过权衡斟酌的"。参见朱光潜著:《西方美学史》(上册),人民文学出版社 1964 年版,第 128 页。

③ 苏力:"论法律活动的专门化",载《中国社会科学》1994 年第 6 期。

④ 法国的法学院教育是以正确的原理性思维和明快的條学式表达为目标,彻底的原理性思维是法官培养的关键。参见[日]大木雅夫著:《比较法》,范愉译,法律出版社 1999 年版,第 281 页。

⑤ 季卫东谈到程序的两种"过去",即事实上的过去和程序中的过去,在程序中由前者向后者转化。程序中的过去被一一贴上封条,即使可以重新解释却也不能推翻撤回。季卫东著:《法治秩序的建构》,中国政法大学出版社 1999 年版,第 19、25 页。

相对于政治家立场的倾向性,那么法律家立场则具有中立性。政治家在他面临的各种社会矛盾面前,其态度具有鲜明的倾向性。政治家具有官方性,它总是更关心自己的政治目标和效率。“司法中立”原本是就司法者态度而言的,“司法判决是依法作出的,行政决定是依行政政策作出的。法院尽力从法律规则和原则中找出正确的答案。政治家尽力根据公共利益找出最有利、最理想的答案。”有人会说,法院有时也根据公共利益去寻找答案,法律根据与政策根据之间的确存在交叉,但是韦德解释说“法官与政治家的思想方式是完全不同的,法官的方法是客观的,遵守着他的法律观念;政治家的方法是经验式的,是权宜之计。”司法中立是指法院以及法官的态度不受其他因素,包括政府、政党、媒体等影响,至少在个案的判断过程中不应当受这些非法律因素所左右。而“司法权则是权利的庇护者”,“同一官署忽而忙于维护国家利益,忽而又将国家利益弃置一边,忙于维护正义,显然极不协调”。

因此法律思维的重要特点就是法官习惯于在两造对簿公堂的状态下听取不同意见,取得“兼听则明”的效果。而这种“兼听则明”的效果是指从对立的意见当中找到最佳解决方案,通过程序中的解释与论证使之成为具有规范效力的共识或决定,①这种效果并非任何人都可以领会的中庸之道,也不是无原则地妥协而形成的所谓“平衡”,而是指只有经过专门职业训练后形成的法律家的特有的资质——用柯克的话来说就是“技术理性”。②

法官对待法律的态度也是这样,只承认既定的规则。为了阐明法官的保守性,许多思想家甚至把法官看做法律借以说话的嘴巴。③ 判例制国家遵循先例的原则被当做尊敬前辈、传承经验的最好方式。而法官的保守性格恰恰与法律内在的品质——稳定性有着天然的联系。法官的这种稳妥有时表现为遵循业已

---

① 季卫东:“法律职业的定位”,载《中国社会科学》1994年总第86期。

② 英王詹姆斯一世与柯克著名的辩论中,柯克提出的 artificial reason,也有译者译为“人为理性”。[美]爱德华·S.考文著:《美国宪法的“高级法”背景》,强世功译,三联书店1996年版,第35页。

③ 许多著名思想家都曾有过类似的观点。西塞罗的《论法律》第3章第122节:“官员只是说话的法律”。柯克爵士在卡尔文案件中说:“法官是说话的法律。”18世纪有句法律格言说“国王只不过是执行中的法律”。孟德斯鸠在《论法的精神》中认为:“国家法官只不过是讲法律的嘴,仅是被动物,没有能力削弱法的强制性和严格。”在美国,大法官马歇尔重述了这番话,他把法官说成“只是法律的代言人”,不能随意行事。[英]哈耶克著:《自由宪章》,杨玉生等译,中国社会科学出版社1999年版,第246页。

形成的传统价值,因而,其思维总是向过去看,不求激进,甚至还表现为比较保守。[①] 这对于一个健全的社会,是一种必要的调节器和安全阀。因为任何社会的进步都是在激进与保守这两种势力的平衡中而得以发展的。

第三,法律家注重缜密的逻辑,谨慎地对待情理与情感等因素;政治家则在逻辑与情理(情感)之间偏重情理(情感)。

通常来讲,法律家的思维方法总是坚持三段论推理方法,但这并不等于说法律家的论证都要求机械地保持形式上的合乎逻辑。强调三段论推理的逻辑主要是基于这样的必要:对法律决定的结论要求合乎理性地推出,应当对决定理由进行说明和论证,从而使当事者和全社会看到这个结论是出自理性的,即具有了说服力。"法律推论不可能得出'放之四海而皆准'的必然结论。因此,法律决定的妥当与否取决于当事人各方及其代理人自由地进行对抗性议论的程度"。[②] 政治家的思维在这一点上与大众思维是相通的,关注情理和情感多于对逻辑的关注。

情感和情理,是与逻辑相对的概念。我国有两句相互矛盾的俗话叫"法本原情"和"法不容情",它们显然是法与"情"[③]之间复杂关系的写照。由于法律与道德及宗教所具有的性质与作用上的某些共性决定了法律思维与政治(道德、宗教)思维也有许多相同或相似之处。所以在法庭上人们(甚至律师与法官)不得不考虑某些情感评判。法律思维在这个问题上难以确立一个绝对化的基本原则,是"法不容情"还是"法本原情",中国古代法基本上是"法本原情"的。[④] 正是因为法律与道德在中国的过于密切地结合,才出现法律的非形式化、非自治化,进而法律事业落后。

虽然法律思维并不绝对排斥情感因素,但它与政治思维(道德思维、宗教思维)的情感倾向有着严格的界限。法律判断是以事实与规则认定为中心的思维

---

① 人们不能指望法官成为革命家,或激进的改革者。这与法官在任命之前的长期的律师经历有关,到了他们成为中年或老年的时候担任法官,这种工作经验把他们塑造成了一个墨守成规的行业。[英]阿蒂亚著:《法律与现代社会》,范悦等译,辽宁大学出版社、牛津大学出版社 1998 年版,第 29 页。

② 季卫东:"法律职业的定位",载《中国社会科学》1994 年总第 86 期。

③ "情"的原有含义是"情感",但在法律文句中,它通常含有"事实"的意味,并且既有案件中的有形的事实,又有无形的诸如当事人之间关系一类的东西。[美]蓝德彰:"宋元法学中的'活法'",载《美国学者论中国法律传统》,中国政法大学出版社 1994 年版,第 312 页。

④ 中国法家的法律排斥"情",而秦以后儒家的法律包容"情",才使法律具有了"活力",儒家化的法律会根据"情"而改变刑罚。有学者认为考虑"情"的角度,也就是法律真正合法和符合正义的程度。参见[美]蓝德彰:"宋元法学中的'活法'",载《美国学者论中国法律传统》,中国政法大学出版社 1994 年版,第 313 页。

活动，因此法律思维首先是服从规则而不是首先听从情感。法律家也拥有情感并捍卫情感，但是都需要在法律规则的范围内，在法律术语的承载下来谨慎地斟酌涉及情感的问题。事实上西方法律家的技术理性中并非完全排斥情感因素，鲍西亚在威尼斯的法律规则之中运用严格的逻辑推理说服夏洛克（在多数人在情感上都会憎恨他并希望他败诉）放弃诉讼请求①，兼顾了逻辑与情感。但是如果让包拯或海瑞们来审理此案，他们或许只考虑这样的政治家或道德家式的推论：安东尼奥是君子，夏洛克是小人；情理绝不容忍小人得逞；所以，"应当"判君子安东尼奥胜诉。尽管结果相同，然而案件解决过程中几乎没有法律的影子。所以，法律家的专业逻辑与大众的生活逻辑之不同，还在于思维中的情感因素的分量。之所以需要程序，就是为了克服管理与决定的人情化。在中国法院向媒体公开庭审全过程这一好现象的背后，可能隐藏着另一个问题，这就是"如何确保对话性论证的环境不被情绪化、防止舆论压力左右法官的推理和心证"？②

第四，法律家注重活动过程以及标准的形式性；政治家注重权力结果以及标准的实质性。

这种权力结果是指政治的目标，诸如政治局势稳定、经济效益增长、道德秩序健康、民众生活安宁等，政治家注重标准的实质性是指政治家的期望和追求尽可能地符合上述这些目标（尽管这是无法实现的）。而法律家并不直接以这些实质目标为自己的目的，它是以制定法既定规则为标准，以现有诉讼中的证据（法律家所谓的"事实"）为条件，以相对间隔于社会具体生活的程序为方式，做出相对合理的判断，以接近上述那些目标。如果无法达到这种"接近"，甚至背离这些目标的话，只要是在这些特定的标准、条件和方式中，也只能承认这种判断结果的合法性。这与法律"一刀切"规范性特征一脉相承。实际发生的事实不被等同于法庭上的"事实"，法庭上的事实只是法庭上证据证明了的情况。法庭上的形式合理性是最高理性。司法活动不应该过分强调"具体问题具体分析"，把司法当做政治过程，搞"平衡"、"协调"甚至"和稀泥"，即使争端双方都满意了（事实上是难以做到的），可它是以放弃判断、扭曲法律为代价的。

这个特点并不是说法律家与政治家的目标有冲突或不一致。而是说法律家

---

① 莎士比亚名剧《威尼斯商人》中描写了夏洛克借钱给安东尼奥，约定若还不起债将从安东尼奥胸口割下一磅肉为抵偿。安东尼奥在与萨拉里奥谈到公爵会不会变更或通融法律以便不被割肉时，有一句话表明了西方人的法治信念，他说"公爵不能变更法律的规定，因为威尼斯的繁荣，完全倚赖着各国人民的来往通商，要是剥夺了异邦人的应享的权利，一定会使人对威尼斯的法治精神产生重大的怀疑。"参见《莎士比亚喜剧集》，朱生豪译，北京燕山出版社2000年版，第65页。

② 季卫东："法律解释的真谛"，载《中外法学》1998年第6期。

的活动并不像政治家和行政官那样直接面对政治目标。法律家的职业本质和业务技能要求他们,只有通过特殊的专业活动过程来接近或实现政治目标,而不是直接按行政官的方式来实现政治目标。如果法律家不注重这种特殊的专业活动过程,那么法律家与政治家、行政官没有分工关系,社会结构也就失去平衡。

第五,法律家只追求程序中的相对的“真”;而政治家则把“真”理解为类似于科学中的“真”。

法律意义上的真实或真相其实只是程序意义上和程序范围内的,这意思是说,法律上的真实与真相并不是现实中的真实和真相。在生活中,大众总是希望看清真相,这与科学家探索真理是相同的。政治家思维与老百姓、科学家思维在求“真”上是一致的,如政府追查不正当竞争的商业行为,非查清不可。现实中的“真”与程序上的“真”可能会是重叠的,即程序上的“真”等于现实中的“真”,如程序中的大量证据最终证明了一个事实真相。但是大量的法律问题,程序中的真实、真相与现实中的真实、真相会存在距离,或者说是不吻合的。“在具体操作上,法律家与其说是所追求绝对的真实,毋宁说是根据由符合程序要件的当事人的主张和举证而‘重构的事实’做出决断。”①

第六,法律家的判断结论总是非此即彼,不同于政治或行政思维的“权衡”特点。

法官的判决总是会以不利于一方为前提而让另一方受益,②因此程序中或多或少产生对抗性。从律师角度来看,他的职业具有竞争性并且是具有对抗性的竞争。③ 诉讼的性质要求一方胜诉,另一方败诉,“权利义务对半承担的说法在社会上十分自然,但在法庭上却是纯粹荒谬的理论”,因此它“有时还使得公平也似乎受法律游戏规则的摆布”。④ 这是因为法律必须对许多不允许妥协的问题作出决定。正如所罗门王在两个自称某婴儿为自己所生的妇女之间所做的判决一样⑤无可妥协,只能断然决定。英国法学家韦德对此曾有过名言:司法判

---

① 季卫东:“法律职业的定位”,载《中国社会科学》1994 年总第 86 期。

② 波斯纳教授在其《法理学》的绪论中讲到法官与医生的区别。认为医生一般不会以牺牲他人来帮助另一人。[美]波斯纳著:《法理学》,苏力译,中国政法大学出版社 1994 年版,第 8 页。

③ 美国学者基尔特(R. Kidder)把律师与医生进行了比较,并提出三方面的区别,包括律师倾向于为富人服务、双方法律服务的质量和数量大致平衡才能使律师作用发挥出来、律师面临同行对抗性的竞争。参见朱景文著:《现代西方法社会学》,法律出版社 1994 年版,第 104 页。

④ [英]彼得斯坦等著:《西方社会的法律价值》,王献平译,中国人民公安大学出版社 1989 年版,第 114 页。

⑤ 《圣经》所描述的一个故事。结果是,所罗门王判决将孩子劈成两半,两个自称母亲的女人各分一半。真实的母亲急忙放弃要求,以成全婴儿的性命,真假母亲遂明。

决是依法作出的,行政决定是依政策作出的。法院尽力从法律规则和原则中找出正确的答案。政治家尽力根据公共利益找出最有利、最理想的答案。……法官与政治家的思维方式是完全不同的,法官的方法是客观的,遵守着他的法律观念;政治家的方法是经验式的,是权宜之计。

季卫东教授也曾谈到法律家与政治家在权衡与妥协方面的区别,他说:多数法律家不能容忍非公开的政治交易和无原则的妥协,对行政机关的因事制宜的变通裁量也保持高度警惕。这样的态度有时的确难免有墨守成规之讥,在日新月异的当今社会中临机应变也的确很重要,但是,既然政治官僚管理国计民生的权限已经扩张到无所不在的程度,防止职权滥用就成了一个国家长治久安的关键;为此,足以与行政裁量相抗衡的法制尊严绝对不能动摇。①

在许多场合,妥协是可能的,但是损失也是严重的——这就是"使法律规定所具有的确定性毁于一旦","法律无法以一种完美无缺的公平方法来适用于一切情况"。② 法律家的结论总是非此即彼、黑白分明的。这尽管在现代社会条件下可能会出现某些局部性的变化,但不会从根本上改变这一特征。

三、给予法律家以更多的理解

这一点是来自法律自治、法律职业自治的必要。对法律自治的追求也就出现了职业主义的倾向,因而也就造就了专业化的法官,进而也就出现了法律职业的专门逻辑。"职业自治的权力通常要求建立在法律职业的特别的知识和专长是独特的,并且完全不同于其他形式的知识的观念之上,因而法律职业的特殊业务能够清楚地区别于其他职业的业务"。③ 法律家在程序构成的"法的空间"④里运用法律概念术语、职业化的方法和技能进行不同于普通大众逻辑的法律思维。法律家的职业逻辑包括两部分,一是法律家的"技术理性",即法律家特有的知识体系和思维方法,二是法律职业伦理中的程序伦理。⑤ 正是因为这样,法

---

① 季卫东:"法律职业的定位",载《中国社会科学》1994年总第86期。

② [英]彼得斯坦等著:《西方社会的法律价值》,王献平译,中国人民公安大学出版社1989年版,第115页。

③ [英]罗杰·科特威尔著:《法律社会学导论》,潘大松等译,华夏出版社1989年版,第224页。

④ 王亚新:"民事诉讼的程序、实体和程序保障",载[日]谷口安平著:《程序的正义与诉讼》,王亚新等译,中国政法大学出版社1996年版,第9页。

⑤ 笔者将在另一未发表的文章"专业化与'非道德性'——关于法律职业伦理的思考"中论述这个问题。

律家才有可能把价值的或道德的问题转化为技术问题,[①]或者把政治问题转化为法律问题。[②]

人们对于程序的结果总是有所期待,这便形成了大众对程序结果的预测,进而形成大众的某种倾向性意见。职业法律家在程序的操作之后所得到的结论与大众的倾向可能存在相同或相吻合的情况,但人们也经常发现职业法律家与大众在同一问题上存在差距甚至截然相反的看法。这就涉及一个问题——法官的意见与大众的观点相左时,究竟以哪个为准?"司法活动正确与否从来不取决于它是否得到公众的欢迎或是否符合大多数人的想法与做法。"[③]

在当今中国法律制度运行中,职业法律家尚未形成(尽管正在进行之中),法官与律师的职业化或专门化并不明显。这是有着深厚的历史根基的——中国古代法官的非职业化传统,因而在现实中国的审判活动中导致一个现象:社会大众与行家里手对待法律问题并不存在什么差异或隔阂。这听起来似乎是一件好事,其实埋藏着危险。例如,按理法官在程序中不该理睬"民愤",但是法官迫于舆论的压力而听从了这种民愤。[④] 这就是法律的非形式化,它最终导致法治的无法实现。韦伯在分析"专门化"和法律形式主义倾向的时候,说道:

"法律朝反形式主义方向发展,原因在于掌权者要求法律成为协调利益冲突的工具。这种推动力包括了要求以某些社会阶级的利益和意识形态代替实体正义;还包括政治权力机关如何将法律目标纳入其理想轨道;还包括'门外汉'对司法制度的要求。"[⑤]

这番话所讲述的情况对于我们是如此耳熟,好像是直接针对中国法治现实的。"非专业化"和法律的非形式主义是同一个问题的互为因果的两个方面,由于中国法律的非形式主义倾向,所以出现法官的非专业化;另外,正是因为法官的非专业化,才加剧法律的非形式主义倾向。就中国现状而言,法律职业专门化

---

① 王亚新:"民事诉讼的程序、实体和程序保障",载[日]谷口安平著:《程序的正义与诉讼》,王亚新等译,中国政法大学出版社 1996 年版,第 9 页。另外参见季卫东著:《法治秩序的建构》,中国政法大学出版社 1999 年版,第 11 页。

② 违宪审查制度就是这样一种程序设置。违宪的行为大都是政治性矛盾的产物,只有在诸如违宪审查制度等程序中才得以缓解,使纯政治性的问题化解成为法律性、程序性的问题。两个世纪前,1800 年的总统大选中联邦党人惨败 3 年后引发的联邦党人法官之一马伯里诉新总统的国务卿麦迪逊,这个揭开美国司法审查史第一页的案件,其实是一个十足的政治纠纷。

③ [美]加里·沃塞曼著:《美国政治基础》,陆震纶译,中国社会科学出版社 1994 年版,第 149~151页。

④ 不久前中国法官在刑事审判中还在用"不杀不足以平民愤"这样的话。

⑤ [德]马克斯·韦伯著:《论经济与社会中的法律》,张乃根译,中国大百科全书出版社 1998 年版,第 317 页。

仍须大大加强。同时我们也应当看到，职业逻辑对于大众逻辑也正在产生着无形的渗透，如通过律师的职业活动进行专业知识的“布道”，在他们与委托人的日常接触中把某些职业意识渗透和传播到大众意识中去。

法律的职业逻辑与大众逻辑的矛盾始终交织在一起并行发展。昂格尔曾指出，“公平愈是屈从于规则的逻辑，官方法律与老百姓的正义感之间的差距也就愈大”①。随着经济和技术的发展，行外人士对法律的漠视会继续增加，但他们不会阻止法律中的技术性要素的增加，也不会改变法律作为专家领域的特点。

基于上述讨论，笔者认为法治国家应当是全社会都能够理解法律家的特殊工作和特殊的工作效果、功能。政治家应当科学地对待法律家，并给予更多的理解和支持。对待法律家我们应当持什么样的态度呢？

第一，像尊重专家那样，尊重法律家这个职业共同体的自治性。

法律家职业内部是以职业自治为原则的，具有非服从性。政治家这个共同体内部是以层级服从为原则的。政治家可以接受领导者的命令，哪怕是错误的命令，通常也以服从为天职，从而保证政令畅通。法律家并不绝对服从命令。在信奉先例原则的国家，上级司法判例也需要经过“区别”技术方能作为审判依据。法律活动要求按照既定的规则标准，那么“唯法律是从”是法律家行为的本质体现。“为使法官绝对服从法律，法律将法官从所有国家权力影响中解脱出来”。司法系统只存在案件的审级制度，而不应该存在法官的官衔等级制度，更不应该存在依官衔高低来检验“判断”结果的准确程度。

第二，应当容许法律家在法律规则和程序范围内做出独立的判断，即使这种个案的判断不符合现行的政策、不符合大众倾向。

尽管法律家的活动存在局限性，但不应成为权力干预司法活动的理由。职业法律家的专门化也不可避免地带来令人忧虑的问题，这就是所谓“隔行如隔山”甚至“职业病”等，职业法律家与大众之间势必存在一道专业屏障，话语难以沟通，甚至屡遭民间讥讽与戏谑②的陪审制以及非职业法官恐怕在一定程度上

---

① [美]昂格尔著：《现代社会中的法律》，吴玉章等译，中国政法大学出版社1994年版，第191页。

② 陈新民君收集有百余则法律箴言、法律谑语。例如，“律师就是一位受到特殊训练来规避法律的人”，“律师是不仅为正义服务人的，也是为不正义服务的人”，“法官不是对人生的许多现象都很了解，除非这些现象被列入案件的证据中，并且向他至少陈述三次后，他才会了解”，“我愿给法官一个建议：在判决书里绝不要附理由。因为你的判决可能正确，但理由一定会弄错”，如此等等，足见我们这一行是如何被作为戏谑的对象的。陈新民著：《公法学杂记》，台湾三民书局1993年版，第357页以下。

起到这样的作用。[①] 从历史来看，陪审团制度给被告提供了一个防止法官的职业怪癖和职业陋习的保障。[②] 这就是通过制度来克服法律家的局限性，而不是通过指派行外人士来指导或替代法官。

第三，应当保障法律家在人事与态度方面具有稳定性。

政治家在发展与变化的社会情势中具有应变性。政治权力必须及时适应各个时期的社会变迁情势，一国政府或某区域、某部门的行政主体总是不断调整行政政策，增减政府机构，任免行政官，以达到与社会需要相适应的目的，从而增强管理实效。但是法律的本质决定它必须保持相对稳定的司法政策、司法态度、司法标准、司法体制、司法人员（甚至有终身任命制度）等。法官是法律的化身，所以法律的稳定性势必延伸到司法活动之中。从机构、人员、态度、标准如果经常被各种不正当或正当的理由加以改变，那么无异于一场正在进行的球赛不断地被更换裁判，变更规则。组织法官集中学习县委红头文件，过多地让行政官或政治家来担任法官，诸等做法大都是传统观念的体现，不能与法治国家的要求相匹配，应予逐步改变。

（2001 年第 9 期）

① 英美国家的刑事陪审团可以就事实定罪甚至在少数案件中参与判刑。德国的非职业法官通过混合法庭加强了非法律职业者的权力，他们不仅参与定罪还参与判刑，非职业法官中几乎参与到所有的法律决定中去。

② 但有的学者认为，“现代社会的制度都不会将无限制的审判权委托给非职业法官——即委托节约人力物力，那些缺乏法律训练和经验，且不承担职业职责的人。在任何利用非法律职业者进行审判的尝试中，我们应防范固有的无知和偏见”。转引自“德国的非职业法官：与美国陪审团的比较（刑事）”，载宋冰编：《读本：美国与德国的司法制度及司法程序》，中国政法大学出版社 1999 年版，第 173、176 页。

关于法律意识形态研究的断想

付子堂*

一

苏东剧变后，自20世纪90年代中期起至今，在国外，特别是在法、德、美等主要西方资本主义国家，掀起了一股研究和宣传马克思主义的热潮。其中尤以所召开的一系列有关马克思主义的大型国际会议特别引人注目。2000年9月21~24日由美国《马克思主义反思》杂志主办的4年一度的马克思主义大会更是盛况空前。来自世界各地的1000多位马克思主义研究者出席了这次盛会，大会组织了190多场专题讨论会，3场大型专题报告会。这些有关马克思主义的大型国际会议认真地回顾了马克思主义的历史，总结了马克思主义发展的理论成就和经验教训，提出了新的马克思主义观。已有学者告诫我们，世界上所有关心马克思主义前途和命运的人都会为这一系列国际马克思主义大会的召开而欢欣鼓舞，并从中受到深刻而有益的启示。①

在千年交替之际，西方媒体曾纷纷推出自己评选的千年风云人物。卡尔·马克思在多家西方媒体评选千年风云人物的活动中名列第一或第二。在英国广播公司于1999年年底举行的一次网上民意测验中，马克思被评为千年思想家，高居榜首，得票率高于爱因斯坦、牛顿和达尔文；在路透社邀请34名来自各国政界、商界、艺术界和学术界专家名人进行的千年人物评选中，马克思仅以一分之差位于爱因斯坦之后，和"圣雄"甘地并列第二。②

在马克思主义法学方面，奥地利马克思主义者卡尔·伦纳在1904年就在其发表的《私法制度及其社会功能》中，系统地论述了马克思主义的法律理论；此外，西方马克思主义法学的代表人物还有德国法兰克福学派的奥托·柯切恩海

---

* 作者单位：武汉大学博士后流动站。

① 陈学明："苏东剧变后国际马克思主义大会的启示"，载《复旦学报》（社会科学版）1999年第6期；《新华文摘》2000年第2期，第195页；并见何萍："2000年美国马克思主义大会纪要"，载《国外理论动态》2001年第1期。

② 参见《光明日报》1999年12月30日相关报道；并见邹东涛："马克思被评为'千年伟人'感怀"，载《人民日报》2000年6月8日第11版。

姆、哈贝马斯,法国结构主义者路易斯·阿尔都塞、尼科斯·普兰查斯等。[①] 而著名的纯粹法学的创始人凯尔森于1955年就写过一本名为《共产主义的法律理论》的著作;20世纪70年代后期在美国兴起一股思潮——“批判法学运动”,其中之一就是“新马克思主义法学”。此外,英国北爱尔兰贝尔法斯特皇后大学法律系保罗·菲利普斯也曾写过一本专著《马克思恩格斯论法和法律》(1985年西南政法学院法学理论教研室组织完成翻译)。

在中国的法学教育中,“马克思主义经典法律著作研究”作为法理学研究生的一门学位必修课程,至今已经有20多年的历史。在这方面,已出版了不少论著,其中具有广泛影响者如:李光灿先生和吕世伦先生主编的《马克思恩格斯法律思想史》;吕世伦先生主编的《列宁法律思想史》;李龙先生主编的《马克思主义法学著作导读》;黎国智先生主编的《马克思主义法学论著导读》;等等。有关马克思主义经典法律学说研究的论文则数以千计。

以上现象说明,凡是严肃的学者,无论是真正讨厌马克思主义也罢,还是真正信仰马克思主义也好,都必须首先搞清楚什么才是真正的马克思主义,都必须把马克思主义作为一种社会现象、一种理论学说加以认真地研究。“凡是尊重客观事实的人,不论他是不是一个马克思主义者,都会承认马克思和马克思主义给予他的重要的影响。因为至少在某种意义上可以说,马克思以他那卓越的、原创性的思想改变了我们阅读文本和阐释世界的方式。”[②]笔者认为,马克思主义经典法律学说的确有其可取之处,其实这也正是它的理论魅力之所在。马克思主义经典法律思想对人类社会已经发生并将继续发挥重要的作用,这是任何人都无法回避的事实;只要这个世界上还存在着不合理的社会制度,还存在着剥削和压迫等不公平的社会现象,不管出现多么大的反复和曲折,马克思主义的法律理想都永远不会消逝。

二

在世界上,无论是东方社会主义国家还是西方资本主义国家,都有学者在研究马克思主义经典法学理论,当然各自都有不同的目的。就我们而言,为什么要

---

① 吕世伦主编:《现代西方法学流派》(下卷),中国大百科全书出版社2000年版,第1001~1055页。

② 俞吾金:“不在场的在场——读德里达的《马克思的幽灵》”,载《当代国外马克思主义评论》(第1辑),复旦大学出版社2000年版。

进行研究和学习呢?

原因之一:马克思主义经典作家对整个人类有很大影响,他们的法律思想同我们的日常生活直接相关。这里主要是指马克思主义经典法律思想的客观作用。现代著名经济学家熊彼特(Joseph Alois Schunlpeter,1883 ~ 1950)曾对马克思作过这样高度的评价:"绝大多数智者的创造或幻想经过一段时间以后,便永久地消失了,这段时间可能只是一顿饭的工夫,最长不超过一代人的时间。但另一些作品却不是这样。它们经历过失落,但它们重新出现了,它们不是作为未被认识的文化遗产的一部分出现的,而是以作者个人的方式、带着个人的印迹出现的,这些是人们能看到、感受到的。这就是我们称之为伟大的东西,把伟大和生命力联系在一起并没有什么不好的地方。按这个意思说,伟大这个词无疑适用于马克思的学说。将伟大和生命力联系在一起的做法还有一个优点:它可以免受我们的喜好憎恶的影响。我们不必相信一个伟大的成就必定是在它的基本的构思和细节方面完全正确、一点错误也没有。恰恰相反,我们可以相信它应是黑暗中的一股力量,我们可以想象它基本上是错的,或者不同意其中任何一个特别的观点,对于马克思的体系来说,这样的非难,甚至是完全的否定,并不能给予马克思的体系致命一击。而只能有助于揭示出这个体系的力量。"①可以说,从世界历史上看,马克思、恩格斯、列宁等马克思主义经典作家们都是对人类产生了巨大影响的伟大思想家,他们的思想和理论特别对于社会主义国家更有着直接的指导作用。他们的法律学说现在仍指导着我国的法制实践,并通过国家的立法、司法等活动而作用于我们每一个人,因此,我们绝不能回避这种事实。那么,要认识中国的法律生活,就必须研究马克思主义法律思想,即使不信仰马克思主义甚至讨厌马克思主义,也都必须对它进行研究。就如同不信仰基督的人也仍要研究《圣经》一样;当然,信基督的人更应当好好地阅读《圣经》。

原因之二:在现实生活中存在着各种冒牌的马克思主义理论,因此,必须正本清源,予以纠正。法国社会学家雷蒙·阿隆说得好:"任何想成为某种政治运动的意识形态或一个国家的官方信条的理论,都应当具有适合于思想单纯的人的简洁性和适合于喜欢探其细微末节的人的耐人寻味性。毫无疑问,马克思思想高度体现了这些性质,每个人都可以从中各取所需。"②事实确实如此,无论在

① [美]J. A. 熊彼特著:《从马克思到凯恩斯》,韩宏等译,江苏人民出版社 2000 年版,第 1 页。

② [法]雷蒙·阿隆著:《社会学主要思潮》,葛智强等译,华夏出版社 2000 年版,第 94 页。

法律实践中还是在法学研究中,我们经常看到有各种各样的理论、观点以马克思主义的面目出现。许多人都自命为“真正的”马克思主义者,但同时这些理论、观点却又常常相互矛盾。在中国现代历史上的不同时期,都有人力图表白自己才是真正的马克思主义者,但后来却又被另一些马克思主义者所打倒。例如,林彪就证明,不讲天才论就不是马克思主义者;“文化大革命”同样也是在马克思主义的旗号下发动和发展的。盛行一时的“法轮功”不是也曾经被某位哲学教授论证为是真正的、彻底的唯物主义吗?历史证明,这些都不是马克思主义,而恰恰是反马克思主义的。在法律问题上,搞人治的人曾说自己是马克思主义;搞法治的人也说自己是马克思主义。如此,仿佛马克思主义成了“变形金刚”。以上种种情况显然都不是正常的。那么,究竟什么才是真正的马克思主义?我们要解决这个问题,就必须从学习和研究经典思想入手。科学的态度应该是,对于经典作家的某些言论,要先探求其原意,然后沿着他们的思维变化轨迹找出其真正进步的、有普遍意义的一面,同时又看到其局限之所在。要以科学的态度对待马克思主义,不能实用主义地对待马克思主义,更不能把马克思主义当做政治的装饰品。这样,才不会造成对马克思主义的失望和厌弃,才能使马克思主义得到发展,从而真正实现马克思主义法学的现代化。

原因之三:只有“回到”马克思,才能“超过”马克思,认真研究马克思主义经典法学理论,是实现马克思主义法学现代化的基本需要。我们之所以信仰马克思主义,是因为它是一门科学;而马克思主义之所以是科学的,乃是因为它是不断发展的,而非停滞不前的。列宁在一个世纪前就曾说过:“我们绝不把马克思的理论看做某种一成不变的和神圣不可侵犯的东西;恰恰相反,我们深信:它只给一种科学奠定了基础,社会党人如果不愿意落后于实际生活,就应当在各方面把这门科学推向前进。”①今天,马克思主义没有过时,但马克思主义必须不断地发展,而发展的源泉在于同具体实际的结合;如果不发展马克思主义,就必然会使马克思主义走上绝路。《老子》开篇讲:“道可道,非常道。”王船山(夫之)释曰:“常道无道”。好的道理之所以好,是因为它并非是固定不变的。一位现代伟人说过:不如马克思,不是马克思主义者;等于马克思,也不是马克思主义者;只有超过马克思,才是马克思主义者。② 那么,如何才能“超过”马克思呢?笔者认为,必须先“回到”马克思。“回到”马克思的目的是“超过”马克思;不“回到”马克思就无法“超过”马克思。“今天我们的大脑不应该只是被昔日成就的光

---

① 《列宁全集》(第4卷),人民出版社1984年版,第161页。

② 参见《人民日报》1992年12月18日。

荣、落后的耻辱、美好的梦想和历史的苦难轮番折磨，而应该力求站在历史巨人的肩膀上思考。”①如果我们不能站在巨人的肩上，当然就永远无法超越巨人。所以，在21世纪，我们要发展马克思主义法学，就必须认真研究马克思主义经典法律学说；研究马克思主义经典法律学说，正是为了实现马克思主义法学的现代化。当然，对马克思主义的发展，也必须持科学的态度，必须结合现代社会的实际去发展。这样，又有一个研究方法问题。

三

关于马克思主义经典法律学说的研究方法，应当力图做到3点：

第一，忠实原著，注重背景。必须注意经典作家们的一些原话及其原来出处；同时，对于经典作家们的主要观点，应注意其时代背景，注意其当时的针对性。特别需要提出，人在运动，人是立体的。从时间上讲，每个人都会不断修正自己的过去的观点（当然也可能是“修误”）；从空间上看，每个人在此地的言行可能会与彼地的大相径庭。因而，评价任何一个历史人物的思想，都应该注意他是在不断变化的。因为对于任何一个经典作家来说，今天的他也都可能把昨天的他作为论敌。所以，在研究经典法律思想的时候，必须注意本人前后观点的发展变化，从而找出真正属于马克思主义的东西。当然，更不能以经典作家自己已经修正过的论点来解释经典法律学说。

第二，全面系统，纵横比较。马克思主义是完整的、严密的体系，不是随便可以分割的，应从整体上把握。在经典作家的法律思想中，既有关于法哲学方面的，也有关于部门法方面的；有已经成熟的，也有不够成熟的。因此，必须对每一位经典作家自身的思想进行前后比较；也要将他们的思想与以往的和同时代的乃至以后的思想家进行比较；更要与社会主义国家的法制建设实践进行比较。马克思主义的发展道路是不平坦的，马克思主义者也会犯这样或那样的错误，关键要严于解剖自己，以培育一种自我反思、自我更新的活力机制。

第三，大胆怀疑，合理修正。马克思有一条著名的箴言，就是“怀疑一切”。同样，我们学习和研究经典作家的思想，也要避免盲目崇拜。毫无疑问，对待任何历史的东西都应该具体分析；同样，精华和糟粕在马克思主义经典作家那里也依然并存。他们不是神明，他们的著作不是圣经。泛泛而论某位伟人“在法制

① 封祖盛、林英勇著：《开放与封闭》，河北人民出版社1987年版，第15页。

建设方面的理论和实践具有普遍意义”，其实是对经典法律思想的莫大误读。对于经典作家的法律思想，应当分别予以科学地评价，既指出其正确思想并加以坚持，同时又发现其错误观点，联系实际进行修正。当然，也应当防止将本来正确的东西却进行了“修误”。

当今世界瞬息万变，科学技术日新月异，国际形势日趋复杂，出现了许多新情况；国内随着社会主义市场经济的发展和改革开放的深化，也出现了一些新问题。我们应该结合实际，继续深入研究马克思主义经典法学著作，认真探讨马克思主义经典法律学说的现代意义。总之，马克思主义经典法律学说只有与时代相结合，并不断从当前丰富生动的社会生活中汲取养料，才能发扬光大，展现其生命力，走向新的辉煌！

（2001 年第 11 期）

我们为什么需要法治

胡旭晟*

一、凭什么让民众相信“法治”

在当今中国，在法学界之外，究竟有多少人真正相信“法治”？各级官员们信么？广大的民众信么？

这是一个无法回避的问题。假如我们承认当今中国依然需要思想启蒙，那么，这还是一个十分重要而尖锐的问题。尽管依照季卫东教授的看法，当今中国法治建设的成败更多地取决于职业法律家的远见卓识而不是普通民众的内心共鸣，但同时笔者还是相信，当今中国的法治建设不应漠视也无法避开民众的内心共鸣，因为“法治”的实现及其进程终究离不开亿万民众的承载和担当，而他们所要付出的承载和担当绝不可能与其内心的共鸣无关。这就出现了前面提到的问题：中国的民众相信“法治”么？凭什么让他们在内心与国家的法治建设一道共鸣？

事实证明，民众的内心共鸣不可能来自或者至少不可能直接来自我们曾经反复强调的“国家强制力”，因为所谓的“国家强制力”只能直接作用于人的外部行为，并常常对人们的内心世界构成伤害。相反，内心的共鸣只可能来自人们对“法治”的信任。但一个社会又如何让民众相信法治？从中西方的历史经验来看，有效的办法无非是以下4种：

一是以传统或习惯服人。经验表明，当人们生活在一种传统或习惯之中时，他会心悦诚服地接受一种外在的社会规范。西方文明在现代社会所取得的“法治”成就与其自古希腊以来逐渐形成的“法治”传统有着十分明显的因果关系；同样，没有周公制礼和孔子“以仁释礼”造就的“礼法”传统，中国古典社会也不可能孕育出“礼仪之邦”和无数的“礼呆子”。但是，说到今天的“法治”建设，中国人却难以从自己的文化传统里获得一种习惯性的支持。中国人曾经拥有的乃是“德治”传统以及延续至今的“道德情结”。新的“法治”传统在现代中国的成就恐怕还需相当漫长的时日。

---

* 作者单位：湘潭大学法学院。

二是以信仰服人。真正为一种信仰所支配的人们不仅会在内心深处心悦诚服地接受其信仰所支持的社会规范，而且会不顾一切甚至无可理喻地去实现和捍卫这种社会规范。这无疑是"法治"建设获得民众内心共鸣的最佳途径，西方近几百年的"法治"建设恰恰从其基督教的信仰中获得了这种内心的共鸣和支持。而中国的信仰传统却从未告诉国人应当相信和依靠法律。儒教（家）自始至终告诫我们的是应当相信道德而非法律；到传统社会中后期（唐朝以后），禅宗这一中国化的佛教又告诉我们应当尽可能舍弃一切外在的规范约束而寻求自己内心的顿悟；到了20世纪，共产主义信仰教导我们说，法律同国家一样不过是一个阶级压迫另一个阶级的工具，在我们的理想中是必须加以消灭的。因此，假如我们试图以社会的信仰去说服当今中国的民众来相信"法治"，这至少在目前是无法做到的。

三是以事实服人。常言道，"事实胜于雄辩"。这里的"事实"当然包括宏观的事实和微观的事实。在宏观上，人类社会从人治到法治的历史巨变带来世界面貌和人类命运的种种崭新变化，这是我们学者常常津津乐道的。但对于普通百姓而言，更能打动他们的恐怕还是日常生活中活生生的微观事实。如果我们的民众能根据自己对社会生活的发现而获得与"法治"相通的东西，甚至能由此获得实实在在的利益，如违法者都受到了应有的惩罚而守法者都得到了应有的保护，或者，挨了"官司"不用送礼即能获得公正的判决，亦不必担心别人送礼而影响公正判决，等等，此时，他们就会在这种不断的发现和欣喜中获得对法律和法治的相信。但是，假如不断地有人因守法而丧失利益，另有人却因违法而屡屡获利，此时，你如何叫民众去相信"法治"？当今中国的"事实"（特别是微观事实）究竟如何？恐怕依然是喜忧参半。

四是以道理服人。与或多或少包含有非理性和经验成分的前三种方法相比，这无疑是一种最理性的办法，也应当说是现代社会最可行的办法，因为人毕竟是理性动物，绝大多数民众都是讲道理的；还因为从总体上讲，社会越发展，人们的认识水平越高，民众就会越讲道理。同时，以道理服人也是当今学者最能有所作为的办法，因为在一个特定的时代里，学者们既无力左右社会的传统，也无法控制民众的信仰，甚至不能把握影响民众态度的微观事实；学者们唯一可以支配的，是自己手中的道理。并且，以道理服人原本就是学者的天职，因为一种科学的或者完整的理论本身就需要有论证，而要让广大民众心悦诚服地接受一种理论或观点更需要说服。所以，我们看到，自亚里士多德以来，西方学者在阐述法治理论时总要先对诸如人性、自然状态、社会契约之类做出大量的论证，这种种在我们看来常常显得过于烦琐的"铺垫"既是理论上自成体系、自圆其说的需要，也是实践中说服大众接受的必需，就好像孔孟提倡“仁政”要以人性善为起点，韩非子主张严刑峻法要以性恶为基础，陈胜、吴广为揭竿起义要以鱼腹藏书来做借口一样。那么当今中国的法学界又做了些什么？为阐明自己的“法治”理论，我们在著作中用了多少篇幅来专门论述自己主张“法治”的理由？为推广自己的“法治”主张，我们向民众说了哪些道理？我们凭什么让民众相信“法治”？

与西方近几百年的法治历程相比，现代中国的法治建设无疑要艰难得多，因为我们既缺乏传统的依托，更没有信仰的支持，甚至生活中的“事实”也是喜忧参半，因此，要获得广大民众的内心共鸣，我们必须充分重视和依靠“以道理服人”，要尽可能通过说理的方式让社会大众理解我们为什么需要法治。在笔者看来，这样的工作恰是社会启蒙应有之义。

为了更加深入、全面地了解和理解这一问题，我们不妨再回顾一下如下几个基本的“事实”：

第一，从理论的角度来看，西方文化其实可以划分为两个部分或者两个层次，一是假定和论证部分，如人性论、自然状态说、社会契约论等；二是结论部分，如法治、民主、自由、平等、人权、宪政等。在西方历史上，这前后两部分之间无论在学术论证还是大众接受方面都存在着明显的因果关系——尽管其因果关系的具体内涵一直在不断地变化——因而也有着不能厚此薄彼、更不应彼此割裂的依存关系。

第二，自19世纪末叶以来，热衷于传播或推广西方文化的中国学者（包括法学家）往往将自己的主要兴趣和精力放在了西方文化的结论部分，而对其假定和论证部分似乎缺乏应有的热情，即便提到，也多半只是轻描淡写的介绍而缺乏深入的分析，甚至极少表明赞同或反对的态度。这就使得“法治”理论的论证和说理在现代中国从一开始就被轻视或忽略。

第三，现代中国学界在接受和传播西方文化的种种结论性思想理论时往往忽略了：西方文化中对其结论部分至关重要的那些假定和论证恰恰是中国文化特别是中国民众难以接受的。例如，近年来，我国法学界已越来越清楚地认识到性恶论对于（西方）法治理论的重要性，然而，构成西方“法治”之重要基石的“性恶论”恰恰是国人难以接受的，假如我们坚持要将“人性恶”与“法治”捆在一起，那么只要民众还坚守“人之初，性本善”的古训，他们就会“很有道理”地否弃法治，①何况人性究竟是善是恶本属无法确证、难有定论的问题，完全可以“公说公有理，婆说婆有理”。

以上3个基本事实证明，移植于西方的“法治”在现代中国几乎成了无源之水、无本之木，至少在普通民众的内心大致如此，近100年来，献身于“法治”却又疏于论证和说理的中国学者们对社会所做的思想启蒙不过是将“法治”理论当做先验的真理和神圣的口号来一遍一遍地撞击民众的心灵，企图以此获得社会全体对“法治”的相信甚至信仰。这种“布道”方式尽管在良好的外部环境下已经取得并且还将继续取得一定的成效，但却注定要事倍功半，因为我们首先会在精英阶层受挫——要让社会精英不经论证便接受你的结论是不大可能的；其次也必定会在一般百姓中受挫——未经充分有力地说服就让他们相信一种与其传统、信仰并不合拍的生活方式和治国模式同样是不大可能的。因此，对于尚需启蒙的当代中国社会而言，既然“法治”的目标已经基本明确，那么论证和说理就比结合本身更有意义，也更关键，因为我们此时的主要任务就是说服人。

由此是否可以说，现今中国法学家的当务之急是对我们自己的“法治”理论做出充分的论证，既要论证中国“法治”建设的途径、模式和步骤等，更要论证在中国推行“法治”的理由，尽管这后一个问题在许多法学家看来或许根本不是问题。而在笔者看来，西方社会的共识和成就均不能理所当然地成为中国民众接受“法治”的理由。我们需要面向中国的民众说理。我们在进行论证和说理时还必须把握以下两点：其一，不能照搬西方关于“法治”的假定和论证，因为前已述及，西方文化中曾经出现过的那些假定和论证往往是中国民众难以接受的，或者说，在几百年前曾经成功地悦服西方人相信“法治”的那些论证和理由在今天未必能够说服我们的同胞，所以我们需要中国化的关于“法治”的假定或论证。其二，我们面向民众的说理应当尽可能深入浅出、简单明了。因为中国的民众从来只喜欢接受通俗易懂的道理，这是数千年自然经济熏陶国人思维方式的结果，短期内势难改变；同时，现实的纷繁和重负也使得当今中国的民众已经无暇去领略我们所喜爱的深奥学理。因此，假如我们面对社会大众时依然如故地摆弄书斋里的复杂理论，那恐怕真要“自绝于人民”了。

① 记得江山教授曾在讲演中提出：“法治建立的基础是以恶制恶，以利益换利益。”这一观点尽管很有道理，但民众完全可以反问：我们为什么不能以善扬善，以爱心换爱心，并以此为基础建立“德治”，取代“法治”？

二、让我们试图给出理由

笔者相信,每一个笃信"法治"的法学家必定有其坚实的理由。但是,我们认真地审思过自己的理由么?换言之,我们的理由是否真的充分?我们的理由是否具有理论上的意义或者是否能够以及是否已经被系统化为自我法治理论的一部分?我们的理由又在多大程度上为广大民众所知晓并可以为他们所理解和接受?归根结底,即便我们法学家真的确信在当今中国推行法治是理所当然的,我们也绝不能想当然地认为广大民众会与我们抱持同样的想法,因此,我们的法学家必须与普通民众一道面对一个在许多学者看来最简单但也最基本的问题:我们为什么需要法治?

理由之一:人是有缺陷的动物。

一切社会政治理论和社会政治制度均是基于"人"、也是为了"人"而产生的,理论的摸索与制度的探究都离不开对"人"的追问和思考,因此,古往今来,思想家们大多喜欢谈论人性,并常常将其政治法律理论建筑于对人性的某种假定之上。尽管在历史上曾经盛行一时的"性善"、"性恶"等人性论到今天均已显露出严重的缺陷,但基于对"人"的考察而决定对某种理论主张和制度模式的选择却是合理的。

中国有句俗话:"金无足赤,人无完人。"笔者认为,所谓"人无完人",这意味着,无论是个体的人还是作为"类"的人,无论是体能、智能还是德性,均存在着种种毋庸置疑的缺陷,例如,在一系列使人区别于动物的高级心理活动中有一根本特征,即支配心理:不仅要支配物质,而且想支配他人,这是人类道德自律的天敌。再如,人的思维与言行常常在理智之外受到情感与本能的左右,尤其在中国这样一个崇尚"统治阶级意志"并有着久远人情传统的国度里,不管在政治领域还是在其他社会生活领域,人们都往往会"情不自禁"地做出种种非理性的举措。还有,人的理智本身也是有缺陷的,如马克思主义的认识论就告诉我们,虽然从人类的总体发展看,人的认识能力是无限的,但就具体的时代和具体的个人而言,人的认识能力又是有限的,它要受自己所处社会地位、地理环境、知识水平、实践能力以及固有经验、传统习惯等历史条件的限制,这些都在客观上导致了"人"(任何人)言行错误的潜在可能性。

人的这些缺陷在理论上和制度上均具有十分重要的意义。首先,它不仅表明人在社会政治生活中需要约束和引导,而且表明以自律为主导、以多样性为特征的道德机制对绝大多数人而言都是相当脆弱的,在复杂的政治经济生活中尤其如此。其次,它表明任何个人,无论在智能上还是德性上,无论是多么优秀的领袖还是"清官"都不是绝对可靠的。以前两点为基础,最后,在社会政治的主导模式上,一个国家唯一明智的选择只能是既集中群体智慧又将这种智慧外化、固定为相对统一的硬性制度的"法治"。

理由之二:人是利益的动物。

由于人是利益的动物,因此,一切社会的发展均须解决两大课题,一是满足人们正当的利益需求(包括维持人的生存的最低需求以及与其社会地位大体相当的基本需求),二是遏制人们对不正当利益的追求。若前一课题不能得到较好的解决,人的积极性和创造性就将被压制,社会前进的步伐就必定会受到束缚;若后一课题得不到解决,社会的公正和程序就将被破坏,社会就势必由此陷入混乱。越到现代社会,人与人之间的利益关系就越复杂,也越尖锐,因而也就越需要妥善地解决这两个问题。而在这里,人类的道德机制由于无法提供强有力的保障措施和可操作的具体准则,因而不可能发挥主导性的作用。只有法律才能以明确的标准区分正当的利益需求与非正当的贪欲,并进而为人们正当利益的满足提供最可靠的保障,为遏制和打击人们对不正当利益的追求提供最强有力的武器。由此,我们可以说,法治是人类——利益关系之中的人类——唯一正确的选择。

理由之三:商品经济孕育法治,市场经济离不开法治。

凡商品社会莫不有法,但"法治"则不同,应当说,法治首先是商品经济孕育的产儿。从西方来看,古希腊较为发达的海上贸易催生了人类最早的"法治"理念,古罗马十分发达的简单商品经济则对人类远古形态的"法治"模式的诞生起了决定性作用;罗马帝国灭亡后,法治的理念又随同商品经济一道衰落。到11世纪以后,西欧商品经济的复兴再次带动人类的"法治"理念走向蓬勃发展。而中国古代之所以没有孕育出具有现代性质的"法治",根本原因之一便是其简单商品经济始终不够发达。这种历史规律的根源在于,法律是调整权利义务关系的行为规范,而商品经济与其他经济形态相比,其财产关系更为复杂,权利义务关系更加突出,对法律调整的需求更多、更普遍,也更迫切,因而其社会管理模式势必走向"法治"。市场经济是商品经济的高级阶段,它对法治提出了更高的要求。

理由之四:政治权力需要规范,现代政治需要法治。

对于权力的本性,似乎可以从两个方面来考察,一是时代性,二是一般性。前者反映权力的意志性或体现权力主体的利益倾向性。但笔者要着意提醒大家的是后者——权力超越于具体社会形态之上的本质。例如,在任何社会形态下,政治权力于本质上都具有强制性、支配性、扩张性和任意性:强制是权力的天然属性,无强制则无权力可言;权力以支配他人为目的,离开被支配的对象,权力便不复存在;权力还总是推动其主体不断地强制他人甚至支配其他权力,它一经产生便始终处于不断扩张的运动过程之中;同时,权力的运行本身并无固定的理性规则而带有极大的随意性,所以常令权力主体无力驾驭而落入他人之手。权力的这些本性还往往与人类自身的弱点联姻,从而使双方均得到强化,并诱惑人们去扩张权力、滥用权力,共同威胁人类的理智防线与道德机制。因而可以说,由于其本身所固有的种种秉性,权力自产生之日起就蕴藏着导致腐败的潜在因素;当没有外部制约机制或制约不力时,其腐败因素随时都可能恶性膨胀,并走向社会的对立面。

权力本性的时代性是可变的,其一般性则是超稳定的。换言之,权力本性的时代性并不会改变其一般性;若以为我国现阶段的社会主义性质本身即可必然地净化"权力",这无异于痴人说梦。历史经验证明,任何时代的权力都可能被人用来搞腐败;政治腐败不会因权力时代性的变化而自动改变或终止。对于当今中国而言,权力的传统因素和社会因素还使得这一问题变得更加突出。①

自人类进入现代社会以来,一方面,政治权力所能支配的资源空前增加,另一方面,大众的政治民主意识又空前高涨。在这种历史背景下,规范权力、净化政治的呼声已经成为时代潮流。而从前面的分析中可以看出,权力经常性地处于一种随意、扩张的潜在状态,因此,人类对它的规范和制约必须带有常设性、稳定性甚至某种僵硬性。仅靠几次冷热无常的政治思想"运动"正如只靠某些领袖和清官一样无法从根本上解决问题;以为只依靠思想和道德的力量就可以解决一切社会政治问题(尤其是廉政问题),这不过是流行于中国传统社会的千古神话。在这种情形下,唯一明智的选择只能是既体现群体智慧又具有常设性、稳定性甚至僵硬性的法律,因此,法治便成为现代政治的必然选择。

理由之五:社会需要规则,越复杂的社会越需要遵守统一的规则。

美国学者博登海默在其《法理学——法律哲学与法律方法》一书中专门用了两章的篇幅来分别论述"秩序的需求"与"正义的探索",在笔者看来,这即是博氏对于法律和法治之正当性(即为什么需要法律和法治)的论证。特别在论证"秩序"(即自然进程和社会进程中存在着的某种程度的一致性、连续性和确定性)时,他先从"自然界中有序模式的普遍性"入手,继而分析"个人生活与社会生活中的秩序",并进而挖掘出人类"对秩序之需求的心理根源"。按照博氏

① 胡旭晟著:《法学:理想与批判》,湖南人民出版社1999年版,第362~363页。

的说法，人类在生活安排方面天然地具有一种对“秩序”即连续性和确定性的需求，而这种需求与人们要求在相互关系中遵守规则的倾向之间存在着必然的联系，因为“遵循规则化的行为方式，为社会生活提供了很高程度的有序性和稳定性。”①

假如说是人类对于程序的需求导致了社会对于规则的需求，那么，满足这些需求的最佳方式正是法律，而保障这些需求得以真正实现的最佳途径又恰恰是法治。因为法律是最具统一性、稳定性和强制保障的规则，而法治又是最能够保障法律得以实施的治国方略和社会模式。从这种意义上讲，人类之所以需要法律和法治，正是出于创建和维系良好社会秩序之需要。同时，人类对于法律和法治的这种需要，越到复杂的社会越明显，也越迫切越强烈，因为越复杂的社会，其生活的连续性和稳定性越容易遭到破坏，而一旦遭到破坏之后越难以恢复，并且对社会生活的危害也会越大。所以，在人际关系较为简单的中国传统社会，往往仅靠几条家法族规便足以维持一个较大社区的有效运转，这种状况在一个发达的现代国家几乎是不可想象的。

理由之六：人是有信念信仰的动物，法治契合人类的精神需要。

人之区别于动物，不仅在于人有自觉意识，有思想观念，而且更在于人有信念、理想和信仰，有种种高级的精神需要。从这个意义上讲，人就是为信念、理想和信仰而奋斗的社会性动物，人的尊严、人的价值、人的自由等，均由此而来。按照李德顺教授的说法，所谓“信念”，是指“人对某种现实或观念抱有深刻信任感的精神状态”，而“信仰是人们关于最高（或极高）价值的信念”②。那么，人的这种信念、信仰以及相关的精神需要与法律、法治之间是否是着内在的联系？也许国人眼下大多都会存疑，但笔者以为恰恰如此。

首先，法律作为人类的创造物，它不可能同人的精神相脱离，其本身也同样是从人类的精神世界中升华出来的，换言之，它是从人的理智、情感与意志等的混合物中升华出来的，正如阿奎那所言，法是人的理性与意志的产物。由此，法律就不仅仅是一种行为规则和实用工具，它同时还是一种精神的集合体，其中至少在一定程度上蕴涵着各时代的秩序精神和正义精神。其次，从总体上看，人类在内心深处对于法律及其意义的确“抱有深刻信任感”，这不仅仅是因为几乎每一个民族都确信法律有用，而且是因为：自从有法律以来，哪怕曾经屡遭恶法高

① ［美］E. 博登海默著：《法理学：法律哲学与法律方法》，邓正来译，中国政法大学出版社 1999 年版，第 228 页。

② 李德顺著：《价值论》，中国人民大学出版社 1997 年版，第 232、238 页。

压之苦，也难见一个民族去致力于废弃法律，相反，人类尽管为之付出了种种昂贵的代价却至今依然不懈地追求法律及其完善。倘若在人类灵魂的深处没有一种对法律的信念（“深刻信任感”），那么人类法制文明的生命之源恐怕早已枯竭。最后，在正常情况下，人类的信仰即“关于最高（或极高）价值的信念”无不指向自由、平等、正义、幸福等价值目的，而“法治”不仅恰恰凝聚着这些崇高的价值，并且，“法治”原本就为这些价值而生，亦是实现这些价值的最佳途径和方式。

总之，人类的诸多精神需要，如对于秩序和规则的需求，关于自由、平等、正义、幸福等“最高（或极高）价值的信念”等，均与“法治”相契合，因而，在这种意义上，我们甚至也可以说，法治乃是人类的精神需要。

（2001 年第 12 期）

法官如何表达对法律的忠诚

陈金钊*

自从法官出现以后,就有两个问题始终伴随左右:一是法官可能因腐败致使司法失去公正;二是法官始终在忠于法律和创造法律之间进行选择。这两个问题都涉及法官对法律的忠诚问题。虽然在许多法学研究成果中看到,法官在适用法律的时候都程度不同地带有创造性,但创造性不应是法官行为的本质,忠于法律才是法官的职业伦理。法官在职业行为如果不表达对法律的忠诚,就会失去其职业的独立性。

一、法官忠于法律的内涵

忠诚是指主体对某种对象尽心尽力、尽职尽责。对法律的忠诚是法官的职业美德。围绕着法治精神,法官对法律的忠诚主要表现为如下几个方面:第一,视法律为权威,奉行法律至上,法官相信法律是各种规范中的最高规范,并应用法律规范自己的行为、评判别人的行为。第二,恪守法律意义的固定性、客观性,坚持用法律标准衡量法律事实。法官活动是一种职务、职业活动,在审理案件中释放的是法律的意义而不是个人的见解,在审判活动中应不任性,不带个人化倾向。第三,深刻领会法律的精神,并在疑难案件中,既尊重法律意义的固定性,又能贯彻法律的精神。也就是说,对法律的忠诚并不意味着法官在任何情况下都固守法律意义的客观性,而应在保障法律意义安全性的前提下,使法律的精神落实到法官的行动中。第四,深入研究法律概念、原理,掌握丰富的法律知识、法律职业思维方式,使法官具备理解法律的前提。第五,视法律职业为神圣,而不仅是把其当成谋生的手段。法律事业是一项神圣的事业,法官对法律的忠诚包括对这一职业的敬仰和奉献精神。第六,职业责任心也是法官对法律忠诚的表现。法官肩负的历史责任重大,对社会来说,法官行为是实现秩序、保持稳定的最后一道底线;对当事人来说,法官的责任在于实现公平,而这一点正是所谓铁肩担道义,是人类生活之精神寄托之一。第七,排除各种干扰,充当法律的守护神。

* 作者单位:山东大学法学院。

社会是一个复杂的组织系统，有各种各样的人群、组织，有不同的分工，社会又是相互交织在一起的，法官也不是生活在真空中的，因而，各种对法官职务活动的干扰与影响也是客观存在的。但法官应尽力排除各种干扰，为法治的实现做出自己的独特贡献。

法律的实现需要有许多的环节配合，其中法官的作用是极为重要的。可以说，立法机关向社会输入的主要是法律规则，而法官不仅要身体力行地落实规则，而且还应是规则实现的看守人。社会在多大程度上实现法治，与法官对法律理解的深度和广度有重要关系。因为法官应是职业法律家，他在具体案件中阐发的是对法律的理解，影响着或者说指挥着法律在现实生活中的走向。虽然行政机关对法律的实现也有重大影响，但它毕竟是综合事务的管理者，而不是专门的法律家，承担着与法官十分不同的任务，法官是专事法律事务的人，所以法治在一定程度上就是规则加法官的统治。在这一模式中，法官能否表达对法律的忠诚，是法治能否实现的关键因素之一。

法官如何表达对法律的忠诚属于法律方法论的范畴。它试图回答这样一个法律问题，即“不求助于道德论证，如何认识和理解法律的权威”。① 如果仅仅关注正义、人权、公平这些大词，就不可能找到衡量事务合法与非法的标准。② 人民法院报《法治时代周刊》2001 年 5 月 28 日在“共话法官职业道德”栏目中刊登了学者观点与法官观点。在学者观点中，教授们谈论较多的是较高水准的职业道德，围绕着如何实现司法公正展开论述。而法官们的观点则围绕着法官如何忠于法律、忠于职守而展开讨论。由此可以窥见，法官渴望其行为能得到法律方法论的支持，而学者则在一定程度上表达了对法官的不信任。我们对此也可以理解为，学者们的观点为法官行为提出了理想要求，而法官们的意见则表达了较为现实的职业要求。因为公正的理念与规范性的法律相比较，法律可能更容易把握一些。循着学者和法官谈论的司法职业伦理的话题，本文重点探讨一下法官为何以及如何表达对法律的忠诚。

---

① ［英］拉兹：《法律的权威》，转引自李桂林、徐爱国著：《分析实证主义法学》，武汉大学出版社 2000 年版，第 32 页。另外季卫东教授认为，现代法学理论最核心的问题是如何在不求助于神圣假设条件下实现法的正当性。参见季卫东：“‘应该’与‘实然’的制度性结合”，载［英］麦考密克、魏因贝格尔著：《制度法论》，周叶谦译，中国政法大学出版社 1994 年版，代译序，第 1 页。

② ［美］史蒂文·J. 伯顿著：《法律和法律推理导论》，张志铭、解兴权译，中国政法大学出版社 1999 年版，第 153 页。

二、法官忠于法律的条件

法官要想表达对法律的真正忠诚,是有一些先决条件的。因为法律这种人造之物是理性的产物,其产生的出发点就是克服裁判标准的混乱,改变一事一裁的个别调整的弊端,关于法律标准普适化的努力,在一定程度上实现了法律由个别调整向一般调整的转变,为法官公平的裁判案件提供了可能性,因而具有很高的技术含量。特别是当实体法与程序法分化以及实体法与程序法内部不断分化以后,运用法律成了更复杂的事情。所以,法官要想维护法律的权威,首先应认识、理解法律,信仰法治,掌握法律方法,形成职业法律思维,最后表现为忠于法律的职业行为。

首先,理解法律。理解是当代解释学的核心概念,它涉及人生的各个层面。法官的职业生涯充满了对法律的各个角度的理解,可以说没有对法律的理解,就不可能有对法律的忠诚。但是,普通人也好,法官也好,理解法律是有先决条件的,这个条件按伽达默尔的说法就是具备理解的先见和偏见。先见包括关于法律的基本知识、基本方法和基本思想。如果一个人不掌握任何法律知识、技能和思想,对法律的理解是不可能的。当然,法律也不是孤立存在的,它是社会关系中的法律,它必须向理解者开放,否则就会走向死亡。虽然关于法律的许多知识、技能和思想并不是法学学科的专利。但是,人们要想表达对法律的忠诚,首先得理解——那种在职业共同体看来属于正确理解——法律,否则,就可能是盲从、愚忠。通过研读解释学的有关成果,我们也了解到在法律理解的问题上,人文社会科学并没有取得令人心悦诚服的成果。什么叫做理解?到何种程度才是理解?哲学解释学的回答并不能令人满意。哲学解释学向我们揭示了:只要有理解,理解便会不同,即绝对意义上的一致理解是不存在的。但法官理解法律从其追求的目标来看,并不在于寻求不同的理解,而是强调同样的情况平等地对待,即遵循大体一致的理解。要想使法官对法律有大体一致的理解,法官应拥有大体相同的知识、技术和思想;否则,理解的前提条件——先见不同,对法律的趋同理解便不会出现。

把理解法律视为法官对法律忠诚的前提条件,实际上是在强调法律职业训练的重要意义。法律是理性的体现,但法律理性是一种职业理性,并不是说只要有理性,便可进行法律职业思维。理解法律既需要普通人的理性,也需要法律知识与技能。英国大法官柯克与英王詹姆斯的对话就很具有代表意义。他说:"上帝的确赋予陛下极其丰富的知识与无与伦比的天赋,但是,陛下对英格兰王国的法律并不精通。法官要处理的案件动辄涉及臣民的生命、继承、动产或不动产，只有自然理性是不可能处理好的，更需要人为理性。法律是一门艺术，在一个人能够获得对它的认识之前，需要长期的学习和实践。”①柯克的话明确告诉人们，法律是一门专业性很强的知识、技术和思想体系，对它的准确理解，在多数情况下只能被职业法学家阶层垄断。虽然，我们已经认识看到，立法在有些国家也朝着平民化的方向努力（如以法国民法典为代表的成文法），但这种努力并没有取得成功。随着社会关系越来越复杂，社会的分工越来越细，法律作为一个专业化领域的地位越来越巩固。没有经过系统的学习和训练，对法律的理解便很容易出现偏差，甚至进行语言交流也变得很困难。随着专业分工的发展，法律变得越来越细，别说是一般公民难以掌握法律，即使是法律专家也只能是某一领域的专家，通才式专家越来越少见。法官如果没有理解法律的能力根本就谈不上对法律的忠诚。

其次，信仰法治。对法律信仰是法治实现的精神要素，没有这一要素法治便不可能实现。② 中国的法治之路之所以艰难，在很大程度上就是国人（包括法律人）缺乏对法治的信仰所致。中国的许多法律人自觉不自觉地在各种场合表达对法律之外某人某物的忠诚，但却闭口不谈对法律的忠诚。虽然当代中国的思想家、政治家也大都谈论法治，但谈论法治的出发点却不能说不存在问题。如法治方略论，从政治家的角度或站在管理者的立场上看似乎没有什么问题；法治救国论，从民族主义的立场上看也没有什么问题；防止“文革”重演论，从总结历史经验的角度看也没有什么问题。但这几种观点没有一个是发自内心崇信法治的。让人觉得实行法治似乎是不得已而为之的事情，如有其他方法，法治即可挥手去之。从这种出发点构建起来的法治，必然会缺乏对法治的信仰。而缺乏对法治的信仰，在重大问题上就不可能把法治贯彻到底。因为法治本身就是一种信念，一种理想，绝对意义上的法治是不可能实现的。

最后，职业思维。法律思维是职业思维方式，这种思维本身就是对法律表达忠诚的形式。因为法律思维的前提是承认有法律的存在，承认法律对思维走向的规范作用。法律思维虽不被法律人独享，但法律人与其他职业人士思考认识问题的区别恰恰反映在思维方式上。从法社会学的角度来看，不存在独立的法律以及独立的法律思维方式。但这并不意味着区别于其他职业的独特法律思维的存在。法律思维确实有它的特点，尽管现实意义上的法律思维并不能独立存在。

---

① 贺卫方著：《司法的理念与制度》，中国政法大学出版社1998年版，第243~248页。

② 陈金钊：“论法律信仰”，载《法制与社会发展》1997年第3期。

法律思维有许多特点,而这些特点多与法官对法律表达忠诚有关。[①] 第一,法律思维是一种职业思维,它要求法官等法律人站在法律的立场上思考问题,对事物的说明应尽量符合法律的意义,而不完全是个人的见解。因为法官意见的合法性是令当事人心悦诚服的最主要东西。实事求是是我们认识事物的出发点,但不是法律思维的出发点。法律思维的出发点和归宿应该是法律。法律在一定意义上是法律人的目的之所在。第二,法律思维是一种规范性思维。从大的方面讲,法律思维要求我们思考问题时,首先应区分事实问题与法律问题。在这一问题清晰以后,思维者考虑解决问题的方案不是从实际出发,而是从法律概念、规则和原理出发,是用法律衡量事实的合法、非法与违法。之所以有这样的职业思维,并不意味着法律人不应重视对实际的分析与认识,仅仅意味着法官解决问题时法律方法是首先的分析工具。从分析实证法学的角度来看,法律是一种概念、规则、原理和技术体系。在法律的这几个要素中,法律规则是其中的核心部分。法律对社会调整作用主要是通过规范人的思维走向来完成的。法律不仅为人们的行为提供了规范,而且为人们思考问题提供了出发点和标准。这一点正如凯尔逊所讲的,规范法学并不是研究人们实际是为何行为的,而是研究人们根据法律应当如何行为。[②] 第三,法律思维方式是一种在法治框架下,对法律规则、原则和技术进行最优选择的思维过程。法律的成文形式虽然是以规则体系为代表的,但它绝不是僵化、死板的思维方式。有人看到法律推理主要是三段论式的逻辑推理,就认为法律是机械的,法官适用法律没有任何选择的余地。确实,在对一些典型案件的审理和适用程序法的活动中,法官没有太大的选择余地,他应模范地执行法律。但是,由于现实生活中的许多案件并不是典型案件(即案件事实和法律规定基本吻合的案件),而多是疑难案件(即案件事实与法律规定多少有出入的案件)。在疑难案件中,法官适用法律属于对法律的创造性运用。但创造性绝不意味着任意。法官应在各种法律方案中选择最好的方案。另外,法律规范也并不要求法官机械地运用法律,法官的活动在特定情况下也应受目的支配和法律价值衡量方法的影响。当然,这里的目的既不是法官个人的目的,也不是当事人或律师的目的,它是法律的目的。价值衡量也是在法律

---

① 关于法律思维的特点参见陈金钊著:《法律解释的哲理》,山东人民出版社1999年版,第293~294页。另外,2001年9月在西北政法学院召开的“法律方法与法律思维”理论研讨会上,郑成良教授提出了法律思维的六个特征;(1)法律思维是以权利义务的分析为线索的思维;(2)法律思维强调普遍性优于特殊性;(3)在法律思维中,合法性优于客观性;(4)形式合理性优于实质合理性;(5)程序公平优于实体公平;(6)在法律思维中,裁判理由优于结论。

② 李桂林、徐爱国著:《分析实证主义法学》,武汉大学出版社2000年版,第144页。

基本价值中选择位阶更优的法律价值。所以，法律思维不是机械的过程，法官在适用法律过程中有很大的伸缩余地。在这里，法官对法律的忠诚不仅表现为对法律条文的忠诚，在特定情况下还包括对法律目的和法律优位价值的尊重。

三、法官忠于法律的基本方法

法律方法一般是指，在某个特定法律制度内可以用来发现与解决具体问题或具体争议有关的原则和规则的总和。法律方法的适用首先取决于确定引起问题的事实，并认定问题的真实所在。

法官忠于法律有多种方法，文本仅从法治理论的角度作粗略介绍。

（一）对法律客观性的追求是法官忠于法律的思维方法

法律的客观性是法治理论成立的前提。① 尽管法学家们对客观性的认识并不一致，甚至有些法学家还否认法律客观性的存在，但法官要想表达对法律的忠诚，就应在理念中相信法律客观性的存在。法律的客观性理论认为，法律是规则、概念和技术体系，在这一体系中包含有固定的法律意义，而这些意义有待法官等法律人去发现、阐释，并把其运用到对法律事实的解释。法官适用法律是在弄清法律意义和事实的法律意义的情况下的法律推理，他们相信在法律体系中隐含着解决纠纷的各种标准（或正确）答案，有了这种信念，才可能出现合法性理论。坚持法律的客观性意味着法官判案不是任意的行为，判决标准是非个人化的，是有其客观尺度的。有了这一理念，法官行为就有了很大的说服力，同时也减轻了法官因裁判行为而带来的社会对法官心理的压力。比如说，判处某人死刑，法官完全可以把此举推给法律，并非其个人想剥夺某人的生命，他的裁判是依法做出的。实际上，思维理念中的客观性追求对法官行为也有很大的约束，特别是在法治社会中，对重大事项的裁判都要求在判决书中说明理由，其理由的核心部分就是对裁判依据的客观性说明。在近百年的法学思潮中，许多法学流派对法律的客观性理论多有攻击，如社会学法学、现实主义法学、后现代法学、批判法学等。他们的攻击在很大程度上动摇了部分法学研究者对法治的信念，所以才出现许多法学家为拯救客观性而进行的努力。

笔者认为，这些法学流派对法律客观性和确定性的攻击，只是在一定程度上

① 山东大学法学院1999级法理专业研究生桑本谦对该观点进行了论证，他认为，强调法律确定性和司法自主性的意义在于：(1)维护法律的权威。(2)维护法律的稳定性和可预测性。(3)克服法官的主观臆断。(4)减少信息成本。

摧毁了法律客观性和确定性的绝对性，而没有从理论上彻底颠覆法律的客观性和确定性，更没有在实践中动摇法律人的职业思维。我们看到，立法事业仍蓬勃开展，这说明追求法律普适化的努力仍在进行。在司法领域，法律的客观性仍是支撑法治事业的理论。瓦解客观性的理论并没有提出法治如何进行的建设性意见。另外，我们还看到，反对法律客观性的法学流派，一般都是在法律的边缘问题上做文章。而实际上，在法律语言的主体部分，仍有意义中心的存在。至少也存在像卡多佐法官所讲的“法律的规则也是确定的，只是规则的适用令人怀疑”①。法律的不确定性只是在疑难案件中才明显凸显。当然，后现代法学中的极端者，如法国的德里达，对语言意义的中心理论也进行了批判。但是，后现代主义的解构理论，或者说对法律客观性的怀疑理论，能够被其同意甚至对其观点持反对意见的人理解，在他们之间能相互对话与沟通，说明后现代主义法学理论包含着自身观点的自我颠覆，即他们反对客观性所使用的语言中也隐含着语义的客观性和确定性。否则，德里达的思想应是没有人能解读的东西。所以，笔者并不否认在法律的边缘存在许多的不确定性，法律的客观性在这里也会大打折扣。但是，法律在其主体部分，在其对社会调整的许多地方都存在客观性，成文法律虽然没有为案件准备好现成的答案，但这并不意味着没有答案。

法官要做的工作就是在相信法律存在客观性的前提下，不断地努力追求判决的合法性。因为对法律的忠诚虽然属于法官职业伦理的范畴，但法律的权威并不是一种道德权威，而是一种合法性权威，它主张法律规则具有行为的排他理由，对任何导致违反法律规则的理由，法律都要求人们忽视它的存在。② 只有有了这种信念，法官才能表达对法律的忠诚，③法律也才能有权威。法律的权威体现在人们接受法律规范的约束。任何法律制度都要求从属于该制度的人们忠诚和服从它，都声称其具有绝对的、至上的权威。当然，法律所主张的权威并不必然地得到人们承认，人们往往对法律所设定的义务做多方面的权衡，而后才做出决定。但法官对人们行为的评价标准是立法者已经规定的规范，不是任性之作。即使在存在法律空缺的案件中，法官的创法活动也要受到法律的限制。法律主

---

① [美]卡多佐著:《司法过程的性质》，苏力译，商务印书馆 2000 年版，第 103 页。

② 该观点是英国法学家拉兹的观点。李桂林、徐爱国著:《分析实证主义法学》，武汉大学出版社 2000 年版，第 34 页。

③ 美国法学家德沃金的观点之所以在近些年受到越来越多的关注，与他坚持法律的唯一正确答案，坚持追求法律的客观性有一定关系。虽然法律客观性理论不是很有新意的理论，但是，它给法律人所带来的信心、对法治理论的支持是许多法律人所赞赏的。关于法律的客观性研究可参见[美]德沃金著:《法律帝国》，李常青译，中国大百科全书出版社 1996 年版。另参见英国学者尼考斯著:《法律的客观性》，牛津大学出版社 1996 年版。

张具有调整任何类型行为的权威，它不承认对它所调整的行为领域的限制，法律体系是开放的，与其他规范体系具有相容性。但是，在法治社会中，法官只能承认法律规范的至上性，如果说在一个国家内存在两种都声称具有至上性的规则体系，这在逻辑上就是不可能的。法官对法律的忠诚不仅受自身信仰的影响，而且也受官方意识形态以及公众忠于法律的态度的影响。

（二）发现法律与论证法律是法官忠于法律的一般方法

首先应说明的是，这里的发现法律是法官在审案过程中发现针对个案有效的法律。[①] 针对个案的法律源自正在有效的一般法律，它与一般法律的不同之处在于，法官不予适用的法律对个案来说并不发生实际的效力，平常被一般人视为法律的规则，在法官看来仅仅是一些权威性资料，属于法律渊源的范畴。[②] 在司法过程中，针对个案的法律是法官在规则与案件的互动关系中发现的。我国法学家王泽鉴先生讲：法律的适用乃法律的发现，其思考过程通常分三个阶段，即法律解释、法律补充及超越法律的法之发现。[③] 在法治社会，法律发现对抗的是法官造法。它是指法官在审案过程中，首先在制定法等正式法源中发现适用于具体案件的法律。在审案过程中，法官发现的法律大体有3种情况：一是法律与案件事实基本吻合，这时法官对法律的忠诚就表现为运用法律推理的方法，把法律的规范意志通过判决形式表达出来。二是与案件事实相比较，法律规范、法律概念等呈现出模糊性。这时就需要法官运用法律解释的方法，把不清楚的法律解释清楚，而后运用法律推理以表达对法律的忠诚。三是与法律事实比较，法律在该问题上没有任何规定，从而发现所谓法律漏洞，这时就需要法官根据法律的精神和法律的价值，运用法律续造的技术，对法律漏洞进行补充。从总体上说，法律发现理论否定了法官造法学说，在一定程度上维护了法治。

法官造法学说在美国现实主义法学中被极力弘扬，影响了许多学者。像波斯纳就认为："法律寻求的合理性是证明的逻辑，而不仅仅是或至少不是发现的

---

① 美国大法官卡多佐说："的确如此，法典和制定法的存在并不使法官显得多余，法官的工作并非草率和机械，会有需要填补的空白，也有需要澄清的疑问和含混，还会有需要淡化——如果不是回避的话——的难点和错误。""法官作为社会中的法律和秩序之含义的解释者，就必须提供那些被忽略的因素，纠正那些不确定性，并通过自由决定的方法——科学的自由寻找——使审判结果与正义相互和谐。""法官必须从普通法中建筑适用案件的规则……是活着的法律的宣示者。"参见[美]卡多佐著：《司法过程的性质》，苏力译，商务印书馆2000年版，第4、5、7页。

② 一些现实主义法学家也包括一些分析法学家如美国大法官格雷，正是看到了这点，所以强调法官是法律的创立者，而不是发现者，因为当法官希望改变法律时，他们所享有的对成文法的司法解释权只受到了规则的模糊限制。李桂林、徐爱国著：《分析实证主义法学》，武汉大学出版社2000年版，第17页。

③ 王泽鉴著：《法律思维与民法实例》，中国政法大学出版社2001年版，第198页。

逻辑。”“法官总是制定法律,而不是发现法律。”①法官造法说的实质是否认法律客观性和确定性存在,主张法官至上,把法官在案件中的创造性推崇到极致。②这实际上是对立法权威的蔑视,是对法治理论的否定。立法机关所创设的规则在面对一些疑难案件时确实不具备客观性或确定性,但这并不意味着法律规则对人们思维没有影响或约束。实际上,人的思维都受前见的约束,只要人们认识法律,理解法律,法律肯定会对人的行为有不同程度的影响,其中对法律人的影响最大,法律发现理论肯定了法官适用法律的可能性,指明了法律发挥作用的重要场所——司法过程,强调了法律对法官的约束作用。这是法官表达对法律忠诚的一般方法。法律发现理论并不完全否认法官对法律的创造作用。但这种创造作用的范围是受到严格限制的。面对大量的典型案件,法律发现理论主张,应直接运用法律推理解决案件,只是在出现法律空缺时,才允许对法律进行续造。续造的概念意味着法官应尊重立法者的权威,承认法律规范意旨和法律精神等的存在。续造意义上的法律适用并不意味着法官可以对适用于具体案件的法律任意设计。在进行续造时法官必须表达对法治的信仰,并自觉接受法律规则和程序的约束。法官是在法律的总体框架内发展、完善现有法律的。法官适用法律的行为虽然不乏创造性,但不能背离对法律的忠诚。

不可否认,法官发现法律本身也带有很大的创造性。因为立法机关虽然创设了体系完整的法律,但是,法律不可能细致到每一个具体案件必须运用哪几条法律的程度。美国法学家庞德讲:“无论法学家限制审判职能的纯机械理论是多么完美,司法造法的过程在所有的法律体制中总在进行而且会一直进行下去。”③案件事实不总是与法律相适应,为了得出某种结果,法官们不得不重来或颠倒法律。所以,在具体案件中,法官选择适用哪些法条带有很大的主动性,但创造性并不意味着任意性(法官适用法律要受法律思维方式和职业群体意识的制约)。卡多佐法官说,“实际上,每个法官都在他的能力限度内立法。无疑,对

① [美]波斯纳著:《法理学问题》,苏力译,中国政法大学出版社1994年版,第572、574页。

② 卡多佐法官认识到,“在这永恒的流变中,法官们所面临的实际是一个具有双重性的问题:首先他必须从一些先例中抽象出基本的原则,即判决理由;然后,他必须确定该原则将要运行和发展——如果不是衰萎和死亡——的路径和方法。”参见[美]卡多佐著:《司法过程的性质》,苏力译,商务印书馆2000年版,第14页。从事物的发展来看,一切都处于流变之中,但法官的任务却要求他对要处理的案件暂时停滞下来,向后观望。这就使得法官不能不承认法律和事实意义的固定性。在判决中说一些成文法律或者判例中其他人已说过的话。这时我们看到,当下判决中的理由既有法律说话的成分,也有法官自己的言说。说法律完全是不确定的,那仅是发展观点,是理解者在途中;说法律是确定的,那是思维者在当下的前见、前有和前识。

③ [美]罗斯科·庞德著:《普通法的精神》,唐前宏等译,法律出版社2001年版,第121页。

法官来说,这些限度都比较局促。他只是在空白处立法,他填补着法律的空缺地带。他可以走多远,这都不能在一张图表上为他标示出来。他必须自己学会这一点,就如同从当年的某种艺术实践的习惯中获得什么才算得体比例匀称的感觉一样。"[①]为使法官选择的法律有更大的说服力,在法治社会里,都要求法官应对这些法律进行论证,说明自己为什么在众多的法律中选择这几条而不是另外几条,以及法律条文是否具备合理性、科学性等。所以,法官对法律的忠诚并不意味着死抠字眼,选择法律不仅应具有合法性,而且还应附有合理性说明,这样才能克服法律条文自身的僵化性特点。法官发现法律绝不意味着法律意义具有恒定性,也不意味着法律意义任意流变。法律应在忠诚于法律的前提下自由掌握。一般认为,法官在发展和创造法律时主要使用道德论证,涉及其道德观念和道德品质,在使用法律时主要使用其法律技能。在没有现存的法律观念可以指导案件裁决的情况下,法官使用道德价值观念来创新的先例,在存在可以适用法律规则的情况下,法官就主要适用现有的法律。

(三)价值衡量是法官忠于法律的特殊方法

法官适用法律就必须解释法律。"正如法律史清楚地表明,将法律解释与司法实践分离出来是不切实际的,试图将发现法律、解释法律、适用法律的职能分离开来的努力也是徒劳无益的。"[②]在各种法律解释方法中,文义解释是首位的解释方法。这是维护法律意义的安全性,实现法治的方法保障。文义解释是法律解释的开始,也是法律解释的终点。但是,法律用语与日常用语一样具有意义的多样性,在法律与事实的互动关系或在不同的语境中,有时也呈现出意义的流动性。进行法律解释虽然必须从文义开始,但文义解释的结果在特定情况下有可能与法律价值、目的等相冲突。这就要求法律的解释者区分出各种解释方法的位序。王泽鉴先生认为,各种解释方法没有一种固定不变的位阶关系,但这并不意味着解释者可以任意选择一种解释方法。法律解释是一个以规范意旨为主导的思维过程,每一种解释方法各具功能,但亦受限制,并非绝对。每一种解释方法的分量虽有不同,但须相互补充,共同协力,始能导致合理结果。[③] 美国大法官卡多佐也说:"我们并不能像从树上摘取成熟的果子那样摘取我们的成熟的法律规则。每个法官在参考自己的经验时,都必须意识到这一刻:在推进共同善的目的指导下,一个创造性活动会产生某个规则,而就在这自由行使意志之

① [美]卡多佐著:《司法过程的性质》,苏力译,商务印书馆2000年版,第70页。

② [美]罗斯科·庞德著:《普通法的精神》,唐前宏等译,法律出版社2001年版,第126页。

③ 王泽鉴著:《法律思维与民法实例》,中国政法大学出版社2001年版,第240页。

际决定了这一规则的形式和发展趋势。”①这就是说,当有些特殊情况出现时,法官作出决断时就应考虑到类推、便利、得当和正义。如果立法者所立之法与当下的案件出入很大,法官就不应被捆在立法者的手上,无所作为地表示服从。

为维护法律意义的安全性,实现法治,在一般情况下应以文义解释为解释的基石。在这里,文义解释包括语法解释、体系解释、比较解释、合宪解释等。但是,当文义解释与法律的目的和价值严重背离时,应把价值衡量的方法加以运用。一般情况下,如法律的文义解释仅与法律的一种价值相冲突,我们可以把法律价值视为自然法,用自然法对实在法进行修正,使其和法律目的相符合。但这里需要强调的是,并非文义解释结果与法律价值有一丁点冲突,就得用自然法进行修改,在一般情况下,法官应以维护法律意义的安全性为首要任务,只有在发生实在法与正义的较大冲突时,法官才可以用自然法修正实在法,否则,动辄对实在法进行修正,法律的权威性就会受到质疑。美国大法官卡多佐说:即使有一个至高无上的公共政策,它将超过暂时的不便或偶尔的艰难,也不要轻易牺牲确定性、统一性、秩序和连贯性。因为法律并没有授权法官随意按照变化着的关于便利或明智的看法来制作或废除规则。詹姆斯·帕克爵士也说:“构成我们普通法的制度是,将我们从一些法律原则和司法先例中推导出来的法律规则运用于新组合的境况,并且,为了获得统一性、一贯性和确定性,只有这些规则对于发生的所有案件并非明显不合情理和不便利,我们就必须运用这些规则;在尚未慎重地适用这些规则的时候,我们没有理由因为我们认为这些规则不像我们本来设计的那样便利和合乎情理而拒绝这些规则,并放弃对这些规则的所有类比。”②另外我们看到,法律价值亦有多种,如公共政策、正义、平等、自由、秩序、安全、效率、民主、人权等都可以作为法律的价值,它们之间也会发生冲突。这就需要解释者对法律的各种价值进行位序选择。一般认为,法治的出现是自由主义思想的产物,旨在保障个人权利不受权力的侵蚀。

因而,为维护法治起见,进行价值位序排列时,就应注意下列原则:(1)没有法律依据不能用牺牲个人合法权利来为权力谋取利益。这是法治的设计者以权利制约权力的目的所在。(2)没有正当的合法理由不能牺牲一方当事人的合法权利来换取另一方当事人的利益。法治的要义还在于平等保护公民的所有合法

① [美]卡多佐著:《司法过程的性质》,苏力译,商务印书馆2000年版,第64页。
② 同上,第40、41~42页。

权利，而不是某些人的利益，这是法治的平等精神之所在。[①] (3)公民的基本权利(即宪法中规定的权利)高于公民的一般权利。例如，不能认为集会游行可能会影响一些人散步的权利就是侵权，等等。但我们也应注意到，法治并不是法律追求的唯一价值，在法治与效率、社会目标相冲突的情况下，人们应在相互竞争的多种价值之间做出权衡和选择。[②]

法律解释中的价值衡量方法在西方有些国家司法活动中运用得较为广泛。这主要是因为，在西方法学中一直有一个自然法学派。而在我国，自然法的概念在法学中并不是很盛行，虽然许多理论研究者相信自然法的存在，但由于担心法官不能很好地驾驭，因而法治理论中过分地强调了依法办事的绝对性。当然，这在法治建设的初始阶段也是很有必要的，否则就难以树立起法治的权威。但在疑难案件中，法律的文义解释方法有时很难达到法律的目的，这就需要法官把价值衡量作为表达对法律忠诚的特殊方法予以应用。对这种方法的运用，应以对法律忠诚为前提，应时刻防止不轨法官以此作为牟取私利的手段。所以，在判决书中运用价值衡量修正法律的行为必须详细说明理由，进行充分的合理性论证。

(2001年第12期)

---

① 对此观点，山东大学法学院2001级法理专业研究周斌提出了异议。他认为，司法救济就是用一种合法利益满足另一种合法利益，如对违法者处罚，可能没收的是其非法财产，而罚款则很可能是其合法财产。

② 然而，拉兹对这种观点也曾发感叹，他说："在法治的圣坛上将太多的社会目标当做祭品，这有可能使法律本身变得贫管和空虚。"李桂林、徐爱国著：《分析实证主义法学》，武汉大学出版社2000年版，第34页。

2002 年

法治是人类最理想的选择吗
——强势文化、二元认识论与法治

於兴中*

现在中国人人都在谈论法治,把它作为一种绝对的善来追求。但法治到底会给中国人和中国社会带来什么样的结果,对人的幸福和人的各种秉性的发展到底会有什么样的好处,人们却不太深究。在中国的具体情况下,这是可以理解的,因为长期深受人治之害,人们自然渴望有一种高于或优于人治的理想社会。由于种种原因,法治被认为正是这样一种理想状态,而且几乎是唯一的选择。因此,目前在中国对法治进行批评,实际上是一件很困难的事情。在这篇文章中,笔者打算从一个至今还没有引起广泛关注的角度来讨论法治问题。这个角度便是:强势文化、二元认识论和法治之间的关系。笔者的基本看法是,法治固然有其不可否认的优点,但绝不是最理想的或唯一的选择。从德治社会走向法治社会其实没有走很远,仍然是从一元的社会走向另一个一元的社会。由于强势文化和二元认识论的限制,这一简单的事实却难以为人们所认识。处在转型期的中国需要更为广阔和深刻的理论探讨,以寻求更为理想的社会安排。

一、法　　治

经过人们若干年的努力研究,现在大体上可以得出一种一般的学者都能够认同的关于法治的见解:那就是法治不仅是一种理想也是一种制度,而且也包含法律历史、法律概念、法律权威等内容。大体上可以说,法治是一种文明秩序。如果我们可以把以道德为主要治理手段的社会如古代中国社会称为道德文明秩序,把以宗教为主要治理手段的社会看做宗教文明秩序,那么,一个以法律为主要治理手段的社会,即所谓法治社会,则可以称为法律文明秩序。文明秩序是一个社会的政治、经济乃至文化秩序的基础,是一种元秩序。而一个法律文明秩序也就是以法律为核心建立起来的社会框架。它是外向型的、权利本位的、重规则、权威文本至上的文明秩序。它由以下4个方面的内容构成:以法治理想为主

* 作者单位:香港中文大学。

导的权威系统,以权利和法律为中心的概念范畴系统,以司法制度为社会最基本的制度安排和以个人权利及法律为依归的文明秩序意识。这样一个法律秩序萌生于古代西方的文化土壤,在欧洲得到了极大的发展,然后全盛于美国。

法治最初只是一种理想,后来逐渐发展成为一种文明秩序,一种社会框架,而这种社会框架与法治理想之间实际上存在很大的距离。作为一种权威理想,法治激励了不少仁人志士为争取自由、公正而献身。但它毕竟只是一种理想,一种权威性的理想。换句话说,当今世界上还没有一个国家充分实现了法治。这也许是因为法治理想本身要求太高,是不可能完全实现的。但这不是笔者要考虑的重点,笔者要考虑的问题是,即便是实现了法治以后,又能给人类带来什么样的好处?法治是不是可以使人幸福?是不是可以使人的各种秉性得到升华?

法治的主要优点表现在它妥善地解决了人的欲望和人的精神追求之间的矛盾,而这对矛盾是所有的传统文化无法避免但又无法解决的矛盾。它困惑了一代又一代的为理想社会而奋斗的仁人志士。法治鼓励人们追逐利欲,个人的欲望具体化表现为权利,而权利的享有者之间互负义务,当权利与权利、权利与权力发生冲突时则需要法律来调整。这样从个人的欲望和趋利性转化为权利,再到法律保护权利,这一过程实际上是法治的出发点。权利的主体是个人,强调个人权利必然使个人主义之风大行。有权利做某事就等于有自由做某事,于是权利便等于自由。对人而言,权利是自由;对物而言,权利就是财产权。因此,权利、财产、自由是相通的。权利、财产、自由之间,个人权利和他人权利之间,个人权利与政治组织之间的关系有一致也有矛盾的一面;这种矛盾和冲突就产生了正义与不正义、平等与不平等的问题。而为了解决这些冲突和矛盾就需要一种强有力的预先存在的统一的手段和程序,这就是法律和法律制度。而法治正是提供了这样一种以法律为主要治理手段的建立在理性基础上的社会框架,供人们交往、生活、交流。

在法治社会中,政治活动被规则化、程序化。政治合法性的意义完全在于被合理化了的程序的合法性。具体表现在选举的程序、立法程序、司法程序及政治参与等方面。与政治的规则化、程序化相一致,法治社会中的经济活动也被规则化和程序化,它与关系经济或者伦理经济相比,可以称这为规则化的经济或市场经济。经济活动以纯粹的盈利为目的,经济活动的规则公开化、标准化、规模系统化。

应该指出的是,法治社会只是世界上若干种文明秩序的一种,它并不是一种绝对的善,尽管它具有很多优点。法治社会把人的生命的必需牢牢地与人的智性结合在一起，使人的智性得到了极大的发展。这是一件值得称道的事情。法治社会解决了人生的必需和人生的意义之间的矛盾，并且把两者统一起来，使它和谐起来。生命如果没有意义而只有必需就使人降低到动物的地位。而生命的意义则又是建立在生命的必需之上的。如果人连自己的必需都满足不了，这时候的人生很难有意义可言。也就是说，人的秉性的发展必须以人的生存为基础才会有效，这是不言自明的道理。而法律文明秩序，也就是法治社会恰恰就是在这一点上，优越于宗教文明秩序和道德文明秩序。

不过，我们也应该认识到由于法治社会重视人的智性的开发，注重法律，注重理性而忽视了人的秉性中的其他重要的方面，包括人的心性和灵性的培养。因此，法治社会并不是一个非常理想的社会，它充其量只能给人的智性提供一片乐土，但却无法滋润人的灵性和心性。建立在纯粹功利理性和实用主义思想之上的现代法律制度可以培养出个人利益至上的现代人。以远远大写的“我”来对待通常小写的“你”，一切以是否违反了自己的权利为最高衡量标准。人生不是处在各种关系和情感之中，而是在利害冲突和斤斤计较之中。没有历史感、没有道德责任感，凡此种种都是法治社会的直接后果。一个完全建立在智性和法律之上的法治社会只能造就一大堆现世主义的个人主义者，孕育不出秉性健全的人来。

二、强势文化

以基督教为背景，以理性为基础，以法律为主要治理手段的西方文化，即法律文明秩序，也就是笔者所说的强势文化，这种文化在文艺复兴以后的500年时间中得到了极大的发展。它在文艺复兴、宗教改革、启蒙运动和工业革命等一系列轰轰烈烈的变革中逐渐发育成长并得以完善。这种文化的强大不仅表现在它的物质方面，也表现在它的精神方面、学术方面和艺术方面。当这种强势文化从欧洲转移到美洲的时候，在美国这块土地上它得到了更进一步的发展，使美国成为现代世界上空前强盛的国家。

在强势文化形成和发展的过程中产生了无数优秀的知识分子，包括思想家、哲学家、文化人、法律家等。他们把在强势文化中存在的文化价值看做一种普遍的可以放之四海皆准的文化价值，推广起来不遗余力。美国从20世纪初开始就一直在向别的国家出售它的法治和民主。美国政府的对外援助包含经济、政治、法律以及文化等各个方面。“二战”以后，美国政府向外扩张并对其他国家进行援助的规模越来越大。到20世纪80年代以后，由于世界政治格局的变化，美国对外援助又有了新的发展。托玛斯·卡路瑟所著《援助海外民主》一书对美国政府的对外援助、文化输出作了精辟的分析。

强势文化的这种法治以及其他方面的输出对其他国家的法治发展,尤其像中国这样的国家对法治的理解和发展产生了巨大的影响。面对强势文化,弱势文化显得一筹莫展,只有接受这种外在的挑战。由于弱势文化在强势文化的知识分子眼中则成了一个病人或者是一个失败者,因而被摆在西方人的手术台上,任人随意宰割,成为实验的对象。一些意图良好且技术精湛的大夫用了精制的仪器和手术刀给弱势文化进行研究解剖;而另外一些人则大刀阔斧地对弱势文化传统进行芟刈斩伐。在西方强势文化的冲击下,弱势文化被迫采取了放弃自己的传统,接受西方强势文化的进入。对法治的选择也是同样的道理。弱势文化由此也患上了 inferiority complex,从而失去了对自己文化的欣赏能力和对西方文化的批判能力。结果导致了凡是西方的,凡是强势文化里面的东西都是好的态度,使强势文化的价值自然而然地成为全世界弱势文化共同接受的普遍的价值。关于人权、法治、民主、自由等理想和口号的接受和实践充分证明了弱势文化在强势文化的冲击下别无选择,只有彻底拥抱强势文化的文化价值。

三、二元文化认识论

现代西方强势文化在全世界各地的胜利使其肩负着为全人类谋福利的责任。强势文化把世界带到什么地方,世界就会跟随它到什么地方。但是,由于强势文化本身的局限,似乎可以看得出,当今世界在强势文化的带领下并没有丝毫要走向天堂的迹象,相反由于强势文化和弱势文化之间的矛盾和冲突倒使世界变得越来越像地狱。强势文化的局限性中最重要的是它的二元文化认识论,即建立在理性和非理性基础之上的二分法。这种二分法把理性和非理性、个人和集体、法律和宗教、东方和西方对立起来,不仅阻碍了强势文化认识弱势文化的可能性,也限制了强势文化本身的发展。韦伯在对中国问题的研究上所犯的错误直接源自他的二元文化认识论立场。韦伯基于他自身宗教社会学的研究和西方二元文化认识论的模式,误认为中国的儒学是一种宗教。而他的这种误解为后来的西方学者和中国学者所接受,影响非常广泛。事实上,韦伯在西方的宗教,也就是强势文化的宗教和法律这样一种二元文化认识模式中,无法想象除了苹果和梨之外还会有一种橘子。也就是说,儒家的传统是完全不同于西方出现过的宗教文化和法律文化的传统。在社会制度上来看,二元文化认识论把社会分为专制和民主,传统和现代,法治型和德治型的社会。无法想象,除了法治型和德治型的社会之外，还会存在其他类型，如像宗教型的社会，或宗教文明秩序，等等。这样便把丰富多彩的现实世界简化成为屈指可数的两种选择。就弱势文化而言，除了拥抱强势文化即法律文明秩序之外似乎别无其他途径。强势文化提供了相当规模的援助。虽然强势文化中的知识分子们通过自己辛苦的研究始终不渝地追求着理想社会，而这追求不是为了某一个国家或某一个文化，而是为了全人类。但是由于受到了强势文化的霸气和二元文化认识论的限制，使得这些知识分子的所作所为恰恰适得其反，不仅没有为世界、为人类提供广阔的前景，反而把人们的思维局限在有限的选择之内。强势文化的二元文化认识论既损害了弱势文化的内在生命力，也限制了强势文化中知识分子的想象力。

四、结　　论

综上所述，法治虽然具有其不可否认的优点，但也绝不是最佳的善，也绝不是唯一的选择。但是由于强势文化的大力推行和二元文化认识的支持，法治似乎成了现在追求理想模式的唯一的选择。因此，在中国的法治建设中我们应该充分认识到法治的局限性，以一种建设性的批判的眼光来对待法治。另一方面在接受法治的同时不应该抛弃中国原有的文化传统，而应以一种建设性的批判的眼光来对待法治。一方面在接受法治的同时不应该抛弃中国原有的文化传统，而应该从中国原有的文化传统中发掘出与法治相适应的文化因素来进一步完善现有的法治模式，而不应该机械地模仿照搬。当然这种批判或建设性的批判态度应该有别于以前我们采取的那种对法治的敌对态度和否认的态度。芝加哥大学的一位比较稳重，应该说是保守的教授爱伯斯坦曾经撰文指出，光有法治是不够的，还应该有其他的因素，其他的模式。另一方面，中国的知识分子应该丢掉那种 inferiority complex，应该重新拾起自己的自信心和想象力，探索新的可能性、新的模式和新的选择。

（2002 年第 1 期）

治党:固守陈规还是与时俱进
——从革命党到执政党、领导党的历史转变

郭道晖*

中国共产党经历了领导人民革命和夺取了政权这样两个不同时期。在不同历史时期,党面对的时代和时势不同,党的地位、作用和任务也不同,作为革命党同作为执政党的性质也有很大的区别,党的组织理论与制度也要有相应的转变。可是,新中国成立50多年来,我们党在建党理论上还没有自觉到实现由革命党到执政党的转变,也没有从理论与实践上弄清作为领导党与作为执政党的区别。因而长期不能适应掌握政权后和在国家建设中,党的性质、地位、作用、职能、治国方略、领导方式方法等的质的变化或部分质的变化,未能实现这一系列由此岸到彼岸的历史性的过渡。

马、恩、列都有许多关于共产党的建党理论,但他们主要是处于革命年代,关于党的理论也多限于作为革命党的理论。对执政后的共产党在党的性质与职能等方面应当有什么转变,较少涉及。斯大林执政后,不但继续沿袭革命时期的党组织的理论、制度,而且把党领导或党执政事实上变成"党专政"、领袖专政。毛泽东也是把执政的党仍作为阶级斗争的工具,在他晚年更把党变成个人专权的工具、人治的工具。邓小平初步总结了中国共产党和国际共产主义运动的教训,超越了前人,提出要改革党的领导制度,改变权力过分集中的体制,实行党政分开。但在建党理论和实践上还没来得及完全扬弃革命时期某些过时的理念、原则和制度。

关于由革命党到执政党的转变问题,有的学者已有所论述,本文就一些值得重新审视、评价、商榷的命题,乃至长期被视为公理、铁则的理论,试作探讨,提出改革的建议,并略述执政党与领导党的职能与作用的区别。

一、由革命党到执政党的党建理论转变

(一)关于党的阶级基础与社会基础

1. 革命党与执政党的阶级基础与阶级性的变化

马克思创立了科学的社会主义理论,同时也找到了实现社会主义革命的阶

* 作者单位:中国法学会。

级力量，这就是一无所有的无产阶级。马克思说，实现人的解放的"哲学把无产阶级当做自己的物质武器，同样地，无产阶级也把哲学当做自己的精神武器"。① 由于无产阶级"一无所有"，在消灭私有制的社会主义革命中，他们"失去的只是颈锁链。他们获得的将是整个世界"。② 其革命性加上产业工人固有的组织性、纪律性、阶级性等，毫无疑问，他们是最有理想和最强大的革命力量，是共产党作为革命党时期的阶级基础。列宁领导的党就是依靠了工业无产阶级实行城市武装起义，夺取了政权。

但是，工人阶级也有天然的缺陷。马克思指出过，在机器发明开始阶段，导致大批工人失业，工人群众纷纷盲目地去砸机器，亦即他们对当时先进的生产力起了消极作用，而不是促进作用。事实上，20 世纪中叶的反对工业自动化，以及当今反对全球化、反对 WTO 的，也是些怕因此失业或利益受损的工人群众、国际工会等非政府组织。譬如坚持反对中国加入世贸组织、享受美国最惠国待遇的，就是美国的工会组织。这说明，在破坏一个旧世界的革命斗争中，工人阶级是一个伟大的革命力量；而在建设现代化经济上，产业工人（在当代又称"蓝领"）由于其在生产和生产关系中的某些局限性，不一定是最先进的阶层。列宁也看到了革命时期自发性的工人运动，只能产生工联主义；科学的社会主义理论只能靠从外面"灌输"进去。他还指出："在任何一个政治运动或社会运动中，在任何一个国家里，阶级群众或人民群众同该阶级或人民的少数知识分子代表之间的关系，只能是这样的：无论什么时候什么地方，某个阶级的领袖永远是该阶级最有知识的先进人物。"③

在现今知识经济时代，既然科学是第一生产力，那么最能促进生产力发展的当然是掌握先进科学知识又善于依靠技术工人的劳动知识分子了。

于是，这就必然产生一个问题：共产党执政后，不能再搞第二次革命了，在经济建设中最主要的依靠力量是谁？共产党既然要代表发展先进生产力的要求和先进文化的方向，那么，它的阶级基础是否要有所变化或扩展？其中知识分子应当摆在什么地位？

新中国成立后，在我们党执政的前 30 年中，多数情况下是把党内外知识分子作为异己的力量，不断进行抑制、批判、打击。而在"文化大革命"中，"四人帮"还提出"知识越多越反动"，让普通工人群众（"工宣队"）"登上上层建筑政

---

① 《马克思恩格斯全集》（第 1 卷），第 467 页。
② 同上，第 286 页。
③ 《列宁全集》（第 4 卷），第 256 页。

治舞台”,直接“领导一切”。其失败的教训已足以说明,党的阶级基础仅仅建立在“蓝领”阶层上,是很不够的。

在我国,掌握科技文化的劳动知识分子(或称“白领”)也属于工人阶级(这是在改革开放以后才正式“加冕”的),所以,党的阶级基础仍然可以说是工人阶级,但其阶级性已经大大变化了。大公无私、组织性纪律性不应当变,而知识性则应提到突出地位。过去强调“知识分子工农化”,现在恐怕应当更多强调“工农的知识化”,特别是党的知识化、现代化。工人阶级的知识分子(包括已经知识化的工人群众)应当成为党的阶级基础的主体和主导力量。

当然,突出党的阶级基础中知识分子的主导作用并不能因而否定共产党仍然是工人阶级政党,仍必须代表和保障工农大众的利益[只是不应像过去那样片面强调“卑贱者最聪明”,让“工人阶级(群众)领导一切”、“向贫下中农学习”]。特别在当前工人下岗、农民负担过重,社会上出现两极分化的苗头时,更应关注他们的命运。“水可载舟,亦可覆舟。”脱离我国占人口最大多数的工农群众的利益,党执政的合法地位也将动摇;漠视、抛弃革命斗争中有伟大贡献的工农群众,党的领导权也将失去道义基础。至于那种认为既然共产党要代表发展先进生产力的要求,就应当把共产党变成资本家的党的理论观点,更是错误的。①

2. 革命党与执政党的社会基础的变化

作为革命党的共产党,其社会基础是广大的工农群众即“工农联盟”。在我国,占全国人口绝大多数的农民,更是革命的主力军。当然还包括拥护革命的社会其他阶层。我们团结的是这些占人口中大多数的人;地主阶级、官僚资产阶级和帝国主义在华的势力这“三大敌人”则不在其内。

作为执政党以后,新中国成立初期,由于还要完成民主革命的遗留任务,消灭官僚资产阶级和地主阶级,所以也只能团结大多数属于人民的人。但当敌对阶级作为阶级已经消灭以后,党仍然经常讲要“团结95%以上”的人,亦即只代表95%的人民的利益,而不是全体国民。这就与作为领导全民和全国政权的执政党的身份与合法性基础不相称。

作为执政党,之所以能执政,是必须经过全民选举的(通过县以下选民直接选举和县以上的人大的间接选举)。由人民选举出来的各级人民政府及其官员

① 当然,不排除在上层人物中,个别吸收具有共产主义世界观和有大公无私的奉献精神和实际行动表现、掌握现代先进的科学管理知识的优秀企业家入党。但这只应是作为个别例外,而不是一般原则。

（大都是执政党党员），既然是由全民选举产生的，就要对全民负责，为全民服务。他们是全民的公仆，要代表全体国民利益，而不能只是代表最大多数人民的利益，更不能只代表某一个或几个阶级、民族、利益群体的利益。这同讨论“全民党”的提法的是非，分属两种不同范畴的问题（作为政党自身的阶级基础，不应当也不可能是全民的；而掌握政权、作为执政党的社会基础，则应当是代表或兼顾全民利益的）。

过去我们习惯于讲党和政府代表最大多数人的利益，这固然体现了我们党的社会基础和民主的广泛性，但这种民主只是以多数人的意志和利益为依归，还不能说已完全体现了“共和”精神，即人人平等，保护少数（特别是保护少数民族），兼顾各方，因而不能排除走向“多数专制”，对少数人的利益与权利加以忽视或抹杀。事实上，新中国成立后党所发动的各次运动中，这“团结95%”的控制数字，就把3000万～6000万人的权利和利益以及作“人民”的资格排除在外，造成了多少错案和悲剧！

解放初期，我们党一度实行过“劳资兼顾”的政策。资本家阶级消灭以后，党的社会基础就不包括私有者了。改革开放以后，我们党已把私有经济纳入社会主义市场经济的组成部分。作为执政党，其社会基础又扩大了。应当明确，执政党也要代表或反映这部分私有企业主的利益。

或许有人会问：讲团结或代表全体国民，那么，难道党也团结和代表国民中的敌人吗？这种提法，也是长期被弄混了的问题。革命或战争时期，敌我界线分明；解放初期也是以出身和本人成分来划分阶级；国民中一部分人“天生”是敌人（历史反革命或属于反动阶级成分的人）。共产党在整体上当然不代表他们的利益。这些阶级敌人消灭以后，还会新生一些敌对分子。但谁是“敌人”或罪犯，在法治国家，必须通过司法程序（法庭判决）后才能确认。在此以前，都应假定为无罪的公民，不能搞“有罪推定”。何况，即使经法庭宣判为罪犯的人，包括可称为“敌人”的人，也有人格权、诉讼权等人权，以及某些民事权利。作为执政党和政府，也要尊重和保障他们的这些权利与利益不受侵犯。执政党不能凭党的“阶级感情”办事，否则，执政党就不是依法执政、依法治国，就会丧失其执政的合法性。

3. 作为阶级斗争的工具与作为国家建设的工具的策略变化

在革命时期，共产党领导人民革命，是进行革命的阶级斗争的工具。在成为执政党以后，党的这种性质与机能本应转化为领导和从事国家经济建设和民主法治建设的工具。作为执政党，要巩固自己的执政地位，就必须力求国家和社会稳定，以创设迅速发展经济、不断提高人民生活水平的条件。恩格斯和列宁都讲过，国家的产生和对社会的统治，就是为了使阶级的“冲突保持在‘秩序’范围以内”，①“使阶级冲突得到缓和”②可是，我们党在执政以后，不是去缓和阶级斗争，而是仍然大搞阶级斗争，或人为地制造阶级斗争，采取使阶级斗争激化的政治策略。名曰“乱了敌人”，实则“乱了自己”，造成人民内部矛盾和党内矛盾高度紧张，演变为政治上和经济上的大灾难。这也是没有意识到从革命党到执政党的任务与功能的转变。直到吃了30年大亏过后，才明白过来。但迄今党内仍然有些人难以舍弃那种“斗争哲学”的思维和习惯，睁大眼睛去搜罗斗争对象，对党内和人民内部稍有歧见或异见的（实则可能正是“与时俱进”的创新思维），就采取批判、压制或文化专制的策略。他们不了解，作为执政党，不能还像作为革命党或反对党那样，以“打天下”、挑剔、攻击对方的毛病、把对方“拉下马”为天职；而应当具有最大的宽容精神与仁爱胸怀，有“兼天下”气魄：不只是兼并天下，而是兼爱天下，兼善天下，容纳百川，不舍细流，才能最大限度地“平天下”，赢得普天下的民心、人心，巩固和扩大自己的执政地位和社会基础。

（二）关于党的组织原则

1. 民主集中制——以集中制为主还是以民主制为主

列宁式的共产党的组织原则一贯是实行民主集中制。作为革命党，如列宁所强调的，无产阶级除了组织以外，就没有别的武器。在革命时期，列宁特别强调党的集中制，认为只有党的权力的高度集中和党员、党组织的铁的纪律与组织性，才能对付比无产阶级强大百倍的敌人。在建党时，当马尔托夫攻击列宁的集中制是“专制的官僚主义的治党方式”，是“奴隶束缚制”、“过分的、可怕的集中制”时，列宁反驳并申明他主张的集中制是“民主的集中制”。这里，“民主的”只是一个形容词，落实在集中制。

集中制的实质是集权制。在革命战争时期和处于地下斗争时期，党必须高度集权，才能有效地指挥全党，统一行动，同强大的敌人进行殊死的斗争。我们党在七大党章上写的也是“民主的集中制”。

可是，在已经夺取政权，成为执政党以后，我们有几百万军队，有几千万党员，有强大的国家机器，共产党直接掌握一切国家权力，这同作为革命党时的处境已大不一样。这时再讲高度的集中制（集权），就不像处于弱势的革命党时期有迫切的充足的理由。更重要的是，作为执政党，其所集中的不只是党内的权力和党员的权利，而是国家的权力。而且任何党的权力的集中，也同时就把国家权

① 《马克思恩格斯选集》（第4卷），第166页。

② 《列宁选集》（第3卷），第175页。

力集中,而且是集中到各级党的领导人手里,因为我国的领导体制是党政不分,"党领导一切"而且"党权高于一切"的。而任何权力的过分集中,必然产生权力专横和权力腐败。这一"铁则",我们党也没能逃过。邓小平在《党的领导制度的改革》一文中已作了很透彻的剖析。

因此,掌握国家政权的执政党,无论在党内或国家机构中,要强调的是分权而不是集权(包括不同国家机构之间的分权制衡;国家分权、还权于社会,还权与民;中央适度分权于地方;党政分权等)。民主集中制所要强调的重点不应再是集中制(集权制),而是民主制(民主过程中已包含有集中);也不是所谓"集中指导下的民主",因为实际上那往往只是在集权限制下的开明专制而已。

(1)何为"民主基础上的集中"——是集中多数人意志,还是集中"正确意见"?迄今为止,我们党的文件把"民主集中制"中"民主基础上的集中"解释为"发扬民主,集中正确意见"。这虽然也是一种集中,但非民主的集中。民主制所包含的集中,是指按法定的民主程序,经过民主讨论,进行表决,按多数人的意志作出决定,即集中到多数人的意志上;而把"民主基础上的集中"解释为"集中正确意见",则何为正确?正确与否,由谁来判断?不是以多数人意志为准,而是由会议主持人或领导人(往往是党的书记、"第一把手")来选择、确认。这在最好的情况下,也只能算是领导人走群众路线的方法,由领导人来"发扬"民主(领导人成为民主的主体),听取群众或委员们中他认为"正确"的意见,即"集中"到领导人的意志,而不一定是多数人的意志,因而仍然是把决定权赋予一个人,而不是多数人,仍然为个人专断、个人专权、一人"拍板"留下很大空间。所以,这样被误释的"民主基础上的集中",仍然是个人集权制。

当然有时候真理掌握在少数人甚至某个人手里;但民主制的原则是"少数服从多数",在通常情况下,多数人的意见往往是正确的。但即使多数人的意见是错误的,民主制也要求服从多数。正确与否,是科学论证而不是民主制所要解决的问题。

(2)何为"集中指导下的民主"——是依法(在党内还要依党章)实行民主,还是按领导人意志左右民主?现今所谓"集中指导下的民主",不是按民主的多数统治原则,实行多数表决制,由集中多数人的意志所形成的决议(党的政策、国家的法律),来"指导"民主(如由全国人大通过的选举法来指导民主选举);而往往是按党的领导人的旨意(即他或他们认为"正确"的意见),来"指导"民主,即所谓"有领导的民主"。因而领导人往往成为民主的恩赐者和指挥者,党员或公民则必须听从或顺从领导人的意志行事,否则就会被认为是"极端民主化"、"自由化"、"目无领导"、搞"无政府主义""破坏稳定",等等。所以,这种

“集中指导下的民主”实际上违反了民主程序,剥夺了党员或公民的民主权利,仍不过是个人或少数人专断或专权操纵下的“民主”。

(3)民主集中制只是下对上服从,还是也要上对下负责?《党章》上对民主集中制的另一个界定是:个人服从组织,少数服从从多数,下级组织服从上级组织,全党服从中央。这里只见“下服从上”的一条单线,虽然是必要的、重要的;但却没有“下监督上”或“上尊重下”、“上对下负责”的另一条反馈或反弹的线。如果要讲党内民主,那就不能没有党员(个人)监督组织、保护少数、下级监督上级、中央服从全党的意志,这样上下互动互补、互相制约的机制。

只有下对上的“服从”,这种“集中制”还是沿袭了革命时期党的组织原则和组织纪律。当时我们党还处在革命时期、地下时期,党员和党的各级组织分散,党员也不可能了解全面情况(处于地下的党员更只是单线联系),为了统一行动,强调绝对服从中央,服从上级,是十分必要的。而成为执政党以后,党和国家的各项活动、社会的各种情况,大都是公开的,特别是在当今信息化、互联网化时代,也必须实行信息公开化。党员和地方组织都有条件了解党和国家的政策与法律和国情、民情以及世界大事,党员和各级党组织有条件有能力也有必要据此监督党的各级党组织,直到党中央,以防止党权和党所掌握的国家权力的魔化。因此,单有“下服从上”这条单线,已远远不能适应执政党的要求了。必须采取上下双向互动的民主机制。

总之,迄今党内民主集中制仍然停留在革命党的集中制旧筐子里,而不能体现党内民主制的要求,不能适应作为领导党与执政党所赖以生存的民主基础。

当然,强调民主制并不意味着主张权力大分散,否定必要的集中,藐视中央的领导权威。但这种权威应是集体领导的权威;民主基础上的意志集中与权力适度集中,也不是集中到树立任何个人的绝对权威,或集权于 1 人,而是体现在集中到中央通过民主程序制定的路线、方针、政策和国家的宪法和法律上,全党和全国一体遵循,不许各自为政。

2. 党委制——书记个人拍板还是集体行使权力

我们党的历次党章中都是规定实行党委制,即委员会制。这种制度属于所谓集体领导制,实质是集体行使权力(我国人大就是如此),它与政府中的行政首长负责制是相区别的。委员会制是按少数服从多数的原则作决定,集体承担连带责任;首长制是首长个人决断,首长个人承担责任。

在革命时期,要求党高度集中、集权,特别是指挥武装起义和武装斗争中,更要求军事领袖的个人独裁。不过,那只限于军事系统或行政系统。列宁时代的俄共(布)的党内组织原则仍然是委员制。在中央委员会和政治局中,并没有设立党的主席、"第一把手"。列宁只是人民委员会(政府行政机构)的主席。在党内政治局或中央委员会中,列宁也只是委员之一,只有一票,而且有时居于少数派地位,得服从多数人的决定。当时斯大林作为总书记也不过是秘书长而已。其实,马克思、恩格斯、列宁在党内都没有担任过主席或书记,但他们以其伟大理论权威和革命导师的业绩,成为无产阶级政党公认的领袖。列宁去世后,斯大林才把总书记变成党内的最高领导人,实行个人专权。自此,才有党内"第一把手"集权、专权的传统。

1943年,中共中央在推选毛泽东为政治局主席时,曾通过决议规定:"会议中所讨论的问题,主席有最后决定之权。"[①]这正是把"民主基础上的集中",集权到一个人身上,或政治局几个人身上。这在革命战争时期或许是必要的。

可是,成为执政党、掌握国家大权后,这种集权就害多利少了。毛泽东在他的晚年明确提出"第一把手"要"大权独揽",要有"个人崇拜"。党和国家的一切权力都集于他一身,他一人独断专行,个人权力高于党权和国权之上,造成了灾难性的后果。

党之所以要实行委员会制,而不是首长负责制,是因为作为领导党,主要是对国家和社会事务进行政治思想上的领导,是决定大政方针政策的,不是具体解决行政事务的,因而有必要集思广益,民主决策;也有必要防止集权,导致专横和腐败。

其实,所谓"第一把手"、"第二把手"等,只是行政体制上的首长负责制。我们党既然是实行党委制,实行集体领导,各级党委中委员权利与权力平等,就不应当有所谓"第一"、"第二"、"第三"把手之分,和所谓"书记挂帅"、"第一书记拍板"等超越党的组织原则的惯例(只有党的某些职能部门如组织部宣传部才可以实行部门首长负责制)。正如邓小平所已明察了的:"每个书记只有一票的权利,不能由第一书记说了算"。[②] 可惜,事实上党内这种行政化的领导体制并没有取消,反而日益加强。在基层尤甚,有的农村党支部书记就是当地的太上皇。邓小平批评的"党权高于一切",[③]更演化为党的书记权力高于一切。

3. 党的领导权——基层组织是否也有权"领导一切"?

在作为革命党时期,党的各级组织比较分散,在对敌斗争的艰难险恶环境中,常常需要独立作战,因而实行"支部建在连上",基层党委和支部也往往是一

① 《中共中央关于中央机构调整及精简的决定》(1943年3月20日)。

② 《邓小平文选》(第2卷),第341页。

③ 《邓小平文选》(第1卷),第11页。

个战斗的司令部，有领导、指挥当地党政人员和群众的权力。

在掌握全国政权以后，党对国家事务的领导，主要体现在党中央的政策领导和由党中央推荐、经全国人大的选举、在国家权力机构中“执政”的党员干部（以及相关党组）的政务活动中。由于我国地大人多，省级党委也要有与此相应的职能。至于省以下的党组织，特别是基层企业事业单位和农村党支部是否也都有“领导一切”的权力，则是大可商榷的。

现在所谓的“党委领导下的校长负责制”之类的体制，把委员制同首长负责制混合，造成归责不明，有时相互掣肘。其实，在基层政府或企业事业组织中“执政”的党组织（党组）和党员干部，是贯彻党中央政策、实现党的领导的主要力量与领导体制，它们按其行政与司法系统，依法接受中央和上级党政领导，也就是坚持了党的领导，无须同级基层党委再君临其上去领导和指挥。像法院和检察院系统还要求独立行使职权，必须摆脱地方保护主义的干扰。基层党委的职责主要是保证和监督这些“执政”的党组织和党员贯彻党中央的政策，依法治国，而不应是作为凌驾于同级政府之上的权力机构。

把领导党政的一切权力也赋予基层党组织，这些权力势必落到基层党委书记或党支部书记手里，再加上党内缺乏民主和对第一把手的监督机制，就很容易出现称霸一方的太上皇。革命时期，党政一体化、一元化，是适应党未掌握全国政权的情况的。成为执政党以后，继续从中央到党的基层组织都搞一元化的领导，一切权力最后都归党委，使地方党委也设立与政府部门相对应或“归口”的各种职能部门，既增加政府部门的“婆婆”，又把党委职能行政化，增加许多重叠的机构与编制人员，结果是增加了衙门和官僚主义，增加了执政的成本和公民的负担（西方政党制度中，只有在野党或反对党才在党内设立同执政党政府相对应的“影子内阁”，以便针锋相对地监督执政党政府，并准备以后竞选时取而代之。我们党已是执政党了，有何必要再在党内重复“克隆”一个“影子内阁”？）

把“坚持党的领导”理解为“党领导一切”和“各级党组织都有权领导一切”，甚至“党委或支部书记领导一切”、“党权高于一切”的观点和体制，也是与国家的民主、法治原则相左的。毕竟党的领导机构与党的书记只是党员选举产生的，不具备凌驾于经公民选举产生的国家权力机关之上的合法性。

4.“从严治党”重在从严制约党权

中国共产党在革命时期有党内“整风”的独特经验，延安整风被认为是我们党史上最成功的范例（当然后期的抢救运动是被否定的）。新中国成立以后，我们党继承这一传统，曾经进行过多次整风。但效果总不像延安整风那样理想。1957年的整风运动结果导致“反右”，更是一次大失败，成为党风滑坡的起点。

以后反右倾、批修正主义、整走资派等运动,都是以整党名义进行的,而且党内的整风往往延伸到社会,成为一场波及全民的社会运动。最后以“文革”的大浩劫告终。

改革开放以来,鉴于党内腐败现象严重,也进行过几次整风,效果仍然欠佳,往往流于“走过场”。近年的“三讲”,采取了一些必经程序,有一定成效;但毋庸讳言,像大贪污犯成克杰、胡长清之流都曾顺利地通过“三讲”,而且这种蒙混过关者恐怕还大有人在,就不难觉察此举并非万灵之丹。

为什么整风在解放前能取得很好效果,而解放后反而不灵了呢?一个重要原因恐怕还是没有考虑到革命党和执政党所处的不同历史条件。

解放前,处于革命时期,我们参加革命和入党,大多是为了共同的革命目标和怀着牺牲精神的,一般没有个人权益的牵挂。党内开展批评与自我批评的阻力不大。何况党外还有强大的敌人在用“武器的批评”监视我们。当权后,共产党成为执政党,党的干部大多同时是手中掌握国家权力的官员。党风出现的问题,大多是与法纪和权力交织在一起。“端正党风”实际上是“澄清吏治”,整顿党纪如果不同整顿政风法纪结合,就只会“雷声大而雨点小”。而且,单靠党内“坐而论道”式的整风,而没有一套党内外的监督与制约机制和追究责任的制度,也只会流于空谈。

因此,执政后要求从严治党,单靠党内整风是事倍功半的,难免走形式。关键在于扩大党内的民主,把民主集中制的重点放在党内民主制上,建立制约党权;特别是党的领导人的权力的党内监督机制,厉行“党规”和国家法治。

古语云:“无敌国外患者国恒亡。”对一个政党也是如此。在资本主义国家,其对政党的制约,主要靠实行反对党制度。我国不实行反对党制度,就需要强化党内外的监督机制。毛泽东曾讲过要有意识地设置“对立面”,“要唱对台戏,唱对台戏比单干好。”① 1987 年,党中央就已提出,要建立“一套制度制约和监督党和国家的高级领导人,特别是职权最高的领导人都能严格遵守宪法,遵守党纪,不至于不受任何限制而自由行动,使我们党和国家的治理基本上靠制度而不是靠人。”②可惜至今还没有建立这样的制度。

党内民主,最根本的是体现在对“党权”有民主的制约机制。

(1)首先是加强党的最高领导机关(亦即党内最高权力机关)——党的全国代表大会和它所产生的中央委员会(相当于党代会的常务委员会)的领导和监

① 转引自《邓小平文选》(第1卷),第272页。

② 转引自《党纪党风常用手册》,法律出版社1991年版,第126页。

督权力。

人们往往把党的中央政治局或政治局常委会视为最高领导或最高权力机关,这是一种误解。由于中央委员会每年仅开1次,党的全国代表大会则每5年才开1次,而且开完一次后实际上就不再存在了(要到5年后下一次重新选举党代表),因而其最高权威与权力,在日常工作中往往被淡忘,而为中央政治局所取代。这不利于对中央的权力的监督与制约。党的八大党章曾经把党的代表大会(包括全国与省、县级党代会)改为常任制。邓小平在八大修改党章的报告中曾指出:“代表大会常任制的最大好处,是使代表大会可以成为党的充分有效的最高决策机关和最高监督机关,它的效果,是几年开会1次和每次重新选举代表的原有制度所难达到的。”他指出,按照代表大会常任制,党的最重要的决定,都可以经过代表大会讨论。党中央、省、县委员会每年必须向它报告工作,听取它的批评,答复它的询问。而且由于代表是常任的,要向选举他们的选举单位负责,就便于他们经常地集中下级组织、党员和人民群众的意见和经验,他们就更具代表性,而且在闭会期间仍可作为代表依一定程序去监督各级党组织,直到党中央、政治局。他认为“这种改革,必然可以使党内民主得到重大的发展。”①

笔者建议,适当时候把党代会改为常任制,5年内开会2~3次,对于改善党的领导和加强党内权力监督机制,是有助益的。

(2)党内权力监督机制另一个重要环节是扩大党内民主,保障党员权利,全体党员与党组织要成为对党权的监督主体。

这首先要求实行列宁讲的党内“批评自由,行动一致”的原则。党员在从政中、在对外处事时,要在政治上行动上同党中央保持一致,遵守党的政治纪律;但这并不限制党员在党内生活中对党的决策和党的领导机关与领导干部的“批评自由”。恩格斯1889年在批评丹麦党把持不同观点的党员开除的做法时,曾经指出:“工人运动的基础是最尖锐地批判现存社会,批评是工人运动生命的要素,工人运动本身怎么能避免批评,想要禁止争论呢?难道我们要求别人给自己以言论自由,仅仅是为了在我们自己队伍中又消灭言论自由吗?”② 1892年,他在致培培尔的信中告诫要防止党的报刊“国家化”,即中央集权化的弊病时,又指出:“你们在党内当然必须拥有一个不从属于执行委员会甚至党代表大会的刊物,也就是说,这种刊物在纲领和既定策略的范围内,可以自由地反对党所采取的某些步骤,并在不违反党的道德的范围内自由批评纲领和策略。你们作为

① 《邓小平文选》(第1卷),第253页。

② 《马克思恩格斯全集》(第37卷),第323~324页。

党的执行委员会，应该提倡甚至创办这样的刊物。”①当然，上述做法我们党不一定照搬，但其精神是值得十分重视的。

在党的十一届五中全会通过的《关于党内政治生活的若干准则》中指出：“发扬党内民主，首先要允许党员发表不同的意见”，“由于认识错误而讲错了话或者写了有错误的文章，不得认为是违反了党纪而给予处分。”对党员对党组织或党内领导人的批评，“不允许追查所谓动机和背景”。1995年颁布的《中国共产党党员权利保障条例（试行）》中，规定党员有权在党的会议上就党的政策和理论问题“充分发表自己的意见”，在党刊党报上以个人名义投送稿件无须经过其所在党组织审阅或批准。（第9条）党员也有权批评党的任何组织与党员。（第11条）这些党规应当受到极大重视与执行。

（3）对党权的党内制约机制第三个重要环节是强化党的纪律检查委员会的监督权力。

现行的党内纪检体制是纪委从属于同级党委，受其领导，同时受上级纪领导。遇到同级党委有违纪行为需立案检查的，应报同级党委批准；涉及常委员的，还应先报告同级党委后再报上一级纪委批准。这在执行中往往易受同级党委所阻滞，不利于对同级党委干部、特别是对第一书记的监督。列宁时代，党的中央和地方各级监察委员会是与中央委员会或同级党委平权的，监委不对中央委员会或地方党委负责，而“只对党的代表大会负责，它的任何委员都不得在任何人民委员会部（政府机关——引者注）、任何个别主管机关及任何苏维埃政权机关中兼职。”②这种体制有其优越性，似可参考。

我们党现行党内纪委还与国家监察部“合署办公”，即两块牌子，一套班子。这种做法，虽有利于党政配合行动，增加行政监察权威；但一则是党政不分，二则党的纪检委去越权包办行政监察工作乃至刑事案件的调查、处理，于法理不合，而且会削弱对党内的监督，包括对党的方针、政策的监督和对党的干部的纪律检查、监督，会造成“党不管党”，不利于从严治党。

二、作为领导党与作为执政党的不同地位与作用

中国共产党在法治国家中作为一个整体，既是领导党，又是执政党，“一身二任”。这种双重身份，既相互联系，又有某些区别。我们在处理党与政权的关

① 《马克思恩格斯全集》（第38卷），第517～518页。

② 《列宁全集》（第33卷），第327～328页。

系和党与法的关系上的某些失当，与对这“一身二任”在法治地位上的区别的认识误差有关。下面就二者的主要区别，即领导权与执政权在权能性质、来源和主管范围上的区别，略作探讨。

（一）权能不同

党的领导权是一种政治思想权威，而非国家权力。其特点是进行政治上、思想上的指导，可以“发号”（进行方针政策的指导与号召），以其政治权威使人信从；但不能“施令”，不能以党的强制力直接指挥、命令、强制政权机关（包括人大、行政与司法机关）与全体人民服从党的决定。作为领导党，主要是对国家事务进行思想政治上的总的领导，即制定治国的路线、方针、政策，而不去具体干预与包办政府的工作。地方党委及其所设的党内政法委员会不能直接强制司法机关执行它的决定，只能通过党在这些国家机关中“执政”的党组织与党员官员去做。

执政权则是一种政治权力（国家权力），其特点是具有国家强制力，权力相对方一般必须遵从。当然，在国家机关、包括司法机关的党组与党委，也不能直接行使国家权力；而只能通过法定程序，将党所反映和集中了的人民意志，转化为国家意志，制定为法律，以国家、政府名义去依法行使立法、行政和司法权力，实现党对国家事务的领导。

（二）领导权与执政权的来源不同

党的领导权威，主要是靠它所倡导的科学的政治理想和主义的思想吸引力，它的治国纲领、路线、政策所正确体现的人民意志与利益的政治引导力，它的组织与党员干部全心全意为人民服务和为人民利益牺牲奋斗的精神感召力，而赢得人民群众的拥戴，并为宪法（序言）所确认。这是其领导权的合法性与伦理性的根据。

作为执政的党组织与党员干部，他们所掌握与行使的国家权力的来源，则是通过人民的直接或间接选举，当选后才能“执政”，才取得组成政府、行使权力的合法资格。其执政权的合法性是要经过选举等法定程序确认后才具有的。许多论者为论证我们党是“当然的”执政党，往往声称我党的执政权是已由宪法所确认了的，这是不确切的。宪法只在序言中确认了中国共产党的领导地位，并未规定我们党是法定的、世袭的执政党。“文革”中未经选举（而是靠夺权与指定、自封）而产生的各级革命委员会，不只实质上而且在程序上也是非法的。

迄今国家机关的一些党员官员手中掌握国家权力，认为只是党给的；或者认为，既然“党是领导一切”的，党和党员“执政”也是当然的、天然合理的，可以集体地世代相传的。把党的领导权完全等同于执政权。他们当选后往往只说“感谢党的信任”，只对党负责；而不是感谢人民的信任，对人民负责。这就埋下了日后以党代政、滥用权力的根子。

（三）领导权与执政权的范围不同

表现在作为执政党，其“执政”（主管）的权力范围，主要限于国家政务，包括政权工作（通过人大掌握选举权、立法权、监督权）与行政工作（包括行政、军事工作）和司法工作。作为领导党，其领导所涉及的对象和领域，则不仅限于在政治上领导（指引）政权与政府工作的方针、方向，而且领导人民群众、各民主党派、各人民团体、各企事业单位以及整个社会主义事业，其中还包括领导全党全国人民群众去监督政府。因此，其领导权威影响所及的范围，包括了国家政务活动与全部社会生活，要比作为执政党的权力涉及范围宽广得多。其代表性与联系群众的面也广大得多。这也是中国共产党不同于资本主义国家的资产阶级政党的一个重要特点（后者只是在竞选中起作用，并不“领导”社会的一切）。

（四）作为监督主体与作为被监督对象不同

作为执政党（特指执政的党组织与党员于部），不但要接受人民群众的监督，而且要接受领导党的监督。

作为领导党，不但要通过党的系统去监督执政的“党组织和党员，而且要自觉地领导全体人民群众（包括各民主党派和各人民团体），去监督执政的党组织与党员官员。也就是要领导自己的6400万党员和近13亿人民群众去监督执政的党组织与党员干部。而不限于党内自身的监督。1957年，党中央曾经提出过建立“党委领导下的群众监督制”，[①]其旨意也在于此。这样由作为领导党的共产党来领导人民群众去监督执政党（当然也包括对参政党的相互监督），是党内外监督的有机结合，这也才能更加强党的监督与人民群众监督的力度与效果。

因此，在这个意义上，作为领导党，同人民一道，主要是监督的主体；作为执政党，则主要是监督的客体或对象（当然，作为执政的党组织也要监督其所属的有关党组织与党员；领导党也要接受人民群众的监督。这时它们也是监督的主体和客体）。

以上所列的领导权与执政权的区别，只是相对而言，不可绝对分开。就共产党作为一个整体而言，必须坚持党的统一性，坚持在全国范围内党的领导与党执政的一致性。这表现在：党的政治领导是党执政的实质内容与依靠，党执政则是实现党的领导的主要方式与途径。

但如果只看到或强调这一主要方面，而忽略或不重视它们在权能上、在地位

① 《邓小平文选》（第1卷），第271页。

与作用上有相区别的一面，就容易导致党政不分，以党代政；导致党内行政化倾向，包办代替政府的工作（如司法中地方党委取代法官审批案件），包括本应由执政的党组织和党员去做的工作，忽略甚至忘记了作为领导党的更广泛、更重要的使命与职责，造成“党不管党”；导致执政的党组织和党员的错误，都会全归于整个共产党领导的错误（如司法腐败都归于党的腐败）；导致党不能以领导者身份，处于比执政党更高、更客观、超脱的地位，去监督执政的党组织与党员干部，而把他们的错误只当成“党内问题”，以党的得失、同志的情面去姑息犯错误或违法犯罪的“执政”的党员干部，以“家法”代国法。

总之，作为领导党如果没有这种全面的领导意识，而放弃领导与监督的职责，任执政者腐败无能，任政府机关和官员以法谋私（包括谋地方非法权益之私），使司法机关变成压在人民头上徇私枉法的衙门和“刀把子”，使矛盾激化，社会不稳，人民对党和政府丧失信任，则有可能丧失党的执政地位，最后也丧失其作为领导党的作用。这不是危言耸听，苏联和东欧诸社会主义国家的共产党失去执政地位，就是严酷的教训。承认并明确了中国共产党作为革命党与作为执政党在建党理论与制度上的区别，以及掌握政权后作为领导党与作为执政党在地位与权能上的区别，就可以进一步把握在不同历史条件和不同身份下，党在法治国家中的不同作用，从而明确党应当如何领导建设社会主义法治国家与法治社会。

（2002 年第 7 期）

论法治推进道德建设的效力

刘爱龙* 周晓阳**

法治与道德建设在结构与功能上存有诸多耦合之处。结构与功能耦合是法治与道德建设良性互动的理论平台。法治推进道德建设的逻辑前提是法本身的效力。基于此,笔者认为,法治推进道德建设的效力分析应立足于法本身效力的研究探讨。在此基础上,着力剖析法治对道德建设的作用力,通过对这种作用力的载体、方式、维度的分析研究,揭示推进效力的实然与应然状态及由实然向应然进发的理论逻辑,探寻提升实然效力的基本对策。

一、法治推进道德建设的向度分析

立足于对法本身的效力分析,笔者认为,法治推进道德建设主要集中于三个向度,即时间向度、地域向度和对象向度。

(一)时间向度

实在法的时间效力是指法律的生效,终止时限及溯及力。刚性的法律约束力在法律实施期间及有溯及力的时间段存在。在此,立法者通过立法手段把某一特定社会最普遍的道德伦理和价值准则以"法律化"的方式强制推行。与此同时,作为社会上层建筑大系统中的有机构成要素的道德,随着社会经济基础的变化而不断发展变迁。因之,从宏观层面来看,这一动态的发展态势图谱正好表征着法治与道德建设二者相互作用与变化发展的内在机理。实在法的废、改、立契合了道德建设的变动不居的内在品性。

习惯法通常是从积淀久远的自然习俗与伦常秩序中生发而成的。国家对其法律效力的认可是自然习俗和伦常秩序转化为法律的必备条件。就一般意义而言,习惯法的主体或习惯法本身就是一个地区、民族或国家的道德伦理规范。因之,习惯法的实效深刻地反映着社会主体的价值观念和道德理念的变迁过程。

当然,基于社会大系统内部各个要素发展的非平衡性,法律与道德的发展也

* 作者单位:南华大学。

** 作者单位:南华大学。

并不总是同步的。在实践中表现为法律的废、改、立的步伐要先于社会道德的建设步伐;或者,与此相反,法律的废、改、立步伐,要滞后于社会道德的建设步伐。凡此两种情况都会在法治与道德建设之间产生张力。该张力的存在会损抑道德建设的法治推进效力。因之,为了使推进效力达到理想状态,立法者就不能拘泥于法律系统内部,而应放开视角,从法与其他社会调控手段特别是与道德的关联整合上,寻求其良性互动机理。

(二)空间向度

法律的空间效力要解决的是法律在何种地域适用的问题。从宏观来把握,法有 3 种空间效力范域:或者在全国范围内有效,或者在一定区域内有效,或者具有域外效力。

在全国范围内有效的法,一般是一国最高立法机关制定的宪法和重要的法律。如果说宪法和基本法律的立法原则是对某一特定社会、民族和国家的最普遍的伦理道德的精神实质与价值取向的回应、吸收与同化的话,那么,以宪法和基本法律规范为主体而构筑成的整个法律体系就成为法治推进道德建设的基础平台,这一平台的坚实与否一方面反映了道德建设与法治二者在价值层面上的契合程度,另一方面又表征着社会主体对价值合理性与行为合理性追求的统一程度。在此,基于宪法与基本法律本身的效力强度,道德建设的法治推进效力最为广阔、深远。

在一定区域内有效的法律,主要是指地方性法律法规。该种法律法规具有较强的地域色彩和针对性。其生成有赖于特定地域的经济基础与民族习惯。在中国民族区域自治范围内的法律更是凸显了该民族的民族心理与风俗习惯的历史沿革;彰显了个殊化的民族价值取向要求。

具有域外效力的法律,其效力范围通常由国家之间的条约或由法本身明文加以确定。这种法的存在,在某种意义上是国际文化冲突与融合的结果,同时也反映了国家主权的要求。该种法律对道德的推进主要表现在民族性的、地域性的道德价值取向获得了世界性意义(依其适用范围的大小),民族的道德理念走上了国际化的轨道,获得了普遍性的价值认同。当然,越是民族的,越具有国际性。但由民族性、局部性向国际性、整体性的跃进的背后,我们不难发现诸多力量的身影。正是依赖于经济、政治、法律的支持,伦理文化才得以完成由民族文化向国际文化的角色转换。

(三)对象向度

法的对象效力,是指法的应用对象有哪些,法对何种人和组织有效。法的对象效力又称为对人效力。这里的人包括自然人和法所拟制的人——法人和其他组织。

从宏观层面来把握，任何合法性制度的建构目标应当追求人的自由全面发展。因为他凸显了主体人的积极性、主动性、创造性，弘扬了人的主体性。作为社会有机体的两大调控系统，法治和道德建设的制度合理性亦在于此。二者同样都以人的主体精神的最大限度地发挥作为其理论旨归。

通过对法律规范的实证分析，我们不难发现法治推进道德建设的效力。

依实体内容为标准，法律规范可分为两大类，即权利规范与义务规范。权利规范是以明确的法律权利形式赋予主体可以自行做出一定行为或者可以要求他人做出一定行为的资格。这种法律规范对于主体而言具有任意性，因为他把自由选择机会和权利赋予了主体自身。因之，权利规范充分彰显了主体的意志自由，为主体各项潜能的创造性发挥提供了制度保障。因而它也就为建构于主体意志自由基础之上的各项道德品质和道德行为的培养开辟了道路。

因为道德建设不能停留和局限于制度伦理的建设，其更为根本的任务，乃在于奠基于制度伦理与伦理制度之上，塑造出具有完全道德意义的德性伦理，完成由制度伦理或伦理制度向德性伦理进发的超越与升华过程。① 而义务规范则是从相反的方向完成对主体自由的设定，其目的和归宿与权利规范如出一辙。

二、法治推进道德建设的效度解析

完善的法制从动态角度来把握，是由立法、执法、守法和司法四个环节所组成的。道德建设的法治推进效力分别体现在这一法制运作过程中。

（一）立法对道德建设的推动效力

麦考·密克认为："法律的生命力永远力求执行在法律制度和法律规则中默示的实用的道德命令。"②立法是赋予一系列由社会主体所共同认可的价值准则以国家强制力的活动。当然，这些价值准则在现实社会中通常由统治者以符合其阶级意志与利益的标准来进行选择。

基于人为选择的主观因素的存在，在实有价值与应有价值之间就会形成张力。概而言之，越是完善、发达的立法，其所摄纳的理想价值目标就越多，而距离应然状态就越近。反之，在不发达法治、不完善的立法条件下，所确立的立法原

---

① 吕耀怀、刘爱龙："制度伦理与德性伦理"，载《道德与文明》1999 年第 2 期。

② ［英］麦考·密克、魏因贝格尔著：《制度法论》，周叶谦译，中国政法大学出版社 1994 年版，第 226 页。

则相距理想价值目标则越远。这样,社会主体的全面自由发展的外部空间就会遭到挤压,健全的法律人格的养成就会成为一句空话。

道德建设的最终目标是要培养社会主体健全的理想的人格。健全的法律人格作为理想人格的有机组成部分,在现代社会中扮演着重要的角色。由法律人格进化到道德人格,是理想人格发展完善的必由之路。因而,在此意义上,我们可以说,理想人格的养成有赖于在立法过程中对普遍性的伦理价值准则的设定和埋置。

因之,立法对道德建设的推进效力,与法律中所涵蕴的普遍性伦理价值目标息息相关。该效力由实然向应然,由实有向理想的跃进,也就是不完善的现实立法向完善的理想立法无限接近的历史过程。

(二)执法对道德建设的推进效力

执法是指国家行政机关或法律授权、委托的组织及其公务人员在行政管理过程中,依据法定职权和程序,贯彻实施法律的活动。

不管是多么优良的法律,如果不能具体实施到社会生活领域,用以规范和指导社会主体的行为,则法律就会成为一纸空文,其实际功用就无法得以成就。因而执法在法治中占有重要地位。

执法推进道德建设的效力主要表现在两个方面:一方面,遵循合法性、合理性、效率性原则的执法活动基于前述的立法分析,其本身也就是社会普遍性价值标准和伦理原则在主体人的生活领域中的贯彻与还原,其对社会主体的道德影响不言而喻。

另一方面,基于执法主体的特殊地位,执法者本身的道德境界与精神面貌起着示范和榜样效应。特别是基于行政管理的广泛性、复杂性,法律的规定不可能面面俱到,因而给执法主体留有较大的自由裁量权时,执法者本身的道德素质更是起着决定性作用。

中国的现代化是政府主导型的现代化模式,大批公务员的存在是客观事实。因而,公务员道德建设或称为官德建设,在道德建设体系中一直占有十分重要的地位。良好的官德对全社会公民道德建设发挥着独特的不可取代的作用。而官德建设本身有赖于执法过程的合法性、规范性、严肃性、一致性,有赖于对执法过程和结果的良好的法律监督,有赖于对执法者本身的法律监督。

良好的执法可维系一种低度的道德水准,久而久之,当该种低度道德内化为执法者的自觉行为,形成为一种稳固的心理定式与惯性行为后,可以成为由道德实然向道德应然,由低度道德向理想道德跃进的坚强后盾。

（三）守法对道德建设的推进效力

与公务员执法相对应的是社会主体的守法。从法哲学高度来考察，守法是社会主体与现存法律客体，主观的人的内在诉求与客观的法律要求的对立统一。良好的守法就是二者和谐统一的理想状态；而主体与客体、主观与客观的冲突与矛盾，则会造成程度不同的强制与规避。在理想状态中，法律是人类全部美德和崇高追求的物化。它深深根植于美好的人性之中。因而，一方面，守法意味着守己；另一方面，守法的目的乃在于创建并维持理想社会状态和生活秩序。①

而理想的社会状态和生活秩序即是要促成个体的自由全面发展与社会的进步，实现个体幸福与公共福祉的和谐统一。因此，积极主动的守法凸显了人性的美丽光辉与理想人格的自我完善和发展。

守法的上乘境界是培育出社会主体对法律心悦诚服的信仰，构建主体完美的法律人格，推动法律人格向道德人格的置换与转化。

作为道德人格之基础的法律人格，表征的是主体的法律规定性，是在法律实践活动中所形成的法律品质和法律操守的有机统一。法律人格的养成实质乃在于外在的法律规范内化为主体的自觉的能动的法律认识、情感与意志，并通过主体的法律行为表现出来。道德人格作为主体的道德规定性，是主体的脾气习性与后天道德实践活动所形成的道德品质和道德情操的有机结合。道德人格的养成亦在于外在的道德规范内化为主体的自觉的能动的道德需求，并外化为主体的道德行为。

基于法律与道德的区别与差异，道德人格与法律人格之间必然存在张力。这种张力主要表现在法律品质与道德品质之间的非同一性、非同步性，表现为二者在主体理想人格中的位阶与层次的差异。特别是在不完善的法治条件下，二者之间的相互背离与分歧尤甚。但是考虑到法律人格与道德人格形成的路线与模式，特别是法律与道德二者在心理、意识、观念和认知、情感、意志等方面的耦合与模仿，法律行为与道德行为之间的竞合，我们有理由认为，在发达法治条件下，基于同源性的制度支撑，法律人格一方面必然涵纳在道德人格之中，成为道德建设的有机组成部分，另一方面更重要的是法律人格能有效促进道德人格的发展和完善，是道德人格的基础。

因之，积极主动的守法开创了由法律人格向道德人格进发的道路。

（四）司法对道德建设的推进效力

司法是指国家司法机关依据法定职权和法定程序具体应用法律处理案件的

① 胡旭晟："守法论纲"，载《比较法研究》1994年第1期。

专门活动。司法的基本矛盾乃在于个殊化的案件事实与普遍性的法律规范之间的张力。理想状态的司法要在事实与法律之间架构起良性运作的渠道,使事实与法律达成完美的吻合。作为对执法与守法瑕疵的矫治,司法是实现正义、人权、自由、民主、平等与效益等价值目标的最后堡垒,也是法制运作过程的终点。从宏观层面考察,基于合理性、正当性的法律本身已内含社会普遍性的伦理价值准则,如果说对法律的违逆是一种"恶"的话,那么通过司法对恶行的矫正以达成"不放过一个坏人,不冤枉一个好人"的理想状态,则是一种善。

司法推进道德建设的效力可从两个方面进行评介:

一方面,效力表现在司法的结果效能上。理想的司法能导致一种好结果效能,因为他能使"恶行"、"恶人"受到惩罚和唾弃,"善行"、"善人"得到弘扬与奖赏。特别是随着现代社会资信业的迅猛发展,原本具有相当局限性、地域性影响的案件能通过各种传媒手段为世人所共知。从而随着司法影响的日益深远,其对社会主体的影响也日甚。正是司法所创造的"好人不吃亏,及至受奖赏,坏人必受惩"的好结果效能,在客观上为普遍的社会大众创造了"向善"的良好氛围,为道德实然向道德应然的迈进准备了前提与基础。另一方面,效力还表现在司法的整个过程中,表现在理想的司法对司法主体及其参与人的道德品质的提升上。

基于案件事实与法律规范之间的固有张力,欲寻求二者之间的契合,需要司法主体的积极主动的司法实践活动,尽可能详细地发现、比较、鉴别案件的各项事实。厘清损(侵)害结果与事实之间的必然的逻辑关系,在此基础上,再以法律为准绳进行断案工作。因而,司法工作不仅需要扎实的专业功底,同时客观上也需要司法主体的高水平的思想道德情操。特别是对各种疑难案件的处理与解决,更是凸显了司法主体的坚强的意志品质和良好的道德素质。而且,基于国家公职人员的示范性、表率性的特质,其对社会良好道德风尚的形成更是发挥着独特的作用。

与此同时,尽管司法的主导力量是各级司法机关及其工作人员,但司法本身是一个庞大的系统工程,需要各方面人员的共同参与。司法的公正性、效率性效能的充分发挥有赖于这些相关参与人的积极性、主动性精神的强力支持;而完善法治状态下的司法则反过来又会促进这些参与者的主体精神的发挥,为他们培育良好的道德品质创建宽松的外部环境。

就律师及其他法律从业人员而言,司法能培养其匡扶社会正义,关注个体权利和价值的思想品质;吃苦耐劳,不畏艰辛的意志品质;不惧强权,实事求是,一往无前的行为品质。所有这些都是其良好道德品质的有机组成部分。

就证人及其他法律程序的相关参与人而言,完善的司法制度及其运作机制,能为其提供一个自由真实地表达其言行思想的良好环境,能做到"实话实说,实话敢说",从而培养其诚实、勇敢、正义的品质。

三、小　　结

立足于上述分析,我们不难把握法治推进道德建设的向度与效度二者的辩证关系。从宏观层面来看,向度与效度内在地统一于法治推进道德建设的效力之中。一方面,效度的发挥与彰显以向度的发达与完善为基础。立法、执法、守法、司法这一法制运行的四个基本环节对道德建设的推进力度依赖于立法在时间、空间与对象这3个向度的广延性与周详性。另一方面,效度与向度的作用又是相互的,向度的完善与否通过效度表现出来,效度是向度的显示器。法治推进道德建设的效力向度只有依赖于效度才能获得实践的确证。从微观层面来看,效度与向度其实又是交织在一起的,二者不能截然分开。一方面,向度离不开效度,无效度的向度是无意义的向度;另一方面,效度离不开向度,无向度或不完善的向度是效度的致命伤,使效度不能发挥或不能充分发挥。正是向度与效度两方面的相互结合构成了完全意义的法治推进道德建设的效力。

综上,基于法治与道德建设良性互动的内在机理,道德建设的法治推进效力以法本身的效力作为载体,通过法治运行的4个环节得到具体的历史的展开。越是完善的发达的法治,其对道德建设的推进效力亦越大,该种推进效力由实然向应然进发的理论逻辑亦在于此。因之,当务之急乃在于健全法治,更新社会主体的法制观念与确立法治精神。从而建立完备的发达的法治以充分发挥其应有的推进道德建设的效力。

(2002年第10期)

司法如何介入政治

庞 凌*

在现代政治体制中,法院不再是传统意义上仅仅与人们日常纠纷相关的机关,更为重要的是,它通过有关案件的裁决,担负着维护国家宪政体制、制约国家权力不当行使的责任。应当说,这种政治功能的凸显,既是法院作为独立的政治机构所必然拥有的权能与责任,同时也是现代法院与传统法院功能与角色的不同所在。西方法治国家的经验表明,法治得以发展与维护的基础,与法院的政治功能的确立与扩张是紧密地联系在一起的。然而矛盾也由此呈现:一方面,法院对政治问题的介入,有力地规制着立法权与行政权的合理行使,从而为人民的权利与自由提供司法保障;另一方面,法院又不是政治上的主角,司法独立本身亦同时要求法院应当适度地与政治相分离。因此,在承认司法对政治的介入为必需的前提之下,仍然必须回答司法究竟应当如何介入政治?其范围、力度、时机应当进行怎样的界定?正是本着这一目的,本文专题研究司法介入政治的几个具体问题,以图引起人们对这一问题的更为深切的关注。同时必须说明的是,虽然本文主要是以西方的现行制度作为立论的依据,然而,在中国业已建立了行政诉讼制度,并且学界呼吁尽快建立司法审查制度的背景之下,这一问题对于中国司法改革同样是有着重要意义的。

一、司法介入政治的范围

从词义的角度而言,“政治”意味着在社会共同体中并为共同利益而作出决策和将其付诸实施的活动。① 就此而言,“政治”与我们日常所言的“案件”存在较大的差别:政治意味着一种政治上的决策与活动,而案件则大多关涉人们的私人权利与义务;政治的决定具有公共性与普遍性,而案件的判决结果一般只及于个案的范围;政治从主体上而言主要是社会上少数人的活动,而案件则以人民大众的参与作为其基本标志。

---

* 作者单位:苏州大学法学院。

① [英]戴维·米勒、韦农·波格丹诺著:《布克莱维尔政治学百科全书》,邓正来译,中国政法大学出版社1992年版,第583页。

自三权分立的理论倡行于西方国家以来,法院作为特定的权力机构,就实际地介入了国家的政治生活,典型的如美国的司法审查制度的确立。[①] 瑞士、德国等也纷纷仿效,从宪政制度上赋予了司法权制约行政权、立法权的合法依据。应当说,虽然如前所言,单纯的"案件"与"政治"本身有着较大的差异,然而法院政治功能的确立,恰恰就在于将"政治"争端转化为案件来加以处理,从而保证了国家政治秩序的正常运作。例如,立法机构中的席位分配问题,属于典型的政治问题,然而,美国联邦最高法院也通过法律裁决,确立了"一人一票"的法律原则。据史料记载;直到1962年,出于政党利益的考虑,各个州在划分立法地区时,往往进行不公平的划分,从而使得农村地区代表过多而城市代表不足。在相关当事人诉诸法院的情况下,以沃伦为首的美国联邦最高法院在1962~1964年间的一系列决定中,根据《宪法》第14条修正案有关公民受到平等保护的权利,命令州立法机构运用一人一票的原则重新划分选举区域,从而使民主制度真正落到实处。[②] 就此而言,当一个立法或行政上的决定,涉及民主政治的安危和公民人权的保护时,法院可以通过"个案"裁决的方式,作出具有普遍约束力的法律决定。

当然,法院从职能、实力、地位等方面而言,更多地属于法律机关而不是政治机构,因而在对政治问题的介入方面,各国大多以"政治问题"不受法院裁决作为基本的法律规则。正如学者所言,"并非一切宪法争端都可由司法裁决,有的成了政治问题,那要具备非法律性的知识或用与法院不相适宜的方法,或由宪法明确规定交给国会或总统来解决。"[③]这意味着,在政治问题的解决中,可能需要政治的方法(如说服)与政治的手段(如谈判),这与传统上法院进行案件审理与法律判断是不同的方法与手段,正因如此,法院对政治问题的不予介入基本上成为司法的一项惯例。美国著名政治学家亨金对此作了明确的论述,他指出:"政治问题原则的真正含义是指这样一项司法政策,它宣称某些案件或某些案件涉及的问题不具有可裁判性,即不适宜司法解决,尽管这些案件或这些涉及的问题属于宪法或其他法律规定联邦法院的管辖权范围之内,或者也符合法院受理诉

① 正如人们所常言道的,虽然美国联邦最高法院取得司法审查权的具体时间是在1803年,但有关法院可以行使违宪审查权的论证,早在汉密尔顿等人所著的《联邦党人文集》中就出现了。

② [美]迈克尔·罗斯金著:《政治科学》,林震译,华夏出版社2001年版,第360~361页。

③ [美]詹姆斯·M. 伯恩斯著:《民治政府》,陆震纶译,中国社会科学出版社1996年版,第688页。

讼的各项要求。”①

然而对于什么是“政治问题”，学术界和司法界并无明确的定义。在1962年的“选区划分案”中，布伦南法官认为，法院不能介入的政治问题应具有以下特征：通过明文显示，宪法把问题委托给平行的政府部门；或在解决问题时，缺乏能被发现和易于控制的司法标准；或在作出决定之前，必须初步决定非明确属于司法裁量权的政策；或假若法院从事独立决定，就必然对平行政府分支有欠尊重；或存在非常需要，必须不加质询地服从已经作出的政治决定；或不同政府分支对同一问题的多种意见将产生潜在的困恼。除非法院案件无法摆脱这些特征之一，那就不应基于政治问题的存在，而以不可审查为由撤销案件。② 布伦南法官的观点较好地确立了政治问题的判断标准，从而在某种意义上也划定了法院介入政治的大体范围。按此立论，其他权力机构能够解决或应当先予解决的问题，或者涉及国家的重大利益必须以政治决定作为行动指南的政策性决定，以及法院本身缺乏明确的司法标准来解决案件的情况下，法院都应当尽可能地对该类案件予以回避。

总的来说，政治问题的不可审查理论主要基于三权分立原则，它要求法院尊重议会、政府在宪法法律职权范围内的决定。以美国为例，“联邦最高法院有时援用政治问题学说，原因不在于它没有权力或无管辖权，而是它判定这类问题不适合于由司法机关作出答复。依照该院的观点，干预或答复将会侵犯政府其他一个或两个部门的职能和特权，甚至这种侵犯会违反分权原则。”③从分权的本意而言，它就是为权力的专业性、特定性问题确立一个专职的处理机关，并通过三权分立的外壳限制其他国家权力机关的侵入。这一点，不仅在西方国家是如此，我国在设计行政诉讼制度时也有着同样的考虑。例如，与“政治问题”相当的中文词汇“国家行为”，就是法院所不得受理的案件。而所谓“国家行为”，根据最高人民法院《关于执行〈中华人民共和国行政诉讼法〉若干问题的解释》第2条的规定：“……是指国务院、中央军事委员会、国防部、外交部等根据宪法和法律的授权，以国家的名义实施的有关国防和外交事务的行为，以及经宪法和法律授权的国家机关宣布紧急状态、实施戒严和总动员等行为。”

当然“政治问题回避”原则也并不是说法院应一味回避审查立法和执法行

---

① ［美］路易斯·亨金著：《宪政·民主·对外事务》，邓正来译，三联书店1996年版，第118～119页。

② 张千帆著：《西方宪政体系》（上册·美国宪法），中国政法大学出版社2000年版，第75页。

③ ［美］彼得·G. 伦斯特洛姆著：《美国法律辞典》，贺卫方译，中国政法大学出版社1998年版，第303～304页。

为，“政治问题”理论不应该被用来助长政治上的混乱。法院应尊重而不是拘泥于“政治问题回避”原则。即便是“政治问题”也并非绝对不可审理，法院基于社会需求、重大社会价值等利益衡量仍可“例外”地予以干预。如美国1974年“合众国诉尼克松”案中，法官就打破了政治问题的限制而对总统特免权进行界定，从而使“水门事件”在司法的干预下有了明确的结论。学界对“政治问题回避”原则也有不同声音，美国学者就认为，在法院拥有管辖权的情况下，当一个原告符合案件或争讼、诉讼资格、材料充分、细节清楚等要求而指控国会的一项法令违宪或指控总统某项行政行为超越了宪法或法律规定的权限时，法院不受理这个案件是没有理由的。以此而论，“即使政治问题回避原则不是背叛宪法，那也可能违背宪政。在把该原则适用到宪法问题上时，它就意味着司法机构放弃了它作为立宪体制监护者的角色。法院在宪法问题上适用这一原则，就是在制衡的大墙内或在违反个人权利的情况下宽恕一种渎职，从而鼓励无法无天的状况。”①权力分立之所以必须与权力制约紧密地结合在一起，就是考虑到不仅要求各机关专司其职，同时还应当在其他机关违法行使权力危及人民的权利和自由时，能够挺身而出。实际上，按照托克维尔的说法，政治问题与法律问题的区分并不如人们想象的那样泾渭分明：“在美国，几乎所有政治问题迟早都要变成司法问题。”“需要由他们定案的政治问题，都与当事人的利益有关，只要他们不否认正义，他们就不能拒不审理。”②因此法院介入政治的范围是以“政治问题”为主要限制的，表现出司法克制的一面；但这种克制不是绝对的，如果断言法官不能裁判政治问题，其结果是：要么是法官并非独立而真实的法官，只是傀儡、工具或民主的摆设；要么是法官不负责任而自绝于社会。在有着社会的迫切需求的前提条件下，法官可以甚至应当介入政治问题，虽然它的判决可能很快随着社会发展而被推翻，并从一般意义上看这将侵损、弱化司法权威，但在强烈社会需求下，法官对政治问题的裁判这一行为本身就已经彰显了司法的权威。质言之，“政治问题回避”原则的关键不是说法院无权干预政治问题，而是某些问题无法通过司法解决或不适合司法解决，那么，法官应当选择克制并主动回避。

有必要指出的是，跟“政治问题”的概念确定一样，是否突破“政治问题回避”原则几乎完全是由法官根据宪政理念、社会需求而确定的。所以，对于法院政治功能的限度来说，法院介入政治的手段、时机或许比厘定“政治问题”的概

---

① [美]路易斯·亨金著：《宪政·民主·对外事务》，邓正来译，三联书店1996年版，第127~128、128~129页。

② [法]托克维尔著：《论美国的民主》(上卷)，董果良译，商务印书馆1988年版，第114、310页。

念或标准更为重要。“区别司法裁决与其他裁决的因素并不是裁决了什么，而是如何裁决和谁来裁决。”①这也可以视为是英美法系中“程序先于权利”原则的延伸，它意味着，正当的法律程序有利于疏解法院所招致的压力，并成为法院公信力需要倚重的资源，自然这也是法院就法院如何介入政治，提供了一种法律上的限制。

二、司法介入政治的力度

司法对于政治的规制作用固然重要，但这种作用也不能无限度地扩大。权力制衡制度设计的底线是通过一种权力构成对其他权力的约束，同时却不致使其他权力正常运作的基础遭到破坏，所以，法院主要是制约行政和立法机关行使权力，而不是替代它们。对于行政和立法机关的合法行使的或者没有形成个案争议的权力行为，不论法官是否赞成都必须尊重。因此，司法在介入政治的力度上应是十分克制并受到严格限制的。这既是司法固有的特征使然，也是分权制衡、民主宪政制度的内在要求。诚如有的学者言道的：“过分侵略性的司法审查有时又因不民主的特质而受到批评。当法院侵略性地使用它们的审查权力时，它们有可能破坏行政机关针对公众的愿望作出合法反应的能力。正如法院在‘查弗伦’案里指出的，‘没有选民的联邦法官有义务尊重那些有选民的行政官员作出的合法的政策选择’。”②这种司法力度的限制是多方面的，并与各国的司法传统联系紧密。

第一，司法介入政治只能是就个案进行的。尽管有时法院可能会以某个并不必然涉及政治的案件为借口介入政治，即所谓“出现在法院的许多‘纠纷’实际上根本不是纠纷，而是被安排得像是纠纷，为的是可以适用司法过程。”③但不论如何，法院介入政治必须以存在一个待查的实际案件为条件，在司法“判断”过程中进行该行为的评判，而不能主动介入。“法院只有当问题以涉及诉讼双方权利的案件形式提交给他们时，才对一个法令的合宪法性表示关注。联邦法官在任何情况下都不会抽象地考虑一项法令的合法性，或者就一项拟议中的法

---

① ［英］P. S. 阿蒂亚著：《法律与现代社会》，范悦译，辽宁教育出版社、牛津大学出版社 1998 年版，第 59 页。

② ［美］欧内斯特·盖尔霍恩著：《行政法和行政程序法概要》，黄列译，中国社会科学出版社 1996 年版，第 74～75 页。

③ ［英］M. J. C. 维尔著：《宪政与分权》，苏力译，三联书店 1997 年版，第 313 页。美国的“马伯里诉麦迪逊”案就是例子。

案的合宪法性向国会或总统提出任何意见。"这个惯例是自美国首任总统华盛顿时就业已确立的。1793年,华盛顿曾向最高法院提出29个问题,征求法院的看法和意见,但是最高法院拒绝回答,理由是除了在按正常司法程序提交法院的正式案件中,就不能表示意见。[①] 这种克制既符合法院的政治"身份",同时也与司法的特性紧密相连。我们常言及的"不告不理"原则的政治含义,就是司法权在政治功能上的节制要求。托克维尔认为:"如果法官可以从理论方面和以一般方式抵制法律,可以自主行动和弹劾立法者,那他就显然进入了政治舞台,变成某一政党的支持者或反对者,激起全国人民纷纷参加战斗。"[②]司法的中立及司法的公正都以此"克制"作为必要条件,否则,司法过多地主动出击,就可能使自己处于政治的风口浪尖,最终在党派争斗和其他权力的反弹中丧失自己固有的阵地。

第二,司法介入政治应尽可能以穷尽其他救济手段为前提,这意味着,在负责该项事务的机关并没有作出最终的决定时,法院不应提前介入该纠纷的处理。典型的如美国行政法中即强调司法审查以"穷尽行政救济原则"为条件,即当事人没有利用一切可能的行政救济以前,不能申请法院裁决对他不利的行政决定。在解决具有政治意义的纷争时,为了保障行政机关、立法机关的自主,法院也应当本着这一原则,当案件尚未达到"成熟"即司法机关适宜受理的阶段时,不能受理案件,而是应尽可能为其他机关改正其所作决定提供机会,以避免司法成本的增高并尽可能减少政府各部门间的冲突。例如,在1938年的迈尔思诉贝思勒亨案件中,法院就声称:"在规定的行政救济用尽以前,任何人对于可能的和已经或即将受到的损害,不能请求司法救济。"[③]穷尽其他救济原则的限制即使其他政治机构内部有更多的自我改进错误的机会,又避免了司法介入政治过于强烈可能对分权体制和司法权威的冲击。当然这一原则的限制不是绝对的,基于各种社会利益的考量,法官也可有所突破,甚至可以说法院对这一原则的运用有着高度的自由裁量权,但总的看来,法院一直努力避免承认穷尽其他救济方法的例外情况,因为,过多的例外最终会取消这一防范司法权过于膨胀的原则。

第三,遵循比例原则。比例原则起源于19世纪德国的警察法学,狭义的比例原则是指"一个行政权力之行使,虽是达成行政目的所必要的,但是不可给予人民超过行政目的之价值的侵害。易言之,是将行政目的达成的利益与侵犯人

---

① [美]查尔斯·A. 比尔德著:《美国政府与政治》,朱曾汶译,商务印书馆1987年版,第234~235页。

② [法]托克维尔著:《论美国的民主》(上卷),董果良译,商务印书馆1988年版,第113页。

③ 王名扬著:《美国行政法》(下),中国法制出版社1995年版,第651~652页。

民的权利之间,作一个衡量,必须证明前者重于后者之后,才可侵犯人民之权利。”①该原则被人们比喻为“不可用大炮打小鸟”。20 世纪以来该原则逐步发展成宪法原则。比例原则注重价值的相互衡量。借鉴该原则,司法在介入政治方面,应强调这种介入所带来的维护宪政保障权利等社会利益应胜于可能造成的侵犯其他政治权力的危害以及因政治问题不确定性带来的对司法权威的消极影响。根据这种比例关系来确定介入政治的力度。非涉及重大利益和非十分必要的情况下,法院不应轻易干预政治。凡能以对立法权和行政权“侵犯”较弱的方式低烈度地进行的,尽量采用这种方式。例如,通过干预某一特定问题,督促政治权力自行解决其他方面所存在的类似的问题。此外,比例原则也包括“穷尽其他救济原则”的例外情况,即在某一特定情况下,法院根据公平考量,平衡各方面利益的结果之后,认为当事人由于这个原则受到的损害,远远超过政府由于适用这个原则得到的利益时,也可突破该原则,径直受理该案件。

三、司法介入政治的时机

作为政治机关的法院和作为“政治家”的法官必然要介入政治,但法院、法官的角色定位和功能选择决定了他们不能成为社会矛盾的中心。司法要介入政治问题,但又必须是问题已经到了非解决不可的程度和适宜他们解决的时候。因此,司法适时地介入政治问题是法院功能的能动主义与克制主义平衡的体现和要求。就司法介入政治的时机而言,应实现司法权威与社会需求的平衡。社会需求是法官进行利益衡量的首要因素,也是决定司法规制政治的时机的关键因素。卡多佐大法官在阐述社会需求对法官造法的重要性时说:“规制的含义体现在它们的渊源中,这就是说,体现在社会生活的迫切需要之中。这里有发现法律含义的最强可能性。同样,当需要填补法律的空白之际,我们应当向它寻求解决办法的对象并不是逻辑演绎,而更多是社会需求。”②司法权并不是要造就一批脱离社会的精英法官,而是要将人民的需要与社会的期望体现在司法活动之中,从而使法院在某种意义上成为“社会的代表”。这也同样能够说明社会需求对司法介入政治的意义。例如,美国最高法院在 1864 年的黑奴案判决中,坚持农场主对奴隶的财产权,典型地背离了社会大众对司法的期望。而 20 世纪 60 年代的沃伦法院的废除种族隔离的判决,不仅推动了一场社会革命,同时也

① 陈新民著:《行政法学总论》(修订 6 版),台湾三民书局 1997 年版,第 60 页。

② [美]本杰明·卡多佐著:《司法过程的性质》,苏力译,商务印书馆 1998 年版,第 76 页。

使法院的政治功能为人们所尊重、理解。由此可见,法院必须对社会需求进行明智的判断,以决定司法介入政治的时机。它既不能过早,否则即落入政治的旋涡;也不能过后,从而成为政治的附庸。这种时机的选择,国外法学界大多以"成熟原则"称之,成为法院介入政治时机的最佳表述。

所谓"成熟原则",是指为了保障立法、行政活动不受司法的过分干预,避免法院过早地介入政治而陷入抽象的政治决策过程,强调必须在案件形成以后并达到某个阶段才可以由法院介入,从而将具有臆想的、可能不会发生的或可能以无法预见的方式发生的事项排除在法院的受案范围之外。该原则与"穷尽救济原则"在功能方面具有互补性,即都是旨在防止司法对行政权、立法权的不必要或不适时机的干预。但两原则间也有些不同,前者强调的是事情本身是否达到了适合法院审理的"案件"的程度,它关注的是"法院与诸机关之间的体制关系以及法院在无需行政机关在有关问题上进一步巧妙发挥的情况下解决争议的能力"①;而后者则着眼于当事人请求法院救济前,在多大程度上必须事先穷尽其他救济手段或者说"当事人是否企图缩短行政等程序或他是否已合理奋力地保护了自己的利益。"②在相关政治问题的处理上,如何娴熟地应用这两种不同的原则,往往也是法院理性与经验的体现。在判断案件是否成熟方面,法院主要考察的内容一方面是争议是否适合由司法来决定;另一方面是法院若不受理该案,对当事人伤害有多大。美国最高法院在1967年的艾博特制药厂案件的判决中声称:法院传统对行政决定不愿给予确认判决和制止令的救济手段,除非这个决定已经成熟到可以作出司法解决的程度。成熟问题应从两个方面来看,即问题是否适宜于司法裁判,以及推迟法院审查对当事人造成的困难。在该案件中,联邦食品和药物管理局要求在所有标签和其他印刷品中注明处方药品的通用名,违反本规定者将被处以民事和刑事制裁。药品公司认为这一规定超越了食品和药物管理局的权限,要求法院确认该规定违法,并制止其执行。食品和药物管理局争辩说该规定尚未执行,没有发展到诉讼要求的成熟程度,没有任何公司因为违反规定而受到制裁。法院认为该案已经成熟,因为药品公司已经处于两难的不利地位,它要么花费大量资金更换标签来遵守该规定,要么冒着民事和刑事制裁的风险拒绝该规定。当事人这种困境已经是现实而非抽象的问题了,法院如仍不介入审查将会给当事人带来更大伤害。③ 在1996年克罗宁诉联邦航空管

---

① [美]欧内斯特·盖尔霍恩著:《行政法和行政程序法概要》,黄列译,中国社会科学出版社1996年版,第235页。

② 同上,第235页。

③ 王名扬著:《美国行政法》(下),中国法制出版社1995年版,第645~646页。

理局案中，交通部和联邦航空管理局规定：任何雇员如果被查处有与酒精或毒品有关的任何不良行为，便永远不得再任任何航空公司的职位。飞行员和公司工会以该规定未向被指控者提供听证机会违反了宪法的正当程序条款为由诉诸法院，法院认为该案件还不成熟。首先，对于受到终身就业限制的人到底会受到什么样的程序性保护尚不清楚，如果有了足够保护，就不需法院参与；其次，推迟审查不会对原告带来任何伤害，没有人因此受到制裁，即便面临制裁，还可在受到制裁时向管理局提出程序质疑，程序可能因此完善。① 值得注意的是"时机成熟原则"固然体现了对司法权介入政治的限制，但同时也是维护司法权威的有力举措，它反映了司法机关的审慎考虑，因为行政权的范围常常模棱两可，结果也难以预料，行政机关的行动的影响通常在实施行动之后变得比较清晰，因此，法院认为，如果可以等待行政权行使的进一步发展，也许就能够作出较为可靠的裁决。当然随着法院政治功能的发展，对"成熟原则"的要求的标准呈现越来越低的趋势，以便于司法更多地介入政治和社会生活，从而将对"时机成熟原则"的积极意义的关注与私人当事人的需要在各自权利方面的指导相调和。

作为反映社会需求的客观化标准的公众舆论和社会环境对于司法介入政治的时机的选择同样是十分重要的。公众舆论包括群众对国家政治、经济、社会等问题及其处理方法的看法态度。"公众舆论的背后是人类的欲望、希望和要求，它们通过人类本身使人类感到它们的存在，并使它们在司法中、在撰写法律著作和立法史中有所作用。"②因应了公众舆论要求的司法介入才容易得到广泛的认同，"涉及政策的司法裁决只有在得到相当大部分选民支持的限度内才能有效和持久。"③因此司法在介入政治的时机选择上必然要尊重公众舆论、考虑当时的社会环境。以美国最高法院就种族问题的裁判为例，1896 年美国最高法院在普莱斯诉弗格森案中确认了种族隔离但平等的原则，而在 1954 年的布朗诉教育委员会案中最高法院基于平等保护原则而取消了种族隔离制度。上述两判决的巨大反差的原因除了法官对宪法不同的解读外，更与黑人争取权利的斗争及公众对种族隔离政策态度的转变有关。具体背景是，20 世纪 50 年代，在黑人自由运动和马丁·路德金等宗教改革的推动下反对种族隔离运动已越来越深入人心。布朗案的裁决本身是美国最高法院顺应国内一系列经济、社会和政治变动

---

① [美]海利·爱德华兹、爱·伦芬："美国联邦法院的权力和法院命令的执行"，载宋冰编：《程序·正义与现代化——外国法学家在华演讲录》，中国政法大学出版社 1998 年版，第 222 页。

② [美]罗斯科·庞德著：《法律史解释》，曹玉堂、杨知译，华夏出版社 1989 年版，第 115 页。

③ [美]詹姆斯·M. 伯恩斯等著：《民治政府》，陆震纶等译，中国社会科学出版社 1996 年版，第 719 页。

的结果，没有上述社会环境、公众舆论的变化，最高法院介入这一激烈的政治冲突并成功废除了种族隔离制度是不可想象的。正如王希先生所言的："最高法院之所以最终能作出这样的决定，是诸多因素共同作用的结果。没有基层黑人群众的勇气，没有有色人种协进会的黑人和白人律师的精心策划和在法庭上有理有节的斗争，没有众多的社会科学工作者和他们的研究成果的支持，没有类似沃伦这样的大法官的对政治问题的敏感和对美国社会前途的关切，布朗案不可能获得成功。"①所以说公众舆论和社会环境是司法介入政治时机选择的重要考虑因素；法院的政治判决是市民对法院的要求和希望的反映，是时代的产物。

当然，法院介入政治的时机要尊重社会环境、公众舆论，但司法的独立性要求又决定了法院绝不能过于迎合或迁就大众需求和社会舆论。实际上，有创见性的司法判决不仅可以限制公众舆论的激情与非理性，也可以引导健康的社会舆论，司法介入与社会舆论是良性互动的。就布朗案而言，最高法院的判决除了顺应社会舆论要求外，又触发了一系列社会反应，最后又反弹回最高法院。布朗案只标志着取消种族隔离运动的全面开始而非结束，通过该判决的执行，特别是在美国南部地区的艰难执行，使种族平等意识得以强化。② 此后，法院则以此为开端在更广泛领域驱逐种族隔离制度。

综上所述，引起司法介入政治的时机受到范围、强度和触发事件的影响。"范围"指受政治行为影响的人的范围，虽然司法以个案介入政治，但在案件的背后活动着的是社会需求以及受其裁决影响的广泛群体；"强度"指公众对政治行为影响的强度感觉，政治行为如果被公众宽容的接受，那么一般不需要司法介入甚至不会启动司法程序；"触发事件"即出现可以由司法介入的个案事实，它决定了法院选择何种角度或哪个案件，来介入政治问题的解决与处理。

（2002 年第 11 期）

---

① 王希著：《原则与妥协：美国宪法的精神与实践》，北京大学出版社 2000 年版，第 500 页。

② "在 20 世纪 50 ~ 60 年代，白人至上主义者对最高法院愤慨万千，甚至要求弹劾首席大法官厄尔·沃伦，并且还威胁和围攻那些试图执行最高法院关于种族问题判决的联邦法官。不过，这些举动到头来一无所获，最后是随着法院威望在黑人和自由主义者心目中的日益提高而变得灰飞烟灭。"参见［日］小岛武司著：《司法制度的历史与未来》，汪祖兴译，法律出版社 2000 年版，第 199 页。

知识在法律中的力量

苏 力*

一

2002年11月1日,微软的案件终于基本结束了——美国联邦政府司法部以其他一些州的检察官同微软达成了和解,只是还留了一个小小的尾巴——还有9个州的检察官尚未最后决定是否放弃对微软公司的指控,但估计最终“没戏”。留心的人可能会注意,波斯纳法官曾涉入这个案件。1999年11月5日,当时主审微软案件的联邦地区法官汤姆斯·杰克逊认定微软公司确实有“利用其市场垄断限制竞争并损害了消费者”的行为。两个星期之后,他史无前例地,也令人吃惊地,任命了联邦第7巡回区法院首席法官波斯纳以“私人身份”作为此案的调解人,而此前这类案件的调解人往往是一位法学教授或反托拉斯法专家。① 尽管后来波斯纳的调解失败了,但是这位一直勤勉于司法审判、学术写作以及教学因此相对脱离社会的波斯纳法官,在此后的一段时间内一下子成了一位公共人物。

为什么会任命波斯纳担任调解人呢?如果中国人关心并认真想过这个问题的,一定会感到非常奇怪,而且这种奇怪会与美国人感到的非常不同。波斯纳是联邦第7巡回区上诉法院的首席法官,按职务来说,至少相当于中国某个省或直辖市的高级法院院长,甚至更高;而任命他的却是联邦地区法院的一位普通法官。这几乎相当于北京市海淀区法院的某位法官——比方说尚秀云法官——任命了北京市高级人民法院或上海市高级人民法院院长担任调解人。在中国人看来,这是乱了“辈分”。不仅现有的体制不允许,而且至少目前没有哪位基层法院法官有这个胆量;即使有这个胆量,笔者认为北京或上海市高级人民法院的院长也不会接受,甚至私下里会认为这是对他或她的“侮辱”或“蔑视”。而为什么波斯纳会接受这样一个任命呢?

尽管这一点已足以支持目前法律界和法学界正在进行着的对我国司法体制的某些思考,但本文集中关注的是为什么会任命一位法官,特别是波斯纳这位法

---

* 作者单位:北京大学法学院。

① 参见 Joe Wilcox, Judge Appoints Mediator in Microsoft Antitrust Case, CNET News. Com, 11/19/1999。

官，来调解此案。从这一点切入可能会提出一些更重要的法学理论与实践的问题，也可以间接回答上面提出的这个司法体制问题。

我们也许可以猜想，由法官出面调解也许仅仅是如同中国改革开放以来强调的那样，是为了加强"依法调解"，①但这个道理是说不通的。如果强调的是"依法"，特别是依成文法的话，那么调解与审判相比，又有什么必要？又有什么特别的意义？也许有意义：对于双方当事人来说——如果调解的双方是相互交往频繁的自然人（如是邻居），调解可以避免双方彻底"撕破脸"，便于双方未来的和睦相处。但就微软案件来说，这个回答显然不能成立，不仅因为美国是一个——相对于中国——更陌生的社会，而且此案中原被告双方都不是"自然人"（一方是联邦政府和各州政府），根本不存在未来保持和睦相处的问题了。而且如果真的是强调"依法调解"，看重的是法律知识，那么从理论上看，杰克逊法官自己就应当能够履行这项任务。任何一位美国法官都不会让而且也不应让自己的公共决定流露出这样一种寓意：自己的司法能力不够，必须要有人帮忙；注意！这里面也许有虚荣心的因素，但更重要是为了维护法官职位——而不是法官本人——的荣耀和司法的庄严，是为了维护一种制度的价值。因此，我们可以断定，杰克逊法官征召波斯纳法官不是因为波斯纳的司法知识。当然，还有更进一步的证据：杰克逊法官特别强调了波斯纳将以其私人身份来调解，②说穿了，就是波斯纳在调解中不必须坚持法官的或"正义"的立场，也不必须运用司法的知识。

由于杰克逊的法官身份，这一决定因此意味着美国司法制度要求——而不仅仅是允许——调解人（即使此人担任着法官）在调解案件时，不只是运用法律的知识，而是必须甚至要更多地运用一些非法律的知识。因此，我们看到，美国的司法制度在解决纠纷时，并不一律要求"依法办事"，更不要求"执法必严"，而是允许其他知识包括常识发挥作用。这就使司法过程以及司法制度对其他知识保持了开放，而不是一味强调司法或法律"是一门独立的——自给自足的——学科"。当然这一点也不应夸大。由于调解最终并不产生法院的判决意见，因此无论调解结果如何，都不会成为此后必须遵循的"法律"。在这个意义上，这个制度又限制了这些知识对规则之治的影响，可以维系作为制度的法律的稳定。

---

① 《人民调解工作若干规定》，第4条第1款；又见罗干："在全国人民调解工作会议上的讲话"，载《法制日报》2002年9月29日；曹建明："在全国人民调解工作会议上的讲话（摘要）"，以及段正坤："在全国人民调解工作会议上的讲话（摘要）"，载《法制日报》2002年9月29日。

② 同上。

据此,我们可以推断,尽管波斯纳是一位法官、一位杰出的法官,但任命他为调解人却完全不是因为他是法官,而至少部分甚至主要是因为波斯纳有一些别人不具有但对于此案调解成功的预期来说非常重要的法律之外的知识。

笔者会在后面再谈论波斯纳有些什么其他的知识使他成为杰克逊法官在"灯火阑珊处"找到的"那人"。在这里,笔者想提出一个很容易被忽视,美国人通常更关心,而当代中国法学家在某种法治意识形态下常常遗忘且往往也要求他人遗忘的一个问题:这就是波斯纳在调解此案时可能会有什么倾向性?他在调解中会站在哪一边?这个问题其实在司法上一直都存在,调解时则可能更明显。这不仅因为知识常常会受意识形态影响,而且有时知识也会成为出售的商品。在此案中,参与指控微软公司的一位重要法律顾问罗伯特·博克——前联邦上诉法院著名法官、前芝加哥大学法学院教授,此前他就是一位因批评美国反托拉斯法实践而出名的专家;①②而这一次,受聘于网景公司,他加入了对微软的攻击,令许多学者大跌眼镜。一贯坚持自由主义反对政府干预的著名经济学家张五常甚至说,博克把良心都给卖了。③ 知识重要,立场(意识形态)也重要。因此,在任命波斯纳当调解人时,当微软和美国联邦政府均接受波斯纳时,双方都一定认为波斯纳的立场或意识形态是可以接受的。他也的确受到了双方的热烈欢迎,得到了社会的普遍好评,被认为是调解此案的最佳人选。④

但波斯纳是一位公认的古典自由派经济学家和法官,他赞美市场经济,反对政府规制,有些主张在某些人看来甚至相当极端。例如,他曾撰文主张废除现行的婴儿收养制度,用市场拍卖的方式来收养;他也主张法律应保证替身孕母合同的执行,等等;这些都受到了许多人的抨击。当年里根总统提名他出任法官,很重要的一个原因就是他反对政府规制和干预的立场。从这一角度来看,在像微软这样的案件中,波斯纳似乎更可能倾向于微软。但这样看问题是很片面的。对于波斯纳来说,反对政府干预不是也不应作为一个教条,而只是他相信市场经济的一个结果;之所以相信市场经济,主要原因是因为市场鼓励了自由的并且是有效率的竞争。但也正因此,一旦市场上有不正当的竞争,证据确凿,毫无疑问,

① 参见 Joe Wilcox, Judge Appoints Mediator in Microsoft Antitrust Case, CNET News. Com, 11/19/1999。

② Robert H. Bork, *The Antitrust Paradox: A Policy at War with Itself*, Basic Books, 1978.

③ 张五常:"垄断可能是竞争的结果——为微软说几句话",载《学术上的老人与海》,花千树出版社2000年版,第126页。

④ Rajiv Chandrasekaran, Mediator Named in Microsoft Case, *Washington Post*, November 20, 1999, p. A1.

波斯纳也必定会反对,如果必要,他也会支持政府的这种干预。在这里,似乎是不可兼容的政治法律立场在另一个更深刻的学术基础上得到了统一。正如当时的芝加哥法学院院长丹尼尔·费切尔所言,尽管波斯纳的学术观点是众所周知的,但波斯纳在这个问题上的结论"是完全不可预测的"。也许正是由于这一点才使得控辩双方都能接受波斯纳。知识的力量获得了超越政治意识形态的认同。

二

对于垄断,如今40岁以上的人可能都是从列宁的《帝国主义是资本主义的最高阶段》一书中获得最初印象的,并且都是一个很坏的印象。[①] 改革开放以来,尽管经济学界由于对西方经济学的了解增多,并在一定程度上改变了对垄断的看法,但普通民众中仍然持传统的观点,甚至其他学界的人士也大致如此。在法学界,由于法条主义的倾向,也由于对于西方最新反垄断文献了解很少甚至根本就缺乏了解的能力,从总体上看来,基本还坚持着一种相当陈旧的看法。笔者翻阅过一些20世纪90年代出版的反垄断法或反不正当竞争法的法学著作和论文,基本上引用的都是美国20世纪70年代之前甚至更早(糟)的文献,并且大都是二手文献,或者干脆只是某些梗概。这些著述往往不加考察地宣称美国1890年的谢尔曼反托拉斯法是所谓的"市场经济的大宪章",对垄断问题根本没有多少分析,更谈不上深入细致。

其实,正是在20世纪70年代,美国的反垄断法的主流观点开始了一个巨大的变化。变化的动力主要来自50年代和60年代的一批经济学家的工作。他们的研究大大深入了人们对垄断问题的理解。到了60年代后期,这种研究成果通过一系列法学学者,其中最重要的就是波斯纳,也包括上面提到的博克,开始进入了法学界。1976年,波斯纳在他此前发表的反垄断法系列论文的基础上出版了本书(第一版),提出了反垄断法的经济学进路,提出了可以称为激进的改革主张。这是这一历史转折时期法学界出现的一本反垄断法的开山之作,奠定了波斯纳"过去半个世纪中最重要的反垄断学者之一"的历史地位。5年后,随着里根总统上台以及里根任命的一批法官,这场反托拉斯法的革命终于拉开序幕,构成了里根革命的一部分。

---

① [苏]列宁著:《帝国主义是资本主义的最高阶段》,人民出版社2001年版。

笔者不是反垄断法的专家，因此笔者不想而且也确实没有能力深入讨论反垄断问题。笔者想读者最好是自己去阅读这本书，尽管由于本书涉及许多技术性问题，笔者估计，除了专家，除了职业工作的要求，真正通读全书的读者不会很多。在这里，笔者只是想说，目前中国大众关于垄断的一般概念和评价基本上都错了。垄断问题至少是一个非常复杂的问题，不能简单按照列宁当年对垄断的分析来评价，甚或一听到垄断就已经有了所谓的“价值”判断。

首先，垄断可以说是社会生活包括经济生活中的一种普遍现象，指的是对某种有市场价值的资源的独占或高比例占有，因此垄断者可以从这种独占或优势中获得高额回报——垄断租或垄断利润。因此，如果将资金、设备、人力、销售网络、知识甚至人的天赋能力都视为——事实上也就是——资源，那么垄断几乎存在于我们生活世界的任何一个角落，而且这种状况还是不可能消除的。一位天才的科学家如爱因斯坦，可以说就是垄断了他的智识能力；一位优秀的歌唱家，也可以说就是垄断了他或她的歌喉；一位优秀的企业家，也就是垄断了他或她的管理能力，垄断因此也并不必然对社会不利。相反，正因为各种资源分布是不均衡的，因此才有了所谓的“比较优势”，才需要分工，才出现了交换，也才有必要交换，也才有了竞争，社会也才在这种交换中繁荣起来了。而且在市场上，垄断不仅同专门的技术、才能相联系，垄断还往往是规模经济的需要，是产品优秀的结果。因此，总体而言，垄断并不必然对竞争不利，相反，垄断往往是竞争的产物。在一个行业中，如果某个厂家在技术、管理、生产、营销等方面或其中任何一个方面（包括我们认为合法或非法的）具有优势，就可能迫使其他厂家倒闭，或将之兼并，因此形成了垄断。这种垄断可以说是市场优胜劣汰的必然结果。但也正由于这种垄断有可能并往往可以带来高于竞争价格的垄断性回报，因此，其他厂家只要有可能也就一定会希望并努力进入这个市场。

垄断也并不一定或总是对消费者不利。我们其实都喜欢名牌产品，而当我们喜欢名牌时，在一定意义上，我们就是在以实际行动支持着或培养着这种垄断。高考的学生大都希望进人北大、清华这样的名校，在很大程度上也是这个道理，就是因为北大、清华毕业生就总体而言的预期收入与一般院校毕业生的预期收入之差可能要大于他们之间的实际智力差别，至少要大于他们高考分数的差别。而这个收入上的差别至少有一部分就是北大、清华毕业生的垄断。

垄断也并不必定或总是没有效率的。尽管许多人甚至有些经济学家也习惯于认为垄断没有效率，但事实上，至少有时垄断是更有效率的，这就是规模经济的要求；相反，有时竞争反倒是没有效率的。也正因此，法律也并不笼统地反对或禁止垄断；相反，只要是有效率的，对于社会有好处，甚至会建立一些垄断来促进社会财富的积累,引导和鼓励社会资源投入到某个领域。最典型的就是保护知识产权的一系列法律,如专利法、著作权法、商标法以及对商业秘密的保护,实际上就是要建立对某些知识和信息的某种形式的垄断。这种垄断由于保证了知识创新者的各种投入能获得高过市场价格的回报,因此也就鼓励了人们在这些方面的投入。当然,最有讽刺意味的是,反垄断执法本身就是垄断的,往往都是由某个政府专门机构来执行的。

正因为此,在今天看来,一个合情合理的反垄断法或反托拉斯法实际上最多只应反对那些没有效率的垄断,①特别是反对那些没有效率的为获得垄断而采取的措施(monopolize,本书中译为垄断化)。换言之,至少如今,恰当的反垄断法实际上只是、而且在笔者看来也只应当是一个反不正当竞争的法。

但是,即使我们今天通常认为是不正当竞争的措施也未必真的就是“不正当的”,或者是那种必须以反垄断执法来予以校正意义上的“不正当的”。波斯纳在本书中就对卡特尔、固定价格、价格歧视、捆绑销售或搭售、纵向一体化、企业兼并等一系列在我们看来似乎明显是反竞争的、旨在谋求垄断的措施进行了细致的、鞭辟入里的分析。他充分并雄辩地展示了这些措施并不必然不利于有效率的竞争。

即使那些明显没有效率的反竞争措施,波斯纳的分析也已经展示,也未必都需要政府的介入。因为市场一般都有能力自动校正这些措施带来的效果,使不正当竞争者的阴谋未必能够得逞——如果它确有这样的阴谋的话。例如,就搭售商品而言,这种搭售实际上提高了该商品的市场销售价格,因此只要可能,人们就会选择购买不搭售的同一种商品,或者会转而购买同类的替代商品。波斯纳的许多分析一次次地展现了:不能假定市场是脆弱的,而政府是强劲的,只要看一看,就可以看到,事实上总是政府是脆弱的,而市场是强劲的。甚至,即使发现市场确有问题,需要政府干预时,波斯纳也坚持要求比较一下政府干预的成本和收益,而不是假定政府的成本总是为零。

波斯纳是明确的市场导向的,但他并不是市场乌托邦或市场教条主义者,他也承认市场会出问题。他的分析只是表明市场的问题必须基本上或主要靠市场来解决,而不是自然而然地假定:市场无法解决的,政府都一定可以解决。无论对市场或政府都不能有不切实际的指望,“残缺”其实是人生和社会必须接受的一种完美。这一点对于中国的市场经济建设以及市场规制非常重要。也正因

① 许多经济学家认为要反对的仅仅是因政府规制而产生的垄断。例如,张五常:“垄断可能是竞争的结果——为微软说几句话”,载《学术上的老人与海》,花千树出版社 2000 年版,第 126 页。

此，他在第九章才提出，美国的垄断立法可以也应当大大简化，实际上只需要谢尔曼法第1条就够了。他认为现有的众多的、混乱的反垄断法给市场、竞争和效率带来的损害甚至比所谓的垄断或垄断化更多。在这个意义上，笔者甚至认为对波斯纳这本《反托拉斯法》的一个更好、更简单的概括可以是“反反托拉斯法”，他反对传统的有关反托拉斯法的理论和实践。

但波斯纳毕竟是一位法官，他必须尊重司法传统以及注意保护人们的“依赖利益”，因此，在分析了现有反托拉斯法的弊端之后，他还是试图在一定程度上力求完善反托拉斯的司法。他在书中提出了一系列改革的建议。除了简化成文法外，他提出，最重要的是对于每一个反垄断诉讼都必须有具体细致的分析，并注意采取相应的措施，而不是用几个概念就可以解决的。他也建议改革并强化反垄断的执法措施，促使执法更为有效。例如，他认为反托拉斯的救济措施应当废除监禁，也不应一味固守其实没有多少道理的3倍惩罚金之类的传统措施，他认为施加的罚金数额一定要考虑到发现不正当竞争行为的概率等。

三

25年过去了，波斯纳的追求虽然没有得以完全实现，但是美国反托拉斯法的风景线确实改变了，甚至是可以说根本改变了。乃至于波斯纳在这一版删去了第一版的副标题——“一种经济学的观点”；而在改版“序言”中，波斯纳只用了一句话就轻轻地解释了这个删除：今天在反托拉斯问题上，难道还有其他的观点吗？

这个转变不仅对反托拉斯法的理论和实践有重要意义，而且对当代法学的发展也有重大的启示。它充分展示了现代的社会科学知识等传统的“非法律的”知识在法律中的意义和力量。因此，有必要简单回顾一下反垄断法的历史。

“垄断”和“限制贸易”都是有普通法历史的术语，都是普通法上予以禁止的商业行为。但是近代以1890年的谢尔曼法为代表的反垄断法作为一个法律领域却主要不是在普通法基础上发展起来的。谢尔曼法是在19世纪末20世纪初的进步运动中产生的。面对工业革命带来的日益增多的“富可敌国”的大企业，仍然受农业经济以及相应的社会文化影响的立法者担心垄断的大公司会威胁美国的民主政治，因此在民粹主义（populism）思潮的影响，在对托拉斯等垄断现象没有深入细致的了解情况下，他们制定了反托拉斯法来限制和打击垄断。尽管这一立法经历了合法的立法程序，似乎也回应了当时民众的呼声，但这部法律从一开始就问题很多。因此，在谢尔曼法颁布后的20多年里，法官实际上基本拒绝执行谢尔曼法,相反法官们更多运用这一法律来打击工会的罢工、抵制等活动(组织这种行动必然涉及共谋,并效果是限制了贸易)。

而且,该法也无法执行。例如,该法的第1条规定禁止任何(every)限制贸易的协议、联合与共谋。法官发现这一条法律根本无法执行,因为任何契约都具有限制贸易的效果(当我签订合同预售我的某些产品时,这也就剥夺了我将这些产品出售给其他人的自由,因此限制了贸易);如果真的"执法必严",势必禁止一切商业交易。据此,在第一个真正的针对大公司的反托拉斯法案件(1911年)的司法判决中,联邦最高法院的大法官们给谢尔曼法的立法者留了个面子,依据普通法中合同法的古老传统,解释说这里说的"任何"其实不是"任何",而是"任何不合理的"。法官提出了一个合理原则(rule of reason)来加以限定,只禁止那些不合理的限制贸易的协议、联合与共谋。①

尽管法官们凭着他们的普通法司法经验在一定程度上抵制和纠正了反托拉斯制定法的错误,但仅仅基于并局促于经验的普通法传统同样不足以提供可靠的指南来决定大工业时代的反垄断案件。当年法官用反托拉斯法来打击工会的历史也证明了这一点。直到1914年美国国会颁布了克莱顿法和联邦贸易委员会法,②这种状况才有所改变。并且在联邦贸易委员会法中开始强调了禁止"不正当的竞争手段"。③ 此后,通过法官的多年努力,逐步形成了一系列反托拉斯法的原则,如当然违法(perse)原则、市场份额原则、市场结构原则等。因此,美国的反托拉斯法尽管说起来是制定法,但是在波斯纳看来,这个制定法其实只是宣告了一个对不正当竞争的公共政策,仅仅是谢尔曼法案的第1条,在这个领域内实际执行的法律其实主要是由法官制定的。但是,即使如此,今天看来,20世纪80年代之前的反托拉斯法的历史至少是非常奇怪的,许多司法决定包括上面提到的法官制定的这些原则如今看来都基本错了或漏洞很大的——没有促进有效的竞争;即使有个别案件正确,但就总体而言反托拉斯法的判决和执法一直左右摇摆,因此反托拉斯这个领域的法律也很不确定。

对历史的这一简单回顾就能表明:无论是立法还是司法,无论是立法理想主义或民粹主义还是司法的经验主义和保守主义都无法回应历史和社会的需要。同时也证明了:要真正改变这种状况,必须大量借鉴现代社会科学的经验研究的成果,特别是经济学的研究,而不可能指望法律自身的所谓发展或探讨。如果没

① Standard Oil Co. of New Jersey v. United States, 221 U. S. 1(1911).

② Clayton Act, 15 U. S. C. § §12 et seq. ; Federal Trade Commission Act, 15 U. S. C. § §41 et seq.

③ 15 U. S. C. §45(a)(1).

有芝加哥大学经济系的一些著名经济学家，如迪莱克特、斯蒂格勒等人自20世纪50年代甚至更早起对垄断问题的深入研究，推翻了人们对垄断问题的传统观点，使人们对反垄断问题有了全新的认识，那么就不可能有这种革命性的转变。

这段历史因此也提出了一系列今天中国法学家必须认真思考的立法、司法和法学研究的问题。我们必须重新思考立法的根据，包括对民众的呼声的思考；我们必须考察司法对立法甚至一个法律领域的重新塑造；我们应当警惕经验（包括司法经验）和直觉的局限性；我们必须充分理解现代社会科学研究和知识在法律中的重要性。如果没有足够的社会科学研究和对社会生活的深入了解，哪怕良好的立法意图却可能不起作用，甚至可能适得其反；而同样，如果没有足够的社会科学研究和对理论的总体把握，哪怕是真诚的司法也不可能成为正义的最后一道防线，反而成为不正义的顽固（恰恰是因其真诚）堡垒。如果说，在传统社会中，在一般的法律领域里，立法者和法官依赖常识和良知以及法律专业技能和法定程序还有可能扮演好他（那时没有她）的社会角色的话；那么在现代社会中，在现代社会的复杂法律事务中，仅仅凭着这些都已经远远不够了，已经非常不充分了。现代法律和司法对社会科学和自然科学的知识需求都大大强化了。

因此，在今天，当中国强调法官和司法职业化和专业化时，我们就不能简单地把职业化和专业化限制于传统的司法技能和职业伦理，不能仅仅限定于所谓的司法的“正当程序”了。我们必须熟悉经济和社会，熟悉大量的社会科学和自然科学的研究成果；这些知识已经成为现代立法和司法专业化和职业化的一个不可缺少的组成部分了。

柏拉图当年提出了“哲学王”（知识之王）之治，是作为法治的对立面提出来的；鉴于人的理性的局限性，也鉴于古代社会的知识和信息缺乏，就总体而言，这一主张被人们正确地否弃了。但是如果我们不是强调这个隐喻中的“人治”维度，而是重视这一分析中隐含的那个知识维度，我们就可以看到，柏拉图其实深刻地因此也正确地指出了任何社会治理中的一个重要的问题是知识。法治或法律规则可以节省对信息的需求，特别是当无法获得这些必要信息时。但我们不能因此走极端，在现代自然科学和社会科学技术发展已经有可能获得至少是某些知识和信息的时候，还是一味拒绝接受它们。知识和信息并不必定是同法治不兼容的。事实上，在波斯纳的这部著作中，我们也已经看到新的知识和信息会而且也应当重新塑造法律规则，甚至重构某些法律领域。

而波斯纳之所以被杰克逊法官任命为微软案件的调解人，最主要的因素就是波斯纳对反垄断问题的专门知识，包括对“新经济”反垄断问题的专门知识，其中当然有法律的或司法的知识,但更多的却是经济学以及其他社会科学的知识。此外,也正是这种知识在今天美国法律实践中的重要——尽管不是至高无上的——地位,才使得波斯纳以及美国法律界和法学界并不感到这一任命和接受这一任命很"委屈"、很"掉价"、很奇怪,尽管令人吃惊,尽管史无前例。在这种任命和接受任命的背后,其实体现了另一种社会尊重,另一种社会地位,另一种知识/权力的关系。① 这也再一次证明了现代社会科学知识在法律中的力量——这种力量已经在一定程度上重构了美国司法体制中各级法院和法官之间的关系。

人们常说,人越没本事,就越爱摆架子,也越看重职位。其实对于一个制度来说可能也是如此。当一个制度完全不依赖或不能依赖知识运作时,它的结构就必定是高度授权性的,它的灵活性就越小,就会强调行政性。这一点也许有助于我们理解当代中国司法制度的改革另一个维度,不能只注意或过分看重体制的调整,还需要借助知识的影响力。

四

甚至,波斯纳的这部著作还提出了其他一些值得我们思考的知识社会学的问题。不用仔细看,我们在该书中就看到了一个十分矛盾的现象。一方面,波斯纳几乎是断然拒绝了1890年以来的反托拉斯法的主流司法传统和法学传统,他完全以经济学为基础重建了一整套反托拉斯法的理论。在该书第一版序言中他就公开提出了两个"根本的改变"。② 就此而言,他是创新的,是开拓的,是能动主义的。但是另一方面,第2版与第1版就理论上而言,并没有很多推进(这就是这本书为什么25年之后才发行第2版的最主要原因)。除了篇目调整之外,仅仅增加了一章讨论新经济的反垄断问题,其他章节的资料有所更新,这一版并没有什么变化。如果就此而言,波斯纳至少在学术思路上又似乎没有"与时俱进"。我们在这里既看到一个勇于创新的波斯纳,也看到一个保守固执的波斯纳。

而且,想一想上一节提到的波斯纳说的话:如今在反垄断法上已经基本上没有其他的观点了。这就意味着,波斯纳的学术努力虽未意图但却完成了一种学

① 事实上,任命公布之后,巴尔第摩大学法学院教授兰德(Bob Lande)就称,"世界上也有几个法官知道的东西和波斯纳知道的差不多,但没有谁比他知道得更多。"

② "要在有关共谋、兼并、竞争者之间的信息交换、限制产品分配竞争、垄断、抵制以及反托拉斯教义的其他传统领域内剔除一些根本的改变";也要"在追求获得服从反托拉斯法之规则的刑事和其他旧疾上剔除一些根本的改变"。

术观点的“垄断”。这种状况对于已经太习惯于强调“兼容并包”或“宽容”之口号的中国学者来说,这同样也是一个值得思考的问题。

其实,这也许都不是问题,如果有问题那么一定是我们往往容易把“创新”、“保守”、“兼容并包”等词意识形态化了,即认定这些词或在经验上符合这些词的人类活动本身就一定是好的或坏的。因此,我们就很容易把这些词“姿态化”了,同时也庸俗化了,忘记了知识的真正作用在于“改造世界”。事实上,在经验的层面上,我们完全可以用具有相反意味的中文语词来置换这些词,用“历史虚无主义”(“花样精”、“非常姿态”)来置换“创新”,用“始终如一”(“忠于自己”、“尊重传统”)来置换“保守”,以及用“没有立场”(“良莠不分”、“和稀泥”)来置换“兼容并包”。因此,如果仅仅关注这些词,我们面前就会有一个完全不同的波斯纳。

习惯性语词常常具有欺骗性。也因此,在学术上,一旦习惯于用这些比较空洞、抽象的词来概括精细的学术研究成果就非常危险,就很可能买椟还珠,甚至只购买标签。而且,这些词也可能因此有某种误导学人和学子的作用:它可能让人们有意无意地追求某种学术的姿态,迎合某种“时代潮流”,坚持某种“政治正确”的语词或大词,有意无意地以这些姿态来最大化自己的货币的或非货币的收益,而真正的学术研究本身却被扔在了一边。

其实,对于真正的求知者来说,真正重要的既不是为了创新而创新,也不是为了保守而保守,他会忠于自己经验研究的结论,哪怕这种结论冒犯了天条,哪怕它与公认的流行的、主流的观点相左,哪怕是与自己的坚定信念相抵牾,也毫不动摇;他也会放弃自己的结论,只要有更可信的研究出现。但无论创新还是保守都只是他/她的研究在具体社会格局或学术传统的一种态势。一种后来者对其成果的概括,而不是研究者在研究之前对自己预期成果的定位。

也正是由于这一点,尽管作为一个社会来说,其学术必定是而且也应当是兼容并包的;也许对于一个旁观者来说,学术的世界也是兼容并包的。但对于一个真正的研究者来说,他/她必须有击败一切学术竞争者的勇气和决心,他/她不应以“兼容并包”作为自己的追求,他/她当然可以而且也应当学习研究他人的成果,但他/她更必须选择、甄别,而不只是汇集和包纳。在学术竞争中,他/她必须和市场的竞争者一样,毫不留情,哪怕结果是一种垄断,但这也会是一种更有效率的垄断,并且——只要学者都坚持这种态度——不会是永远的垄断。相反,简单、片面的要求“兼容并包”反倒可能形成一个由好好先生组成的学术群体,实际是一个联合固定价格的学术卡特尔,看似有一个竞争的学术市场,其实只是一种既没有效率也没有竞争的真正的学术垄断。

如果看到了这一点，我们就可以发现，“创新”和“保守”以及由此导致的“垄断”其实与波斯纳的学术并不相关，也与学术无关。就学术而言，世界上也许真的只有好的和不好的学术，而没有什么创新的或保守的学术；有关的并重要的只是一个研究是否真正推进了人们对某一个社会现象的理解，有助于更好地、更有效率地解决实际生活中存在的问题。而对于读者来说，我们也就不应当根据这些带有意识形态意味的贬义词或褒义词，或其他人的这种类型的概括来判断一个学者或一位学者的著作。也许我们应当把这些与学术无关的语词都抛在一边，自己读几页书，带着一颗平常心看看作者说得有没有道理，看看书中是不是提出了和/或回答了一些以前的学者没有提出或回答的问题。

我们读书不是或不应当是为了寻找意识形态的同盟军，而是寻找智慧、方法、进路和洞察力。希望这些话不是无的放矢。

五

这本书是本译丛的最后一本。想到这里，心中油然升起一种幸福感，一种成就感。然而，笔者突然发现在译丛中，这本书居然既是波斯纳出版最早的一本书（1976年），也是波斯纳出版最晚（2001年）的或至少是笔者最晚买到的一本书（2002年年初），笔者不知道这究竟意味着什么。

笔者还发现，与译丛中波斯纳的其他一些有修订版的著作相比，如《法律与文学》、《联邦法院》都是10年后就修订再版了，《反托拉斯法》的修订再版则是在四分之一世纪之后，笔者也不知道这意味着什么。也许这表明了波斯纳对著作修订的认真、慎重；也许表明了波斯纳在这一方面的学术思想停滞了，没有什么新的发展了；当然，这也许更可能是因为美国的反托拉斯法的理论和实践自20世纪80年代之后都没有什么新的发展了（因此法学的发展和创新至少部分是社会条件的产物，而不完全是个人智力或努力的产物）。也许如此。但是如果从另一个角度来看，这也许更证明了波斯纳反托拉斯法的学术思想经受住了时间的检验，证明了他的思想、进路和他所借助的经济学知识的时、空（包括在美国的流行以及这里的中文译本）穿透力。而我们当代中国法学家的著作有几本能够经得起这样的考验？

难道这只是对当代中国法学研究成果的批评吗？其实更是对中国法学的希望，也是对自身的鞭策！

（2002年第12期）

法律国际化与法律全球化辨析

黄文艺*

在当今的法学词汇中,法律国际化与法律全球化是两个使用频率很高的词汇。这两个词汇都是表征世界法律发展状态和趋势的概念,所以很容易被人们当做等值概念来使用。许多论著在使用这两个概念时大多没有对其加以严格区分,甚至将两者混为一谈。如果法律全球化与法律国际化是一回事,那么法律全球化就并非一个具有原创意义的新概念,不过是新瓶装旧酒。即使是那些强调两者之区别的学者,也未能对两者的区别提供一种深入、系统而又有说服力的理论阐释,而往往只是加以简单的、语焉不详的说明。

概念的提炼和分析是理论研究的基础性工作。分析实证主义法学在法学中开创了一种具有普遍意义的方法论传统,即注重对法学概念、范畴的逻辑分析和语义分析,以求得法学概念、范畴的意义的精确性与明晰性,从而保证理论思维的严谨性和严密性,避免因概念、范畴的意义混乱而引起思想混乱。在当前的法律全球化研究中,一件最为紧迫的事情是对法律国际化和法律全球化这两个概念加以精确的界定和明确的区分,这是法律全球化研究卓有成效地开展的基本前提。本文力图对法律国际化与法律全球化这两个概念作一辨析,澄清人们对二者简单的、模糊的甚或不适当的认识。

一、法律国际化

国际关系的存在是国际化的前提。国际化这一概念描述的是不同国家在经济、政治、法律、文化等各方面相互联系、彼此影响的程度。里斯本小组对"国际化"所作的解释是:"经济与社会的国际化描述的是两个或两个以上的民族国家之间所进行的各种原料、工业产品以及服务、货币、思想与人员的交换。"①如此理解的国际化是一种古已有之的现象。几千年以来,各国之间一直在进行着商品和服务上的交换,制度和文化上的交流,政治和军事上的或战或和。差别仅仅

---

* 作者单位:吉林大学法学院。

① [美]里斯本小组编:《竞争的极限:经济全球化与人类的未来》,张世鹏译,中央编译出版社2000年版,第34页。

在于,在不同的历史时期,国际化的形式、范围和程度各不相同。例如,在古代社会,国际化主要是一种区域性现象,主要发生在共处于某一区域的各个国家之间,如地中海周边各国之间、东亚各国之间。在现代社会,国际化已成为一种全球性现象,普遍发生于世界各国之间。

从这个角度来理解,作为整个国际化进程一部分的法律国际化,表征的是各个国家在法律(包括法律观念、法律教育与研究、法律制度、法律运作体制、法律服务等)上相互联系、彼此影响的程度。不同国家在法律上的相互联系越密切,在法律上的彼此影响越深刻,整个世界的法律国际化的程度越深入、范围越广泛。不过,这样一个简单的解释并不能使人清晰地了解法律国际化。我们必须进一步分析法律国际化的内涵,即各国在法律上相互联系和影响的方式。正是由于对各国在法律上相互联系和影响的形式理解不一样,学者们对法律国际化存在不同的解释。沈宗灵先生认为,法的国际化包含两层含义:其一是指各个国家或地区的法律相互借鉴与吸收,逐渐形成共识,也就是通常所说的,在某些领域中使本国的法律与国际上通行的法律相互衔接。其二是积极参与国际立法的起草和制定工作;签署、批准和加入国际协议,严肃认真地履行自己所承担的国际义务。① 公丕祥先生认为,“所谓法律发展的国际化,主要是指在法律文化的传播与交流的过程中,各个主权国家的法律制度蕴涵着世界法律文明进步大道上的共同的基本法律准则,使各国的法律制度在某些方面彼此接近乃至融合,进而形成一个相互依存、相互联结的国际性的法律发展趋势。”②孙笑侠先生认为,“法的国际化是指法顺应国际社会的法律合作、交流、融合乃至局部统一的趋势。”③这些解释分别从某些方面揭示了法律国际化的内涵,但未能从整体上准确地揭示法律国际化的基本内容。

笔者认为,法律国际化的基本内容包括3个密切联系的方面:

其一,国家法(国内法)之间的相互影响。这是法律国际化的初级形式。一方面,国际经济、政治和文化交往的日益频繁要求各国的法律彼此协调、统一。各国法律之间的差异和冲突必然给国际交往和合作带来摩擦和矛盾,增加交易的成本和费用,因而不利于国际交往和合作的扩大和加强。另一方面,国际交往的频繁也意味着各国法律交流和沟通的增强。各个国家法律制度各自的特色和优势不同,法律发展水平也不尽相同。为了更好地推动本国法律的改革和发展,

---

① 沈宗灵主编:《法理学》,北京大学出版社1999年版,第118页。

② 公丕祥:“国际化与本土化:法制现代化的时代挑战”,载《法理学论丛》(第1卷),法律出版社1999年版,第278页。

③ 孙笑侠著:《法的现象与观念》,山东人民出版社2001年版,第23页。

每个国家都必然或多或少地借鉴或移植其他国家比本国法更优秀的法律制度或者能弥补本国法缺陷的法律制度。因此,各国法之间的相互作用和影响,实际上主要表现为各国法的相互协调、借鉴和移植,最后表现为法律趋同。所谓法律趋同,是指各国调整相同类型社会关系的法律制度趋于一致。法律趋同已成为当今世界各国法律发展的一种基本趋势,也是各国适应国际化和全球化历史进程的必然要求。① 在当今世界的法律国际化进程中,不仅公法、私法、社会法等各个法律制度领域都普遍存在趋同的趋势,而且法律观念(如法治观念、权利观念)、法律体制(如司法独立、司法审查)、法律服务等各个法律领域都存在趋同的趋势。

其二,国家间法律(国际法)的形成。这是法律国际化的高级形式。各国之间所进行的法律协调、借鉴和移植能够在一定程度上减少或消除法律的差异和冲突,但仍然与全方位、深层次的国际交流和合作的要求不相适应。全方位、深层次的国际交流和合作,特别是各国共同解决国际性问题,如打击跨国犯罪、解决跨国环境污染,要求各国依照相同的法律协调或者一致行动。各国共同遵守的法律只能由各国共同制定或认可,这就是国际法。近现代国际法的大量涌现和迅速增长,是国际交流和合作不断密切与加强的必然要求,是近现代世界法律发展的一种基本趋势。从结果上看,国际法的形成和发展最后表现为国际社会法律的统一。在这里,我们必须区别"协调"与"统一"这两个容易混淆的概念。所谓统一,是指各国法律完全一致或相同。法律的统一要求消除一切法律差异和冲突。所谓协调,是指各国法律相互兼容。法律的协调容许各国法律存在差异和不同之处,而只是寻求一种使这些不同法律兼容的方法或机制。② 在今天,各国法律的统一主要表现为各国共同制定和遵守国际法。

其三,国际法与国内法的互动。国内法与国际法在并存的过程中必然会相互影响、相互作用:国际法影响国内法,国内法影响国际法。国际法与国内法的互动,既推动了国际法的发展,也推动了国内法的发展,是法律国际化的又一个重要表现形式。国际法对国内法的影响主要表现为国际法的国内化,即国际法的概念、规则和原则转化为国内法的内容。这方面的例子是非常多的。例如,

① 关于法律趋同问题的全面研究,可参见李双元、于喜富:"法律趋同化:成因、内涵及在'公法'领域的表现",载《法制与社会发展》1997 年第 1 期。另参见李双元主编:《市场经济与当代国际私法趋同化问题研究》,武汉大学出版社 1994 年版;李双元主编:《中国与国际私法统一化进程研究》,武汉大学出版社 1998 年修订版。

② 关于二者的区别,另见[法]马蒂著:《世界法的三个挑战》,罗结珍等译,法律出版社 2001 年版,第 100 ~ 102 页。

1961年《维也纳领事关系关系公约》所规定的有关外交代表和领事特权与豁免的规定为许多国家的国内法所采纳;1982年《联合国海洋法公约》订立之后为不少国家的国内法所吸收。从结果上看,国际法的国内化导致各国的国内法同国际法接轨,最后相互一致。国内法对国际法的影响主要表现为国内法的国际化,即国内法的概念、规则和原则上升为国际法的内容。国际法中使用的很多概念、规则和原则都不是国际法创造出来的,而是来自于各国特别是欧美国家的国内法,如禁止反言规则、对等原则、用尽当地救济方法规则。从结果上看,国内法的国际化导致某些国家的国内法转化为具有普遍意义的法律,影响其他国家的国内法。① 在不少国家,由于国内法与国际法之间越来越密切的互动,国内法与国际法规则之间已经没有严格的区分。②

从这3个基本方面来看,法律国际化是一个由国家主导的法律发展进程。一国的法律是否或者在哪些方面吸收、移植其他国家的法律、国际法律和惯例,一国是否和其他国家签订并执行双边或多边国际条约,主要取决于该国政府和人民的意愿。尽管国际舆论压力、国际经济制裁等国际力量对一个国家的法律国际化有一定的影响,但是国际社会不存在主权国家对其民众采取的那种强制力量。一个国家的政府在决定是否以及在多大程度上参与法律国际化进程时,主要是考虑本国的利益和需要。例如,改革开放以来,中国之所以大量移植发达国家的法律,积极签订或参加双边或多边国际条约,完全是出于自身发展的需要,如发展市场经济的需要,完善民主政治的需要,实行对外开放的需要,实现法制现代化的需要。中国的政治家和学者也正是从这些需要出发来论证法律国际化的必要性。

因此,在法学范畴体系中,法律国际化是一个以国家为轴心来描述和分析世界法律发展状态和趋势的范畴。法律国际化概念能够有效地解释民族国家时代世界法律发展的动态和趋势。在民族国家时代,疆域界线分明的民族国家是世界舞台上的主要角色,世界不过是由这些民族国家相加的总和。因此,"国际社会"(international community)这个词非常准确地表达了世界的特点。在各个民族国家的疆域内,它们的政府在行使统治权,制定、实施国家的法律,建立和维护稳定的法律秩序。在民族国家之外和民族国家之上,既不存在具有更高权威的治理主体和具有更高效力的法律,也不存在同民族国家一样行使治理权的主体

① 关于国际法与国内法的相互影响,参见王铁崖著:《国际法引论》,北京大学出版社1998年版,第194~195页。

② [英]戴维·赫尔德著:《全球大变革》,杨雪冬等译,社会科学文献出版社2001年版,第78页。

和同国家法一样有约束力的规则国际法实际上不过是一种特殊形式的国家法，是国家法律主权的一种延伸。法律秩序只存在于民族国家的范围内，世界层次的秩序主要是建立在民族国家间的互动关系及其力量对比的基础上。在这样的世界格局中，世界层面的法律发展主要表现为民族国家在法律上的相互影响和作用，即法律的国际化。

二、法律全球化

从20世纪下半叶，特别是90年代以来，以先进的科学技术为支撑，以经济全球化运动为先导，人类开始进入全球化的新时代。尽管对当今时代特征的这种定位已成为大多数人的共识，但是人们对什么是全球化却持有各种分歧的甚至对立的理论观点。笔者无意于卷入这样一场永无休止的理论争论中，而只需指出能为多数全球化理论家所承认的一个基本事实，即全球化进程将世界的各个部分整合为彼此依赖、有机联系的共同体，使遍布高山大洋的浩瀚星球变成为一个全球社会。这个全球社会不同于传统意义上的国际社会。国际社会是由众多民族国家构成的总体，而全球社会是由无数在地方、民族国家和全球范围内，在社会不同领域为了不同目标积极活动的个人、集团与组织构成的总体。全球化不仅促成了一大批在民族国家之上或在民族国家之外的集团、组织的出现，而且也把民族国家之内的许多个人、集团和组织部分或全部地从民族国家的控制下解放出来，使世界变成为由多元化的力量共同主宰的“全球市民社会”。正如著名的未来学家托夫勒所言：“民族国家，这个第二次浪潮时代关键的政治单位，正受到像钳子一样上下压力的夹攻。”“有一些力量试图把政治权力从民族国家向下转移到次国家的区域和集团中去。另外又有一些力量则试图把权力从国家向上转移到跨国性的机构和组织中去。”①在全球社会中，大量次国家层次、跨国家层次和超国家层次的行为主体同国家一样在世界舞台上积极发挥作用，共同主宰和决定世界事务。全球社会的存在是法律全球化的前提。法律全球化表征的是全球社会法律发展的趋势和规律。不同的学者由于对全球社会法律发展的趋势和规律的认识不同，因而对法律全球化的认识不一样。有些学者认为，法律全球化就是世界法律走向统一的过程。美国加州大学伯克利法学院教授夏

① [美]阿尔文·托夫勒著：《第三次浪潮》，朱志焱等译，新华出版社1997年版，第345页。

皮罗认为,法律全球化是指全世界生活在一套单一的法律规则之下的程度。① 中国学者周永坤先生也认为,法律全球化是全球分散法律体系向全球法律一体化的运动或全球范围内的法律整合为一个法律体系的过程。② 有些学者认为,法律全球化就是法律的非国家化。德国学者德尔布鲁克认为,全球化应当解释为市场、法律和政治非国家化的过程,其目的是促进各个密切联系的民族和个人的共同利益。③ 英国学者图布伊纳认为,法律全球化意味着私政府立法。④ 法律可以理解为世界法律的多元化、一体化和法治化的发展趋势。有些学者认为,法律全球化就是法律的趋同化和一体化。我国学者车丕照认为,法律全球化即全球范围内法律的趋同化和一体化。⑤ 这些解释分别从某些方面揭示了法律全球化的内容,但都有各执一端、不及其余的缺陷。在此,笔者总结以往理论观点的合理内容,将法律全球化的基本标志和内容概括为 3 项:

第一,世界法律的多元化。在全球化时代,世界不再是民族国家主宰一切的世界,各种次国家层次、跨国家层次和超国家层次的力量在世界舞台上迅速崛起,成为同民族国家分享世界治理权的行为主体。全球系统是由各种层次上的行为主体之间复杂交错的互动关系组成的。每个行为主体都拥有程度不等的能量,都力图分配全球系统的价值。⑥ 其中,对国家的权威构成强有力挑战的 3 类行为主体是政府间国际组织(governmental international organizations)、超国家组织(supranational organizations)和非政府间国际组织(nongover nmental international organizations)。在法律上,国家法不再是世界上法律的唯一表现形式,世界法律开始走向多元化和多样化。至少可以说,上述 3 类非国家的行为主体正在创造或发展着不同于国家法的新的规则和秩序。

政府间国际组织虽然是基于成员国签订的条约建立起来的,但是它一旦建立就成为有别于其成员国的相对独立的实体。⑦ 政府间国际组织在国际社会承担和履行着多种职能,其中包括造法或准造法的职能。政府间国际组织造法或

---

① M. Shapiro, The Globalization of Law, *Indiana Journal of Global Legal Studies*, Vol. 1, No. 1, 1993, p. 37.

② 周永坤:“全球化与法学思维方式的变革”,载《法学》1999 年第 11 期。

③ J. Delbrück, Globalization of Law, Politics and Markets, *Indiana Journal of Global Legal Studies*, Vol. 1, No. 1, 1993, pp. 10 – 11.

④ G. Teubner, *Global Law without a State*, Dartmouth, 1996, Foreword.

⑤ 车丕照:“法律全球化是现实,还是幻想”,载《国际经济法论丛》(第 4 卷),法律出版社 2001 年版,第 31 ~ 33 页。

⑥ [日]星野昭吉著:《变动中的世界政治》,刘小林等译,新华出版社 1999 年版,第 381 ~ 382 页。

⑦ 梁西著:《国际组织法》,武汉大学出版社 1998 年版,第 7 页。

准造法的职能主要体现在:(1)国际组织制定的关于组织机构管理的规定,具有国际行政法的性质。(2)国际组织的决议,如联合国大会的决议,阐明、确认或宣示了国际关系的原则和规则。(3)国际司法组织的判例,如国际法院的判例,确立了国际法的某些规则和原则。(4)国际组织起草或编纂的国际法文件,为各国缔结条约奠定的基础。① 虽然政府间国际组织不能直接对成员国及其国民行使立法权,但是这类组织通过行使上述造法或准造法职能,事实上创立和发展了一批国际法规则和原则。这些国际法规则和原则往往是对国家直接创立的国际法的发展或完善,构成了国际法体系的一个重要组成部分。

非政府性国际组织是由不同国家的个人或组织为追求某些公共目标而结成的跨国联合体。② 尽管非政府性国际组织或多或少与国家有着各种联系,但它们本质上是一种独立于国家之外的力量,在国际社会的各个领域发挥着越来越重要的作用。③ 就法律方面而言,一些非政府间国际组织在其活动领域开始创立相对独立的规则体系和秩序。以国际奥委会为例,它不仅制定了大量有关奥林匹克运动的竞赛规则,而且对奥林匹克运动中的争议和问题行使着最高裁判权,实际上已经在体育领域创立了一种跨国的法律秩序。④ 各国政府都尊重国际奥委会在国际体育运动领域的权威,认可国际奥委会所建立和维护的法律秩序的相对独立性。各国国内的法院通常拒绝受理对国际奥委会的惩罚性决定提起的诉讼,也就是不给予受惩罚者任何法律救济。因此,国际奥委会被人称为体育运动领域的"世界政府"或"联合国组织"。⑤

超国家组织是各成员国共同让渡其主权范围内的权力而成立的联合体。尽管超国家组织是建立在国际条约的基础上,但由于各成员国已向它转让了主权范围内的权力,而使它成为凌驾于成员国之上的"准国家"(quasi—state)。目前

① 梁西著:《国际组织法》,武汉大学出版社1998年版,第15~21页。

② See S. Hobe, Global Challenges to Statehood: The Incteasingly Important Role of Nongovernmental Organizations, *Indian Journal of Global Legal Study*, Vol. 5, No.1, 1997, pp.192-193.

③ See K. Nowrot, Legal Consequences of Globalization: The Status of Non-governmental Organizations Under International Law, *Indian Journal of Global Legal Study*, Vol. 6, No. 2, 1999, pp. 589-601.

④ D. J. Ettinger, The Legal Status of the International Olympic Committee, *Yearbook of International Law*, 1997, p. 97.

⑤ S. Hoibe, Global Challenges to Statehood: The Increasingly Important Role of Nongovernmental Organizations, *Indian Journal of Global Legal Study*, Vol. 5, No. 1, 1997, p. 194.

超国家组织唯一的实例是欧盟。[①] 超国家组织不同于一般的政府间国际组织之处在于,超国家组织的机构独立于其成员国而行使自己的权力,能够直接制定与实施适用于所有成员国的法律。超国家组织的法对于其成员国具有直接的法律效力,而且对成员国法具有优先性。以欧盟为例,除了欧盟理事会外,欧盟委员会、议会和法院都独立于其成员国行使权力,由其所创造的欧盟法在与成员国法的关系上确立了优先性和直接效力原则。这种超国家的法不同于传统意义上的国际法。超国家的法尽管也反映成员国的意志和利益,但它是由超国家组织直接制定的,是对成员国的法律主权的一种限制。

第二,世界法律的一体化。全球化一方面使地方与地方的时空距离越来越缩短,另一方面又使事物与事物之间的时空联系越来越扩大。某个组织或者某个人的一项决定,可能在世界上掀起轩然大波,影响世界上很多人的生活。在法律方面,全球化使得全球范围内存在的各种形式的法比以往任何时候都紧密联系在一起,成为一体。正如有的学者指出的那样,"所谓法律一体化,是指全球范围内法律规范的相互联结。各国之间的法律规范是互不隶属的,国际法与国内法也被一些人看作是两个不同的法律体系。然而,在现实生活中,我们已经清楚看到这些法律规范正在联为一体,国际法与国内法之间的界限正在变得模糊不清,而这种联结的实现就在于国际法高于国内法的信念已得到普遍的确认。"[②]在法律一体化的背景下,国内法与国内法、国内法与国际法、国家法与非国家法等各种形式的法之间以极其复杂多样的方式相互联系、相互作用。其中任何一种法律体系的变动,可能会立即引起其他法律体系的变动或者反应。

法律一体化还意味着世界范围内将出现某些"全球性法律"、"世界性法律"。那种认为法律全球化就是世界法律统一的观点固然过于片面和极端,但是不可否认,法律全球化必然导致某些被世界各个国家、组织普遍认同与遵守的"全球性法律"、"世界性法律"的出现。在今天,《联合国宪章》、《关税与贸易总协定》、《国际货物买卖合同公约》、《国际货物买卖合同成立统一法公约》、《联合国海上货物运输公约》等国际条约在某种意义上可以说就是"全球性法律"、"世界性法律"。

第三,全球治理的法治化。在民族国家时代,国际关系、国际事务主要是以各个国家的对外关系、外交事务的形式存在,属于各个国家内部事务的一部分,因而

---

① 有不少学者认为欧盟不是超国家组织。有关欧盟是不是超国家组织的争论,参见朱景文著:《比较法社会学的框架:法制化、本土化和全球化》,中国人民大学出版社 2001 年版,第 797 ~ 799 页。

② 车丕照:"法律全球化是现实,还是幻想",载《国际经济法论丛》(第 4 卷),法律出版社 2001 年版,第 32 ~ 33 页。

主要是由各个国家独立地处理或协调。在此时,各国的国内法是处理国际关系和国际事务的主要依据。即使是各国通过订立国际条约或协定来处理国际关系和国际事务,这些国际条约或协定只有转化为国内法才能得到有效地实施。因此,在以国内法为中心的民族国家时代,法治只能是一种国内治理的有效模式。

全球化进程产生了一大批跨国家的、超国家的全球性问题、全球性事务,如地球环境污染、全球气候恶化、世界金融风暴、南北差距扩大。这些问题和事务虽然涉及各个国家的国内问题、事务,但是远非单个国家所能解决的,甚至是众多国家联合起来也难以解决的,而需要国家的和非国家的、公共的和私人的诸多全球性力量共同解决。于是,在国家独木难支的全球化时代,全球治理的概念和理论就应运而生。治理(governance)概念不同传统的统治(government)概念:统治的主体是作为社会公共机构的政府,而治理的主体既可以社会公共机构,也可以是私人机构,还可以是两者的合作;统治是一种自上而下的单向管理过程,而治理是一个上下互动的管理过程。① 治理概念的提出意味着传统的统治概念的失效。统治概念的失效首先体现在全球性事务上。全球社会是一个无政府的社会,当然无法按照传统的统治模式来管理,而只能按照治理模式来管理。

既然全球社会只能治理,而不能实行统治,那么接下来的问题是,全球社会如何治理。从社会控制的角度来说,全球治理同国内治理一样,其最佳的模式是法治。首先,法治是建立和维护全球秩序的最可靠保障。尽管没有法律并不必然意味着没有秩序,但是没有法律就必然没有稳定的、公正的秩序。国内社会是这样,国际社会也是这样。一定时期内国际力量之间的均衡和牵制也可以形成较稳定的国际秩序,但这种自发形成的国际秩序是极其脆弱的,容易因某些国际冲突和矛盾而毁于一旦。其次,这种国际秩序也是难以为人所预测和控制的,人类的命运仍然受各种外在的偶然性和任意性的支配。最后,这种国际秩序不能表达或反映全人类的愿望和理想,往往是一种非理性的秩序。人类要超越这种自发的世界秩序,唯有走法治之路,建立以法律为基础的世界秩序。法律的稳定性、连续性,可以保障世界秩序的稳定性、牢固性;法律的公开性、确定性,可以保障世界秩序的可预测性;法律由国际社会共同制定和实施,可以保障世界秩序反映人类的共同愿望和理想。另外,法治是解决全球公共问题最有效的合作机制。全球公共问题的解决,既不能靠几个国家势单力薄的努力,也不能靠一些临时性的应急措施,而只能靠各国共同遵守的、长期稳定有效的法律制度。在国际政治和国际关系学界,人们从过去强调大国或大国集团解决全球公共问题的能力和

① 俞可平主编:《治理与善治》,社会科学文献出版社2000年版,第5~6页。

责任，开始转向强调各国依据国际制度共同管理和解决全球公共问题。前者是一种人治的思路，后者是一种法治的思路。[①] 目前，很多全球公共问题之所以难以解决，就在于我们缺乏解决问题的法治机制。例如，全球环境恶化问题虽然已为全世界所关注，但并未能得到有效的扼制，原因就在于“我们缺乏有效地解决跨国境的、生物圈的环境恶化问题的制度与法律机制……事实上，我们缺乏大量必要的规则以与确立这些规则的方式，我们缺乏能够确保已有规则有效实施的机构。”[②]

从历史发展来看，全球治理的法治化已成为必然的趋势。这集中体现在以下几个方面：其一，人类越来越不满足于自发形成的世界秩序，努力建立规范性的世界秩序。“二战”以来，很多民族国家、政府间国际组织、非政府间国际组织和个人都加入到创建全球新秩序的队伍行列，制定、草拟或发布各种形式不同、内容各异的条约、规则、宣言、纲领，规划或实际地建立全球新秩序。其二，全球社会关系的制度化、法律化已成为一种明显的趋势。以国际关系为例，“二战”以来，调整国际关系的全球性或区域性国际法大量增加，国际关系的诸多领域如领土、海洋、空间、外交、战争、国际贸易、国际人权等已形成了比较完整的国际法律制度。其三，在全球社会生活的某些领域，法治机制已初步形成。有代表性的例子是世界贸易领域。随着一系列多边贸易协定的确立以及世界贸易组织的建立，世界贸易组织的成员必须依据多边贸易规则开展国际贸易活动，解决国际贸易争端，事实上形成了一种依法处理国际贸易关系的法治机制。

从这3个方面来看，法律的全球化是由全球社会的各种力量共同推动的法律发展进程。除了国家之外，政府间国际组织、非政府性国际组织、超国家组织、跨国公司、个人等行为主体都对法律全球化的推进起了重要作用。法律全球化是一个比法律国际化更高级、更复杂的阶段。国家是法律全球化的促动者，法律国际化是法律全球化的起始阶段。但是，随着法律全球化的纵深挺进，国家越来越难以主宰这一由其促动的历史进程，法律国际化越来越受法律全球化的影响和支配。在全球化时代，法律国际化的进程仍在继续，但是它不过是法律全球化大潮中的一股细流。

（2002年第12期）

---

① 苏长和著：《全球公共问题与国际合作：一种制度的分析》，上海人民出版社2000年版，第301页。

② G. Palmer, New Ways to Make International Environmental Law, *American Journal of International Law*, Vol. 86, 1992, p. 259.

2003 年

法律现代化的三个层面

——从法律“西化”概念说起

蒋立山*

提到法律西方化,至少有些中国人会大为紧张,认为这是有人为法律“全盘西化”作辩护。尽管他们了解中国近代的法律改革,大致也知道欧洲人在非洲等地的政治与法律的殖民统治,更知道当代许多发展中国家正在被迫地或是相对主动地参照西方国家的模式进行法律改革(中国算是一种主动改革的情况)。然而,他们忌讳“法律西方化”概念,总认为用法律借鉴、学习西方经验等词汇更舒服一些。其实,笔者在很长时间里也是认同这种想法的。然而,在讨论法律现代化问题时,笔者为什么首先要从“法律西方化”问题谈起呢?——是为了描述我们当前的和以往的真实的法律世界。

无论是回顾20世纪中国法律现代化的历程,还是思考中国法律当今与未来的变革前景,西方法律的影响总是一个挥之不去的影子,是一个拥堵于心中又无合适词语表达的内容。在20世纪中国法律现代化主流理论的演变中,“法律西化”(法律西方化)最终蜕变成为一个较为情绪化的贬语,成为盲目照搬西方法律思想与制度的同义语,这既有学术语言变迁方面的客观原因,也是人们对于西方法律的矛盾心理和对法律现代化的主观期盼使然。然而,作为批判性语言的法律“西化”概念在有助于澄清人们的心理愿望的同时,却模糊了人们对法律现代化问题的事实分析;在有助于建构和表达人们对一国法律现代化的理想目标的同时,却忽视了对法律现代化的世界史背景和不同国家具体情况的历史考察。特别是在20世纪后期的一些关于中国法律现代化的理论中,对理想的主观追求经常代替了对现实的冷静分析,应该是什么的论证经常代替了现实是什么(或历史是什么)的讨论。这很难使人们看清楚什么是现实中或历史中存在的东西,很难使人们看清客观现实中的非理想性一面;很难使人们看清中国正处在何处,可能会向何处去,以及应该向何处去。

为此,本文希望区别出两种意义上的法律“西化”概念。一种是从价值主张的意义上使用法律“西化”概念,20世纪30年代陈序经的“全盘西化”概念正是这样

* 作者单位:中国政法大学法学院。

一种思路,胡适的"充分世界化"思想也有这样的影子。按照这样的思路,法律"西化"概念揭示的是人们想要追求的东西。另一种是从历史描述和批判的意义上使用法律"西化"概念,它所对应的典型历史是19世纪和20世纪初世界范围内的殖民化时代。在理论上,马克思所说的"未开化和半开化的国家从属于文明的国家,农民的民族从属于资产阶级的民族,东方从属于西方"和"工业较发达国家向工业较不发达国家所显示的,只是后者未来的景象"①的思想,即揭示了这样一种历史描述与批判的思路,沃勒斯坦关于"资本主义世界体系作为一种特殊文明被普遍化"的思想②也是如此。正是在这样一种历史描述的意义上使用法律"西化"概念,法律"西化"概念也就被赋予了一种新的历史描述与批判的色彩。

从历史描述角度使用法律"西化"概念的根本目的,意在想借此从世界历史角度对法律现代化的内在展开逻辑做某种框架分析,描述包括中国在内的非西方世界的一段屈辱历史及此段历史对后来的影响,描述中国社会目前正在发生着的法律现代化进程以及未来的可能走向。本文认为:法律西方化(西化),按笔者本文所给出的某种宽泛的理解,作为世界近代史总体趋势的一个组成部分,无论是表现为法律殖民化还是强制性的法律西化,均构成了非西方国家法律现代化的起点,这是众多第三世界国家的一段屈辱史,也是人们不愿意承认却应该鼓足勇气承认的一段客观历史。确认法律西方化是非西方国家法律现代化的起点,本身并不能揭示出法律现代化的终点所在,非西方国家的法律演进道路如何走,还要取决于各国的具体条件与国际环境。所以,在不同国家的历史进程中,法律西方化与法律现代化的现实关系是复杂的,并不是简单的对立或排斥关系。超过法律西方化,靠的不是某种主观愿望,而是要遵循和把握非西方国家法律现代化的内在规律和不同国家的具体条件。

一、"西化"概念与法律现代化

在中国的法律现代化理论里,"西化"概念是难以定义的。这不是就词语而言,而是就它的具体社会内容。同样,法律现代化与法律西化的关系问题也是难以澄清的,不是就人们的主观愿望而言,而是就它俩之间的真实关系。

20世纪早期(特别是30年代以前)的中国,"西化"概念指的就是后来的"现代化"概念,当时的"西化"概念基本上是积极的,反映了传统"夏夷之辩"的

① 《马克思恩格斯选集》(第1卷),人民出版社1972年版,第255页。

② 王正毅著:《世界体系论与中国》,商务印书馆2000年版,第182页。

中国中心观解除之后中国人向西方学习的开放态度。情况的复杂性出现在20世纪30年以后。30年代学术界的讨论中，随着"现代化"概念的出现和陈序经"全盘西化"主张的被否定，"西化"概念在人们心目中渐成了"全盘西化"的简称。① "西化"概念内在地分裂了成了两部分，它的原有积极内容转换到了"现代化"概念当中，而原有消极内容留存在"西化"概念的壳里，"西化"渐成贬语。在毛泽东时代的中国，由于现代化目标模式的转换，西化论主张彻底失去了社会基础，又由于"现代化"概念已经从"西化"概念中成功地剥离出来，就更无人从正面意义上继续使用"西化"概念。在后来的改革开放时期，随着学习西方的浪潮重新兴起，"西化"概念重新出现。不过，由于原有"西化"概念中的现代化含义内容已经获得了独立的语言表达，此时的"西化"概念的含义仍然等同于原有概念中的消极剩余物，即盲目照搬西方经验、主张全盘西化的代名词。由此，"西化"概念主要成为一种批判性词语。

从主张"西化"的阵营来看，在20世纪中，最早主张"西化"的人，是"五四运动"时期反封建主义态度最猛烈的人，如陈独秀、胡适等。维新运动的失败，使许多中国人认识到，中国的问题单靠点点滴滴地学习西方是不够的，必须进行彻底的改造。中国文化与西洋文化是性质完全不同的两种文化，只有西方文化，即西方的科学与民主，才能救中国。这是"五四运动"时期"西化论"主张的最突出的成就。所以，20世纪早期中国的"西化"概念就是指现代化，主张西化论的人往往也是反对中国封建专制文化态度最猛烈的人。西化论表明了一种与以封建文化为代表的中国传统文化的彻底决裂的精神。30年代初陈序经等人的"全盘西化"论也是针对梁漱溟的新儒学文化观而来的。② 如果我们不追究其名词概念上的问题，这种"全盘西化论"也是一种主张全面的激进现代化的观点，只不过当时人们普遍地还没有把"现代化"概念从"西化"概念中剥离出来。无论是西化观点，还是全盘西化的观点，就与它们当时所分别针对的封建礼教观点和新儒家的"世界未来文化就是中国文化(儒学)的复兴"观点相比较而言，都是一种相对进步的、与中国现代化的大趋势相吻合的观点。

"西化"概念的更真实含义，不仅在于它本身，而应该从反"西化"论的主张中寻找。20世纪早期最激烈的"西化"反对者，是那些封建礼教的忠实维护者，他们攻击"西化论"者是"覆孔孟、铲伦常"。③ "五四运动"后期的反"西化论"者

---

① 罗荣渠主编：《从西化到现代化》，北京大学出版社1990年版，代序。

② 同上，第16页。

③ 如针对陈独秀等人呼唤与中国旧礼教彻底决裂的观点，林纾等人认为这是"叛亲蔑伦之论"，转引自胡逢祥著：《社会变革与文化传统》，上海人民出版社2000年版，第104页。

主要是一些接受过西方新学与民主思想洗礼但仍对传统文化持同情态度的文化保守主义人物。例如,"五四运动"时期,针对当时新文化运动对儒学旧礼教的抨击和西学之风盛行,杜亚泉认为,"近年以来,吾国人之羡慕西洋文明,无所不至,自军国大事以到日用细微,无不效法西洋"。① 20世纪后期,原处于封闭状态的中国向外部世界走出的每一步,中国借鉴西方经验的每一个重要举措,几乎都会遇到各种各样的反对意见与阻力,都会有各种各样的"盲目照搬西方"的批判性言辞飞过来,都曾经被指责为"西化"。就法律方面的情况来看,20世纪80年代初期,法律方面的指导思想是,西方国家的法律是体现资产阶级意志的,是有阶级性的,不能照搬借鉴,只有西方法律中的一些技术性法规是无阶级性的,可以借鉴。如果有人提出在学习借鉴西方法律制度方面走得远一点,自然就会戴上一顶"西化"的帽子。80年代国内法理学教科书中谈到社会主义的法制原则,表面上说是要总结新中国成立以来的经验和吸取本国历史上及外国经验相结合,但注重强调的还是不能照搬外国的经验。② 整个80年代谈及权力制约原则、公法与私法的划分、权利本位、人权理论等内容时,最容易被扣上的帽子之一就是"照搬西方"与"全盘西化"甚至是"自由化"。从考察"西化"概念的使用情况来看,人们使用"西化"概念所反对的内容,有许许多多都正是中国在后来的改革中逐渐加以吸收、借鉴的东西。也就是说,人们使用"西化"概念所反对的内容,正是向西方学习的做法。如果说,反"西化论"者所反对的是中国走向外部世界,至少是反对中国在这方面走得过快,那么,西化论者所主张的主流恰恰是全面地、尽快地融入世界,融入国际社会的潮流中去。这样一来,在中国的现代化话语里,"现代化"与反对"西化"在许多方面构成了一种矛盾的伴生现象。在现代化的主张背后,总有反"西化论"的主张跟随而来。因为,正如金耀基所说的那样,"'现代化'以工业化、都市化、世俗化、普遍参与为内涵的,而这些却又恰恰是现代的西方文化的特质,'现代型模'固然不等于'西方型模',但二者是非常接近的。而几乎是重合的。"③所以,无论是怎样的现代化,从某种意义上,总是有"西化"的成分在其中,总是无法避免向西方国家学习的活动。上述情况大概主要说明了一个情况,即对"西化"概念的理解不应该仅从"现代化"概念的剩余内容方面理解,不应该仅从盲目照搬西方经验的意义上理解,而应该从反对"西化"论者所现实地反对的东西方面理解。西化概念引发出的另一个复

① 杜亚泉:"国民今后之道德",载《东方杂志》第10卷第5号。

② 北京大学法律系法学理论教研室编:《法学基础理论》,北京大学出版社1984年版,第351页。

③ 金耀基著:《从传统到现代》,中国人民大学出版社1999年版,第151页。

杂问题,是法律现代化与法律西化的关系。法律西方化(西化)与法律现代化的关系是一个主观上说得清楚、实际上辨别不清的问题。从主观愿意方面来看,法律现代化是要通过借鉴、学习西方社会中已有的符合现代社会发展规律的、合乎社会进步要求的内容,改造原有落后的中国法律,而不是要将西方社会的法律特别是其中不合理的及不合乎中国国情的内容原样照搬过来,即把西方法律中的为我所需的、好的东西拿过来,留下那些不需要的或不想要的东西。但实际上,由于为我所需的、好的东西的标准是社会功利性的、适时变化的,某项法律改革实践到底是合乎现代化要求的还是属于"西化"的也就难以说清楚了。例如,从历史上看,清末立宪,搞君主立宪制,是否符合了当时的国情?就清末修宪的决策者而言,君主制无疑是合乎当时中国国情的,但后人认为那是照搬当时的德日体制。沈家本奉旨修律是否属于照搬西法呢?后人的回答基本上是否定的,但当时清廷中将其斥为"专摹外国"(西化)者为却大有人在。[①] 民国初期,孙中山搞英美共和制,是否合乎当时的国情?今人似乎多持肯定态度,但无论是当时还是如今,认为共和制徒具形式、在中国并无土壤根基的看法也很普遍且道出了部分历史实情。这些是历史上的情况,如今的情况也很类似。中国在上市公司原有的监事会框架内叠加了美国的独立董事制度,在纠问式审判的历史背景下植入抗辩制,在普遍缺乏知识产权意识的社会环境下制定实施了知识产权法,这是属于学习、借鉴西方法律,还是属于照搬西方或"法律西化"呢?这实际上也是容易有争议的,争议的焦点在于,这些引入、借鉴西方法律制度的改革是真正符合中国国情的,还是缺乏现实社会基础的。这使人们感到,中国的许多法律改革,总是被置于法律现代化与法律"西化"的评价之间,可以被人们说来说去。时下人们常说,中国法律需要现代化,但法律现代化不是西化,这又使人感觉到法律现代化与西化之间存在某种对抗、排斥的矛盾关系。那么,法律现代化与法律西方化到底是什么关系?应该从什么角度看待法律现代化与法律"西化"的关系呢?

二、法律西方化——法律现代化的历史起点

从中国近百年的文化思潮演变来看,人们对"西方化"概念的主导评价是否定性的。然而,笔者在想,我们是否可以从客观描述的意义上使用"法律西方化"概念?因为,法律西方化概念,客观地说,是能够包容多种含义的。简单说

① 张晋藩总主编、朱勇主编:《中国法制通史》(第9卷),法律出版社1999年版,第283页。

来,从评价角度看,人们可以把它从好的方面或坏的方面理解。从适用范畴角度看,人们可以从广义或狭义方面理解。从好的方面的理解,法律西方化可以等同于学习和借鉴西方的经验,移植西方的法律制度与文化,把西方社会自近代以来在法律发展和制度创新方面的做法和法律成果应用于中国。从坏的方面理解,法律西方化可以等同于"照搬西方"、"全盘西化"的含义。从狭义的适用角度看,法律西方化仅指学习、借鉴欧美国家的法律制度和法律做法。从广义的适用角度看,法律西方化,不仅指直接学习、借鉴欧美国家的法律制度,还可以大致地、非严格意义上地等同于法律国际化。因为目前所谓国际通行的法律规则与制度,大多是原创于欧美社会并提升为国际规则的。所以,法律西方化概念的客观含义可以是多重的,它的取舍问题,从技术上说,取决于我们赋予它什么样的含义。

从历史上看,"法律西方化"问题似乎已经解决了。谈起法律西方化,人们很容易想起20世纪30年代中国学术界关于"西方化"或"全盘西方"问题的那场争论,眼下的法律西方化问题自然也有这场争论作为某种历史背景。现在的人们往往清晰地记得那场争论是以"全盘西化"论的完全失败而告终的,其实,同时失败的还有所谓的"中国本位"论,取而代之两者的是"现代化"概念在中国学术界得到广泛认同。20世纪90年代,罗荣渠主编的《从"西化"到现代化》[①]一书中记载了这场争论的一些重要文章,该书的书名似乎也为这场争论做了某种学术定论。确实,从主张西化到主张现代化,这体现了一种思想的进步;然而,也许是进步的时间太长了,年代久远了,人们已经忘记了"现代化"概念是如何产生的,是从何而来的,眼里只剩下"现代化"了,以至于天天喊"现代化",或者还拿"现代化"概念反对"西方化"概念,却没思考"现代化"概念的真正内涵。其实,为了理解"现代化"概念,我们首先要知道"西方化"(法律西方化)。

什么是法律西方化?要给这个被人们经常使用和关注的概念作出一个明确严格的解说并非易事,也不见得十分有意义。日本近代"脱亚入欧"式的法律输入和改革肯定在部分学者眼里属于法律西方化,中国学习借鉴西方法律,并力图将其适合于本国实际的做法是否属于法律西方化呢?对于后者,恐怕争议会更多一些。近代土耳其废除伊斯兰法律传统,完全采取西方法律制度,应该属于法律西方化,而一些现代伊斯兰国家既捍卫传统伊斯兰的法律信仰,又有选择地"转译"了一些西方社会关于人权的法律观念,并将其与传统伊斯兰法律信仰相结合,是否属于法律西方化呢?如果说,学习、借鉴西方国家的法律就属于法律西方化,那么,大陆法系和英美法系国家之间的相互借鉴、相互影响和不同程度

① 罗荣渠主编:《从西化到现代化》,北京大学出版社1990年版。

上的趋同的现象属于什么呢？再者，第三世界国家遵循和采用了目前“国际通行”的法律制度是否属于法律西方化呢？

如果人们跳出这些具体的、看似不易说明的现象，从历史角度把握这些现象背后的总体特征，就可以把法律西方化看做自近代历史以来西方社会的法律制度、法律文化向非西方社会的单方向传播过程。也许有的学者更愿意用“法律的国际化”等概念来表达某种类似的含义，这对于某些时期的情况可能也显恰当，笔者并无意见。但是，在使用“法律国际化”之类的概念时，笔者唯恐人们被“国际化”之类的字眼所迷惑，陶醉在一种关于国际社会的理想主义梦想中，忘记了“国际化”背后的国际经济政治格局和渗透其中的国家利益问题。如果我们愿望采用“法律国际化”一类的提法，就应该对“法律国际化”的表述做一种更深层的追问，什么是法律的国际化？法律国际化由何而来？谁在领导法律的国际化？有多少是国际平等秩序中的法律国际化？有多少是不平等秩序中的法律国际化？哪个成分更多些？哪种成分是现实国际生活中主流？第三世界国家在国际化的趋势中处于何种地位？在如此一连串的追问下，人们就会发现，他们不得不重新面对的仍然是西方法律文化向非西方世界的单方向传播问题，即所谓的“法律西方化”问题。

也许还有人认为，法律现代化概念能够替代原有法律西化概念的有益作用，同时能够避免它的负面作用。从表面上看确实是如此，但这仅止于问题的表面。因为，法律现代化概念仍是需要被说明的，其中有一些更深入的问题，如现代化中的现代性因素从何而来，现代性因素是如何进入中国历史之中的等，当前中国法律变革的方向是参照何者而确定？是仅仅基于对历史的反思，我们就能够找到法律变革的方向，还是要参照中国外部的情况改革中国法律？这些问题都共同指向法律现代性因素的某种世界性的历史源头，即先步入现代化行列的西方国家。所以，法律现代化概念虽然是有用的，是可以用来描绘中国法律变迁方向的，但它需要法律西方化的概念作为其内在的要素。

自16世纪以来，欧洲人在数个世纪的时间里逐步建立起了一个空前强大的、全球化的政治、经济、军事、技术和科学体系的综合体，到了19世纪70年代，形成了一个以欧洲为中心且向外辐射扩张的新的世界格局。此后，全世界其他地区的民族都在这个文明中心的影响下经历了一场“近代化”和“西方化”的过程，或是如马克思所说的，经历了一场“未开化和半开化的国家从属于文明的国家，农民的民族从属于资产阶级的民族，东方从属于西方”的过程。这一过程的早期标志是欧洲近代文化和科学技术的引进，以工厂制度为代表的经济体制的建立，近现代教育体系的形成。作为这一过程的不可分割的重要组成部分，是各非西方国家的法律西方化，包括以部门法分立为特征的法律制度的建立，近代法院体制的形成，法律文化和法律价值观念的变化，等等。可以说，不同程度的法律西方化（包括法律殖民化和被迫实行的以法律西方化为主题的法律改革）是各非西方国家法律近代化的开端，也是这些国家后来法律现代化的基础。同时，法律西方化不仅仅是第三世界国家在近代殖民统治时代存在的现象，在民族独立以后的法律相对自主发展阶段，人们依然可以看到法律西方化现象在各第三世界国家不同程度地得到某种延续，在目前正在展开的全球化进程中，法律西方化现象不仅仅是以往西方法律影响的延续问题，而且表现为如何与西方主导型的国际规则体制的“二次接轨”问题。

法律西方化的传播手段是多种多样的，既可以是强制性的法律西化，如同殖民地时代那样，也可以是被迫性地吸纳西方法律制度，如同近代日本、中国的法律改革，还可以表现为在当今世界上普遍流行的用所谓采取“国际通行”规则的方式改造本国法。法律西方化不一定意味着“全盘西化”，但在现实历史中，“全盘西化”确实是法律西方化的一种情况，当然，在某些国家如中国，人们普遍认为法律“全盘西化”并不是一种理想的结果。法律西方化不意味非西方国家要全然失去本国法律的传统或特色，但其中必定会有一些法律传统要发生流失或改变。法律西方化不意味着非西方国家必然要接受许多不适合本国实际的法律制度和法律文化，但其中不可避免地会有一些引进来的法律制度与法律文化暂时不合适或根本不适合接受国的实际。法律西方化也不意味着非西方国家的法律会与西方国家的法律完全一样，但在部分法律制度中将会出现与西方社会法律基本一致的变化，并且这是非西方社会自近代以来法律变迁的主导方向。

许多中国法学家都会主张，中国的法律现代化不应该完全等同于西方化，而应该是适宜本土的东西，应该创造出一种有别于西方国家的法律现代化的中国模式。这种态度和立场是完全可以理解的，然而，这是另外一个问题。在这种民族主义情感因素的支配下，人们经常看到法学家们不愿意承认法律西方化现象的存在，看到法学家们急切地把作为目标性的法律现代化的中国模式作为一种现实存在的东西加以论证，以此作为对法律西方化的抗争。其实，无论是中国，还是其他第三世界国家，西方法律的历史和现实的巨大影响，都是无可回避的现实。这是一种错综复杂的、需要冷静分析的客观事实。自20世纪中叶中国人民取得民族独立之后，完全意义上的“法律西方化”运动虽然已经不存在了，但西方法律制度、法律文化和法理分析模式依然对中国社会、对中国的法律现代化运动起着非常巨大的影响。就中国的法学家（包括那些呼唤法治的中国模式和反对“法律西方化”的法学家们）自身来说，他们所论证的有中国特色的法律现代化的价值、目标、体制特征与他们从书本上学习来的西方国家的法律又有多少实质性的差别呢？他们关于法律现代化的思维方式在某种程度上已经很接近“西化”标准了。尤其是中国在20世纪80年代重新启动法律现代化运动以来，西方法律的制度因素与文化价值观念正在全方位地渗透到从学校到课堂到教科书再到法制建设领域的各个方面。西方法律因素的这种全方位浸入，更以中国经济、文化和社会体制的全方位借鉴西方经验、全方位“与国际接轨”和决心跻身于国际社会的法律努力作为一种强有力的支持背景，成为中国推进现行法律制度改革与社会变革的重要工具。

反对法律“西化”概念的一个最大的价值因素就是，人们不希望出现法律“西化”现象。一些人看见“西化”两字就认为是鼓吹“西化”。其实，这完全是两回事。信奉共产主义的人最痛恨的就是资本剥削，但马克思却在他的《资本论》中通篇以客观理性的态度分析剥削现象及其本质。就笔者个人而言，或许笔者就是反对法律西方化的，惟其如此，笔者才希望揭示法律西方化事实的存在。在理想层面上把中国的法律现代化事业完全等同于法律西方化，大概并无可取之处；否认法律西方化事实的存在，也是一种幼稚和自我麻痹。不管人们是否使用“法律西方化”这种提法，在所谓法律本土化和法律全球化趋势中，西方法律因素的全面浸入已经构成了中国法律现代化的一个重要方面。并且这种法律西方化的趋势在我们这代人的生活时段中恐怕还有加强的可能，或许中国正处在法律西方化的高峰前夜（没看到中国的部长们正在忙着按照WTO规则修改法律吗）。没有西方法律的侵入，就没有中国法律的现代化，同样也没有中国法律现代化所面临的挑战。这个事实与其他方面的同样重要的事实——包括西方法律因素在中国社会中得到“本土化改造”，西方法律因素与中国现在法律因素的衔接与适应过程，以及可能产生的法律制度与现实生活的隔阂，和在中国社会中引起的或可能引起的现实利益与文化价值冲突等——共同构成了一种更为复杂的、需要理性把握的事实。

所以，如果把法律西方化概念视为一个中性的描述性概念，用它概括自近代以来的西方法律向非西方社会的单方向传播，它依然是一个有价值的概念。使用“法律西方化”概念，本身并不等于我们赞同法律西方化，赞同与否是一个价值判断问题，与是否使用这一概念无关。进一步说，理性地承认法律西方化事实的存在，可能远比否认此现象更有助于人们看清现实的复杂性，更有助于人们警惕和防范“法律西方化”所可能产生的负面效应，更能达到警惕和抗拒不合理的法律“全盘西化”的消极现象出现的目的。

三、什么是法律本土化

时下一些中国学者经常把法律的国际化、西方化与本土化结合起来思考，把法律的本土化作为抗拒和反抗法律西方化的一种做法，也就是把法律的本土化作为法律西方化的一种对立面来解释。按照这种理解，法律的本土化，就是法律的制定，以及法律制度的改革，都要适合本国、本民族的现实情况、特点和历史状况。进而言之，中国的法治模式只能适合于中国本土，与中国的政治、经济、文化相融会。这种理解确实有一定的道理。然而，这只是问题的一种表面结论，它忽略了结论本身的一个重要的逻辑的和历史的前提。

比如说，中国法律制度应该合乎和顺应中国的社会现实，这多少是不言而喻的很自然的事情。然而，为什么一个自然而然的事情却需要如此强调，唯恐它不能发生。唯一的解释是，已经有了某种强大的外部影响，正在改变或已经改变了中国的法律制度。我们都知道，中国的政治家和法律专家们在设计和起草中国的法律制度时，已经不是仅仅在中国现实情况与将要制定的法律之间做文章，而是在引入了大量关于西方国家法律制度的知识，并以此作为设计改革思路的重要参照。换言之，上述所谓“法律本土化”的逻辑前提，是中国的现实法律或拟定中的法律已经存在了许多“非本土化因素”，即西方化因素的存在。没有“法律西方化”事实的存在，又何来“法律本土化”的问题！与法律本土化相关联的早期国外事例，是19世纪欧洲殖民者在非洲搞的政治“本地化”运动。19世纪欧洲国家在非洲和亚洲殖民地推行西方式的文官制度、政党制度和地方自治制度，逐步将一部分殖民地居民吸收到政治管理制度中来，如非洲的部落酋长在殖民地行政审议会中占有议席，印度人参加殖民地机构的文官考试，竞争公职，实行所谓的“政治本地化”。[①] 政治本地化也好，法律本土化也好，基本含义之一是让外来的东西适合本地情况。

从更深一层的角度看问题，法律本土化的首要含义，不应该是对法律西方化的否定，而恰恰应该是对法律西方化的肯定。法律“本土化”所“化”何物，其对象是谁？按照学术界中存在的某种理解，法律本土化的对象是自然是某种本土法律，就中国而言，自然是中国的法律及其法律改革。但笔者理解，法律“本土化”所“化”的是某种域外法律，或者说是西方法律，是要用本土因素消化、吸收

① 杨征、陈峰君著：《第三世界的变革》，中国人民大学出版社1997年版，第214页。

西方法律制度,将西方法律消化于本土环境之中。所以,法律本土化的逻辑前提是法律"西方化",是要学习西方法律、借鉴西方法律,是要参照西方的法律制度和法律文化,对本国的传统法律制度加以改进、改造。没有法律"西方化"的逻辑前提,也就没有东西可供"本土化",也就没有法律的"本土化"问题的存在。所以,法律的本土化是法律西方化的逻辑延伸,是法律西方化的一个过程与环节。它首先是对法律西方化的逻辑肯定,是对西方法律的消化,然后才是对法律西方化的一种提升和扬弃。

从世界历史的角度看,在法律殖民化时代,东方社会与西方社会法律的相互作用、影响的主导方面是强制性的西方化与简单、全面的西方化,这构成了东方社会对西方强势文化冲击的被动性回应的组成部分。在冷战时期的法律自主化时代,这种相互影响、作用的主导方面是在民主主义、民族主义的思想指导下,使西方法律制度、法律文化在东方社会中的本土化过程。法律本土化既是对以前简单照搬的西方化的否定,又是对自主地学习西方法律、借鉴吸收西方法律文化的肯定。它是一种合理的法律西方化,是一种自主的、"为我所用"的西方化。

与法律本土化概念迥然不同的是法治本土论(法律本土论)的概念,它可能是一种思潮,也可能是一种潜意识。依笔者个人的理解,法律本土论的核心是把法制现代化的希望寄托于东方社会的固有传统或现有传统之中,希望以传统社会中的固定内容构建东方社会的法制现代化。如果确实如此,那么,法律本土论不同于法律本土化之处在于,它是对法律西方化的一种抗拒,也是法律本土化的抗拒。法律本土化与法律本土论的具体区别,可以有以下几方面:第一,法律本土化和法律本土论的中文词义不同,从各自中引申出来的意义也可以是不同的。法律本土化是一个动名词,强调的是消化、融化的动作,所消化、融化的是西方法律;法律本土论是一个完全意义上的称谓名词,所指是一种强调本土因素的论点,可以引申出与西方法律并肩而立、相互无关的含义。第二,人们在使用法律本土化和法律本土论概念时都可以强调本土因素的作用,但意义不同。法律本土化强调以本土因素消化西方法律,将西方法律制度与本土因素相结合,将西方法律融于本土环境之中,为我所用;法律本土论却可以用于强调依靠本土因素重建法律文化,用本土资源建构法制现代化。第三,法律本土化与法律本土论都可能包含否定西方法律的意义,但法律本土化强调的是肯定之中的否定,是先肯定西方法律的价值,然后再通过西方法律与本土因素的结合来否定简单西方化;而法律本土论却可能用于强调简单否定西方法律制度的价值。所以,法律本土化与法律本土论,两个概念一字之差,却可能包含着两种完全不同的含义,可以用于旨趣和目的完全不同的理论主张。

四、法律本土化的内在冲突

以法律本土化的理论对抗法律西方化，仅仅在法律本土化与反对法律西方化的关系之间做文章，这种做法并没有完全把握法律本土化问题的关键。人们也许注意到，在许多第三世界国家中，特别是在中国的近代法律改革史中，法律现代化过程中既存在某种程度不同的法律西方化运动，又存在某种抗拒法律西化的运动。这似乎是一种矛盾。恰恰是这种矛盾，可能是理解法律本土化问题的一个重要因素。可以这样认为，在非西方国家中，法律本土化虽然包含着对西方法律的肯定，但它又不等同于法律的西方化运动，法律本土化虽然还包含着法律西方化的否定因素，但它也不等同于法律西化的抗拒，法律西方化和对法律西化的抗拒构成了法律本土化运动的两极，构成了法律本土化内部的一种对应矛盾，而法律本土化正是在法律西化与抗拒西化的矛盾之间的东西。[①] 从中国的历史来看，近代以来不断出现的法律西化努力，既构成了法律改革的主要方向，也构成了对法律传统与现实的巨大冲击，而对法律西化的抗拒又构成了对这种法律改革的速度和力度的牵制，构成了对冲击的缓冲。西方法律的本土化过程就是在这种西化与抗拒中寻求某种微妙的平衡中不断递进实现的。当然，寻求完美的平衡是不容易的，这不仅取决于实践的艺术，改革知识的积累，还取决于不同时期的社会条件与政治情况。当法律西化的势力过强、大大超过抗拒西化的努力的时候，法律改革的速度就会加快，形式上的进步就比较明显突出，但实际效果常不见得很理想。当抗拒西化的力量过强、大大超过法律西化的努力的时候，法律改革又会受阻，至少是激进的改革举措受到遏制。清末改革之前，中国政府中的保守势力过于强大，致使导致向西方学习的第一次政府行动的戊戌变法失败，使清王朝失去了一次较佳的改革时机。

辛亥革命后，时局发展使得反对改制的保守势力表面上的归于衰弱，建立起了宪政体制，但过快地仿效英美模式建立起来的政体又缺乏社会力量的支撑，最终归于失败。就具体法律改革而言，清末法律改革中的礼法之争，既体现了改革派与保守派的斗争，也体现了西方法律理念与中国伦理民情的冲突。如果没有以沈

---

① 在思考法律本土化问题时，笔者在中国法律近代史的经验启发下，把法律本土化理解为法律西化和反对法律西化之间的东西；笔者的思考过程曾受到了艾森斯塔德的《现代化：抗拒与变迁》一书的启发。本文最终在“反对西方化”之类的表述中选择“抗拒西化”的提法，无疑与该书的书名有关。

家本为代表的法理派的改革主张，中国法律仍会固守于相对于西方而言的落后状态之中，依旧实行凌迟枭首之酷刑；如果没有礼教派的反抗，法律进步的步伐又会过快，以至于表面上顺应了西洋各国，却难通行于中国社会。法礼之争的结果，是西方法律在中国获得初步的有限度的植入，为中国法律现代化拉开了序幕。

非西方国家的域外法律本土化过程，是在法律西化与抗拒西化之间的不断冲突中艰难实现的。然而，在法律本土化过程中，法律西化与抗拒西化的冲突又呈现出比较复杂的情况。其中一种复杂表现是，这种冲突可以在社会不同层面上表现出来——或许是在政府内部展开，或者表现为政府与社会的矛盾，甚至还会表现为外来殖民统治者与当地居民的矛盾。在一国的政权或政府面临外部冲击面前拥有一定主权的情况下，这种冲突可能主要在政权内部展开，表现为政府内部的改革派与保守派之间的矛盾。中国近代和当代的许多法律改革就存在这种情况。在一国政府精英集团内部对法律改革无明显分歧，或矛盾不突出时，矛盾的表现可以会转向改革决策后的政府与社会的关系上。例如，1926年，土耳其政府过于急切地模仿西欧法律进行改革，颁布了新婚姻法，但许多青年男女继续按老的习惯方式结婚，这种婚姻按照新婚姻法来说是无效的，这种非法婚姻所生的子女也是非婚生子女。但是传统习惯的力量太强了，以至于传统的习惯产生的婚姻过多，产生了大量的所谓非婚生子女。在民间普遍抗拒的压力下，土耳其政府被迫对向前走得太快的法律进行调整。这种被动性地但却并非无力的民间抗拒，也是在法律本土化过程中纠正法律过分西化的一种情形。在外来殖民者对殖民地居民实行强制性法律西化的过程中，对法律西化的抗拒则在很大程度上被压制下去了，这种历史条件下的法律本土化无疑是在一种更加痛苦的时间过程中实现的，它也是法律进步中的非人道主义情形。

总之，与其说把法律本土化简单地理解为对法律西方化的抗拒，还不如把它合理地理解为是包含着法律西方化和对法律西化的抗拒的东西，是一种内在冲突的过程。在不同的社会历史条件下，它可能会表现出对其自身矛盾两极中的某一极的倾斜，和对另一极的偏离。这也使得非西方国家的法律本土化过程必然是复杂而多样的。

五、法律现代化的内在层面从法律西方化、本土化到本土法律创新

从理性角度看，非西方国家法律现代化（近代化）的第一个逻辑前提和历史前提就是法律西方化。然而，法律的西方化并不是第三世界国家法律现代化过

程的全部内容,而只是这些国家法律现代化的一个内在组成部分,在一些国家和地区的特定时期内,还可能表现为在法律现代化过程中顺应外部压力和社会内部变迁的一种对应措施,表现为非西方国家用法律服务于本国发展目标的手段。随着非西方国家对西方文明的外部压力从最期的被动性回应向主动性回应转变,法律变迁的方向也从早期的简单西方化向西方法律制度的本土化方面转变。

从法律西方化到法律本土化,既是第三世界国家法律现代化演变的内在逻辑过程,也是一种历史过程,还可以表现为一种法律制度层面上的静态结果。

从逻辑关系看,它表现为,法律西方化是本土化的前提性步骤,没有法律西方化,就不存在本土化问题,有了法律西方化,才会顺理成章的提出法律本土化的任务。从当前中国的法律改革看,法律制度的每一种改革、变革过程中,首先要睁开眼睛看世界,了解别人是如何做的,别人有什么经验。然后,也是更重要的,是要思考别人的做法对于自己有什么参考、借鉴价值,自己应该怎样做。在这里,学习西方是前提,在大多数法律改革问题上,借鉴西方法律是一种方向。至于如何学习,什么内容可供选择借鉴,又如何与中国当前的现实相结合,从逻辑关系上看是第二步的任务。

从历史关系上看,从法律西方化到法律本土化,体现了近代早期法律改革与后来改革的侧重点的不同。近代早期法律改革的经验不足,对西方法律的学习了解不足,自主选择借鉴的能力较弱,法律改革是侧重于法律西方化,或是简单照搬西方经验的情况会多一些。后来改革的情况则出现一些新变化,主要是对西方法律知识的掌握积累多了,自主选择的提高了,自然也就不满足于简单地照搬,而是强调如何创造性地实现对西方法律的借鉴。它还可以描述从早期的西方国家强制性输入法律制度到后来的非西方国家自主学习、自主选择转变,描述非西方化国家从早期被动性回应外部挑战到实现民族独立自主之后主动性地回应外部挑战之间的转变。

从法律制度的静态结果看,从法律西方化到法律本土化,还可以概括非西方国家法律的制度层面与文化层面、技术层面与目标层面的某种差别,即制度层面与技术层面的外显的西化特征,和文化层面与目标层面的本土性的内在特征。法律现代化过程一旦从法律西方化阶段演进到法律本土化阶段,完全意义上的法律"西方化"运动即不复存在,但法律"西方化"的因素依然存在。它既存在于法律"本土化"的逻辑步骤之中,也存在于多数法律制度和众多法律文化观念方面的趋同性里面。只不过它被包容于一种更强大和更广泛的法律"本土化"的氛围之中,成为法律"本土化"的某种内部环节和组成部分。

在法律本土化基础上向更高层面展开的工作,可以称为本土法律的创新。这里所讲的创新是一种法律制度方面的原创性工作,而不是日常实践中所讲的将域外法律制度与本国法律现实的创造性结合。从此种意义上说,笔者比较倾向主张在法律本土化与本土法律创新之间再做出某种更细致的划分,即将法律西方化、法律本土化与本土法律的创新作为第三世界国家法律现代化进程的3种性质不同且依次展开的递进层次。它们可以会表现为时间上的某种顺序关系或空间上的事物发展递进关系,各层面之间可能会部分地重叠,边界部分可能会相互包含,但至少客观上不应该完全混淆。在法律现代化进程中区分出这3种不同的深度与层次,可以把第三世界国家的法律现代化进程看得更清楚一些,更长远一些,便于确定目前第三世界国家所处的历史方位和今后的长远道路。

一些中国学者经常将法律本土化赋予一种法律创新,特别是法律模式创新(新的法律现代化模式)的含义,并把法律本土化几乎同等于法律创新,甚至把它视为与西方近代法律模式相提并论的是法律模式创新。正是由于后种情况的存在,即把本土法律创新赋予一种世界性的意义,笔者才主张把它与法律本土化区别开来。应该注意的是,法律本土化过程中虽然会不可避免地存在某种创新的努力,但这种创新可能只是较低层次的,而且其意义也多是一国内部性的,它在众多第三世界国家中毫无例外地表现为西方法律制度的共性(即所谓已经上升为国际化的、各国通行的法律制度)内容加上本国特色,或简称为"西方共性+本国特色"。就此而言,人们可以说,有多少个第三世界国家,大概就有多少所谓的富有特色的法律模式。退一步说,如果按照世界地域划分,至少也可以划分出法律现代化的亚洲模式、非洲模式、伊斯兰模式和拉丁美洲模式。就这些国家的具体法律制度而言,法律本土化阶段的法律制度建设既有创新成分,也有借鉴成分,其中哪个成分更多一些,不好一概而论,但真正可圈可点的法律制度创新,真正有世界性意义的创新恐怕屈指可数,还远不能说在总体上已经完成了法律模式的创新。比如说,中国的法律改革还处于起步或初期加速阶段,虽然经历了20多年的立法快速发展时期,但法律的质量还比较粗糙,真正富有中国特色的创新内容还很有限,法律制度的"国际接轨"工作尚还远未完成,甚至仍需要众多的过渡性步骤。同时,法律运作的水平和服务、支持社会现代化发展的功能均不尽如人意,在法律制度设计方面还有一些目前较难处理的,甚至是目前都尚未讨论清楚的难点问题。更为重要的是,在法律制度框架初步先行确立之后,法治精神的生长仍需要一个漫长的过程,现代性法律秩序的培育与现代法律行为模式在社会生活中的扎根仍然需要较多时间。一句话,法律的现代化在中国还有一段很长很长的路要走,人们已经走过的仅仅其中的一小段路程。同样,包括中国在内的大多数第三世界国家都正在处于从传统向现代的社会转型,社会的、法律的体制与运作机制尚未定型,目前正进行的所谓法律模式创新的努力仍处于初期阶段,目前的体制框架何时能够实现定型化,能否具有较长久的生命力,未来的可能演变方向指向何方,都有待实践与时间的回答。甚至我们还看到,目前第三世界国家法律的本国特色(包括中国在内),在许多方面还经常表现为一种过渡性质,其中还包含某些迁就现实的、迁就僵化的落后内容。

所以,从一个更长的历史过程来看,包括中国在内的第三世界国家法律现代化的努力还基本停留在法律本土化阶段,停留在一国法律的自主借鉴西方与建设阶段。甚至可以说,在目前正在形成的全球化浪潮中,在贸易全球化和世界范围内的民主化浪潮中,法律西方化的新的高峰期可能才刚刚开始,还没有达到峰顶阶段。能否实现和如何实现本土法律的创新,以致最终形成一种明显有别于西方且获得公认的新的法律模式,仍然是未来的事情。

在未来的时期中,如何判断第三世界国家的法律完成了从法律本土化阶段转向本土法律创新阶段的转变,如何判断发展出了一种在吸收西方法律的基础之上又比较适合本国国情且成功地支持本国实现了社会现代化目标的富有本国特色的法律制度模式,如果需要提出几条标准的话,目前能够说得清楚的,至少有几条:第一,是否建立了某种适合本国国情的、明显有别于西方法律模式的、独创性的法律制度模式,且被国内国际公认为是设计合理、操作可行的制度;第二,此种法律创新模式与其他社会运转机制是否能够共同服务本国的社会发展目标,基本实现本国社会从传统向现代的转型,实现了公正秩序下的社会发展;第三,从时间上说,这种法律模式是否能够经受住几代人的生活经验与实际运作的检验,至少需要一、二代人的生活实践来验证。这种时间标准是很关键的。例如,日本近代明治维新的社会及法律改革在19世纪末20世纪初的那一代人看来,甚至在20世纪的许多中国人看来,可能是比较成功的,实现了富国强兵的目标,但其弊端在后来越发显现,走上了专制与侵略的道路,最终在国外的刺刀下实行法律与秩序的重建。① 这说明了一个浅显而又深刻的道理,制度设计中的重要缺陷不经过几代人的实践是看不出来的,至少是短时期内看不出来的。

在法律西方化、法律本土化和本土法律创新之间做出某种逻辑层面上的划分,是为了给第三世界国家法律现代化进程的进展深度提供一种坐标尺度,这并不意味着所有第三世界国家都必然要遵循这样的轨迹。甚至可以做这样的预

---

① 对于日本近现代的法律改革,人们既可以看重它成功的一面,以为借鉴其中的经验提供帮助,如蒋传光、程维的论文"日本法制现代化之路对中国的启示";也可以看重失败的一面,使分析和总结其中的教训,如日本学者中村浩远洋的论文"当代日本法制:改革的若干战略"。上述论文均见第三届亚洲法哲学大会(2000年,南京)论文材料。看重后者可能会使人对法制改革的长期性、复杂性有更清醒的认识。

言，许多第三世界国家的法律现代化进程在相当长的历史时期将会停留在法律西方化和本土化的层面上，没有可能也没有必要上升到本土法律创新的阶段。也就是说，由于传统文化、历史条件和本国社会实践的现实需要所限，这些国家将会基本满足于法律西方化和西方法律的。本土化的目标，不可能在吸收、借鉴西方法律制度和法律文化的基础上创造出一种超越西方的且具有一定示范效应和普遍性的法律制度和法律文化。这不意味着他们的法律没有本国特色（但这种特色无外乎是西方共性加上本国个性的东西，其中的个性因素可能是脆弱的、次要的和缺乏普遍意义的），而是说，本土法律的创新本身并不是目标，它自身并不具备多么美好的价值。一个国家的人民幸福、社会发展，并不依赖于是否有世界性的法律创造，而仅在于这种法律是否能够创造平凡且美好的生活。西方国家的法律成功，也不在于它们的原始设计者有着多么高的创新目标，一定要拿出具有世界意义的法律制度来，他们的目的也是平凡的、世俗的，即要为他们自己，为他们的同代人创造出尘世的幸福。

所以，从价值评判的角度看，法律西方化也好，法律本土化也好，以及本土法律创新也好，自身都没有绝对的价值与意义，没有什么高低贵贱之分。它们都是第三世界国家法律现代化的手段，都更多地具有某种工具价值。借用埃利希的一句话说，对于第三世界国家来说，法律现代化的重心不在法律本身，而在于社会。中国法律现代化的目标和它的终极价值，在于服务中国的发展目标——经济的、社会的和政治的发展目标。也就是说，实现了在公正秩序下的社会发展，中国的法律现代化就成功了。这种成功与中国能否创造出一种有别于西方模式的法律制度并无直接的必然联系。在服务和实现社会发展目标的主题之下，法律西方化、法律本土化和本土法律的创新等，似乎都是某种可供选择的操作策略，都是某种工具性的东西。它们的价值并不直接取决它们自身，而是取决于它们所要服务的社会。哪一种法律策略能够有助于实现中国的社会发展，哪种策略就具有了价值。就实践操作问题谈具体一些就是，有些法律制度或许可以直接采取西方化的“拿来主义”，为我所用；有些法律制度则需要将西方国家的成功做法与中国的具体情况相结合，有所变通；或许还有一些情况靠拿来主义与借鉴变通均不适宜，必须要由中国人拿出自己独创精神与实践智慧。在后一种情况下，凭借中国人的实践智慧，设计创造出一种有别于西方的新的法律模式，也将成为中国人的应有选择。

（2003年第2期）

价值判断之于法官

黎　丽*

一、缘　起

自从韦伯提出"世界的解咒",休谟指出"事实与价值"的问题,方法论领域进行着一次又一次的重大变革。而"事实与价值"是一直困扰法哲学领域众多学者的重大命题。实证主义分析法学将价值排除于事实之外,主张法律文本的权威性。① 但是法律体系不同于数学等精确科学体系,它并非是封闭性的而是具有开放的性质——开放性也就意味着可能会包含价值。"对于法学以及'实践性'的哲学而言,只有'开放'的,以及在某种程度上'可变'的体系,永远不会圆满完成而必须一再被质疑的体系,它们才能清楚指出法秩序'内在的理性'、其主导性的价值及原则。"②价值与事实是纠结的。价值包含主观因素,每个人都有可能认同不同的价值,对于众多的价值也会做出不同的取舍;同时,依据不同的价值观做出的判断也是因人而异。而"法律上的价值判断"更是一个值得深思的问题。法官在多大程度上享有价值判断的余地,法官依循什么样的原则在不同的价值中进行筛选并最终确定正当裁判所应首先依据的价值等,归根结底都是关乎"法律上的价值判断"这样一个命题。

二、对价值判断的解读

"'价值'这个普遍的概念是从人们对待满足他们需要的外界物的关系中产

---

* 作者单位:浙江大学法学院。

① 富勒曾经一针见血地指出:"法律实证主义所隐含的基础通常来讲是这样一种信念,即人可以有效地描述法律是什么,但却不能根据个人的倾向去谈论法律应当是什么。"参见[美]E. 博登海默著:《法理学——法律哲学与法律方法》,邓正来译,中国政法大学出版社 1999 年版,第 188 页。实证主义分析法学派虽然是主张不考虑价值问题,但是其代表人物哈特在与富勒、德沃金等学者的三次大讨论后对其观点作出了一定的修正。哈特虽未放弃其实证主义的立场,但开始主张最低限度的道德。

② [德]卡尔·拉伦茨著:《法学方法论》(学生版),陈爱娥译,台湾五南图书出版有限公司 1997 年版,第 54 页。

生的。"[①]价值分析在法学中非常重要，离开了它就无法认识社会的合理性，以及文明的最终目的。美国著名的法学家庞德就曾经指出，法的价值问题是法律科学所不能回避的问题，"在法律史的各个经典时期无论在古代和近代世界里，对价值准则的论证、批判或合乎逻辑的适用，都曾是法学家们的主要活动"。[②] 价值很难得以证明，因为其本身不具有一致性、统一性或连续性。即使在最终价值问题上得到共识，但在具体的价值判断方面仍旧难以取得一致。"对价值你不可能这样做。你不可能用你的眼睛看到杀人是对还是错。"[③]自然法学对价值论的贡献十分卓著，这与其哲学背景是有密切的关联的。[④] 价值之于法律也是十分重要的命题，霍姆斯·J称价值为"司法推理中隐含的大前提"。[⑤]

价值是一个见仁见智的问题，依据价值做出一定的判断更是值得寻思。"价值判断是判断主体根据价值主体的需要，衡量价值客体是否满足价值主体的需要，以及在多大程度上满足价值主体需要的一种判断。"[⑥]依照汉斯·凯尔森的观点，价值判断就是"依据一般有效规范对一种事实行为所作的应当是这样或不应当是这样的判断"。[⑦] 而相对于法律领域，"法律判断是指关于法律及应该是什么的判断及内心确信"。[⑧] 在法律上，价值判断往往是引用精神领域的标准作为自身的标准（除斯多葛学派外）。价值判断是一种待证的模式。价值判断包含理性的抉择及经验主义的逻辑。

正是由于价值内涵的多义性导致价值判断进展的曲折与困阻。价值判断涉及对某个客体是否符合主体需要的判断以及在价值间进行选择的判断。前者在法律上可以表现为某个行为是否符合某个价值的要求的判断；后者则可以表现为在两个或多个价值间进行比较衡量选择的过程。这两者都涉及判断评价的

---

① 《马克思恩格斯全集》（第19卷），人民出版社1963年版，第406页。

② ［美］庞德著：《通过法律的社会控制——法律的任务》，沈宗灵译，商务印书馆1984年版，第55页。

③ ［英］D. D. 拉斐尔著：《道德哲学》，邱仁宗译，辽宁教育出版社、牛津大学出版社1998年版，第15页。

④ 自然法学强调将道德纳入考量的范围，甚至是神的意志。讨论道德就必然地会涉及价值的问题，所以自然法学对于价值问题的探讨是极为重视的，这也是其与实证主义法学的重大区别之一。"自然法学，分析实证主义法学和社会学法学分别代表了价值、科学与事实，这是西方法学界广泛流行的观点。"参见葛洪义著：《法理学导论》，法律出版社1996年版，第85页。

⑤ ［英］迪亚斯："法律的概念和价值"，黄文艺译，张文显校，载张文显、李步云主编：《法理学论丛》（第2卷），法律出版社2000年版，第464页。

⑥ 卓泽渊著：《法的价值论》，法律出版社1999年版，第616页。

⑦ Norm and Value, 54 *California Law Review* 1624 (1996); *The Pure Theory of Law*, transl., M. Knight, (Berkeley, 1967), p. 17.

⑧ 葛洪义著：《法理学导论》，法律出版社1996年版，第69页。

标准。

在前一种情形下，判断标准涉及对某个价值的内涵衡量。价值衡量就涉及人的理性，而"多元性理性本身分裂为价值领域的多元性……"。[①] 如正义，虽然对于"什么是不正义的行为"这个命题人们都有比较清晰的认识，但当问题转为"什么是正义"的时候就出现了争议。从不同的视角和立场出发就会有不同的见解，那么在对"某个行为是否是正义的"进行判断时就必然涉及每个人的价值观，会产生不同的结果与答案。而"一个社会越是承认和尊重个人的独立、自由和主体性，在价值判断和选择上的分歧和争论就会越普遍。"[②]这就是价值判断如此之困难的原因之一。

而在后一种情形下，问题就变得愈加复杂。此时症结不仅仅在于对价值内涵的确定上，还涉及两个或多个相矛盾或相冲突的价值之间的取舍。对一个案件或一个需处理的事件本身所包含的价值种类以及哪些价值为相互冲突的命题的确定是十分容易的，毕竟这还并不涉及价值内涵与比较。然而一旦将视线集中于如何进行价值间的选择，困难就扩大化了。众所周知，在基本价值与一般价值间进行选择是相对容易的。因为在价值位阶的谱系上，一般而言，基本价值相对是处于优先地位的。但是问题是，至今仍未能有一个可以包含所有价值的位阶排序（All—Values - considered ordering）。而且在笔者看来也不可能得出一个如此精确排列各项价值的价值位阶，只能是相对的、模糊的。这就增加了价值判断的难度。由于进行价值判断的标准不同就很有可能形成不同的定论，而标准的相类似性导致相似结果产生的概率往往远甚于前者。"价值判断不仅指根据所选择的价值标准衡量利益的结果，而且也指对特定评价标准的选择。"[③]

此外，需要指出的是价值判断虽然如同价值无法客观化，但是在一个价值与另一个价值间进行价值判断则是具有客观性的。"客观性"在德国特指"一般有效性"。"假使不仅若干个人认定这些价值是宝贵的，反之，其可以满足所有——具有人类本质的——人的需求，并实现他们的希望，那么这些价值就是'客观'的（系一般有效性）。"[④]拉斐尔曾对道德判断做出如此的评价："道德判

---

① ［德］哈贝马斯著：《交往行动理论（第1卷）——行动的合理性和社会合理化》，洪佩郁等译，重庆出版社1994年版，第315页。

② 郑成良著：《法律之内的正义》，法律出版社2002年版，第59页。

③ ［英］迪亚斯："法律的概念与价值"，黄文艺译，张文显校，载张文显、李步云主编：《法理学论丛》（第2卷），法律出版社2000年版，第465页。

④ ［德］卡尔·拉伦茨著：《法学方法论》（学生版），陈爱娥译，台湾五南图书出版有限公司1997年版，第9页。

断,正如感性知觉一样,在一种意义上是主观的,而在另一种意义上是客观的。"①这是值得交代的一个前提要件。

三、当法官遭遇价值判断

反对法律实证主义的先驱们主张:"司法裁判是有创意的活动,其亦参与逐步自我实现的法秩序之发展及创造"。② 法律所提供的法律本文往往存在这样或那样的情形需要借助于法官的力量与智慧。法官是"活着的法律宣示者"③,法官对于司法裁判的重要性已是不言而喻。米勒也曾指出:"裁判始终是以法官塑造出来的规范为基础,因此,所有适用的法规范都是'法官法'"。④ 价值判断虽然是困难重重,举步维艰,但对于法官价值判断却恰恰是其经常需面对并必须实际加以解决的问题,甚至说这才是法官工作的"始端"。

(一)法官的价值判断余地

首先需要明确的问题就是,法官在多大的程度上享有进行价值判断的余地。⑤ 在探讨这个问题之前必须先对"涵摄"概念进行简略的分析。涵摄是一种逻辑推论的过程,是将法律事实归属于特定的法律规范之下的过程。虽然利用涵摄模式的方式来处理司法问题,可以节省时间,提高效率,而且符合平等原则及法的安定性之要求,但是并非所有的事项都可以利用涵摄或满足涵摄的要件。所以价值判断就有其生存和适用的必要。"很多(而不仅是在若干临界)案件,法官的价值判断会取代立法者的价值判断,对之亦无从依客观标准作事后审查。"⑥笔者将法官的价值判断余地概括为以下几点:(1)法律空白;(2)概括条

---

① [英]D. D. 拉斐尔著:《道德哲学》,邱仁宗译,辽宁教育出版社、牛津大学出版社1998年版,第19页。

② [德]卡尔·拉伦茨著:《法学方法论》(学生版),陈爱娥译,台湾五南图书出版有限公司1997年版,第19页。

③ [美]本杰明·卡多佐著:《司法过程的性质》,苏力译,商务印书馆1998年版,第7页。

④ [德]卡尔·拉伦茨著:《法学方法论》(学生版),陈爱娥译,台湾五南图书出版有限公司1997年版,第15页。

⑤ 判断余地(Beurteilungsspielraum)是由行政法导出的概念,认为行政机关就存在于构成要件中之不确定的法律概念之了解,有时例外地享有判断余地。而司法中,由于存在很多的情形导致法官自由权行使的可能,而自由裁量权的行使则意味着司法的确存在由法官进行判断的余地。问题的关键在于法官的判断余地空间有多大。参见黄茂荣著:《法学方法与现代民法》,中国政法大学出版社2001年版,第225~227页。

⑥ [德]卡尔·拉伦茨著:《法学方法论》(学生版),陈爱娥译,台湾五南图书出版有限公司1997年版,第2页。

款；(3)漏洞填补；(4)补充性解释；(5)模糊条款；(6)冲突条款；(7)法律本文规定有待于法官自行填补。在遇到上述情形时，法官有责任进行法的续造，而在此过程之中就难免做出价值判断。

如果将价值引入其中，那么需要法官做出价值判断是由于存在价值冲突。而上述的判断余地中之所以需要法官做出价值上的判断也正是基于冲突的存在。价值冲突在笔者看来可以分为4种情况：(1)法律内部的价值冲突。法律条文明确规定的价值之间的冲突，如惩罚性赔偿与双方合意。(2)法律内部价值与法律外部价值之间的冲突。这往往是由于存在空白、模糊、漏洞时，在法官进行案件的考量过程中需要将外部的道德、政治、社会等因素填补至其中。(3)法律外部价值之间的冲突。对于某些案件，影响最终结果的并非是法律内的价值，而完全是由于外部价值之间的冲突或矛盾所致。(4)前三者之间的冲突。这是最为复杂的情形。在遇到此类案件时法官的价值判断的余地最多，但也是最困难并最需要法官作出合理的价值判断。

除了价值冲突需要法官作出价值判断之外，某个行为是否符合某个价值的要求也需要法官做出价值判断，如对于某一行为是否是违反意思自治，某一行为是否符合诚实信用。因为这些概括性的原是缺乏具体的衡量标准，这就需要法官做出相应的价值判断上的回应。

（二）影响法官作出价值判断的因素

法官对待价值判断究竟是持什么样的态度，笔者认为这并不是一个值得深究的问题。价值判断对于法官而言是不得不为，法官借助于价值判断而达致正当判决，价值判断是法官做出裁决的先期但又是最为紧要的步骤之一。法官的哪些因素会影响其做出的价值判断的结果，这才是我们所关心的要旨所在。

“法官的成见也并非是外在的和无关的异己物。‘心智白板’(tabula rasa)并不是司法的理想。社会并不希望法官像一个辩论赛的仲裁员或法律评论争议的裁判那样行为。”①整个法律是保守的，我们的法官也是保守的。法官的经验是影响法官价值判断结果的重大因素之一。为了维持法的安定性，法官往往受其法律经验的束缚。对于判例，特别是在判例法国家，法官有着“天生”的敏感性。法官个人的喜好也有可能影响其做出的价值判断的结果。虽然一再重申法官应该做到不偏不倚，但法官作为一个活生生的社会中人，法官的家庭背景、成长环境、接受的教育等不可能不对其有所影响。法官也免不了或多或少带有一定的偏见，甚至是法官本人并未意识到的隐藏于其潜意识中的偏见。社会文化

① ［美］波斯纳著：《法理学问题》，苏力译，中国政法大学出版社2002年版，第158页。

主流模式也会影响到并非远离社会的法官的抉择。"一个文化的价值模式趋势构成阻碍司法评价自由的障碍。"①经济、伦理等因素也是不得不考虑的。同事的观望对法官的价值判断会产生影响。法官作为法律职业共同体的一员，必然要考虑其他"同质"者的评价。社会的期待也是因素之一。法官的判决对社会的行为规范是有预示作用，法官的判决预示着人们今后怎样的行为才是合法。政治因素必须被提及。因为许多国家的法官，特别是最高法院的法官，采用的是任命制，这其中就十分明确地会包含有政治因素；而在案件处理过程中，政治因素也会直接影响到法官的价值判断。②

但是，可以坚信的是，法官还是有一个总体的法律信念。"法官的法律信念之网应该包括法律的惯例性正当理由，它们是一致性和协调性的关键。有序和公正应该是核心，他们维持该网的其他部分，应该实现法律判例、规则、原则及政策的那些价值的核心。为了实现秩序和正义的价值，法律信念之网应把法律经验和法律目的整合为一个和谐有效的整体。"③

（三）法官进行价值判断的标准

那么，由于价值主观性因素很强，是否就意味着法官的价值判断是没有衡量的标准、完全是法官个人意志；或者就可以认为法律上的价值判断就等同于法官个人的价值判断？

其实不然。法官对概念与规范的价值判断并非都可以被认做适法的行为。法官的行为存在危险性。"所谓危险系指司法者可能因被要求在将法律适用于具体的法律事实之前，取向于正法重为该法律的价值判断，④以致将其个人的价

① ［美］E. 博登海默著：《法理学：法律哲学与法律方法》，邓正来译，中国政法大学出版社1999年版，第503页。

② 美国是这方面最具代表性的例子。美国联邦最高法院的法官是总统提名的。众所周知，美国是多党派的国家，其中民主党和共和党是最主要的两大党，美国总统都是出自这两大党派。而在历史上，美国总统一直是各自党派利益的代表。那么在三权分立中的一权的最高法院法官的任命上，总统必然要对其进行一定的控制。尼克松时期，"沃伦法院"结束之后伯格首席大法官的继任过程，以及1971年开庭期间提名鲍威尔和伦奎斯特为联邦最高法院法官时，都充分体现了尼克松政府的政治利益考量。而在"伯格法院"期间的案件裁断过程也体现了政治因素对法官在价值判断方面的巨大影响。参见［美］鲍勃·伍德沃德、斯科特·阿姆斯特朗著：《美国最高法院内幕》，熊必俊等译，广西人民出版社1982年版，相关内容。

③ ［美］史蒂文·J. 伯顿著：《法律和法律推理导论》，张志铭译，中国政法大学出版社2000年版，第153页。

④ 笔者注：当法官将法律规范适用于具体个案之前，存在以"正法"（des richtigo Rccht）为重的倾向，而"正法"包含了价值多元，那么此时就有可能会包含法官的个人价值判断，包含了法官的个人价值判断就会产生一定的危险系数。

值判断,取代了法律的价值判断。”①这种危险性是实际存在的。但是问题也并非那么严重,因为“并不意味法官进行价值判断者,此际,其判断可以不受公认标准的验证”②。可见“公认标准”是法官进行价值判断必须符合的一个标准,也是价值判断客观化的要求。那么在缺乏公认标准或者公认标准不明晰的情形下,该当作如何的要求?笔者认为,这也不能成为法官为其恣意的价值判断进行开脱的理由。在这种情形下,法官的行为仍旧要受到公众评价的验证。法官个人的恣意终究应当受到社会的谴责。此时,法官做出的价值判断必须从社会整体利益的角度出发,衡量各方面的利益关系,凭自己的良心与人格做出裁判。总而言之,虽然法官享有一定的价值判断的余地,但是这绝不意味着其所享有的余地可以简单地等同于行政法上的价值判断余地,其仍旧要受到公认标准的检验。而价值判断在法律制度中所起的主要作用在于“它们被整合进了作为审判客观渊源的宪法规定、法规以及其他种类的规范之中。”③

四、价值判断之于法官的正当裁判

价值判断如此重要的原因根源并不在于法官对其的态度,而是在于价值判断过程开展的难度和法官如何通过价值判断继而寻求法律上正当的个案裁判。寻求正当的个案裁判并非易事。如同前述法律裁判(或判断)不同于数学或精确科学体系,可以通过公式的换算得到精确的答案。法律判断没有相应的公式提供判断上的公式换算,法官必须根据公式外的“系数”做出决定。价值判断就是法官在开展工作时不得不回避的系数,价值判断对于正当的个案裁判具有重要的意义。

被塑造的法规范由两个要素构成:“规范领域”与“规范方案”。“规范领域”是指“在论题上与有关的法规范相牵连的”事实。“规范方案”则是指借解释规范本文而取得之“秩序标准”。二者之间构成法规范的方式就是“眼光之往返流转”。④ 在此“眼光之往返流转”的过程之中就包含了法官的价值判断。此外,每一次的解释都是法官对法的续造,都融入了法官的个人价值判断,并非是一种

---

① 黄茂荣著:《法学方法与现代民法》,中国政法大学出版社 2001 年版,第 452 页。

② 同上,第 226 页。

③ [美]E. 博登海默著:《法理学:法律哲学与法律方法》,邓正来译,中国政法大学出版社 1999 年版,第 504 页。

④ [德]卡尔·拉伦茨著:《法学方法论》(学生版),陈爱娥译,台湾五南图书出版有限公司 1997 年版,第 15 页。

简单的推理或发现。埃塞尔认为“司法是有创意的活动,其亦参与逐步自我实现的法秩序之发展及续造”,要获致一种正当的个案裁判不得不求助于“一般法律思想”或“原则”。但法官必须应付随时发现的法律漏洞,必须在不同的话语背景下寻求共同的基础面,必须在矛盾或冲突的利益中进行最终的选择……那么,法官的价值判断在这时就占据了主要的地位。因为“一般法律思想”与“原则”不同于法律本文上的具体法规范,其大致由模糊语言构成,而对这些模糊语言的进一步分析与具体化阐释就必须依赖于法官的工作。然而法官此时的所为归根结底就是涉及一种判断——法律上的价值判断。法官的价值判断对于正当裁判具有重大的意义。那么法官是如何开展其价值判断的行为呢?在一个涉及价值冲突的价值判断时,法官首先要确定的便是哪些价值之间存在冲突。在确定之后,法官就要考虑是否有显而易见的抉择标准,是否有类似的先例,是否有公认的标准来决定何者为优先。“价值研究是进行价值衡平和选择的需要。……在社会发展的每个阶段和每个特定时期,总是有一种价值处于首要地位……”①。所以法官在进行价值衡量与判断时必须首先确定何者为优先,而这种方法也有助于法官进一步做出最终的价值判断。如果上述途径都被切断,那么法官就必须根据所有相关的事项进行自主的逻辑论证与推理,并结合自身以往的法律训练做出一个相对合理的判断。

正当裁判不仅仅包含法官的价值判断。法官进行价值判断可以说是获得正当裁判的一个前提。之所以要着重的提及价值判断,那是因为这是关键的关键,是因为完成了这一步骤意味着获得正当裁判断的道路已经走了一大半。判断一个裁判是否正当的标准有很多,但都与法官进行价值判断有莫大的关联。而法官做出价值判断的目的也正是在于寻求正当的个案裁判。正当裁判与价值判断的关系可以分为以下几种情形:(1)如果有具体的法律本文作为参照与标准,那么法官只需做这样的判断,即该当案件事实是否可以涵摄到该法规范之下,如果可以,那么案件就迎刃而解。此种情形下包含的法官价值判断的成分最少。(2)如果案件事实不能涵摄到该当法规范之下,那么法官就必须开始新的工作。新的工作意味着法官将充分利用法律原则及概括性条款来进行判断,某种意义上法官此时就要进行一定程度上的价值判断。要判断的事项是该当事实是否符合该当法律原则或概括条款所确认的价值。(3)如果情况更为严重,没有任何

① 张文显著:《法哲学范畴研究》,中国政法大学出版社2001年版,第189页。

的原则或条款可以依赖,那么法官的自由裁量权①就被许可到了极致。此时法官的价值判断会强烈地影响到案件的结果。

另一个值得注意的问题是法官进行价值判断除了前文所述的公认标准,难道就没有任何其他的约束了吗? 事实不然。法官进行价值判断必须受到是否符合正当裁判的检验。一个正当的裁判是有技术性衡量标准的:(1)符合立法者的立法意图;(2)符合社会当下公认的道德标准;(3)经过慎重的权益衡量得出的结果能被社会大多数人所接受;(4) 符合人类理性的选择;(5)不致引起法律体系上的混乱;(6)结果符合人类基本的价值观,如正义、秩序、自由、平等、责任。所以在做一个价值判断的时候,也必须充分地考虑上述的因素。只有是基于上述标准下做出的价值判断才有可能最终得出一个正当的裁判。

五、结　　语

精确地说,法官的裁判过程是事实判断与价值判断两者的结合。法官对某个案做出判断的过程中其实都或多或少包含有价值判断,只不过有时价值判断过程之简单而被人所忽略。事实判断对于法官相对容易,所以问题的关键就在于如何做出相对合理的价值判断。疑难案件的产生其关键也并非在于事实上的判断,而是无法在多种冲突价值间做出抉择或无法将某一行为归结到某一价值的标准之下。由于价值本身具有观念性,绝对的、数字式的标准难以成立,法官所追求的只能是一种“模拟客观化”,所以继之做出的价值判断也只能是相对的合理化与客观化(一般有效性)。

(2003 年第 6 期)

① 自由裁量,从更精确的意义上说,其实也是一种判断。参见[美]麦德福、强世功:“司法独立与最高法院的权威”,载《读书》2003 年第 5 期。

编　后　记

本文集是1996年至2003年发表于《法学》上的法理学论文的选编，共65篇。在《法学》杂志社负责老师完成了论文遴选工作之后，我们受邀参与编辑。在编辑过程中，我们仅对原文中的拼写（或印刷）错误、疏漏进行必要的订正和补充，其他均保持原貌。

1996年至2003年，这8年的时间正好跨越了20世纪的最后4年和21世纪的最初4年。仅从时间上看，真正是“世纪之交”的年代，也因此具有了格外重要的意义。回顾彼时的中国，也同样是一个巨变的时代。依法治国方略的确立、司法改革第一个“五年纲要”的提出和中国入世进程的开启，这些重大政治、经济与法律事件的发生，构成了这一时期中国法理学的基本问题域。而从本文集选编的论文来看，也同样围绕着“法的基础理论”、“依法治国问题”、“司法改革问题”、“法的现代化与全球化”和“法理学向何处去”这5个时代主题而展开：

1. 法的基础理论

法理学的研究对象首先是关于法律的本质与特征。对于这一问题，在受苏联法学影响下形成的传统法理学，往往将法的本质简单化地理解为统治阶级的意志，或是阶级统治的工具。但随着20世纪80年代以来国家的中心任务从阶级斗争向经济发展的转移，有关法的本质属性（阶级性与社会性）的争论成为研究的热点。到20世纪90年代后期和21世纪初期，这一争论并没有完全结束，但片面强调法的“阶级性”与“强制性”的观点，已经遭到了普遍的质疑。

因此，这一时期法理学基础研究的一个中心问题，即是在传统学说已经衰弱的情况下，如何重构法的本质与特征的基础理论。本文集收录的论文“法是‘理’与‘力’的结合”、“论法律的强制性与正当性”等论文，都体现了对这一问题的关注，展现了试图调和法律的强制性与正当性的理论努力。对于法律的经济基础，传统的“经济决定论”也开始受到质疑，尽管这种挑战也遭到了“反质疑”（参见本文集“法律经济决定论评析”和“也谈法律经济决定论”），但这些争论的出现，都在一定程度上挑战了传统的对于马克思主义法学的教条主义理解。

同时，这一时期对于传统法理学基础理论的“拨乱反正”，也并不只是理论上的拓展，甚至于“法的本质”的问题本身也受到了质疑。在后现代的“非本质主义”理论话语的影响下，有学者开始质疑“法的本质”是否是一个“虚构的神话”，怀疑法律是否存在一个客观的本质。本文集收录的“法的本质是一种实在还是一种虚无”、“用什么方法确定法的本质”和“当代中国应当确立什么样的法本质观”可以视作本质主义法学对于这一问题的系统回应，也反映了法理学界对于法本质问题的深入思考与基本立场。

2. 依法治国问题

1980年以来的法理学界，有关“法治”问题的讨论始终是理论的热点。基于对“文革”教训的反思，“人治”与“法治”的讨论成了新时期法理学的核心议题之一。这一争论的解决，不仅是理论上“法治”对“法制”的代替，更表现为执政党的政治决断。1996年年初，江泽民同志在中央第三次法制讲座的讲话中，首次提出了“依法治国”的治国方略；1997年的十五大报告，将“依法治国”正式确立为党治理国家的基本方略。这一标志性的事件，无疑再度激活了法理学界有关“法治”问题的理论关切。只不过，这一时期的焦点，已不再是“要不要法治”或“法治好不好”的问题，而更多地转向了“如何实现法治”的问题。

本文集收录的“依法治国十大建议”、“实施依法治国的特点和需要解决的问题”、“浅论政治体制改革与法治”、“改善党在法治国家中的领导方略与执政方式”、“执政党模范守法是实现法治之关键”等文都清晰地展现了这一理论倾向。在这些作者看来，在确立了“依法治国”的基本方略之后，如何实现法治的路径和措施问题已经上升为主要的矛盾。而对于这一问题的探讨，又不能就法律谈法律，而必须在更大的政治体制改革的视野中考虑。这些问题指向了立法、行政与司法机关的权力行使与限制的问题，更指向了执政党的守法问题在依法治国战略中的核心地位。即便在10年后的今天，其中许多建议仍具有现实意义。

在提出解决方案的同时，有关“法治”问题的基础理论也进一步深化。在确立了法治的目标后，更多学者关注法治在实现过程中可能遇到的问题，更多探讨法治在中国本土环境中的适应性（参见“法治的悖论”、“法治之法与法治之制”）。还有的学者试图拓展法治的理论边界，将视野延伸到了法治与美学、法治与艺术等领域（参见“法治的审美旨趣与美学意境”、“法治与艺术：论职业法律家显贵的理由”），这些论文的出现都反映了法理学研究不满足于将法治仅仅视作治国工具或方略，而同时追求提升法治的精神层面与信仰层面的努力。对法治研究的深入，还表现为对法治局限性的反思（参见“法治是人类最理想的选择吗”）。与“反法治”者对于法治的质疑不同，这种反思更彻底地挑战将人类秩序简化为“人治”与“法治”的二元认识论，而尝试在强势文化的压力下探索文明秩序更好的可能。

3. 司法改革问题

中国的司法改革开始于20世纪80年代末的“审判方式改革”。在市场经济带来的巨大诉讼压力下,司法制度的改革首先在举证制度与庭审方式上寻找到突破口,传统的诉讼模式开始向抗辩制的模式转变。但从总体上说,这一时期改革的中心始终是围绕诉讼程序展开的,对于法院体制、法官队伍和整体司法制度等深层问题依然尚未触及。随着“依法治国”基本方略的形成,1997年党的十五大报告中也正式提出了“推进司法改革”的战略任务。1999年,最高人民法院颁布的司法改革“一五纲要”,标志着改革进入到最高法院主导的推进新改革的新阶段。

这一时期司法体制改革的首要任务是围绕着法院的“去行政化”展开的。学者们开始探讨司法逻辑与行政逻辑的不同,以及如何建构不同于行政科层制的法院体系(参见“司法改革中的上下级法院关系”),尝试从功能分工的角度入手摆脱传统科层制对于法院体制的影响。还有的学者致力于探讨司法的本质,试图将司法制度的基础从传统的权力机制转向公正审判所带来的权威机制之上,确立以法官独立为中心的司法独立新体制(参见“司法改革:从权力走向权威”)。同时,构建职业化的法官队伍,也是这一时期改革的重点。学者们对于法官职业化的关注,不仅是强调法官技能较之普通人思维的专业性,同时也开始关注法官思维与政治家思维的差异(参见“论法官与政治家思维的区别”)。对于司法与政治的关系,也不再是单方面强调司法与政治的分立,而开始关注司法介入政治的可能与限度,以探索司法制度改革对于整体政治改革可能的影响。

4. 法律现代化与全球化

面对新世纪的挑战,世纪之交的中国法理学也更多关心法律的现代化与全球化问题。现代化是中国法律人几代的理想,但长期以来又似乎被简单地等同于西方化。但当新的法律体系逐渐建构起来时,人们对于法律现代化是否必然走向西方模式的疑惑却开始产生。从这一时期开始,对于现代化的问题,更多的重心转向了东方与西方的不同道路。与西方的原生型现代化不同,东方的外生型或追赶型现代化,必然经历比西方国家更多的困难,也必然需要借助于更多的非常规资源。有的学者尝试总结西方法制现代化的基本经验(参见“权威推进与权威转化——法制现代化的基本经验及其对我国的启示”),也有的学者试图探讨法律的“现代化”与“西方化”之关联,提炼中国法制现代化的特色(参见“法制现代化进程中的东西方关系”、“我国法制现代化特色的理论探析”)。有关“后现代”的讨论也在这一时期开始出现(参见“后现代思潮与中国法学和法制”)。但这些争论并非对于现代化主题的反动,而实际上代表了对于法制现代化思考的深入。

1995 年中国正式提出加入世界贸易组织的申请和 2001 年中国“入世”的成功,更使得法律的“全球化”成为具有现实紧迫性的重大课题。对于全球化问题的关注,也使得法学的问题域超出了传统的领域,进入到了经济、政治与文化等更广阔的话题之中。对于全球化运动的历史回顾,使得研究者们对于法律帝国主义、全球化与主权的关系、全球化与地方化等问题有了更深入的剖析(参见“关于法律与全球化的几个问题”),也开始思考全球化变革对于法学思维方式的合作性、开放性与实践性等诸多方面的影响(参见“全球化与法学思维方式的革命”)。对于“国际化”与“全球化”的内涵与外延的界分,也展现了我国学者对于法律全球化研究的深入与精细化(参见“法律国际化与法律全球化辨析”)。

5. 法理学向何处去

法理学学科自身的发展,也成为这一时期关注的焦点。自 1980 年以来,中国的法理学开始摆脱苏联法理学的束缚,转向了更为开放与多元的理论体系,使得法理学的发展呈现出繁荣的景象。同时,由于立法的滞后和部门法学仍然处于成长期,作为起步较早的学科,法理学在法学中的显学地位也得以确立。但随着 20 世纪 90 年代后期市场经济的发展、部门立法的加强和民法、刑法等强势学科的兴起,法理学的地位与影响力都遭到了前所未有的挑战。如何在新的历史条件下维护法理学应有的学术地位、推动法理学学科的继续发展,成为世纪之交的法理学学者的集体性焦虑,也由此开始了新的思索。

这些思考首先从对于法理学历史的回顾开始,有学者试图通过对法理学在西方学术中的兴起和历史轨迹的审视来寻找法理学发展的一般道路,及其在新世纪可能的发展方向(参见“法理学学科的缘起和在当代所面临的问题”)。更多的学者则直接关注世纪之交的中国法理学所面临的问题及其可能的解决。本文集收录的论文中,仅 2000 年就有 4 篇论文集中地阐释了这一主题。在这些论文中,有的学者主张进一步清除苏联法理学的不利影响,消除法理学的“意识形态化”倾向,将中国的法理学引向中立、开放、解释性的“一般法理学”(参见“理论创新与结构重组——法理学的青春危机及其消解”);还有的学者质疑了法理学探求超越抽象理论的可能,而主张法理学与实践的结合,追求具体历史语境下的话语表达(参见“法理学的基本使命和作用”);也有的学者明确反对法理学的片面实用化倾向,坚持法理学中的精神教义与实践应用的结合(参见“法理学的能与不能”)。而对于法理学发展可能的出路,许多学者都强调了“跨学科研究”,尤其是经济学、政治学、社会学所共有的实证研究方法对于繁荣法理学研究的重要性(参见“关于法理学向何处去的一点看法”、“知识在法律中的力量”）。

以上就是对于本文集所选编的论文及其主题的一个简要回顾，希望能够方便读者的阅读。但行文至此，也真切地感到这些论文的意义与分量。尽管论文的写作已是10余年前，但跳跃于其中的时代的脉搏却依然鲜活。更重要的是，当年提出的这些问题，许多仍在当下延续，而本文集所汇集的思考，也就不仅仅是一片历史的陈迹，而同样是开启我们进一步理论探索的源头活水。

领取稿费告知

尊敬的各位作者：

值华东政法大学建校60周年、《法学》创刊56周年之际，华东政法大学《法学》月刊社出版了《法学的历史》文丛，旨在以文献的方式反映新中国法制建设的进程以及法学理论的发展。为此，选萃了《法学》月刊自1956年创刊以来刊登的具有代表性的、能够反映当期现实问题和理论研究水平的文章。您的文章被我们选用，但由于各方面原因，我们无法与您直接取得联系，希望看到此通知后联系我们，以便发放您的稿费。具体事项如下：

1. 请告知您的信息，具体包括：(1)作者姓名；(2)文章名；(3)文章发表的卷名。可直接到杂志社领取稿费。如需要邮寄稿费的，为防止冒领，请将个人身份证号、收款账户、联系电话予以告知我刊。

2. 稿费的发放标准为每千字10元。

3. 杂志社地址：上海市万航渡路1575号华东政法大学六三楼《法学》月刊社。邮政编码：200042。联系电话：021－62071924。联系人：过纯益 汪池洲

感谢您的大力支持！

华东政法大学《法学》月刊社
2012年7月8日

图书在版编目(CIP)数据

法学的历史．第4卷,法理学．中卷:1996年~2003年/李秀清主编．—北京:法律出版社,2012.9
ISBN 978-7-5118-3685-4

Ⅰ.①法…　Ⅱ.①李…　Ⅲ.①法学史—世界—文集②法理学—文集　Ⅳ.①D909.1-53②D90-53

中国版本图书馆CIP数据核字(2012)第144459号

责任编辑/王津京　　**装帧设计**/李　瞻

出版/法律出版社　　**编辑统筹**/财税出版分社
总发行/中国法律图书有限公司　　**经销**/新华书店
印刷/北京中科印刷有限公司　　**责任印制**/吕亚莉

开本/720毫米×960毫米　1/16　　**印张**/38　**字数**/659千
版本/2012年9月第1版　　**印次**/2012年9月第1次印刷

法律出版社/北京市丰台区莲花池西里7号(100073)
电子邮件/info@lawpress.com.cn　　**销售热线**/010-63939792/9779
网址/www.lawpress.com.cn　　**咨询电话**/010-63939796

中国法律图书有限公司/北京市丰台区莲花池西里7号(100073)
全国各地中法图分、子公司电话:
第一法律书店/010-63939781/9782　**西安分公司**/029-85388843　**重庆公司**/023-65382816/2908
上海公司/021-62071010/1636　**北京分公司**/010-62534456　**深圳公司**/0755-83072995

书号:ISBN 978-7-5118-3685-4　　**定价**:139.00元

(如有缺页或倒装,中国法律图书有限公司负责退换)